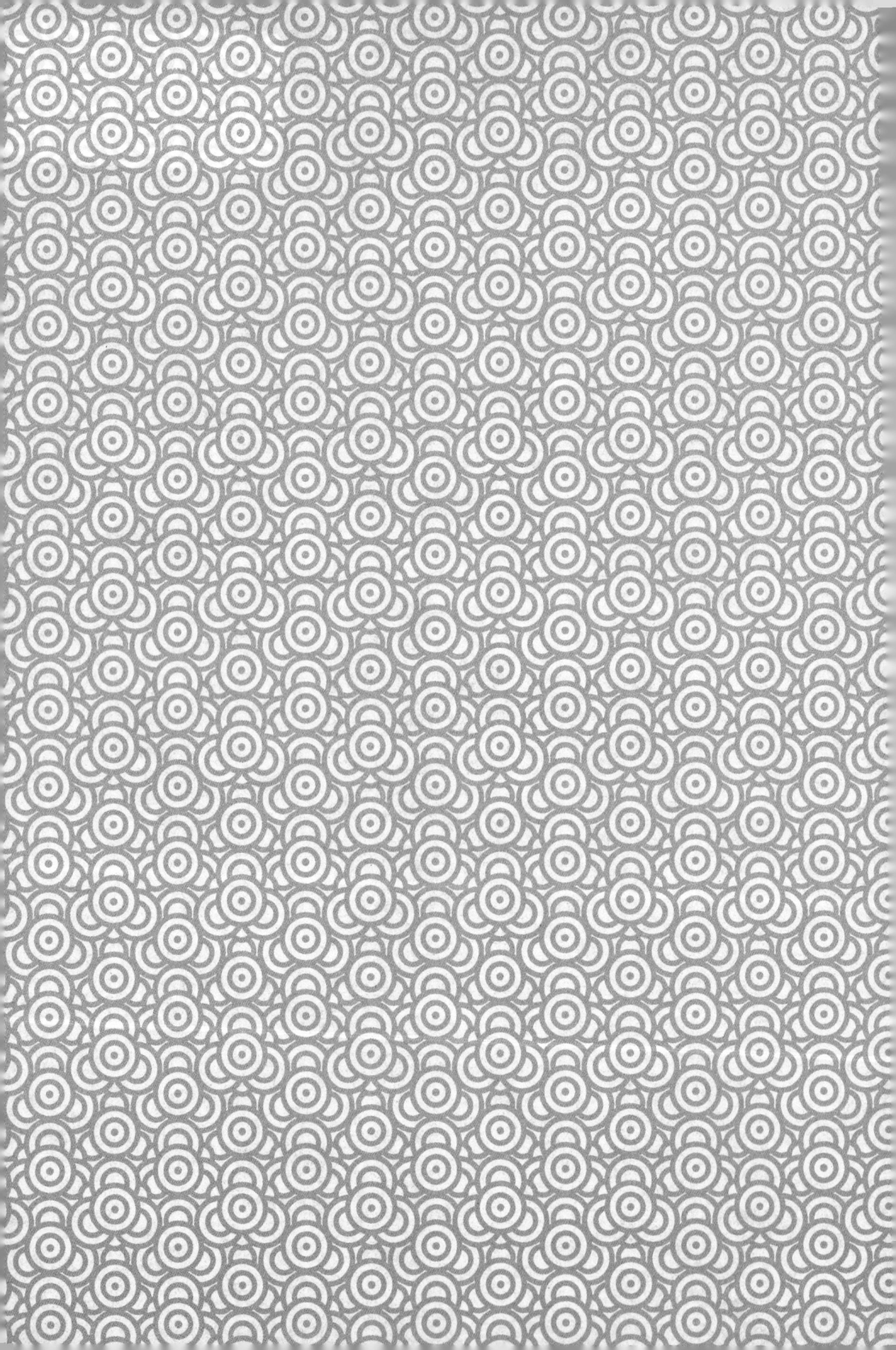

晚清言情艳情小说

泪珠缘

天虚我生 ◎ 著

百花洲文艺出版社

图书在版编目（CIP）数据

泪珠缘／（清）天虚我生著．- 2版．- 南昌：百花洲文艺出版社，2011.3
（晚清言情艳情小说）
ISBN 978-7-5500-0093-3

Ⅰ.①泪… Ⅱ.①天… Ⅲ.①章回小说-中国-清代 Ⅳ.①I242.4

中国版本图书馆CIP数据核字（2011）第023337号

泪珠缘

（清）天虚我生　著

丛书策划	姚雪雪
责任编辑	周榕芳　毛军英　何　丽
美术编辑	方　方
制　作	周璐敏
出版发行	百花洲文艺出版社
社　址	南昌市阳明路310号
邮　编	330008
经　销	全国新华书店
印　刷	深圳市森广源实业发展有限公司
开　本	720mm×1000mm　1/16　印张　30.5
版　次	1991年3月第1版
	2011年4月第2版第2次印刷
字　数	520千字
书　号	ISBN 978-7-5500-0093-3
定　价	43.00元

赣版权登字 -05-2011-27

目 录

泪珠缘弁言一

思量我生

仁和颂花何春旭撰

何代而无山川也？何代而无事物也？何代而无风花也？何代而无虫牛也？我何忽忽不得见前代之山川事物、风花虫牛也？忽而日，忽而年，我何忽忽见此山川事物、风花虫牛，而不得见前代也？夫前代之刻划山川事物、牢笼风花虫牛者，吾不知几辈，我亦仅仅见此几辈。此几辈者，我无与焉。非我无与也，我不能为前代之我也。前代之我，其亦山川事物、风花虫牛中之尘垢毫芥耳。我而为尘垢毫芥也，只冥冥顽顽供诸先生刻划牢笼矣。我为冥冥顽顽，则诸先生之刻划牢笼以及于我，又乌得知此几辈哉？即此几辈当劳心苦脾之时，知彼身之必依附山川事物、风花虫牛，而茫昧历亿万代也，则将不刻划、不牢笼，而先揖此尘垢毫芥，郑重以嘱之曰：我之为我，非我有也，其为山川事物、风花虫牛只有也。亟亟思之，更涕泣而归之，曰：我既如是，山川事物、风花虫牛中之我，又与我何有焉？亟亟思之，诚与我何有，则将不可划、不牢笼而全我矣；然不刻划、不牢笼，又乌全我而见我？即是我生，而必刻划我、必牢笼我。于其刻划、于其牢笼、于其有我，则我之中又区别曰三代之我、七季之我、汉晋之我、唐宋之我、元明之我；且区别曰周孔之我、申韩之我、班马之我、谢鲍之我、李杜之我、程朱之我、金赵之我、杨徐之我。是则我也，而且有此美名也，且有此美世也，我又乌能谢刻划牢笼哉？即使伸此尊长，伸此匹配，伸此传后，伸此心孔，伸此眉眼，伸此皮肉，脱然谢绝，不自垄望，又复冥心，勿受知识，能逾时刻，不生此念，于斯之隙，居然见我。日复一日，年复一年，自或惴惴，自或奄奄，所伸尊长，所伸匹配，所伸传后，对我恸哭，对我拜跪。我忽不知心孔为酸，眉眼为翘，皮肉为鼓，逾一时刻，百感油集。于斯之隙，周孔、申韩、班马、谢鲍、李杜、程朱、金赵、杨徐，纷至沓来，争攫我名，篡取我世，欲其多脱，苦不可得。哀告再四，求于斯世而作尘垢毫芥，犹悠悠吐吐不我见许，乃至捶床失声。我自省觉，不敢有我，不敢有世，不敢有名，徐步启门，欢笑无量，起涤笔研，拂拭几案，舒纸磨墨，右手洒洒，大书佳愿，心脾皆动，于时朝夕，觉无恶相。日复一日，年复一年，身不见客，足不出里，而名山大川、佳事奇物、清风好花、虫蜕牛粪，又如周孔、申韩、班马、谢鲍诸辈，纷至沓来，对我婉媚，对我誉赞，作成我世，揄扬我名。我于斯时，求一尘垢毫芥，便相安善。日复一日，年复一年，真真脱我，则彼先生劳心苦脾、刻划牢笼时，我之精灵，又依附名山大川、佳事奇物、清风好花、虫蜕牛粪，纷至沓来，奔走笔砚几案、纸墨右手之间。绝意婉媚，绝意誉赞，不遗余力，不漏一状，则彼先生忽焉刻划牢笼以至于我，我仍得以欢笑无量，不失为我。不失为我，非我所得有也。非我所得有，谁有之耶? 则亟亟思之，仍由刻划牢笼而得有也。由刻划牢笼而始得有我，则彼名山大川，佳事奇物、清风好花、虫蜕牛粪之责，我之责也。我既有此责，而我生以前，不必有此笔砚几案、纸墨右手；我生以后，不得不有此笔砚几案、纸墨右手。我生以前，彼笔砚数物为彼先生；我生以后，彼笔砚数物为现在我。我谢绝此数物，是谢绝彼先生也，是谢绝此我也。不谢绝彼先生，于是心脾之外，乃得点画句读；不谢绝我，于其点画句读之外，乃得文字章义，于其文字章义之间，又复谛审择取，不落次想。知周孔占道德，我遂不强次于道德；知申韩占幽刻，我遂不强次于幽刻；知班马占博大，我遂不强次于博大；知谢鲍占清逸，我遂不强次于清逸；知李杜占才识，我遂不强次于才识；知程朱占性理，我遂不强次于性理；知金赵占材艺，我遂不强次于材艺；知杨徐占风雅，我遂不强次于风雅。于是之隙，偶尔劳心，偶尔苦脾，硁硁有我，不复有彼。譬彼我裳，长短称我；譬彼我屦，大小称我。我设脱谢，裸跣而去，所遗裳屦，人皆曰我。则此我者，非固我也，是裳屦也；则此裳屦，非固我也，是称我也；则此称我，间不容发。亟亟思之，我之精灵，又不当奔走彼先生之前，当婉媚誉（骞）赞于我之裳屦之前，而后可矣。然既有此裳屦而能为人以及于我也，我又何为不称此裳屦，时而不遗余力，不漏一状哉? 我又何为不外此裳屦，而不占一物，以不遗余力，不漏一状哉? 亟亟思之，彼山川事物、风花虫牛则可矣，既可矣，又有不可也。彼不可者，独思夫名山大川，不能移以就目；佳事奇物，不能久而赏心。清风好花，不能盛于我之时，而求盛于人之时；虫蜕牛粪，不能以我之甘，而强人之甘。必其可移以就目，久而赏心，盛于我又盛于人，我甘之人亦甘之者，则庶几可以。茫昧而历亿万代矣，夫至于如是，而犹曰茫昧，其历亿万代也，又仅仅乎几辈。夫惟仅仅乎几辈，于几辈之间，即有一硁硁之我焉。夫我能硁硁乎独往独来于亿万代，其不为尘垢毫芥中之我可知矣。不为尘垢毫芥中之我，其果得为名山大川、佳事奇物、清风好花、虫蜕牛粪中之我乎？则我且不愿居彼隙之我也，则我且不愿举此隙之我，以告普天下之人也。

泪珠缘弁言二

移赠有情

仁和颂花何春旭撰

我尝愿举我一切所知，谆谆焉以告普天下之人，迟之久之，而卒隔阂，不得普告。归而自思，乃至梦想颠倒，莫可名状，种种幻心，生诸鬼魅。我以为是具苦心苦口，转转导说引解，至两手臂、两足状，而诸种种，仍为藐藐。我诚悲矣，我诚痛矣，呜呼！我何悲哉，我何痛哉？盖我犹是悲我也，痛我也。究之何悲乎，何痛乎？盖知日月之下，水土之上，有一物焉。复生耳目鼻口、四肢百骸，其听其视、其闻其食，及其动游，与我相似，亲昵视之，非我之影，众口勉强名之曰"人"。此谓人也，其非我耶？既非我，而我可悲也；既非我，而又生一名焉，则我更可痛也。究之何悲乎，何痛乎？盖知日月之下，水土之上，使独有我，我且浑浑灏灏，耳得顺其听，目得顺其视，鼻得顺其闻，口得顺其食，四肢得顺其动，百骸得顺其游，一切幻相得顺其幻，不复修饰，不复闲尼，不复真伪，不复离合，不复谓我有是非，不复谓我有生死，乃至不幸一物对待，至大不幸与我相待，忽生问答，忽生拜跪，忽生男女，忽生父母，迟之久之，忘其为我，众口勉强并于人之前呼我为"人"。呜呼！此何名耶，而遽闻之有不悲且痛者哉？悲且痛者。迟之久之，其所为人，初相错愕，继相交接，又继相狎就。迟之久之，乃至欢喜，徐闻众口不复勉强若人若我之名，无有剖晰。迟之久之，我为之修饰，我为之闲尼，我为之真伪，我为之离合，我为之生是非，我为之生生死，以至于再，以至于三。我之所言，若人为言之；我之所行，若人为行之；我之所不言不行，若人亦为言之行之。我乐之，而若人则歌笑；我悲之，而若人则涕泪。若人所为，而我亦然。是我，若人也；若人，我也。迟之久之，乃复不幸若人远我，若人弃我。非远我也，非弃我也，步武离趾，我意于远，形影失节，我意于弃。以此萌芽，遂誓生死；生死萌芽，遂得是非；是非萌芽，遂得离合；离合萌芽，遂得真伪；真伪萌芽，遂得闲尼修饰。种种幻相，生于我与，生于人与？生于我也，夫我何以忽生此哉？此固注之按之，惘惘焉而可悲且痛者也。然而何悲乎？何痛乎？我之少也，得一异书，得一殊色，不敢便读，不敢便玩，必择佳日，必择佳时，稍稍读之，稍稍玩之，而其读其玩之际，又复含茹而咀嚼之。我之壮也，得一奇山，得一曲水，不敢便览，不敢便游，必待心清，必待神爽，稍稍览之，稍稍游之，而其览其游之际，又复徘徊而体贴之。斯二者，非我不敢也，我直不忍敢耳。我何为不忍敢？我以为有普天下之人在也，我以为普天下有如我之人在也。有如我之人在，而我竟尽读之玩之览之游之，则将置如我之人于何地乎？如我之人而具此清心爽神，且郑重得择佳日佳时，以至无可读可玩可览可游，则我所读且玩、览且游者之书色山水，亦何由见其异，见其殊，见其奇，见其曲乎？至不见其异，不见其殊，不见其奇，不见其曲，则我所具此清心爽神，与夫所择之佳日佳时，不且与此书色山水同归于尽哉！此我之所以惘惘焉悲且痛，而不敢竭情穷知者也。矧又我与人，其为薰莸薰苻乎？我与人，其为鲍鱼芝兰乎？则我竭情穷知，亦未必果见为远，果见为弃。如其隐暗，存想远弃，差差老死，不复对待。我于初心，犹此肫朕，我修饰闲尼真伪离合是非生死一切幻相，如即若人，有加无已。而此若人，四山五水，渺不相应，以至我大声疾呼，爆心涎口，愈弃愈远。悲定痛定，迟之久之，左置一镜，右置一灯，以心证心，忽得初心，复我欢喜。一二若人，亦作此想；亿万若人，亦作此想；即无若人，亦作此想。意谓我身，浑浑灏灏，源本如是。朝而出门，笑揖而去；暮而入室，笑揖而止。有如鄹人之子，无可无不可，有如菩萨弟子，所可不思议。百物俱陈，心之所向，物为之招，一心远引，物之所傲，心为之禽。如是十年，如是百年，如是千万年，年年闲暇。乃洁我室，陈我文语；乃洁我庭，陈我草木。鄹人之子、菩萨弟子，嘉我初心，导我儒佛。我忽搔爬，我忽离引。四山五水，亦如若人，飘然远去，渺不相应。如是十年，如是百年，如是千万年，乃至大幸。我室我庭，有如我者，如我洁之，手我文语，目我草木，有如见我。文语知之，字字清净，发大妙明；草木知之，本本佳秀，成大欢乐。彼如我者，无论知不知我，以此文语，以此草木，曼声诵之，小语赞之，距跃三百，曲踊三百，前妻后子，牵裳笼袖，于此文语草木之前。诵之赞之之不足，而复左置一镜，右置一灯，取此文语，复于灯下，交口诵之，取此草木，复于镜中，交口赞之，竭情穷知，有加无已。使其亲身生含茹咀嚼之心，使其妻子生徘徊体贴之心，满室满庭皆大妙明，皆大欢乐。于是十年，于是百年，于是千万年，年年此身，耿耿此心，随若文语草木，有如灯镜，不可复灭。则此之故，岂独于我有所长短耶？岂独于我有所功罪耶？成当其时，无复影响，即欲任其长短功罪，而可得耶？呜呼！文语，我也；草木，我也。悦我者，已在千百年之上；而悦人者，乃在今日。此我之所以谆谆焉而悲且痛者也，此我之所以谆谆焉告普天下之人，且谆谆焉以留告普天下之人如我者。

写情小说泪珠缘初集题词

仁和　何春樧　獭鹤

金陵王气黯然收，往事辛酸说石头。未了一场儿女债，又挥清泪写杭州。
神仙富贵付秦家，翰苑才华到处夸。此后小桃花馆里，枝枝添种合欢花。
迷离情境猜郡主，浩荡天恩锡国公。洗尽平生零落恨，百花含笑列屏风。
半种情根半慧根，才人丰格想温存。十年偿尽相思泪，为读君书一断魂。

仁和　赵组章　冕英

天付生花笔一枝，为他儿女写相思。如今不似桃花梦，到底须吟合巹诗。
人生不合忒多情，热泪如珠故故倾。毕竟两家欠多少？泪泉司合记分明。
轻颦浅笑又娇啼，各有心情数不齐。我固未曾花照眼，却从局外也痴迷。
喁喁私语太传神，说法应当自现身。一部大书堪屈指，居然五百廿三人。

泉唐　陈蝶仙　自题

撮合良缘亦太痴，家家分种合欢枝。有情眷属终成就，莫与侬争早与迟。
一半凭虚一半真，五年前事总伤神。旁人道似《红楼梦》，我本《红楼梦》里人。
不有欢娱那有愁，相思因果也前修。缘深缘浅何须问，得到团圞便好休。
颦笑欢嗔记得真，小桃花下惯伤春。于今心地分明甚，此是前身我后身。

西泠　朱素仙　澹香

天教占断一家春，多筑花房贮美人。我替宝儿愁不了，这边啼笑那边嗔。

浪说红楼迹已陈，绛珠依旧谪红尘。夜来警幻查仙籍，离恨天中少几人。

琐琐婚姻忒费心，人生难得是知音。当时合向花卿说，不到别离情不深。

叶家情事感沧桑，富贵豪华两两当。赢得旁观成一叹，人生难得好收场。

艳说陈思八斗才，心花真共笔花开。读书我算真侥幸，多少花枝入梦来。

不展双眉故故颦，近来歌哭为谁真? 愿将姊妹多情泪，填入桐棺葬汝身。

而今风月已全休，只为相思死不休。开卷便教侬哭煞，大书泪字在当头。

初　集

楔　子

老副末登场演义　小排场全部标名

　　《泪珠缘》,一大说部也,不知有多少意思,多少卷子,多少字。总之,意思只一个"情"字,字数只一个"缘"字,卷子却只有三卷,上卷是写的"情"字,中卷是写的"孽"字,下卷是写的"缘"字。人问:你写这"情、孽,缘"三字罢了,为什么要挣这大架子、大排场、大结局?作者道:这《泪珠缘》偌大一部六十四回书,四十九万字,那里是随口捏造得出的,便细心揣摹出来,情节也不逼真。这是作者亲身阅历过的一番梦境。有人笑道:你们操觚家动不动拿一个"梦"字作起作结,咱们也听的惯了,没什么稀罕,谁和你这痴人说梦去?作者慨然道:人生世上,那一件儿不是梦,那一刻儿不做梦?昨儿的事,今儿想去便是梦,今儿的事,明儿想去也是梦。醒着的事,梦里想去便是梦;梦里的事,再梦里想去也是梦,那里定要睡了才算是做梦。我所以讲,安知梦里的景象不是真的呢?只醒过来记不清罢了,也和做梦去记不了醒的时候事一样。你不信,试拿支笔放在睡处,一梦醒来,便从头至尾的记了下来,明儿再梦去,再记下来。天天的记着,只可不要漏了一点,脱了一节。回来斗拢来,瞧只怕也和咱的《泪珠缘》一样成了书呢。那时你说你写的是梦境,人又不信,说梦境那有这般真,你若竟说是真的,那些笨伯又要寻根究底,说近来并没这些事,是讲的梦话。所以咱这一大说部发过愿,只许梦人看,不许醒眼瞧。人问是什么缘故?要知道,梦人看了这书,便会猛醒过来,回头说是梦;那醒眼瞧了,我怕他忍禁不住,一是便艳慕死了,又从此入梦去,便不复醒。

　　大凡作书的人,总存着一片婆心,要人看了,知道什么样个人,什么样个行为,到头什么样个了局，学得的学不得的，便好把书里的人，取一个来当镜子照看，好的学他，不好的便痛改了。即如现在，人人都满口说个"情"字，又人人都说自己是有情的，究竟他也不知道"情"字是什么样个解。可知这"情"字是最容易造孽的，甚之缠绵至死，次之失贞败节，下之淫奔苟且。人家原知道是造的孽，他自己却总说是情呢，这便错认了这个"情"字。作者尝说：一个人真懂得一个"情"字，不把"情"字做了孽种，倒也可以快活一辈子。最怕似懂非懂的那些伧父，只知道佳期密约是个情，以外便是两口子，好他也只说是该派的，不是情。姐姐妹妹讲得来，他也说终究不遂我的心，便有情也算不得真，等到真个遂了他的心愿了，他又看那"情"字已到尽头地步，便也淡了。这是普天下人的通病。作者深替这"情"字可惜，被这些伧父搅坏了。所以《泪珠缘》一书，特地把一个真正的"情"字写透纸背，教人看了知道情是人人生成有的，只要做得光明正大，不把这"情"字看错了题面，便是快乐，不是烦恼。

　人问：此书既说快乐，不是烦恼，怎么又叫《泪珠缘》？难道快乐也有泪珠么？这"泪珠"是怎么解，"缘"字又怎么解？作者道：烦恼多从快乐中来。人看快乐和烦恼是两件，作者说，烦恼也有快乐在里面，快乐便有烦恼在里面。他这泪珠儿滚着，人当是烦恼，其实也是快乐。大凡人的泪珠，断然不肯轻抛，没有的时候竟没有，便拿着姜片子辣去，也迸不出来。定要至情感动，才肯吊下几点儿。等到和珠儿似的滚了，他的情便至到极处。不看别的，只问列位，不是至情感触，可能哭吗？所以说，泪珠是不易多得的一件最贵重最稀罕的物事。但也有个分别，那些哭死丧离别的都算不得贵重稀罕，要那无缘无故会哭泣的才可算得。人看他说是烦恼，其实他烦恼什么？原是极快乐的一个人。天下惟有那种快乐眼泪是最不易得最贵重最稀罕的，所以特地写他一番，只讲明了。且再把那个"缘"字讲讲明白。

　普天下的事，全仗一个"缘"字，有了情，没得缘，便不免些生离死别的事，纵有情到天不容覆，地不容载的地步，也是没用。所以一个人要想用情，便先要打量有不有这个缘分。这什么说，要知人的情，是由天付与的，那缘也便跟着情字，由天付与的。有了情，断不会没缘，没缘的便不会有情。老天何尝肯故意做个牢愁圈套，叫人镜花水月的做去，只多是人自己不留点余步，一下子把个缘分占尽了，所以多不满意。要知一个人，情是无穷的，缘却有限。有些只一夕缘的，有些只一面缘，也有些是几年缘，总不能到一辈子不离别，不死散。不过这缘也扯得长，比如有一夕缘的，你但不轻易便过这一夕,就使一辈子不了这一夕缘,他生便仍可相逢,所谓前缘未已的因果便是。列位不看别的,只把人人所看过的《红楼梦》比看。人人知道宝、黛两人是最有情,又人人都说宝、黛没得缘分,是个缺憾。据作者看来,他两人果然有缘未了,转生去定该偿这缘分,不过人不知道谁是他两人的后身罢了,便他两人的后身,也不知道自已的前身便是宝、黛。这话虽不可据,却也有个比证。无论宝、黛两人转生不转生,了不了这缘分,只看红楼中留下了一个缺憾,便早有那些续的补的去劳心费血的,定要把两人撮合拢来,心里才觉舒服。可见人情如此,天心也是一样的,只教人不把个情字去造了孽,折了福,便不会短少了缘分。作者先看《红楼梦》,便被他害了一辈子,险些儿也搅得和宝、黛差不多。原来红楼上的情,也不是好学得的。男孩子学了宝玉,便苦了一世,把不据什么人,都当做黛玉看;女儿家学了黛玉,也是一样。其实按到归根,他两人也不见得怎样。宝玉一身的孽也造得多了,所以把艳福折了去。那时便把黛玉竟给了他,只怕宝玉也没福消受,不是自己死了,也少不得疯了做和尚去。那黛玉的死,正是留一线之缘,为他生的地步呢。这也不去讲他了。如今却有几个人,形迹绝似宝、黛,只他两个能够不把个“情”字做了孽种,居然从千愁万苦中博得一场大欢喜大快乐,且讲给列位听听,倒是一段极美满的风流佳话呢。这是楔子,下面便有正文。

第一回

石书生梦入碧栏杆　金公子说明玉蝴蝶

《满江红》

　　离合悲欢，逃不出、牢笼圈套。天付与、心猿意马，名缰利锁。镜里红颜
容易老，鬓边华发催来早。算从前、抛却泪珠儿，知多少？　　撇不下、愁和
恼。忘不了、颦和笑。把人间甘苦，般般尝到。儿女恩情身上债，英雄事业波
中泡。猛思量、兜底上心来，听侬道。

　　却说这部书出在什么年间，看官不知道，作者也不知道。说是一位姓石的，不
知从那里得来这部书，这书就叫做《泪珠缘》。这姓石的是浙江的一位名士，叫做石
时，他家本是石崇之后，现在虽不富饶，却也尚称素封。他父亲石钦，曾为翰林院侍
讲，却也溥溥有名。娶妻金氏，生得一女，取名漱芳，次年又生下这个石时。却不到
十年，石钦便自去世，家内也渐就清贫了。他母亲金氏，本来是世家小姐，于文墨中
却很通些，况当石钦在时，伉俪甚笃，笔墨事也常互相讨论。石钦故后，这金氏便自
己熊丸教读。石时也很聪明，十三岁上便进了学，十六岁又举了孝廉。他母亲金氏，虽
觉欢喜，只是目下家计艰难，近来用度又大，又加儿大未婚，女长未嫁，石时虽得了
个举人，又因没钱上去会试，便会上了，也不能当钱用，往后想想，着实焦虑。前见他
哥子金有声来，他便托他代儿子觅个馆地，也可挣些钱来，助助他自己的膏伙。这有
声本来是世家子弟，为人极慷慨，好结纳，又深通歧黄之术，所以于乡宦场中都很要
好。这金氏托他，他便一口应承了去。这且慢表。

　　且说石时素性幽娴，大有女儿心性，平时也不出门，只在他母亲膝下读书，有时
与他姊姊漱芳吟诗倡和为乐。这漱芳也生得聪敏，脸庞儿又长的可人，性情自不必

说，年已十八，却尚未字，在家无事的时候，不是做些针线，便是学习文墨。这日因做了一首小词令儿，要与石时看看，便叫小丫头翠儿去书房请他弟弟进来。那知石时因这日天气困人，书窗无事，觉得身子很倦，便在书案上枕着手儿睡睡，不知不觉便睡熟了。

恍惚耳边有人叫他，忙睁开眼看时，却并不在书房里，好像不是自己家里，四面一看，却在一座院子里面。这院子倒很好，四面俱是穿山走廊，都挂着一带的帘子，天井外面种着些海棠、桃、杏，都已开了，石笋边又有几株芭蕉，绿的可爱。再看自己，却立在回廊里面，模模糊糊的想道：这是那家的院子，怎么静悄悄的没得一人？想着，便慢慢的依着回廊走去。

转个湾儿，见已是院子的正面。一边是卍字栏杆，一边是一带的碧纱和合窗，嵌着红玻璃，甚觉精致。只中间挣起一扇，以外八扇却都关着。窗里又半卷起一幅粉红绣花的帏子，有些香烟袅袅从窗隙里浮出。石时料想里面有人，便蹑着脚步向窗隙望去，却是闺阁的光景：靠里铺着一座红木嵌大理石的葵花床，垂着海红纱帐；左首列着一带几椅，铺着大红半旧的绣披；右首摆着一座极精致的妆台，地下摆着一扇大着衣镜，却用锦袱罩着；靠窗是一座书案，左角上列着几套锦匣的书，中间摆着一个睡鸭炉儿，喷出些香烟，又摆着一座小红木帖架，铺着帖。

石时因立在正中，近处被帖遮住，隐约见背后有人坐着，却看不清是什么样人。便换个窗隙望去，不道是一个绝色的美人，便暗暗吃了一惊。再细看，是一张小圆脸儿，下庞略瘦小些，小小的嘴唇，点着些淡墨，直直的鼻子，一双似笑非笑的含情眼，两道似蹙非蹙的笼烟眉，额上覆着一批檐发，真觉另有一种风韵。满面的娇嫩玉光，似红又白，真是吹弹得破，眼波盈盈，喘息微微，一双手握着一管牙干儿笔，在那里临帖。铺着一张玉版笺，用一个玉猫儿镇着，一手按在纸上，比纸还白些，颜色与玉猫儿差不多莹白，却还嫩些。石时暗忖道：不信世上有这样的好女儿，只恐这里是神仙住宅，不然那真有天仙化人在世界上的呢？又想道：且看他写些什么。想着再看，写的却是《洛神赋》，已写了三行多些，却写得极娟秀娴娜。

石时暗暗赞叹，只目不转睛的看那女子，正看得出神，猛里面"铛"的一声，那女子便握着笔回转头去，石时也望里面看去。只见（其）海红纱帐已卷起一边，有一个美少年坐起，尚拥着一条文锦被儿，只露出半截身子。生得面如满月，白而且莹，眉如墨画，眼似秋波，欲笑不笑，似愁非愁的一种神韵，望着那女子嫣然一笑，道："好个瘦人天气！"那女子也破颜一笑道："怎便起来了？我还写不到几个字呢。"那少年笑了一笑，将袖儿整整眉心，慢慢的穿上薄底靴儿，走下地来。石时看他不过十四五岁的光景，只穿一件湖色缎绣花的小夹袄子，下面露出半截松花色的裤儿，项间戴着一个玉圈，坠着一只玉蝴蝶儿，越觉好看。见他慢慢的整整衣襟，走到书案前来。那女子便回过头来，少年却站在女子身边，看他写的字。那女子便握着〔的〕笔点着道："那字写坏了，这字也写坏了。"那少年便一手靠在桌上看，道："那字也好，不过比这两个字差些，总比我好多了。"那女子便侧转脸儿，对那少年笑道："谁让你讨好儿！"那少年也便一笑，又道："让我也来写几个儿。"那女子便放下了笔，站起来。石时看他，却与那少年差不多长，暗度总不过同年伴岁的样儿。见那少年坐下了，拈起笔来舐了些墨，照那女子写的字，并行照样的写了十几个。那女子一面替他磨墨，一面看他写。

忽左边帘钩一响，走进一个丫头来，也生得眉目如画，对那女子道："二小姐起来怎早，太太着来请三爷的，刚到三爷屋子里去，袅烟姐姐说，一早便过小姐这边来了。这会子太太请小姐和爷进去呢。"那少年便搁下笔，道："你可见袅烟在屋子里么？"那丫头道："在呢。"少年道："你告（向）他将我书架上的《石头记》检出来，送南正院去，太太昨儿讲过要看呢。你先去，咱们便来。"那丫环道："太太候着呢。"少年便向那女子道："那么着，姐姐就同去走一趟儿。"那女子点点头儿，整整衣裳，便和少年同着丫头出来。

石时看无处可避，便望栏杆上想爬到帘外去，却从来不曾爬过，一失脚，便跌下来。听有人叫"二爷"，急睁开眼看时，却是翠儿在那里推他。石时嗔道："我好好的做梦儿，你推我醒来做什么？"翠儿道："这里有风，睡着了不当耍的。小姐请爷看诗去呢。"石时便站起来呵个欠，走出房来，心里却很想那梦里的光景，实在艳慕的很。

一面想着，已到了漱芳住的院子。翠儿便先走一步，石时跟了进去。见漱芳正在那里写字，心里想道：刚才梦里那人，真比我姊姊强十倍呢。那漱芳见石时进来，便站起来，道："怎么这时候才来？"翠花代答道："爷睡着呢。"石时道："说姊姊有诗在这里，我看呢。"漱芳笑道："只首愁倚栏杆的小令儿，也没什么好。"说着便向镜台抽屉里拿出一张笺纸，递与石时。石时接过，看写着道：

帘影重，蒙烟微，漏声稀。小院春深，人静燕双栖。一带碧纱窗，掩流苏银蒜轻垂。生怪炉香关不住，出幽闺。

石时看毕暗想：这写的好似我梦中所见的光景，便笑道："这真是此中有人，呼之欲出的了。"漱芳笑笑，却不理会。

忽金氏身边的万儿进来，道："太太请二爷过去，舅爷来了，有话讲呢。说小姐不必过去。"石时便向漱芳说了声："我去去来。"便同了万儿到上房里。见他母舅金有声正和他母亲讲话，便上前请过安，靠着他母亲身边坐下，与金有声寒暄几句。

金氏因对石时道："你可晓得你舅舅的来意么？他此来一则为你姊姊的亲事，二则已与你找得个馆地，讲起来倒也很好。"石时便向金有声道："不知舅舅讲的是那一家？"金有声道："便是越国公秦府里。"石时道："原来他家，这是很好的。"金有声道："你也知道他家么？"石时："不过听说是大家，究竟也不知道底细。"金有声道："说来这亲事却很当，他家原是安徽省人，因先皇赐第在这边，所以也算是本地世家了。那越国公是他的曾祖，他祖父是文胜公，由探花出身，放江苏巡抚，历任云贵总督及河南等处学考，升礼部尚书，官至协办大学士。娶的是陆殿撰之妹，生下三子二女：长子名敏，次子名政，三子名文，女适姑苏花殿撰占春先生。这文胜公已去世廿余年了，陆太夫人亦已去世。大房秦敏公死于国难，谥文节公，并无子嗣，只有远房过继的一位少爷，名唤秦珍。袭了一等轻车都尉，年已三十岁，娶的便是都门沈左襄先生的女公子名唤藕香的那位大小姐。"

金氏道："原来便是沈左襄的小姐，我在京的时候到见过的，长得很出众，他还有两个妹妹，也是绝好的，我平日也常想起他们。听说这大小姐已经过门了多年，可生得一位公子没有？"金有声道："只有一位小姐，已经十二岁了，名唤赛儿。这位珍爷因没有公子，便将这小姐扮做男装，我倒见过一面，相貌倒很好的。"

石时道："舅舅讲的郎官是那一房的？"金有声笑道："你不要急，我细细的讲与你听，便明白了。他三房的文老爷现已五十多岁，由内阁学士升礼部右侍郎，任都察院左都御史，现告病归省。为人刚直异常，平时又慷慨的很，济困扶危的事他是最肯干的。娶的便是袁太史的妹子，已生得一子四女：长子名琼，现在年十九；长女名唤美云，年已十七；次女丽云，年已十四；三女绮云，年十二；幼女才八岁，叫做茜云，都长的很好。"

金氏道："你讲的可是琼哥儿吗？"金有声道："这琼哥儿长得虽好，总不及二房里的云哥儿。那长的真是美人儿一般，我也讲不出他的好处来，就叫我比比也没什么样儿可比，想古来的子都也不过这样便了，这也不去讲他。单讲他才十四岁的孩子，便博古通今，琴棋书画、诗词歌曲，真真没有一件儿不会，没有一件儿不精，便是弹丝吹竹、金石图书，也都会得，医理药性也彻底通明。我常说他这个心定是镜子做的，见一样便会一样。只他有个脾气，放着个世袭他不稀罕，说是祖宗余荫算不得，定要自己考试出来，果然十二岁上入了庠，竟夺了一府的批首。姊姊你想，不是难得的么？"金氏笑道："只怕咱们漱芳年纪大了，又没那样体面，他家不要呢。"金有声尚未开口，石时早插问道："可便是秦珊枝？"金有声道："正是呢，你见过么？"石时道："见却不曾见过。他有一部《粟园丛钞》的诗集，我却见过。他才十三四岁的人，那诗集倒有三十六卷了，那一个不拜倒他。便是性情面貌，人都说他是个女孩儿的样子，舅舅也这样说，定好绝的了。"金有声道："我素来不肯夸奖人，这位哥儿实在是真好，所以我才讲呢。"

金氏道："他房里政老爷尚在么？"金有声道："他爷已去世五年，在日极蒙圣眷，御赐的物件，一天也背不了。拜了体仁阁大学士，派了军略，又赠了一等伯爵的封典。这政老爷的元配系俞太史的令妹，并无所出，早已谢世。继室柳氏，是詹事府正詹柳殿翔的小姐，单生下这位哥儿，便叫秦云，号珊枝，他家里人都唤他的小名，叫做宝珠。他太太养他的时候，说梦见一只蝴蝶飞入怀里，细看却是玉的，他太太用手提时，转眼化作一颗顶大的圆珠儿，醒来便生下这位哥儿。他生的时候，又有一朵红云覆在屋上，人多说这哥儿将来定有造化，他太太所以唤他做宝珠，名云。因曾看见玉蝴蝶儿，便画出样儿，叫人去喊玉铺子里照式的做一个来，不道却有个现成的。他太太看时，却与梦里见的一式无二，便欢喜的了不得，与宝珠做了项圈坠儿。"

石时听到这里，便截住道："这人可是一张粉团脸儿，眉儿浓浓的，鼻梁统统的，似笑似恼的，带些女孩儿气的？"金有声拍手道："是了是了，一点不错。这样讲来，你是见过他的了。"金氏也欢喜，问是那里见过的？石时只说记不清了，又道："好像听说已经娶了亲了，那位姑娘的相貌儿也真真没得说的，我也好像见过的。"金有声不禁笑道："这又胡说，他多早晚定下亲了？你倒说他已经娶了，又说见过的，真是讲梦话呢。你见什么样的人来？"石时也自好笑，道："我看见那人与宝珠差不多年纪，长的真是天仙一般，两弯眉儿好像带着些烟雾的光景，一双眼睛好像含着两泓秋水，又似含着千万情绪的光景，此外我就形容不出来了。"金有声笑道："是了，这是宝珠的表姊，你怎么能见他？我才前儿看病的时候略见了一面，果然是这种风韵。"

　　金氏却呆呆的听着，石时便喜的坐不住，立起来道："他表姊是谁家的？"金有声道："便是我方才说的姑苏花殿撰的小姐，他母亲便是政老爷的妹子，现在都已去世。先有一子，生而不育，只得这位小姐名（各）唤婉香。今年十五岁，很通些文墨，在姑苏却有才女之名。因父母故后，又无兄弟，依他叔婶度日。他叔子婶子却不比他母亲，件式总欺他些。这位小姐却也懂得些世故，不作一声。前儿花朝，他往（在）秦府里探他舅母，柳夫人问起，知道他的苦处，便不肯放他回去，留在府里住下（他）来了，他婶子也不来接他，所以柳夫人便很有意思将来要讨做媳妇的。只不过旁人猜着，却也并没有成见他，文老爷却还是托人替宝珠提亲。我所以来讲这亲事，你怎么说他娶了呢？"石时不禁好笑，便将梦中所见的光景说了，金有声和他母亲多觉好笑。

　　金氏又道："我总不信这位哥儿有这许多好处。"金有声道："这也不难一见，我讲外甥的馆地，便是他家。那教读是早请下了的，便是前科的翰林陆莲史。若说帐房，是外甥干不下的，现在讲的是记室，这原是笔墨事情，也不荒废了自己的学问，一月也有三五十两银子的薪水，强如在家闲着。日后果然主宾相得，两家结了亲，便长好来往。况他家柳太太是极要好的。姊姊可常去得，也便好看看那位哥儿。如果是合意的，不妨慢慢讲这亲事，岂不一举两便？"金氏听了，甚是欢喜。金有声又坐了会儿，也便去了。不知这亲事成与不成，落后自要表明。正是：

　　　　好梦有缘先识面，大才随处得知音。

第二回

小书生秦府作西宾　大花园石生谒东主

却说金有声去后，过了几天，秦府家人便送关书过来。这日正是二月杪，石时告知金氏，拟装明日三月朔，便进府去，金氏应允了。石时便自去收拾书箱，金氏替他检些衣服被铺，一切齐备。到了次日下午，秦府里已备了官舆、请帖过来，石时便向母亲说知，又与他姊姊作别。少不得一番叮嘱，怏怏上轿，带了管家许升出门，径往学士街秦府里来。

不一时，至秦府门首，见是一座宗宫墙门，悬着直蠹绿地金字匾，上书大学士第。对面开着方井，已歇满轿马，站着些挺胸凸肚的管家，气象甚是巍峨，轿子便一直进门去。接着一道甬道，两旁摆（学）着些执事，像是有大员在里面的光景，仪门内拥着许多亲兵差役。石时看那号衣，知是中丞在里面。那些人见轿子进来，便多站开。轿夫便如飞的进了仪门，抬过穿堂，到大厅上歇下，早有几个当差的上来伺候。石时出轿，那当差的便上来请安，许升递上名帖，那当差的接了，一溜烟往里面跑去。

不一时，见大厅中门大开，又跑出两个有体面的管家来，上前请安，说请。石时随着那管家进了中门，又绕过一带抄手游廊，才到一座院子。那管家却不进院子去，望东首游廊上的墙门内进去。见一座落地大理石屏风挡着，转过屏后，却是花厅的左廊，一派鸟语花香，很觉幽雅。廊上半卷着一带的帘子，帘外便有一堆假山石挡住，从石孔望出，见隐约有些亭台花木。转过走廊，已看见栏杆外景致，却真华丽。

石时刚看外面的景致，见对面右首走廊里，从帘子影内走出几个管家来。看见石时，便抢上几步请安，说："老爷在西花厅会客，请爷在这里稍坐会儿，便来了。"

石时含笑道："是。"那管家已打起中间软帘，让石时进内。石时走进，看是一所五开间的花厅，上面榜着"雨香草堂"，中间挂着一幅刻丝的山水，两边镶着一幅泥金对联，写的是：

　　　　花鸟与人若相识，富贵于我如浮云。

下署"金湖退叟"的单款，想是秦文自己写的。刚看着，许升上来装烟，石时便坐在下首椅上吸着烟，看那带几椅上多铺着崭新大红绣金团龙披，中间地上铺满锦毯，上面设着大炕，也是大红团龙绣围，炕几上摆着玩器，两边列着一对落地镜屏，把天井里的景致多映在里面，越觉好看。

　　石时刚吸着烟，看那镜子，忽窗外一阵脚步声，有人说："老爷来了。"石时连忙站起，见几个家人七手八脚的打起帘子，走进一位官长来。穿着大衣，十分威重，两道浓眉，一双笑眼，却不露一点威相，项下一部斑白长须，身干长长的。石时一见，打量便是秦文，赶忙趋前行礼。秦文带着笑，连道"不敢"，也伏地还礼。早有管家搀着起来，便让石时登炕。石时连说"不敢"。秦文便呵呵的笑道："足下这样拘泥，日后是常要请教的，那便反生疏了。"石时见无可推诿，便只得登炕，欠身坐了，管家送上茶来。秦文开谈道："前儿令亲金有翁讲起足下，兄弟实在企慕的很。今儿得就雅教，真相见恨晚了。"石时只称"不敢"，也说些客套的话。秦文道："当尊大人在日，兄弟与尊大人却常会面，那时兄弟也年轻的很，不道只几年工夫，尊大人已作故了。"因拈拈胡须道："兄弟也老了。"说着哈哈的笑起来，道："人生如白驹过隙，却是真话呢。像足下这样才干，又在年轻的时候，正大有作为，到兄弟这里就馆，可不大材小就了？"石时连说："晚生得叨庇荫，已是受益不浅，那还说这样话来？"秦文笑笑，因向管家道："师爷可带家人来？"那管家道："在外面伺候着。"秦文道："喊他进来。"那管家答应出去。秦文便向石时道："盛纪可不必打发回去，兄弟这里虽然有人伏侍，总未必合式，就留在这里当值足下的事罢。"石时连忙欠身道谢。

　　话未毕，只见那管家已领着许升进来。许升便抢上前请个安，站起来挺腰儿垂手侍立。秦文将他上下打量一番，便道："你唤什么名字（存）？"许升又请个安禀明了。秦文道："那你在这里当值东书房的事，专伺候你爷，若要什么，只问帐房里葛师爷要去便了。"许升答应着，便退后站着。秦文即笑向石时拱茶，茶毕，秦文站起来说："请书房里坐，回来再请教罢。"石时也便站起，告辞出厅。秦文送至花厅门首，便站住说："请。"石时也便站住说："大人请便。"秦文略一推让，说声："回来再见。"便归自己转去了。

这石时出了花厅门，许升便上前说："爷可去见见各位师爷及府上少爷吗？"石时点首道："这自然要去拜的。"秦府家人便插口回道："陆师爷和葛师爷都出去了，大爷在园子里。师爷要去，也好带逛逛园子。"说着便上前引导。仍走出正厅，前面向西转湾，却是一条花墙夹道，约有三五十步。地下铺着碎纹石子，中间有一道雨廊，直接到园门口。这园门是月洞式的，上面镌着"一粟园"三字，有四扇大冰兰格子嵌着。进门便有几个小厮立起来。那跟着的管家问："珍大爷还在里面么？"那小厮道："刚同琼二爷向东府里去了，三爷在里面呢。"管家又道："小姐们不在么？"那小厮道："今儿没来，说太太有事呢。"管家便点点头说："请师爷进来。"

石时便走进园里一看，见迎面一座假山，在栏杆外挡住。左首游廊是渐高渐远的，一望不尽。那管家却向右首靠山游廊走去，转过山脚，便显出一座石洞。那管家道："走这里近些，若走正厅又远了，要绕过七八个院子呢。师爷还是爱逛逛呢，还是走近些？"石时笑道："走这边也好。"于是便走出游廊，径走石洞里来。石时看那山，宛然同真的一般，形象百出。进洞迎面一方碑石，镌着"别有天地"四字。一路转转曲曲的石径，两边常有透亮的石孔，隐约见些亭台楼阁。依石径走不过三四十步，便出了山洞，一看，真换了一番眼界。山坡接着一座九曲红栏的石桥，压在水面，两岸桃花杨柳正是茂盛的时候，半遮半掩的藏些楼阁。那一池的春水，又绿的可怜，微波鳞鳞，人在桥上行走，那人影也在桥下晃动，石时暗暗赞叹。管家领着已走过几曲桥栏，一路看两边池畔的楼台，或临水开窗的、或有花墙遮着的、或有假山花木挡着的，层檐飞栋，或隐或现，真正目不暇接。石时只当逛西湖的一般，又转过了一个湾，过一乘桥亭。池心里早显出一座六角亭子来，周围俱是白石栏杆环着。这亭子是六面开窗的，窗子俱一色绛纱，嵌着蓝玻璃窗，楹也雕得极玲珑精致。看看已到面前，门却关着。榜着"洗翠亭"三字，镶一幅楹联，是泥金北魏书法的，道：

渡水箫声催月上，隔湖人语采莲归。

下署着秦云的款。石时暗暗点首。转过亭后，仍接着红栏石桥，湾湾曲曲，过一乘桥亭，又是八九曲，才走完了。

迎面柳阴里便有座青粉花墙，也开着月洞门，上面标着"绿云深处"。管家便道："请爷进这院子里去坐坐，我去北面春笑轩、吟秋榭那边找三爷看，省得回来再跑这里。"说着，便自跑去。石时便同着许升信步走进月洞门内，见左右两带沿墙的曲曲回廊，中间是石子砌成的甬道，两边多种竹子，别无杂树。石时便向左首游廊上走去，看一边是透空的花墙，里面还有院子藏着；一边是坐盘槛栏干，栏干外面有一带清泉，潺潺作响，向外流去，都灌往池子里去的。沿着游廊走不多步，迎面见一色碧纱卍字窗子，窗前又有一带朱红栏干衬着，越觉幽雅，便沿着窗外走去，见中间一带落地风窗开着，却是三明两暗的一所院子。进内一看，见列着的桌椅却是湘妃竹打成的，也不用披垫。两边分间隔子也是碧纱卍字的，嵌着刻丝书画块子。上面列着紫竹藤心的大炕，前面装着葫芦藤的落地罩，正中悬着一面大镜，镜上面榜着"清可轩"三字，楹联是集句的，道：

　　　　麝脑半销金鼎火，虫声新透绿窗纱。

也署着宝珠的款。石时略坐一会，那管家已回来，说："那几处没有，光景定在惜红轩。"石时便跟着出外。

出了月洞门，转南便又是假山石挡住，却有走廊向石洞下穿过，便觉渐行渐高。原来这走栏是依山凿成，石级五六步一级，约有二十余级。右手墙上都嵌些碑碣，左手俱是一带座栏。依山而上，随处皆可小坐。从栏杆外望那些亭阁，只露些飞檐挑角。不一时，已走尽游廊，不知不觉已在假山上面。从下一望，这满园的楼阁也不止数十处，多被些花木高低掩映的遮着，惟洗翠亭因地面宽阔，尚看的见。再看立的所在，却与平地一般，也种满花木，堆着假山，矗着石笋。右首一所花窗的楼屋，榜着"听秋声馆"。左首一座青石的月台，列着石桌石凳。对面一个秋叶式门，进门又是一座假山。石砌的台基，约有五六级。走上石级，四面俱是碧瓦做成的栏杆围着。望上面是一座高楼，却是西洋式。飞出一椽，便做了下面的游廊。窗楹都是红木嵌黄梁的葵花格子，镶着白磨花玻璃。中间榜着"紫玲珑阁"，楼上檐口榜着"夕阳红半楼"，窗楹却是红玻璃的。

石时刚要看楹联，那管家道："师爷吃力了，进这边去便是了。"说着，便向西首垂花门进去。又是一座院落，榜着"醉花仙馆"四字，仰面一看，却是三层楼，飞檐高栋，直接云际，上面檐铎丁丁当当的响个不住。隐隐认得榜着"天风楼"三字，隶书的泥金匾额，映着日光，闪闪熠熠，耀人眼光。石时见那管家已向前面走去，便跟着又进了一重花格子的圆洞门，却又换一种景象。一带碧瓦栏杆，环着一所小小的三楹精舍。栏杆外种着几株垂丝海棠，又有些樱桃花，开得正是妩媚，芭蕉却也绿的可爱。也有几株石笋，靠栏杆列着一带的盆景，各式花草俱备。那窗楹却别样精致，纯用五色杂玻璃打成冰兰块子，用格子凑成，一片的光怪陆离，耀人眉睫。正中榜着一方泥金匾额，题着"惜红轩"三字，下署"小桃花馆主人婉香女史"的款，越觉华丽异常。门口挂着一扇西地锦的软帘。

忽游廊上的鹦哥叫道："客来了。"里面便有个十二三岁小丫头揭着软帘出来，道："谁呀？"那管家便站住脚，道："石师爷请见三爷来。"那丫头摇摇头道："三爷下去了。"说着，便放下软帘进去。那管家知道里面有人，便向石时道："师爷请醉花仙馆坐会儿。三爷下去了，光景给师爷请安去的。"石时因不知行李安顿好未，便道："既如此，不坐了，咱们就转去罢。"说着，便要回步。那管家道："天将晚了，那里洗翠亭怕不好走，平坦点儿走这边罢。"说着，便引了石时向惜红轩廊下越过，又穿出一重圆洞门，见一座大院子，榜着"留余春山房"字样，又过了几所院落，才渐渐的走下山来。石时已经倦极，无心赏玩，出了园门径向东书厅来。不知宝珠见与不见，且看下文。正是：

　　绕遍回廊人不见，夕阳闲煞好楼台。

第三回

西花厅赴席见坝麓　南正院演书供色笑

却说石时出了一粟园，其时天色将晚，那管家便引着，仍向二厅廊下走过。走出大厅，向东首游廊上进一座墙门，便是一所小小的三间院落。三面走廊下，已点齐了琉璃灯，照见天井里也有些花木竹石，却看不清楚。中间门首也挂着一扇软帘，里面射出一片保险灯光，有如月色。石时便进了院子中间，看两边用书画围屏分作三间的，一边是书房，一边是卧室。石时便先进了卧室，看已安顿齐备，更换了便衣，走过左首书房里来坐下。见几案摆设都是现成的，便喊许升打开书箱，将要用的书检出，一部一部的集齐了，搁在书架上。

一时有人来请，说："老爷在西花厅，请师爷用酒，说不用公服，就是便衣很好。"石时答应着，却仍换上大衣出来。早又是一个管家来催请。石时便随那管家出了东书房，仍穿大厅廊下，向对面一座朝东的墙门进去。见满廊下都点着几十盏花式檐灯，照的通明。廊口一带帘子，已都卷起。天井很宽，有些高大树木，像有花开着，很香的。几株石笋立着，隐约像人似的。对面又有一座半角亭子，栏杆外都点着五色檐灯，映着窗，越显华丽。亭前一株大玉兰花，开得雪山一般，映着朦胧月色，越觉好看。灯光下望去，写的字却看不明白。没几步，已到花厅。正面看这厅是一统七间的敞厅，外面一座卷篷，气局比东花厅宏旷许多。廊下立着几个管家，见石时来了，便高声道："石师爷来了！"石时便略站一站，听里面说"请"，早有人打起软帘。

石时进厅一看，见居中一排挂着七盏廿四副的水法塔灯，照得满厅雪亮。上面摆一张大炕，下首坐着个秦文，穿着蜜黄开气袍，罩着天青织金龙图短褂，薄底靴子，神气很足。旁边站着一个六品军功的老管家。上首坐着一人，却是五品营装的，刚和秦文讲话，见石时进来，便连忙站下地来。秦文也便慢慢的走下炕来，向石时一拦手，说："请升炕。"石时那里肯坐，推让半晌，又和那五品服色的那人各问姓名，才知是府上的文案夏作珪，便向他推让一会儿。秦文定要他坐，又说："今儿初次〔是客〕。"石时只得欠身略坐着一点儿。秦文便对石时道："足下也太拘了，兄弟早着人过去回，不要穿大衣，足下却定要穿着公服才来。咱们从此要捐去这些俗套，才好讲话。"说着，便回头向管家道："喊人把师爷的短褂子拿来。"外面许升早答应着去了。

秦文又道："刚兄弟到东书房去来，说足下到园子里去了。"石时忙站起来说："失迎。"秦文略一欠身，道："请坐，请坐，刚说过不要这样拘礼才好。"石时陪笑称是，便道："刚才瞻仰名园，真是一丘一壑都是文章，胜读十年书呢。"秦文笑道："也没什么好处，不过聊可赏心悦目罢了。兄弟虽起了这所园子，却也没得空儿去逛，倒是儿辈常在那里躲懒呢。足下可见着这几个孩子们？真不成器皿，日后总要足下教导些才是。"石时忙欠身说："不敢。"又道："刚才到园子里，原给三位爷请安去，不道多不在那里，未能领教。"秦文笑道："这些孩子真也胡闹，论礼早该过去给师爷请安，那有反劳足下的。"说着，便向管家们道："去南书厅请陆师爷过来，把琼儿、宝珠带了来，再去西正院唤声珍大爷。"几个管家一片声答应个"是"，却只去了两个。一会子远远听见有人高喊："花农儿！"便听见远远有人答应，又听道："快去上房里请三爷出来。"便像有人答应去了。石时忖量，必是宝珠不在馆里。看秦文像听不见似的，归自己吸水烟。好一会儿还不见来，便向装烟的管家道："你瞧瞧去。"

那管家去了会儿，窗外便有许多脚步声走来。有人报道："陆师爷来了。"石时等便站起来。见前面两个管家，掌着羊角风灯，写着"南书厅"的红字。后面又有一丛人，掌着"西正院"的灯，到帘外便都站住。只走进一个四十多岁的人来，生得十分清癯，石时料是陆莲史。见他一进来，便抢前几步，与秦文对打个千，转身便和石时也打个千，各道姓名。石时便让他登炕。陆莲史笑道："足下初到这里，那还有谦让的理。"说着，仍让石时上座，自己便向夏作珪对面一排椅上坐下。秦文便归座，道："孩子们来了么？"陆莲史尚未回答，帘外早一片声答应道："伺候着呢。"一声未了，早走进两个人来。一个身干短短的，白净脸儿，年约三十内外。一个却不过十五六岁光景，浓眉方脸，相貌比那个好些。都穿着礼服。石时暗想：这两个人定是秦珍和秦琼了。刚想着，那两人早向石时打千请安。石时忙回了礼，讲几句话。见秦文问两人道："宝珠呢？"两人刚要回，早帘外有人应道："三爷早来了，伺候着呢。"秦文因道："进来。"

管家传了一声，说："请三哥儿。"外面帘子一动，早见两个极俊俏的小厮，拥着一个如花似玉的宝珠进来。石时看他，年不过十三四岁，穿一件粉花百蝶衣，罩着一件纬金堆花的箭袖；下面结着湖色排围须儿，仿佛霞佩的样儿；足下登着薄底粉靴儿，小的很觉好看；头上戴着束发紫金冠，嵌一颗极大的明珠，颤巍巍的一个绒球；颈上系着玉蝴蝶儿的项圈，越显得唇红齿白，目媚眉鬟。虽是正色，却带笑容，觉得比梦中所见更美几倍，石时不禁呆了。宝珠早紧步上前，给石时请安。石时回礼，宝珠随后退后，垂手立着，低头不语。

秦文却放下脸，露出一种威相，看了宝珠一眼。宝珠更低下头去，脸儿飞红了。秦文看那小厮，道："谁叫你爷穿礼服出来？"那小厮有个叫花农的，却很灵变，忙回道："爷刚进馆，听老爷喊，怕来迟了，所以不及再进去更衣。"秦文哼了一声，便不言语。石时见宝珠那种苦恼样儿，心里着实过不去，便和（知）宝珠搭讪几句，不过讲些一向企慕的话头，宝珠随口答应几句。一时见管家上来摆席，看是五个座儿，知道自己没事，便走近秦琼身边站着，看秦文的脸色。秦文又看了宝珠一眼，才道声："去罢。"宝珠暗将秦琼的衣角一扯，秦琼便同宝珠向各人告辞出来。到帘外，刚小厮掌起风灯想走，忽里面秦文喊道："琼儿转来。"秦琼忙应了声，便仍转去。宝珠知道是秦文自己不陪席了，恐怕出来撞见，反为不美，便一溜烟跑出厅门，趁着一路的灯光，跑进二厅，走到柳夫人住的南正院来。

便刚跨进门，迎面撞着柳夫人身边的丫头可儿走来。看见宝珠，便站住笑道："我的爷，到这会子才回，把太太急死了呢。说爷出去迟了，三老爷是不管有人没人，会放下脸来的。怕爷回来丢了脸，教我着小厮来请爷去的。"宝珠笑道："还好，没惹骂。二姐姐可〔还〕等着我吗？"可儿道："早回屋子里去了。"宝珠一呆，道："怎么他不等我一回儿？"可〔儿〕笑道："不要又站住了，太太盼着呢。"宝珠便绕过游廊，到画锦堂下，揭着软帘进去，见他母亲柳夫人正坐在炕上，听他侄女赛儿讲书。

那赛儿只穿着件湖色花绣的袍子，束着玉带，也戴着紫金冠，缀着一颗大珠，背面垂着短发，屈着一膝，反露出一个三寸多大的小靴底儿。一手托着腮，靠在炕桌上念《石头记》。听见宝珠声音，便回转头来笑道："宝叔叔，你回来了，好好来替我讲书呢。"柳夫人也笑问道："可惹骂来没有？"宝珠笑着摇摇首儿，说："没有。"便挨着赛儿来坐，赛儿靠进去些让他。宝珠也便屈一膝儿，伏在炕桌上看那《石头记》。赛儿道："你怎么不把褂子脱了，可不热吗？"宝珠一笑道："是呢，我忘了，袅烟来替我脱去。"那宝珠的丫头袅烟便走上来，替宝珠松去腰带，给他脱了，又将项圈儿整整好，压在衣衿外面。宝珠便心里活挠挠的想走，柳夫人道："忙什么，一会就摆饭了，给我安安稳稳坐着歇罢。"

宝珠便不好走，仍挨着赛儿坐下，道："你来多少会儿了，你奶奶怎么不来？"赛儿道："我一个儿来找婉干娘的，他回屋子里去了。太太便不放我走，要我念这牢什子呢。"宝珠笑笑，见他紫金冠上的红绒球儿歪着，便顺手替他整整好，随口道："你念到那一段了？"赛儿嫣然一笑道："我刚念那个刘老老的笑话儿呢。"宝珠笑道："这也有趣儿。"说着，便一手搭在赛儿肩上，一手去翻那书。柳夫人道："好孩子，便你念给我听罢。"宝珠笑道："我不要看得，我做那刘老老的样儿给太太瞧。"说着，便做那刘老老对镜子叫亲家的样儿，口里又做出那老婆子的声音，引得柳夫人大笑起来。赛儿觑着见宝珠的脸，只是憋笑。宝〔珠〕笑着，只顾做那好笑的形景，连地下站的丫头们都看的好笑。赛儿早笑的胸口疼了，便央着宝珠，叫："不说罢。"宝珠却一法的逗他笑。赛儿笑着来掩他的嘴，宝珠才笑着罢了。刚乱着，见婉香身边的丫头笑春进来。要知他来什么事（世），看下文叙明。正是：

　　上客好留连夜饮，佳儿能博合家欢。

第四回

花婉香拥衾春卧病　秦宝珠烧烛夜谈心

却说婉香身边的笑春进来便笑道："太太这里好热闹吓。三爷回来了么？"宝珠见是笑春，因道："你小姐怎么不也来听笑话呢？"柳夫人也笑道："咱们这边热闹呢，你请你小姐来这边用饭。"笑春道："咱小姐吓，又不适意了，这会子闷的很，着我来瞧三爷，请去谈谈呢。"宝珠忙道："怎么姊姊又怎么了？"笑春笑道："也没什么大不了事。刚打太太这边转去，好好的看书，不知道怎么一下子，又哭了一会子。这时儿又说心疼，带点嗽着，烧发的很旺呢。"柳夫人道："那可吃点儿什么没有？"笑春未答，赛儿先道："怎么不问我奶奶要香苏饮去？"笑春道："珍大奶奶送来的药块子正是这个名儿，说好的很，此刻春妍在那里煎呢。"柳夫人道："那也还可吃得。宝珠你瞧瞧去，看是怎么了。倘有什么，可也不必回我，径喊当差的去请那金有声来，打一个方子。前儿不也是他的一剂药便好了吗？"宝珠巴不得一声儿，连连答应着便去了。

宝珠（赛儿）也不等笑春，径走过左手游廊，向西首墙门走进，向南转个湾儿，便是婉香住的小桃花馆。一进中门，便一手揭起软帘，一眼见春妍蹲着煽药炉子，见宝珠进来，便站起来。宝珠不待他开口，问道："姐姐怎么了？"春妍指道："在房里睡着呢。"宝珠低声道："敢睡熟了没有？"春妍道："一会子没听声响，多管睡熟了。"里面婉香却早听见，因咳嗽了声道："春妍，药好了吗？"春妍隔着围屏回道："快当呢。三爷来了。"婉香却不则声。宝珠便自己揭着门帘走进房去，见妆台上洋灯却旋得幽幽的，床上帐子垂着，外面又放下一重海红帐幔。宝珠尚未走到床前，先唤声："姊姊，你怎么了？"婉香便自伸出一手来，揭开帐子，向宝珠道："没什么，不过不适意点儿。你怎早家来，敢不念夜书么？"宝珠笑点首儿，便在床沿上坐下，替婉香钩起一边帐子。婉香便要坐起来，宝珠忙坐近些，止住道："不要起来，仔细吃力了。"婉香也便不想起来了。

宝珠伸手向他额上熨熨，婉香欲躲不躲的一来。宝珠缩转手道："了不得，烧的火烫呢。你还要起来，回来兜了风，是不当耍的呢。"婉香笑嫌道："我不起来罢了，你给我好好的坐着，不要大惊小怪的骇人。"宝珠一笑，因又问道："你心疼可好些么？太太叫我请金有声去。"婉香听说，便拗起来道："我没什么，谁告诉太太去来？"宝珠见他已经坐起，忙拿件玫瑰紫绣花袄儿，想给他披上。婉香却已伸手来接，自己披了，接着道："敢你回太太去的么？"宝珠看他两颊红红的，嫩得和海棠花儿似的，正发烧着，便口里答："是笑春讲的。"一手却去放那帐子。婉香嗔道："怎么你放他下来什么？"宝珠怕他发恼，忙仍替钩上，道："我怕你冒了风。"婉香笑道："谁要你献殷勤儿？"随又嗔道："笑春也忒胡闹，这一点算什么病，又到上房里回去。你快去说我原好好的，没什么，不要去请大夫。"宝珠扭颈儿道："我不去。"婉香道："随你罢，不过太太记念着呢。你不去也罢，我睡我的。"说着，便和衣躺下。

宝珠只是讪笑不语，见他睡下，便与他铺盖好了，却仍不走。婉香转向里床道："你到外面坐，我要睡了。"宝珠笑道："何苦来呢？又和我呕气了。"婉香听说，便回转头来笑道："谁与你呕气，我爱睡一会儿，怕又得罪了你么？"宝珠也便一笑，道："好好，你睡你睡，我不扰你。"说着，便站起来，替他放下帐子。婉香隔帐儿道："幔子不要放下，怪闷的。"宝珠依他，便只将罗帐垂下，却把幔子卷得高高的。便慢慢的走到妆台边去，见灯不亮，因道："姊姊这灯怪讨厌的，旋亮些儿好么？"婉香含糊应道："随你，你爱那样便那样。你不唤我，我要睡呢。"

宝珠便不则声，就靠妆台坐下。见鸭炉里香已烬了，便随手将鸭炉盖子揭开，用香印儿慢慢的印了个双回文的心字，看看不甚清楚，倾去又重印了一个，看还明白，便用煤纸燃着，仍将盖子盖好，移进镜边。见镜袱尚未套上，暗暗埋怨道：这些丫头们这样不经心，姊姊睡着，连镜套子也不套回头，梦魇了可不苦了姊姊。因便将一个粉红平金套子遮上了。坐一会，却没得事做，随手把镜台抽屉儿抽开。见粉盒儿没有盖上，前年送他的那个长指甲还在做粉梢儿，顺手拿出来看。见染的凤仙花露尚有些红迹，便自己伸出左手，将小指上的指甲比看，却比剪下的长了一半，便将手上的指甲在粉匣里捎了些粉，仍又倾在粉匣里。

　　忽帘钩一响，春妍捧着一个小银盘儿，里面承着一只翡翠绿盖碗儿进来，见宝珠在那里弄粉，因低低的笑道："爷想搽粉么？"宝珠回过脸来，见是春妍，便将指甲一弹，道："你来，我替你搽点儿。"春妍笑道："我没得这样福分儿。"宝珠笑笑，因向盘子里看道："可是姐姐给我吃的茶么？"春妍道："不错，我忘怀了爷的茶，也不送上来。"宝珠忙道："不要不要，我讲着顽的。这是姊姊的药么？姊姊睡着呢，这会儿不要喊他去。"春妍点首儿道："我还去搁着罢。"说着便要转身。宝珠唤住道："且慢，我尝尝，瞧什么味儿。倘苦了，姐姐可不要吃的呢。"春妍嗤的一笑，道："药有什么好吃的，我尝过了，很甜甜的。"

　　婉香此时刚醒，听二人说着，因在帐里道："可是药好了？便端来我吃。"春妍尚未答应，宝珠早应着过去，揭开帐子道："姐姐，你没睡熟吗？药端来了，这会子吃么？"婉香在枕上点点首儿，便慢慢的坐起身来，仍披上袄子，却用衣襟在眉间揾了揾，道："将来我吃。"春妍应着，便端到床前来。宝珠伸手向盘里拿了药碗，揭开盖子，看颜色浓浓的，便尝了尝，觉尚有些儿烫嘴，便捧着吹了一会儿，又尝了尝，果然有些儿甜，便道："好了，吃了便好。"说着，已将药送到婉香嘴边。婉香便在他手里喝了一口，随即自己接了过来，一口一口的喝着。宝珠笑央道："好姐姐，不要喝完了，也给我一口儿喝喝呢。"婉香笑了笑道："这又是什么可口儿的哪，你吃去罢。"宝珠接了，便一气喝净，还说："好吃。"春妍不觉在旁好笑。

　　婉香似笑不笑的道："今儿药是甜的，想来不要漱口了。"春妍一想，果然忘了端漱口水，便要去拿。却见小丫头爱儿已端了一杯来，春妍忙用盘子去接过来。宝珠便拿了，与婉香漱口，自己便将婉香漱剩的一半也漱了口，仍摆在春妍手里的盘子内。春妍端了出去。

　　笑春进来道："晚膳送来了，小姐这会儿想吃么？"婉香摇摇头，说："我不要。"问宝珠道："你可吃点儿么？"宝珠刚要摇首儿，见笑春递个眼色，便道："姊姊你也吃点儿，我陪你吃好么？"婉香道："你吃罢，我真不想吃这些东西。"宝珠便笑着央告道："好姐姐，你好歹吃点儿，回头饿瘦了，太太又派我的不是，说我不劝你吃呢。"婉香笑笑，笑春知是肯了，便喊道："刘妈妈，你把匣子端了来。"外面答应着，宝珠忙道："不要，不要他们拿，你去拿罢。"笑春刚答应着，春妍已托着个楠木匣子进来，问摆在那里？宝珠道："便床里摆张几儿很好，省得姊姊又要起来。"说着，看看婉香。见他不语，笑春便端过一张湘妃竹小炕几儿摆在被上，将两边帐子卷起，又拿过一盏玻璃罩灯摆在几上。春妍便将匣子放在中央，海棠早摆上两副杯箸，放在两对面。婉香道："我不吃酒。"说着，便伸手将对面的杯箸移在横头。爱儿早端过一个锦礅儿，放在床沿外地上。

宝珠便歪着身子坐下，拿着壶儿替婉香斟了半杯酒，自己斟了半杯。婉香看是白玫瑰露，便吃了一口。看看匣子里摆着几样菜蔬倒还清口的，便拿箸子夹了一片春笋与宝珠，自己也吃了一片，道："怪没味儿的，怎么今儿便做的这样？"宝珠道："本来没什么好吃，你又不适意着，不吃这个罢。"婉香点点首，便喝了口酒，看看还有好些，便倒在宝珠杯里，道："你替我吃了罢，我吃不了。"宝珠慢慢的喝完。笑春盛上饭来，婉香便稍些吃了点儿，宝珠也随便吃完。春妍上来撤去盘盏，爱儿绞上脸布。婉香抹了抹脸儿，又漱了漱口，喝了茶，便道："什么时候了？"宝珠看床里搁几上的钟已经十下，便说："还早呢。"

婉香看看房里没人，便低向宝珠道："今儿太太说，昨儿金有声来和老爷讲什么事，你知道吗？"宝珠道："我不知道吓，什么事？"婉香眼圈一红，刚要说，忽外面海棠报道："太太派菊秋来望小姐呢。"婉香应道："请这里边坐呢。"

一语未了，见菊秋同着东府里袁夫人身边的玉梅进来。看见婉香坐在床里，竹几上摆着一盏风灯，映的脸庞儿娇滴滴越显红白，便都上前含笑道："姐儿好些么？太太很想着呢。"婉香笑说道："又劳你们两位姐姐了，坐坐讲罢。"说着爱儿已端过两张低凳子来，摆在地下。菊秋等便坐下，笑道："咱们丫头们真一法不成体统了，哥儿姐儿都在这里，便放肆的坐下了。"宝珠笑道："谁讲究这些来。"又对玉梅道："老爷进来了，可讲些什么没有？"玉梅道："早进来了。外面的席是珍大爷和琼二爷陪的，倒也没讲什么，单说哥儿又不在馆里。"婉香笑道："可是又惹骂了？"玉梅笑笑不语，宝珠也笑了笑。菊秋道："太太说，姐儿吃了香苏饮，觉怎么样？"婉香说："好些。"菊秋又道："太太说，倘然吃的对，太太那里上好的有着，明儿叫人去拿便了。"婉香应着说："你回太太去，我没什么，不过稍些发点烧，不算什么，千万不要去请大夫。外头打的方子，总苦依依儿怪难吃的。就这香苏饮吃吃很好。"菊秋答应着，便向宝珠道："哥儿多坐一会儿么？时候早呢。"说着便和玉梅同站起来，向婉香说些保重的话，婉香又嘱两人转去道谢，两人便退了出去。

宝珠见他们去了，便问婉香道："你刚说金有声说什么？"婉香道："你不知道罢？"宝珠听了，便自纳闷，倒是婉香笑道："你又痴了。"宝珠因便点首儿道："我知道了，你放心。"婉香红了脸，知道宝珠会错了意，心想不说，怕宝珠从此便乱讲起来，便沉下脸道："我不过给你个信儿，怎么倒教我放心起来？我问你教我放什么心，我有什么心放不下？"讲到这里，便缩住了嘴，心想自己又讲错了，便一声不言语。宝珠却听得满心舒服，也只点头不语。一时袅烟来请宝珠转去安寝，宝珠便向婉香道："姊姊，你该睡了，咱们明儿见罢。"婉香却一点不露笑影，只点点首儿。宝珠还想再坐一会，禁不得袅烟已拿着风灯等着，便不得已同回自己院子里去。欲知后事，且看下文。正是：

美人不碍长多病，公子无端也善愁。

第五回

镜里相看深情绮丽　闺中调笑微露娇嗔

　　却说宝珠和袅烟回到婉香（思）对面自己的院子里来，袅烟伏侍宝珠睡下，便归自去。宝珠因婉香那句话，思量了一会，便睡不着，因叫袅烟冲茶。袅烟捧茶进来，宝珠一面喝着，一面想道：这事不如问她，总该明白究竟怎样说的。想着，便问袅烟道："你可听见说昨儿金有声来什么？"袅烟笑道："说也可笑，他也不估量自己，便给爷来提亲了。"宝珠道："是那家的小姐？"袅烟道："便是今儿新来的石师爷家的小姐，据他说，这位小姐是有一无二的了。三老爷听了高兴，便来和咱们太太商量。你想太太是早已存着个主见。"宝珠连问道："什么主见？我却不明白呢。"袅烟笑抿着嘴儿不说，宝珠连连逼问，又再三软语央告，袅烟笑道："太太说爷年纪还轻着呢，怕分了你用功的心，要等你中个举儿，点了元儿，才给你娶个好好的媳妇呢。爷快还不要天天上学去么？"宝珠啐了一口道："正经问你，你总拿我开脾胃儿。"袅烟笑道："谁不讲正经呢？"宝珠扯他向床沿坐下，道："正经我问你，太太怎样对三老爷讲呢？"袅烟坐下，道："太太先只推辞，三老爷说：'这样的姐儿不定，将来怕要懊悔，我是探听得仔仔细细的了。只要姐儿好，那家底差些儿怕什么？'太太却说得好，说：'既这么着，我倒替琼儿做个媒，就把这头亲事说给琼儿不好吗？'"宝珠拍拍手笑道："那三老爷怎样呢？"袅烟道："三老爷也便不再讲了。今儿没提起，都管把这话搁起了。"宝珠听毕，便很高兴。袅烟站起来道："没什么讲了么？时分迟了，爷请安止罢。"宝珠还要问，袅烟却早出去了。宝珠此时已将心事放下，向里床一睡便睡熟了。

　　次日一醒，便起来了。袅烟听见，便也起来，道："爷怎早起来，敢是听了昨儿的话，要上学去么？"宝珠笑道："不是，我睡着不稳，不如早点儿起来。你们仍睡你们的好了。"袅烟笑道："爷起来了，谁还有睡着的福分呢？"说着，便唤道："春柳儿，打脸水来，爷起来了。"外面答应着，宝珠便向窗口坐下，笑向袅烟道："今儿二小姐可好些么？"袅烟笑道："昨儿我同爷同回来的，今儿也同是睡着才起来，那里知道呢？"宝珠自觉问的可笑，便嗤的笑了。春柳儿已送进脸汤水来，宝珠随便捗①了捗脸，又漱了口，站起来要走。袅烟道："爷没有梳辫呢。"宝珠道："回来再梳罢，我瞧瞧二姊姊去。"袅烟又道："二小姐还不曾起来呢，爷吃点点心再去罢。"宝珠道："我到二姊姊那边去吃，总是一样。"说着，已走出院子去。袅烟跟着出来，唤住道："爷早些转来，上学去呢。"

宝珠一面答应着，一面走过抄手游廊，向对面小桃花馆来。见腰门尚关着，便轻轻的扣了几下。里面仇老妈子出来开门，见是宝珠，便笑道："爷，怎早吓？"宝珠不理，进了八角门，便向游廊上走去。见一带的帘子尚未放下，院子是朝西的，且被日光罩上，满墙的桃花影子。里面静悄悄的，没有人声。刚转过栏杆，走到卷篷底下，忽有人叫他道："宝珠，你来了么？"抬头看时，却是那只白鹦鹉叫着顽的。宝珠笑了笑道："你怎么也叫我的小名儿了？"刚走着，听中间的风窗门"呀"的一声开了，见爱儿走将出来，还没梳头。宝珠笑嗔道："懒丫头，到这时候儿才起来么？"爱儿笑道："你姊姊还睡着呢。"宝珠走近，笑拍拍他的肩，道："可儿好利嘴，难怪你小姐疼你呢，姊姊们呢？"爱儿指道："在院子后面梳洗呢。"宝珠见婉香前面的房门尚关着，便走中间进去。到后轩见左首春妍的房门已开着，便想进去。刚揭起门帘，见春妍只穿一件粉红色小紧身儿，坐在床沿上，手里拿着白绫条儿，正在那里裹足。见宝珠进来，忙放下一边帐子遮了，道："爷不要来，请那边坐，笑春早起来了。"

宝珠笑了笑，便不进去，转身到对过笑春房里来。揭起软帘进去，见笑春也只穿一件荷花色品月镶袖的紧身袄儿，罩着一件元色四镶的长背心，在窗口梳妆台上梳头，海棠站在旁边看他。宝珠进来，海棠先看见，道："爷进来了。"笑春回头看见，便放下梳子，一手握着头发，站起来道："爷早呢。"宝珠点点首儿，说："你只顾梳头罢。"说着，便在妆台横头坐下。笑春也便坐下，对着镜子梳着头，笑说道："爷这早起来，就上学去么？"说着，转过眼波来向宝珠一笑。宝珠也对他一笑，便道：

---

① 捗，吴语，音"捕"，意为洗、揩、擦。捗脸，即洗脸、揩脸、擦脸。

"今儿我想不上学去。"笑春笑道:"今儿初二,是课期,这怕不能躲懒呢。"宝珠道:"那倒不怕什么。昨儿姊姊什么时候睡的,可好些么?"笑春道:"昨儿听是睡了,又起来又睡的,光景该好些了。"宝珠点点首儿,便站起来,说:"我瞧瞧他去。"笑春道:"睡着呢,你轻些儿。"宝珠道:"我晓得。"说着,仍到春妍房里。

春妍已起来洗脸,看见宝珠进来,便对宝珠笑了一笑。宝珠便立住,也对他一笑,轻轻的道:"刚才做出那模样儿,慌得什么似的,怕什么呢?"春妍笑笑不语。宝珠指指里面,道:"醒了么?"春妍摇首儿,宝珠便蹑着脚想走,春妍将衫袖儿一拽,宝珠忙回过头来,见是春妍对他一笑。宝珠摇摇首儿,笑着放轻了脚步,走过春妍床后,揭着软帘进去,便是婉香的房。

见妆台上尚点着一盏长颈灯台,半明不灭的,窗子关着,窗帏尚遮着,床上垂着海红帐帏,微露些湖色里帐,微微的有股幽香,静悄悄的没得声息。宝珠轻轻的将帏儿、帐儿一并揭开,见素文锦被上铺着一件湖色白绣的小袄子,和合枕儿上睡着个婉香。合着眼儿,颦着眉儿睡着,鼻间微微的有些芳息,一手垫在腮下替着枕儿,腮边尚觉有些红红的。宝珠恐是热尚未退,便伸手去轻轻的向他腮边一揾,又轻轻的向他额上一揾,又转手向自己额上也揾了一揾,觉差不多儿,便轻轻的将被儿整整,又将盖着的小袄子与他盖上些,又细看看他,便轻轻的退出。将帐子放好,又将帏儿放好,把那半明不灭的灯吹熄了,仍放轻脚步,慢慢的揭着软帘出来。

春妍回过头来看见,笑道:"怎么鬼魅魅的没些声响儿,在那里做什么来?"宝珠笑答道:"做贼呢。"说着,便靠在春妍的椅背上,向镜里看他。春妍已梳起头,却刚对镜儿扑粉,见宝珠的影儿在镜里看他,他便也在镜里看宝珠,却忘放了手里的粉扑儿。忽宝珠嗤的一笑,春妍便回过脸儿来,道:"什么?"宝珠低低的笑道:"我看你和小姐差不多儿。"春妍嗤的一笑,道:"做了个爷,还这样轻嘴薄舌的。我看你们袅烟,倒比我们小姐还强呢。"宝珠一笑道:"何苦来,袅烟也不来惹你,你取笑他什么呢?"春妍一扭头,道:"要你这样回护他么?"宝珠嗤嗤的笑着,便挨着春妍坐下。春妍忙让出座儿,低声笑道:"我的爷,这是什么样儿?我不是袅烟呢。"宝珠便一手拽住他的手,道:"你还讲这些话么?你爱做袅烟,我明儿就回过太太,也叫你袅烟,你说好么?"春妍笑道:"我不配唤这个名儿,快放了手,被人瞧见像什么样儿?"宝珠笑道:"好样儿呢。"春妍带笑带嗔的一夺手,道:"爷们的体面也没得了,回来也讲我们丫头没规矩呢。"宝珠笑着,便放了手,道:"谁讲你来?"春妍笑掩口儿，向里面一指，道："醒了。"宝珠不信，春妍忍住笑，道："听呢。"宝珠便住了笑，听里面果然有些瑟瑟缩缩的声响，像是醒了。春妍低笑道："可不是吗？快去快去。"

宝珠对他一笑，便丢下春妍，到前面婉香房里来。隔着帐子，轻轻的道："姊姊醒了么？"婉香不应，宝珠便揭开帐子。见婉香已转过里床睡了，却没有醒。一只手压在铺被外面，只穿着一件白湖绸的小衣，袖子却未曳直，露出半弯玉臂，两只金钏儿却尚带着，想是昨夜忘记卸下的，手背上隐隐的有些枕痕。宝珠暗想道："是一夜没转枕儿，这臂儿定有点酸了，这手儿也定有点痛了。"想着，便抚抚他的手，又替他将衫袖儿曳曳直。不想婉香惊醒了，回过脸儿来，道："谁吓？"宝珠看他尚一味的睡态，眼儿似开不开的问了一声，便轻轻的答道："姊姊，是我。"

婉香开开眼来，朦朦胧胧的看是宝珠，便挣起身来，将衣襟揩揩眼睛，向宝珠看看，嫣然的一笑，道："我当是春妍呢。你多早晚便来了？"宝珠一手替他披上夹袄子，一面随口答道："我来了一会儿，头里来看，姊姊还睡着呢。姊姊今儿好了么？"婉香笑道："我倒忘了。"说着，便自己摸摸额角，又摸摸宝珠的，便低下头，道："你试瞧，可是不发烧了？"宝珠用手搵了搵，道："好了，不热了。"婉香点点头，拥着被儿出了会神，便道："我起来罢。"宝珠道："早着呢，再将养会儿罢。"婉香点首儿，就不想起来。宝珠顺手曳过他的手放在自己掌上，一手抚着，道："可酸么？"婉香点首儿道："怪酸的。"宝珠道："可是自己讨苦呢，今儿不要写字了。"说着，又替他捏捏手腕，又替他将两只金钏儿卸下，便套在自己手上。婉香忽笑道："怎么，我昨儿忘记卸了？怪道隐着痛呢。"说着，便自己去卸那手上的镯子，却没得。因笑道："我说我昨儿记得卸了的，不道只卸了一边。"宝珠笑笑，婉香便伸个懒腰，道："起来罢。你到外面去。"宝珠对他一笑，慢慢的走出帐子，到窗口书案边坐下。听婉香唤春妍进来，伏侍起床，宝珠却不回头去看。

见案上摆着部《洛神赋》帖，便信手揭开。见夹着一张文金笺，上面写着：春日睡起，天气困人，偶拈一解，调系感皇恩。另行写道：

> 寒食不多时、牡丹初买，过了花朝春有态。昨宵风雨，今日余寒犹在。罗帏慵未卷，浑无赖。

宝珠看了，道："这只有半阕，怎么便搁起了？"说着，回头见婉香已立在背后，道："这好多日了，我接不下去，你替我续圆了。"宝珠点首儿，便拿起笔来续道：

小睡才醒、宿醒微带，不惜罗襟揾眉黛。日高不起，帘外鹦哥偷怪。伤春心里事，东风解。

写毕，就放下笔道："如何？"婉香笑道："你真是走霜毫不搆思的了。"

宝珠站起来笑道："姊姊，你好熟的西厢吓，你怎么学红娘的话儿？你分明是个小姐也。"婉香便沉下脸，道："你讲什么？"宝珠着急道："怎么，我不过讲句顽话儿，姊姊你又生气了，这就是我该死！"婉香忙掩住他的嘴，道："大清早起，你又讲这些话儿，你拿我比莺莺，你不是骂我么？"宝珠笑央道："好姊姊，我不是有心讲的，不知怎么，便顺口淌了出来。"婉香似笑不笑的道："你几回了，动不动就拿莺莺比我。我问你，莺莺是什么的……？"宝珠忍不住嗤的一笑，道："你又问我了，我不敢讲。"婉香便曳住手，夹口问道："你讲你讲。"宝珠只是笑，不作一声。婉香怔了半响，眼圈一红道："原来你是这样的心思，"说着，已扑簌簌的泪下，便甩开手，便到妆台边坐下，呜咽起来。宝珠急的没法，自悔不该乱说，便走到妆台边，拽拽婉香的袖儿〔道〕："姊姊不要这样多心。"婉香抬起头来，早哭得泪人儿一般，道："什么多心，我多什么心？"宝珠没得说，便将衫袖儿替他拭泪。婉香一手拦开，却自己用帕儿去揸。

宝珠要想分白几句，却一句也说不出。刚想一句要说，笑春送脸水进来，看见道："怎么好好的又呕气了？三爷总这样，定要呕得姐儿哭了才舒服呢。"宝珠连连道："只是该派我不是，以后我再不敢讲顽话便了。"说着，春妍也进来，看见道："姐儿不犯着为他生气，他怎么欺负了姐儿，回头告诉舅太太，也叫他骂几句儿，哭一会儿。"宝珠不禁嗤的一笑，道："你叫他告诉我什么来？"春妍顿住了口，婉香也不禁破颦一展，似嗔似笑的指着宝珠道："我今儿不去告诉，明儿有事犯在我手里，我也叫你骂一会儿，哭个半死，才消我这一口子气呢。"宝珠道："姊姊要我哭，便我全个哭死了，断不敢留半个。"婉香听了，不禁好笑。春妍道："究竟讲些什么来？"婉香道："你还问呢。他总不是拿我比黛玉，就拿我比……"说到这里，又缩住嘴，眼圈儿一红，向宝珠转了一眼，便对笑春道："拿脸水来罢。"笑春便端过脸盆，摆在妆台上。春妍揭去镜套，婉香便坐正了，宝珠也便在横头坐下，婉香却一眼也不去看他。忽窗外的小丫头道："请三爷呢。"不知何事，且看下文。正是：

不揩眼泪情还假，肯露娇嗔爱始真。

第六回

柳夫人挈眷贺生辰　花小姐伤春吟艳曲

却说宝珠刚看婉香梳洗，听窗外小丫头报道："请三爷呢。"春妍便问："谁请三爷？"爱儿进来说："袅烟姐姐派春柳儿来请，说上房派人来请三爷就去。"宝珠听了，便站起来去开了前面房门。婉香道："你去了么？"宝珠道："我问声什么事儿？"婉香不语。宝珠便开门出去，问了声，说是太太喊，不知什么事。便隔着窗子道："姊姊，太太喊我呢，我去去来。"婉香听见，忙唤道："你转来。"宝珠便仍进来。婉香看看他道："你便这样去了么？"宝珠不语。婉香道："你梳过头么？"宝珠笑道："我想姊姊恼了我了，还有谁给我梳呢？"婉香一笑，道："你还讲这些尖酸话儿，那便随你去罢。"宝珠见婉香已不恼他，便走近身边央告道："好姊姊，你与我梳罢，我再不讲这些了。"婉香初只不理，有一会儿才道："这是我前世欠下你的，也没得说了。春妍，你与他打散了，我梳罢。"宝珠便央春妍替他打散，走到婉香身边，背过脸去，口里不住的讨好儿。婉香便拿了象牙梳儿，轻轻的向他颈上击了一下，道："你真是我的太爷呢。"宝珠嗤的一笑。婉香便慢慢的与他梳通，将金线扎了根，然后分作三股，打了几转，便将一副粉红伞线添上，打过发稍，便将伞线翻转，打了莲蓬绺儿，便放下道："好了。"宝珠甩过来看看长短，仍甩了转去，连连作揖道谢。婉香又道："吃过点心没有？"宝珠笑道："这半天儿不饿，倒忘了。"婉香便叫春妍去将燕粥端来，春妍便去端了两碗进来。婉香同宝珠一淘吃了，宝珠还坐着不走。婉香道："好一会子了，你该先去，我一会儿便来给太太请安。"

宝珠便自出了小桃花馆，走备弄出来，顺道先到西正院给秦珍夫妇请安。却不道秦珍已到东书厅和石时谈天去了，藕香和赛儿也早往东正院给袁夫人请安去。宝珠便也不坐，径往南正院来。

　　进门见游廊上站满了一班执事的婆子老妈，像有什么事的。那班人见宝珠进来，便都上前请安。宝珠点点首儿，问："什么事？"那太太的陪房张寿家的先回道："太太出门呢。"宝珠听说，便绕过游廊，见卷篷下站着七八个大丫头。看一个是东府里美云身边的湖莲，那两个又是美云的瑞兰、碧桃和秋苹，那两个是丽云的小桃、小珠、小红、小翠，那几个是绮云同茜云的四儿、佩儿、情儿、喜儿。见宝珠进来，都上前请安。宝珠笑应了声，走进中堂。见他姊妹俱在，便先向柳夫人请安，再向美云等四人问好。柳夫人道："到这会儿才来，忙什么着？"宝珠笑笑，道："太太往那里去？我也去呢。"柳夫人道："好孩子，你今儿不能去，要做课艺呢。"宝珠道："那且不问他。太太往那儿去，说我听听。若不是好地处儿，我就不去了。"柳夫人道："今儿是叶冰山的老太太生日，我本来不去。你大姐姐要去望望姐姐妹妹，我才同他去呢。"宝珠便笑向美云看了看，道："怪道装得美人儿似的。"美云笑道："你也不用气不服，我便不去，让你去好么？"宝珠道："你去你去，我本来也不愿去，你只替我望望软姊姊和蕊妹妹便了。"美云笑道："谁替你讲这些假人情儿。"丽云在旁笑道："偏我不去，倘我去，便宝哥哥不讲，我也要替他一个一个的连姨娘都望到呢。"美云嗤的一笑。宝珠道："你这种宽心话儿我不爱听，你想我在太太面前讲情儿也带你去，可不是这个主意么？"柳夫人刚在那里用点心，听说笑道："随你们怎样放刁，我总单只带美儿去。"美云笑向宝珠点点首儿。宝珠因走到柳夫人面前，道："太太瞧么，大姐姐夸能呢。"柳夫人笑道："我没瞧见，你不要看二妹妹的样儿，我回来赏给你好东西。"宝珠道："什么好东西呢？"柳夫人道："我拿个挺大的佛手回来给你。"宝珠欢喜道："那便要给我一对，也不要过大了，我手里拿不起。"柳夫人笑应了。丽云笑道："宝哥哥要两个，光景我有一个分了。"宝珠笑道："那你想呢！"丽云刚要说，忽外面报道："珍大奶奶和赛姐儿来了。"

　　一声未了，早见沈藕香带着赛儿进来。宝珠等都站起，互相问好。藕香又和赛儿请了柳夫人的安。柳夫人笑向藕香道："藕官，你今儿不去么？"藕香道："是。"又说："珍爷已过去道喜了。"柳夫人点点首，又唤赛儿过来。赛儿便走到柳夫人面前。柳夫人看他穿着一双品月小云头镶鞋，穿件粉红绣花夹衫，不戴紫金冠儿，黑油油的一头好发，梳根大辫，耳上坠着两个小金环儿，笑盈盈的脸色越觉好看，便道："你娘竟把你扮得和宝叔叔一个模样了。"赛儿道："宝叔叔没有这个耳环子，我

（也）明儿也除了他。"宝珠笑道："你有这个好看，不要除了，明儿我倒来穿上两个，不好看吗？"藕香笑道："宝兄弟，你爱穿，我就这会子替你穿上，只是你不要哭。"赛儿笑道："宝叔叔，快不要穿这个，痛的很呢。我奶奶哄你的呢。"美云等听了都笑。柳夫人又道："你可要同我逛逛去？"赛儿道："今儿是逢二，我爷要叫我做诗呢，改日再跟太太逛去。"柳夫人抚他道："好孩子，这样才是。"又向宝珠道："你做了个叔叔，还不如他呢。"

刚说着，帘外报道："婉小姐来了。"宝珠看时，见婉香穿着一件品蓝满身绣珠蝴蝶儿的夹袄子，下面露出白绣裤脚，一点儿宝蓝缀珠的鞋尖；再看头上，却不包帽子，黑亮的一头好发，剪着一字儿的覆额槛发，鬓影里露出两个小小的金环儿，越显得脸庞端整，眉眼含情，走一步儿也都可人心意的。见他一进来便向藕香笑道："大嫂子，多早便来了？"藕香笑道："才来。"婉香已向柳夫人请安，又向美云等问好，赛儿也向婉香请安毕。柳夫人道："婉儿，你怎么也来了，今儿可好些么？"婉香笑道："本来没什么，昨晚大嫂子给我些香苏饮（饭），吃了便好了。"说着，便向藕香道谢。藕香笑道："那算什么，我还恐妹子嫌苦了不要吃，所以加上些甘草，叫和着煎的。"宝珠插说道："难怪甜甜的。"婉香忙递个眼色，宝珠便缩住不说。

柳夫人刚吸着烟，外面已走进几个丫头来回道："外面伺候齐了，请太太更衣。"柳夫人身边的大丫头殿春、赏春早送上衣服，柳夫人便站起来。藕香尚未上前，婉香已向殿春手里接过一件天蓝绣金龙团的大衣，抖一抖替柳夫人披上，弯腰儿系好了带儿，向背面拽一拽衣角，见头上的珠翘儿插歪了，因道："太太，今儿是谁替插戴的？翘儿也插歪了。"说着，请柳夫人坐下，重替插过，又将满头揪一揪，好笑道："今儿这个头真梳得不见好。"柳夫人问道："今儿是谁给我梳的？"这些丫头们都没个敢答应。柳夫人也不问了，便喝口茶站起身来，满屋子人也都站起。外面婆子们飞也似的跑出去喊伺候。柳夫人慢慢的走出正院，婉香、宝珠等都随着出来。

打二厅起，大厅、穿堂两处中门洞开，直至大门，两旁管家人等都两字儿排开，望去深远得很。宝珠道："请太太和大姐姐就这里上轿罢，大厅上嘈杂的很。"柳夫人点首。早见从大厅上抬进两乘官轿来，到二厅中堂歇下。早有几个管家赶忙揭去轿帘，柳夫人便自己上轿，美云也便登舆。轿班抬着，八九个军装的管家扶着轿，扛出去。那丫头婆子们便跟着走出。一直出了大厅，到穿堂上，那些丫头、婆子等便也上轿。到甬道上，管家一齐上马，拥拥挤挤的出大门去了。

这里宝珠回到里面，婉香等已都不在，问了声丫头们，才知道婉香到袁夫人那边道谢去的。便独自走到小桃花馆，和海棠说了声，便自上学去了。匆匆忙忙的将一篇课艺做完，时已过午，便缴了文字进来。到小桃花馆，见婉香独自个坐在窗下写字，便走近笑道："姊姊也在这里做文字么？"婉香回过头来一笑，道："你回来怎早？敢散学了么？"宝珠道："琼二哥还在那里抽肠子呢。我缴了，便自进来了。"婉香道："什么题儿？"宝珠道："是'春省耕而补不足'的'春'字。"婉香想一想，道："也还好做。琼二哥的呢？"宝珠道："是'咏而归'的'咏'字。"婉香笑道："那更容易。他还没缴么？我替他做一篇儿，你拿去。"宝珠笑道："你又何苦来抽这肠子，你爱做，下课替我做罢。"

婉香笑了笑道："也罢，我刚做了一篇《春晓曲》，你瞧过得去吗？"说着，便将那《洛神赋》帖翻开，检出一张笺子，递与宝珠。宝珠便伏在案傍看着，念道：

东风吹入湘帘缝，一桁波纹荡春梦。晓莺啼破碧城春，花外回身颤幺凤。

钏声隔雾敲东丁，背扫双蛾愁更青。春云罗罗剪秋绿，烟痕逗入芙蓉〔屏〕。琐窗无人落花舞，春魂如烟镜中语。伤春倚遍曲栏杆，泪蘸胭脂作红雨。

宝珠念毕，便笑道："你这笔致真比温飞卿还绮丽些，我真一个字也赞不出来。"婉香笑笑。宝珠便在旁边坐下，又拿来婉婉转转的读着，便手舞足蹈的起来。婉香劈手夺去，道："你又疯了，回头叫人听见，不又是笑话么？"

说着，春妍送茶进来。婉香便接了一钟喝着，宝珠也拿了钟喝了口，道："怎么这茶不好吃？"婉香道："也没什么不好。"宝珠道："你这个给我喝口儿瞧。"便在婉香杯子里喝了口，道："果然你这个好些，又香些。"便回头向春妍道："你好，我和你小姐的茶你都要分出个等次来么？"春妍笑道："阿唷，这话从那里讲起吓。茶是没什么两样的，只怕爷心里爱那盏儿，就那盏儿好了，不香的也说是香了。"婉香忍不住笑道："春妍，你这张嘴越尖利了，你看东府里二姐姐的样儿，也拿我开心么？回来我回过太太，要撕你的嘴，那时你可不要哭呢。"春妍笑道："我丫头那里敢拿小姐开心儿呢，不怕被太太撵出去么？三爷是这样的脾气儿，我又不掉谎吓。"宝珠一笑，道："我不这样，你那里来的骂呢？"春妍笑向婉香道："姐儿不听见吗？"婉香一笑，站起来道："我不管你们。你伺候爷们不周到，就请三爷打你几下，也不算什么罪过。"说着，便走向床上睡去。宝珠便站起来，春妍嗤的一笑，低声道："去嗄。"宝珠便不好意〔思〕过去，笑拽住春妍的手，道："姐姐教我打你呢，可真要我打么？"春妍道："只怕闪了爷的手,又派我不是呢。"宝珠笑道:"我也不舍的打你。"说着,便放了手。

春妍收了茶盏子出来。婉香便坐起,唤宝珠道:"你来,我问你。"宝珠走近,婉香笑拿指尖儿向他的靥上一抹,道:"好不爱脸的爷们,我问你,丫头们有什么舍得不舍得的打的?"宝珠笑道:"怪可怜的,便真有气,我也断断打不下手。"婉香一笑。却好笑春进来,宝珠便问道:"笑春,你可是打上房里来么?你可听说太太什么时候回来?"笑春道:"张寿回来,回过珍大奶奶了,说太太要住几天呢,明儿叫三爷和赛姐儿去。"宝珠道:"可真么?怕是你哄我呢。"笑春道:"爷不信,问珍大奶奶去。"宝珠欢喜起来,向婉香道:"姊姊,你看我还是去不去?"婉香笑道:"随你去,也好逃两天学,让我又好清静几天。"宝珠道:"谁要逃学来,我不过去替姊姊去邀软姊姊和蕊妹妹来,和你顽几天儿,不很好吗?"婉香道:"怕他们不见肯来。"宝珠:"我和你赌个东道儿。"婉香道:"谁和你赌来,你输了总要赖掉的,赌他什么。"宝珠道:"我不赖,我和你打个掌儿,我若赖了,就叫我变个蝴蝶儿,被孩子们扑死。"说着,便拖了婉香的手掌,对掌拍了一下。

忽宝珠袖里"铛"的一声,婉香道:"什么?"宝珠也觉古怪,拽起袖子一看,原来早间戴的两只镯子忘卸下了。婉香笑道:"我的爷,险吓,倘老爷见了,还了得吗?"宝珠笑道:"幸而我没碰见老爷。"又道:"便老爷见了,我便说太太赏给我带的,也便没事了。"婉香道:"那倒没什么,教人家见了,算什么意思?第一个丽妹妹,便又要当笑柄儿了。快还不给我卸下来。"宝珠笑道:"这会子天晚了,我不出去,便带着也不妨事了。"婉香道:"不稳当,不要回来又忘了。"说着,便替宝珠卸下,套在自己手上。

宝珠回头见笑春还立着,便笑道:"痴丫头,还立在这里什么?天晚了,不去点火。"笑春笑道:"我怕点过了火,爷又要上学去呢。"宝珠笑道:"你放心,我不去。"笑春道:"只怕不能呢。我听见老爷用了晚饭,要和陆师爷谈心去,回来不是又说爷躲懒了。"宝珠便怔了一怔。婉香道:"正经呢,还是顽话?"笑春道:"正经,花农来通知的。"宝珠道:"那么你怎不早讲?"笑春道:"我看爷正开心着,所以不讲。这会儿天晚了,爷也该去了。"宝珠便垂头丧气的立起来,喊"照灯"。爱儿连忙点风灯来照,宝珠便懊恼叹苦的出去了。不知笑春这话是真是假,且看下文。这便是:

懒向鸡窗勤夜读,爱从鸳侣逐春游。

第七回

谱新声藕香讲音律　惊谶语婉姐吊残红

却说宝珠去后，婉香因昨夜病后疲倦，便自睡了一会。醒来用了晚膳，还不见宝珠回来，因唤爱儿去看一会子。爱儿回来说："三老爷正在那里高谈阔论，和陆师爷讲究时务。三爷和二爷都站着听讲，光景还早的很呢。"婉香听说，便道："那就不等他罢，叫仇老妈把腰门上了锁，我睡了。"爱儿答应出去。婉香便自睡下。及至宝珠进来，时已二更，见腰门已经上锁，知道婉香已睡，便也自睡去了。一夜无话。

到了次日，宝珠起来，便同了婉香到西正院秦珍处来。秦珍已早出去。藕香见宝、婉二人进来，便迎出来，道："婉妹妹怎早起来，穿这点衣服，不冷吗？"婉香道："我里面穿着小紧身儿，所以不冷。赛儿起来么，今儿不是要出门去吗？"藕香道："可不是，他还睡着，不肯起来呢。"说着，看看宝珠，道："宝弟弟，你倒梳洗好了。"宝珠笑笑，便同走进院子里面。

赛儿已早听见，隔着围屏问道："可是宝叔叔来了么？"宝珠笑道："你还不起来，我一个儿去了呢。"赛儿里面唤道："好叔叔，等我会儿，我起来了。"宝珠应着，便和婉香同到藕香外房坐下。秦珍收过的丫头银雁便送上茶来，藕香亲自送了一碗与婉香。婉香接着喝了口放下，道："大嫂子近来做做什么事儿？"藕香笑道："也没什么消遣，前儿没事，把赵秋舲的葬花曲儿编了套工尺，在这里和珍爷商量，想把它全本子编出谱来，倒好顽呢。妹妹空了，好来替我正正拍子。"婉香笑道："这音律的工夫，我那及得上大嫂子一半。大嫂子打定了，自然字字合拍。"宝珠早听得高兴，便向藕香索看。藕香笑道："我不给你看，你前儿谱了套《长恨歌》的工尺，便奇货可居的，你要我的工尺，你只把《长恨歌》的谱儿和我掉。"婉香道："大嫂子也犯不着问他要，你要那个谱儿，我比他的谱儿还准呢。"宝珠笑道："你真是逢蒙杀羿了。我教了你，你倒说比我准，不讲别的，你吹那'忽闻海上有仙山'那句，你便飞不起，你只有'天旋地转'的那一段儿，比我吹得凄楚些罢了。"藕香笑道："住了，你给我少吹点儿罢。你道我没有你的谱儿，我吹不来么？我吹你听。"说着，便向壁上卸下一枝笛儿来。宝珠夺住，道："大清早起不吹罢，回头伤了中气不当耍的。我知道嫂子的谱儿比我好，所以我不敢拿给嫂子看的。"藕香笑了笑，便将笛子放下，道："偏你有这些讲究，什么中气不中气。"婉香道："这倒是正经，大嫂子以后要少吹才是。便爱听，只不妨教丫头门吹着，自己拍拍曲子倒很好。"

说着，赛儿已跑进来，接口笑道："拍曲子请我来呢。"宝珠见他只穿一件大红白绣的紧身短袄，下面穿着松花绿的小脚裤子，一双小小的镶鞋，手里拿着块元色白绣帕儿，笑嘻嘻的站在面前。宝珠道："你不要冻了呢，快穿件袄儿去。"赛儿摇摇头，道："不冷，我去洗了脸儿再来。"说着，便又出去。婉香道："大嫂子，你瞧他们两个，倒像一对弟兄呢。"宝珠笑道："人家也都这么讲，不晓得的，那里瞧得他出是位姐儿扮的。"藕香笑道："不是前儿婉妹妹来的时候，也还只说你也是女孩儿扮的呢？"婉香听了，自觉好笑。宝珠也笑道："可不是，姐姐不信，还看我的耳坠儿，见没穿过眼儿，才信我是真男孩儿呢。"婉香红了脸，道："你又嚼呢！"藕香笑笑。宝珠知道婉香不好意思，便拿别的话搭讪过去。

一时赛儿已梳洗完了进来，穿着件与宝珠一样的粉红绣百蝶的箭袖，头上戴着束发紫金冠，脚下穿着小小的靴儿，笑嘻嘻的向藕香道："奶奶看就这样好么？"藕香笑道："你看见你宝叔叔今儿戴紫金冠，你也眼热了么？"赛儿笑道："这是妈妈给我装扮的，说要和宝叔叔一个样儿，才叫人看着不单疼宝叔叔呢。"婉香笑道："可是他奶妈给他打扮的么？"藕香道："正是呢，那老婆子还比我疼他呢。"赛儿笑道："我说妈妈也没什么疼我，便是爷和奶奶、太太也不真疼我呢。"藕香笑骂道："反了，你说谁疼你来？"赛儿笑指道："最疼我的只算宝叔叔和婉干娘。"藕香笑道："那么着你以后便跟着宝叔叔和婉干娘去，好歹不问我罢。"赛儿一兀头，着藕香怀里嗤嗤的笑。藕香道："痴儿又疯了，你瞧这紫金冠儿搅坏了。"赛儿便站起来，道："奶奶替我修好来。"藕香便将杨梅球儿整了整，道："好了，吃过点心没有？"赛儿点点头道："吃过了。宝叔叔吃过没有？"宝珠说："吃过了。"赛儿便说要去。宝珠站起身来，道："咱们是该去了。"说着，便将了赛儿的手，同藕香、婉香走出院来。老妈子早传伺候出去。藕香同到院子门口,便和婉香站住道:"宝弟弟,你去替我请叶老太太的安。今儿想来总不回来了,赛儿交给你罢。"宝珠满口答应,便带着赛儿和赛儿奶妈及丫头玉簪、翠翘出了院门。到二厅上,见已歇着一乘官舆,小厮花农、锄药,家人来贵、许旺、张寿、沈顺等都已齐集,便和赛儿同坐了一轿。轿班抬着出了大门,一行人径往万仙桥叶府去了。

却说这叶府,乃是杭州有名的富绅。这叶大人便是叶冰山,年不过四十多岁。他父亲早已谢世,老太太尚在,今年六十岁了。他大夫人便是袁太史的妹子,与秦文是个连襟;二夫人姓罗,名四姐;三夫人姓苏,名畹兰;四夫人姓陆,名慧娟;五夫人姓朱,名赛花;六姨娘姓杨,名小环;七姨娘姓尤,名月香;八姨娘姓吴,名阆仙。大夫人生下三子:长名用,次名敕,三名魁;三夫人生的小姐,便是软玉;五夫人的小姐便是蕊珠。这叶冰山是极爱体面的,一年到头不是给这位夫人做生日,便是给那位姨娘庆生辰。三位公子是生就的纨袴心性,从不晓得念一句什么书,不是打马吊,便是狎妓饮酒。那叶冰山也不管他,打算到长成了,花那么几两银子,给他捐个大大的官儿出去便了。这几位夫人却都生得极好,内中杨小环和尤月香为最次之,朱赛花和苏畹兰所以多分外得宠。两位小姐又生得千娇百媚的,是老太太最怜惜的。

这日老太太生日,那叶冰山便大开筵宴,满城官府齐来庆贺。一连忙乱了几天,到第五日才是亲戚庆贺,所以柳夫人和美云便在第五日上过去。那宝珠去的这日已是第六日了,便觉清静好些,只几家子至亲尚住在府里。这软玉、蕊珠两人是素来和宝珠好的,见宝珠来了,少不得留住几天,一番热闹自不必说。这且按下。

且说婉香自宝珠去后,连日少兴,又听说叶家因柳夫人爱看戏,连日叫自家府里班子唱演新戏,软玉姊妹又将宝珠留住不放,知道没十日八日定不转来,自己也落得清静几天。便不是找藕香拍曲,便是和丽云下棋,绮云、茜云也天天见面,倒不觉冷静。这日早起,见窗外的桃花都已残谢,堆得满地都是花片,看两个蝴蝶儿款款在地上飞着,满院子静悄悄的没些人声。那日光照在窗上,觉得暖烘烘,人又似昏昏沉沉的,没些聊赖。便独自靠在栏杆上,看着两只蝴蝶儿飞来飞去,出了会神,不知不觉心里有所怅触。

忽架上鹦哥叫道:"宝珠,你来了么?"婉香忙向回廊上一看,并没个人。心里忽然的跳了一下,便慢慢的到房里窗口书桌上坐下。见银雁手里拿着一件物事,笑嘻嘻的进来,道:"姐儿怎独自在此,两位春姐姐那里去了?"婉香站起来,道:"他们见没事，便逛去了。你奶奶好么，爷在家么？"银雁道："爷回来呢。陆师爷送了爷十枝笔、十盒纹金笺，奶奶看了欢喜，叫我拿来转送姐儿的。"婉香笑道："那么你们奶奶怎不留着自己用呢？我也用不了这些。"说着，便接过来看是十枝湘妃管的兔毫小楷、十匣浅色金花笺子，便搁在案上，向银雁道："你替我谢谢奶奶。倘奶奶闲着，就请过来。"银雁答应着去了。婉香便拿出张笺子铺在桌上，又将新笔检了一枝，便移过砚台，一手磨着墨，一面看着笺子花纹。见画的是林黛玉葬花图，便呆呆的看着。

忽外面一阵笑声，抬头看是丽云和绮云两人将着手，站在右首游廊上，向地下不知看什么。婉香站起来向窗外看时，见茜云蹲在地上，一手撤着一个猫，地下摆着个蝴蝶儿，欲死不死的，茜云在那里叫猫吃。婉香忙走出来，道："四妹妹，你不怕罪过么？"丽云回过头来看见，笑道："这蝴蝶儿的救命王来了。"茜云对着猫儿道："快吃吓，再迟一会儿吃不成了。"抬头见婉香已到面前，连忙捧着猫向外逃去。猛可的藕香进来，刚刚撞个满怀，险些撞倒。茜云一看是藕香，便笑道："大嫂子，快帮我呢。婉姐姐要打我的猫呢。"藕香笑说："不怕，有我在这里，你把猫交与我。"茜云不肯，猛听见后面婉香的笑声，便捧紧了猫，丢下藕香，望备弄里逃去。藕香唤道："茜妹妹，慢慢的走罢，婉姐姐不来呢。"茜云却不听见，一直的跑出去了。

藕香见他去远，便走进游廊，见婉香手里擎着个蝴蝶儿，低着颈子在那里对蝴蝶儿吹气，丽云凭在他肩上笑他，绮云也站在手边，嗤嗤的笑。藕香走近笑道："这蝴蝶儿那里扑来的？"婉香回头看见，笑道："谁扑他呢，你只看丽妹妹手里拿的什么？"藕香见丽云手里拿着把川金扇儿，便道："今儿拿扇子也太早了，光景这蝴蝶儿命该如此。"丽云笑道："那里是我用扇子扑的，他自己飞到绮妹妹身边去，他拿帕子扑了一下，它便跌在地下飞不起来。茜妹妹刚捧着个猫来，便抢了去要饲猫吃。却好那猫也知趣的，死也不肯吃，便引出这救驾的来。你瞧这个样儿，还能活吗？"婉香笑道："哪，这翅膀儿不是动了吗？"丽云瞥手一抹，道："这有什么搅不清的？"婉香吃了一惊。却好这一抹，那蝴蝶儿便趁势的飞在绮云头上。婉香用手去拿，那蝴蝶儿便翩翩的飞了去了，婉香不禁失笑。丽云便一手将了婉香，一手将了藕香，道："咱们站了好会儿，也不请我坐坐去。"婉香笑着，便也将了绮云，一串儿走进中间。

到了房里，见桌上摆着纸笔，丽云笑道："敢又做诗吗？"婉香笑道："那里来呢，我刚想写几句儿，被你们打断了。"丽云笑道："那我便去好吗？"藕香一把扯住道:"可又来,你给我好好的坐着。这样好天气,咱们不寻点儿事情做做,也太觉辜负了。"说着,便各坐下。婉香便喊:"茶来。"只有爱儿应着。丽云道:"怎么宝哥哥不在,连这屋里便冷清清的了。春妍和笑春呢?"婉香道:"他们见太太不在,便逛园子的逛园子,望姊妹的望姊妹去了。"丽云笑道:"这些丫头们太没规矩儿,倒比咱们写意呢。今儿这么好天气,咱们也该寻点顽意儿乐乐才是。"藕香道:"我也这么讲,咱们不如联几句诗,倒也很有味儿。"婉香道:"联句没甚意思,倒不如各人自做一首吊这落花儿,可不有趣?"藕香、丽云都说很好。婉香便又拿出张笺纸,分与三人,各人便自思索起来。

一时爱儿送上茶来。婉香接了,喝了一口,便拿起笔来写了。丽云见他动笔,走过来看,见写道:

> 岂是寻芳到已迟,都应花自负花期。

丽云便道:"好一个起句,这样写来,才不落人的窠臼。"藕香、绮云听见,便也走来看。他接着写道:

> 空浇一夜招魂酒,难乞三春续命丝。好月已无含笑影,东风犹妒可怜枝。

藕香看看,说:"好,这真才是吊落花,不是咏落花呢。"见又写道:

> 从来好事多磨折,造化机缘即此知。

藕香不禁叹了一声,见他又写道:

> 韩嫣妆残宠亦稀,娇魂不悟此生非。东风有愿来何急?流水无情逝不归。

丽云看到这句,不禁嗤的一笑。婉香回头道:"怎么,不好吗?"丽云摇首儿道:"不是说诗不好,我问你,这'流水'一句是指谁的?"婉香道:"我总只吊这落花,那里有什么比兴呢?"丽云笑道:"好好,你写下去。"婉香便不理会,写道:

> 摇动美人千日思,破除娇鸟一群飞。可怜酿得春如许,弹指轻销一寸晖。

绮云看看,只是点首说好,藕香也不住的赞叹。婉香想了想,又写道:

> 楼台十二总凄清,雨雨风风不肯晴。初见已钟今日恨,重逢难诉隔年情。

丽云看了这两句,不禁叫绝。婉香又写道:

> 高枝黄蝶销魂去,野草青蛙得意鸣。怜尔为花犹命薄,况侬更是可怜生。

婉香写着,不禁眼圈儿一红,不知不觉的滴下泪来,便疾笔写道:

> 三千世界镜中天,愁浣红香又一年。无冢不惊埋艳质,有金何计赎春
> 妍。须知妒女才销恨,却使家童亦见怜。拈向灵山归一笑,好从迦叶问前缘。

年年错用一春心，花落花开感不禁。莫贺疏林能结子，只愁芳树易成阴。春从杜宇声中尽，愁向黄梅雨后深。二十四番风信里，一宵何只值千金？

此日漂离悟劫因，春婆梦醒黯伤神。芳容自分无三月，薄命生成只一春。

绮云看到这两句，不觉失声道："吓，二姊姊，你怎么做出这样的句子来？"藕香也道："诗句果然好极的了，只是说得忒衰颓些。妹妹年纪正轻着，虽则吊落花的诗果然要悲切些，才合个吊字的题面，但也不可过于这样，以后妹妹用意总要开豁些才是呢。"婉香笑道："我也不知道自己是什么意思，写写便写出许多伤心来。"丽云道："这也难怪姊姊伤心。总之这些话，那不曾伤心过的人再也讲不出一字来，叫我们便做不到这样悲切。姊姊是没了爷妈的，所以不拘什么事情，总觉得自己苦恼，便起了自己怜自己的心，说说便又自己想自己，不知道日后要那样的好。"婉香听了这话，却句句打在自己心里，不知不觉又滴下泪来，满纸上都湿透了。绮云道："多是二姊，说说又说起婉姊姊的苦恼来了。你瞧这纸上都湿透了，叫他怎么样写呢？"藕香道："不做罢，咱们原想寻开心的，婉妹妹又伤起心来，咱们不如谈谈罢。"婉香收了泪，道："我也没心做了，搁着罢。"丽云笑道："本来原说一家一首，你偏要夺第一，把所有的话头却讲尽了，叫人家不好做的意思，这也是天不容你，叫你自己伤心起来，做不出，便也只得歇了么。好好让我来续下去罢。"说着，便拈起笔来写了一句：

细雨独滋金谷草。

婉香揩了泪，劈手夺过笔来，道："谁要你这狗尾续上去！"说着，早接上一句，道：

暖风不醉玉楼人。

丽云笑道："我也是这一句，可见所见略同。你说我的是狗尾，你怎么又不出我的意见，那你这付心肠便是狗心肠了。"婉香听得好笑，便道："这会子随你放刁去，回来我问你谁是狗呢。"丽云道："你有本领你换一句别的，才算你是大才磐磐的。"婉香笑道："这有什么难处？"说着便要下笔。丽云道："且慢，你这句我料得到，让我先和大嫂子说了，你再写。你能不被我料着，我才伏你。"说着，便向藕香耳语道："你瞧他写什么，你便讲'我早说是这个'。"藕香嗤的一笑，点点首儿。丽云便靠在桌上，含着笑道："我和大嫂子讲了，你快写我瞧。"婉香刚要写，丽云嗤的〔一〕笑。婉香心里想道：我若写了又是他心里想到的，可不是被他笑话么？倒不如不写。便

向藕香道："我认输罢,他讲的是什么一句?"丽云道："嫂子别告诉他,让他自己想
去。"婉香笑道："我知道了,你全挂子用的诈术,只'暖风不醉玉楼人'一句,那里是
你想到的。你不过见我写了,故意这样讲讲,便再改一句,你也总说是你想到的。我
费着心思来给你笑话么?你这种狡狯法子,少到我这里来使罢。你果然有了句子,我
便认输,你写出来我瞧!"说着,丽云忍不住笑了。藕香也笑道："好吗,丽妹妹,我
讲你猜不到他,他倒能猜到你呢。"婉香笑道："可不是吗,还强嘴呢。这会子我又
要写了,你又好说是你想到的了。"丽云笑着来看(着),见婉香写道:

> 可怜同此漂零况,生世无非暂寄身。

> 深巷无声雨一楼,

丽云道："这起句出色,这真正是我想不到的。"绮云道："这一句却与细雨暖风两
句一样深刻。"藕香点点首,见又写道:

> 光阴如水去悠悠。尘缘尽处原无我,

藕香道："这句颇像禅语,真正越做越出神了,对句倒难呢。"婉香想了想,便写道:

> 世事看来只有愁。

写了这句,便问丽云道："怎样?"丽云笑道："我看来也有些偏见,不是至言。你看
世事都只有一个愁,我倒看来只有个情哩。"婉香笑道："你总不肯说一个好字。罢,
我不做了。"丽云笑道："我倒有两句在这里,道:

> 怪底绣囊容易尽,怜他彩笔等闲休。"

婉香听了,便笑道："你讲我做不出了么?我再做十首给你瞧。这种句子也算得到落
花诗上去么?"丽云笑道："怎么算不得,我拿两个花字旁衬,难道丢了题面不成?"
婉香笑道："随怕什么,便状元卷子上抄来的,我也不用。"说着,便把他两句勾了,
另写道:

> 梦醒繁林能解脱,魂依芳草悟浮休。天涯相遇多相识,一样漂离怅旅游。

婉香写到此处,觉得诗思似潮涌的一般,便不住笔,一直写下道:

> 年年沦落怅迷津,已隔菩提第几尘。廿四风前如昨日,三千雨后不成春。

> 六朝金粉空中色,一代繁华梦里身。夜夜子规啼血尽,总为花果话前因。

丽云看一句,叫一句好。只见婉香又写道:

> 天不由人信有之,等闲何必媚封姨。人生摇落都如是,梦醒姻缘独有谁?

藕香看着,不禁点头叹息,走开来高声吟这两句,走近来看,婉香接着写道:

富贵也终归此局，文章空自说今时。风流回首都无觅，值得骚人几句诗。

婉香写毕，便放下笔道："可怜可怜，我这心酸了，做不得了。"丽云便移过笺子，同藕香、绮云从头吟了一遍，都说好极。婉香自家也看了一遍。刚在议论，见春妍和笑春进来，道："大奶奶和两位姐儿都在这里，三爷回来了，刚往东正院里请安去了。"藕香道："太太回来了么？"笑春道："太太还未呢，赛姐儿却跟三爷转来了。"丽云听说，便和绮云先回东府去了。这里藕香略坐一会，也便去了。这正是：

闲中未必身无事，忙里拈来笔有神。

第八回

问病床前袅烟誓死　依人篱下婉姐伤心

却说宝珠在叶家逛了数天回来，便和赛儿向东府袁夫人处请安，却只有茜云在屋里，便略坐会儿出来。刚到南正院走廊上，见丽云、绮云二人走来，宝珠便和赛儿站住，互相问好。丽云道："宝哥哥，你怎么去了这许多天，咱们都冷清清的，大姐姐怎么又不同家来？"宝珠道："明儿总来家了，太太说和姐姐同走。"丽云又道："软姊姊和蕊姊姊可来么？"宝珠道："我邀他，他一口说来，光景迟早些儿总来的。"说着，便将着赛儿要走。丽云因笑道："婉姊姊盼得你眼睛都酸了，快些去，不要和我们讲话了，回来耽了你的工夫。"赛儿听说，便嗤的一笑，宝珠却回转来扯住丽云，道："你总讲这些话儿，你不叫我走，叫我还讲什么呢？"丽云一甩手，道："去去，我知道你和我们没多话讲的，我也不要听你的话，我回头不好问大姊姊。"说着，归自己去了。绮云走着回头道："宝哥哥，回来你来，我告诉你一件事儿呢。"宝珠应着，便携着赛儿到西正院。见了藕香，又和秦珍讲一会话儿，便把赛儿交出，归自己到小桃花馆来。

一进门，便见几树桃花都已零落，不禁失声道："吓，怎么我去了几天，这花儿便都落尽了？可惜可惜。"刚说着，那架上的鹦鹉忽念道："芳容自分无三月，薄命生成只一春。"宝珠听着吃了一惊，道："呀，怎么你讲出这话来？"那鹦哥又念了一遍。宝珠便忽然的感触起来，心里不知不觉像有千万种懊恼的光景，其实也讲不出所以然，便呆呆的立在游廊上，看着地下的落花出神。

忽有人向他肩上一拍，回头一看，却是婉香，便呆呆的叫了声："姊姊。"一手便去曳他的手。婉香连忙甩脱手，自己埋怨不该拍他的肩。宝珠被他一甩手，才觉如梦方醒，连问道："姐姐这几天好么？"婉香还当他发呆，便似笑似恼的一来，却不作声。宝珠慌了，道："怎么不理我了，敢为着什么又恼了我了？"婉香因笑道："谁恼你来，你一个儿在这里站这半天什么？"宝珠道："我看这落花呢，我懊恼这花儿前儿开的正好时候，我不曾着意的赏玩他，无缘无故的出去逛了几天，我得着什么好处来，这花儿却不等我，便自落了，岂不可惜？"说着，跌足称恨。婉香因道："那是你负了这花儿，花儿却没负你，你恨他什么呢？"说着一笑。宝珠听了这话，便正色道："吓，姐姐，我是没负你呢。"婉香听了，吃了一惊，脸上便一阵一阵的红将起来，暗想：我这话是无心讲的，不道他听的却当有心了，我若不拿话盖过他，他回来又讲出些什么来，被人听见，岂不骇异？想着，便放下脸，问道："这话怎讲，什么负不负？我问你什么样负，什么样不负？"宝珠顿住了口，自悔失言，便不敢则声。婉香却归自己慢慢的走进房子去了，宝珠便跟着进来，婉香却头也不回的走进房里。宝珠暗想：我若跟了进去，他必定有些做作，我不好再讲别的，势必倒反逼僵了。不如我回屋子去坐一会儿，再来和他说笑，他也便忘了这话了。心里想定，便转身走出游廊，到自己屋里来。

一进门，见春柳儿和晴烟坐在中间花窗下，检玫瑰花朵儿，见宝珠进来，便都站起来，道："爷回来了，逛这许多天数，不辛苦吗？"宝珠点首儿道："很倦的，昨儿又瞧这一晚子戏，没睡。"又道："你们检这花儿干什么？"晴烟道："这是花农送进来的，说爷爱吃红茶叶儿，拿这个和着很好。"宝珠笑道："好虽好，只可惜委屈了这花儿。你瞧，这颜色娇嫩得这个样儿，很该戴在美人儿头上。这会子给我泡了茶，回来便倒掉了，可不可惜？"说着，拈了一朵，道："晴烟，我给你戴一朵儿。"晴烟笑道："爷又来，爷刚说美人儿才配戴这个，我们丫头那配呢？"宝珠道："也配，快来，我给你戴上。"晴烟不肯，宝珠硬搂着给他戴了。晴烟早羞得满脸通红，站起来，仍自摘下，道："正经，爷不要这样胡缠。大白昼里，回头给人撞见，又说我们和爷怎么样呢。"春柳儿看着，只是抿嘴儿笑。宝珠回头看见，因笑道："你笑什么？"春柳儿笑道："我笑晴烟姐不受抬举，爷拿这样的好花儿给他戴，他还不要。掉我便想要一朵儿，爷还不肯给我呢。"晴烟道："你要戴，你便多拿去，戴这么一个满头，倒也好看。"宝珠笑道："正经给我分一半儿，送婉姊姊去。"晴烟答应着。宝珠又问："你姊姊袅烟呢？"晴烟道："他病着，睡在里面呢。"宝珠惊异道："怎么好好的又病了？"春柳儿笑道："谁教爷出去了老不回来，他自然要害相思了。"宝珠啐了一声，便自走进到袅烟房里来。

袅烟早听见宝珠声音，已勾起帐子等着，见宝珠进来，便要挣扎起来。宝珠连忙止住，问道："你怎么好好的病了？"袅烟被他一问，便扑朔朔的掉下泪来。宝珠不解，连问道："什么，什么事？谁委屈了你？"袅烟摇首儿不语。宝珠又问，袅烟便抽抽噎噎的哭将起来。宝珠慌得手足无措，便将自己的帕子替他拭泪，道："什么事你告诉我，我替你作主。"袅烟呜噎半晌，叹口气道："还什么说，总是我的命苦罢了。"又道："爷回头想想瞧，我来了这几个年头，可曾干着什么错儿，又可曾有什么坏事？人都说着，吃我引诱坏了。我的爷，这从那里讲起吓？"说着，便又哭了。宝珠听着，却摸不着头脑，便问道："谁讲你来？"袅烟道："人家讲我，那值得什么，不道三太太多这样讲起来，还当面叫我去，说：'太太出门了几天，你便无法无天了。'又说：'你前儿一径干的事，你当我不知道吗？你太太却被你朦混得过，仔细我讲出来，撵你呢。'爷替我想想，我什么事值得吃人家指驳，自家的太太还没讲什么，东府里倒要撵我，我做丫头的虽贱，也不贱到这个地步。"宝珠听了，也着实生气，便道："那你也不用得气，横竖也管不到咱们这边事，只要太太疼你就是了。"袅烟道："爷讲得松爽，只怕忌我的人也多了，妒我的人也多了，到头来总没得什么好结果呢。"宝珠听着，也不禁滴下泪来，因道："你放心，你不要这样苦恼，回来把自己身子糟踏了，倒不当耍的。况且你又不是东府里人，三太太认真能撵你么？便三太太要撵你，太太也不见得肯，我也要回护的。"袅烟道："我也不是怕撵出去，只是我在这里好像就是一个钉儿，人人眼里都看我不得。要只有爷疼我，此外只有珍大奶奶和太太。除了这三位，便我讲句话，都听着不舒服，这是爷都知道的。爷看不但东府里的人，这便咱们自己府里、自己屋子里，也都这样。以先人还不敢欺我，前儿三太太讲了这些话，两府里那一个不知道，那一个不讲我的丑话，我还能在这里过日子吗？要说撵我出去的话，我再也不奇，等到那个地步，我只有一个死。"刚说到这里，宝珠忙掩他的嘴，袅烟早已泪如雨下。宝珠也没别的好讲，只得安慰几句，劝他睡下，便自走了出来。一肚子闷气，便到自己床里躺下，蹰踟了一会。

晴烟进来问道："爷用饭么？"宝珠道："我不要吃。"晴烟道："爷也要自己保重些，不要又搅出病来。"宝珠见他说得委婉，便拗起来坐在床沿上，招手道："你来，我问问你。"晴烟便走过来，见宝珠含着两包眼泪，垂头丧气的样儿，知道为着袅烟，便道："爷何苦来，这些事也值得这样苦恼。"宝珠道："你和你姊姊最讲得来的，你总知道这事，怎么样便吃三太太知道了？"晴烟道："爷有些地方也太觉过分了些，和我们玩笑，不顾有人没人的，这些儿事也不用讲了。前儿不是绮小姐和茜小姐还说，爷待他们还不如待我们丫头的好。丽小姐又说，袅烟的排场架行，比小姐们还大。这都是招人怪的事情。一则爷待他也忒好些，二则袅烟也忒自使性儿。爷不看别的，只看花二小姐那么一个，也还招人妒忌，何况他丫头呢？丽小姐还说，袅烟比花二小姐还高傲呢。爷想想瞧，这些名头袅烟可耽得起么？况且东府里那些丫头们，那一个不气不服他？小桃、小红又格外很些，都跟着主子跑。主子不知道，他还去告诉；主子不作声的，他还去挑剔。有这许多怨招在那里，莫说是袅烟，便是爷也抵挡不住。前儿晚头，三太太不知怎么讲起丫头们，丽小姐便说：'现在府里的丫头们多不像样儿了，二太太年纪大了，也管不这些，任他们行去。前儿二太太出了门，那些丫头们没一个安安稳稳蹲在屋子里的，不是逛园子，就和小厮们兜搭去，实是不成体统。'又说：'春妍和袅烟两个又出众些。'太太听了便不高兴，说：'春妍是婉小姐带来的，不好说他。那袅烟是咱们家的，不能听他胡闹，回来必得请二太太着实讲他几句才好。'可巧袅烟这日没事，想给爷绣个枕顶儿，因短了些金线，问珍大奶奶要去。却又没得，便向绮小姐要去。绮小姐却在三太太身边，团儿便替袅烟，明言正气的到太太身边，问绮小姐要去。三太太知道是给爷做枕顶儿的，便一法不舒服起来，立刻叫袅烟过去，说了一顿。爷知道袅烟的性儿，那比我们，他自然要气得个半死。回来便把做好的一面，拿剪子铰得粉碎，哭个半死。昨儿早起就病倒了，爷又不在家，谁给他调护呢？"宝珠听了这番话，早又气又恼，心里难过起来，便一声儿不言语，归自己躺下。

晴烟讲着的时候，早已泪下，此时见宝珠这样，又不敢走开，便站一会儿，问道："爷到底用些饭才是。"宝珠道："我吃不得了，你们吃去罢。"说着，便转个身儿睡去。晴烟道："爷不要这样，料想也没什么大不了的事。昨儿既然没睡，就该将养会儿，爷请睡好了。"宝珠道："我便这样和衣睡睡罢。"晴烟点首儿，一手拭去眼泪，一手替他盖上条夹被儿，放下帐子，归自己去了。

宝珠在床里哭了会儿，又七上八落的想了会儿，便睡着了。等醒来，已是初更时分。便觉肚子有些空空的，晴烟已端了饭来，将就吃一口儿，问人家都已睡了，料想没处去走，因来和袅烟谈心，不知不觉竟天明了。因这日是十二，又是课期，便不再睡，竟上学去了。下午出来，很觉瞌睡。和衣躺一会儿，醒来已是傍晚。春柳儿进来说："太太回来了,爷快接去。"宝珠听说,便走下床来。见房里外已点上灯了,便道:"什么时候了?"春柳儿道:"才上灯呢,爷没用点心,不饿吗?"宝珠道:"不饿。"春柳便去绞了脸布进来,递与宝珠,揩了脸,晴烟又送进一碗银耳汤来,宝珠吃了,道:"可还有么?"晴烟道:"有着呢。"宝珠道:"你拿一碗给你姊姊吃去。"晴烟答应着出去。宝珠便站起来,春柳儿早点上风灯,引着宝珠,到南正院来。

见两廊下的檐灯都已点齐,站着许多丫头婆子们。宝珠走到卷篷底下,春柳儿报了一声,宝珠便揭着帘子进去。见柳夫人、美云、藕香、赛儿及丽云姊妹俱在,独不见婉香,便上前给柳夫人、美云请安,道:"太太怎么这时候才转来?我还当今儿又不转来了。"柳夫人道:"可不是吗,险些又走不脱了,他们今儿还唱戏呢。"宝珠笑道:"他们也真会闹,唱来唱去总是这几出戏,也看得厌了,还唱什么呢。"美云道:"说今儿唱的是什么《桃花梦》,才眼前的一位名士叫什么盛蓬仙打的昆曲,说好的很。我本来想瞧瞧,太太叫回来了。"柳夫人道:"想来也不过这样,你爱瞧,明儿借他们的班子来唱几天,给你们瞧便了。"又问宝珠道:"你姐姐怎么不来,敢又病了?"宝珠道:"我刚睡着醒来,没瞧见,想来没什么吗。"便回头道:"春柳儿,你瞧瞧去。"春柳儿应着去了。

丽云道:"太太出门几天,家里怪冷清清的。今儿太太来了,这屋子里便像闹热了好些似的。"柳夫人道:"你们这几天干些什么顽意儿?"藕香道:"也没什么,才是昨儿婉妹妹做得几首诗呢。"宝珠便问:"什么诗?"藕香说了,宝珠便要藕香背给他听。藕香说:"记不清了。"宝珠便问丽云,丽云道:"什么事急得这样,回头二姐姐好不得会给你看的。"宝珠道:"好妹妹,你记心儿好的,你背给我听。"丽云笑着不理。

忽门帘一动,婉香进来了。丽云笑道:"好好,他来了,你问他去。"婉香不懂,怔了一怔。宝珠嗤的一笑,婉香一发不解。丽云道:"宝哥哥要请教你那个岂是寻芳到已迟呢!"婉香当有什么意思在里面,便脸上一红,道:"我不晓得。"柳夫人道:"婉儿,你这几天好么?听说你做的好诗,背给我听听瞧。"婉香笑道:"全是胡诌的,算不得诗,那好背给太太听呢。"丽云笑道:"他要宝哥哥叫他背,他才肯背呢。"婉香笑道:"二妹妹这话又讲的奇了,他又不是我的什么……"丽云嗤的一笑,道:"你这话更奇了,他是谁,谁是他,什么叫什么呢?"婉香顿住了嘴,道:"我不和你斗口儿。"丽云笑道:"我知道你的口儿是……"说着,又笑笑,不讲下去。〔婉香急得脸儿通红，欲说却又咽住，反笑道："二妹妹总拿我开心，我打今儿这时候起，再不和二小姐讲话便了。"

柳夫人笑道："婉儿，你不要理他，我和你讲话儿呢。蕊珠和软玉都说候候你，还说请你去逛园子呢。"婉香道："软姊姊和蕊妹妹都好吗，太太怎么不请他们来顽顽？"柳夫人道："我也这么讲，他太太说，明儿便着他姐妹过来谢步。"宝珠插说道："可不是，我倒忘了。二姊姊，前儿我和你赌的东道儿，你可输了么？"婉香尚未开口，丽云便扯着宝珠的手，道："好哥哥，你们赌下什么东道儿，我可能派点儿分子么？"宝珠道："我讲我输了，给我变一个蝴蝶儿，吃孩子们扑了去。"丽云道："他呢？"宝珠道："他却没有讲。"丽云笑道："这么说你们不是赌的东道，竟是赌的咒了。"宝珠一笑。绮云道："宝哥哥，你下遭儿赌不得咒呢，险些应了。"宝珠不解，绮云便将昨儿茜云扑蝴蝶儿饲猫的话讲了。丽云笑道："怪道我说一个蝴蝶儿，二姐姐要这样的保护他，原来你们赌下咒来，怕真是你变的，所以这样发急。"茜云道："早知道是这个缘故，该抢了来给猫吃了，叫二姊姊急个半死。"婉香笑道："你们也太会得无中生有了。那里真果人会得变蝴蝶儿的，我不过怕罪过，叫你们放了，也好积些儿福，多活几岁的意思。"丽云道："你存这样的好心，包管你活一百岁。只是宝哥哥没有积些福，活不到一百岁，便也活到一百岁，二妹妹已在他九十九岁上死了，便怎样？"宝珠笑道："那我便活九十九岁够了。"说着，大家都笑起来。婉香站起来，笑道："我讲你们不过，我告个回避罢。"

柳夫人道："婉儿，你便在这里吃饭呢。"婉香因笑道："我热了，去换件衣服来。"柳夫人道："你穿着什么？"婉香道："我穿的夹袄子，这会子觉得暖烘烘的，我换件去。"柳夫人道："这天气夹的还可穿的，不要回来又冻了。"婉香笑说："不妨。"便自去了。丽云推宝珠道："你快去呢。"宝珠"啐"一声，便不好走，随便搭讪了几句，又坐了一会。见摆上饭来，美云、丽云四姊妹便回东府里去了。宝珠陪柳夫人、藕香和赛儿吃了饭，便跑到小桃花馆来。春柳儿便自转去。

宝珠踏进门，见婉香在窗下洗脸，便道："姐姐用过饭么？"婉香道："刚吃过了呢，你可吃了没有？"宝珠说："也吃了。"婉香一面洗手，又将指甲在水里浸了会儿，拿脸布揩着，一面问："宝珠，你昨儿跑那里去了？"宝珠笑道："我当姐姐恼了我，我没兴的很，睡了一会儿，醒来已迟了。今儿又上学去来。"婉香笑了笑，便将手里的脸布递与宝珠。宝珠接了，便抹了抹脸，也将左手的长指甲在水里浸了浸，向婉香道:"我这指甲昨儿险些断了呢,软姐姐忘了我有指甲的,他扯我的手猛了些,几乎带断。我明儿要戴套子才好。"婉香因道:"我这个也太长了,觉得险零零的。"宝珠走近身边看了看,道:"你也要戴套子才稳当。"婉香道:"套子我倒有着,还前儿在家里的时候,我太太给我叫人去定做来的,长长短短共有十副,那顶长的却有一尺长。"宝珠道:"那太长了。"婉香道:"短的也有,只不知道用得用不得,让我找找看。若好用,你便拿一副去。"说着,叫春妍进来,向首饰箱里找去。宝珠因伸手与婉香比,觉得婉香的略长点儿。宝珠道:"怎么前儿姐姐来的时候,和我一样长的,怎么便比我长得快些?"婉香道:"这倒我也不懂,想来我们女儿家血脉旺些,所以长得快也未可知。"宝珠又道:"你养了几年了?"婉香道:"我前儿不是讲过?"宝珠道:"我忘记了。我这个还是十岁的时候养的,却只有老爷殁的时候断了一个,所以这个略短些,这个便长些。"婉香道:"说也古怪,我前儿老爷殁的时候,断了一个;前年太太殁的时候,又断了这个,可见这个指甲儿也有预兆的。"宝珠道:"如今两个一样长了,安知不也是预兆呢?"婉香一笑。

春妍已拿了两副出来,向婉香道:"这一副是五寸的,这一副是六寸的,看用得么?"宝珠接了,看是两个锦盒,里面盛着两个玳瑁指甲。便揭开匣子,拿出来看时,一副约有五寸多长,套了套,却还嫌短。便将那副长的套上,却好指寸也不大不小,便戴上了,向春妍道:"可有再长点儿的?"春妍道:"有着,只怕太长,约有八寸长呢。"婉香道:"那太长,我不用这个。不比你在外面,与人扯手扯脚的。我一辈子不戴套子,也没兜断过。"宝珠便不再说。春妍笑道:"小姐好把这短的赏给我了。"婉香道:"你要你拿去。"春妍便接过来道谢。宝珠笑道:"你也嫌长呢,何不换一副再短些的?"春妍道:"明儿长了,省得再换,就这个罢。"说着,就出去了。

婉香道:"软姊姊和蕊妹妹究竟可来?"宝珠道:"软姊姊和我说是一准来的。"婉香笑道:"那便你有得忙呢,也不用上学去了。"宝珠笑道:"谁说?我不过想他们来了,咱们这吟社便又好兴起来了。"婉香也笑道:"是吓,我也想呢。我在家里的时候,我太太每逢着节令儿,总教我做诗。我自从太太故后,便也没兴了,便做做,也总是穷愁极苦的话头。"说着,眼圈儿一红,不知不觉,已扑簌簌的泪下。宝珠劝道:"我讲讲又讲起姊姊的心事,快不要伤心,回来太太看出,又道我和你恼呢。"婉香忍住泪,半晌不语。宝珠一味甜言蜜语的劝他,忽婉香又呜噎起来。宝珠便着急道:"姊姊,你好好的,怎么又这样了?难道我又讲错了什么?我讲错了什么,我便自己掌嘴儿好么？你瞧你眼圈儿都红了，快不要这样呢。"婉香呜噎道："你想，我怎么不伤心？我太太在日，我在家里，也和你们姊姊妹妹一样的。今儿你不瞧你姊姊妹妹那种光景么？"说着，已哭出声来，道："你姊姊妹妹都拿我当丫头看呢。"宝珠听说，不禁也陪着哭了，却也不晓得这付眼泪从那里来的。宝珠想要劝他几句，却说不出什么来，只握着婉香的手儿，对面哭。婉香知道宝珠是为自己伤心，便左思右想，倒觉格外伤心起来。

外面春妍听见进来，看他两人却对面的哭着，不知为着什么，便随便的劝了一会儿。宝珠含着眼泪，将衫袖儿替婉香去拭泪。婉香却不避开，便慢慢的住了哭。宝珠替他揩干眼泪，便自己也揩干了，却好与婉香同声一叹。春妍在旁看着，真正茫无头绪，不知两人为着什么哭的，劝又不好，说又不好，弄得没了手势。便倒碗茶送与婉香面前，说："小姐不要这样，吃口儿茶，谈谈心罢。"婉香还含着泪，慢慢的揭开茶碗，出了一会神，便喝了口，随手递与宝珠，道："你吃罢。"宝珠便接着手里，看着婉香，慢慢的随口喝着。春妍看这光景，是不像恼翻的样儿，便劝道："小姐刚好好的，何苦又伤心了？不知道三爷又怎样的惹起小姐的心事来？"婉香刚要说，忽笑春进来道："太太请三爷呢，说有要紧话儿问呢。"

宝珠吃了一惊，心里防是袅烟的祸水发了，便道："谁来叫的？"笑春道："赏春姐来叫的。"宝珠便唤他，赏春听见，连忙进来。宝珠问道："太太这会子讲些什么，还是喜，还是恼？"赏春笑道："太太正高兴着，叫爷去谈谈呢，还有什么话问爷。"宝珠便点点头。赏春退了出去，宝珠便站起来，慢慢的走出房门。回头见婉香还对着茶碗出神，宝珠便暗向春妍一招手儿，春妍眼快，便慢慢的出来。宝珠附耳道："姊姊又伤心呢。因刚才东府里小姐拿他开心，他这会儿讲起，才伤起心来，你替我劝劝他。"春妍点点首儿，宝珠便出去了。正是：

　　花因得意风常妒，人到多情泪易抛。

第九回

因喜成悲三更惊梦　疑真恐假一味痴情

却说宝珠去后，春妍便仍进来，见婉香还坐着出神，春妍便站在身边，不敢作声。婉香回过头来道："你怎么还站在这里？"春妍道："小姐睡一会儿养养罢。"婉香见是春妍，便脸上一红，道："我不要睡，你去罢。"春妍只立着不走，慢慢的道："小姐何苦来生什么气呢？咱们又不是一辈子老在这里的。"婉香听说，便向春妍看了一眼，早又簌簌泪下。春妍忙缩住口，暗想道：怎么这句话又伤心起来？及细想一想，才知道自己无心讲的，他听的却有心了，便也不敢再找话讲。见婉香已拭着泪立起来，道："我睡罢。"春妍忙去叠被，伺候婉香睡下。

婉香在枕上暗暗的哭了一会，便朦胧睡去。见宝珠笑嘻嘻的进来，道："姐姐恭喜了。"婉香也便拭拭眼泪，勉强笑道："什么事儿，可是太太准你收了袅烟么？"宝珠笑道："那算什么事呢，这个喜才是真真的喜呢。姐姐，你试猜瞧。"婉香便想一想，"可是三老爷高升了？"宝珠摇摇首，道："不是。"婉香又道："可是你软姐姐和蕊妹妹来了？"宝珠又摇首，道："不是。"婉香笑道："那便我猜不到了，你快讲明白罢。不要塞塞泥泥的，叫人难过。"宝珠只是嗤嗤的笑，一手来曳着婉香手，只是(时)对他憨笑。婉香半嘻半嗔的道："什么事，你怎么又不讲了？"宝珠笑道："我讲了，怕你不和我好。"婉香着急了，"什么事，你讲了，我总和你好；不讲，我便恼了。"宝珠欲说不说的道："你和我好了，我才和你讲。"婉香笑道："这样难道不算好么？"宝珠嗤嗤的笑道："这样总算不得好。"婉香便涨红了脸啐道："你不讲，随你罢，我睡我的便了。"宝珠却不放手，因道："我和你讲，我太太……"说到这里，又嗤嗤的笑着不说了。婉香连问道："太太怎么讲？"宝珠道："太太说，今儿叶老太太给我提亲。"婉香道："怎么？"宝珠笑道："叶老太太给我提你呢。"婉香恼道："这是什么话！你莫非醉了么？"宝珠正色道："这是真的，谁谎你来。"婉香甩手道："我不爱听这疯话儿。"说着，仍走到床里去睡。宝珠却一直跟到床前，仍曳住手，道："姊姊，你不愿吗？"婉香不语。宝珠又道："姊姊，你真不愿吗？你日后不要悔呢。"婉香正色道："悔什么，依你便该怎样？"宝珠道："也没有什么样，你愿就是。你果然不愿，我只白费了心血罢了。"婉香道："有什么愿不愿，你想有什么愿不愿？"宝珠听说，便狂喜道："这才是我的好姊姊。"说着，一手靠到婉香肩上来。婉香红了脸，顺手一推。宝珠便扑地倒下，一看已经死了。婉香急叫道："宝珠，宝珠！"

春妍听见，忙进来，见婉香梦魇，忙扑着被儿，道："小姐醒醒，小姐醒来！"婉香睁眼一看，便拗起来，曳住春妍的手，哭道："你怎么便这样了？"春妍见婉香还是呓语，便轻轻扑着他的肩儿，道："小姐，小姐，我在这里呢。"婉香听见，便忍住哭，定一定神，细细一看，道："你是春妍么？宝珠呢？"春妍道："宝珠不在呢。"不道婉香魂尚未定，听春妍说宝珠不在了，便心里一急，一翻眼直倒下去。春妍听他打个倒噎气，便没声息了，忙叫道："小姐，小姐。"听婉香不应，忙上起帐子一看，见婉香面色急白，眼已瞪起，便急急的叫了几声，婉香不应。春妍便哭出声来，掐着唇中乱唤。外面笑春、爱儿、海棠听见，都忙跑进来，一见这个样儿，都着忙了，一淘大哭起来。婆子、老妈们听见，都落乱跑进来，却只有乱喊小姐的力量，也没个主见。还是春妍道："你们只管乱着什么？快去回上房里，请大夫来诊诊脉看。"说着，伸手去向婉香胸口一摸，尚是温热，便止住哭声，道："你们不要慌。小姐刚饭后伤了会子心，这会子又梦魇了，想迷了魂了，不妨事的。"

刚说着，外面院子里已落乱的脚步声进来，头一个便是宝珠。春妍看见，忙去拦住他，不教他看。宝珠那里肯听，死命的甩脱春妍，一气跑到床前。见婉香这个样儿，便喊了两声："姊姊。"见不应，他便伸手去鼻边一探，已没得气了，便放声大哭，道："我再不想我姊姊……"说到这里，早已呕出一口血来，"扑"地往后倒了。春妍、笑春忙丢下婉香，去看宝珠。见宝珠脸儿也急白了，嘴唇儿也青了，只打着倒噎气，没有一口转气，连眼珠儿也掉上了。春妍便急得手足无措。

刚满屋子乱着，柳夫人已急急的来。瞥眼见众人围着一人，在地下乱着，便忙赶过来一看，却是宝珠，已经这个样儿。便放声哭道："我的儿，你怎么跑到这里来，也这样了？"袅烟赶到早，便放声哭了。春妍见婉香面前没得一人，便走到婉香面前去喊婉香，婉香仍是不应，像已死了的样儿，便大哭起来。又想：婉香已到这个地步，大家还只围着宝珠，不来看看婉香。想到这里，一法哭的凶了。柳夫人听见春妍哭得凶，才记得自己原为婉香来的，便到婉香床前一看，连忙摇手，道："不要乱，不要乱，不妨事的，婉儿的嘴唇儿还不青呢！"春妍听柳夫人分出彼此来，便一肚子气，不管好歹的回道："气也绝了，还说嘴唇不青呢！"说着，大哭起来。柳夫人也不计较，再三止住哭声，满屋子略静了静。

忽宝珠哭出声来，袅烟道："阿弥陀佛，好了，好了。"柳夫人便赶过来看。宝珠已哭得泪人儿一般，道："姊姊，你真舍了我去了么？"柳夫人忍着泪道："宝珠，宝珠，你醒来，你姊姊在这里呢。"宝珠隐隐听见，便醒过来。睁眼一看，见柳夫人拿着烛火照他，便急急忍住哭，定一定神，看看满屋子的人，又忍不住哭道："姊姊呢？"柳夫人也簌簌泪下，道："宝儿，你心清清，你姊姊在那里呢。"宝珠便走到婉香床前，柳夫人也跟着过来。宝珠曳着婉香的手，哭着喊了几声，婉香仍不答应，便向他耳边哭唤道："姊姊，你当真的这样么？"说着，泪珠儿早滴满了婉香一脸。

婉香忽然心里一清，便睁开眼来一看，见是宝珠哭他，便挨近脸儿认道："宝珠，你不是宝珠吗？"宝珠哭着应道："姊姊，姊姊，我在这里呢。"婉香便拗起身来，却拗不起，便在枕上哭道："宝珠，你急死我了。"宝珠也哭道："姊姊，你真急死我呢。"柳夫人见婉香开了口，便念了几声急佛，道："婉儿，你怎么了？"婉香听见柳夫人声音，定睛一看，正是柳夫人站在面前，宝珠却伏在自己睡的枕上，脸对脸儿的哭。便吃了一惊，连连回过脸来看。柳夫人道："婉儿，你怎么了，这会子心里觉得怎样？"婉香口里说没什么，眼里早长一行短一行的淌下泪来。春妍早倒了两碗参汤进来，递与婉香，又递一杯给宝珠喝了。宝珠眼睁睁的四下看了会子，心里也清了好些。见柳夫人坐在床沿上，便站开些。柳夫人看见，道："宝珠，你就这里坐会儿，给你姐姐瞧瞧。"

婉香此时心也清了，听说，便涨红了脸，暗想：这个光景，这梦像是真的了。又想：幸而（儿）宝珠尚在，倘若真被（彼）我一推跌死了，那便怎样？想到这里，又要哭了。又看宝珠原好端端的坐在自己身边，又觉好笑。宝珠见他有些笑影儿，便问道："姐姐，你梦见什么来，便到这个样儿？"婉香想一想，道："我梦见失手将你一推，你便跌倒地死了。"刚说到"死了"两字，忙要缩住，却已来不及了。便接着说道：

"我想这便怎处？我唤你，你又不应。我隐约记得春妍进来，我问他：'宝珠呢？'他说：'宝珠不在了。'我当是说死了的不在了，不由得一急，便昏过去。又看得见你果然倒在地下，脸儿也变色了，嘴唇儿也青了，眼儿也闭了。还是袅烟跑来，帮我扶你起来。我才慢慢的唤你醒来，见你醒了，我才放心。却不知道怎么，我也醒了。你这会子原好好着，这不是梦魇吗？"说着，又露了个笑影。柳夫人道："我的儿，这倒不是梦魇。你弟弟分明为你急死，才回过来呢。"宝珠忙掩过说："没有没有，太太讲着玩的。"柳夫人便也不讲。婉香便看了宝珠一眼，低下头去。

外面报过："金爷来了。"宝珠便要去接，柳夫人一把扯住，道："你又不顾自己了。"宝珠便站住，替婉香放下帐子。笑春早端张几儿，安在帐间前，摆下个手枕儿。柳夫人便叫："请金爷进来。"外面答应着，门帘动处，金有声进来。先向柳夫人请安，宝珠也勉强与金有声对了个千儿。柳夫人道："这早晚还要劳驾，真是熟不知礼了。"金有声也谦让了几句。爱儿、海棠已站在帐前，说："请金爷诊脉。"有声便低着头，走近帐前。婉香向帐外内伸出手腕来，海棠拿块帕子遮盖上。金有声只立着诊脉，不敢坐下。柳夫人道："请坐了细细的诊着。"金有声应着，便略坐一点儿，头低着，向外面屏声敛息的诊了一会，便换了手，又诊一会。放了手退下来，向柳夫人道："小姐的贵恙不妨事的，不过魂魄不安，受了些惊吓气恼，以致如此。"柳夫人道："那便请金爷打个方子，回来再给宝珠瞧瞧。"金有声答应着。

宝珠扶着爱儿，陪出房去，到中间坐下。看有声打起方子来，道：

左寸浮散，肝胆脉沉细而紧，两尺细弱，心包邪热炎甚，法宜清滋。

琥珀粉、青花龙骨、虎睛、远志肉、茯神、焦山栀、大生地、茯苓、四制

香附、陈皮、灯芯。

写毕，注明钱数，递与宝珠。宝珠看了，便也请有声诊看。有声诊毕，道："今儿敢是失血过么？"宝珠道："不曾。"爱儿在旁点首道："曾呕一口儿红的。"金有声道："可不是吗？这不当耍的，爷千万保重才是呢。"宝珠听说，自觉心痛，不禁掉下泪来。金有声道："不妨事，吃两剂药，调养会儿便好了。"便拿张纸，写了方子，又审定一会，送与宝珠，说："吃这么一剂安安神，不要劳动。明儿再过来请安，便好下补剂了。"说着，告辞去了。

宝珠扶着爱儿进来，见笑春、春妍、袅烟、海棠都站着，婉香床里摆了张湘妃竹几儿。婉香一手靠在几上，托着腮，和柳夫人讲话，脸庞儿早清减了好些。柳夫人

见宝珠见来，便道："方子拿出去打了么？"宝珠点点头，说："打去了。"说着，看看婉香，道："姊姊这会子觉得怎样？"婉香道："也没什么，不过心里空空洞洞的，人觉得轻了许多。头里这身子儿便不像是我的了，任他们喊着推着，我也不知道。春妍把我的唇中（宗）儿也掐破，我此刻才觉得痛呢。"宝珠看他唇中上，果然两个深深的血指印儿，心里着实痛他。想替他揉揉，当不得柳夫人在面前，不好动手。便看了他一眼，暗暗心痛。柳夫人道："你也该转去躺一会儿养养，头里哭得什么似的，难道一会子便好了么？正经伤神的呢。"宝珠坐在床沿上，摇首道："我没什么，这样坐坐谈谈就好，胜似一个儿睡在床里闷呢。"柳夫人便也由他，因笑道："头里真急得没脚儿走呢，这边一个，那边也是一个，叫我管哪一个好呢？"婉香微微一笑，春妍也一笑。婉香听春妍也笑，便向春妍看了一眼，像是冷笑的光景。婉香便猜着了八九分，暗暗点首。

忽门外老婆子们报道："东府里太太和珍大奶奶、两位小姐来了。"婉香便反睡下，宝珠将几儿拿出，放在地下，自己便走了开去。袅烟本来有病，挣扎不住，这会子便抽空儿先自转去。柳夫人便也站起来，见袁夫人同着藕香、美云、丽云进来。袁夫人走向床前，道："姐儿怎么样的？"婉香便在枕上侧一侧，像要拗起来的光景。袁夫人连忙止住，道："你躺着罢，不要这样拘礼。"婉香便在枕上告罪。袁夫人向床沿上坐下，春妍已将两边帐幔一齐卷起。婉香道："这会儿好了，要太太受惊，真是大动经界了。"袁夫人谦了几句，又道："大夫来瞧过了么？"柳夫人道："刚金有声来瞧过了，说不妨事的。"袁夫人便问宝珠道："大夫怎讲？"宝珠便只说："是受了些邪热，所以梦魇住了。"袁夫人又向婉香道："你本来是单弱的，禁不起什么风浪。你在这里，离太太那边又远，又没得人照顾，你样式总要自己珍摄才是呢。"婉香便在床上道谢。袁夫人又向宝珠道："听说你也昏过去了，可有这事么？"宝珠连说："没有。"柳夫人笑道："他见他姊姊这样，他便也急坏了。"袁夫人笑道："倒是这孩子心热，难怪他姐妹们都和他好呢。"柳夫人道："这也是要好了，才这样痛养相关的。不然，便病得再凶些，也不到这个地步。"婉香听柳夫人这话，心里着实受用。又因这个"好"字，想到梦里宝珠讲的那"好"字，不禁又红了脸。袁夫人都不理会，早走开和柳夫人讲话去。

藕香趁空儿便同美云、丽云走近来问好。婉香在床上点首儿，道："我真正过不去了，又惊动大嫂子和姐姐妹妹呢。"藕香道："这是讲那里话来？我听说妹妹病的凶，我慌得什么似的，走也走不快了。到这会子见了面，才把我这心放下。"婉香笑笑，便问美云道："大姐姐这时候还不睡吗？"美云道："我刚在那里着丫头们叠箱子，听见外面乱着说花二小姐……"说到这里，一顿口道："病了，我连忙回过太太，同着过来，都急什么似的。幸而好了，这真是祖宗保佑呢。"婉香笑道："我的祖宗还在苏州，怕没有人替我打电报去通知，管不到呢。"丽云笑道："你到了我们这里，我们祖宗便也肯管你了。"婉香听了这话，像是双关，有些高兴起来，向美云道："明儿软姐姐和蕊妹妹可真的来么？"不知美云怎说，且住。这便是：

柔魂一缕轻于絮，热泪双行贵似珠。

第十回

痴公子痴情调美婢　软姊儿软语谑娇环

却说婉香刚问美云道："软姐姐和蕊妹妹明儿可真来么？"美云道："他正念你呢，问了我好些话儿。太太接他来住几天，他便欢喜的很，说明儿回了太太便来。"婉香道："这才有趣儿。我这几天，不知怎么闷不过，他们来了，我便有个伴儿，倒不会得病了。"丽云笑道："你快好罢，明儿好同到园子里逛逛去。"婉香笑道："我也这么望着呢。"说着，见袁夫人已站起身来，丽云知道要走了，便和婉香说了些保重的话。袁夫人也和藕香过来，讲了几句，婉香道谢，一干人便自去了。

柳夫人见没什么，便向宝珠道："你回去么？"宝珠道："我走不动呢。"柳夫人道："袅烟去了么？不错，他也病着。那便叫笑春扶你过去好么？"宝珠想了想，便道："这会子还早，太太先请罢。"柳夫人道："时节也有三更了，你要坐一会儿，便坐会儿去，回来可不要谈到什么时候不睡呢。"宝珠道："我一会儿便去。"柳夫人点点头，又向婉香讲了几句，便自去了。

宝珠见柳夫人已去，便也没得病了，跑到婉香床前，曳着婉香的手，道："姊姊，你到底梦见什么？"婉香甩脱手嗔道："你又这么样了，我讲过的了。"宝珠笑道："好姊姊，你刚才没讲完呢。"婉香道："没什么了，你不要这样缠不清，怪讨人厌的。"宝珠不敢再问。半晌，忽婉香道："头里太太喊你去，讲些什么？"宝珠道："没什么，因为珍大哥子要往京里去，太太问可要什么，教开个单子。我替你开上两件平金的小袄子，并些柳楠香末子，又开上十副的平金裤脚。"婉香笑道："我要这些什么？你倒不替我开上个平金的帐沿儿，和那个堆花的椅垫儿。"宝珠道："那堆花的椅垫儿，太太开上五堂了，帐沿儿我要了一个来，便送给你罢。"婉香点点首儿。

忽床里画几上摆钟"铛"的敲了一下，宝珠道："怎么便一下钟了？婉香道："你该睡去了。"宝珠一扭头，道："我走不动，睡在这里罢。"婉香诧异道："你讲什么？"宝珠不敢则声。春妍在傍道："当真夜深了，爷又病着，外面不好走的。我今儿便和笑春睡去，爷在后房睡罢。"宝珠听着，看看婉香，见婉香也没什么，便向春妍道："你替我叫爱儿去我屋子里说声，教袅烟等睡罢。"春妍答应去了。婉香道："袅烟病着，刚又跑来，受了些惊吓，你该看看他去才是呢。"宝珠笑道："我这会儿因姊姊这样，我也顾不得他了。"婉香冷笑一声，宝珠笑问道："你敢是笑我没情么？你知道袅烟的病，不过懊恼出来的，吃我解说了一番，他早好了。姊姊这病是为我急出来的，我便用不着解说，只有陪着姊姊，给姊姊瞧着，我分明没死……"讲到这里，婉香截住道："你不讲罢，我不爱听这话儿。"说着，便向里床睡了。宝珠便一手靠在被上，笑道："姊姊，你不爱听，我便不讲罢了，你不要这样。你回过脸儿来，我找那个你爱听的讲，你听呢。"婉香笑道："我不要听了，你睡去罢，明儿再讲。"

刚说着，春妍进来。宝珠便笑着起来，道："姊姊，我给你铺盖好了罢。"婉香道："不用，你让春妍来。"宝珠便让春妍给他盖好被儿，放下帐子。婉香在帐里道："你也该睡去了，明儿早点起来，不要又顽到什么时候才睡。"宝珠笑应着。

春妍已将房门关好，窗帏儿遮了，换上长颈灯台，将洋灯息乌，便后面房里去了。宝珠也跟着进来，见春妍在床沿上弯着腰儿，替他叠被。宝珠便去曳他的手，向床沿上坐下。春妍摇手儿，宝珠顺手一曳，春妍站不住，便也向床沿上坐下。宝珠笑嘻嘻的，附耳说了两句。春妍却说响来道："什么叠被，什么铺床，我不懂。"宝珠忙去掩他的嘴，又轻轻的道："你听不清么？我说我若与……"春妍不待他说，早摇首道："又讲这些话儿，前儿恼翻了，你忘么？"说着，自己拿帕儿掩掩嘴。宝珠见他嘴唇儿红红的，便偎近脸儿，道："好姐姐，你把这点胭脂儿给我吃罢。"春妍嗤的一笑，道："我明儿叫你姊姊多搽点儿，看你敢吃不吃！"宝珠笑道："那我便真真要垂涎死了。"春妍轻轻的道："讲话留神些儿，不要把我当做袅烟呢。"宝珠听了这话，便一头倒在他怀里，伸手向他两肋下乱挠。春妍笑得忍不住，几乎出声。宝珠道："我问你，可还讲这些酸话儿么？"春妍笑着摇首儿，说："不敢了，好哥儿，饶我罢。"宝珠才住了手，道："你与我嘴吃，我才饶你呢。"春妍强不过，便与他吃了个，道："好了，该放我去了。回来他们听见，当是我们在这里什么了。"宝珠便笑嘻嘻的曳住手，道："什么叫什么了？"春妍红了脸，甩脱手，道："我不晓得。"宝珠便笑着放了手。春妍站起来，整整衣裳，理理鬓发，站得远远的，道："爷可睡了么？"宝珠笑笑不理，还在那里招手儿。春妍便不理他，将房门带拢，自往笑春房里睡去了。

这里宝珠见春妍去后，便自解衣上床。隔着板壁，向里床叫了声："姐姐。"听婉香不应，便放心睡下。心里忽然想起：袅烟病着，这会子我不转去，他必定念着我，还没睡熟呢。又想道：我今儿睡在这里，有什么好处？倒反一个儿冷清清的。姐姐虽睡在间壁，又不好和他讲话，却教袅烟在家里怪我。想着，便要坐起来穿衣服转去。忽间壁婉香床里的钟"铛铛"的打了两下，又转念道：这时候了，不转去罢，好歹挨这一夜便了。想着，便仍睡下。忽隔壁婉香咳嗽一声，宝珠也便轻轻的咳了一声，听婉香没得声音，知道睡熟了，便也睡着。

次日醒来，已是下午。听前面婉香房里有许多笑声，便连忙拗起来，问道："可是软姐姐来了么？"外面软玉听见，道："谁吓，是宝弟弟么？"宝珠听是软玉声音，便应道："是我呢。"一面应着，已披了衣服起来。刚走下床，见软玉已走进来，笑道："你怎么睡在这里？"宝珠笑着，一面自己纽衣服，一面看着软玉。穿一件玫瑰紫缎子白镶的单袄子，下面裤子也是一色玫瑰紫白镶的，身材儿越觉娇小；一张瓜子脸儿，湾湾的眉毛，生得满面的秀气，好像比前在他家看见还格外好些。眼睛里打量着他，口里却把昨日病了没回去的话说了。软玉道："怪道你脸儿便比前儿清减了些，这会子可好了没有？"宝珠道："早已好了。"说着，已将衣服纽好。

软玉见他面前有几根儿短发披下，便替他来挑上去。宝珠低下头，见软玉颈上有一线的红影儿，便伸手抚了抚，道："这是什么？"软玉笑道："可不是前儿你和我掉了根兜肚练儿，你的比我粗了些。我带着睡，今儿起来，便印了一条痕子，还痛呢。"宝珠道："那我仍和你掉转来罢。"软玉道："那既和我掉了，有什么再掉转来的道理。只不要明儿又挪我的和人家去掉。"宝珠道："你的我带着呢，我给你瞧。"说着，便把领口纽子解了一颗。软玉笑道："一晚子工夫，自然不会给人的，你戴着就是。"说着，便替他将领口纽子扣好。宝珠刚要说，忽床横头有人笑道："好吓，怪道不出来了？"软玉急红了脸，回头一看，却是丽云，便笑道："我说还有谁，你哥哥起来了，不来请个安儿，还取笑人呢。"丽云笑着，便也进来向宝珠问好。宝珠便一手携了丽云，一手将了软玉，同向床后婉香房里来。

瞥眼见蕊珠穿着一件湖色素缎白镶条的单袄儿，裤子也是一色的镶条，上缀着些小小的圆镜，闪闪熠熠射人眼目，梳得绢光的两个小圆头，戴着一朵白蔷薇花儿，面前覆着槛发，越显出眉目娟好，一种娇小可人的光景，手里拿着一块白绢帕儿，抿着小嘴儿笑着，听美云和婉香坐在美人榻上讲话。一眼见宝珠将着他姐姐和丽云出来，便站起来，道："宝哥哥起来了，听说你回来不适意着，可好了么？"宝珠便放了软玉的手，将着蕊珠，道："早已没事了。你们闹这几天，不辛苦吗？今儿怎么还来得怎早？"蕊珠笑道："你睡到这时候儿才起来，还说早呢。咱们来了好多会子，饭也吃过了。"宝珠不信，回头问婉香道："姐姐，可真吃过饭了么？"婉香点首儿道："吃过了，你不饿吗？"宝珠摇首儿，道："不饿。"美云道："宝弟弟，你昨儿没回屋子里去么？"宝珠道："是。"蕊珠道："我刚和大姊姊到你屋子里，袅烟病着，说你昨儿睡在这里。只不知道你睡在那里的？"宝珠随口答道："我睡在春妍床里。"蕊珠因笑道："阿唷，我倒没知道，照讲来，我还该给春妍道喜呢。春妍姐，快来快来。"软玉也笑道："可不是，我也失礼了。春妍呢？"

春妍刚替宝珠送脸水进来，听软玉唤他，便赶忙应着进来。蕊珠笑着，忙替他接了脸盆子，放在桌上，裣着衽，真个替他道喜来。春妍连忙避开，道："怎么，姐儿敢是拜门神么？"说得满屋子通笑起来。蕊珠笑道："我拜嫂子呢。"春妍不懂。软玉一手把春妍将着过来笑道："你不懂吗？我问你，昨儿三爷睡在那里的？"春妍方才明白，便红涨了脸，道："姐儿总拿我们开心。"婉香刚笑着，因道："哎唷，怎么今儿便称起我们来？"蕊珠、软玉都笑道："可不是，你小姐也这样讲了。"春妍一发红了脸，道："我是讲我们丫头呢，小姐也凑趣儿捉我的字眼子。"丽云忍不住笑道："二姊姊，你也晓得这'我们'两字是不好讲的，你且慢点儿笑他，你自己想想瞧。"婉香也红了脸，笑向春妍道："你快还不谢谢二小姐去，他帮得你多紧呢。"春妍笑道："那倒也不是帮我，二小姐自己在那里讲公平呢。"

婉香向软玉笑道："反了反〔了〕，我们春妍投降到高丽国去了。"美云、宝珠等统笑起来。蕊珠道："二姐姐，你是什么国王呢？"软玉道："他是洛阳国的花王。"宝珠刚洗着脸，听见笑道："也配，那我是什么王呢？"丽云接口笑道："你是牛魔王。"宝珠听说，便蘸了一手的水，向丽云兜脸的洒将过去，道："你倒是个蚂蝗呢！"丽云不提防，猛被他洒了一脸的水，便捧着脸儿，要婉香替他揩干来。婉香笑道："这个干我什么事，谁弄你的，叫谁揩干去。"宝珠笑道："是我是我，来来，我给你揩干罢。"说着，便拧了把脸布，过来替他揩燥了。丽云又笑又气，又不好再说，只听他揩干了，还要他赔一脸粉儿。宝珠件件依他，便向婉香妆台捎了点粉，匀在自己掌上，替丽云轻轻的敷上。丽云拿镜子照了照，见敷得很匀，才没得讲了。春妍便将脸盆拿去倒了，端了漱口水并莲子进来。

宝珠接着，漱了口，吃着莲子，随手兜了一瓢，送到软玉嘴边。软玉吃了，忽道："宝弟弟，你的项圈儿呢？"美云等一看，果然没有了。婉香急问道："怎么，昨儿我也没有留神，你丢到那里去了？"宝珠便自己也记不得，细想一想，道："是了，在春妍床里。"婉香道："你往常不卸下睡的，怎么昨日便卸下了？"宝珠道："带着睡怪讨厌的，昨儿偷卸下的，不要对太太讲。"说着，春妍已去拿来。软玉接着，便替宝珠带上，又拈着那个蝴蝶儿，看了一会，对他一笑。宝珠道："你笑什么？"软玉〔道〕："我瞧瞧，可碰坏了没有？"丽云笑道："碰是不会碰坏的，只怕春妍倒有些儿疼呢。"软玉刚说，却是无心的，被丽云这样一说，便也笑道："怪道要卸下呢。"春妍听着，又恼又羞，又不好讲什么，脸儿上便红一阵白一阵的起来。婉香看见，笑道："痴丫头，姐儿们拿你开胃了，怎么便急得要哭了？"春妍道："姐儿们拿丫头取笑，自然是该派的。只是回来吹到太太耳边去，只当是真的我们丫头们引坏了爷了。"丽云笑拍拍肩道："好姐儿，不要哭，谁讲去呢？"春妍向丽云一笑，欲说不说的。丽云知道春妍是个利口，怕丢了脸，便只做不见，拿别话和宝珠搭讪去。

美云刚和蕊珠讲话儿，听丽云向宝珠道："今儿珍大哥进京去了，你可知道了？"宝珠尚未答应，美云接口问道："当真你叫珍大哥带的平金挽袖儿是给谁的？珍大嫂子笑你呢。"宝珠道："我是带来孝敬太太的。"美云笑道："那也罢了，我只当带来给二妹妹的呢。"婉香红了脸，道："怎么你们动不动便不拘什么，多拉到我身上来，回来大姐姐嫁了姐夫，不要姐夫的什么事儿，也拉到我身上来。"美云顿了嘴。丽云笑道："二姊姊，你这话又失便宜了。怎么姐夫的什么事儿，便好拉到你身上来？"婉香笑道："我不过这样讲，横竖大姊姊还没得姐夫，便大姊姊有了姐夫，你也凑不拢班子去，干你什么事？一个姑娘家，亏你也想这个！"丽云听了，便一声儿不言语，赶过来笑骂道："婉儿，你会弄巧舌儿么，我把你这醒凝嘴撕掉了，看你还能讲也不！"婉香连忙避开，躲到宝珠背后道："帮我呢。"不知宝珠怎样，且看下文。这是：

　　　　闺中说笑原无忌，局外猜疑似有情。

第十一回

病衾烟虚心怕鬼　情宝珠慧眼识人

却说丽云因婉香取笑他，便赶过来。婉香连忙躲到宝珠背后，笑央道："好弟弟，你帮我呢。"丽云已笑着走到宝珠面前，宝珠便笑拦住，道："好妹妹，饶他罢。"丽云笑嗔道："不要你帮他，我撕他的嘴呢。"婉香在宝珠背后央道："好妹妹，我不敢再讲了，随你们想这个不想这个，我不问罢。"丽云笑点点首儿，道："你还敢这样说？"说着已向宝珠肋下伸手过来，宝珠手挟住，道："好妹妹，看我的面儿饶他罢。"丽云道："婉儿，你不告饶，我决不饶你。"婉香连连笑央道："好妹妹，我不敢了，饶我这遭儿罢，看你们亲亲哥哥的面上。"丽云笑骂一声道："你好，凭你怎样的利嘴，我回来收捉你罢。"美云、软玉、蕊珠三人只看着笑着。婉香笑嗔美云道："大姊姊也不帮我一点儿，只站着看冷眼儿。回来我告诉太太去，说二妹妹欺我，大姐姐还帮着笑呢。"美云道："妹妹又不叫我帮，有宝弟弟回护着，还要我什么。你不看宝弟弟裹的你死紧的，我来帮了，回来还说我打你们的叉儿呢。"丽云也笑道："你告诉太太顶好，太太问你，说你妹妹为什么要撕你的嘴，那时你不说，我也要直讲的，看你羞也不羞。这些话可是女孩子家讲得的么？"婉香笑道："那也没什么，你回头想瞧，今儿这些话谁讲的多，况且我的话也不伤什么脾胃儿，你自己不知道怎么想去了呢。"大家听着，都笑起来。

此时天色已晚，太太身边的殿春过来请用晚膳。宝珠道："怎么夜饭怎早，我才起来不多会儿，头还没梳呢。"美云道："这时候也不早了，天晚了，横竖你不出去，梳什么头。"宝珠便也不说，见婉香已让软玉、蕊珠等出去，便也和丽云、美云站起来，同着出来。走到廊下，见小丫头都拿着老虎凳子，站着点灯。笑春也在那里，看丫头们上檐灯。宝珠见他仰着脸儿，便道："看仔细蜡烛油儿滴在脸上。"笑春听见，道："顾着呢，爷们敢是往南正院去么？回来我来接。"宝珠点点首儿，走出腰门。见仇老妈站起来请安，宝珠点首。软玉笑道："老妈，你今儿便宜了，爷的早安、晚安并一块儿请了。"仇老妈笑道："可不是，昨儿还没请晚安呢。昨儿三更天，我还等着腰门。四更天，袅烟姐还着春柳儿来喊门，我没听见。今儿一早起，便听一顿骂，可也没得便宜了。"蕊珠听他说得罗嗦好笑，宝珠却被他一句话兜在心里，便向婉香道："姐姐，你先走一步，我往屋子里转一转来。"婉香知道宝珠为着袅烟，便点点首儿，归自己同着软玉、蕊珠、美云、丽云，转湾出去。

这里宝珠讲了这句之后，便一径跑向自己屋子里来。一进门，见黑魆魆的回廊上，灯也不点一盏，中间屋子里射出一片灯光，也不甚亮。走进中间，只闻得一股药香，四下里静悄悄没些人声。向左边房里一望，见点着一盏洋灯，旋得乌熄熄的，并没个人。向左边自己房里一看，并且连火也没得。刚要转步，忽里面缩缩的一响，便有些胆寒，硬着胆喊道："谁在房里？"听没得声息，便喊过晴烟，听不答应，又喊道："春柳儿。"也不答应。后面袅烟却听见，答应道："可是爷回来了么？"宝珠应了一声，便要进去。忽回头见自己房里一个人影儿一晃，往外面去了，心里吃了一大惊，便突突的跳个不住。后面袅烟又道："爷怎么不进来？"宝珠听袅烟说话，便大了胆，走到后轩。见灯也黑魆魆的，壮着胆，走进袅烟房里。见袅烟掀着帐子等着，宝珠便走近问道："你今儿可好些？昨儿又惊了。"袅烟勉强道："没什么呢。"宝珠又道："怎么单剩你一个儿在这里，他们那里去了？"袅烟叹口气，道："爷不在屋里，谁敢禁止他们不走哩？况我病着，又惹他们的厌。"宝珠听着，心里着实生气，又道："你一个儿睡在这里，怎么连老婆子们也不来陪陪你？你妹妹又怎么这样看得过，你冷冷清清的可不怕么？"袅烟道："可不是，我往常倒还胆大，不知怎么，这几天便胆怯怯的。前面房里常（长）有响动，我喊喊又没个人答应。"宝珠听着，便打个寒噤，道："可是我睡的房里么？我刚来也听见些响动，还看见个……"说到这里，忙改口道："还看见个猫，想来是耗子打架呢。"嘴里说着，心里实着狐疑，要想去看个明白，又没个人陪去。

刚想着，忽门帘一动，走进个人来，宝珠和袅烟一齐吓了一跳。一看不是别人，正是春柳儿。宝珠便发恨道："你敢是鬼么，怎么走路也没得声响！你存心要吓死谁么？"春柳红了脸，一声儿也不言语。宝珠又道："晴烟呢？"春柳儿道："我那里知道他的去处,爷也问得好笑。"宝珠便也不再问,半晌道:"你们忙些什么?连檐灯也不点了,黑魆魆的,打量我这会子不转来吗?你们好顽,难道连老婆子们也好顽起来,不干事了?尤妈呢?"春柳儿见宝珠动气,不敢多说,便走出去,向后院子喊道:"你们这些婆婆妈妈可有着,请几个出来,爷喊呢,不要老躲着过太平日子。"里面老婆子们听见,便赶了四五个出来。春柳儿引着,径到衾烟房里来。宝珠看了看,哼了一声,心里想道:怎么我几天没有回来住,便多变了样子,春柳儿也好似有气的样儿,难道我这屋子里真出了鬼不成?想着,便喊春柳儿打灯。春柳儿应着,便把洋角风灯点起。宝珠站起来,背着手踱出房来。见灯乌乌的,便叫旋旺些。那些老婆子们见宝珠生气,多不敢则声,七手八脚爬上去,把灯旋旺了。宝珠便叫春柳儿走在前面,走到自己睡的房里来。

宝珠见地下遗着块帕子,刚要走近去拾,忽然间风灯吹黑了。宝珠冷笑了一声,便喊春柳儿去点来,自己却站着不动。及至春柳儿点火进来,那地上的帕子却没有了。宝珠此时却放大了胆,往四下一看,却没些影响。再往床上一看,见枕头却摆歪着了。心里便满猜是春柳儿干些什么事来,很想发作,却又不好造次,便藏在肚里,索性连脸色也放和软了,便走出来,春柳儿和老婆子们也同着出来。宝珠笑道:"刚才衾烟疑心,说这里有响动。我说好好的屋子,有什么着,这会子你们不瞧见,可不是一点也没什么吗?"说着,看看春柳儿。见春柳儿道:"我也这么讲,只是响动却有点儿,也不过是耗子和猫打架呢。"宝珠点点首,笑了一笑。见春柳儿忽然低下头去,脸红了。宝珠便大明白,因道:"总之,我不在家几天,你们胆小的胆小,胡闹的胡闹,所以才这样提心吊胆的。只是我倒被你们弄得胆小起来呢。"说着,笑了笑。春柳儿也笑道:"那爷怕什么,回来我和晴烟陪爷睡罢。"宝珠点点首儿。

忽外面有人拿着风灯进来,道:"怎么,今儿咱们家连檐灯也不点了?"宝珠听是晴烟的声音。见他进来道:"咦,爷还在这里,太太叫赏春姐去喊你呢。"宝珠笑道:"你在太太那里么?我刚在讲你呢。咱们正商量着,今儿晚上央你和春柳儿陪我睡。"晴烟笑道:"怎么忽然要人陪着睡起来?"宝珠笑道:"他们都讲我屋子里出鬼了,我被他们讲的慌,所以不敢一个儿睡。"晴烟冷笑道:"爷出去了七八天,这屋子里果然有些鬼鬼祟祟样儿出来。别的倒不怕什么,只怕明儿弄得满屋子人都颠颠倒倒起来,分不出谁是鬼谁是人呢。"宝珠听他说得有因,再看春柳儿只是冷笑着,不作一声。宝珠便又狐(胡)疑起来。忽然想了个主意,便站起来笑道:"随他鬼打架的，我且吃我的酒去。"说着，便叫春柳儿掌灯出来，又叮嘱晴烟伴着袅烟，不要走开，晴烟应着。宝珠便同着春柳儿到南正院来。

见里外灯火点的像火树一般，回廊下立满了婆子丫头们，院子里面一片笑声。宝珠进去，见柳夫人和藕香、赛儿、美云、丽云、软玉、蕊珠、婉香团团圆圆的坐了一桌，只美云肩下却留着一个空座儿。一淘人正说着笑着，见宝珠进来，赛儿便先立起，走出座来，给宝珠请安。宝珠也向柳夫人、婉香等请了安，便向空位上坐下，赛儿也仍入席。柳夫人问宝珠道："你昨儿没转去睡，听说你屋子里袅烟病的凶呢，可知道到底什么病？"宝珠笑道："我去瞧过了，没什么，不过受点儿寒，发烧罢。"柳夫人道："那么人还说他是女儿痨呢，说病了好久了。"宝珠笑道："这真真从那里讲起，他才前儿起的。可知人多嘴多，一家子的话还传不清呢。"

柳夫人也笑了笑，便也不问。因问婉香道："你再吃杯子酒，咱们不要猜迷了。我老了，耍你们不过，便算了罢。这会子人齐了，你想个令儿出来，公公平平的行一回儿。"宝珠笑道："太太高兴，那便请太太出个令儿。"柳夫人道："我想出来的，总嫌太老些。好孩子，你替我想个罢。"宝珠道："我想也要容易点儿的，那么茜妹妹还好夹着来。"婉香道："我也这样说，我想了个在这里，倒也容易。咱们说两句四书，要藏着个红楼人名在里面。头家饮了门杯，说两句出来，数几个字，一顺儿数去，到谁是着没一个字，便该谁说两句。贯串的各贺一杯，不联络的罚一杯，说不出的罚三杯，下家接说。你们瞧，怎么样？"大家都说："好得很。"柳夫人笑道："那便考倒我这个老童生了。这一部儿四书，我已经（径）四五十年没打过照面，叫我那里想起呢？也罢，我拚着罚酒便了。婉香起令罢。"婉儿便饮了门杯，道："我说两个红楼人名。"只不知说出什么来，且看下回。正是：

　　人因怯胆常防鬼，饮到开怀便是仙。

第十二回

集书句巧拈红楼令　夺酒盏笑浣碧罗襟

　　却说婉香饮了门杯，便说道：

　　"宝珠，宝玉，诸侯之宝三、宝珠玉。"

大家都说很好，便顺着字儿数去，"诸"字藕香、"侯"字美云、"之"字丽云、"宝"字宝珠、"三"字赛儿、"宝"字柳夫人、"珠"字软玉、"玉"字蕊珠。蕊珠便饮了门杯，道："我说一个。

　　刘老老，昔者公刘，上老老而民兴孝。"

大家都说好，数一数，却该赛儿说。赛儿饮了门杯，想了想道：

　　"宝琴，惟善以为宝，如鼓瑟琴。"

柳夫人赞好，便道："我贺一杯。"说着，喝了一钟。数去，却仍该赛儿说。赛儿便笑道："这便窘了。"因慢慢的喝着门杯，大家都看着他，赛儿一发想不出来，便抓把瓜子嗑着想着，忽笑道："有了。

　　贾政，我待贾者也，子奚不为政。"

大家绝口赞好，合席各贺了一杯。数了数，却好又该柳夫人说。柳夫人便饮了一杯，道：

　　"熙凤，于戚熙敬止，凤鸟不至。"

大家都说好极。婉香道："那何不索性把'穆穆文王'说上，更加好呢？"柳夫人笑道："我怕三句用不着呢。"婉香道："加一个姓的帽子，也没什么。"说着，便替柳夫人数了数，计九字，却好仍要柳夫人自己说。柳夫人笑道："这了不得，那第二个我再讲不出了，我罚酒罢。"宝珠道："太太不要罚酒，只依二姐姐说的，把那'穆穆

之王'加上数去,便该大嫂子说了。"藕香便答应着,饮了门杯,道:"我早想得个在此。"便道:

> "贾琏,王孙贾问曰,瑚琏也。"

婉香笑道:"这该罚酒了。这两句怎么连得拢来?"藕香自己想想,也说不过去,便饮了一杯。蕊珠见又轮到自己,便道:

> "迎春,以迎王师,春服既成。"

数去,该柳夫人说。柳夫人笑道:"这会子倒想了个起来了。

> 探春,如探汤,春省耕而补不足。"

婉香听了笑道:"仍要太太再说一个。"大家数了数,果然仍该柳夫人说,便合席都笑起来。宝珠道:"我替太太说一个罢。"柳夫人笑道:"难道我真个便想不出了,要你来讨好儿。你有了你藏着,回来轮到你,不要又讲不出了。"

宝珠笑道:"我早把全部《红楼梦》想过了,我已经想了十五个在这里,便人家想着了,也逃不出我的范围。"丽云笑道:"我也想过了,却只有九个好说的,你倒说有这许多。难道连袭人、黛玉、李纨都好讲么?我只不信。你且说来我听,我情愿罚十杯!"宝珠道:"要便我讲一个,合席贺三杯;我讲十五个,合席共四十五杯;我少讲一个,便也罚三杯。"柳夫人道:"谁和你赌东道儿?我倒想着了。

> 贾母,王孙贾问曰,父母其顺矣乎。"

说毕,连问道:"这个比藕官的'瑚琏也'如何?"大家都说好绝。丽云笑道:"这个我却没有想到。"宝珠道:"可不是,快吃酒罢。"丽云道:"怎么该派我吃?"宝珠笑道:"贺杯难道不吃吗?"于是大家贺了一杯。软玉见轮到自己,便饮了门杯,说道:

> "玉爱,事之以珠玉,爱之而不欲其死。"

宝珠拍案叫道:"这个连我也没有想到,真好,真好!"便举起杯来,满满的饮了一杯。丽云也绝口赞好,道:"软姐姐,我贺你三杯。"说着便饮。宝珠道:"我也该贺三杯。"说着,随手把赛儿的一杯喝了,又喝美云的一杯。婉香见该自己说,便道:

> "智能,智仁勇三者,欲罢不能。"

合席齐声赞好。数去,该是蕊珠。蕊珠便想了想,道:

> "可卿,可使为政,卿禄三大夫。"

软玉见又轮到,便饮了门杯,说道:

> "来旺,来朝走马,以齐王由反手也。"

丽云笑道："这'王'字算不得'旺'字。"软玉道："总一样讲法的，果然不好，我饮一杯了。"蕊珠见又要自己说了，便道："怎么单只我们几个说了，大姐姐和丽云姊姊还一个没讲呢。"丽云道："你快讲个五个字的，让我好讲。"蕊珠想了想，道："经书可讲得么？若可讲得，我便讲一句五个字的。

元春元年春。"

婉香道："那不能算得，照这样今儿一晚子还行不完呢。"蕊珠又想了一会，又暗地数了一转，便笑向丽云道："这会子要你说了，你可把那九个一齐讲出来。"丽云笑道："难道真有五个字的轮到我么？我不信。你快些讲来。"蕊珠笑道："字却不止五个，你数着。"便念道：

"雪雁，齐宣王见孟子于雪宫，顾鸿雁麋鹿。"

说着，大家拍案叫绝。丽云数着，却好第二转，正轮到自己，便饮了一杯，道：

"入画，入公门，今女画。"

宝珠笑道："我早想过了，这'画'字不是'画'字呢。"丽云笑道："四书里怕没得正读'画'字的。"宝珠道："你贺我一杯，我替你说。"丽云便笑着，吃了一杯，忽笑道：

"毁瓦画墁。"

宝珠点首说："是。"

婉香笑向宝珠道："刚好好的该蕊妹妹说，这会子你添了个字，又弄到我身上来了。"宝珠连连作揖。婉香笑道："说几个今儿倒不值什么，我这杯子酒实在有点怕他，你给我代了罢。"宝珠点首道："很该我吃。"说着，伸手来拿婉香的杯子。婉香撒手的打了一下，道："你自己没杯子么？"宝珠不提防被他打这一下，竟把蕊珠的杯子一带，那杯子一硌碌碌的倒在蕊珠怀里。蕊珠忙立起来，那杯竟跌到地下去，好是铺着地毯，却没打碎。丫头们拾了起来，见蕊珠已满身倒的是酒，大家都笑个不了。宝珠只是作揖打拱的陪罪，蕊珠笑骂道："你们两家子寻开心，倒带累我遭殃，快还不替我脱下来！"宝珠笑应着，便替他解开纽子。脱下来，里面只穿着一件大红白绣牡丹花图儿的小紧身子。丽云笑道："你们快瞧新娘子呢。"大家都趁着取笑。蕊珠红了脸，啐道："你们还拿我开心么？我不叫你们大家都脱下袄子来，我也不叫蕊珠。"说着，便拿了个酒壶，向满桌上洒来。婉香等连忙躲开，却不道那酒壶是空的，柳夫人笑的话也讲不出了。蕊珠笑道："这尿鳖子也欺我来。丫头们，替我抬坛子酒来，看我闹一个水漫金山，才消我的气呢。"柳夫人笑道："好好，蕊儿你看我面上，饶他们罢。回来你做了水漫金山，我是要做黎山老母的。"满屋子人，连地下站的丫头婆子们都笑起来。赛儿早躲在柳夫人怀里，这会子更笑的了不得。

乱了一会，才各坐下。蕊珠已换了一件紫色满身平金的袄子穿上，便仍入席，道："婉姐姐，这多是你闹的乱子，如今也没得说，只叫你罚十杯便算了。"婉香道："这可不能，要仍就请宝弟弟代吃。"蕊珠不肯，柳夫人和美云等大家讨了情，便叫婉香自己饮了一杯，便仍接令道：

"小红，小子鸣鼓而攻之，红紫不以为亵服。"
蕊珠笑道："婉儿，我饶了你，还敢骂我么? 仔细我拧你的嘴。"婉香笑着不理。宝珠见该自己说了，便饮了酒，道：

"侍书，侍妾数百人，何必读书。"
婉香说："好!"柳夫人笑道："这孩子，终究是个不长进的东西，快还不给我掌嘴呢。"宝珠笑道："太太总驳我的回儿呢。论理我该自己掌嘴，但我身上脸上的肉，那一块儿不是太太的，回来我掌了嘴，太太又肉疼的，便看太太面上，不打罢。"柳夫人笑道："不爱脸的猴儿，谁疼你呢。"宝珠道："那我再讲一个过好么? 若太太又说不好，我便再讲一个。"

软玉笑道："是呢，晓得你想了十五个在肚子里，这会子又卖弄了。也罢，你给我讲十五个出来，我便吃四十五杯酒。"宝珠笑道："可又来，打量我这会子讲了几个出来，没得十五个了么? 你可知道我是普天下有名的才子，这一点儿，那里难得倒我?"刚说的得意，却被丽云用一个指头向他脸上一抹，道："我问你这张脸可要不要? 你是个才子，我问你，才在那里? 子在那里?"宝珠笑道："柴在灶肚里，指便指在我脸上。"大家都笑起来。宝珠却忍着笑，道："你们不要乱，听我道来。"说着便（这）抓了一把瓜子，一粒一粒的数着，念道：

"侍书……"
刚念了两字，软玉笑道："讲过了，怎么又来顶充了?"宝珠道："太太讲不好，我另讲一个，难道又错了么?"丽云笑道："你们不知道，如今的才子，大通行抄老墨卷呢。"宝珠道："谁讲来? 我只不雷同便了。"说着，便念道：

"子路、曾晳、冉有、公西华侍坐，不如无书。"说（语）着，便向盘子里摆了一粒瓜子，道："吃酒。"软玉便吃了一杯。宝珠又道：

"秦穆公用之而霸，万钟于我何加焉，秦钟。

两个了，吃酒。"软玉又吃了。宝珠连说了三个，道：

"王曰善夫，保民而王，王善保。

程子曰，又日新，一国兴仁，程日兴。

堂堂乎张也，子华使于齐，张华。

五个了，吃酒。"软玉一声不响，吃了三杯。宝珠又道：

"笾豆之事，百官牛羊仓廪备，豆官。"

大家说好，公贺一杯。婉香道："这个真一气贯串的了。"宝珠又道：

"林放问礼之本，己礜矍曰，夫子加齐之卿相，林礜卿。"

合席齐声称好，道："难得竟把第一位美人也抬出来了。"软玉又道："别的不奇，但只一个'礜'字，亏他满肠子搜出来的。"说着，便甘甘心心的吃了一杯。惟蕊珠笑着不响，宝珠指着他道：

"王笑而不言，称之曰夫人，王夫人。"

大家都笑起来。蕊珠笑道："狗嘴里总没得象牙！"宝珠又道：

"商贾，敏于事而慎于言，贾敏。"

软玉道："这个又杜撰了，《红楼梦》那有这个名字儿？"宝珠道："亏你天天把你两只眼睛滴溜溜的干什么用，林妹妹的太太可不叫贾敏么？"软玉方才记起来，是冷子兴口里讲的。丽云先笑道："怎么唤起林妹妹来？可不要笑死人呢。"婉香等也都笑得和花枝儿似的颤动。宝珠道："不要笑了，软姐姐吃酒，不要带错赖的浑过了。"软玉笑着吃了一杯，道："几个了？"宝珠道："我记着呢，九个了。"软玉笑道："可不要趁空儿添两颗瓜子上去，报虚帐的呢。"宝珠笑道："你不信，我背给你听。"赛儿道："宝叔叔没添上去，我管着呢。"宝珠笑道："哎唷，我幸而正大光明的，不然吃你们看破了，还了得！好侄儿，我添一颗罢，你不要叫出来。"赛儿笑着把盘儿抢了去，道："不要，让我来记数。"宝珠笑道："你可不要倒拿两颗出的呢。"〔赛〕儿笑说："我不。"宝珠念道：

"民之所赖以生也，大哉孔子，赖大。"

丽云笑道："阿吓，了不得，这个赖字竟被他想出来了。我早就想过，只说四书里没得这个字的。"宝珠笑道："还讲什么，我早说是才子呢。"说着，逼着软玉吃了一杯。软玉已经脸通红了。柳夫人道："软儿，算了罢，你吃不得了呢，仔细回来醉了难过。"软玉那里肯依。蕊珠道:"姐姐,我替你吃罢。还有五个,总要他讲完的。"软玉道:"不要代。"向宝珠道:"讲来讲来。"宝珠笑着,说道:

"北面而朝,而后能静,王顾左右而言他,北静王。"

软玉喝了一杯。听宝珠接着说道:

"求善贾而沽诸,敬鬼神而远之,贾敬。

晋人有冯妇者,恶紫之夺朱也,得天下英才而教育之,冯紫英。"

软玉刚吃了一杯,听了第二个,道:"只该罚三杯了。我念你听,三句连得拢么?"宝珠说:"该罚该罚。"便吃了三杯,又道:

"欣欣然有喜色,而相告曰,凤兮凤兮,喜凤。

秋阳以暴之,拱把之桐梓,秋桐。"

说到第二个,大家齐声赞好,说:"这个名字真亏你想到的。"

软玉便连吃了两杯,已经当不住了,便道:"可齐了没有?"赛儿道:"还少一个呢。"宝珠道:"这个倒想不出呢。"软玉道:"想不出,罚十五杯。"宝珠笑道:"你倒是这么想呢。让我想想看,难道多的也有了,倒为着这个儿坍台么?"软玉道:"快,快!"说着,便拿两只筷子向盘子边上擂着,道:"我在这里击钵呢,快讲来!"宝珠想了一想,忽道:"有了。"大家连问什么,宝珠说道:

"静而后能动,实若虚,静虚。"

众人都道:"只又是谁的名字?"宝珠道:"铁槛寺的老姑子,不叫静虚么?"众人都说:"这倒没晓得,敢是你问了他来。"宝珠道:"你们又和我强呢。春柳儿,你把那《王熙凤弄权铁槛寺》的那回翻来给他们瞧。"婉香笑道:"好好,算了罢。"宝珠道:"怎么算了罢,我翻给你瞧。你们输了,我只罚你们的酒便了。"软玉笑道:"好好,我吃酒便了。"赛儿道:"我记得了,果然是的。"软玉已吃了一杯。

柳夫人道:"今儿闹的够了,咱们吃饭罢。"于是大家吃饭,只软玉不要吃。柳夫人吃着饭,道:"今儿软姐儿酒吃多了,可难过吗?"软玉摇摇头,说:"也不过三四十杯,还禁得起。这会子再叫我吃十杯,还能够呢。"大家都说:"满席子人,除了宝珠,要算软玉的了。"软玉向美云道:"大姊姊酒量也不差些儿,今儿怎么不吃一杯,也不说一个儿?"美云笑道:"你们都不肯飞个到我身上来,我想了一个贾敬,被宝弟弟讲去了。还有两个,是:

贾赦,我待贾者也,赦小过。

　　元春, 曾元养曾子, 春服既成。

还有翠缕的'翠'字没有, 只有个'缕'字, 是麻缕丝絮轻重同; 还有个是:

　　张道士, 子张问士, 先王之道, 士何事。"

大家都说甚好。一时饮毕, 藕香、赛儿、丽云、美云便先散去。柳夫人因问婉香道: "软儿和蕊儿说多到你屋子里睡去, 你可安顿好了没有?" 婉香道: "我已叫春妍把对过房里收拾好了, 软姊姊和蕊妹妹同睡可好?" 柳夫人说: "好。" 又闲谈一会。软玉因有了酒, 坐不住, 便要先走。蕊珠, 婉香也便告辞。这正是(事):

　　纵无门下三千客, 已胜金陵十二钗。

第十三回

好弟弟娇倩醉扶归　软姐姐密报好消息

却说婉香见软玉已醉，便和蕊珠一齐向柳夫人告辞出来。软玉刚走出门，便头昏起来。他的两个丫头墨香和书芬，连忙搀住了。宝珠亲自打了风灯，走在前面。婉香将着蕊珠刚走出走廊，宝珠快了一步，软玉便嗔道："宝弟弟，你什么事要走得这样快? 我瞧不见路呢。"宝珠答应着，便立在门首等他。软玉走到跟前，一手便放了墨香，搭在宝珠肩上，道："好弟弟，你扶我家去罢。"宝珠便偎近点儿，扶着他走。后面婉香笑道："阿吓，好样儿吓。蕊妹妹你瞧，这个样儿，可不是戏里扮出来的醉杨妃么? "宝珠听见，便嗤的一笑。软玉道："仔细灯吹乌了，收墨香拿着罢。"宝珠不肯，仍一手拿着灯，一手搀着软玉，慢慢的走进夹道。忽东首墙门内藕香屋子里，吹出一片笛子、鼓板声来。软玉便立住，问道："什么? "宝珠笑道："大嫂子和赛儿拍曲子呢。"婉香也站住，道："大嫂子真会寻乐呢，才回来，便又搅这些东西。"软玉听得好听，便要宝珠同进去听，蕊珠也要进去。宝珠便搀着软玉，进西偏院来。

这日正是三月十三夜，月色大好，照得满廊都是花影。那些点着的檐灯，倒觉不明了。软玉便和宝珠悄悄地走去。听里面唱道：

> 花压栏杆，渐黄昏、柳梢月上。琐云屏，金鸭香残，晚风多，珠帘卷。麝
> 兰飘散，薄罗衫不耐春寒。守着个窗儿，兀坐到晚。

唱到这句，略歇了歇。又听见唱道：

> 镇日的刺绣太无聊，拈针还又懒。小桃花下晚妆残。我独自儿想想，算
> 只憔悴经年，伤春几度，销魂一晌。

宝珠暗暗点首，道："这两叠是〔粉蝶儿〕和〔醉春风〕。"想着，里面又唱道：

　　　　泪珠儿背地偷弹，俏影儿灯底羞看。对春风没个商量，算只有宝镜儿知
侬心向。

宝珠听了这叠，道："这是什么牌子？"婉香悄悄的道："这是〔脱布衫〕，后面便是
〔小梁州〕两叠了。"宝珠点首道："敢你做的吗？"婉香笑笑。又听唱道：

　　　　我待诉衷情下笔难，说不透心事千般。晚来明月剔团圆，抬头望、泪眼
不曾干。

宝珠暗暗点首，道："好哀艳的曲子吓。"听又唱道：

　　　　近来把骨髓都相思透，放不开眼角眉端。魂已销、肠将断，一种春愁春
恨，压折了小眉弯。

软玉悄悄的笑向宝珠道："你听见了么？"宝珠笑笑，点点首儿。又听里面拍慢一板，
唱尾声道：

　　　　我多愁多病由来惯，只一寸的心灰死复燃。更奈那挽不断的情丝，还比
我心儿软。

唱到"软"字，便曼声拖长，那檀板"搭"的响了一下，便寂然无声。听藕香笑道："今
儿的板却准些了，怎么银雁儿的笛子便飞不起来？我几乎唱不下去。"听银雁儿笑
道："奶奶把〔小梁州〕的后阕改了一句，我便浑了。"听赛儿道："不是本来头一句
是'相思早已心儿透'，奶奶改了'近来'什么，我也当是换了牌子了。"听藕香笑道：
"痴丫头，板总一样的，你管他什么呢。"说着，听赛儿唤道："小怜，倒口儿茶来。"
宝珠听见，便和软玉道："咱们去罢，回来他们见了，又走不散呢。"婉香道："是呢，
咱们去罢。"说着，便将着蕊珠，蕊珠将着宝珠，宝珠仍揽着软玉，一串儿出来。

　　到小桃花馆，见婉香对面房里，已铺设得花团锦簇的，四人便走将进去。软玉见
上面床上已铺好被褥，便一倒头躺在床里，道："哎唷，难过死了。"宝珠道："可不
是，快不要这样睡。你起来，我给你铺好了，好好的睡罢。"软玉听说，便又站起来，
却站不住，便一手儿靠在宝珠肩上。宝珠便替他将袄子脱下，又替他卸下钗儿，交与
婉香，便扶他睡下。软玉在枕儿上模模糊糊的唱道："那挽不断的情丝，还比我心儿
软。"婉香听了笑道："我倒说那挽不断的情丝，还比你身儿软呢。"软玉笑道："真
呢，我这身子儿，不知道怎么，好像没有了骨头似的。"婉香笑道："骨头总有的，不
过轻了些儿。"软玉嗤的笑了，道："好好，你骂我，我这会子要睡了，不来和你算帐，
回来我问你，谁的骨头儿轻呢？"说着，便朝里床睡了，闭着眼，安了一会神。

　　忽觉得有人伏在身上，睁眼看时，却是宝珠。刚要开口，却被宝珠捧着脸儿，嘴对嘴的度过一颗东西来。软玉吮了吮，却是豆蔻，便笑了笑，道："他们呢？"宝珠轻轻的道："蕊妹妹嫌你有酒气，和婉香姐姐睡去了。"软玉道："什么时候去的，怎么我没看见？"宝珠道："你睡熟了，他们刚过去呢。"软玉又道："你怎么不回屋子睡去？"宝珠笑道："我屋子里出了鬼，我怕去睡，今儿仍就睡在这里。"软玉道："睡在那里？"宝珠道："你想我还有那里睡得？"软玉笑了笑，道："既这样，春妍想必和笑春睡去，墨香和书芬呢？"宝珠笑道："不知道睡在那里，蕊妹妹的笔花、砚香，往我屋子里睡去了。"软玉点点首儿，见宝珠还伏在被上，因道："伏着不吃力吗？你便这边躺躺，我和你讲话儿。"宝珠笑了笑，便顺势儿在被外面，和软玉一个枕儿靠了。软玉道："我告诉你一句话儿，你怎么谢谢我？"宝珠道："什么事这样郑重，你讲了，我便谢你好东西。"软玉道："你可不要告诉人，我告诉你。你前儿下晚子便回来了，我家老太太和你太太给你提亲呢。"宝珠听了这句话，便不高兴，道："又是谁家女儿又来打叉。"软玉笑道："你不要急，听我讲呢，咱们老太太说，蕊妹妹年纪长了，外头又没得好哥儿们，想给你呢。"宝珠笑道："我们太太怎么说呢？"软玉道："太太说：'蕊儿果然长的可人，我也想呢。只是咱们家婉儿却苦恼的很，又没得爹妈，他叔叔婶婶又不疼他，现在在咱们家里，还没有什么病痛。前儿咱们家三太太做媒，说把婉儿给了宝儿，我也很有这个意思。只宝儿现在不肯长进，我又不好和他婶子提亲去，所以搁着。'我们老太太听了这话，便道：'我也早经想过，婉儿总是你家的人，不过没听见你们讲起，我当是有什么缘故在里面呢。说宝哥儿不长进，这话也太过分些。我眼睛里见的哥儿们也多了，要照宝哥儿那模样人品、那模样才貌，我却一辈子没见过第二个，所以才把我们蕊儿提亲。照这样，何不竟把婉姐儿定下了，再讲我们家的蕊儿。'"宝珠听了，便兴高采烈的道："那么太太怎讲呢？"软玉道："你太太却不好讲了，倒是我们老太太，还缠七缠八的，说要替婉姊姊作伐呢。"

　　宝珠点着头，心里美满的了不得，忽向软玉道："你老太太怎么不先给你提亲，倒给蕊妹妹说呢？"软玉道："我也不晓得，我正要问你呢。"宝珠道："怎么问我？"软玉冷笑道："不问你问谁？你回头想想瞧。去年子我在惜红轩住的时候，你待我怎么样？现在有了婉姊姊，便多了我们，可知道我起先也是现在的婉姊姊呢。"宝珠自觉惭愧起来，便道："我的心总只有一个，但是我这个心便像镜子一般，不拘什么事、什么人，总明明白白的嵌在里面、再不昧了一点，也没有什么彼此分出来。"软玉道："可不是呢，你自己拿心比镜子，正比得很是。谁在你面前，你便照谁在里面。回来又换了个人，你这里面又换了个影儿。前头照的那个影儿，便无影无踪的了，再也不留点规模儿在里面。要除非那人再来到面前，才又显出来呢。所以那些呆子自然猜不透，只道我得了这面镜子，便有个我的影儿嵌在里面，今儿照照果然在里面，明儿照照，也果然在里面。那里知道他转过背儿，你又把别人照里面去了。"宝珠被他说的没得说了，便道："你不信也罢，你拿把刀儿与我剖出来给你瞧，只怕凡是我要好的姊姊、妹妹，没一个不嵌得深深的在里面呢。"软玉笑道："你的心又不是个橄榄核儿，便好雕人儿的。你要剖，剖给你的亲姊姊瞧去。"宝珠听了这话，便一咯碌向被里钻进来，道："你不是我的亲姊姊么？"软玉一手推他，一边向里床躲去。宝珠却笑着，搂的死紧的，道："你说，你可是我的亲姊姊？"软玉怕痒，早笑得一团儿似的，应道："好弟弟，亲弟弟，凭你说罢，你不要这样弄我。"宝珠才笑着放手。忽间壁婉香唤道："宝弟弟，你怎么还不睡吓？夜深了呢。"宝珠笑着，应了一声，便舍了软玉，走下床来。软玉道："慢点儿走，你瞧，把我的被搅得这样，给我盖好了去。"宝珠便替他盖好，又在被上扑了扑，道："我去了，明儿会罢。"软玉点点首儿，宝珠才回到婉香后房睡去。一宿无话。

到了次日起来，婉香和软玉等都尚未醒。因叶家的丫头们都在屋里，不便进去，便走出到自己屋里来。见春柳儿还蓬着头，在天井里扫落下的蔷薇花片儿。见宝珠进来，便放下扫帚，请个安，道："爷怎早回来了？"宝珠点点首儿，道："袅烟可好些么？"春柳儿道："今儿起来梳洗，光景好些了。"宝珠听了，便走进屋子。到袅烟房里，见晴烟正替袅烟梳头。见宝珠来了，便都站起来请安，宝珠向床沿上坐下，问袅烟的病，见（儿）好些了，便很放心。坐了会儿，忽想起昨晚的事来，便唤春柳儿进来，同到自己房里，向书厢里检了几卷新做的诗稿儿，叫春柳儿送东书房石时看去。春柳儿接了，便到自己房里掠了掠头，捧着去了。

宝珠便仍到袅烟房里来，把老婆子们差遣开去，向晴烟问道："这几天我没回来住，我知道春柳儿闹的不成样儿，你们总知道底细，讲与我听听瞧。"袅烟不懂，道："什么？我倒没知道呢。"宝珠道："你病着，自然管不到这些。晴烟总知道。"晴烟一面替袅烟挽着头，一面冷笑，道："爷怎么不问他自己，倒问我呢？"宝珠道："你不知道，我若兜头问了他，他未必一口招承。回来这事弄大了，倒带累你们，多不好看。昨儿我回来，分明见一个人影儿出去，像是小厮的样儿，不过不知道是谁。后来到我房里，又看见地下有一块帕子遗着。我刚看见，春柳儿早把灯吹黑了。等他点了灯进来，帕子便没得了，这可不是他弄鬼么？我床里的枕头又歪在一边，你想还有什么好事？你不替他瞒罢，你告诉我。我也不难为他，只把他赏了那个小厮，便没事了。"袅烟听了，气道："好吓！怪道人家说我和小厮们兜搭呢，原来是这个小娼妇坏子干出来的！这会子明白了，爷替我作个主儿，给满屋子人洗洗身子。"

宝珠一面劝着袅烟，一面问着晴烟。晴烟道："要说是那一个小厮，我也不知道。但是爷的小厮只花农、锄药两个进出。前儿爷出了门，锄药是跟了去跟了回来的，只有花农那日爷还没有回来，他便送玫瑰花儿来，想来他早回来了。但这事几时起的，我也不知道。总之爷出了门，这屋子里便有响动。"宝珠笑道："这便是花农干的事，怎么他们干到我床里去，也太胡闹了。"袅烟笑道："那些鬼精灵的东西，他那一着儿不想到。他想别处顽去，总要被人撞到的。只爷房里，爷不在家是没人敢进去的，要只有早晨进去洒扫，也是他自己的职分。便有时别人替他收拾去，也不过一刻儿便出来了。"宝珠点点首儿道："也罢，我便把他赏了花农罢了。"说着，便站起来，袅烟问："那里去？"宝珠道："我往园子里去去便来。春柳儿转来，叫他到洗翠亭来便了，我问他呢。"袅烟应着，宝珠便走出去了。正是：

　　　人情到底原非石，好把他心比我心。

第十四回

情公子撮合小鸳鸯　婉姐儿邀赏大富贵

却说宝珠和袅烟说了出来，径到穿堂上，喊了花农，同到园里来。花农并不知道什么，一路的凑趣儿，说好听话。宝珠随口应着，径由石桥走到洗翠亭，叫花农开了门，便进去向炕上坐下，半晌不语。花农弄得不懂起来。忽宝珠放下脸，道："狗才，还不给我跪下！"花农见宝珠生气，都管是没什么好意思的，便连忙跪下，道："奴才没干错了事儿，爷怎么生气了？"宝珠哼了声，道："你还强嘴呢，给我打二十个嘴巴子再讲！"花农不敢违拗，便自己打着数着，分两面打齐了。宝珠道："我问你，昨晚子在我屋子里干些什么？"花农诧异道："呀，小的没有到爷屋子里去来。"宝珠冷笑道："你还赖么，你可知道春柳儿寻了死呢！"花农听了这话，便把脸急白了，心里一痛，眼泪儿不知不觉的掉将下来，便一字儿也说不出了。宝珠见他这样，便也心软了，叹口气，道："这会子太太要拿你呢，你怎么处？"花农满心一想：这事料想春柳儿已经招承了，如今他为我死了，我也只有一个死。横竖回来被太太拿了去，总是一个打死的分儿。不如告诉了爷，便投了池水，做个有名有实的鬼，倒也爽快。想定了主意，便道："爷既知道了，也不必问了。春柳姐既然死了，小的也不愿活着，只求爷这会子便把小的打死，省得自尽。"宝珠听了这话，倒被他呕笑了，忙又忍住，道："倒讲的容易呢。"花农见宝珠露了个笑影，便放下了心，知道春柳儿没死，便连连的磕头，道："总求爷作个主儿。"

宝珠刚要说，瞥眼见春柳儿远远的来了，便截住道："住了，你给我在这里跪着，我去去来。"花农连连的磕了几个响头。宝珠不理，便走将出来，向石桥上迎向春柳儿面前去。春柳儿见了，道："爷怎么大清早起便跑到这里来，可不要冒了风呢。"又道:"爷喊我来什么?"宝珠笑道:"我给你瞧件儿东西。"说着,便携了春柳儿的手,走进洗翠亭来。

春柳儿眼快,见花农跪着,便吃了一惊。宝珠指着花农,问春柳儿道:"这是谁?"春柳儿知道事破了,便红了脸,一声儿不言语。宝珠却把花农扯将起来,把手交与春柳儿,道:"你们两口子自己商量着这事该怎么处。"两人多红了脸,低下头去。宝珠笑道:"还害什么羞呢?你们自己讲来,抵庄怎么样个了局,终不然一辈子到我房里顽去不成?"花农便跪下,道:"总求爷开恩作个主儿。"春柳儿也跟着跪下了。宝珠笑道:"起来么,我便给你们当个和合马儿罢。花农,你回去对你爹讲明白了,我就把春柳儿赏给你罢。只是春柳儿年纪小着,我不能对太太讲,说把他配人。回来府里的人又千百口子的议论我,不成个主子了。"说着,便向春柳儿道:"我只有派你个不善伺候、和我拌嘴的错儿,撵你出去的呢。"春柳儿含着一包眼泪,谢了宝珠。宝珠又道:"回来,褧烟他们说你几句,只有咽下去的。本来是你错了,可不要又拌(伴)嘴,闹出去,连我也丢了脸。"春柳儿应着,便磕个头站起来。花农却还跪着。宝珠道:"还为些什么不肯起来?"花农磕头道:"小的实在没有钱娶亲。"宝珠笑道:"我给你们断拢了,倒还问我要钱。只怕真个打到官司,你还要化钱呢。那里有倒贴钱的道理!也罢,你去帐房里,向葛师爷领一百两银子去,出我的帐便了。"花农便磕了个响头,才站起来,宝珠便归自己去了。

这里春柳儿也便自己要走,花农扯住笑道:"好妹妹,慢点儿去。这会子你是我的人了,你讲几句真心话儿我听,你还是爱跟着我,还是爱伴着爷?你若爱伴着爷,我便忍耐几年。你伴爷睡去,横竖爷总肯给我的。"春柳儿笑骂道:"猴儿,跪这半天,不哭去,还开心呢。幸而是这位爷,他知道自己也和你差不多,所以才这样周全的。"花农伸伸舌,道:"头里的势子凶呢,后来爷见了你,不知道怎么便一点儿气也没得了。可见妹妹真是好人,真是消灾障菩萨。但是我总有点疑心,爷为什么待(代)你这样好,其中必有点儿缘故。如今你是我的人了,我今儿只一夜,却有些放心不过。不要回来给我把绿顶子捐戴上了,可不是话柄么?"春柳儿笑道:"那你有了这些银子,拿去捐一个官儿,便没人敢笑话你了。可知道现在做官的,大半是当奴才、做乌龟的呢。"花农听了这话,便捧过他脸儿来,道:"我吃了你这尖酸嘴儿。"春柳儿笑着,向他脸上轻轻的打了一下,道:"你慢点儿开心,我不知道回来怎样呢。你好出去了,我走惜红轩进去罢。"说着,便分开手。花农先出园子去了。

　　春柳儿一路走着,一路想着:这会子叫我怎样回去见袅烟?倘或他们说起来,我把这脸儿放到那里去呢?又转念道:罢罢,也讲不得了,且挨过这天再讲。想着,已走到山上,便打从惜红轩后面走廊下,转到宝珠住屋楼上。定一定气色,向壁镜上照了照,便走下楼去。见袅烟正看晴烟给宝珠挑三针头茉莉花的帕儿,见自己进来,也没什么说。春柳儿终觉不好意思,便往自己房里坐去。才坐定,忽外面婆子们唤道:"春柳儿呢?"春柳儿应了一声,便走出来。看是张寿家的,便道:"什么事?"张寿家的道:"太太叫我唤你呢。"春柳儿便跟着张寿家的到南正院来,一路暗暗地捻一把汗。

　　走到南正院,张寿家的带着进去。见柳夫人放下脸着,宝珠也在旁边。春柳儿便给柳夫人请安。柳夫人道:"你成日家干些什么事?袅烟病着,你便躲懒去了。昨儿连灯也不上了,爷讲你,你还强嘴么?"春柳儿连忙跪下,道:"丫头那里敢和爷强嘴呢,爷既这么讲,丫头也不敢辩,求太太责罚便了。"柳夫人道:"我府里的丫头一个个的多要我责罚起来,我还有空儿么?我早知道你不是个东西,便袅烟和晴烟,我也多有耳风儿刮到。今儿也没别的说,只教你家里人领了转去便了。"说着便向张寿家的道:"他妈是谁?"张寿家的回道:"他妈是珍大奶奶的陪房,沈元家的。"柳夫人道:"那便叫他领去,不准再顶名进来便了。"张寿家的听说,便替沈元家的代求一回,婉婉转转说了一番。柳夫人倒有些转意了,宝珠却一口要撵他出去。春柳儿自己也假求了一番,宝珠只是不肯。张寿家的无奈,只得交与沈元家的,领了出去。

　　宝珠见春柳儿去了,心里未免不舍,悄悄的与沈元家的说明了,又赏了些物件。沈元家的感谢万分,便仰体宝珠的意思,把春柳儿给了花农。自此花农伺候宝珠,便披肝沥血的了。这且不表。

　　且说叶软玉和蕊珠在秦府住了几天,便回去了。这里宝珠因热闹了几天,忽然冷静,便没得趣味。上了几天学,聊以塞责。不觉已过了三月。这日正是四月初二,宝珠在馆里做完文字进来,已是饭后。到小桃花馆一看,却没有婉香,便找春妍,也不在屋里。问了海棠,才知道往园里惜红轩去了,便回到自己屋里。因天色暖,换了件单衫儿,便打从楼上往惜红轩后面走廊上走来。

　　刚转到前面,见婉香靠在栏杆上,穿着湖色绣花的小袄儿,手里拿着一块帕子揩手,看春妍和笑春在栏杆外面种牡丹花儿。宝珠迎前一看,见那牡丹却全是白的,开的朵头多有盘子样大,便笑道:"这样的好花儿,姐姐从那里移来的?"婉香笑道："移来的，你瞧瞧，你家有这样好种子吗? 这种子叫素团围，是出在苏州的。"
宝珠道："可是姐姐家里送来的么? "婉香道："我家里的牡丹却不少着，便这个种子没开得这模大。这是我换谱的妹妹顾眉仙送来的。"宝珠听了，诧异道："你几时有个换谱的妹妹，怎么我不知道? "婉香笑道："那你不知道的事多得很呢，那里该派要件都告诉你过的。"宝珠笑着看花儿，道："这朵花儿更好，你瞧，可不像粉团花么? 我真真爱死了。"又道："姊姊，我不信，怎么他有这样的花儿，不自己留着赏玩，倒送与你呢。"婉香笑道："人多和你一般的见识，还好吗? 他和我从小儿要好的很，莫说这几朵花儿，他便把自己这个人送给我，多还肯呢。"宝珠笑道："那么还是我和姊姊好呢，他和姊姊好? "婉香摇首儿道："我不知道。"

宝珠笑笑，便蹲在地下，帮春妍种去。忽向婉香道："姊姊，你把这一本儿给我罢。"婉香道："你拿去不是糟蹋了，横竖摆在这里，你也瞧得见的。"宝珠道："不是我要，我想送一本儿给软姐姐去。"婉香道："这可不能，要便邀他们来看看，倒可依得。若送了去，他家那个腌臜地方，也不配供这清清白白的花儿。况且他们在家里，那一件儿由他自己做得主来? 你把这花儿送了去，料想他自己也没得到手。依我说，不如去请他们来赏玩几天，你想好么? "宝珠听了，也觉不错，便去洗了手来，叫婉香写信去请。婉香见怪道："怎么叫我写信，我的字敢是由他家的什么人拿去传观么? "宝珠笑道："这又是多虑。他家里的那三个磊块，连一个'爷'字也识不得，还敢看信么? 便他老爷，也不过识得了个'钱'字罢了。"

婉香听了这话，不禁嗤的笑了，道："我也不懂，他家里便恶陋得这个样儿，又偏偏把两个好好的姊儿生在他家里，可不埋没了软姐姐和蕊妹妹两个。我往常听他讲，他在家里还比我苦恼呢。虽有个老太太喜欢，当不得他家里人多，又加是姨太太养的，身分儿便低了。他两个哥子是不必讲了，向来说不把他姊妹放在眼角上的；便那些姨娘，也多瞧不起他两个；丫头婆子们自然奉承有势头的。你想他们可不苦恼? 在家里上上下下，几百个人都欺负他，你想这样的日子怎么过得去? 所以他到了这里来，便不想回去，要想不回去，又怕他太太发话。我实在替他苦恼，只是也想不出个主意来。"宝珠叹口气，道："他们家里也真真搅得不成个样儿。前儿我住了几天，真把我看的丑死了。"婉香点点首儿，道："望光景，照这样穷奢绝欲的下去，也没得好收场呢。只软姐姐和蕊妹妹，我倒替他往后想想，实在可虑呢。"说着，便呆呆的坐下。宝珠笑道："你又要替杞人忧天呢，人家的事，管我们什么? 且开我〔们〕

的心再说。软姊姊和蕊妹妹的事包在我身上，替他们找个好好的结局便了。今儿且去请了他来，咱们赏赏牡丹，谈谈心，也好给他们乐一乐，也胜似在家里苦恼。"说着，便到房里拿了笺子写去。婉香也就跟着进来，看他写好，因道："明儿是立夏，怕他们不来，你索性约他后日来罢。"宝珠想想不错，便依着婉香写了。亲自送给柳夫人看了，便立刻差人送去。不知后日软玉来与不来，且看下文。正是：

　　好将花朵比颜色，预酿葡萄待美人。

第十五回

结芳邻园林生色　良宴会山馆留春

却说宝珠差人去后，到了第三日早起，果然来报，说软玉和蕊珠来了。宝珠到小桃花馆，兜了婉香，同到柳夫人处来。见两边走廊下，都站满丫头们。那叶家跟来的墨香、书芬、笔花、砚香等，见宝珠和婉香进来，便都迎上来请安。宝、婉二人还问了好，便同着进去。见袁夫人和美云、丽云、绮云、茜云都在里面，正和软玉、蕊珠问些家常闲话。宝珠便赶上前，给柳夫人和袁夫人请安，回来便和软玉、蕊珠问好。婉香也见过了众人，因道："软姐姐刚来么，怎么今儿便带着许多丫头们来？"软玉道："我在家里闷的慌，因回了老太太，到这边府里来住几天儿，想过了夏才家去呢。"宝珠笑："这才是呢，我本来也早讲过，怕你老太太不准。既这么着，就好极了。咱们园子正空的很，回来我们也搬几个进去住，可不有趣？"柳夫人道："我刚才也这样说，所以请三太太过来商量，想教美儿和丽儿、绮儿都搬进去住呢。"宝珠喜道："这就很好，索性茜妹妹也搬了进去。"袁夫人道："他小呢，搬到园子里住，我又照顾不到。有美儿和丽儿、绮儿去了，也够闹热了。"宝珠连连道是，又道："大嫂子怎么不来？太太怎么不叫大嫂子和赛儿也搬去住，不好吗？据我的意思，顶好太太也搬了进去。这边院子也没得一株花儿柳儿，有什么好处？不如那边园子里，好多呢。"柳夫人笑道："偏遇到你，不拘什么事，便会得乱些。你瞧这一所院子，只容得你一个儿指手画脚了，还不给我安安稳稳的坐着。"

宝珠刚要坐去，听到外面报道："珍大奶奶来了。"宝珠便立着等着。见藕香和赛儿向各人请了安，问了好。宝珠便道："大嫂子，太太叫你往园子里住去，你去不去？"藕香笑道："你哥哥不在家里，太太断不会叫我住到那面去的，敢又是当面掉谎呢。"柳夫人和袁夫人都笑道:"可不是,你这个一厢情愿的事情,你只好自己讲去的。"说着,因向藕香说明,软玉等要往园里住去,叫他派丫头们进去收拾,并检点动用什物进去,藕香应了。软玉道:"这么一来,倒又累大嫂子费心呢。"藕香笑道:"这也不值得什么。"因又问了些软玉的家事,和蕊珠也谈了几句。银雁来请藕香值事去,藕香便带赛儿告辞,出去理值家事去了。原来秦府的内务事情,本来归秦珍管的,近日因秦珍进京去了,所以一切事务,都问藕香的了。

　　这会子藕香去后,袁夫人和软玉、蕊珠谈了会儿,便叫四云陪着,自己因秦文要拜客去,便先回东府去了。这里丽云见他母亲去后,便又高谈阔论起来,因向婉香道:"婉姐姐,你好,你得了几种好牡丹花儿,也不送一本儿给我,还怕我看见,索性藏到山上去了。前儿去邀软姐姐,又不与我知道。今儿见了,而又不邀我去看。太太在这里,看可有这个理没有?"柳夫人笑道:"婉儿也太觉小器。前儿打苏州送来,我还只道是他家送来与我的,我还高兴的了不得。那里知道,说是他的什么干妹妹送他的。我还呆想着,他知道我眼热的很,必定送我一本儿凑凑趣。那里知道他竟不客气,教春妍来尽数儿搬去了。婉儿你自己想瞧,可也太不尽人情了。"婉香笑道:"那我倒是好意,知道太太爱这个花儿,倘孝敬了太太,太太必定要起早落夜的赏玩他,回来把太太的老眼看花了,可又报怨我这花儿送坏了呢。太太果然要这个,我回来就送一对儿过来。"柳夫人笑道:"这会子你便尽数儿搬来给我,我也不要了。你可听见茜儿常说的,讨出来的有烟火臭呢。"婉香等听(声)说,都笑起来。

　　一会子,春妍来请,说:"惜红轩酒摆好了,请太太和小姐们过去。"柳夫人笑道:"今儿是婉香的东么?我谢谢罢。回来我在那里,你们又拘了,顽不象意。你们先去,我倘高兴,随后来便了。"婉香便笑着答应说:"是。"让软玉、蕊珠先走,宝珠、美云、丽云便都同着出来。只茜云随在后面,唤道:"姊姊,你们先去,我去带了猫儿来。"美云道:"不要去弄他来,怪讨厌。"茜云不听,竟归自己往东府里抱猫去了,美云等便不等他,一干人出了南正院,竟往宝珠屋里来。

　　软玉道:"惜红轩不是在园里么,怎么走这里?"宝珠道:"我这楼上本来和惜红轩贴着壁的,现在开了一重门出来,走的通了。"蕊珠道:"怪道我听说你们常在惜红轩里,我还说走前面的山坡儿不吃力吗?那知道便往楼上过去的。"软玉道:"这个我又不懂了,难道那园里的山,只和这楼一样高吗?怎么园子里的山坡儿,便这样多呢?"婉香道:"你又糊涂了,那山坡儿是坦的,走几步儿才高一级;不比这楼梯，是连接连步步高的。"软玉点点首儿，道："不错，我明白了。"说着，已走上楼梯去。却是宝珠住的前楼厢，便向正面走马楼廊上走去。便望见对面婉香住的楼窗，却好是对面对的，中间只隔着一座花墙儿，隐约露出泥金横匾，写着"海棠春睡楼"五字。再回看宝珠楼檐上榜的，也是泥金匾额，写着"小红楼"三字，映着日光，两边的玻璃金碧辉煌，光彩互相激射，真是好看。向栏杆上望下去，那些花木都露些稍杪，与楼上的栏杆子相齐。软玉看了，笑道："这里逛逛倒很有趣儿，宝弟弟怎么不住在这里，倒蹲到下底去？"宝珠笑道："我不常蹲在屋子里，还是地下房走走便当些呢。"软玉点首儿。说着，婉香已领着一干人走过正面楼廊，向左首厢廊上走去。宝珠因道："怎么走这边，走我这边后楼廊去，不是近好些么？"婉香走着道："我怕不知道，走这边去，往留余春山房转去，让软姊姊他们也好逛逛。"宝珠道："也好。"

　　说着，已走到月台上，蕊珠看时，一直去便通婉香的前楼，对面是刚走上楼来的亭角。这月台上却尚宽阔，三面青石栏杆，正中摆着（在）一张月桌，四个花鼓墩，靠壁嵌着一扇落地大圆镜。见婉香把那圆镜一推，却随手转了过去，现出一个两对半的大月洞来。里面花木繁盛，更像月宫似的。软玉、蕊珠都不禁赞奇。仔细看时，原来这圆镜是活动的，居中上下做了笋头。推过去，这圆镜便横竖转来，只中间隔着一线，两边多好走人的。软玉看着，便跟了婉香，携着蕊珠和宝珠等进了这门。宝珠便顺手把这圆镜推转，依然是一面圆镜。蕊珠回顾道："怎么这镜子两面好照人的？"宝珠道："本来是两面镜子合拢来的。"蕊珠点点首。再看这立的所在，也是一个月台样子，只栏杆围着，像个半圆的样儿，两边俱通走廊。天井里种些花木、石笋，桂花居多。此时绿叶繁盛，也看不出有多少桂花树。因想：这里楼上如何能种花木？便问宝珠。宝珠笑道："你还当是楼上么？这里已是山上留余春山房的后面了。"蕊珠方才明白。因笑道："这地和那边楼上一样高的，所以我便糊涂了。"

　　刚说着，听前面婉香道："咱们便在这前面坐罢，隔壁便是惜红轩，牡丹花儿便种在那边。这会子给你们见了，回来赏宴，你们便倒把那花儿看得不在意了。不如在这边坐一会子，等那边酒摆下了，再走过去，看着吃着，才有味儿。"大家都说甚好，只丽云笑道："偏二姊姊不拘（居）什么，总奇货可居的，几朵牡丹花儿，也比人家值钱些，你不瞧那边春笑轩里，尽多着呢。"婉香笑道："谁请你瞧来。你不耐烦，请往春笑轩一个儿赏牡丹去。"丽云笑笑。

　　说着，已向东边后廊上，走到留余春山房后面。见是一所五开间大院子，四面俱是卷篷走廊，后面一式六角大块红玻璃和合窗，中间落地风窗，也是六角红玻璃的，却俱开着。向窗内望去，里面是五开间分作三间的，两边用红木大月洞式格子分间。居中腰堂门上，悬着六块楠木拼成一块的大横披，刻着金山水，画的便是一粟园全图。铺设大炕、大椅，俱是红木大理石仿古式打成的。再看月洞门内分间，却也宽敞，进深约有五六椽的光景。看着，已向左手游廊下转去。一边是挂落栏杆，一边便是院子里，靠墙开着花窗壁洞。兜转前面游廊，才是留余春山房正面。居中是青石露台，上面盖着青砖雨棚，卷篷下系着玻璃灯彩，窗槅一式整块大净白玻璃，中间落地风窗开着。进门，见正中堂门上，悬着楠木刻的《一粟园记》，两旁用大玻璃十景书橱分间。书橱上面，又挂着粤东古铜花蓝灯四盏。左右两间，遥对设大炕两张，窗口各设书案一座。后轩便是刚从窗外望见的所在。原来这所院子，本是五开间十椽的鸳鸯厅，前后各分五椽，顶作双卷篷式，所以一所院子，便似两所的样儿。居中三间，一间用堂门，边两间用落地罩，便觉分外宏敞。两边分间里面，两间居中，也用落地罩分前后间，便五花八门，别样精致。现在姑苏阊门外留园里的冠云山房，便照这个留余春山房样子造的。这且不表。

　　却说婉香、宝珠、美云、丽云、绮云、软玉、蕊珠一行人，进了这留余春山房，便分头坐下。软玉却不坐去，向那书架上去开玻璃门取书看去，婉香见了，笑道："这会子用什么功呢？咱们闲着，不如先把园子里的地方，各人选一个所在，好吩咐丫头门去收拾出来，明后儿便好去住。"软玉听了这话，便将书仍就放好，道："我便住在这里，也不用再选别的所在了。"美云道："你瞧，这里两边虽分间，却没得门，便后面月洞门，也没得关闭的，怎么能做房呢？"软玉道："横竖天要热了，没得门倒凉快些呢。"丽云道："好虽好，只是这里面中间又没得分间门，直通通的，也不成个房间。要除非拿围屏隔断了，才好铺床。"软玉想了想，道："隔断了倒不好，我看有个好主意：前儿我瞧见我家六姨娘房里，有一间铁床，是西洋式的，他那个帐子，前后好开门，我照那样儿去买一张来，铺在中间。前面算房也可，后面算房也可，岂不好吗？"宝珠听了这话，便拍手道："好极，我前儿也睡过这床。起先是在后房睡的，他那后房是个睡房，铺设梳妆台。后来我一惚睡醒来，忘了那一边儿是帐门，见前面点的灯亮些，我便掀起前面的帐门，走下地来一看，不是起先睡的所在，却是一间书房，我倒疑惑起来，后来问了他，才知道这床是前后开门的。软姊姊便照这样买一间来，铺在这里，倒还比他那边好呢。"软玉还未答话，丽云笑问道："宝哥哥，你说这许多他，他究竟是谁呀喔？敢是他家杨姨娘的床你也睡过吗？"宝珠红了脸，啐了一声。软玉、蕊珠也都红了脸。婉香等都看宝珠的脸色。

宝珠见软玉不好意思，因笑道："丽妹妹总这样不管轻重的取笑。"丽云也自悔唐突，因搭讪道："正经蕊妹妹做那里房？"蕊珠道："我也这里罢。"宝珠道："这里让软姊姊一个儿住，蕊妹妹不如住惜红轩间壁的天风楼底下那间，我便住惜红轩。"婉香笑道："那不能，惜红轩向来是我的。你要住，便住到夕阳红半楼去。"宝珠道："那太远了，我便住天风楼，蕊妹妹住夕阳红半楼罢。"蕊珠笑道："我也不争这些，听你们分派罢。"美云道："那么着，山上只剩下听秋声馆了，咱们三个住那儿去。"丽云笑道："我早检下了，这里山上的屋子都朝北的，有什么好处？回来天热了，总住不住。我不如住那间清可轩，有几竿竹子，倒很幽静的。"绮云接说道："那么我便住一房山罢，和二姊姊一块儿。"丽云道："那我的丫头们住那里去呢？清可轩又没得后轩，间壁那间一房山，我要给丫头们住的了。"于是绮云定了春笑轩，美云定了海棠香梦轩。

软玉因问："海棠香梦轩在那里？"宝珠笑道："你前儿去逛过的，怎么便忘了？那清可轩走廊接着的，便是春笑轩。春笑轩隔壁便是海棠香梦轩。"软玉想了想，道："我记得春笑轩是转东的，打春笑轩走廊上过去，便是朝南临水的吟秋榭，吟秋榭间壁便是有露台的水流云在堂，再走过去是得月楼台了，那里有什么海棠香梦轩呢？"宝珠道："不错，你讲的吟秋榭那一排屋子，是朝南的前一排，这春笑轩是朝东的，右手走廊是通吟秋榭的，左手走廊便与海棠香梦轩是并排的，只隔了一带花墙儿。这海棠香梦轩和春笑轩也是并排的，一样朝东的三开间。那香梦轩前面左廊通听雨草堂前面，右廊通听雨草堂后面。听雨草堂间壁便是有竹子的碧琅玕馆，两处却都是坐北朝南的。打碧琅玕馆卷篷下一直走去，便接着有戏台的春声馆左手转廊。那春声馆是朝西三开间的，那右手转廊便通碧琅玕馆后面的卷篷。打卷篷下一直过听雨草堂后面，便仍是海棠香梦轩的左手走廊了。"

软玉听着，仔细一想，方知那边屋子是前后两排的，共八所院子，四向俱齐，所以记不清了，因道："不错，我记得。那碧琅玕馆前面便是水流云在堂，听雨草堂前面便是吟秋榭，得月楼台后面便是春声馆的天井，春声馆左壁外便是南书厅后面的帐房了，可是不是？"宝珠拍手道："是吓，你这会子才明白了。"蕊珠因笑道："我一时还摹不清，明儿总要打他一个地图出来，我再一处一首诗标咏出来，给你园子里勒着碑，请宝哥哥驮着，才得明白。"说着，大家都笑。见丫头们已来请，说间壁惜红轩已摆下席了。于是婉香便邀一行人，同走出留余春山房，向卷篷下走去，径到惜红轩来。正是：

　　仙人楼阁珠为槛，女儿香闺玉作房。

第十六回

嗜余桃小妹笑哥哥　分兼金大才推嫂嫂

　　却说婉香和宝珠等到了惜红轩,软玉、蕊珠和美云姊妹都到栏杆外,去看那牡丹。见开的真比众不同,婉香于昨日又从春笑轩移了几种粉红、浅紫的来衬着,这白牡丹愈觉可爱。大家都绝口赞好。婉香见席面已摆整齐,便邀众人入座。首座让了软玉,次蕊珠,次美云、宝珠,次丽云、绮云。婉香自己坐了末座,因道:"茜妹妹怎么到了这会子还不来?"春妍道:"刚来过了,见小姐们不在这里,他采了朵花儿,抱了猫,又跑去了,说把花儿去送了太太再来。"绮云笑道:"咱们到了这许多会儿,还才见到这花儿,他倒先采了朵跑了。二姐姐明儿要把花儿数数清楚,共是几朵儿,可不要回来吃人偷光了呢。"婉香笑了笑,因道:"春妍,你去请声四小姐,再请声大奶奶和赛姐儿,这里横竖是圆桌儿,也坐得下。再太太那里也须得去请一声儿,回来不要又说今儿是我的东,便舍了他们。"春妍答应着,叫小丫头们去了。

　　这里丫头们筛上酒来,大家饮了一口。软玉见满地站的丫头里面,却没有袅烟和春柳儿,便向晴烟道:"你姊姊和你妹妹呢?"晴烟道:"袅烟病着才好,今儿在屋子里给爷做活呢,春柳儿前儿给人了。"软玉道:"怎么春柳儿这一点儿年纪便给人了?这孩子很可人意儿的,太太怎么舍得,是给与谁的?"宝珠笑道:"你太太那里可不要这样讲,是我给了花农了。太太那里我只回的是攮出去的。"软玉会意,因笑道:"你这位爷存这样的好心思,明儿天总有好意思报你呢。"宝珠笑笑。

　　丽云道:"今儿这样好天气,咱们一味子寡吃,有什么味儿?"绮云笑道:"罢罢,你安静了会儿,又想出法儿来了。我今儿先说上前,若要做诗行令,愿不扰这一顿儿,先出席罢。"软玉、蕊珠都道:"咱们也和绮妹妹一个样儿。"丽云笑道:"我还没有出口，你们便忙得什么样儿。你们不做诗，就我一个儿做这么几十首，也不值什么。"婉香笑道："这会子又卖弄你有才学了，你要卖弄，须到那个不知道你来历的所在卖弄去，那人家才被你吓倒了。这会子咱们又不应试，任你有倚马万言的本事，也没用处。你若说你一口子能喝得一坛子酒，回来人家多没得吃了，或者倒还被你吓倒呢。"说得大家都笑起来。宝珠因道："咱们今儿这一席，原是为赏牡丹起见，这会子只顾吃着喝着，那花儿也要气不过的。咱们要怎样的乐法，且等一会儿再作计较，做诗也没什么味儿，不如大家先用一杯酒，先献了这位花神姐姐，然后我们再想法子寻乐。"婉香等多说不错。于是各人将自己吃的杯子筛满了酒，都去浇在那花儿根上。见那花儿多摇摇颤颤的，越觉好看，红的、紫的、白的，各有艳处。大家都说："这花儿越精神了，光景有花神呢。"因都福了一福，笑着进来，重复入席。

美云道："这会子咱们该乐了，宝弟弟讲该怎么样个乐法？"宝珠道："我想好不过听戏，只可惜咱们家没得班子。前儿京里沈左襄送了一付班子来，老爷又辞掉了，岂不可惜。我瞧外面又没得好班子，不如打个条子去软姐姐家里借一班来，尽我们顽这么一两个月，再还他家去。"软玉道："那也不值什么，咱们家的女班子，现在老太太也不爱看，一径闲着，没一点儿用处。"美云因道："你们那付女班子也很好，这里杭州城里只怕也寻不出第二付来，怎么老太太还不爱看？"软玉道："本来看看倒也过得去，自前儿三王爷送了一付小孩子唱的班子来，便把自己家的女班子逼下了。其实我瞧那些小孩子唱的京腔梆子，倒不如伶儿们唱的昆曲好。今儿既宝弟弟爱听，便去喊他们来罢。"蕊珠因道："昨日不是听说小春儿病了，只怕少一个唱小生的，拢不来班子呢。"丽云笑道："那么着也不打紧，就屈宝哥哥凑个脚色罢了。"宝珠笑道："那也没什么，只不知道那唱旦的什么个样儿，倘然和前儿瞧见的那个小喜儿一个样儿，那我不但唱不出口，完要呕呢。"蕊珠笑道："那小喜儿本来是唱花旦的，那唱小旦的是嫩儿。前儿因老太太讲他唱戏不规矩，他便推病不肯上台。所以你没瞧见他那模样儿，长的真好眉眼儿，和二姐姐差不多。只他那个上台的形景，真教人看着心痒痒的，不比二姐姐那种庄重样儿了。"宝珠听着，便高兴起来，立刻写了条子叫人去叶家传来。

这里丽云便望瞧戏，也无心闹酒了，便催着要饭。婉香笑道："你总只顾自己。你瞧，刚去请大嫂子的人还没转来，你便要散了，设或大嫂子和四妹妹来了，算什么意思？"丽云笑道："我望光景大嫂子断断不来。"刚说着这句，忽窗外卷篷下有人接道："吓，我倒不知道，原来你们是虚邀的，早知道，我便不来了。"大家回头一看，见正是藕香携着赛儿，茜云抱着猫，一同进来。大家便都站起来，笑道："大嫂子居然来了，难得，怎么来了不进来，却在门背后听冷话呢？"藕香笑道："刚凑得巧，我来了，先瞧瞧花儿，谁知道你们正说我的背呢。"

茜云笑依着婉香道："二姐姐，你可知道你屋子少了什么没有？"婉香笑道："可不是，我正要罚你呢。怎么把我好好的花儿，偷了去做人情儿，孝敬太太去，太太可给你什么东西，快拿出来，分一半给我呢。"茜云笑说："没有。"赛儿笑向婉香道："听他呢，试搜搜他瞧。"婉香便假作要搜的样儿，茜云笑道："好姊姊，不搜我罢，我拿出来送你。"说着，便向袖子里取出一件物事，却是圆圆的，用帕儿包着。赛儿撒手抢去。茜云急道："阿吓，好姐儿，不要搅膳了我的帕儿。"赛儿笑着，背着打开来看时，却是一个顶大的水蜜桃子，却被这一抢抢腐了，惹得满帕子都是鲜红的。茜云便笑着要赔帕子，赛儿把桃子还了他，又把自己的手帕儿赔了他，才挨着婉香肩下坐定。茜云却把那桃子剥去了皮，送婉香嘴边。婉香笑着，吃了一口，因皱眉道："怪甜的，我不要吃，你自己吃了罢。"茜云不肯，定要婉香吃下去。婉香强不过，只得再吃了一口，道："妹妹，我真不要吃，你给丫头们吃了罢。"茜云笑点点首儿，走下地来，却去送到宝珠嘴边，道："好哥哥，我这半个儿孝敬你罢。"

宝珠刚和藕香说话，便回头来看了看，笑道："这桃子怎么红的这样可爱，你瞧，可不像胭脂么？"茜云笑了笑，道："你不管他，你吃了罢。"宝珠道："谁吃过了半边，怪膳的。"婉香听说，红了脸，宝珠却没看见。茜云道："你想谁吃过的，敢拿来请你吃呢？"宝珠听说，便看了婉香一眼，婉香丢个眼色。宝珠因道："不问谁吃过的，我总不爱吃人家吃剩的东西。"茜云笑道："又掉谎呢，怕我不知道么？二姐姐吃剩的药，你还要吃呢。这会子二姊姊吃剩的桃子，倒说膳了。你不瞧这红红的，还是二姊姊嘴上的胭脂呢，你不要吃，我请我的猫儿吃罢。"说着，真要拿去喂猫。宝珠恐婉香生气，忙道："快不要，拿来我吃罢。"婉香道："四妹妹，还拿来我吃。"茜云那里肯给婉香，定要宝珠吃了，才笑着跳着，说宝珠膘人。

软玉刚饮着酒，暗想：这东府里人都有这些刻薄，茜云这一点年纪，也看着丽云的样儿行事。便暗暗替婉香生气。婉香却不把这些事放在肚里，知道日后便做这里媳妇，也受不着东府里的姑娘家欺负。况现在凡事都在他们眼里过，设或得罪了他们，被他们在背后讲两句谗言，反为不美，所以凡事总忍耐些。这也是婉香的见得到，现且不表。

　　且说藕香入席后，与诸姊妹饮了几杯，知道晚间有戏，须开发赏犒的，便悄悄地吩咐银雁准备去。这边便和软玉、美云等说了些闲话，便把赛儿交给宝珠，自己却先出席，走回院子里来。却值大丫头翠莺，在那里摊着银子封儿算帐，见藕香进来，便站起来。藕香问："算什么？"翠莺道："刚书芬和砚香送了一百两银子进来，说是软姐儿和蕊姐儿赏下人的封儿，请奶奶散给去。我刚算了，单是咱们太太身边的人，连陪房就有三十四个，每人给他一两，就去了三十四两。再东府里太太身边，也有二十九个人，再厨房里打杂的老妈子，也有念一个人，一总已经去了八十四两。还有东府里小姐身边，共是三十二个丫头，再加十六个老妈子，再咱们这边府里，里外打杂的老妈们，再花小姊和自己奶奶，及三爷、二爷身边的婆子、丫头，一总里里外外总得三百个人光景，这几两银子够什么开销？请奶奶斟酌见瞧。"藕香坐下，道："这个你不能连管家爷们算在里面，我知道叶府上早已拿过来二百两银子，交在外面总管房里。我算来只好开销门口和管家及厨子灶上，丫头、婆子们是分不到的了。这笔一百两的光景，还是两位小姊自己拿来的。我也知道，他们在家里是用不到钱的，便前儿来这里顽几天，那些赏封，他太太也不问的，这会子来这里打算住长的，所以才有那二百两交来，否则也不见得。只是倒把这二百两拿来的坏了，不然这些婆子丫头们也不想钱。这会子外面倒有了赏，难道里面倒可少得？若说请两位姐儿再补出来，他那里来钱？我看连这一百两的封子也不要去动他，回来你给我送去，说我的意思，叫他留着自己使用。在这里府里住了，要用钱的地方正多着，不要回来短了什么用处，又不好教人转去拿，叫他尽留着使用，倘短了什么，只管来问我要就是了。现在这里丫头们的赏封，说我早经替他开发了，也不用说得数儿。"翠莺答应着，便把那封银子撩在抽屉内，打开柜子，另取三百两出来，叫小丫头们秤着封儿，每一两一包的，共包了三百个。用盘子承着，核了名数，一房一房的分头送去。藕香再叫银雁封了四两一封的十封，准备着赏给戏子。又去外帐房提了四十串钱，做赏挂的，这两笔便出了宝珠的帐。

　　刚理值明白，陪房沈元家的进来。见藕香刚在值事，便站着伺候，见事完了，因陪笑道："奶奶，这几天儿正忙呢。"藕香笑道："也还好，没什么大不了的事情。"因道："你有什么事儿？"沈元家的便向四下一瞧，见没外人，才轻轻的道："今儿爷打发沈元转来了。"藕香道："怎么，沈元不是跟爷进京去的，怎么这几天儿便转来了？"沈元家的道："可不是，小的也这样讲。沈元说，爷没进京去。"藕香道："怎么不进京去了，敢又往那儿逛去了？"沈元家的道："可不是呢，说是爷到了上海，便有许多官儿替爷接风，又有些请爷去顽。不是小的说，爷也太没主见，把正经的公事也忘了。顽了这几天儿，便丢掉了三千银子。这会子要进京去，没得盘川了，又不能不去，怕耽误了日子，回来老爷知道，是了不得。这会子向上海万康庄上挪了三千银子，赶先带了沈顺和王喜、苏处进京去了。这里打发沈元转来，问奶奶领了银子去还那庄上。说千万迟误不得，恐怕端节那边分帐来，吃老爷知道。"藕香听着，呆了半晌，道："咳，这位爷怎么好年年这样。不出去便罢，一出去便搅出这些把戏，也不想想家里搁着多少银子，便这样海五海六的花，照这样花法，便一家把银子搬拢来，也不经花的呢。"沈元家的道："奶奶总这样多虑，目下莫说爷用了几千银子，便是几十万，奶奶也不争这些。不过爷出门的人，也要有点把握。幸而路近，倘然路远些，短了银子，便怎样呢？"藕香道："那这会子也没得说了。你喊沈元来，拿我的折子去万丰银号里划三千两，赶紧送去便了。"沈元家的答应出去，藕香又唤转来，道："回来我还有事情，怕没得空儿，我便把折子交你拿去，晚头交进来。"沈元家的道："那小的自然知道。"藕香便叫银雁去开了箱子，拿折子出来，交与沈元家的。那沈元家的便兴抖抖的拿出去了。因这一番，有分教：

　　主子未承丹诏下，家奴先着紫袍来。

写情小说泪珠缘初集终

二　集

第十七回

闹戏馆葛亮甫遭打　代帐桌夏作珪弄权

却说沈元家的拿着银号摺子，兴抖抖的出来，刚走出穿堂找沈元去，不期秦琼刚从南书厅出来，不及站住，却被秦琼喝住，道："你鬼头鬼脑的，忙些什么？"沈元家的便连忙站住，掉谎道："奶奶着我去问声爷们，向叶府上去借的班子可来了没有。"秦琼道："什么班子？"沈元家的道："刚三爷去借的戏班子。"秦琼道："今儿没有什么事吗，传戏班子什么？"沈元家的道："也没什么正经，三爷爱听戏，回了太太传去的。"秦琼点点首儿，便放沈元家的出去，心里便不高兴，想：宝珠也和我一般的人，他便这等快乐，他要什么，他太太总依他；偏自己不拘干点什么事，总吃老爷诃骂。想着，便满肚子的懊闷，因顺步走到文案府房夏作珪那里来。

原来秦琼这人，是最有脾气的，所以姊妹们都和他讲不来。便美云等嫡亲姊妹，也不和他一块儿顽。好便罢，有点儿不是，便要干闹，所以倒成了个庸庸碌碌的一种人品。外面结交些朋友，也没什么好人，只本府里两位师爷和他要好些。这夏作珪是绝会逢迎的，所以秦琼对他。

这会子秦琼到了文案房里，那夏作珪刚在那里写家信，见秦琼来，连忙收起纸笔，站起来，道："哎吓，爷怎么好久不来我这里谈谈？我险些儿闷死。昨晚子缀了一夜灯花，今早子噪了半天的喜鹊，我当是什么大喜，原来是爷来了。好极，好极。"说着，忙喊管家倒茶，自己点了个煤子，装一袋烟，递与秦琼。秦琼坐下，笑道："这几天师爷没什么事吗？"夏作珪道："也没什么大事。今儿早起，替老爷打了个奏办营务处的摺子，刚誊了，请爷瞧瞧，看可用得用不得？"说着，忙向文具箱内取出，双手递与秦琼。秦琼略看了看，道："写的很好。只是咱们老爷也太不怕劳，年纪有了，朝廷家的事也干不了这些。现在虽外面有事，我瞧也不打紧，只奏办营务处果然是个好事，只怕现在国储也不十分充裕，未见得准呢。"夏作珪道："爷见得极是，我也早这样说。照老爷只样年纪，也不犯着再辛苦这些，不过上了这个本子，准不准未必。但老爷因此竟自助了十万两的军饷，也足见老爷爱国的忠心了。"秦琼道："是。"

夏作珪因问："老爷可在府里？"秦琼道："刚才说往中丞处商议事情去的。"夏作珪道："陆连翁可也出去了么？"秦琼道："饭后便出去了，说今儿不家来也未必。咱们趁今儿闲着，何不出去逛逛？"夏作珪道："很好很好，我也闷的慌，咱们不如去邀了石时和葛亮甫同出去。"秦琼道："石时那人讨厌，不是我讲他，他眼里只有一个宝珠，以外都不放在眼里。还是葛亮甫邀他同去走走。"夏作珪道："是。"便换了身崭新单湖绉衫儿，拿了把扇儿，将眼镜子用手帕子裹了，整整衣服，便让秦琼出来。一同出了文案房，绕过了穿堂，到对面帐房里来。

却好葛亮甫正在那里着衣服想出去，见夏作珪也换了衣服过来，便道："二爷敢是和作翁出去么？"夏作珪刚要说，忽一阵锣鼓声打将起来，便侧耳朵骇异道："什么，敢是今儿府里唱戏么？"秦琼道："可不是，今儿宝珠躲了学，却传了班子，在园子里唱戏呢。"夏作珪道："园子里唱戏，怎么这里便听得见？"葛亮甫道："那有戏台的春声馆便在这壁墙外，那边唱一句儿，笑一声儿，都听的见。这会子正唱的热闹，那锣鼓儿一阵响似一阵的，打的人心痒痒的。我所以坐不住，要想去外面瞧瞧戏去。"夏作珪因道："那里瞧去，敢是会馆里有戏么？"葛亮甫笑道："你不知道吗？前儿小狮子巷开了一个戏园子，班子才京里新到的，遍杭州城也没得这样好角式。我已去瞧过了一本，果然唱的好。"秦琼道："那咱们便瞧戏去。"夏作珪道："二爷又来，自己家里唱戏倒不看，也和我们一样见识，往外头瞧去。"秦琼道："谁爱去讨人厌呢。头里他们又不来请我，便叫我去看了，他们另是一淘儿作乐，都和我没得话讲。我一个儿坐着，有什么味儿，倒不如外面瞧的有趣。"葛亮甫道："好，咱们便一淘儿去罢。"说着，便让秦琼先行，一同到穿堂，喊胡升、邵二、小喜、来顺儿等七八个人，跟了出门。因怕秦文知道，三人都不乘轿，一齐步行到小狮子巷。

其时已经旁晚，戏园里日班已经停唱，晚间班子被人传去，说不唱了。秦琼便一肚子火冒，定要园里开唱。那戏馆里见势头来得，也不敢多讲，便请三人进去坐了，去叫老班来回话。这里胡升一干人，都跟着主子进来。见这戏园是五开间敞厅，台上空宕宕的，台下满堂挂的玻璃水法塔灯，铺设的桌椅也是红木大理的。两边包厢又铺设些着衣镜、玻〔璃〕罩花、摆设等件，工本也不区小。秦琼等看着，便各随意坐下。

一时送上茶来，那管班来了，先将三人上下打量一番，便陪笑打个千儿，道："爷们，今儿对不起了。咱们家班子，今儿被盛府里传去了，明儿只怕还留着唱。爷们爱瞧，过天再请过来罢。"秦琼道："什么话，你家开了戏馆子，那儿能缺了班子。我今儿特来瞧你家的戏，你能回我走吗？小喜子，你吩咐他，今儿我爱瞧戏，喊他去传齐人来，该几多开销，你该他就是了。倘再敢讲一个不字，你给我封起他的馆子来！"那些管家都一叠声答应个"是"。小喜子便一手扯那个管班过来，道："你这人怎么这样不通礼？咱们爷喊你家开唱，难道不该你钱。你死也不讲一个字儿，你敢是要讨打么！"那管班恨道："怎么，你老有这样不通理，咱们也不希罕这几两银子！"

刚说到这两句，小喜子早两个嘴巴子打过去了。那管班本是武生，这会子便动了真气，和小喜子打将起来。小喜子早跌了几个斤斗，胡升等便多一哄，动手打将起来。那些戏园子里的人，见势不对，便早呐声喊，一齐拥将出来厮打，约有二三十人。这里胡升等总只有七八个人，早被那班子里打得乱跳乱叫。葛亮甫还插着去劝，也被打在里面。这夏作珪看不济事，便扯着秦琼的手道："咱们走罢。"秦琼此时也胆怯了，便跟着夏作珪急急的出来，却不道大门已经反锁了，幸而没人把门。秦琼略有点手力，忙扭断了锁，逃出门去，赶紧亲自到县里报知。那县官立刻带领差役，乘轿到小狮子巷来。

一到戏园门首，见门里外都拥塞着闲人，那些差役用藤竿子打开条路进去，见满园子打得雪片似的，那些人还在厮打。那知县喝令差役进去，只检那不戴红缨帽子的拿，休误拿了秦府家人。那些差役一片声答应，都磨拳擦掌的进去。见那些扭着厮打的，多没有帽子，有几顶儿，多丢在地下，便暗暗认定，穿马靴的多是秦府家人。并不问好歹，只将那些不穿马靴的拿住。除逃散的，还有十三个人，便一齐上了链子。那些人都赶着办着，那里管他，都一起拿住了，带回衙里。便不问好歹的每人打了二百板子，十三面大枷一串儿枷了出来。

这里秦府家人，却打坏了小喜子和胡升两个。葛亮甫本来没用，已早被这些人打得半死，睡在地下，动弹不得，满口里只是哼着。邵二看不是路，连忙赶回府里，喊当差的用一张棕棚子去抬了回来。那胡升、小喜子也走不来，便一概叫人抬回。刚到府门，可巧秦文拜客回来。门口挤满了人，邵二便不敢抬进去，歇在门口，等秦文进去了，才把葛亮甫抬到帐房里歇下。

夏作珪知道，忙走过来看时，见葛亮甫的衣服也扯的七零八落，两只眼睛似开不开的，望着夏作珪哼。夏作珪看了，着实过意不去，因皱着眉头问道："可觉得那一处儿打坏了？"葛亮甫只是哼着，说不出话来。夏作珪慌了，忙请秦琼出来商议，说："亮甫既这个样子，帐房里又一刻少不得人，这怎么处？"秦琼想了想道："光景不过受了点伤，也不妨事。请金有声来瞧瞧，看怎么说。大约总有几天儿才得复原。这帐房里的事情，须得请一个人，代理几天才好。"夏作珪道："代理见倒也不值什么，只是你我做不得主叫谁代。依我的意思，不如回了老爷，给亮甫请几天假，听老爷派人代理便了。不要回来又被人说我舞弊。"秦琼点点头，道："也说得是。那便我替他请假去，你赶紧叫人去请金有声要紧。"夏作珪点点首，秦琼便喊："小喜子。"夏作珪连忙止住，道："不要喊他，他和胡升两个也打坏了。"秦琼听了，满肚子好气，因道："还了得，这个眼前亏吃的不小。回来我不把这个园拆毁掉，我也不算人！"夏作珪道："我的爷，这会子也讲不得了，快去回了老爷是正经。你瞧，这时候将要晚饭了，回来各房来领帐，谁去理值呢？"秦琼听说，便耐着气，往东正院来。

进门见满屋子灯火照的通明，靠西秦文房里有些安息香的气息，又有人在窗里面念书。立脚听时，却是茜云在那里背唐诗。心里便打了个格顿，想道：这会子进去，老爷必定又拿他来比我，说我不用功。刚想到里面，秦文见窗外有个人影儿晃着，便喝问道："谁在那里探头探脑的？"秦琼吓了一跳，听茜云的书声也吓断了，便抢步进去，请了安，说："因老爷在这里有事，不敢进来回话。"秦文因搁下书，道："什么事，要你来回？"秦琼道："刚才帐房里葛师爷来叫我过去，那里知道葛师爷日间出去，吃人打坏了，要求老爷赏几天假，并求老爷替他作主。"秦文诧异道："怎么吃人打坏了，可知道为什么事儿？"秦琼道："也不甚仔细听，夏师爷说，因咱们府里往常开销的帐目略枯渴了些，所以外人都恨了葛师爷。"秦文听了，哼了一声道："这话再没别人讲，要便是夏师爷的意思，那也不管他。只问你是谁打的？"秦琼道："说是小狮子巷戏园里人打的。因前儿老爷请中丞瞧戏，是传的他家班子，葛师爷把二百两银子扣下了四十两，吃他们知道了。这会子撞到，便拥着打了一顿，葛师爷连话也不会讲了。"秦文因道："是了，前儿扣下四十两正价，原是我的意思，这与他什么相干? 况且又是他老班贪图生意, 自己情愿让四十两出来, 给爷们管家的。这会子因这个闹事, 也太胡闹了。你去喊当差的, 传他们老班来, 狠狠的办一办, 才叫这些混帐东西知道规矩。"秦琼因道: "本来也太不成事了, 连跟出去的小喜子和胡升也打的弹动不得。老爷要办, 也不犯着当面吆喝他, 只请个片子, 交县里办去便了。只是今儿帐房里缺了人, 请爷派人代理才是。"秦文想了想, 道: "那便叫夏师爷代理一晚子, 明儿一早去请金有声来代理便了。"秦琼应着, 见没事, 刚要退去。又喊住道: "琼儿。"秦琼连忙站住, 要知秦文讲甚话来, 请看下回。这正是:

一任豪家身手狠, 可怜已吃眼前亏。

第十八回

秦宝珠病欹红玉枕　沈藕香亲送绣金衣

却说秦琼刚要退出，秦文又喊转来，道："头里陆师爷讲起，说他的家眷来了，还耽搁在船里，没得下处。我想咱们园子里尽空，没得人住，也要荒芜了。现在美儿和叶府的小姐都打算住里面去，倒也很好。倘师爷爱咱们这里住，就请他们太太和小姐们住园子里去，也没什么要紧。只问爱那样便那样罢，咱们府里也不争这一点儿用度。"秦琼答应着，又站了会儿，见没事了，便退出来。先将这话告诉了夏作珪。夏作珪又高兴又不高兴的，道："这一晚子叫我代什么，横竖明儿金有声来了，今儿的帐叫留着明儿算罢了。"秦琼再三央他。夏作珪一忖道：管他娘，今晚子帐上算他几十两银子用用也好，只尽把大笔头的开销清了，也好拿一个九扣的除头，多少可百两银子总有。想着，便道："既二爷这么说，我便代理一会子罢了。"说着，便叫邵二掌灯到帐房里去了。秦琼便到南书厅，将秦文的话对陆莲史讲了。莲史很合己意，便说："等你师母和师姐到来，再作计较罢了。"秦琼应诺，到放馆出来，回了秦文不提。

且说这日宝珠等在春声馆唱戏，那欢笑热闹是不必说，直唱到五更方才歇锣。这些人也多看的倦了，柳夫人头一个禁不起，早先睡去。软玉姊妹便即就睡在婉香对房。宝珠看大家睡了，才回到自己屋里去，睡到次日傍晚才醒过来。却因天色下雨，阴沉沉不辨时候，及至梳洗完了，那天便真个黑将下来，雨声是越发大了。宝珠觉得心里烦躁起来，又因昨夜不睡，今日又起来迟了，身子很倦，便仍躺到床上去睡。袅烟点灯进来看见，道："爷又怎么了？"宝珠见袅烟问他，因略笑道："没什么，我觉闷的慌。姐姐他们可起来了么？"袅烟道："婉小姐和蕊小姐、软小姐都早起来了，这会子东府里大小姐邀去斗叶子戏去了。因爷睡着，没请爷去。"宝珠听了，心里便活挠挠起来，想也到东府里顽去。又转念怕秦文知道惹骂，便又收转念头，因道："他们怎么不在咱们府里顽，倒跑那边去？"袅烟道："是三太太的主意，说天下雨，怪没味儿，所以连太太也请过去吃酒呢。"

宝珠点首儿。袅烟又道："早间金爷拿帖子进来，请爷的安。因爷睡着，我不来回，拿爷的片子回拜去了。"宝珠因道："怎么他忽然来拜起我来，敢有什么事儿？"袅烟道："光景没什么事，听说金爷是来府里代理帐席的。"宝珠道："怎么要代理帐席，葛师爷那儿去了？"袅烟便将昨日葛亮甫被人家打坏的事讲了一遍。宝珠听了好笑，因道："昨晚子倒造化了夏师爷。"袅烟笑道："可不是，外头多说昨儿夏师爷弄了好几个钱，今儿早起吃馆子去呢。"

宝珠笑了笑，因问道："昨儿软小姊叫买的洋床，帐房里可办进来了没有？"袅烟道："才今儿珍大奶奶开帐出去，还没有添做门帘、窗帏和绣花垫子那些物件，光景明后儿才办进来呢。"宝珠点首。袅烟又道："今儿太太说，小姊们现在不能搬进园子里去住，因什物还未齐备，厨子也没有派定，须得园子里开个厨房才便，现在检定本月二十八日才搬进去住呢。"宝珠算算日子，觉得老远的，心里好不耐烦。

刚纳闷着，晴烟进来，说："三太太叫玉梅来请三爷喝酒去。"宝珠想了想，便点点首儿，走下地来。忽身上打了一个寒噤，因道："怎么发起热来了？"袅烟忙过来握他的手，觉得手心儿焦灼灼的，再向额上一摸，也滚烫的，失色道："怎么好端端的发起烧来，你肚子里可怎么来？"宝珠道："倒也不觉什么，不过气闷的很。"袅烟道："既这么着，东府里不要去了。外边雨也大的很，风又尖魆魆儿的，不如睡一会儿罢。"宝珠自觉支撑不住，便叫晴烟去回了，又叫不要说起病了，怕婉香知道发急。晴烟答应去了。宝珠便自睡下，袅烟陪着。到晚膳时候，宝珠也不吃饭，听那窗外的雨一阵大似一阵。忽满窗子一亮，一个闪电过处，跟着一个霹雳，"坑磕磕"的，震得玻璃窗儿都响。宝珠早躲在袅烟怀里，不敢言语。那雷还旋磨似的响个不了，那雨小了些，滴滴沥沥响着。心里觉得凄怆起来，自己也说不出所以然，纳闷半晌，因想睡熟。却好婉香和软玉、蕊珠来了，知道宝珠病了，心里多很不受用。便恩恩切切的和宝珠谈了一会，又劝宝珠吃了口稀饭，看他睡熟了才去。藕香知道，也过来望了望，又送了些香苏饮来与宝珠吃。

到了次日，病越重了。宝珠因发烧太重，抵当不住，便睡着走不起来。柳夫人发急了，请金有声进来诊脉，说不妨事，才放了心。不期宝珠打这日起，一日重似一日，连米汤也吃不下。婉香、藕香等终日伴着他。他总是昏沉沉的好睡，也没什么话讲，把平日的一种温存样儿，却一叠收拾起了。到月底边，还起不得床。大家因宝珠病着，都没得兴趣，廿八那日，便也不搬往园子里去了。

　　到了五月初上，宝珠才好起来，足足的病了一月不打紧，倒是婉香等一干人被他急死了，现在才各放心。宝珠也能起坐，和姊妹们谈谈说说，倒也有趣。有时自己照着镜子，觉得清减了许多，两弯眉儿却蹙的和婉香差不多，有一种可怜样儿，自己也觉怜惜，便分外保重。不是和婉香下棋，便自己拿着笔做做诗。又挨过六七日，才霍然痊愈了。便怂恿婉香搬进园子去。婉香见他已经大好，便大家商议着，从五月初十日搬进园去。却好这日是蕊珠和绮云、赛儿三个的小生日，大家便又闹起戏来，热闹了一天。那园子里自从诸人搬了进去，便觉得花柳有情，山水生色。宝珠住在那里，就像一个穿花蝴蝶儿一般，乐的了不得。那些吟诗饮酒的事是不必说，也记不得这许多。

　　到了六月初二日，秦珍打京里回来了。藕香接着欢喜的很，把带来的物件逐样检点明白，送往各房去，却把宝珠和婉香的物件亲自送到园里惜红轩来。却值宝珠和婉香、软玉、蕊珠一块儿坐着，挖西瓜壳儿做灯。藕香进来看见道："你们倒会得顽意儿呢。这个西瓜壳儿也要挖出这许多花纹来，明儿便坏了，可是吃着没事做？"婉香因笑道："大嫂子你瞧，看谁的镂得细？"藕香看时，婉香镂的是细回文卍字，夹着四个图儿，镂出"月圆人寿"四个双钩篆字，觉得精致的很，便满口赞好。再看宝珠镂的是鸳鸯戏荷的散花，软玉是四块台景书画的，蕊珠是绣球纹夹着两个狮子的，因笑道："多好心思，讲细致，还是婉妹妹顶好。"宝珠笑道："大嫂子总存着一个偏见。我这个还没镂好呢，镂好了，你瞧着眼睛多要花呢。"说着，放下刀子，回过头来，见银雁捧着一个缎盒，因道："大嫂子，这什么顽意儿？"藕香道："你哥哥回来，这便是你要的东西。"宝珠便跳起来，道："好哥哥，好嫂嫂，我正想着呢。"说着，便叫软玉和蕊珠的西瓜灯拿开，又一叠声叫春妍抹桌子，藕香等都看着他好笑。春妍过来抹了台子，银雁便将缎匣放在桌上，大家都围着来看。

　　宝珠先打开个袱子，看是一件金酱女袄料儿，满身平金钱的大牡丹花，略一展看，便觉光采夺目。宝珠喜的顿足道："好！"又忙问道："这是送谁的？"藕香道："你哥哥因要公道，照这个样儿一色的定了十件。东府里送了五件去。"宝珠道："东府里四件够了，怎么要五件？"藕香道："你不知道吗？前儿金有声在这里，给琼哥说下了亲事了，便是石师爷的令妹，转眼就要行聘了。"宝珠恍然道："不错，前儿我病着，也听见讲起。我因这些事儿不经心，便忘了。足见大嫂子心细。"又道："那么这一件儿送婉姐姐，还有四件留着干什么？"藕香笑道："你不要替我耽忧，难道我自己不该要一件儿吗？这两个袄儿便是两件，送软妹妹和蕊妹妹的。还有一件，是要送给陆师爷的小姊去。"宝珠听说，因忙问道："我正要问大嫂子呢，头里四月间，听说老爷邀陆太太和小姊来园子里住，师爷答应了。怎么隔这两个月还不提起这话，难道还在船里吗？可不要热坏了那位小姐。"藕香笑道："便热坏了也不干你事。前儿原说要来住的，此后不知怎么陆师爷又说不便来，回了老爷，在外面租公馆住了，说改日总要来给太太请安的。"宝珠又道："大嫂子可知道这位小姐唤什么名字儿？"藕香道："这个我倒不知道，只听说年纪却长了，长的倒很好，还会得做文章呢。"宝珠道："你那还不仔细，我倒知道他叫做琐琴呢。"婉香笑道："偏你会打听这些，横竖你心里有了个他，他心里还不知道有你这个人呢。"宝珠笑道："那我也不希罕要他知道。"

刚说着，见藕香身（声）边的小鹊进来道："爷请奶奶转去，有（自）事情呢。"藕香应了声，便把缎盒里三件袄料检出。又打开一包，是十副平金裤脚。又打开一包，看是十副挽袖。软玉看见，骇异道："婉姐姐，你要这个什么用？"婉香笑道："那里是我要的？这是宝珠带来孝敬太太去的。"软玉笑道："我当是你要穿披风儿了。"说着，大家都笑起来。藕香又打开一包，是一副平金的帐沿和床帏子，八副堆花的椅垫套儿，又两大匣子的枷楠香末和些阿胶、桃杏等脯，都叫春妍替婉香收了进去。婉香和软玉等多道了谢。藕香略坐一会，便告辞出来。正是：

草索不妨公子病，花衣却称美人身。

第十九回

赚巨款奴才捐官　救小过主人积德

却说藕香带着银雁、小鹊，打惜红轩后面经宝珠楼上绕过下来，见只有晴烟一个，穿着白纱衫儿，低着颈子，在那里穿茉莉花翘儿。见藕香打楼上下来，因站起来，道："大奶奶好忙呢，大爷回来了，不辛苦吗？"藕香笑道："也没什么。三爷搬园里去了，你倒不冷静么？"晴烟道："这屋子里倒比往常热闹的多呢，往园子里去的上上下下一干人，多贪着路近，打这楼上上去。这屋子里就像穿堂似的，楼梯上一天也响不了。晚头楼上下一路，又点了灯，到比茶馆子还热闹呢。"藕香笑笑，因道："我刚打月台上来，见那月洞上的镜子门，推的喷松了，怕明儿脱了笋，打将下来不打紧，倒是这样大的镜砖没处配去。你明儿索性叫人把他卸下来，倘嫌晚间没得关闭，你叫小厮们把那个冰兰格子装了上去就是。"晴烟答应着。

藕香便走出回廊上来，因看天井，道："这大热的天，怎么还不搭凉篷子？"晴烟道："可不是么，咱们这位爷，因前儿到叶府里去来，见他家的凉篷都是机器做的，说灵便的很。用铁杆子搭起来，上面用绸子做了篷。可不用扯得，只要把那杆子上的螺蛳旋儿一旋，那篷子飞风似的打开了，再倒旋一旋，那篷子便也飞风似的卷做一卷儿了。爷爱这个，所以连对面的小桃花馆的旧篷子也不叫搭，说已叫叶府上的什么洋匠做去，明后儿就送来了。"藕香笑道："好便好，怕没得百十两银子办不下来。回来开上帐去，又吃三老爷骂呢。"晴烟道："是呢，说八十两银子一座呢，连太太院子里共是三座，光景也得三五百块钱。不过太太准了，光景这钱是太太出的大面了。"藕香点点首。

忽一阵风来，很热烘烘的。藕香道："热的很，这天要下朝雨才好呢。照这样热,我真一点儿事也干不了。"说着,便带银雁、小鹊出来,到自己屋里。秦珍却又被秦文喊去问话去了。因走到房里,换了件茜纱衫儿,叫翠凤打着扇,自己便拿张笺子,开了个单子,叫银雁拿出去,喊帐房里办扇子去,赏给婆子丫头们的。又问小鹊道:"去年咱们府里办四十架洋风扇儿,秋天卸下来,搁在那里?天热了,早晚各房里便要来领,你去问声沈元家的瞧。"小鹊应了声,出来便找沈元家的去,却好刚撞着沈顺家的进来。小鹊因道:"妈妈来的正好,奶奶喊沈元妈妈呢,可在外面么?"沈顺家的诧异道:"怎么奶奶喊沈元家的,敢是喊我,你听错了。"小鹊笑道:"妈妈又取笑来,这一点儿事,我那会听差呢?"沈顺家的道:"那么着奶奶忘了前儿四月间,不是奶奶打发沈元和家的往上海去了,到今儿还没回来呢。"小鹊道:"那光景是奶奶忘了。"又道:"只是我一晌没听讲起这事。"沈顺家的道:"这事你自然不知道,奶奶怕老爷知道,瞒得铁桶似的。我还是沈元家的私地告我的。这会子什么事,我去干去便了。"小鹊便把要洋风扇子的话讲了。沈顺家的道:"这个去年是我收下的,我去找回来,送进来便了。"说着,回了出去。小鹊进来,回了藕香,却把沈元家的事隐着不提,怕戳穿了,藕香生气,所以不敢提及。

到晚后,秦珍进来,便一味子嚷热。藕香替他脱了长衫子,又叫小鹊与他打扇,银雁替他抹个身子。静坐了一会儿,秦珍才舒服些,因道:"你可知道,这里本县老爷坏了,刚今晚子差官来摘了印去。"藕香笑道:"我那里管这些事,自己府里还管不周到呢。"秦珍道:"你自然不明白,可知道是会着咱们府里的事坏的。今儿葛师爷也回复了,连琼弟也被老爷捶了几下。"藕香诧异,问:"是为着什么?"秦珍便叹口气,道:"本来也太胡闹了。四月间,琼弟和葛师爷出去打戏馆子回来,叫县里枷了戏园子的人,还把戏箱封了去变卖充公。这都是琼弟借着老爷的名头,叫那官儿干的事。那里知道,这戏园子老班是京城里三王爷得意的人,他便赶进京去,哭诉了三王爷,连咱们府里也告在里面。说怎样的倚势欺人,指使地方官压诈小民等语。怪道我在京的时候,王爷还讲我几句不是呢。照这样闹法,咱们府里也不稳便。刚老爷喊我出去,就为这个事儿。"藕香听了不语。

秦珍又道:"还有节儿事情,昨儿吏部里信来,问新捐的大八成,在部候选的县丞沈培元,在那里求缺,说是咱们府里的门生,问究竟是否这事?老爷问我,我也不知道。及至查了册子,才知咱们房里的陪房沈元的原名。这也奇事,沈元是几时告假出去的?"藕香吃了一惊,道:"吓,这怎么讲,沈元原不曾告假出去,前儿跟爷进京，他四月初四来，说爷在上海花空了，乏了盘费，在什么庄上挪了三千两银子进京去，特地打发他转来，把这笔钱汇去销帐。照这样说，敢是他谎了银子去捐官的么？"秦珍跳起来，道："不必说了，一定是这奴才谎了去的。我那有这件事儿，我到上海的时候，他拿了封信来，说他家的病重，所以告假回来的。罢，罢！这还了得，好大的胆子！小鹊，你去传沈元家的进来。"小鹊听着，也失了色，因道："刚日间奶奶叫去传〔沈〕元家的，沈顺家的回说，沈元家的还是四月间奶奶差往上海去的，还没回来。我怕是奶奶忘了，又听说是瞒着老爷的，所以不敢问得。"藕香道："啊吓，反了，这从那里讲起？这些奴才坏子干的好事吓！快给我喊沈顺家的来，我问他呢。"小鹊应着，忙出去传沈顺家的进来，沈顺家的知道这事，也道："这还了得，咱们还洗得清吗？"说着，便连忙叫人去把沈元家的女儿春柳儿带了进来。春柳儿早吓的哭了。沈顺家的也不问别的什么，只扭着春柳儿到西正院来。

秦珍早气的话也讲不出了，见沈顺家的和春柳儿进来，便拍着桌子喝道："我出去了几天，你们一班儿舞这样的弊，还不给我掌嘴巴子！"藕香止住，道："不忙，让我问他呢。"因向沈顺家的道："你知道沈元家的逃去，你怎么眼睁睁的也不来回我一声儿？"沈顺家的连忙跪下，道："奶奶，这这不干小的事，前儿四月初四，沈元回来，小的们只知道来替爷汇银子。次日，沈元家的把铺盖箱笼搬出去，小的问他，他说爷在上海……"说到这里，便不说了。藕香道："你只管讲，不干你的事便了。"沈顺家的战兢兢道："他说爷在上海娶了位姨太太，爷写信回来，请奶奶打发人去接。说奶奶因他两口子稳当，所以着他去的。还说不许声张出来，怕老爷知道的话。小的当时并不知道这黑心的奴才种子干这事，请奶奶只问春柳儿，总知道的。"说着，春柳儿跪着，呜呜咽咽的哭将起来，道："小的也不知妈干这事，求奶奶开恩，不干小的事便罢。小的爹和妈总在京里，听凭爷和奶奶怎么样发落，小的总不敢求一个字儿。"

藕香气了半晌，道："我明白不干你们事，总之我自己大意了些。你们退去罢，外面不许给我多讲。"沈顺家的和春柳儿磕了两个头，出去了。藕香因叫银雁："把万丰的摺子拿出来，叫人验去，可不要换了假的与我。"银雁答应着，拿了出去。一会子进来，说："不错的，摺子原是真的。"秦珍接来一看，见写着"四月初四日，付规元银三千两。"因道："奴才，打谅捐了这功名，我便不能奈何他么？小鹊，你拿笔砚来。"小鹊便送了过来。秦珍即便带草的写了几个电报号码，叫小鹊拿出去。藕香送了个眼色与小鹊，小鹊会意，便拿着出去，揣在怀里，往别处闲逛去了。

藕香见秦珍盛气已过，因道："这事总怪我不是。"秦珍道："那能怪你，这个便我也要上这个圈套子。"藕香因道："难道一个即选县丞，三千两银子就能捐足吗？"秦珍道："也不够点儿，照他的这个花样，总得五千两银子，照例四十八日就能得缺了。所以我赶早打电报去，关照吏部里去拿问他。"藕香道："他不是白用了银子，坏了功名吗？"秦珍道："这个自然，不这样，他那里知道利害？"藕香道："论理也该这样办法，只是也造点孽。他两口子当一辈子的奴才，才不过挣下二三千两银子，这会子虽谎了我的去，他也添补着二千两光景。果然坏了他的功名，可不要悔死了，便不悔死，也一辈子出不得头了。依我不如咱们认了晦气，只算丢了三千两的一个摺子，成了他的功名，也算积点子阴德。他有点子良心，总不敢忘了咱们。爷再出个谕单给他瞧，看他深自悔过，倒也是件好事呢。"秦珍听了这番话，暗暗赞叹藕香贤德，因道："终不然叫你平白地丢这一大宗银子？"藕香道："倒不值得什么，在咱们手里，也只算丢了一块子砂土似的，谁疼这一点儿来。只你也不犯着为这些事气得这样，你瞧，你衫儿都汗透了，何苦来呢？"说着，便把自己扇子替他扇着。秦珍便一点儿气也没得了，因笑道："那么我已打电报去了，终不然再追一电报去，成什么事儿？"藕香笑道："我早打算着，电报在小鹊身边，没去打呢。"秦珍便付之一笑，也就罢了。

因见壁上挂着笛子，便随手卸下来，压了压芦子衣，吹了一句"彩云开"，忽道："赛儿呢？"藕香道："他往园子里看西瓜灯去了，敢是喊他拍曲子么？"秦珍笑一笑，便又吹"月明如水浸楼台"一句。藕香笑道："这个大热天，还弄这些东西。你爱听，我来吹个应景儿的《赏荷》，你唱罢。"秦珍说："好。"便把笛子递与藕香吹着，自己唱道：

> 闲庭槐阴转，深院荷香满，帘垂清画永，怎消遣。十二栏杆，无事闲凭
> 遍。闷来把湘簟展，方梦到家山，又被翠竹敲风惊断。

唱了这一拍，便一叠声嚷热，叫拿荷兰水来吃。藕香笑道："我倒没听见蔡邕吃过荷兰水。"说着，大家都笑起来。银雁早开了两瓶进来，倒在两只水晶杯子里，两人都喝干。忽外面说："赛姐儿回来了。"且住，这叫做：

> 小亏在我原无损，大德于人却有功。

第二十回

送鲜花石时助宴　拾睡鞋袤烟担忧

却说秦珍和藕香喝完荷兰水，却好报说赛儿回来了。秦珍因喊道："赛儿。"赛儿听见，隔窗子应了一声，进来。藕香见他手里提着一盏西瓜灯，里面点着蜡烛，因要来看时，却是蕊珠镂的那个，两只狮子，竟像活的一般。因笑道："这是蕊干娘给你的么？"赛儿道："是呢，今儿园子里才有趣呢。咱们大家都在洗翠亭喝酒，四面窗子开了，凉快的很。檐口挂了这四盏西瓜灯，美干娘和丽干娘又扎了十几盏荷花灯，点了蜡烛，放在池子里，汆来汆去，引得那些鱼都泼刺刺的跳着响。那真的荷花也开了好些。他们说后儿是宝叔叔的生日，就照今儿这个样子顽一天呢。"藕香听了道："不是你说，我倒忘了，后儿是初四，是宝弟弟的小生日呢。你瞧，怎样给他做做？"秦珍道："也不用怎样大举动，近来老爷又怪要省钱。依我，不如封一百两银子过去，听他自己办去，爱那样顽，便那样罢了。"藕香说："是。"因向赛儿道："你爷刚找你拍曲子呢。"赛儿听了高兴，道："好，好，我刚在洗翠亭拍一只《赏荷》来，大家都说好听，才把这盏灯给我呢。小鹊，你把这盏灯挂好了。你吹笛子，我来唱呢。"小鹊答应着，便把那灯挂在保险灯下面，拿个矮凳子坐了，吹起笛子。秦珍击着桌子当板，赛儿开口唱道：

> 强对南薰奏虞弦，

刚唱到"弦"字，那声音便住了，因咳嗽一声，又唱道：

> 只觉指下余音不似前，那些个流水共高山。

唱到两句，那喉咙真正提不起了。藕香笑道："何苦来现①什么世？"赛儿笑了笑，定要唱下去，道：

　　只见满眼风波恶（惠），似离别当年怀水仙。

小鹊吹着笛，听见他哑了，不禁嗤的一笑，便脱了板。赛儿跳起来，道："这个死喉咙，偏不争气。罢，罢，不唱罢。我来吹笛子，奶奶唱。"藕香笑道："今儿不利市，我也没得嗓子。你爷刚唱了板《一枝花》，就像老猫声似的。"秦珍听着笑了，道："不唱罢！咱们呷杯酒，睡罢。"银雁听见，忙去把日间秦珍带回来的白玫瑰开了一瓶进来，又装了两盆鲜荔枝和藕爪、莲子等类。三人便坐下，一块儿吃了。赛儿便自睡去。秦珍和藕香两个，用花露水洗了个澡，觉得遍体松爽，也便安寝。

　　次日已是初三，藕香派人去园子里，把（抱）洗翠亭铺设起来，又把外面西花厅结了彩绸子，预备明日给宝珠请男客的。又封了些赏封，是二两一个的，再把昨日秦珍吩咐的一百两银子，检了两个元宝，用盘子盛了，盖着红绸子，叫翠莺送往天风楼宝珠处去。忙了半日，才空了一会儿。各房丫头都来领洋扇子，藕香便叫大丫头金雀和翠凤逐架的检点，发出去了。

　　忽沈顺家的进来回说："叶府里送女班子来伺候，递手本来请安。"藕香点首，说："叫留在春声馆便了。"沈顺家的答应着，又送上一个礼单。藕香接来看时，是叶冰山送平金百寿图的大红缎子闹屏一堂、玉如意一架、翠松扎的鹤鹿一对、两个玻璃缸的文鱼、一件刻丝纱的花衣、两柄么月雕扇、两柄纨扇、四樽子酒。藕香看毕，便问："可全收下了么？"沈顺家的道："这不是来单，这是三爷把收下的物件，开这个单儿，来请奶奶开发的。"藕香约了约，也值到百十两银子的礼物，便叫银雁封的二十两的使力，又二两一个茶封，交沈顺家的拿出去了。

　　一会儿又来回说："石师爷送四盆茉莉花来，给爷赏玩的，问奶奶可要抬进来？"藕香道："便收进来，摆在廊下罢。"沈顺家的答应出来，见大厅上歇满了花担子。许升和花农两个在那里忙着分派，见沈顺家的出来，便道："妈妈，大奶奶可叫抬进去么？"沈顺家的道："奶奶收了，叫送上去。"花农便指了四盆，叫小厮们抬往西正院去，又指了八盆，叫送东府里去。沈顺家的笑道："石师爷倒好癖呢，买这许多来干什么？"许升笑道："还分不了呢。东府里去了八盆，南正院太太那里去

────────────

① "现"字之下衍"在"字。

了四盆,大奶奶那里四盆,三爷那里也是四盆。这里有了十六盆,还有四盆没抬来呢。"沈顺家的笑道:"照这样,咱们府里倒好开花圃子呢。"刚说着,里面喊沈顺家的,沈顺家的便应着进去了。这里花圃子里又抬了四盆来,花农便叫小厮们抬着,领进园子来。因问管园的道:"咱们爷可在洗翠亭么?"那管园的道:"光景总在那里顽。"花农因领着八个小厮,抬着花盆子,往假山洞里穿过。

刚走到石桥上,忽一阵风来,从天上吹下一派的鼓乐声和些笑声。抬头看时,原来那山上天风楼高出云际,阳光照着那泥金匾闪闪熠熠的,看不明白。见四面都开了窗子,帘子下隐隐有些人影儿,便打谅宝珠在天风楼,和那刚送来的女班子吹唱,因笑道:"你们瞧,咱们爷倒乐得和神仙似的,这会子都管不在洗翠亭了。你们把这盆子歇下来,在这里等,让我去问,要摆在那块儿的,省得回来又像蚂蚁搬鏊头似的,扛来扛去不了。"那些小厮们都歇下了担子,坐在桥栏上等着。花农便迎着风,一溜烟的跑过桥去。

到洗翠亭一张,见满亭子摆的珠兰茉莉,亭里面打扫得干干净净,却没用一点儿红色披垫,却是光秃秃的磁墩子和云石的桌椅。炕上面两边摆着两个红木高架子,架着一对滚圆的玻璃球儿,里面养着金鱼儿,多有五六寸长,一上一下的游着好顽。花农见四下没人,便伸手去捉了一个,想藏在怀里,又怕死了,便忍着心痛,仍放在缸里。却不道因天色热,手心火烫的,那鱼放在水里,便不沉下去,那肚子朝着天,一动也不会动了。花农急了,想捞起来甩到池子里去,猛回头见一个人打后面来了,便一溜烟跑出亭子,往绿云深处绕过,向天风楼来。

刚走到山坡,见袅烟迎面走来,花农便站住,陪笑道:"姐姐往那儿去,爷敢是在天风楼么?"袅烟道:"刚下来,在这边夕阳红半楼蕊小姐那里。你有什么事儿回?"花农便说了。袅烟道:"那你站着,我去问来。此地现在到处都是小姐们做了住屋,你还照先那模样乱闯着,回来可不要吃了嘴巴子,还没处哭去呢。"花农道:"是,姐姐讲的是,足见姐姐疼我。我这会子站着伺候,回来我拿茉莉花朵儿孝敬你。"袅烟笑了笑,也不多说,便倒转去了。花农在循山游廊上坐了会儿,见袅烟来了,忙站起来,笑迎上去,道:"姐姐,爷怎么说?"袅烟道:"爷叫送太太那里去。"花农道:"太太那里有的,送去了。"袅烟道:"那么着你摆在洗翠亭廊下便了。爷说喊你去谢谢石师爷。"花农应诺,便一气走下山来。到洗翠亭廊下先看了地窝,再跑去喊小厮们抬了过来,一字儿的摆下。

　　刚排好,见那边桥上袅烟和春妍两个将着手儿,飘飘逸逸的笑说着走来。到亭子廊下,见花农已将花盆子摆好了,便同着过来看。春妍因道:"这茉莉花儿倒开的比那些旺呢。"花农笑道:"我送进来的东西,那有坏的呢? 你瞧这几盆花儿摆在这里,连这个亭子也换了样儿了。你们瞧,不像个水晶宫吗?"袅烟嗤的一笑,道:"是呢,前儿听说这亭子里还爬着一个龟将军呢,吃爷打了一顿。"花农红了脸,道:"这儿不是爷明儿要做生日的吗? 我回来告诉爷,怕不拧你红红的小嘴儿。"袅烟听了,便拿帕子来豁他的脸,花农忙笑着逃去了。袅烟也不追赶,便同春妍进亭子来。偶然见玻璃缸里的鱼氽起了一个肚子,朝着天,春妍忙唤袅烟看,道:"这个鱼怎么了?"袅烟把扇柄儿拨了一拨,那鱼翻了个身,仍旧朝天了,因骂道:"这鱼定是花农搅死的,回来咱们那一个见了,又要跳断了腿条子呢。"春妍笑道:"你们那一个是谁?"袅烟红了脸道:"啐! 你还问我呢,我往常不问你也便罢了。"

　　刚说着,见海棠和爱儿捧了一包子披垫进来,袅烟道:"你们在那里逛到这会子才来?"海棠道:"多是爷吓。头里检了一堂平金大红的单披儿,又说嫌俗很了,再叫换洋红堆花的去。换了来,又说不好。这会子又换了这个湖色刻丝的来,才对哪。说叫你们好好的套上了,不要搅膫了。"袅烟接了,便和春妍两个把一应椅子、磁礅子都套了套子。春妍一面套着,一面道:"这位爷也太多事,这大热的天,凉冰冰的磁石礅子不要坐,还要罩这套子上去。"袅烟也道:"可不是呢。你瞧着,明儿略坐一坐,又要教人去了他呢。"海棠笑道:"爷说,这冰印的椅子,只能像我这样坐坐,还不打紧。姊姊们是坐不得的,所以要用这个套子。"说着,大家都觉好笑。一时套齐了,四个人便一串儿手将手的往石桥上走回来。

　　忽袅烟放了手,道:"哎吓,险些儿忘了。你们先走,我去转一转来。"春妍问:"什么事?"袅烟道:"那个鱼也刚忘记丢了他,我去丢了池子里来。"说着,便独自回转来。到亭子里把那个鱼捞在手里,忙抛在池子里,看他还氽着不沉下去。袅烟一面看着鱼,一面用帕子揩手。揩干了,便拿帕子去抹脸,猛觉得一股腥膻气,熏得要呕了。再闻一闻,连手上都有了,原来这金鱼是最腥气的。袅烟暗暗好恨,便把那帕子也撩在池子里,再到池边去净了手,向衣角上揩干了。刚要走,忽荷花丛里飞出一只白鹭,把那个死鱼一口噙着,拍拍的飞向水流云在堂那边去了。袅烟便站起来,信步走石桥上去。

　　刚到绿云深处门首,觉得脚底下踹着一件软软的东西,低下头去看时,却是一个手帕子，裹着不知什么。因拾起来看，那帕子已踹的都是泥了，便掂着指尖儿抖开来看，里面却裹着一双小小的软底红睡鞋儿，心里跳了一下。见四下没人，再细看脚寸，却还不到三寸，是扯弓头的，那鞋底儿竟不过二寸光景。因满肚想转道：咱们府里，除了婉小姐，再没有这样的小脚寸儿。光景定是咱们这位爷和婉小姐顽，故意藏过他一只，却不道掉在这里。幸而是我拾了，倘然被小厮们拾了去，成什么话！想着，便暗暗埋怨。忽又转念，便满脸飞红起来，将那鞋儿仍将帕子裹了，揣在怀里，慢慢的走回天风楼来。宝珠却出去和石时谈天去了。便一个儿坐在纳闷，又把那鞋儿拿出看了一看，藏在自己枕头下底，心里又七上八落狐疑着，当是宝珠和婉香有了什么事情。不知这鞋儿究竟是谁的，且看下回。有分教：

分明鹦鹉多防到，不是鸳鸯暗赠来。

第二十一回

暗猜疑秦公子受屈　明讥讽叶大人贻羞

却说这日宝珠和石时一直谈到起更才进来，见袅烟背着灯坐着，一声儿不言语，因陪笑问道："姊姊，又怎么一个儿在这里纳闷？"袅烟笑道："谁讲来，好好的闷什么来？爷什么时候出去的？"宝珠道："我傍晚才出去的，怎么，敢有什么事儿？"袅烟道："也没什么，爷今儿可曾往绿云深处去来？"宝珠道："今儿没去。刚日间是打留余春山房下去的。"袅烟又道："刚婉小姐房里少了件东西，叫人来问爷，可拿不拿？"宝珠诧异道："什么？我没拿他一点儿东西，他失了什么了？"袅烟低声道："说失一只睡鞋儿，敢是爷藏着？"宝珠正色道："这什么话！我那里敢拿他这样的东西？这个失了还了得，敢丫头们偷去了？不过丫头们要这一只什么用？这个古怪。"袅烟见他正颜厉色的，心里诧异道：这个不是爷掉下的，还有谁做这种事情？这便奇死人。因向宝珠道："爷不要这样大惊小怪，教人听见，成什么话？你既不拿，我给你瞧一件儿东西。"说着，便把枕头下底的鞋儿取出来递与宝珠，道："这可不是婉小姊的吗？"宝珠接来看时，宛然是婉香的脚寸，因道："怎么，你藏他的东西？"袅烟哼了声，道："我藏他的！我只问爷，是谁藏他的？"宝珠急了，道："哎吓，这个怎么能冤我来，你不信，我赌个咒你听。"因道："倘是我藏这个东西来，立刻叫我……"袅烟忙掩住口，道："可又来，这也不犯着急得这样！"

宝珠看着鞋儿，忽道："这不是婉姊姊的，你瞧，这帮儿是大红的，婉姊姊一辈子不爱穿大红的。你瞧他自从到咱府里来了，你几时见他穿大红鞋儿？况且鞋儿是扯弓头的，又不十分尖小，虽小，底儿也这样阔，这个定不是婉姊姊的。你老实告诉我是谁的，不要呕我了。"袅烟被他一说，仔细看时，鞋样果然不像婉香的，往常见婉香的鞋底儿，纤瘦的很，不是这样粗蠢，因道："这更奇了，是谁的呢？我是从绿云深处门口拾来的，我当是你遗下的，所以怪了你半天。照这样说，难道又出怪了？"宝珠道："你也太不明白，便是我的，我也断不肯带在身边，大白昼里逛去。设我被姊姊妹妹搜了出来，算什么意思？既是绿云深处拾的，喊那边的丫头来问一问，便有影儿可捉了。"裛烟一面听着，一面看那鞋儿，忽道："是了，定不是婉小姐的。你瞧，这花儿是初学手儿做的，搀罩的针脚儿又不齐，绒线又不光绢，光景是那一个丫头拿这个打算送小厮去的呢。"刚说着，猛然省悟，道："是了，是了，我冤了爷了。"说着，嗤嗤的笑将起来。宝珠连问："是谁的？"

裛烟笑道："我忘了，昨儿听丽小姐在那里和小翠顽，说小翠要学针，总再也学不好。小翠说：'这个不知怎么一个讲究？'丽小姊说：'你前儿学生活的时候，可曾拜过坑山姑娘没有？'小翠说：'前儿我娘教我做生活的时候，也说有什么坑山姑娘，住在尿坑上，要做一只鞋儿孝敬他穿了，才会做生活呢。今儿小姐也这样说，可见是真有这个讲究的了。'丽小姐说：'你只做了一只么？怪道你一辈子做不出好生活。'小翠因道：'照小姐这样讲来，敢是要两只的么？'丽小姐笑说：'那自然，你见谁只穿一只鞋儿的？你那坑山姑娘又不是个独脚魈，你明儿快补一只送去孝敬他，便做得好生活了。'这原是丽小姐的顽话，我还听着好笑。光景小翠当真的去做这只来。"宝珠听了笑道："他怎么丢在门口呢？"裛烟笑道："光景因园子里没得男人，所以没有尿坑子。他见前儿爷在绿云深处的墙角下溺过，他所以供到那里去的。"宝珠听着，笑的了不得，裛烟也觉好笑。宝珠因笑道："那你倒做了坑山姑娘了。"又道："我总有点疑心，你明儿还问声小翠，看可是不是。不要又和春柳儿一样的，闹出把戏来。"裛烟应着，便把那鞋儿藏起。各自睡了，一宿无话。

到了次日，宝珠起来，便穿了公服。先到秦府宗祠里拈了香，又给柳夫人和秦文、袁夫人道了喜，再往南书厅拜了陆莲史，才进来换去公服。晴烟上来回说："夏师爷和金师爷、陆师爷送礼进来，请爷瞧这单子。"宝珠接来看了看，便点了几样，叫收了，请大奶奶开发去。晴烟刚去了，又转来说："外面当差的和管家们，在二厅上候爷磕头去。"宝珠连连摇首，道："算罢，算罢，谁讲究这些来。"晴烟笑应着，传出去。一会子花农来回说："叶府里大爷和二爷来了，请爷道喜去。"宝珠皱眉道："这两个磊块又来惹人厌了。你去请石师爷代陪一会儿，我便出来。"花农答应着下来，出了园子，径到东书厅来请石时。

　　石时应着，便换了公服，喊许升提着烟袋出来。一路想道：听说这两位爷有些呆气，我只没有见过，今儿且和他谈谈瞧。想着，已到西花厅门首，见站着许多红缨帽子，挺胸凸肚的。叶府管家见石时进来，也不请安。石时走到卷篷下，锄药看见，便报了声，说："石师爷来了。"石时进去，见那叶用和叶赦迎上来，打个千，问了石时姓名。石时讲了，一面打量那叶用兄弟。都穿着刻丝花衣，戴着会帽。叶用是三品服式，叶赦是五品服式。那叶用和叶赦见石时是金顶子，便不把石时放在眼里。石时让二人上坐，二人也不推让，便大模大样的坐下了。叶用因问石时道："三爷可在府里面？"石时道："在府里呢，这会子光景又往宗祠里拈香去，所以屈二位暂坐一会子。"叶用又道："师爷到这边府里几年了？"石时回说："才三月间进府里来的。"叶赦道："葛亮翁可在府里，怎么不见？"石时道："葛亮翁还是前儿辞席出去了。"叶用忙道："这倒没知道。敢为什么事儿？"石时说："也没什么讲究，光景葛亮翁另就上席去了。"叶赦坐的与石时近些，因向石时要手里的扇子看，石时便送与他。叶赦看是李冠英写的上款，称是年兄，便吮嘴嚼舌的，脸上起了许多怪物，递与叶用看，道："这不是咱们先生写的吗？"叶用看了，也觉怪异，因向石时道："这位先生敢是去年的解元么么？"石时道："是那。"叶赦道："那么足下敢也恭喜过么？"石时道："是去年侥幸的。"叶用道："想来总是高标的了？"石时道："侥幸了，也讲不得名次，兄弟已经低了，是第三。"叶用兄弟听了，连忙站起来，说："失敬。"石时暗暗好笑。

　　刚坐下，外面报说："三爷来了。"叶用等便都站起，见宝珠戴着紫金冠，穿着刻丝亮纱袍子进来，便互相请安道喜。宝珠让三人坐下，又道了谢，管家送茶上来。宝珠坐定，因道："今儿又劳两位的驾，小弟委实不敢当。大人在府上么？"叶用道："家大人还是前月进京去的，所以今儿太太着愚兄弟过来道贺，并说舍妹在府打搅，一切要三哥和府里太太费心。"宝珠谦了几句，因见叶用换了顶珠儿，打量着花了几个钱捐了官了，心里暗暗陋他，却故意道："大哥是几时恭喜高升的，光景即就有好消息吗？"叶用见问，便兴高采烈起来，道："兄弟这个功名，才是前儿蒙会典馆里保的。三哥不知道，现在会典馆里保举很优呢。像兄弟头里原是个即选知县，去岁蒙令亲沈左襄少师替保了个免选本班，以知府用；这会子总裁大人又替保这个免补知府本班，以道员用。兄弟本来满拟明岁乡试，中这么一中，也不稀罕这点儿功名。那总裁大人定要给兄弟保这个，说照兄弟这样才干，仕途里很有出息，明年说要开博学宏词科，再给兄弟保上一本，那考了出来，不是赐同进士出身，便是授职翰林院，可不比外面乡试快当呢。现在家大人进去，又替兄弟加一个二品顶戴去，光景几天就有部照转来呢。"说着，得意的了不得。叶赦却一声儿不言语，像很气不过的样儿。宝珠听着，暗暗好笑，却也不回他一句话。叶用又道："像三哥这样才干，何不如此去搅搅？况且又有这个世爵，不较兄弟更快当呢。"

宝珠笑道："现在讲到出仕，那里是为国家民政起见，无非为几个钱。偏兄弟有一个毛病，莫说见了钱要呕，便听见个钱字，耳朵里就像灌了什么腌臜东西似的，若讲那些官儿，兄弟见了这只当他是一堆铜臭，也不知道是什么东西。"叶用听了笑道："三哥这话太过分了些，照这样说，难道尊大人和三大人也是一堆铜臭么？"宝珠正色道："大哥当是家老爷也和尊大人一样吗？家老爷在日，真把那铁砚磨穿了，用了十年的苦功，才争得这个状元回来。嗣后又向那千军万马之中，血汗功劳，博得个伯爵。便三老爷也是和先老爷一个样儿，从一个举子混起，才争得一个学士。前年任了这个御史，咱们三老爷还不敢担这重任，所以告假回来。要说乞怜昏夜，拿钱去钻营出来的，咱们一家子累世没得这样的败子孙。"叶用听了这话，把脸儿都气青了，讲不出话来。叶赦怕两人口角起来，想倘在这里用饭，也没什么味儿，不如往（住）妓院子里逛去。想着，便和宝珠、石时拱茶。叶用还想讲几句，外面管家早一叠声喊送客，叶同便同叶〔赦〕告辞出来。宝珠只送到二厅上，便站住了。那张寿看见，忙喊："请轿子进来。"外面答应着，便把两乘官舆抬进来。宝珠和石时送他上轿，仍回西花厅来，让石时坐下。

宝珠笑道："你瞧这两个东西，可不呕死了人。今儿那老二还没出丑，他往常和人讲话，总嚼着文，之乎者也的嚼个不了，那更惹人厌。倒是他那老三，见了人索性一句话也讲不来，倒觉干净。"石时因笑道："爷也说的他太利害些，换了别个，定死气了。"宝珠笑道："他讲话也不知轻重，我和他客气什么。"刚说着，外面报说："金师爷和夏师爷来了。"宝珠说："请。"金有声和夏作珪各打千道喜毕，闲讲一会，宝珠便吩咐摆席。不知后事如何，且听下回分解。

　　欲把姓名书铁券，但求家世住铜山。

第二十二回

画锦堂琴边飞竹笛　洗翠亭月下放荷灯

　　却说宝珠那日在西花厅摆席，请金有声和夏作珪、石时，那陆莲史知趣，怕煞他们的风景，午前便回家去了。这里宝珠等酒毕，已是傍晚。散席后，宝珠进来，到中门一望，见里里外外自头门口起，一直到二厅上，都点齐了红纱灯，照的如同白昼。进南正院，见三面走廊上也点齐了灯，站满了婆子、丫头。天井里机器凉篷早卷开了，搭了一座灯棚，一班女孩子坐在里面唱曲子，院子里面一派闹哄哄的人声。宝珠且不进去，走到灯棚下，看栏杆里面坐着七八个女孩子，那唱着的却是赛儿。宝珠刚要开口，赛儿连连摇手，口里唱着，手里拿过一支笛子递给宝珠。宝珠笑笑，便挨着那唱小旦的嫩儿坐下。嫩儿在灯光下见是宝珠，便要站起来。宝珠按住他，道："不要这样，快坐下了。"嫩儿笑了笑。宝珠一手撇着芦衣子，一面看他，道："你脸上红红的，敢吃多了酒？"嫩儿笑道："没有，光景是这灯光映着的。"刚说着，那些女孩子打起出场片子来。宝珠听唱的是《琴挑》，刚赛儿唱的〔懒画眉〕一拍，说白过了，这会该是陈妙常出场，唱〔前腔〕一拍。听戏锣打到第五下，便和细柳儿两个吹起笛子，听嫩儿唱道：

　　　　粉墙花影自重重，帘卷残花水殿风。抱琴弹向明月中，香裛金貌动，人
　　在蓬莱第几宫？

宝珠停了笛子，听嫩儿说白道：

　　　　妙常连日冗冗俗事，未曾整理冰弦。今夜明月如水，不免弹《潇湘云水》
　　一曲，寄幽情则个。

嫩儿说到这句，那伶儿真个拿一张琴去递与赛儿。赛儿调了调弦，弹了几个仙翁，真

的弹出一套《潇湘云水曲》来。宝珠刚听的入味，忽院子里面有人喝起采来，宝珠吓了一跳，听是秦珍的口气，便笑了一笑。刚弹到尾声，伶儿等又打起戏锣，宝珠便又吹起〔前腔〕来。赛儿唱小生道：

　　　步虚声度许飞琼，乍听还拟别院风。凄凄楚楚那声中，谁家明月琴三弄，

细数离情曲未终。

接着说白道：

　　　吓，原来是妙常弹琴，门儿半掩在此，不免到彼细听一番。

接着嫩儿唱〔前腔〕道：

　　　朱弦声杳恨溶溶，长叹空随几阵风。

唱着，赛儿咳嗽了一声，那戏锣"锅"的敲了一下，赛儿白道：

　　　仙姑弹得好吓。

　　嫩儿作惊道："吓，仙郎何事入帘栊，早教人惊恐？相公此来，莫不为《云水》声寒一曲终？"

　　赛儿刚要接白，忽廊下有人报道："婉小姐来了，赛姐儿和三爷园子里没有呢。"宝珠听见，忙应道："在这里呢。"便放下笛子向赛儿道："不唱罢，咱们请了太太和姐姐们往洗翠亭去，这里灯底下怪热，何苦蒸着呢？"因又向嫩儿道："你们也凉凉去，回来园子里顽去。"嫩儿等笑应着，便歇了唱。

　　赛儿和宝珠将着手进来，见婉香刚到，满屋子人都站起来，和他说笑着。宝珠再四下一看，摆着三桌叶子戏：中间一桌是柳夫人和袁夫人、秦珍、秦琼；左首一桌是藕香、美云、软玉、丽云；右首一桌是蕊珠、绮云、茜云三个，还空着一个位儿，是太太身边的大丫头殿香凑着。一干人见宝珠和赛儿来了，都说："你们两个跑那儿去了？咱们好找呢。"宝珠笑道："咱们原在这里。我刚进来，见赛儿在那里唱曲子，我便吹了会笛子，难道廊下这些丫头们都不瞧见吗？"柳夫人道："这干人也太糊涂很了，光景灯光下瞧不明白。刚才那一套《潇湘云水曲》敢是你弹的吗？"宝珠笑指赛儿道："是他弹的。"秦珍道："怪道我说他们班子里也有这付好身手，敢是宝弟弟起的小生，赛儿起的贴么？"赛儿道："是我起的小生，宝叔叔没唱，是嫩儿起的陈妙常。"藕香道："嫩儿倒唱的不错呢，现在要照这样的板性，外面也少的很。"婉香因道："敢是唱《琴挑》么？好曲子，可惜我来迟了。"说着，外面丫头来回说："西花厅摆下席面了，请大爷、二爷用酒去。"柳夫人因道："宝儿在里面坐罢，珍儿和琼儿替

他陪陪去。"秦珍应着，便和秦琼出去。柳夫人又唤住道："外面总散得快，你们仍就进来，到洗翠亭赏荷花去，不要又是生疏疏的回去睡了。"秦珍（宝珠）和秦琼都答应着："是。"见没别话，便喊掌灯出去。

这里殿春便喊小丫头们掌灯，外面一片声答应，早见点起十二对羊角风灯，一字儿站在卷篷下等。宝珠便先出来，早有一对天风楼的灯引着，后面便是蕊珠、茜云、赛儿、绮云等一干人。每人前面都有小丫头掌着各院字号的风灯引路，一串儿出了画锦堂，向西走廊打夹道里越过西正院门首，向宝珠旧屋里来。进门，见楼上下都点齐了五色琉璃灯，扶梯上都点的雪亮。一干人上了楼梯，到月台上往下一望，见楼下四面走廊上的灯都累累挂着，甚好看。进了冰兰月洞门，那留余春山房也点齐了灯。打山上望下去，见满园的灯火，高高下下，和萤火一般。那洗翠亭和两座桥亭在水中央，就像灯船似的。看着，便都走下山坡，穿过假山洞，打九曲石桥往洗翠亭来。早远远闻见一派的茉莉花和建兰等香气，一路上池面风来，又有些荷花香，甚是清爽，大家都说有趣。走上亭子，见早有许多丫头们伺候着，六面回廊上点满了琉璃串子灯，帘子都卷起了，窗（总）子也都打开。里面中间圆桌上，早摆下了围碟子，周围设着十二个磁碟子。地上摆着两架电气风扇，像蝴蝶子一般转着。

柳夫人等进了亭子，便各散坐一会。丫头们请上席，便一圈儿坐下。是柳夫人第一位，袁夫人第二，软玉次之，蕊珠又次之，下面便是婉香、藕香、美云、宝珠、丽云、绮云、茜云、赛儿。丫头们斟上酒来，宝珠接了，先送上柳夫人一杯，又依座次各送一杯。大家喝了口。柳夫人四下看了看，因道："说你们镂了四盏西瓜灯，怎么不见？"婉香笑道："可不是，费了多少心力，才前儿顽了一天，今儿便坏了。"赛儿因道："我那盏还好呢，今儿忘拿来送太太瞧。"柳夫人道："你们也会的顽，说还放荷花灯来，今儿这样好天，咱们忘了，早该喊人做几十盏来放放。"藕香笑道："我知道太太高兴，早备下了。"因回头向金雀道："你瞧去，怎么还不放过来？"金雀应着出去。大家又喝了巡酒。

忽隐隐的听见笛子鼓板声，夹着荷花香，吹将进来。袁夫人道："谁家唱戏呢？"美云听道："光景那些女孩子，在春声馆唱着顽。"宝珠、婉香也都侧着耳朵细听，像是两管笛子在池子两尽头吹的样儿。婉香因道："这声音怎么这边也有，那边也有？"丽云道："想是那边山石子绕转来的应声。"大家再听那笛声，一左一右渐渐从远近来。

刚在诧异，偶见水流云在堂那边窗下，四五盏荷花灯从水里氽来，渐渐的多起来。大家都靠到窗槛上来看，那灯一盏一盏的越多了，散的半池子，却多远远的一堆儿拥着。刚看着，忽赛儿在那边窗槛上指道："你们瞧，这边的荷花灯更多呢。"大家来看，见假山脚下多拥着灯。却好南风起了，那灯都顺水淌来，早有几盏氽到亭子脚边柳阴下躲着，随波洸动，也有几盏一串儿的往桥洞里氽往那边的池子里去了。再看那边水流云在堂的，却高起了七八盏，像龙头似的，后面一串儿跟着无数的灯，从（定）水面上走来。

刚氽到亭子边，忽池心里打起一阵响锣鼓来，大家吓了一跳。定睛看时，那高起的几盏，原来不是水面上的荷灯，却是一只采莲艇子，四角跳出四串荷灯，里面坐着四五个女孩子，打锣鼓。柳夫人笑说："这个顽意儿有趣的很。"藕香笑道："太太还不见那边儿，又是一只灯船，拖着荷灯，往那个桥洞里出来了。"话未毕，果然绿云深处那边桥洞里也划出一只船，也打着响锣鼓。却好这边的船进桥洞去，那边的船出桥洞来，又渐渐的荡圆来，刚刚接着这边进桥去的船后拖的灯，那锣鼓渐渐的打的紧了。那船便划快来，两船首尾相接，那几百盏灯便荡成一个圈儿，把洗翠亭围在中间。两只船穿着桥洞，一进一出，穿梭似的，比闹龙船还好看的多。忽然锣鼓声两船多齐断了，吹起笛子和笙箫、小锁呐，又夹着琵琶弦索的声音。那两个船不知怎么一来，便头对头碰着并行，一会忽又分头倒回转去。那荷灯原是一线儿串着的，这会子都放散了，那灯便散满了一池子，变成满天星的形势，大家一齐赞好。却不道那两只船自归自划出桥洞去，大家也不去留心他，只看着荷灯。那船早泊近石桥，两班女孩子各上了岸，走着吹着，望洗翠亭来。那船早把四角的挂灯也割断了绳子，放在池里，悄悄的暗摇开去，躲柳阴里去了。柳夫人等刚看着池里，猛回头见亭子前后两带九曲桥上，两头走来两班女乐。众人都笑说："有趣的很。"便各入席喝了钟酒，听那女班子在回廊下唱了套小曲，再去看池里的灯，却早一盏也没有了。水面上印着一钩新月，波纹晃着，就有几十个小月子，在那里攒动。婉香便和蕊珠出来看月，宝珠也跟了出来，见满池的月色，真是在水晶宫里一般。

忽栏杆边柳阴里，一个知了"咋"的叫了一声，移到别枝上去。有许多宿鸟都惊了起来，唧唧咄咄的叫个不了。猛抬头见东南角上一片红光，映的柳梢上和夕阳似的，人脸儿也红了。宝珠当是什么顽意儿，刚要请柳夫人来看，忽外面一片声嚷将起来，人声鼎沸似的，不知何事，且看下文。正是：

柳梢月上三更尽，天上霞飞一片来。

第二十三回

天风楼两夫人看火　新花园诸名士标题

却说宝珠和婉香、蕊珠在那里看月，忽一片红光照的满天通红，外面一片声喧嚷起来，便似鼎沸似的，宝珠和婉香三人多吓呆了。柳夫人听见，忙教停下鼓乐，问是什么？丫头们都说："光景外头失了火了。"柳夫人、袁夫人等听了，都吃惊不小，忙多到回廊上来看。见东南角上透出火头，那火星直冒上去。袁夫人失色道："这光景不远，你们丫头们快往园门上问去。"那些丫头们，小的都吓的应不出了，大的急得发颤。还是老婆子们有些见识，便去了七八个，一时飞跑进来，回道："园门上小厮说，东府里失了火了。这会子老爷吩咐，把里外的门都上了锁，只放一班管家进去，以外的都打了出来，连这园门也锁了去了。"袁夫人等没听完，便浑身发战。婉香和蕊珠多急得要哭了，赛儿和茜云早哇的哭了。一时间把个洗翠亭闹的不成样子。还是柳夫人再三把众人宽了心，说："小厮们的话也作不得准。既园门锁了去，咱们不如到天风楼看看去，到底烧的是那一个院子。"袁夫人见说的是，便教玉梅和湘莲夹扶了，柳夫人也叫殿春和赏春搀了。藕香却有胆量，便将着银雁的手，跟着出来。这里婉香等都吓的一堆儿，动弹不得。

柳夫人叫宝珠陪着自己，便和袁夫人、藕香三人出来，急急的上了山坡。早听见"拨辣辣"倒屋子的声响，及走上天风楼第二层，已早是满楼通红，如同白昼一般。再上一层，看那东南角上的火，却似一盆子烈炭，浓烟烈焰的窜着。看地处，是东正院后面，沿过东去，却刚刚把东正院围了，两面烧着。侧耳听时，只有些浇水的声音和倒屋子声，那人声却一点也没得了。远远见东正院瓦上站着许多人，在那里救。看看刚乌下去，忽那火星直扑上楼窗来，殿春等忙关了窗子。又窜起一个火头，烧的更凶。那风刮刮的望南吹来。柳夫人和袁夫人多急的念佛唤祖宗了，那腿子多和弹棉花似的抖着。几个丫头扶住了，请两位夫人坐下。柳夫人和袁夫人、藕香只面面厮窥，再也讲不出一句话。足有两个多时辰，那火头才渐渐的矬下去。殿春等都道："好了好了，这会子不妨事了，太太好请下面坐坐去罢。"袁夫人还呆呆的看着那火。

一会子听见满地里"呜呜"的掌起号来，打起太平锣儿，才放心是救乌了，那天还是通红的。柳夫人望那东正院，原好好的存在，因道："咱们下去罢，不知道孩子们急得那样了呢。"袁夫人怕美云等急坏，便和柳夫人、藕香下来。到园门口，早有几个小厮迎上来问安。报说："是东正院墙外民房里起了火，把咱们东府里大厨房沿烧了。这会子还在那里运水浇呢。老爷传话说：请两位太太放心，府里原没损失了一点物件。此刻外面府、道官儿都来问安，正乱着，请太太在园里坐一会儿。这园门怕有杂人进来，仍锁。"柳夫人等听了，多放了心，脸儿也和转了，便仍到洗翠亭来。

见走廊上的灯多乌熄了好些，里面静悄悄的，照满了一亭的月色。进亭看时，见丫头们和那（都）些女戏子，多挤在一堆儿。婉香早吓个半死，这会子回过来，倒在那里呜呜咽咽的哭。见柳夫人等进来，都道："好了，太太回来了。"袁夫人和藕香多忙着宽慰他们，道："不妨事，只烧了大厨房，这会子熄了。"宝珠因道："刚小厮们来回过了，别的不打紧，只是茜妹妹和婉姐姐吓坏了，怎么处？"袁夫人忙去看茜云，见茜云倒在美云怀里，哭得泪人儿似的。袁夫人哄着他说："哭不得，回来老爷要打呢。"茜云才渐渐的住了声。这里柳夫人也安慰着婉香，婉香只觉心里摇摇的慌，连应的声音也颤巍巍的。柳夫人便叫春研和笑春搀扶了，回到惜红轩睡去。宝珠知他心慌，便嘱软玉和蕊珠两个陪他去，自己因柳夫人在，不敢走开。软玉等便同着婉香去了。

这里美云等多说要回东府里瞧瞧去，叫丫头们去看。回来说："园门还锁着，连惜红轩的便门也锁着未开。"美云等无奈，只得再耐着，看看那天上的红光也渐渐淡了。忽然远远的鸡啼起来。柳夫人因诧异道："怕天明了么？"看那月儿，果然坠下西去，东面的天，泛作鱼肚白了。那池面上风来，有些荷花香，却很凉的，大家都觉得纱衫儿嫌薄了。刚宝珠说："凉的很。"却好春妍和海棠捧着两缎匣衣服进来，是婉香打量着天凉了，没处拿衣服，去把自己夹纱袄儿检了七件，又把宝珠的夹纱袍子检了两件，一件是给赛儿穿的。于是大家都添上了衣服。那天已是大亮，亭子里的洋灯已没得光了。丫头们拿吹管子来吹熄了，觉得满屋子多是煤气。那地下两架风扇还刮扎扎的闪动，藕香便亲自把机器弄停了。大家肚子里多空空的，有些饿了。刚要着丫头们向园里小厨房要点心去，只见笑春和爱儿一手提着半明不灭的羊角风灯，一手托着一架攒匣进来。原来也是婉香送来的点心，大家便胡乱吃了些。春妍又送一盘子热茶来，众人吃了。却好小丫头跑来，说："园门开了，请太太和小姐们进去罢。"大家听了，便都拔起脚来走去，似候城门开了似的。

　　一行人出了园门，早有许多婆子们问安。柳夫人和袁夫人带着宝珠等到东府里来看，只见东正院西廊下和天井里都泼的满地是水，有些热烘烘的气息。秦文、秦珍、秦琼都站在卷篷下讲话，见柳夫人进来，秦便问了惊，秦珍兄弟请安。宝珠等又请了秦文等安。秦文才道："这场子火险呢，二太太受惊么？幸而女孩子们多不在这里，不然还不知道乱的什么样，那里还干得来事。"袁夫人应问："敢便这壁墙外么？"秦文指道："可不是，你们不瞧，这墙也烘裂了。快不要老站在那边，仔细倒下来。你们还是南正院坐去吧。孩子们倦了，要睡尽睡去，茜儿便也睡园子里去，或是跟太太睡到南正院去。你那屋子里也搅得不成样儿了，不进去罢。宝珠也睡去，横竖你也干不了什么正经。"大家便多应着，回了出去。

　　这里秦文问秦珍道："你去踏看过了，到底烧了这一夜，坏了多少民房？"秦珍道："热地上还有火煤着，看不仔细。刚地保回说，共烧了三十四家民房，连这里大厨房，共有五十几家门面。这火还是对街广货铺上里洋油上失的，因南风起了，直扑过这壁来，两对街夹烧着，所以势头凶的很，一时便救不下来。咱们这厨房，水师里派了五架洋龙还保不住，这东正院还是洋人带了药龙上瓦去，才保住了。"秦文道："这洋人是谁派来的？"秦珍道："是中丞请来的，中丞因是咱们府里，也亲到弹压，后门是两县把守的。"秦文点点首儿，因道："这边的墙是直裂，还不打紧。这里后面和茜儿院子后面的这一带墙，你瞧，把水打矬了腰，怕马上就要坍的，还扑向里面，打下来还了得！你喊总管快去喊几个工匠来，拆做了才稳当。"秦珍应着。秦文又向秦琼道："你去帐房里督着，外面开销各处义龙局的赏封，你也不用多嘴，只暗暗记下数儿。不要回来又开上一大笔，没一点儿查考。"秦琼应着，便同秦珍出去了。这里秦文因各大宪多来问安过了，该得亲自谢去，便换了公服，也出去了，不提。

　　且说这一场火不打紧，倒把婉香吓坏了，次日醒来，便心惊胆战的发寒发热起来。宝珠本来也不受用了，却因婉香病了，便把自己忘却，也不觉什么了。只是日夜伴着婉香，递茶送药的，忙了半个多月。后来还是金有声给他瞧好了。已是嫩凉天气，七月到了。

这几天里面，秦府里都忙个不了，修屋子，打墙头，起厨房。秦文又将新烧却的白地买了回来，足有十五亩，用园墙圈了进来，盖起一所东花园来。兴工动土的足足忙了多日，好不容易才竣了工，里外一切油漆装折齐备。秦文看了甚是得意，觉得与西花园不同，别具一种潇洒幽雅的景致，不是起先那么一味子讲究富丽的样儿。便想请几位清客们来题额，因唤秦珍进来商议请那几位。秦珍便开了名单，并各人的履历进来，一排儿写着道：

白剑秋　年二十六岁，江苏吴县进士，寓八字桥。

李冠英　年三十四岁，浙江仁和人，辛卯举人，住采霞岭。

何祝春　年二十二岁，浙江仁和人，附贡，住抚院西辕。

桑　春　年四十七岁，湖南衡阳人，附贡，寓西冷桥。

华梦庵　年二十三岁，浙江仁和学廪生，住柳翠桥。

薛筱梅　年五十岁，安徽歙县附生，指分浙江候选县丞，寓柳营巷。

林冠如　年十九岁，安徽定远县增生，寓抚宁院。

盛蓬仙　年十九岁，浙江钱塘人，优贡，住凤山门。

秦文看毕，因指道："这李冠英和薛筱梅、桑春几位，我倒见过。那白剑秋的诗集我也读过，他还有位令妹，唤什么白素秋的，也有一部嫩碧山房的诗稿行世，都好的很。这何祝春敢便是现在人说的骈枝生的么！"秦珍道："是他，和华梦庵、盛蓬仙两人最是莫逆，三人常合刻些诗词曲稿，后一辈都称做三大家的便是。"秦文笑了笑，又道："我倒没有见过这几位的笔墨。"秦珍因道："老爷怎么没见来？前儿老爷在南书厅拿进来看的那部《三野丛谈》便是他三人的，老爷还说很有些学问识见的话。"秦文道："哦，这个便是他三人的么？"因拈着须点头，便把单子交与秦珍，道："你写帖子分头请去，就明儿在新花园里请他们标题罢了。"秦珍答应出去，不知那几人来与不来，且看下回分解。正是：

入座但延题字客，开门端候看花人。

第二十四回

一览亭李冠英防电　大洋房盛蘧仙论风

却说秦文因东府里新盖了座花园，请诸名士题额，命秦珍备帖子请去。到了次日傍午，先到李冠英、薛筱梅、桑春、白剑秋、林冠如五人。秦文请东花厅坐了，亲自出来陪茶，讲了些一向企慕的话，各人谦了几句。秦文因问秦珍道："何祝春和盛蘧仙、华梦庵三位怎么不见来？"秦珍回说："昨儿着人请去，转来说，今儿三人逛湖去了，下晚子准来。这里请几位先题了，说光景总一下子也题不了这些，一会子他们便来。"秦文点首，便让诸人打东花厅右手走廊上走去，见新开了个大墙门，上面标着"栩园"两字，却尚关着。小厮们忙赶先几步去开了。

众人进去，看是一个朝东的半角亭子，天井里种满了竹子，望对面也是一个亭角，隐隐现出月洞门，四面接着抄手游廊，左右可通，左手却也有个半亭。秦文因回头指那墙门圈上道："这里便该题两个字，那左手亭角也该题点儿。"李冠英想了想，道："这里是入门第一处，该用这个意思才是。"白剑秋道："我想了两个字，不知可用得用不得？"秦文忙喊拿笔砚伺候着，因问："那两字？"剑秋说："涉趣二字如何？"大家说："好。"秦文不说好歹，便叫小厮们记了。

一干人便都打左首游廊上走来，到亭角上一看，见是半个六角式的，靠后开着花墙，一望里面，露些亭台花木，深远莫及。桑春道："这里先把园里景致略一透露，却可望不可即（师）的，这法子好绝了。"秦文笑指道："那葫芦顶的亭子，打这边走去，还要绕过十几个院子才瞧的见呢。"大家都说："布置好绝。"李冠英因道："这个便用'显微'二字如何？"秦文叫记了。忽林冠如道："我想不如用'一角花阴'四字。"秦文点头，说："好。"便也叫记了。到月洞门口，向门里见曲曲折折，重重的多是回廊，也看不清楚是那样造的。桑春因道："这里便用'通幽'两字如何？"秦文点点首，便同众人进去。

走上游廊一看，见这走廊却是四通八达的，打半中间分路，多曲曲折折打假山洞里穿出去，一转身，便认不出那条是来路，那条是去路。那月洞门早不知去向，只面面多是些花木石笋和奇形怪状的假山。秦文因笑道："这里很有趣儿，这中间该题个匾额。"因指道："这向北去走廊，打假山背后绕转来，仍通到这向东去的那条走廊；那向东的走廊，也是三面通的，向西便是这里的去路，向南便仍通到这向南的走廊上来；这里向南的走廊也是四面通的，向北走便是这里，向西走绕个圈儿过来，也是这里。所以不知道路的，在这游廊上便好撞这一天，还迷住了走不出来。"林冠如接口道："那便榜这个'迷廊曲曲'四字不好吗？"大家都说："很好。"便一齐向南那条走廊上走去。

穿过假山，仍是一带游廊，一面靠着花墙，一面对着假山。向西转去，到一个亭角上看时，那游廊又分了三叉路去。秦文指道："这向西一直去，便通兄弟住的东正院；这向北去，便通着迷廊曲曲的所在；这向南去，才是正路呢。"薛筱梅道："这边两面环着山子，就用'环翠'两字好么？"秦文叫小厮记了，便引众人向南走去。

转个湾儿，却是一所朝东的三楹楠木花厅。外面一带卷篷，天井里矗着一二十株石笋，形状百出，也有像松树的，也有像人的，也有像立鹤的，种着两株白皮松树，又有几株棕树。厅里面承设些古器，绝没一点儿火气。窗楹也雕的甚是古媚，不与时俗相类，桌椅都是楠木嵌绿云石的。众人都走进来坐了，秦文因道："这里倒要好好的想几个字才配呢。"大家思索了一会，李冠英说："用'太古山房'。"秦文不甚惬意。白剑秋道："'太古'二字，不如改作'匀碧'二字。"林冠如道："那不如用'石林仙馆'了。"秦文道："这个'石林仙馆'好，便用这个。"叫小厮们记了。因向秦珍道："这里挂字画也不很配，你明儿把那个前儿你老丈沈左襄送来的铁画屏挂在这里，倒很好。"薛筱梅道："可便是那种铁衣子铸成的翎毛花卉屏么？"秦文道："便是呢。"薛筱梅道（过）："这个铁画只一个人会铸，他铸的鸟兽虫鱼，便和活的一般。现在这人作故了，便再没人铸的来，所以外面便不多见。"大家都说："明儿倒要请教，细看看呢。"

说着，秦文又引众人出来，打右首走廊上一直走去。过一个花瓶式门，便是一间小书室，也是朝东的。天井里却只有一个石台，一棵儿花树也没有，打谅是明年春间

种牡丹的。秦文因道："这个所在诸位看题个什么名儿?"李冠英道："这个容易,用
五字的匾额,写'看到子孙轩',便很切贴。"秦文说："好极。"便又引着众人向南
走去。又过一重花瓶式门,却是一座朝南的水阁,盖在一个鱼池上面。那池约有半
亩大,这一泓水碧清的像镜子一般,伏到窗槛上看去,这些鱼都浮上来吸人影儿。
林冠如道："这所在该题'小凌波榭'四字。"众人说："好。"秦文也很惬意,便记下
了。大家再细看这水阁,是三面开窗的。对面池边种着一带杨柳,柳阴里露些窗榥
楼角,两旁是花墙走廊,却是湾湾曲曲的。秦文便引着众人,向左首廊上走去。约
四五步一湾,转了两三个湾子,却有一座圆亭,盖在水面上。秦文因道："这里我想用
块长匾,写'安知我不知鱼之乐'的篆字,如何?"众人说："好。"秦珍道："昨儿宝
兄弟写了一副对联,教人做去了,说用在这里的。"大家问："是什么句子?"秦珍道:
"是

　　游鱼聚人影,唬鸟说花香。"

　　林冠如等一齐赞好,因道："怎么今儿不请三爷也来题几处儿?"秦文笑道:
"孩子们那里干的了这个。珍儿,你去喊他把下联改作'唬鸟夺花枝'罢。"秦珍因陪
笑道："宝兄弟本来是用'唬鸟夺花枝'的,后来说原亭子是在水中央的,近处又没
得花木,所以改了这个,说较浑同些。"秦文便也不言语了。

　　出亭子,径往对面那柳堤上走来。看是一所五开间大院子,天井甚大,上面盖
着青砖卷篷,临池用红栏杆子围着,有七八株一排的柳树,隐隐望见对面水阁。这
院子却还有楼,进厅看时,却是五间一统的,容得十几桌席面,窗榥都是整块大玻
璃的,甚觉宽敞。桑春因道："这里榜一个'远香堂',如何?"秦文道："这里有了,
是陆莲史老夫子题的'鉴堂'两字。这楼上因打算藏赐书的,就竟用'赐书楼'三字
的直矗匾额,可好?"大家称是,就跟着秦文向鉴堂的出檐卷篷下走去。靠北开着
一个月洞门,进去却是一所小小的三楹精舍,糊着碧纱窗子,天井种着几株芭蕉。秦文
道："这上面请那一位题几个字儿?"白剑秋道："'绿梦庵'如何?秦文说好,便又
引着众人向对面再进一个月洞门。见是朝南一所五开间的鸳鸯厅,前面种着几株大
梅树,又堆些假山,两边走廊向山上曲折上去,山脚下满拥着梅树,约有五六十株,
林冠如道："那山上的亭子很有趣,便榜个'停琴待鹤'如何?"秦文道："好也好,
只是太熟些。昨儿宝珠说题个'南雪'二字,倒还用得。"因指那鸳鸯厅道："这里须
得前面后面两块匾才是。"李冠英道："我想好了,那刚来的那面榜'香雪堂'三字,这

面榜'小罗浮仙馆',如何?"大家说:"稳当的很。"

于是一行人多由回廊上走上山去。见这廊上靠壁多嵌着许多字碑,也不仔细去看。上了山,到亭子上一看,见这对面小罗浮仙馆,打栏杆边望下去,却是峭壁,那老梅枯干刚拥着亭脚。再向那面看时,却又是直上的峭壁,那峭壁上也嵌着碑石。靠左首又是一带回廊,沿上山去。大家走去,却有五六十级高,才到山顶一座亭子。再看南云亭,却一直在下面,树阴遮蔽着,只露一个顶尖儿,以外便不见了。四面一望,满个杭州城子都在目前,连西湖和钱塘江都望的见。再看府里的房屋,便只似腐干子的一方地,露些墙头瓦脊,也瞧不见什么房子。大家都说:"这里正是江山一览了,可便用这四字作匾。"又道:"这亭子在这山上,到底有多少高?"秦文笑道:"光景也有二十丈。你瞧那边园里的天风楼,已有十四丈高,望去还这样低。"李冠英因道:"别的不打紧,只怕打雷的时候,电气击着不稳当。"秦文道:"那不妨事,这边立了引电杆子了。"大家出来看时,见亭后面立着一根铁杆子,还比亭子高几丈,顶上削尖的却没一点东西。李冠英看了道:"有这个便好,那电气便依着铁杆子下来,走入土里去了。"秦文点点首。

于是又引着众人望亭后面两廊上绕下去。约低了十四五级,便是一片平阳,朝西起了一排的拾二间平屋,却是洋房样子的。进去看时,里面分间都不用门窗,都是砖墙挖着亮孔子,嵌了玻璃,后面也开了窗洞,望下去一落千丈,却是一条大河。大家诧异道:"这河是那里的。"秦文笑道:"这河打下面走去,总有五六里远,便是叫桑池的那个所在。因这山高了,又是直削下的峭壁,所以把近处的倒藏住了,便望到那里。"大家点首。再看屋里面铺设的全是西洋器皿,众人笑道:"这个所在倒另换一番眼界呢。这是不好题额。"秦文因道:"这里既仿洋式,也不用匾额了。这里来夏天搭个篷子,在这里消夏,倒很爽快。"

刚说着,见小厮赶来回说:"何爷和盛爷、华爷来了。"秦文便着秦珍去迎进来。一时见三人打一览亭的循山游廊上下来,秦文看三人是一式湖色实地纱衫,罩着元色铁线纱的夹纱马褂子,手里团扇也是一样的。打先两人差不多长,后面那年纪最小的略高些,都是极洒脱的样儿。见那三人已到面前,便各请安问好,又和众人兜呼了。秦文便让中间一间内坐下,小厮们送上茶来。那年纪最小的是盛蓬仙,开谈道:"老大人,怎么这里盖起这个洋房来?"秦文笑道:"也不是兄弟本意,因这山太高了,这片地又是四面凌空的,到冬天北风大的很。倘盖咱们中国房屋,那里吃得住?

所以才盖这个的。"盛蘧仙笑道："这个不碍事，刚打一览亭下来，见这里山势一气打了下来，北面又没得屏帏，此地又不种树，回来北风大的时候，这边一览亭的峭壁又薄，穿脚算去，不过二丈地窝，怕不稳便呢。"秦文听这话，很有经济，便连连点首，道："这个兄弟倒没打算到，这会子讲破了，倒有些险呢。请教该怎么样一个布置才是？"不知盛蘧仙讲出甚话来，且看后面。正是：

　　看竹问人来曲径，扫苔题字到高山。

第二十五回

种松树秦文伏见识　游栩园蓬仙触相思

却说盛蓬仙因秦文又问他，他便邀秦文走出来，众人也都跟了出来。盛蓬仙因指北首花墙道："这墙外可还有余地没有？"秦文道："那边又低了五丈，下去也起了房屋。"盛蓬仙点点首，因道："这洋房光景是丈四开间。"秦文道："正是。"盛蓬仙道："那么这片地横阔便有十六丈八尺，不知可是见方的不是？"秦珍道："这直面略短些，只有十二丈五尺。"盛蓬仙刚要说，那华梦庵插问道："我倒想不准呢，怎么这假山上便有这样阔一片平阳？"盛蓬仙笑道："这光景不是用假山石子特地堆起来的，你只看打南雪亭起到这里，没见一个深邃的山洞，可见这山是实心的了。"秦文大笑，道："蓬兄真有眼孔，这个山子原是前儿火烧场上的土堆子，那伍十几家的瓦砾都堆起来，便成这样一个大堆，下脚便有二亩多宽，到顶尖就有十七八丈高。兄弟本来想要挑净了，那人工时日便不可算，所以四面就用假山石子围起来，使他不得矬下去。又笼实了，所以这顶上便成了平阳。只那边一览亭的峭壁是全用石子砌成以外，多依山筑屋，不曾改动什么。"大家都说："这法子是好极的，真是一得两便。"

盛蓬仙道："依愚见，不如把这洋房拆了，况且殊不雅观。这里有这样一块好地，尽可种几百株大松树，到冬又不落叶，那风便多被这松树吃住，打不到峭壁上去了。但这松树须随意种的，或稀或密，千万不可作一字儿排，不然倒像坟堆子了。"大家笑着，盛蓬仙又道："靠右首下山去的所在，可打垛儿花墙子，开个洞门，榜'万松深处'四字。这里的松自然高过那墙，那墙便不吃风了，只是也高不得。这里四面都造了低低的游廊，不用窗隔，自然也不吃风。居中造一所四面开窗的亭子，再检松树稀的所在,也用弯弯折折的游廊,通到亭子上去,这亭子便榜'巢云'二字,如何?"秦文合着眼睛,细细一想,道:"好极了,好极了。明儿便改这个样子,回来还请蘧兄替我打一个图样才好。"

说着管家上来,问席面摆在那里?秦文便叫摆在百桌厅中间罢。管家答应下去。秦文又引众人打洋房左首走下山来,却也是靠山走廊,约低下五六十级,又转向南去,却接着一个滚圆的亭子,四面围着修竹。秦文因请题额。林冠如等因三人来了,听他们议论宏博,便不敢则声。见何祝春道:"这里榜'来凤'二字便很切贴。"秦文叫记下了,用小条子贴在柱上。又望南走,进一座八角式门,见是一所朝东三间的院子,面着那洋房下的峭壁。天井里种了十几株梧桐,仰望上去,却隐隐见那洋房的屋脊。华梦庵因指道:"这个自不雅观。照蘧仙那样说,这里望上去,便是一带红栏,自然好看多了。"大家说是。华梦庵又道:"此地便榜个'漏月轩',如何?"薛筱梅等一齐赞好。秦文也很欢喜,忙喊记下了,贴了条子。又引着向南,再进一重八角门,却又是一所三间院子,却是背面。打游廊转过,正面看时,那院子是朝南的,天井甚长,种满了桂花,约有三五十株,一望无尽。左右两带走廊,不知通到那里。林冠如道:"这里榜'听霓裳馆',如何?"盛蘧仙笑道:"这不如榜作'冷露山房',这楼上便用稼轩诗意,榜'云外婆婆'四字。"大家都说:"这个好,这个好。"便也贴了条子。

秦文又引众人向回廊上走去,走到尽头,显出一座月洞上面镌着"映月"二字。出月洞,再回头看那榜的,是"小广寒"三字。却已是一带游廊,盘沿下山去了,足有七八十级,才到平地。先到了一座小亭,这亭便临着池子。那池虽不甚宽,水路颇长,弯弯曲曲的向北流去。亭对面便是刚下来的那座山。何祝春因道:"这里榜'扑翠'二字,如何?"秦文说:"好。"那亭又接着游廊,向西转去。又是一座三面山、一面水的朝西湖亭,容得八九桌席面。见已榜着"屏山带水"四字,便不进去。绕过北面几曲石桥,接着一座船式小厅盖在水面。众人进内,见分间格式俱照西湖船样子,两面开窗,便宛然真的一般,已榜着"舫斋赖有小黝山"的长匾。何祝春道:"这七字不如竟用'花为四壁船为家'了。"秦文笑点点首。众人回了出来,那石桥湾向西去,接着一座三角式小亭,三面临着水,榜着"心如"二字。

再向西去,便是一座花墙挡着,沿墙过北才见一个月洞大门。进去,见一方极大的天井,种着几拾株挺高挺大的榆树,中间一带甬道,走甬道上去,便有一座白石露台，环着太湖石琢成的栏杆。上面是朝南的九开间一所敞厅，轩宏莫比。里面也不分间，摆着一百张大方桌，还宽绰的很，人在里面讲话，多有嗡嗡的应声。中间已设下一席，有许多管家伺候着。秦文便让众人入席，各依年齿坐下。秦珍坐了末位，秦文便坐在秦珍上首。管家上了一道大菜，众人吃了。秦文喝口酒，道："这园里碑石不多，改日还要屈诸位题咏几处，勒在回廊上，才耐人寻味些。"白剑秋道："这个自不可少，咱们何不趁今儿便即席各题一点儿，如何？"秦文笑道："这个太辛苦，不如多用杯儿酒，改日请教罢，回来还有几处儿，要费心题额呢。"

盛蓬仙却早兴致勃勃的情见乎色，还是何祝春递了个眼色，蓬仙才回过念来，想：这些人横竖也懂不得什么，何苦搜这个肠子？因也不则声了，吃了几道菜，便出席来，向石台上望望。见两面的墙却是太湖石砌成的，再看卷篷上面，见那架梁楹条却是一木生成的，足有拾二丈长，暗暗赞叹一回。又看正中榜着"晚春堂"三字，便忽忽不适意起来。因想道：好好的，怎么榜这三字？虽是桑榆晚景的意思，终究不是个吉兆。刚想着出神，忽有人把肩儿拍了一下，回头见是何祝春。笑着问道："你一个儿老站在这里什么？"蓬仙笑道："没甚事。"祝春因道："听说他家三哥儿很不俗，怎么连影儿也不见来？"蓬仙笑道："光景也是纨袴子弟，干不了这些，所以躲去了。"祝春笑了笑。

忽里面管家出来请用点心，祝春便将着蓬仙的手，进来入座。用了点心，又闲谈了一会儿，摆上饭来，便随众人吃了口儿，各自散坐谈天去。祝春便和蓬仙、梦庵聚了一块儿谈心。管家递上脸布，三人抹了脸，又漱了口。小厮送过茶来，梦庵喝了一口，向怀里掏了枝雪茄烟出来，嚼在嘴里。小厮送火过来，梦庵点着了火，吸了一口烟喷出了，伏到炕桌上来，听祝春和蓬仙讲话。听蓬仙道："我不知怎么，看了这园子里景致，便感触起许多愁绪来，觉得处处是我的伤心所在。这会子又吃了点酒，便觉满肠子都是眼泪，要哭似的，自己也讲不出什么缘故来。"祝春道："这沧海桑田之感，凡是至情人，总是有的。"

蓬仙道："我倒不为这个，我因去岁子往姑苏去了一趟，又逛了留园和怡园两处儿，那两处你知道是我伤心的所在，又兼遍桃花坞里访不到媚香的消息，此刻见了这个所在，便又想起姑苏来了。又听说这里有一位姑苏的小姐住着，说也是桃花坞人。想这园子他定逛过了，他逛了这个园子，他又必定想起家乡的怡园，他又定知道怡园是顾家的。只不知道认不认得媚香，又不知道他知不知道媚香究往扬州去不去? 我总不能问他一声儿。"说着，便止不住掉下泪来。

梦庵叹道："蘐仙又痴了，人家家的小姐，怎么知道你这些事? 便知（问）道，横竖你又不能问他。"祝春道："你不要再呕他了，这个据我看容易的很。"蘐仙忙拿帕子拭了泪，问他。祝春道："你前儿打姑苏回来，不是有许多感事诗吗? 你明儿把这个一总封了来，送给宝珠瞧去。宝珠看的好，定送给那位小姐瞧去。他们女儿家的心都七孔通灵的，定然识的透，必和宝珠有一番议论。你次日再见宝珠去，宝珠定见你，再把这番苦衷告诉他，他自然会去道听来。"蘐仙听了这话，便坐不住，立刻就要家去了。梦庵道："可又来，咱们既来了，不成没题点儿什么便走了，可不要吃人笑话。"蘐仙皱眉道："我的哥，你想我还有什么心思干这些来?"祝春也道："我也没了心绪，咱们一块儿走吧。"因便站起来，往那边炕上来，向秦文告辞，秦文苦留不住。三人都说有事未了，因不敢爽约，特来一到的。秦文没法只得和秦珍送三人出来。

小厮们早去开了左首卷篷下的墙门，秦文让着进去。梦庵看是一所三楹的精舍，窗楹精细的很，中间落地风窗开着，见里面又有一干人走动，细看却是三面的靠壁和顶版都是整块的大镜子镶成的，连桌椅几炕也都是紫檀嵌大块镜砖的。天井里种着几株桃花，左首一个小亭，里面锁着两只孔雀。秦文因道："这里和那边还请三位留个题。"梦庵接口道："用'镜槛'二字。"又转过几曲回廊，又是一所朝南的精舍，里面壁上挂满了琴，桌子都是汉砖的琴桌，中心穿一个窟洞，天井里立着一块奇石，绝似人形伛偻作听琴的样儿。蘐仙一看，又早眼圈儿红了。秦文问："用个什么匾额?"蘐仙道："便用'石听琴室'罢。"说着，拿帕子偷拭了拭泪。

秦珍一眼见蘐仙愁眉泪眼的，心里怪异的很，想：刚来好好的，怎么一会子便这样起来? 他本来知道蘐仙那节儿事，打谅着不知那一处又触着他心事了。因秦文同在，不好问他，便跟着又绕过几曲回廊，几处亭院，才到迷廊曲曲的所在。秦文却一径送出园门，到东府二厅，揖三人上轿，才回转去。这里三人自二厅上轿，各家管家跟了出大厅来，穿过穿堂，转弯向西甬道出来，东府管家都站班伺候。那轿子一串儿出了东府头门，转湾向南府正中仪门上，飞也似的抬出秦府大门去了。不知蘐仙家去怎样，且看下文。正是：

　　十三楼阁家家好，千万花枝处处愁。

第二十六回

梦中梦翻舟惊恶兆　病上病支枕听诗声

却说盛蓬仙打栩园回来，天已傍晚，便趁着晚凉天气，把前儿做的《苏游感事诗》抄了几首，天已晚了。等上了灯，便一起抄齐了，打算明日亲自送宝珠看去。心里早七上八落的想个不了，等不到晚膳，便想睡下做梦去。及至用了晚膳睡下了，却因使了心劲，便再也睡不着。暗暗埋怨了一会，又嗟叹了一会，听外面打了三更，还睡不稳。又轻轻祝着，要媚香入梦来谈一会儿。刚有点朦胧着，忽窗外淅淅沥沥的下起雨来，那窗外的芭蕉和梧桐叶儿早和炒豆儿似的，沙沙喇喇的聒个不了，心里着实凄楚，暗暗在枕上哭了会儿，也没个人知道。他妻子冷氏，还是前儿归宁去了未来。他便一个儿冷落的了不得，足足挨到四更，才朦胧睡去。

忽见他表姐顾媚香身边的丫头小春进来道："爷怎么大早睡了，咱们小姐找你呢。"蓬仙也忘了是梦，道："怎么你来了，你小姐在那儿?"小春笑道："这也好笑，怎么连小姐的住处也忘了?"蓬仙想了想，笑道："哦，我糊涂了，是桃花坞，是桃花坞。"小春抿嘴儿一笑道："走咓。"蓬仙道："外面下雨，我带个斗篷子去。"小春笑道："这大的日头，怎么说下雨?"蓬仙打四下看了，果然是绝好的晴天，左边是山，右边是水，自己却站在柳阴树下，上面还有几个黄莺儿啼着，天气很暖的。便和小春手将手儿的走去。过了一座小桥，见一片大湖，那水绿的可爱，风吹着，起了许多皱纹。对岸开了许多桃花，浓香馥郁的，腻人情致。小春笑指道："那边桃花影里露出的一角红窗子的楼台，便是咱们家了。"蓬仙看，果然有一角红楼在桃花深处。

不知不觉已到了楼下，见这楼三面拥着桃花，一面临着湖，走廊下挂着一个鹦鹉，看是旧时媚香养的那鹦鹉，还认得蓬仙，唤了声："你来了么?"仰头见楼窗

"呀"的一声开了，见媚香穿着一件白湖绉单衫儿，靠到楼栏上望下来。见是蘧仙，便向蘧仙招手儿，却把手里的绢帕失手落将下来，可巧罩在蘧仙脸上。蘧仙忙拾在手里，听媚香在楼上嗤的一笑，蘧仙不知怎么一来，说已在楼上了。见媚香出落得比先丰满了许多，两道弯弯的翠眉，越觉可爱，穿着白衫儿，越显的脸色和红玉似的。因握着手儿，道："姊姊这一向干点什么来，你叔叔可和你呕气？"媚香道："我叔叔作古了，所以我着这个白衫儿。"蘧仙想一想，像果然听人讲的。因道："说你扬州去了，可原来是人家哄我的。"媚香嫣然一笑，道："你敢是醉了，还是做梦，这里不是扬州是那里？"蘧仙道："这里是桃花坞吓。"媚香（蘧仙）笑指道："你瞧，那不是二十四桥么，怎么还故意的向我缠来？"蘧仙刚要说，见门帘影里走进一个老婆子，捧着茶盘子进来。见蘧仙，便道："这位便是姑爷么？"媚香红了脸，低了首儿。那老婆子便把茶送到蘧仙面前，说："姑爷用茶。"蘧仙倒不懂起来，再看媚香时，却原来不是媚香，便是他妻子冷素馨。蘧仙刚在疑惑，见冷素馨走过来握他的手，笑道："怎么不睡了，又站着出神来？"

蘧仙定睛看时，桌上点着一盏长颈灯台，四下静悄悄的，听床上自鸣钟"铛铛"的打了九下，却不在别处，原在自己房里，鸭炉内又烧着香。因暗暗回想刚才景象，分明尚在目前，早难道是梦不成？因呆呆的向冷素馨道："我可曾睡来？"见素馨翠眉一笑，道："你怎么问我来，敢是你还没睡醒吗？"蘧仙想了想，自觉好笑起来，便不言语，解衣就寝。忽又入梦，见媚香如旧日住在他家光景。忽然说姑苏人来接了，媚香要回去了。两人厮对着哭了一会。一会儿又说船泊在门口了。蘧仙送他落船，眼睁睁看他飏帆远去。忽然起了一阵大风，远远见媚香的船翻了，沉下水去。蘧仙这吃惊不小，忙急声呼救，不道自己也失脚落水。忽有人推他，睁眼见一头儿睡着的便是媚香，因眼睡朦胧的搂过他的粉颈，来道："姐姐惊了么？"只见那人拍着自己，叫："醒醒！"定睛看时，原来仍是冷素馨。暗暗自庆道："幸喜是梦，幸喜是梦。"

刚说这两句，忽耳边一派的风涛汹涌声，蘧仙叫声"啊吓"才真醒过来，却原是梦中之梦。早挣出一身冷汗，心跳不止。侧耳听时，那里是风涛声，只窗外的雨搅着芭蕉、梧桐咭的满耳。桌上的灯光小如红豆，隐隐的听见打了五更，便再睡不着。回忆梦境，忘了一半，只翻船呼救的事还记的明白，心里着实不受用。再想那梦里梦的情事，件件都是前儿经过的，便把翻船也当个真事，竟呜呜咽咽的哭将起来。哭了一会，觉得帐缝里钻进〔风〕来，尖魆魆的，身上打个寒噤，觉得头很重的。伸手向额上一摸，早发的火烫的烧。安神一会，听雨声小了，纱窗上逗着迷离曙色，檐声还点点滴滴的滴个不了。再朦胧一会，听中间那间里有些声音，蓬仙咳嗽了一声，因问外面："谁吓？"听应了声："是我呢。"是小丫头珠儿的声音。道："珠儿，你来。"那珠儿见唤他，便开门进来。

蓬仙一手掀起帐子，见珠儿已梳好了双丫的小圆头，椭发斩齐，眉目如画，穿着一件湖色小罗衫儿，罩着四镶的元色的夹纱背心。蓬仙看了，又想起小春来，便半晌不语。珠儿因道："爷怎么大早醒了？"蓬仙道："什么时候了？"珠儿道："有八下钟呢。"蓬仙因回头看床桌上的钟，已指在九下上，再细听时，却原来早停了摆了，因向珠儿道："我书案上有一封书子，用镇纸压着的，你拿去喊文儿送越国公府去。回来再去冷府上接奶奶家来，说我病了呢。"珠儿因问："爷怎么又不适意来，可请个大夫瞧瞧？"蓬仙道："这个不消，过一会儿去，请何少爷来替我打个方子，还是他知道我的病原。"珠儿答应着，又站了一会，见蓬仙叹口气朝里床睡了，便放下帐子，把桌上那一点残灯吹熄了，向书案上拿了书子出来，把门帘子放下了，径出院到中门口来。见小厮文儿刚在三厅上，拿瓦灰帕子擦蓬仙的马鞍辔上的铜器珠儿，便在中门口唤了声。文儿听见，忙过来问："什么事？"珠儿便把蓬仙的话吩咐了，又将这书子与他。

文儿看了看，便揣在怀里，一口答应着。见珠儿进去了，便忙去穿上雨靴，拿了把洋绸伞子，径往学士街秦府里来。向号房里投下。那号房里人道："撂在这里便了。"文儿陪笑道："费爷们心，就送进去，回来领回书呢。"那号房里人道："这个你不该投在这里，咱们府里规矩：投在外号房里的公文，要到晚间才呈进去。既你是要抓文书，该投到宅门口号房里去。"文儿便要还书子，拿着到内号房来。并说："是要紧文书，烦便呈进去。"那内号房里人查了查号簿，说："三爷是前儿往叶大人府里去，没回。书子便送进去，回书咱们府里派人送来便了。"文儿没奈何，只得回去回了蓬仙。

原来宝珠因软玉、蕊珠回去了，便打初四那日望他们去，至初七傍晚才回。见府里冷清清的，心里诧异。到二厅上落轿，便喊总管张寿来，问道："今儿七夕，是花二小姐生日，怎么府里没一点儿举动？"张寿回道："喜封打早间便发出来了，说因花小姐的病又复重了，所以太太没兴，便不教开贺。礼物却送来了好些，只收了这里叶老太太的和姑苏顾府上的两封。"宝珠点首，心里早自乱了，忙忙的到南正院柳夫人处，讲了几句话，便到园里惜红轩来。一进门，便问："姊姊怎么了？"婉香却坐起在床里，摆了张湘竹小桌儿，铺着许多笺纸，不知在那里看什么。宝珠问他，也没听见。宝珠见他坐起着看书，知道没什么大事，便放下了心。因走近来，道："说姊姊又复病了，怎还不将息儿，看这个什么？"婉香见问，笑道："你瞧，好诗呢。"宝珠拈过一张来，看是一张玉版如意笺，写着：客冬之苏纪游诗录，请珊枝吟坛粲正。下面一排儿写道：

> 近水生波远水平，吴山旋绕越山行。中间有个孤帆影，唱出竹枝三两声。

> 角声淡淡月生棱，来往船多水不冰。行过桥湾不知处，两三灯火指嘉兴。

宝珠才看了这两首，早跌足赞叹道："这诗真选声炼字，一字一珠的了，姐姐，你没看仔细么？"婉香笑道："果然是好，我爱这诗，你婉婉的读给我听，还比服药好呢。"宝珠便曼声吟下道：

> 曲水纡山四百程，觥舲如鲫尾而行。夜深就枕各无语，船底但闻呼吸声。

因道："这小火轮真写得入神了。"又吟道：

> 荒鸡啼煞月无光，林影山阴乱入舱。三两牌楼四五塔，榜人都说到平望。

宝珠因道："这诗景写的入画，只不知平望是什么地处？"婉香道："平望在嘉兴过去，和不测相近，往姑苏去是定要打这里过的。那地处牌楼最多，那宝塔多四五个一丛，沿岸多的是。他这首便说得细到，画也不过这个样儿。那起二句还画不出来，你合着眼睛细想想瞧，便似身入其境的样儿。"又道："你不许打叉，给我一顺儿念下去。"宝珠笑道："有好的句子，不由得我不赞。"因又吟道：

> 平芜一片远连天，斗大孤城起晚烟。一样江南好山水，如何到此便缠绵。

婉香听着，道："哎吓，这人心细极了。"宝珠忙问："怎样？"婉香道："他这首诗是望见吴江的城子做的。这浙江的越山到了杭州，虽明秀的很，终究带些倔强气。一到吴江，便是江苏地界，那山便绵软了，这不是寻常人道得出的。"宝珠叹服，又吟道：

> 五十三桥天下无，

宝珠道："这句不解。"又吟道：

> 江南人物最姑苏。

宝珠拍手笑道："是极，是极，我早这样讲。"又吟道：

> 郎心若比吴江水，断不分流入太湖。

宝珠道："吓，这个有意思，有意思。"婉香笑道："你懂得什么，他那五十三桥，是指宝带桥的。那桥长的很，共有五十三个桥门子，是统天下再没有第二乘的。'郎心'两句，是本杨铁崖《姑苏竹枝词》'生憎宝带桥边水，半入吴江半太湖'两句，他却更翻进一层，藉以自况的。"宝珠极口赞赏，又吟道：

姑苏城外旧荒邱，今日荒邱尽画楼。莫把沧桑惊一度，女儿生小不知愁。

婉香道："这是指现在的青阳地了。"又听宝珠吟道：

坞里桃花冷夕阳，萧疏杨柳断人肠。生憎访到天台路，没个人人饭阮郎。

婉香听了道："吓，这是指桃花坞的，怎么有这样句子？且慢，我问你，这人姓什么，叫什么号？"宝珠笑道："我读了半天，还没有知道是谁的诗，那笺尾光景总有的写着。"婉香便向桌上找着那最末一张，见写着"惜红生盛蓬仙呈草"，婉香道："吓，原来是他。"宝珠道："我却不认得这人，敢是由姑苏寄来的么？"不知婉香怎说，分入下文。正是：

旧恨未消留幻梦，好诗索解到深闺。

第二十七回

读诗笺眉颦花婉姐　换绣枕情注顾眉仙

　　却说婉香见笺尾署着"惜红生"，因道："原来是他。"宝珠忙问，婉香道："我本来也不知道他，今儿眉仙打姑苏送来一集子，是媚香楼女史顾影怜的笺稿。这顾影怜便是眉仙的族妹，我在眉仙家里也曾见过，长的真和红楼梦上的林黛玉似的。他家也住在桃花坞，隔咱们家不远，便常自来往的。大前年说往杭州来探亲，我也不问是谁来。后来眉仙说是盛家，那盛家的太太和他太太是中表姐妹，因影怜的太太作古了，只一个叔子，又不在家，所以便住在盛家。去岁子回来了，还来见我，他便换了一种愁眉泪眼的样儿。问他，说是叔子在扬州客死了，早晚便要奔丧去，别的也没甚话。那时因三年不见，彼此生疏了，所以没真心话对我讲。及至他到扬州去了一会儿，忽然眉仙来托咱们叔叔去苏州府里存案，说影怜去的时候，带了四个丫头和五个老婆子、四个家丁，又他的一个十二岁的小兄弟，雇了苏州吴县的民船，船户叫什么倪敬福，共是两号大无锡快。前儿扬州信来，问影怜怎么不去，他叔子要安葬了。核算日子，影怜已去了六十八日，这里倪敬福船又不回来。有说在扬子江被风翻了船了，有的说倪敬福本来是个歹人，请县里行文查去，又没一点儿消息，所以存这一案。今儿偶翻翻他的集子，见有许多寄惜红生的诗词，多是些幽怨缠绵的话头。可见这首桃花坞的诗有根底了。"

　　宝珠呆呆的听完，跌足称恨道："偏是天生这些美人，一个个教他红颜薄命，不得个好了局，可不恨死了人！"婉香道："你且念下去我听。"宝珠便又吟道：

　　　　二月莺花冷虎邱，金阊门外水西流。山塘七里丝丝柳，不系楼船系钓舟。

因道："这诗感慨不少。"再吟道：

　　　　寒山烟水太模糊，月满枫桥无酒沽。不怪渡船小儿女，逢人故故问西湖。

婉香笑道："这个有偏见，西湖那及得寒山的风景？"宝珠笑道："你也是'明知此地湖山好，偏要违心誉虎邱'了。"因又吟道：

　　　　钿车陌上走辚辚，楼上笙歌楼下闻。冷眼吴门桥上望，华灯影里杂青磷。

婉香道："这又是指青阳地的，却有一种感叹，令人不忍卒读。"宝珠又吟道：

　　　　吴水吴山系梦思，重来崔护又谁知？桃花久已无颜色，唯有斜阳似旧时。

婉香听这两句，不禁凄然动色，眼圈儿红了。宝珠却没看见，又吟道：

　　　　道旁愁煞雨丝丝，苦苦逢人问所知。一语传闻顿惊绝，五湖烟水葬西施。

婉香听到这里，不禁掉下泪来。宝珠亦俯仰孤望久之，又吟道：

　　　　怡园楼阁背山开，记说香车日日来。狼藉桃花红似血，如何不筑避风台？

　　　　白石栏杆长绿苔，更无人处小徘徊。亭前一树森森柏，可有归魂化鹤来？

宝珠道："吓，这正是悼亡诗了，写得这样沉痛，我读不下了。"婉香要他念下去，宝珠又吟道：

　　　　媚香楼外更无人，鞸翠娇红比不真。袖出一编诗卷子，莫教错认李香君。

宝珠道："这便指那诗集子了。咳，写的伤心。一个人凡心里有了一个人，便西施、王嫱站在面前，也看不入眼，何况现在普天下有几个美人呢？"说着又念道：

　　　　乘骊桥上客乘骊，缟素衣衫雪满头。一事思量差得意，女儿口里说风流。

宝珠看了这首，又笑起来，道："果然是得意的事。"又念下去，道：

　　　　欲别姑苏无限愁，甘棠桥畔再勾留。怪他溪水无知识，分作东西两处流。

　　　　小船摇月出胥门，杯里葡萄酒半温。行李不须亲检点，只防遗下一诗魂。

　　　　一路啼鹃莫浪催，篷窗处处把头回。山程水次须牢记，好倩西风吹梦来。

读毕，两人赞叹不已。见桌上还有一张笺纸，取来看时，见写着《怡园感事十六首》，宝珠因正读的得意，便朗吟起来，道：

　　　　西风无那恼人怀，一亩苍苔绿半阶。尽说顾家园子好，不堪提起卧龙街。

　　　　入门风景太凄其，残雪潇潇压竹枝。小小洞门圆似月，阿谁亭柱更题诗？

婉香因道："这是他伤心的所在了，你瞧，只这两首，便成一片哀音了。"宝珠又念道：

　　　　奇石伛偻似老人，古苔斑驳困风尘。坡仙已去焦桐死，还有何人解赏音？

波光塔影两参差，南雪亭边小立时。燕子不归春已半，夕阳闲然好花枝。

石桥曲曲水湾湾，四面湖亭两面山。倚槛生憎一池水，欢容不照照愁颜。

梅花如雪绕吟庐，铁笛吹来笑故吾。若把寒梅比肥瘦，阿侬还不算清癯。

苍松黄叶拥孤合，六扇文窗面水开。十曲危栏凭不得，漫天飞雪扑人来。

松花乱落鸟无声，杰阁登临感慨生。但说远山眉妩好，如何不见画眉人？

两间屋子小于舟，止水无波静不流。尽有谿山好风景，片帆何苦去扬州？

八月西风下井梧，翠毛么凤恨何如。生憎墙角如钩月，照上窗纱一半无。

旧时月色尚依然，敲断金钗散绮筵。不怪云英无处觅，如今举宅尽成仙。

绛霞洞里绿成阴，语燕啼莺没处寻。幸是系铃人去了，不然揉碎惜花心。

婆婆云外小勾留，一点秋心合做愁。岩桂高枝休折取，好花须插美人头。

回廊绕遍待如何，山水无情入啸歌。我爱桃花胜儿女，旁人不许更摹挲。

岁寒松柏见贞心，留得焦桐爨后音。莫把平安问修竹，沉腰消瘦到于今。

山顶危亭四面开，层层石级冻莓苔。叮咛莫唱沧浪曲，我感沧桑一度来。

后面一行小字云：长笺苦短，握笔肠断，孤愤填臆，泪缀眉睫，不复能伸纸直书矣。别有短章，容续呈政。前诗如获赏音，颇望隋珠之报。

　宝珠因道：“这诗我不敢和，还是姐姐代我和他几首。”婉香道：“和诗倒不值什么，只是又引起我一番愁绪。想影怜在日，和我那样讲的来，照这诗看时，影怜定作古了。你想，我那不伤心？这会子我因他这诗，很想着家乡风景，只怕我回去了，便不能再来，这也没的说。明儿你替我备些礼物，和这几首儿诗，寄眉仙看去。”宝珠因皱眉道：“送他的礼物倒不容易，备重了又不好，轻了又不是。”婉香道：“那不用你费心，我早亲手绣下了一堂翎毛花卉小屏和四个枕顶儿，只要你去添些儿本地土产来加上，便得了。”宝珠道：“敢便是前儿在小桃花馆绣的，那五彩的有一对儿鸳鸯的，还有一幅，有两个蟋蟀像活的似的那堂子屏么？”婉香道：“是呢。”宝珠道：“的许了我了，怎么又送他去？那枕顶儿多管便是绣蝴蝶儿的，也许我的了，这个我不肯。”婉香笑道：“你又孩子气，你不知道，他手上的针黹，还比我好多呢。我做这个送他，他自然也做些别的送我，我便把他的给你，你不要吗？可知道我的东西，你要容易。他吓，便你给他磕一百头，他也不肯轻易给你呢。”

　宝珠听了这话，便甘心情愿，反快活的了不得，因道：“那我再送他点儿好东西。”婉香嗤的一笑：“你有什么稀罕物件儿？”宝珠道：“他没到过杭州，自然没逛过西湖。我拚几天不顽，工工致致的画一百页青绿的西湖图，定要把西湖的景致画全了，再每张题一首词儿，要和《白香词谱一百首》的原韵，你看怎么说？"婉香道："好果然好，只怕你没这样静心。没一个月画不了呢。"宝珠笑道："我为他也讲不得了，只你可能请他来咱们家顽顽，和你作个伴儿？"婉香道："论他来也难说，好在他又没爹妈兄弟和叔子婶子，又没结亲，一门儿住一所园子，只一个七十多岁的老家人管理家务，他也不问一星儿事，自己爱那样便那样。闲常也南京、北京的亲戚家顽去，一月两月，一年两年不家来也常事，他怕误了什么事？只不知道这里府里他肯来不来。他生性高傲，不肯受人一点儿亏，也不肯沾人一点儿便宜。他和你家非亲非眷，所以他没说要来。不呵，他和我是从小儿形影不离的，在家总一年三百六十日，和他一块儿吃睡坐顽，他那舍得离这一年两载？这会子我写信去请他，或者来也难说。不来，你可不能和我厮缠。"宝珠连连作揖，道："好姐姐，那么就请发一个信去。"婉香道："我病着呢，怎么能写字？你不忙，迟早我总请他来便了。"

宝珠刚要说，忽晴烟进来，道："三老爷喊爷呢，有一会儿了，快去快去。"宝珠吃了一惊，心里疑惑，不知又是什么祸水到了，便舍下婉香，急急的向东正院来。且住，这一回有分教：

男人身手终须好，罗列金钗自不难。

第二十八回

论宫商宝珠见实学　买文字显宦盗虚名

却说（诚）宝珠因秦文传唤，便忙到东正院。时已上火，见台阶下设着供牛女的香案，美云和丽云、绮云、茜云都围在一处儿穿针乞巧，见宝珠进来，都笑道："来的好，可有什么东西带来和我们斗巧吗？"茜云道："你瞧，这供着的球子香是我的，你可有这个？"宝珠略笑一笑，低声道："老爷喊我什么？"美云说："不知道甚事，老爷在房里呢。"宝珠便走上台阶，小丫头报了一声，秦文便喊："进来。"

宝珠进去，见房里点着保险灯，只秦文一人坐在太史椅上。宝珠进去请了安，看秦文脸色很和蔼的，便大了胆子。秦文叫他坐下，因道："你这几天没上学去么？"宝珠红了脸，不敢答应。秦文道："你文字不知道荒疏得那么儿样了，可知道本月月课是你师爷看的卷子，把你丢出五名外去了，可不臊死了人。你二哥子倒考上第一了。"宝珠改容回道："这会月课时候，适因太太有点儿不适意着，所以便草草的塞责了，进来伺候。像以先，侄儿虽常在太太身边顽，却也没一刻儿敢忘了书本子，到做文字的时候，随怎么热闹，只拿起笔，就收住了心，再也不管别的闲事，所以也便不甚荒疏了什么。别人讲，老爷或说是谎，这月课每期是老爷面试的，却总把侄儿卷子取在上面，终不成老爷也肯赏脸儿吗？"说着，秦文倒被他呕笑了，道："我知道你在正项文字绝不讲究，不过临时急几句出来，还看的过去罢了。人说杂作上你很用点心思，敢自信得过吗？"宝珠道："说自信得过，侄儿不敢讲这话；在人，却还称许的多，诋毁的少。只词曲上的音律两字，侄儿却自信考不下的。"

秦文道："哦，这个怕也难说呢。我试问你瞧'律吕'二字有分别么？"宝珠笑道："这个讲音律的，总由此开端。阳者为律，阴者为吕。律声清，吕声浊。人但说十二律，不知道却是六吕六律，并为十二的。如黄钟、太簇、姑洗、蕤宾、夷则、无射为六律，属阳；大吕、夹钟、仲吕、林钟、南吕、应钟为六吕，属阴。阴吕阳律，必相间而成声。黄钟元间大吕，太簇二间夹钟，姑洗三间仲吕，蕤宾四间林钟，夷则五间南吕，无射六间应钟，这便律吕合声之说。"秦文又道："九宫是那九宫？"宝珠道："九宫实只用七宫，即黄钟宫、仙吕宫、正宫、高宫、南吕宫、中吕宫、道宫便是。"秦文因道："五音宫、商、角、徵、羽，六律六吕，各有所属，是那几个？再变宫变徵，是那宫所生？"宝珠道："这个极明白：黄钟、大吕属宫，太簇、夹钟属商，姑洗、仲吕属角，蕤宾、闰徵，林钟、夷则属徵，南吕、无射属羽，应钟属闰宫，这便是律吕隔八相生之说。"秦文点点头，又道："天干十数为十母，五音各有所属，各有所生，是怎么解？"宝珠道："宫居中央属土，为戊己，君之象，为信，徵所生，其声浊，生数五，成数十；商居西方，属金，为庚辛，臣之象，为义，宫所生，生数四，成数九；角属木，居东方，为甲乙，民之象，为仁，羽所生，其声半清半浊，生数三，成数八；徵属火，居南方，为丙丁，事之象，为礼，角所生，其声次清，生数二，成数七；羽属水，居北方，为壬癸，物之象，为智，商所生，其声最清，生数一，成数六，声生于日。天干十数为十母，便是这个解说。还有律生于辰，地支十二为子，廿四候为孙一说。则便是黄钟为子，应十一月大雪至冬至节气；大簇为丑，十二月小寒至大寒；大簇为寅，正月立春至雨水；夹钟为卯，二月惊蛰至春分；姑洗为辰，三月清明至谷雨；仲吕为巳，四月立夏至小满；蕤宾为午，五月芒种至夏至；林钟为未，六月小暑至大暑；夷则为申，七月立秋至处暑；南吕为酉，八月白露至秋分；无射为戌，九月寒露至霜降；应钟为亥，十月立冬至小雪。"

秦文听了，甚是得意，想自己还论不到这地步，因又道："律吕四犯，是怎么样一个犯法？"宝珠笑了笑，道："四犯是四个名式，即正犯、侧犯、偏犯、旁犯。其实不至四犯，还有归宫，便是称为尾犯、倒犯的。"秦文道："我不问名式，你只把那样一个犯法讲来。"宝珠道："以宫犯宫，为正犯。"秦文道："怎么宫能犯宫？"宝珠道："黄钟犯大吕，便是以宫犯宫；以宫犯商，为侧犯；以宫犯羽，为偏犯；以宫犯角，为旁犯；以角犯宫，为归宫，周而复始。"秦文道："那你还没仔细，可知四犯是总名，一宫皆有四犯的。"宝珠连道："正是呢。若把四犯细讲起来，原十二宫各有所犯。以十二宫照前律吕相（向）间排去，如黄钟宫犯无射商，为宫犯商；无射商犯夹钟羽，为商犯羽；夹钟羽犯无射闰，为羽犯角；无射闰犯黄钟宫，为归宫。以此类推，只写一纸出来,便明白了。"秦文道:"你便写一纸出来我瞧。"说着,便将笔砚移到桌角上来,令宝珠写。宝珠欣欣得意的一气写了一张,呈与秦文看,是:

律吕四犯表

宫犯商	商犯羽	羽犯角	角归木宫
黄钟宫	无射商	夹钟角	无射闰
大吕宫	应钟商	姑洗角	应钟闰
太簇宫	黄钟商	仲吕角	黄钟闰
夹钟宫	大吕商	蕤宾角	大吕闰
姑洗宫	太簇商	林钟角	太簇闰
仲吕宫	夹钟商	夷则角	夹钟闰
蕤宾宫	姑洗商	南吕角	姑洗闰
林钟宫	仲吕商	无射角	仲吕闰
夷则宫	蕤宾商	应钟角	蕤宾闰
南吕宫	林钟商	黄钟角	林钟闰
无射宫	夷则商	大吕角	夷则闰
应钟宫	南吕商	太簇角	南吕闰

秦文看了点头,道:"这便是了。可知十二宫生八十四调,你也辨得清么?"宝珠道:"这个解得来,每宫以宫、商、角变徵、羽、闰,七音生七调。变即变徵,闰即闰宫,宋谱多只用一字,分别注拍。"秦文道:"这个你既知道,可知每宫七调,有几调可用?"宝珠道:"如黄钟宫以七音生七调:一曰正黄钟宫,二曰大石调,三曰正黄钟宫角,四曰正黄钟宫转徵,五曰正黄钟宫正徵,六曰般涉调,七曰大石角。却只用正宫、大石、般涉三调。共八十四调,只用三十三调。"秦文道:"你试写出来瞧。"宝珠便拿笔写道:

黄钟七调只用	正宫	大石	般涉
大吕又	高宫	高大石	高般涉
太簇又	中管高宫	中管高大石	
夹钟又	中吕宫	中吕调	双调
姑洗又	中管中吕	中管双调	
仲吕又	道宫	小石调	正平调
蕤宾又	中管道宫	中管小石	中管正平
林钟又	南吕调	高平调	歇指调
夷则又	仙吕宫	仙吕调	林钟商
南吕又	中管仙吕宫	中管仙吕调	中管林钟

无射又	黄钟宫	羽调	越调
应钟又	中管黄钟	中管越调	

秦文看了，说："很不错，这个你倒明白。你既讲究音律，我给你瞧一件儿。"说着，便拿过笔来写了几字，递与宝珠，道："这个什么字？"宝珠看写着的是：

久刂冖人ㄅ一マ△ʒ

因笑道："这个认得。"秦文哼了一声，道："这是姜白石的词稿中的注拍，宋代迄今无有识者，你倒认得，敢有凿凿可拘的么？"宝珠道："这个那敢在老爷面前谎来，这宋谱应指字法，原应着十二律。老爷这个，还少两字。"秦文道："我忘了，那你写我瞧。"宝珠便接过笔来，并排写了两行：

黄	大	太	夹	姑	仲	蕤	林	夷	南	无	应
△	久	ʒ	マ	⊖	一	ㄅ	乙	人	ʒ	⑪	刂

秦文看道："律吕果然被你译出了，你可能辨声出口么？"宝珠道："这个便与今时工尺无异，古为管色，今为指法。刚老爷写的九字，译到今谱，便〔是〕六凡工尺上乙四合五。"秦文道："怎么便是这九字？"宝珠道："宋谱原与今谱无异，只看沈括的词集，原本字旁注谱，原是草书工尺，并无'久△'等字样。沈括与姜夔同时，可见陆钟辉所藏汲古阁《白石道人词集》，旁注'△久'等字是误。老爷不看别的，只看《白石集》内，琴曲所注指法，勹误作个，乚误作⊥，蒌误作叟，省误作自。可知久字是草书六字之误，△乃合字逸其半，冖乃工字缺一笔，マ乃草书四字失其半边，ㄅ乃上字缺其点划，ʒ乃五字缺一划，人乃尺字缺其头，刂乃几字缺其钩，乙乃挑字作乚形写。近本竟以久字写作幺，ㄅ字ㄣ字写作ㄅ字，更误不可体认。凡有圈者，即犹近世上字高音，加一人旁，作仩；尺字高音，作伬；工字高音，作仜，一律。"

秦文恍然大悟，拈须笑道："这个很见心思。"便别的也不再问了，因道："你明儿好好的把这个细细编一集子出来，就名个《四声五音九宫十二律吕定论》，我给你发刻行世去。"因又低声道："我喊你来，却不为这。因今儿往中丞处去来，中丞自己说：'人因我不是个正途出身，那些士子们都瞧不起我。我回来想半天来，得一个法子，想也没什么干不来。'我因问：'什么一个主见？'中丞说：'我想刻一集子诗，无奈我自己动不得笔，倘请外面人做去，势不稳便。'意思要请我做，我那里高兴替他干这些，便不回一话。中丞见我不语，他便移近座儿，向我说：'老兄有了年纪，自不肯代我干这些。听说令侄的笔墨很不坏，此地人个个都推许他。可否就劳他替兄弟干这点儿事，兄弟替他保一个儿功名顽顽去，不很好吗？'我知道你不爱这些功名的，便一口儿辞了。中丞又说：'既不要功名，兄弟便封五千两的润笔，送去便了。这诗也不必过好，过好了便不像兄弟做的，也不用多，只要这么一二百首，有一卷子可订，便有了。'我因想：你老不能挣一个钱，白白的拿这一大宗银子回来，也好叫你太太欢喜，所以我答应下了。"说着，便向抽屉内取出一卷本子来，道："这是他来的题目，你拿去做去，可不要又丢在脑背后不干了。"

宝珠打起脸儿不应。秦文放下脸，道："怎么？"宝珠勉强应了个"是"，接了本子在手，便想要走。秦文道："今儿你姐妹们因斗巧，办下了些什么可口儿的酒菜，本来要来喊你，你便在这里吃罢。"宝珠不敢违拗，便仍坐下。秦文因道："今儿你论的音律，很见些（的）儿工夫。明儿你向帐房里领十支大卷笔，十锭松烟去。明年乡试近了，可不要误了正经。"宝珠唯唯。一会子摆上饭来，宝珠便和秦文、袁夫人及美云姐妹一桌儿，胡乱吃了些，见没事，便回惜红轩去。不知后事如何，且看下文分解。正是：

　　　书生莫笑无长物，一句新诗一寸金。

第二十九回

茶宝珠误嗔好姐姐　苦媚香遗集惜惺惺

却说宝珠自东正院回来，一肚子恶气，跑到婉香房里，便打起脸儿，向床前坐下，一声儿不言语。婉香当是惹了骂来，因缓缓的问道："怎么又生气来，敢是三老爷说了你什么？"宝珠道："不是，今儿倒还赏我许多物件，只不该拿我的笔墨去卖钱。难道我的文字便臭到这样，只要拿钱来，便该替人做牛做马的抽肠子，便五千万银子，我也不肯拿笔墨换去！"婉香不懂，因笑道："这话我不解，谁拿你笔墨卖钱去？"宝珠道："还有谁呢？"婉香道："卖多少钱来？"宝珠道："五千两银子，我看着直是一堆牛粪块子！"婉香笑道："什么好文字，便卖到这些钱？"宝珠恨道："你也来了，好好，明儿你们多睡到银子堆里去罢！"婉香红了脸，气起来，道："这奇了，怎么和我呕起气来？"因想道：只道他一向温存的性儿，不道也这样使性，我何苦趋奉他去？想着，眼圈儿红了，便拿帕子拭眼泪。

宝珠一眼见他哭了，知道自己太莽闯了些，便甜言蜜语的央告了一会，婉香才回过念来，想：也错怪了他。因见宝珠挨着他，口里不住声的叫："好姐姐。"身子儿和扭股儿糖似的，倒觉好笑起来，因道："你怎么受了人家的气，和我呕来。到底你讲这一篇子，我也没一点儿头脑，究竟为着什么，谁卖了你笔墨去，生谁的气呢？"宝珠因陪笑将前事说明了，又道："我不是爱惜笔墨，只怪他拿钱来买我的，把我当做什么看了？"婉香笑道："那你也不犯着生气，你不要钱，你不拿罢了。请老爷收入总账去，老爷还格外疼你些，说你好。可知道一家的主子，总没一个不爱钱的，况又是你的大人，你便顺他一个意儿。这诗你不爱做，明儿我替你做罢了。"

宝珠听了这话，也通气了许多，便袖出一卷子来，道："你瞧，他还有题目呢。"

婉香接来看时，见写些什么《上某相国》，又什么《与某中堂同席得句》，又什么《蒙恩赐寿字纪典》，又什么《某总裁嘱阅闱卷》，因笑道："笑死人了，这些我不做，叫春妍做几首儿塞塞责罢。这《紫禁城待漏》和这个《和日本星使纪游》的诗，你可做去。那些四季咏物即景等题，我代你做罢。"宝珠道："这个我不敢劳你，好好的笔墨，替这些东西做，我还犯不着，况是你。明儿我拚把这支笔污了，一起我做去罢。今儿七夕，又是你生日，我想做几句应景儿的，你没用饭，咱们作对儿便在这床里吃杯酒。"婉香啐了一口，又把脸飞红了，道："你讲话也留神点，再随口乱诌，可不要又说我恼你。"宝珠回头一想，才知道说的没意，他听的有意了，因陪笑道："姐姐可喝杯儿酒。"婉香点点首儿，便喊春妍，把前儿秦珍送来的白玫瑰酒开了一瓶。宝珠便盘腿儿坐在婉香对面喝酒。

　　婉香见攒匣里的果品都不可口，因向春妍要洋葡萄和波罗蜜吃。宝珠道："那个怕你吃不得。"婉香笑道："我那里真病，因怕今儿是我生日，太太又要忙个不了，我也怕热闹，所以只说复病了。其实我原好好的。不呵，我早睡了，那里还高兴喝酒。"说着，春妍把洋葡萄和波罗蜜送了两盒上来。婉香先把波罗蜜吮了一口，便皱眉儿说甜，又把葡萄吃了一颗，又说太酸。宝珠刚剥着鲜荔枝，想放嘴里去。婉香道："你那个给我吃。"宝珠便送到他嘴边来，婉香就在他手里吃了，又喝口酒。

　　宝珠得意起来，又说要做诗。婉香笑道："头里我也要想做，偶然翻了翻媚香楼的诗集子，见一首《七夕词》的七古，做得好极了，我便不敢下笔。你不信，你试做一首，我再拿那个你瞧。"宝珠点首，便向春妍要笔墨来，想一想，写道：

　　《秋河篇》

　　　碧波界断情天秋，织女欲渡河无舟。珮环如烟泣秋雨，片云飞堕仙魂幽。

　　　愁丝恨缕三千尺，织就霓裳贮冤魄。支机石烂不补天，填海孤禽早头白。

写毕，递与婉香。婉香吟了一遍，惊道："这声口宛然是媚香的，你见过他集子么？"宝珠笑说："没见过，我因你这话，所以想到他，便有这个幽怨的话头。照这样说，他的诗定好绝了，快给我瞧。"婉香便回身向枕边取出一套子，递与宝珠。宝珠捧来看时，是一付楠木板，夹着四卷装订极工致的绢面。诗卷签面题着"媚香楼签稿，惜红生画眉"。翻一卷看是词。婉香因道："不是这卷，在卷三那本内。"宝珠道："我瞧瞧这个词看。"因随手翻一张，见写着：《洞仙歌三叠答惜红生原韵》

　　　春愁满纸，把君诗细读。花落东风冷金屋，算眉山减翠，秋水愁青，腰肢瘦, 掩过罗裙一幅。　　桃花斗卷小, 窈窕文窗, 一带红楼抱豀曲。无语悄凭栏, 对着莲花, 隐约想可人如玉。道箫管双吹, 一年来, 算鸳帐鸾衾, 是侬无福。

宝珠道: "这词笔纤秾极了。看这末句, 蘧仙娶亲, 他是知道的了。" 婉香因伏到桌上, 侧着颈子来看, 宝珠把本子移了点过, 歪摆着, 看第二首是:

红笺小字, 倩流莺相候。一寸春愁酒边逗, 怅梦魂蝶冷, 镜影鸾孤, 只剩得, 血泪尚沾红袖。　　茜窗愁独坐, 伤别伤春, 如此销魂怎禁受? 花底问双禽, 那处楼台, 可依旧万花如绣? 记携手回廊嘱叮咛, 说别后相思, 寄侬红豆。

小楼西角, 有几株烟柳。三叠阳关笛中奏, 记银屏索酒, 宝扇题诗, 总坐到, 小院悄无人后。　　君家何处, 梦也难寻, 月夜花朝断肠久。欲守十年贞, 不嫁东风, 问为甚又难开口。怕门外安排七香车, 便断近红颜, 不堪回首。

宝珠道: "照这样, 他已许了婿家了。" 婉香道: "原是为此才回去的。你看那卷三的《懊侬曲》一篇, 便知道了。" 宝珠便合下这卷, 检那卷三来看, 却好翻出《湖楼曲》一篇, 看是七古:

柳丝摇梦湘帘尾, 楼上横波剪春水。翠涛飞拍玉栏干, 倒吸春人入波底。

十幅柳苏卷空绿, 鸳鸯瓦冷春云宿。木兰艇子摇过湖, 愁听一声懊侬曲。

宝珠击节赞好, 又翻过一张, 见便是《七夕词》了, 因细细看, 是:

罗云十幅拖秋碧, 一线银河暗波滴。悄倚花冠过鹊桥, 露珠凉晕仙鬟湿。玉宇无尘夜气清, 璇宫鸳杼乍停声。含睛欲诉相思苦, 梦里骖牛唤未醒。女虫啼遍梧桐树, 十二瑶轙正飞度。碧汉遥通激激波, 红墙不隔迢迢路。月帐云阶次第开, 凉萤小影堕琼阶。谁倾万斛银潢水, 洗净仙家别泪来。蟾魄流光逗苔缝, 湘帘窣地波纹动。烟丝吹落芙蓉屏, 露泫庭花照幽梦。河鼓惊传到五更, 销魂带水自盈盈。金支翠羽三生约, 碧海青天万古情。灵源一例沧桑变, 仙侣飘零几相见。红泪流成无定河, 香盟冷落长生殿。谁家姊妹惜佳期, 瓜果陈来祝有词。省识星辰犹昨夜, 剧怜风露立多时。阿侬不乞天孙巧, 悔被聪明误侬早。天上人间一样秋, 婵娟别恨知多〔少〕。良宵小聚太匆匆, 镜槛灯凉钿匣空。莫笑云房悲独处, 西风深锁广寒宫。

宝珠读一句, 赞一句, 读毕又赞, 赞毕又读, 读了三遍, 还赞不已。婉香因移过书来, 又翻一张出来给宝珠看, 道: "这首也好的很, 我便再做不到这样。" 宝珠看是《懊侬曲》，便读道：

> 芮窗环玉敲东丁，碧城画掩桃花扃。春魂如烟隔花语，芙蓉镜里摇空青。

宝珠道："只起四句，直似长吉。"又念下道：

> 螺山寸碧春愁重，俏倚花冠身不动。绛雪分飞鬟角鸾，绿云压折钗头凤。

宝珠连赞："好工稳细致的对仗，我读着倒还比这鲜荔枝好吃。"又念道：

> 瘦尽垂杨一捻腰，春闺酒醒麝香销。珍珠寮中压金线，年年锦字回文
> 桃。侬采莲花比人面，莲花易见人难见。泪滴红珠湿翠衣，诗吟紫玉题纨扇。
> 云房寂寞延孤嚬，蛟丝小罩凝脂尘。冻壁霜华隐浓黛，金鱼琐断璇闺春。

宝珠连道："这诗笔腻极了，腻极了。"说着，喝了口酒，将烛花弹去了，又看着念道：

> 香肌冷衬琤琤佩，翌风吹堕青鸾背。

宝珠道："这两句又突起一笔了，看怎么接转来。"因见下两句是：

> 漫讶蓬山隔万重，屏山更无蓬山外。

不禁拍案叫绝。婉香笑道："这是床里呢，不禁你这样狂法的呢。"宝珠笑了笑，又朗吟道：

> 云翘侧亸银窗蟠，凄馨绣被啼痕干。帘波无声剪秋绿，樱桃一树红栏
> 干。锁魂陌上青丝骑，金屋无人碧天醉。钿匣空劳郎定情，烛花长替侬垂泪。

宝珠读到这两句，又嘘欷叹息了一会，又看是：

> 筝堂夜静灯影凉，银蟾暗逗眉尖黄。锦羽文麟断消息，玉箫幽恨云天长。

宝珠道："讲到这里了，光景下面便收了呢。"因翻转一张看，果然只有四句了，念道：

> 闲愁不断如春水，目送飞花三万里。一寸相思久化烟，无端又逐东风起。

读毕，觉余音袅袅不断。宝珠还要再看别的，早被婉香撇手夺去藏过了，道："你总不拘看什么，便要一口气看完他，酒也不吃了，睡也不睡去。"宝珠笑了笑，忙喝了钟酒，又拿瓶子倒了一钟，嘴里还念着"钿匣空劳郎定情，烛花长替侬垂泪"两句。忽向婉香道："照这两句看来，他两个是定情过的了么？"婉香笑道："那我怎么知道？"宝珠又道："怎么他两个便有这样好，可不教我艳羡煞。"不知宝珠说了这话，婉香可恼不恼，且看下回分解。正是：

> 苦抛眼泪吟诗句，留与旁人带笑看。

第三十回

送花果秦琼缔姻　舐纸窗小环出丑

却说婉香见宝珠说出这话，明知有意，想索性道破，也好绝了他的邪念，便道："这有什么艳羡处。他两人的事情，设或有人知道，替他编一部传奇或是小说，可不要遗羞千载？始乱之终成之，那还不要管他；万一不成，叫那一个怎么做人？可知道，得之易者失之易，这是千古不易道理。不看别的，看古今书籍也载的不少，有几个能成就的？若讲小说上记的，那多是作书的人自己犯这一着，到头成了个恨事，却借着笔墨，故意反说得美满，聊以自慰，其实都是反面。譬如你见一部子奇书，你原想买家来的，却先给你看了一遍，那便你买不买都不打紧了。便买家来，也看得不贵重了，这是一说。若讲得易失易的话，也有个譬喻，不看别的，只看天孙和牵牛两口子，一年只聚一夕。人生终日聚首一年，便三百六十日，百年便三万六千日，一日便有两夕光景，不是七万二千夕么？那人生百年，天孙和牵牛便有七万二千年的缘分，可知道缘分是有定数的。有如这洋葡萄似的，假如这盆子洋葡萄有一百颗，你一口也便吃的了，一日吃一颗，便有一百日好吃。你想这话可是？"宝珠笑道："那我今儿先吃这么一颗。"婉香忽的正了颜色，宝珠便满脸飞红了。刚没的搭讪，却好海棠进来，说："袅烟姐姐叫晴烟来接爷了，说三老爷叫湘莲送了一个书简儿来，不知什么，请爷家去看去。"宝珠便点点首儿，走下地来，一声儿不言语。婉香也不则声，教春妍把酒盏收拾了，便自睡下。

宝珠走回天风楼底下一间醉花仙馆来，见袅烟正在那里烧安息香，宝珠走近来，道："三老爷有什么简儿送来？"袅烟便向文具内取了出来，递与宝珠。看是一个三寸长的小书简儿，上面是秦文写的"付宝珠收贮"。拆开一看，却不是谕单，是一扣万源金号的摺子，里面写着：收存赤金一百十一两四钱九厘五毫，每两卅九串五合规元银三又两正。下面盖着年号戳子。宝珠看了，便仍套在封子里，叫袅烟收藏好了，便自睡下。一宿无话。

　　到了次日，宝珠起来，往婉香处转了转。婉香叫他做诗，他总听他的话。便回来真个引纸握笔，做起诗来。又趁此机会，向秦文处请了十五天假。打这日起，便有时往惜红轩、绿云深处、春笑轩、海棠香梦轩等处，和姐妹们顽顽，有时便回来做诗，到落得快活几天。又兼秦文和柳夫人、袁夫人都道他好，宝珠才信服婉香的话。这十几天内，莫说不上学，连别的闲事也不问一星儿。那盛蘧仙的诗他早忘的影儿也没有了，那里还去复他。却把个盛蘧仙闷死了，望云霓似的望了许多日子，没见一封回书。自己又病的是热疟，没一月起不得床，心里那里耐烦得住。想叫冷素馨代写个字儿去问，冷素馨不肯写。蘧仙没法，又耐了几天。这日略支撑得住，便自扶病写了封书子，着文儿送去。

　　文儿接了书子，不敢怠慢，忙到秦府里来。一路见些官员，开锣喝道的，来来往往，络绎不绝。进了学士街，见满街挤住了旗锣伞扇、轿马人役。到秦府门首，见方井里搭了马篷，拴着几十匹高头大马，左右搭了两座鼓亭，大门口两边围墙都歇（学）满了执事。又许多亲兵，成淘结队的站在那里。看号衣也有抚院里的，也有将军里的，也有提台统领里的。文儿打谅府里有事，便不敢轻易进去，到街口茶肆里来找熟人。一踏进门槛，见满座都是戴红缨帽子和戴歪帽子扎头巾的兵丁差役，好容易找着个东府里兆贵的儿子来顺儿，便和他讲要见一见宝珠，有机密书子要亲呈上去的。来顺儿本来和文儿是酒朋友，便一口答应了，和文儿走出茶肆来。文儿一路上问道："今儿什么事，便这样闹热？"来顺儿道："今儿八月初二，是南府里二太太六十大寿，和咱们老爷的五十八岁小庆，又是咱们琼二爷和石府里缔姻，所以两府里都热闹得鼎沸似的。你要见三爷，我带你里面园子里见去。外面有客着，不稳便。"文儿应着，跟来顺儿进了大门。见甬道两面滴水檐下，都歇满了仪从执事，拥拥挤挤的不知有多少人。二门上挂了红彩交椅，上坐着几个武弁，在那里弹压闲人。进仪门便清爽多了，只有二三十乘空官舆歇着，好些当差的分两排儿站班着。

　　猛听见里面升炮，来顺儿忙带着文儿站到边上去。见穿堂里面飞也似的抬出两乘红拖呢的二四轿子出来，后面跟着七八个管家，一转眼出仪门去了。文儿私问是谁？旁边两个当差的道："是本府里的金师爷和陆师爷两位大冰，领盒子去的。"文儿便打叠起眼光，打算看盒子。猛听见又升起炮来，却伸着颈子，半晌没见一人出来，原来这炮是大门口送客的。一会子又放了三个炮，见穿堂里面先跑出许多有品职的管家来，兆贵也在里面，随后一串儿扛出许多崭新的抬箱来。文儿定睛看时，那抬箱里都摆着缎盒，盛了花果，五彩杂陈，光耀眼目，一架一架的打面前过去，共是二十四架抬箱，内中陈设也看不仔细，总觉件件是好的罢了。那抬箱出了仪门，随后又是两乘官舆出来。打头一乘前面走着四个亲兵，看号衣知道是个统领，那后面一乘，文儿认得是秦文送出来的。见那头一乘轿子出了仪门，听外面升了三个炮，秦文的轿子便回转来，四五人插着轿杠，飞风似的打面前擦过，进穿堂去了。

这里站班的便渐渐的散开了几个，来顺儿便引着文儿，进穿堂，过大厅，一路见挂满了喜字寿字的大红缎幛。到二厅，见台阶下坐着一班清音，天井上面搭了彩棚子。来顺儿急急的引着文儿，打西首游廊上越过，进了一座墙门，便是甬道，上面盖着雨廊。又进一重门，抬头见榜着"一粟园"三字。到里面走廊上，早有许多小厮在着问来顺儿什么事。来顺儿说明了，便叫文儿在这里站着，切莫乱走，自己回出去了。

半晌，小厮们说："三爷来了。"文儿一眼见来顺儿跟着一人进来，年纪不过十三四岁，比自己还弱小些。戴着束发紫金冠，穿着绣蟒的箭袖大衣，上面罩着西地文锦的背心，约有二三尺长；下面结着排穗须儿，刚和大衣一样长。腰间系着四块玉的扣带，里面衬着白湖绉衬腰帕子。满脸秀色，眉目如画。觉得便把自己的主人比下去了。那人进来，文儿赶先打个千请安，说："家爷本来要到府道喜，因病着不便，说抱歉的很。"宝珠笑说："不敢。"又道："回去替我给你爷请安，我早想过去和你爷谈谈，总没得一个空儿。你爷疼可些，尽请过来逛逛，只是屈驾的话，我又不敢说。"文儿应着，又代主人谦了几句，便呈上书子。宝珠拆开看了看，道："知道了，这事笔墨上也讲不了这些，我明儿闲了，便过去给你爷请安，带讲这事。"文儿唯唯。见宝珠还要讲话，忽外面走进一个十二三岁的小厮来，说："西正院请爷去。"宝珠点点首，便向文儿道："我也不写回字了，你家去便这样讲，请你爷保重些。"说毕，便转身出去了。

文儿便和来顺儿出来，因问："怎么这几处不见一位客？"来顺儿笑道："客多着呢，那边西花厅和那边东花厅、新花园里三处，几所院子，都挤满了客，便刚才那个园里，也挤满了女客眷，只你看不见罢了。"文儿点点首，暗(晴)暗赞叹。到仪门口，别了来顺儿，径回府来。将这番情形和宝珠的话告知蕙仙，又赞宝珠那样和蔼，那样标致，没一点儿公子气。

　　蘧仙听了，那愿见之私趣，〔益〕发殷勤了。过了几天，仍不见宝珠的影儿，梦却梦见了好几次，总又没一句咬实话。便怪宝珠终究是纨袴子弟，不尽人情的，便也冷了心。挨到八月十六那日，病好了些，身子略支挣得住，只还怕风，偶然想起宝珠，便要亲自往秦府里去。冷素馨劝他不住，只得依他，叫他多添了件衣服出去，又叫把轿帘儿放下了，仍是文儿跟了去。却不道到了秦府门上，人回说："三爷刚被叶老太太请去，过中秋去了。"蘧仙大失所望，只得回去。过了几天又去，又说还没家来。蘧仙便气起来，绝口不提"宝珠"两字。

　　其实不是宝珠糊涂，因替中丞做诗，便告了十五天假，到期却只有十二首诗，又请宽限了十日，又只有三首诗，总一味的忙些顽。秦文动了气，等过了初二的喜日，便把宝珠锁在新花园里，限他五日缴齐。过了五日去看，却把满园的景致都题到了，倒有一百首绝句，却又用些风花雪月的字（子）面，用不到那集上去的。秦文看了，好气又好笑，便又把他关了几日。到十五早辰，才把三百首杂体诗做齐了，却是冠冕堂皇，纯用台阁体的。秦文欢喜的了不得，便赏假十天，一面把诗发刻去。

　　这宝珠放了出来，便如倦鸟出笼似的。十五夜和姐妹们赏了一夜的月，闹热自不必说。次日却好叶老太太来唤他赏月去，他那肯不去？所以把蘧仙这事，倒做了个愿心，只等检日子去还的似的。打十六日到了叶府，自然又没个空儿。又况冰山和袁夫人都进京去了，叶用又往江苏候补去了，家里只留些女眷，那叶魁是日日关在书房里的，叶赦都没年月的外面嫖去赌去。所以宝珠在那里，便和香人儿似的，那些年纪和他差不多的小姨娘，都似蝴蝶儿一般黏住他。你想宝珠还有什么心思替蘧仙担忧去？

　　一日，宝珠没事，来看蕊珠的母亲五姨娘朱赛花来，可巧不在屋子里，因顺步到六姨杨小环院子里来。见静悄悄的，没些人声，那些丫头们都不知那里去了，因想到房里去，却不道房门反闩着。宝珠只当他睡着，便悄悄的回了出来，到玻璃窗上来看，却也被帏子遮着。因拿舌尖子舐破一个空眼子，望进去，见上面洋床上垂下亮纱帐儿，那帐门儿在那里抖动。静听有些气喘喘的声音，心里疑惑小环病了。因定睛看时，原来那床是两面灵空的，后面窗子照着，日光映着亮纱帐子，见床里面叠起两个人影儿，在那里颤动，便把脸飞红了，心里跳了几下，便不再看，回转步来想走。忽那边廊上走进一个人来，不知那人是谁，且看下文分解。正是：

　　　有意呼茶寻鹦鹉，无心闲步见鸳鸯。

第三十一回

活离别颈缠三尺练　死缠绵臂陷一条痕

　　却说宝珠刚想转步走出去，忽见那面廊上来了一人，仔细一看，原来便是自己的影儿，被对面镜屏照过来的。心里暗想：不道小环这人是这样的。又想：只不知那人是谁？想着，便故意放重脚步，道："你们的桂花好香吓。"见这边窗子"呀"的开了，却是小丫头奴奴。见是宝珠，便笑道："请爷这边坐罢。"又低声道："姨娘在那里洗脚呢，不要进去。"宝珠暗暗好笑，便打中间进这边房来。奴奴忙去后面点火拿烟袋去。听对面后房门响，宝珠便偷眼（睛）打中间望后面去，见一个人影儿一晃，往后天井跑出去了。却是宝珠眼快，分明认得是叶赦，便暗暗慨叹。

　　忽对面房门也开了，见小环穿着一件粉红小夹袄子，下面露出湖色裤儿，宝蓝扳尖头鞋儿。头发掠的绢光，槛发挽的斩齐，浓浓的眉儿，白腻腻的一张鹅蛋脸，堆着笑容，向宝珠招手儿，道："来这边坐呢。"宝珠望他笑了一笑，便捧着烟袋走过来，道："你关着门在这里什么？"小环嗤的一笑。宝珠便靠妆台坐下，见床上帐子已钩起了，窗帏儿也打开了，浓浓的焚着一炉子麝脑香。小环斜着身儿，站在宝珠面前，〔道："你敢是从七姨娘那里来么？"宝珠道："月香我还是昨晚子见了，没见来。"小环道："昨晚子敢是你往那边去的？"宝珠点点首。小环却嫣然一笑，便把帕子去掩小嘴儿，还嗤嗤的笑。宝珠看他这样，也嫣然一笑。

　　小环溜转眼波去，看一看没人，便挨着宝珠一凳儿坐下来，道："我问你，……"才说了这句，又站起来，走到床沿上去坐下，用帕子招他，道："你来，我问你呢。"宝珠便放下烟袋过来。小环按他并肩儿坐下，脸对脸儿的问道："我昨晚子看你来，你可知道？"宝珠道："你敢是到软姐姐那里看我去？"小环道："不是。"宝珠笑道：

"哦，昨晚子窗外咳嗽一声儿的，敢便是你？"小环嗤嗤的笑起来，道："好吓，可不臊死了人。"宝珠红了脸，道："你呢？"小环便一手钩住宝珠的颈子，一手来拧他的嘴。宝珠连忙掉转头，躲过了央告。小环却没得气力，拗不过宝珠，早顺势儿和宝珠滚在一堆。宝珠怕自己动了心，忙正了颜色，道："哎唷，闪了腰了，快放我。"小环笑着，扶他坐起来，连问："闪了那里？"宝珠说："这会子好了。"

　　小环因替他整整紫金冠儿，道："你和月香好，可知道月香的事呢？"宝珠道："我不知道什么事，你讲我听。"小环道："咱们家瞿福，你知道为什么问了死罪？"宝珠道："哦，你不说，我知道了。"因道："这个也太罪过些。"小环道："不然月香也保不住，因是老爷钟爱的，所以大爷不敢专主，要等老爷回来再作区处。光景像月香那模样，老爷也忍不的舍了。"宝珠道："这事办的不好，教我且闷住了不响，等老爷回来告诉了，或索性赏给了他，或好好的回覆他出去。照这样，幸而瞿福不把实情讲出来，设或当堂供出，这府里的名声还好听吗？"小环点首儿。宝珠又道："怎么便能问了死罪？"小环道："他本来姓徐，因打死了两个人，逃了出来。见官府缉获的凶，不知怎么求了老爷，到这里府里来充了家丁，又改了姓，也便没人敢惹他。这会子是大爷向府里太尊讲了，说：'他改名躲匿，以前咱们并不知道他是紧要人犯，误收留了。此刻查出踪迹，所以送府来办的。'那太尊查看存案，果是有的，审了一堂，瞿福也是冤家到了，竟一口招承，所以问了这死罪，这事却没提一字儿。"宝珠叹了口气，道："主仆通奸是死罪，不知道子淫父妾是什么罪名？"小环失了色。宝珠便站起来，抖一抖衣裳要走，小环一把扯住衣角。宝珠忍着心疼，把袖子拂散了就走。

　　小环见宝珠生气去了，便呜呜噎噎的哭将起来。初则是怪宝珠，继则自恨没得主意，何苦放着宝珠，倒被叶赦坏了身子。哭了一会，忽又自己懊悔起来，想从前至今，没一件儿称心的事。进了这府里，便似进了囚笼似的，再飞不出去。叶冰山在家的时候，便没时没节的便干些丑事，便自家不高兴着，也要勉强奉承。再加叶赦穿花似的和他来厮缠，这会子连宝珠也知道了，可见说"要人不知，除己莫为"。既出了丑，还有什么颜面见人？不但见不来叶冰山，打今日起连宝珠也见不来了。想到这里，便心灰意懒起来。看看天色晚将下来，挨到晚饭时候，听丫头们说："宝珠回去了。"心里便加了一勺冷水似的，也不用饭，就独自睡下淌眼泪。

　　听自鸣钟打了十二下，外面丫头们都睡静了。忽然起了个自尽的念头，便独自起来，四下看了看，见灯光暗小如豆，绿荧荧的。到窗口一看，见天井里月色迷离，落叶儿被风吹着，在回廊上簌簌的打旋窝儿走动。便慢慢的回床边来，向床沿上坐下。细想一会，觉得做人实在没趣的很，不如死了，爱到那里便那里，可不自在？想到这里，心里倒快活起来。便揩乾了眼泪，到妆台上拿了付纸笔来，想把那灯剔明些，却不道反乌了下去，冻红一点，绝无寸光。小环叹口气便道："还写什么来，只是死得不明，人还说是为的宝珠，可不又冤了他。"因大书道：

　　　　不应强赋定情诗，悔到如今死已迟。若问此身被谁污？宫门悬带料应知。

写毕，便解下腰带，拴在床横头铁杆子上，用一张矮凳子垫了脚，引颈套上，再把矮凳跌开。只觉喉间一哽，那一缕香魂，便从泥丸宫透出，随风飘出窗外，到回廊上站住。看自己原好好的，与生人无误，心里疑惑，远当自己没死。再回到房里，看那个脂粉搓成的娇小身躯，已如步灵仙子似的，灵空悬在那里。到这地步，不禁洒了几点眼泪，因想：我这身躯儿，在生时那样自怜自爱，不要回来他们给我胡乱收拾，可不辱没了我这身体，不如守着，看他们那样布置。因便坐在妆台上等着。

　　一会子，听鸡鸣了，那纱窗上渐渐的白了，因想：人说鬼是不能到天明的，可见也作准不得。看自鸣钟已指在七下二刻，因想把灯吹灭了，却吹了半天也吹不乌，便渐渐悔恨起来。再一会子，听丫头们起来了，却好这日天也阴惨惨的，没得日头。小环见半晌没人进来，好一会，听外面丫头们私说："今儿姨娘怎么了，这会子还不起来？"小环听了这话，不禁掉下泪来。忽有人在外面问道："六姨娘怎么不见来请安？老太太问呢。"听便有人来开了房门进来，却是大丫头端端。看他先到床边唤了声，见不应，便掀起帐子，看没得人，因怪异道："奇了，姨娘那儿去了？"听外面有人接应着进来，看是楚楚。见端端向楚楚道："姨娘没睡在这里，敢又到那里和二爷干那个去了？"楚楚道："光景便是了。"小环暗暗痛恨。见楚楚猛回头，见床横头挂着一人，叫声"阿吓！"便扯了端端的手，飞跑出去。一会子，见四五个老婆子进来，看是小环缢死了，都大声呼救。见一个抱住了，一个解绳子，两个扛着歇到床上来。一个伸手去摸胸口，说："阿吓，胸口不温了。"一个去把脉息，说："哎吓，脉息也断了。"七八个老婆子便一片声哭将起来。

　　正乱着，见外面闯进一人来，看是蕊珠的母亲朱赛花。见小环已没救了，便痛哭了一会。瞥眼见桌上有一张纸，便取来一看，勃然变了颜色，忙揣在怀里。小环暗暗点首。见赛花又抚尸大哭了一场，小环也淌着眼泪。一会子，见老太太和七位姨娘都到了，软玉、蕊珠也都来了。小环见人多了，没处儿坐，便自己坐到里床去，守着尸首。

一干人多哭着，见叶赦、叶魁也进来。小环看见，便咬牙大恨，见他也来哭着，便伸手打了他一个嘴巴子。见叶赦叫声："哎吓！"捧住了一边脸儿，小环顺手又是一下，那叶赦便嚷着痛。老太太忙问："怎么了？"见叶赦两颊俱肿，只道叶赦触犯了什么神道，便祝告了一番。小环见老太太这样，便忍住了气，看叶赦捧着嘴跑出去了，自己觉得隐隐有些手掌儿痛，便手对手儿拿帕子揉着。冷眼看一干人，还是苏畹兰和软玉母女两个哭得凄切些。又好一会，见一干人都走了出〔去〕，来了七八个老婆子和贴身的四个丫头，来替他洗澡换衣服成殓。又一会子，说材停好了，请出去大殓。心里想：这合棺的景象，我看不得，回来定不受用，不如便此刻走别处逛逛去。因便舍下那身躯儿，走到回廊上来。

四下一看，都是高墙，打那边走去，正想着，那身子觉得秕轻的随风吹去，云里雾里，不知到了那一处。睁眼看时，却在一座山子上。见对面来了一人，定眼一看，却不是别个，正是昨儿在一块儿顽的宝珠。因赶到面前，叫道："宝弟弟，你那儿去？"宝珠一眼见是小环，便抱住哭道："姐姐，你怎么便这样了？你敢是为我那句话儿伤触了你吗？你便和我斗气，也不到这个地步？"说着，痛哭流涕。小环也流泪不止，因替他拭泪，宽慰他道："我原和活着一样，倒反自在些。我那里为你，我只恨叶赦那狗子，起这样歹心，把我名节坏了。我必要报这个仇才是。我和你在生怎样讲的来，只我死了，便幽明相隔，遂不来我的心愿。我再投一生来，你可依我那一件儿。"宝珠哭道："姐姐哄我来，投生那有这样容易的？"小环道："这个你不知道，我自有主见。你果然不弃，记取十二年后臂上有硃砂记的，便是我后身，可不要忘了。"宝珠哭着答应，小环把袖子撩起，露出雪白的一弯粉臂，举向宝珠，道："你果然许我，你把我这臂膊上啮一个血痕。"宝珠哭道："姐姐我不忘你便了，这个我可忍不下这个心肠。"小环正色道："罢罢，算我痴想便了。"宝珠见他这样说，便只得依他，闭了眼睛，硬打起心肠，只把这臂膊当做自己的，横起胆子咬了一下。只听得小环绝叫一声，宝珠大吃一惊，睁眼看时，连小环的影儿也没有了，只袅烟和婉香两个，站在面前唤他。自己却睡在床里，站的满屋子人。

原来刚才宝珠听说小环缢死了，便一哭晕倒。袅烟急了，又不敢回上房里去。只婉香近些，便请婉香过来，一同唤他。见宝珠只合着眼睛，使劲的发抖，人唤他也不听见。春妍、海棠、笑春、爱儿、晴烟，都一片声帮着喊，到这会子才醒过来，大家略放了心。婉香便去劝他，宝珠只呜呜咽咽的哭着讲不出话。婉香见他这样，心里酸得和醋似的，含着一包眼泪，道："你自己也该保重些，果然是伤心的事，也不能舍了自己的身子，便哭到这样。倘有点儿什么长短，教人怎么呢？"宝珠见他说出这话，便看了他一眼。婉香把头低下了，想：这话又说混沌了。便满脸飞红，默默的坐了一会。听自鸣钟打了十一下，已是三更时分，便劝宝珠解衣睡罢。宝珠此时已不哭了，却不肯睡，只呆呆的想那小环的话，见满地站的人，又不好和婉香讲，便和衣躺下了，叫婉香睡去。不知后事如何，且看下回表白。这便是：

　　三生有约知何日，儿女痴情死便休。

第三十二回

趁颠狂小环索命　了冤孽叶赦归阴

却说叶府自把杨小环一死，满屋子弄得阴惨惨的，每夜必有响动。那些婆子丫头们，不是这个说见鬼，便是那个说出怪。外面延僧忏悔，做七回神，忙个不了。过了七七，才安稳些。那蕊珠的母亲，本来为人极好，想：小环既死了去，何苦留这一纸字迹，教人知道。况老太太也有些知觉了，要这何用？便背地把他烧却了。那小环的本意他自然不知道。这且不表。

再说小环的魂，自与宝珠啮臂订盟之后，心里原想便投生去，却因颈上这带子再卸不下，咽喉间时时呃痛，因此大恨叶赦，誓要报了他的仇去。只可恨这身子不由自主，心里想到这边，刚走着又被风吹了到那边去，再也没自己一点儿主意分。飘飘荡荡的飘了几日，总飘不到自己屋里去。一夜，月色昏暗，北风大起，站脚不住，便和柳絮似的，随风吹去。可巧吹到一所梧桐院落，落下来看，不是别的所在，正是自己住的院子。心里想道：好容易到了自己家里了，只不知道我屋子里是什么个样子了。因走上回廊，见一带帘子破坏了好些，零零落落的挂着，一个蛛丝网儿直沿到栏杆上来，结成一个八卦图儿，却已破了半边，心里很不受用，再走，见一扇朱红栏杆，竟已破了，歪倒在回廊外面草地上，那草却早枯黄了，惨凄凄的笼着烟雾，下面有两个虫儿，一递一声的嘶叫。再看那梧桐，叶儿落了满地，只剩些枯干儿，挂着一钩的凉月，四下悄无人声。想道：不道我才死了几天，这里便荒芜到这个样儿了。不知道我这形影还似旧时不似。因想到走廊尽处，照照镜屏去。却不道那两扇镜屏早已搬去了，露出一片败壁，沿着些莓苔蟢镜。隐隐有几行墨迹，近前一看，却是前年自己题的诗，一排儿写着七八首，看是：

曲绿栏干宛转思，不辞凉露立多时。今宵怪底罗衫薄，应是秋风到桂枝。

月钩空挂美人魂，草长红心旧有根。已是牢愁禁不起，那堪庭院又黄昏。

看了这第二首，不禁掉下泪来，道："不道这诗竟做了今日的谶（讥）语。"因便不愿看了。

走进中间，见供着一个湖色灵帏、一张方桌、一付烛台香炉、一对魂幡，已是灰尘罩满了，灵帏边亭柱上又挂着几陌纸钱，想是一天不过来两个丫头祭奠，虚应故事的，所以也不收拾。又看桌上摆的五花五神和香亭狮象，那些纸绢扎成的件儿，早已破坏残缺。上面一架紫竹灵床，悬着灯彩，幔子里面衬出一幅自己的真容，近前一看，宛然极似。呆呆的看了半晌，不禁凄然下泪，向那画上道："小环，谁叫你生得这样？是你自己把这红颜误了你也。"说着，竟呜呜咽咽的哭将起来。刚哭着，忽墙外一阵笑声，因住了哭，听是那壁尤月香院子里来的。料是丫头们顽的有趣，心里一发凄酸起来，又哭了起来。哭了一会，忽这边间壁朱赛花院子里的自鸣钟"铛铛"的打了十下，因收泪道："我好容易才得到此，却只顾自己伤感着，不报仇去，还待天明了不成？"想着，便拭泪出来。

约略认得门路，趁着月光，把袖子障了风，径到叶赦院子里来。见重门静掩，里外悄然无人，月光略斜过西，却照在叶赦卧房窗子上。见窗内有一片灯光，和月色相逗。因走近向窗里望去，见一张方桌上摆着一盏长颈灯台，几本石印小（水）书，看签面，标着《耶蒲缘》三字。心想：这书我倒没见过，只不知道是什么典本子。因四下一看，却不见叶赦，见上面葵花床上垂着湖色绸帐，料是叶赦睡了。细听有些声息，又夹着咿咿呀呀断断续续的哑语声，心里疑惑，猛可地想到了，便面红耳热起来。

刚欲转步，忽帐钩儿"铮"的一声，帐门开处，走出一个人来。一看不是叶赦，却是大丫头叫圆圆的，身上披着一件大红小紧身儿，开着胸襟，拖着睡鞋儿，笑容可掬的走到方桌边，抽开抽屉，取了一包物件，便急急的钻进帐去，便听叶赦嗤嗤的笑着。一会儿，忽床里面透亮起来，像是点了一盏洋灯了。小环不禁心里突突的跳了几下，暗暗地骂声："无耻。"转身走向回廊上坐下，还隐约听得些声响，心窝早似十五个吊桶打水，七上八落的，坐又不是，立又不是。暗想：他们那种情节，真正把人丑死了。忽又回想到自己身上，不禁又羞愧，又苦恼起来，哭了一会。远远听得穿堂上打了三更四点，因看看天色，怕亮的快，误了事。便又走近窗边望去，瞥见连帐子也索性都上起了，连忙不看，退转到天井里梧桐树下。看看月色，已是斜过西去，满地下都堆着落叶，带着露水，晶荧荧的，自己踹着，却一些儿也没声息。低头看看地下，树影儿和栏杆影儿都有，只自己的影儿却一些淡痕也没得，不禁又悲酸起来。

刚掩着泪，忽叶赦房里疾声呼唤，听是圆圆的声音，道："哎吓，爷不好了，你们快来嘠！"连唤几声，这边婆子、丫头们房里才有人答应，问是什么？听圆圆发急道："快来嘠，爷不好了呢！"才听这边房里瑟瑟缩缩的起来了七八个丫头、婆子，打着火，一齐乱哄哄的闯将出来。小环躲避不及，早被一个老婆子看见，急声喊道："阿吓，这这这不是杨姨娘么？"大家听说，都打个寒噤，一眼见一个影儿一晃，向叶赦房里去了。众人知道不是好事，仗着人多，便一哄拥进叶赦房里。

圆圆尚未着衣，忙把帐子一齐放下。婆子们听得"铛"的一下，猛抬头，见杨小环手里拿着根腰带子，站在床前。大家都吓的疾叫不出。忽一转眼，不见了，却从床里面钻出一个满身血红的人来。大家吃了一惊，细细一看，却是圆圆。众人硬着胆子，问："是什么？"圆圆一句话也回不出，呃牙儿的挣出一句，说："爷不、不好了。"丫头们当是小环索了命去，多不敢上前。还是老婆子们有些胆量，抢过去，打开帐子一看，见床桌上摆着一盏洋灯，灯光下赤条条的睡着个叶赦。口眼涡斜，四肢不收，像是死了的光景。因见褥子上搅的不成样儿，才知道不是真死，因都埋怨圆圆，道："哎吓，喷喷，这种事儿也值得大惊小怪的喊人，真没见过局面的，冒失鬼呢。"圆圆一面纽着衣襟，道："什么没见过局面，你们不瞧，气也没有了吗？"婆子们听说，又着了忙，七手八脚的向叶赦鼻孔边一探，果然没了气息。一个便捶床大哭起来，一个道："不忙，气有呢，不过微微的了。"一个早赶着埋怨圆圆，一个道："这会子你们还有工夫埋怨去，快还不拿参汤子吊呢。"一个道："是呢，是呢，快喊丫头们煎去。"丫头们早七张八嘴的答应了。哄着煎去。一会子便煎好了，端着进来。婆子们忙帮着给叶赦灌下去。

不一时，叶赦便渐渐回了转来，昏沉沉地叫声"哎唷"，睁开眼一看，见满地下黑压压的站满了婆子、丫头，都围在床前，灯光依然雪亮，枕畔不见了圆圆。因见自己一丝不着，出显显的觉得不好意思，想拉过一床被来遮盖，却不道没了气力，那手再也抬不起来。婆子们会意，忙替他盖上被，道："爷养养神呢。"叶赦红了脸，掉过面去。

婆子们才退下来，看圆圆和美人儿似的，倚着椅背儿坐着，软洋洋的作态，因都把冷话儿去埋怨圆圆，道："一个年轻轻的爷们，你好和他狂到这个地步！"圆圆不语。一个又道："姑娘家贪顽的也有，要像你这样很的，也真少有出见的了。"一个也道："他往常当着咱们不畅意，今儿没人看管着，便索性拼了命了。"一个道："要像这样的拼法，怕也拼不得几次儿呢。"圆圆被他们你一句，我一句的，说得恼羞成怒起来，道："你们没经爷手过，自然不知道，爷到这个上，那里还顾人的死活吓。我早死过了，爷……"说到"爷"字，却又羞止了，因整整衣裳，站起来想走。忽觉一阵冰冷的往小腿儿上直流下去，因皱皱眉儿，暗暗的埋怨了声，便忍受着走向后房去。一个婆子道："还躲去不陪着呢。"圆圆不理，却回到自己房里，向大床背后去转了转出来，换了下衣，净了手，便向自己床沿上坐下，支颐儿出了会神。觉得身子还是云里雾里飘着似的，很想睡，因放不下心，仍又走到前房来。

看叶赦已是昏迷迷睡熟了，鼻息很响。那些婆子知道不妨事，早散了几个。还有几个见圆圆来了，便也散去，只叫小丫头宝宝和圆圆两个陪着。圆圆因替叶赦盖好被儿，将洋灯捧出，交宝宝吹熄了，便一手放下帐子，慢慢的走下地来，和宝宝同向方桌边坐下。宝宝只顾看圆圆的脸色，觉得比往常分外娇媚了许多，眉目间别具一种载情不起的态度。圆圆被他看的不好意思起来，适因困倦，便一手靠在方桌上，一兀头竟自睡熟了。宝宝唤他不应，听钟打了三下，外面静悄悄没一点儿人声。

此时正是十月下半月天气，朔风渐紧，那月色罩在窗上，却朦朦胧胧的。忽一阵风来，那树上的叶子都萧萧缩缩落下地来，在回廊上走着响。宝宝本来胆小，看这光景，便坐不住，站起来想走，觉得后面有什么跟着似的，因便头也不敢一回，仍复坐下。伸手推推圆圆，却正在好睡，那里推的醒。侧耳听远远的打了四更三点，那叶赦的鼻息声却是尖魆魆的，好像鬼叫一般。忽又是一阵风，天井里瑟瑟缩缩的乱响。那风吹进窗子来，把灯吹得没一些儿光，绿莹莹的晃着。猛见灯影下站着一个人，吓了一身冷汗，定睛看时，原来是自己的影儿在那里晃动，心里跳了几下。偶见桌上摆着一本书，想道："不如看看书，挨到天明罢。"因便移过来看，却正是《补磕头方成好事》的一回，看了不觉满脸飞红，把一手抵着下脖子，眼波盈盈的看了一回，便丢下了。心里想道："这味儿我倒没尝过，几时请这位爷也这样的试试瞧。"刚想的火热，忽一阵冷风吹进来，打了个寒噤，隐隐听得有人在窗外呜呜的哭，那风一阵冷似一阵的逼紧来。宝宝慌了，再听那哭声，幽细的很，哭的甚是凄惨，细听却又没得了，满屋子都是一种阴惨气。忙推圆圆，却又和死人一般，宝宝毛发俱戴，便再坐不住，站起来想走。猛见一个黑影儿，在纱窗上映着月色晃动，宝宝又不敢走。忽叶赦在床里喊道:"阿呀!不好了!"宝宝忙急步走到床前,揭开帐子,见叶赦仰面睡着,白瞪着眼睛,在那里急喊。宝宝只道是梦魇,忙推他。叶赦醒过来,见是宝宝,便道:"你陪我睡,我慌呢。"宝宝见他这样说,那里还肯陪他睡,叶赦扯住他不放。猛一阵风来,把灯吹熄了,纱窗上也没月色了。宝宝忙喊老婆子拿火来,却再喊不应,倒把圆圆喊醒了。圆圆睁眼,看是黑漆漆的,昏了头,倒摸到床上来。却刚摸着宝宝的头,宝宝一吓,只当是鬼,要想喊,却早噤住了,喊不出声,一昏头,跌在叶赦身上。叶赦也当是鬼,早吓死了。那圆圆因摸着宝宝的头发,陡觉毛茸茸的一个东西,也当是个鬼,早吓的仆倒在地。

这一声响,外面老婆子们吓醒忙问:"什么响?"听里面没人接应,知道坏事,忙走起七八个人,都点了火,拥着进来。见地下倒着一人,看是圆圆,面色嘴唇都青了。有几个便去救他,有几个早赶到床上来,揭开帐门一看,见宝宝蓬着头,倒在叶赦身上,叶赦眼珠儿都翻白了。几个人忙着救叶赦,拔头发,掐唇中,灌姜汤。有一点钟工夫,见宝宝先醒了过来,一句话没得,只是发抖。一会子,圆圆也醒了,只叶赦不醒过来。一干人慌了手脚,有老成的,忙伸手去摸胸口,见是温的,因赶着哺气。

半晌,才见叶赦睁开眼来,向众人一看,却呜呜咽咽哭起来,道:"我好苦吓。"众人听声音不是叶赦的,宛然杨姨娘口气,却是小环附在身上了。因道:"姨娘,你总发个慈悲念儿,放他转来罢(摆)。"小环借着叶赦的口道:"他吓,你们不知道,我原好好个一个人,他千方百计的诱我。我因他是老太太钟爱的,我不敢和他翻脸,但不依从他便了。前儿六月间,他叫圆圆哄我到园里亭子上看鸳鸯去,我当是真的。谁知他怀着歹意,引我进了园子,他便把园门反锁了去。"说到这里,因指着圆圆道:"他还拿那顽话儿逗我。我那里知道,到了池亭上,便被这个歪缠住了。我要喊,左右又没一个人,便被他强污了身子,以后又来厮缠,我因既有了事,也免不过,又怕他老爷跟前唆(后)我去,所以也只得勉强顺从他。那知道我前儿刚午睡,他又使强。我回过念来,悔恨绝了,夜间便寻这个自尽,可不是这畜生害了我呢。"说毕,又呜呜咽咽哭起来。一众人都哀求着。忽厉声道:"今儿定不放过他,我天天把带子围在颈子上,苦的够了,也替我套几年去!"说着,见叶赦伸起脖子,耸起肩膀,两眼一翻,把舌头直拖出来。大家慌了,都忙说:"姨娘,这个使不得!"见叶赦早已喉间打个倒噎气,七孔流血死了。大家都哭起来,忙报上房去。

不一刻,见老太太和各位娘姨、两位小姐都赶进来。见叶赦已成这个样子,有些都看的害怕，不敢近身去。只老太太一人跑到床边，放声大哭，一会看他颈上青了一圈，大家都说："是杨姨娘吊了去的。老太太也没得说，只恨着自己防闲不密，把各姨娘都狠狠的"狐狸精、粉妖儿"的骂了一顿。有的抱屈，有的胆寒，都不敢则声。老太太本来是最疼叶赦的，这会子便给他好好成殓，又替他做法事超脱他。只恨了杨小环，因便不许把他的材停在院子里，择日出殡。

宝珠却来吊奠，悲悲切切的哭了一场。见叶赦也死了，停着材（林），因暗暗想：光景这会子有了替代，该投生去了。心里倒安放了许多。这日也不住夜，便回去了。背后少不得有人议论，有的说宝珠情重，有的说宝珠心热，有的说宝珠和小环定有来去的，有的说有意罢了，断断不至于怎么的。不知究竟怎样，且看下回。正是：

欲海竟成冤孽镜，阳（杨）台直接鬼门关。

写情小说泪珠缘二集终

三　集

第三十三回

苦圆圆奉母质银簪　好宝宝瞒人赠金镯

却说叶赦死后，过了几日，太夫人才知道是被圆圆害的，便恨圆圆入髓。待处他的死，又怕罪过，便把圆圆赶出府去。只有随身衣服，把一应私蓄都抄了去，赏给别个丫头。那圆圆本来和管家任大贵有交情，这会子撵了出来，便去找任大贵。那任大贵原因他在府里权重，所以凑他的趣儿，他家里原有妻子很妒的，这会子便翻转脸皮不认他了。圆圆气个半死，也没得别法奈何他，便老着脸皮家去。

他家本来是个小户，因过不得日子，才把圆圆卖去作婢。他父亲早故了，只一个八十几岁又聋又盲的母亲。一个哥子，倒是很好的人品，只家里穷，他念不成书，日里贩些水果，挑往街上去卖，赚得三五十文钱，便买了饭食来孝敬母亲。这日圆圆回来，他哥子早挑着担子出去了没回，见母亲坐着，便喊了一声"娘"。他母亲听了半日，又认不出是谁，闭着眼睛问道："谁喊我？"圆圆高声道："是女儿圆圆呢。"见他母亲死睁着眼睛来看他，却看不清，因道："是圆圆么，圆圆在那里？"圆圆走近身去，他母亲摸着他，便抽抽咽咽道："不想我还有见你的日子。"说着，便大哭起来。原来圆圆自十六岁进府里去，到今已是四年了，他母亲因他卖进府里去，便不得见面，日夜的哭，把双眼睛哭坏了。这会子说他回来了，可不又欢喜又悲伤。圆圆见这光景也觉伤心，母女两个抱头大哭了一场。

再看看屋子是小小的，上面也不是瓦，只盖着茅草；墙壁是泥做的，还坍塌了半截，向来高厅大厦住惯了的，这会子看着这个光景，越发凄凉起来。到午间肚里饿了，因想去做饭与他母亲吃，灶下去找了半日，却找不到一根柴，一颗米，便来问他母亲。他母亲见问，两挂眼泪扑的掉将下来，道："儿啊，你不知道咱们家因你哥子病了，断了三日火炊了，今儿你哥子好了些，挑担子出去，看造化，或者晚间有一口儿米汤下肚。"圆圆止不住滴下泪来，道："娘，可饿不饿？我有支儿银簪子，看光景可换几百个钱来买米吃。"他母亲道："这个使不得，回来你回府里去，可不要挨打么？"圆圆哭着道："我是不去的了，府里老太太因我年纪大了，放我出来服侍母亲的。"他母亲道："那身价可要还不要还？"圆圆说："不要还了。"他母亲听了，才开心起来。

圆圆便抽了簪子，用一支筷儿拗断了，别了鬏心儿，径到街上店铺子里来。换了五百个钱，便买了几升米，用衣襟儿兜着，又买了一百个钱的烧鸭子。回来把米淘了半升，想去做饭，却没有柴，忙又去买了二十个钱的一把柴来做饭。却从来没干过这些事，把一锅饭烧的和粥似的，再烧不像来。他母亲闻见煮米香，早等不得的要吃。圆圆便把这饭盛了两碗，拿了两双毛（茅）竹筷子出来，他母亲早捧着就喝。圆圆忙去找盘子盛鸭子，再找不出一个来，碗也只得两个，盛了饭了，便只得就把荷叶包子打开了，拿筷子夹了一块，送到他母亲嘴边。他母亲一口吃着，诧异道："这不是腐干子，怎么这样好吃？"圆圆道："这是烧鸭子。"他母亲道："阿弥陀佛！不道我这生这世还有这个吃，我有十多年没尝这个滋味了。"说着，忙吃了一口饭，道："可还有没有了？"圆圆道："多着呢，娘尽管（惯）吃着罢，"他母亲道："留几个儿给你哥子尝尝，他一辈子没吃过这个呢。"圆圆听着实是难过，一时吃完了饭。

到傍晚，见他哥子挑着一个空担子回来，一眼见圆圆，像是大人家儿女似的，吃了一惊，暗暗疑惑。还是圆圆认得是哥子，便迎上来唤他。他哥子呆了半晌，才歇了担子，笑道："原来是妹子，我倒不认得了。"圆圆看他穿着一件蓝布旧棉袄，腰里拴着一根带子，脚下穿着草鞋，虽是穷相，倒还清清脱脱的。见他哥子问他，怎么能出来的，圆圆便把那话告诉了他，哥子也不多讲，便同着进去见他母亲。他母亲听是儿子回来了，便道："今儿可赚得几个钱？"他哥子道："今儿大好，我拿五百个钱贩了些水果，在学士街秦府里一下子便卖光了。他们还要买，我却没有了。便再去贩了一担挑去，也卖完了，还叫我明儿挑了去。照这样，一日倒能赚二百个钱，咱们三口子吃用够了。"因向腰里掏出二百个钱来，拿在手里要买米去，圆圆道："米还有许多着咧，日间烧的饭，也没吃完，只是菜蔬不够了。"他母亲忙道："有了鸭子了，还要什么？"圆圆道："只有两三块了，谁吃了好，还是再买去。"他哥子便听他的话，去买了四个钱腐乳，又买了十个钱冬菜叶子回来，便煨熟了饭，盛了一碗出来，和日间剩下的鸭子，买来的腐乳、冬菜叶子，来送与他母亲吃。圆圆见天还未晚，因道："怎早吃晚膳了？"他哥子道："你当是大人家么，咱们晚间又没得灯，吃了饭，天晚了便睡，明儿一天明，便好起来干事去。"圆圆也便不讲，等他母亲吃完了，才和他哥子一块儿坐下来吃，见这两样菜，那里下得来饭，只得胡乱吃了口，收过了。

天已晚下来了，见他母亲说要睡去，他哥子便扶他母亲往灶下去。圆圆问他母亲睡在那里？他哥子指着一块板道："便拿这个搭起来。"因叫圆圆扶着他母亲，他便去外面拿了两张竹椅子来，把一块板搁上了，教他母亲睡下，上面盖上几件衣服便算了。圆圆看着，心里便酸的和喝了醋似的，因问他哥子睡在那里？他哥子指着灶下泥地道："我便这儿睡，你可和母亲一块儿睡去。"圆圆道："只一块板怎么睡得两人，我的被铺是托府人替我拿来的，到这会子还不见来，不知道怎么了。"

刚说着，听外面有人喊门。圆圆道："光景便是了。"黑摸出去开了门，是二门上的小厮阿巧，打着灯笼替他送铺盖来的。见开门的正是圆圆，阿巧道："好找呢，怎么住这点儿屋子，这时候又不点火。"圆圆被这一问，止不住哭将起来。阿巧进门一看，见是一间草屋，黑漆漆的，便道："这个敢便是住屋么？"拿灯笼四下一照，只一张板桌和一张竹椅，以外没一点儿东西，看着也觉可怜。因道："既到这个地步，也不用哭了，你把这个检点明白了。"因打开毡毯一件一件点与他道："这是你的两顶帐子，这是四条裤子，这是一条单被，这是夹被，这一条是棉被，这一条是皮裤子，这是老虎毯子，这两个和合枕也是你的。"又打开一个衣包，一件一件的点与他看，共是二十七件，圆圆看着收过了。阿巧又向怀里掏出一个纸包儿，打开来看，是雪白的纹银，圆圆看着不懂。阿巧道："这是五十两一包，是大小姐私下赏给你的。"又向怀里乱掏，忽道："阿吓！那里去了？"掏了半晌道："还好还好，在这里呢。"圆圆见他掏出一个手帕包儿来道："这是宝姐姐叫送还你的，说原是你的东西，是老太太抄了去，才赏给他的。"圆圆问："是什么？"阿巧道："是一双包金镯子呢。"圆圆打开来一看，便满脸喜色，也不说破，因向阿巧道了谢。

阿巧提着灯笼出去，忽又转来道："外面月亮很大，你们没得火，我把这个灯笼送给你们用了，里面还有两支蜡烛，看光景点得到天亮了。"圆圆着实感激，因送了阿巧出门，把门闩了，三脚两步的走转来喊他哥子。

他哥子已睡了，听见唤，连忙爬起，见圆圆满脸笑容道："咱们好了，打明儿起你也不用挑担子去了，咱们也不用住这个草屋子了。"他哥子当是顽话，圆圆去了灯笼壳子摆在桌上，向衣服堆里取出一包银子来给他看。他哥子便乐得手舞足蹈的道："这一大宗银子是那里来的？"圆圆告诉了他，他哥子便满口赞道："好小姐，好小姐。"又道："有这宗银子，咱们明儿便好开店铺子了。"圆圆道："开什么铺子？"他哥子也没工夫回他的话，两手忙着翻衣服看，翻一件赞一件。圆圆一手按住道："我问你，这一包子是五十两银子，你能开一个什么铺子，能赚多少钱一天？"他哥子道："那开一个水果铺子够了，一天总赚这么一吊钱。"圆圆哼了一声道："一吊钱济什么事，你能依我，我还有银子，着，不啊，我便过我的日子去。"他哥子道："好妹子，这银子原是你的，你爱那样便那样，我能讲一个不字吗？"圆圆便又把那付镯子拿出来给他看，他哥子道："这个包金的能值几个钱？"圆圆道："难怪你当是包金的，连府里的人，也不打谅我有这个，所以才送来完我。"因把镯子拿到灯边，指着里面的小字道："这不是'万源文记十足叶金'几个字吗？"他哥子一看，跳起来道："阿吓，这还了得，可不要把我乐死了。"忽又道："怕是做梦呢。"圆圆"嗤"的笑将起来道："你不要这样大惊小怪，你听我讲，这镯子是五两一只，现在金价大贵，叶金是四十九串半，这万源的金号是学士街秦府里开的，不拘进出，都是十足，不去一星儿水的，可不是便有四百九十五块钱了。那五十两银子，现在是每两作一元六角四，可又不是八十二块钱，总共有五百多了，咱们去赁间屋子，要在学士街靠近秦府的。再拿二百块钱去先买些绣货来铺了场面，再请些上好的女工家来做些鞋帮子和绣枕顶儿、挂件儿，要不惜工本做的精致，不消别家，只秦府里一家子三等丫头们一年用的绣货就不少。此刻是十一月初上，赶紧开起铺子来，就有一注大交易。你不知道秦府里和咱们府里每年年下必要些绣货赏给下人，再各厅上的披垫都是一年一换的，把换下来的用里面去，外面都要换得崭新，这一笔便不好算。照我这样说，一下子便能赚到几百两银子，可不比开水果铺子好么？两府里我认识的很多，这生意怕不招揽过来，只是本钱小些，也不妨先开起来。只做我不着，和那些有脸面的管家、小厮好上几个，怕不把银子一封一封的送来我用。"他哥子先听的高兴，听到这里，便作色道："这个使不得，咱们一家子可不丑死了。"圆圆啐了一口道："你知道什么，咱们当丫头的那里讲究得这些，只要爷们欢喜，便吃用多有了，我不这样来，那里有这双镯子？假如我在府里，你也管我吗？横竖我又没得男人，终不成叫我守一世空头寡呢。"他哥子道："那我果然不能管你，只是我还有什么脸面见人？要便你找个心爱的人，素性赘了家来，倒也名正公气的。"

　　圆圆见他说出迂话来，便暗暗又气又好笑，因想道：我何苦早早和他争，到那时我图我的快乐，再讲罢。好便好，不好我便和他闹，横竖没他一点儿主意。定了宗旨，便也不去和他去争了，因笑道："你这话也不差，再看罢。"说着，见蜡烛完了，便换了一支点着，叫他哥子把被铺捧了进来，铺在地下却很宽阔，因叫他母亲也睡到被里来。他母亲摸了一会，说香说软的缠不绝口，又说到底是大人家出来的，絮烦了好半晌，才睡熟了。此时天气已冷，圆圆便把皮褥子和老虎毯匀给他哥子睡去，把银子藏好了，镯子套在手上，也一倒头睡熟了。不知后事如何，且看下回分解。正是：

　　　　傥来福分都疑梦，顾后思量半是痴。

第三十四回

绣货铺张总管拼股　美人局来顺儿迷魂

却说次日圆圆将这话告诉他母亲，他母亲高兴自不必说，一面便叫他哥子找屋子去。不道学士街前后左右一带，都是秦府围墙，没有一间屋子，只街对面有一座石库墙门的大屋子空着，是当初秦府里开银号的，现在移别处去了。问了一声，这屋子每月要二十两租银，壹百两押租，他哥子嫌太大，另外又没得空屋，回来和他妹子说了，圆圆忙叫去定下来。便把些银子，先叫他哥子买几件好衣服穿了，又把一只镯子换去了，教他拿一百二十两银子往秦府总管房里去讲。

他哥子小名叫阿喜，本来和总管张寿认识，因张寿常买他果子吃。这会子来找张寿，张寿一眼见他穿着湖绉棉袍，方袖马褂，簇新新的鞋儿，宛然一个好家子弟，因诧异道："阿喜哥，今儿怎么来这样一个光鲜，敢打着了白鸽票吗？"阿喜笑道："爷们又取笑了，瓦片也有翻身的日子，咱们苦这一辈子也该有个好日。"因说妹子蒙叶府里放了出来，知道咱们穷，又赏了许多银子，叫做本钱做生计，养活我这个老母。这会子，因要租房屋开铺子，知道对街那屋子是这边府里的，所以来求老爹做个保人。张寿听了，也替他欢喜，因道："你要偌大房子开什么铺子来。"阿喜说明了，张寿道："好好，咱们府里的生意，明儿都挑挑你罢，这屋子我便替你作保。你可带钱来没有？"阿喜连连道谢，向怀里掏出一包银子来，请张寿过秤。张寿看了看成色，向手里戥了一戥道："敢是一百二十两。"阿喜笑道："老爹这手倒比秤子还准呢。"张寿也笑道："咱们成日夜拿这个过手，自然戥的出来。"因道："你租约可写来没有？"阿喜道："没有。"张寿便向文具里拿了张白的花鼓笺出来，又把那笔砚移过来，道："你便在这里写一纸儿算了。"阿喜小时也读过两年书，便拿起笔来，写了一张。

　　张寿看时，见写的名字是蒋文喜，因道："这便是你大名么？"阿喜道："是。"张寿收下了，因让阿喜坐下，道："这事你打算多少落本？"阿喜道："我妹子只有五百多块钱，去了这里一百二十两，便是一百六十九元八角，还剩了二百多块钱，想一应作了本了。"张寿道："这一点儿济什么事，还要办生财家伙，总要像样点儿，倘将就了些，便不起眼，在这府门口开一万年，也发不得财，这生财一笔便得二百两才够，还有什么钱办货？"阿喜被他这样一说，把一肚子高兴扫得精光，一句话也讲不出来。张寿因悄悄的道："我有个干儿子在这府里，手头很有几个钱，去年打算开一个栏杆铺子，也是单靠府里的消场，算来一年也不好算。咱们府里，从老太太起到小丫头止，共有二百多人，你算一年要用多少？这生意也和绣货差不多，不过又是绣货消场大些，一年送人的就是一大宗。此刻我的意思，你这个铺子，小了开不出，必得二千两银子落场才好，看你或是借二千银子去，或是和他拼股子都可以使得。"阿喜不敢答应，想了想道："且和妹子商量去。"因问："若说是借，每月品个什么利。"张寿道："那我也不肯要你多，照二千银子落场，你一月总能挣到七分利的样儿，除去开销，总有三四分利。这里说放重利，又讲不过去，回来老爷知道，那还了得？照一个典当官利一分六，那就再少不得。"

　　阿喜点点头，便回去和圆圆商议。他母亲胆小，一口叫不要这样大开口的揽，圆圆却有把握，说："借不必，随他一厘钱也是要还的，还是拼股子，咱们凑出一股，这笔上不够，我还有四个金戒指，是四钱一个的，一串双回金项练儿，是三两重的，也有二百五十几块钱好换，就凑得起来了。他出三股，或是五股、七股，听他的便，沾了钱总照股儿派，我来管帐。只是先要讲（购）到，既拼了，须得立一纸合伙议单，有利同分，有折同认。回来可不能折了一点，便抽股子出去，那不是一抽两抽便抽坍了。"阿喜知他有些见识，便照他这话去对张寿讲了。张寿见讲的不差，满口答应，便当面择日立议。到十二月初上就要开张起来。这且慢表。

　　看官知道张寿的干儿子是谁？原来便是兆贵的儿子来顺儿。怎么别个小厮不听说有钱，偏他能挣得到这些银子，这有个曲折在里面。原来秦琼积了几个私蓄，瞒着人，叫来顺儿拿去放利，只说是来顺儿的，这底细只有兆贵和张寿知道，别个就不明白。这会子来顺儿和阿喜合伙开铺子，秦琼也不知道，只拿一分钱一月的死利息罢了。且说阿喜自开了铺子，吃用俱不消问得，都是圆圆在里面理值的。圆圆本来替叶赦管过小货帐，这会子便放出手段，办得井井有条，生意又甚是兴旺，不到半个月，一结帐，已销出千巴银子的货，倒多了百巴两银子，一家子恰很欢喜。来顺儿来，圆圆便给他看帐。来顺儿自然兴头。因见圆圆长的标致，暗暗垂涎。圆圆看他知趣，也有些意思，只碍着他哥子的眼睛，两人只各自怀了一个心思，偷空儿逗几句顽话便走散了。不道圆圆这人虽是好淫的，他却从不肯失了便宜，以前和叶赦好的时候，总不时要他的金器首饰和些衣穿，他打谅来顺儿年轻没主意，早存下一个意见，想吞他的本钱。这会子便暗暗换了一本簿子，把挣的做了自己私蓄。这簿子上每结下来，或是销了一千两货，他只开七八百两；或是七八百两进货的，他开上一个一千两，这一来一去便不可算。生意也实在好，他这样舞着弊，每日帐簿上总还多许多钱出来，所以也没人看的他出。到了十二月十几上，秦府里和叶府里都到他家来定绣货和平金披垫，两府总算起来，也有七八千两银子交易，铺子里垫不下本，便叫阿喜和张寿去商议。张寿也知道本钱太小，便替他向帐房里先领了一张一千两的票子，又替他往自己府里开的万丰银号里去，说通了掉款，才活动起来。这一下子便沾了千巴两银子，圆圆私吞了五百，却被张寿看出苗头，怕走了捆，便叫来顺儿向府里告了假，进铺子去管年帐。

来顺儿正想着圆圆，巴不得一声儿，便打十二月廿一进铺子里去，圆圆把帐簿交与他管，暗地里仍做着鬼。来顺儿管了两日，弄得头奎倒挂，每日的进出帐还结不清来。圆圆看着他"嗤"的一笑，来顺儿便请他代算，只一下子把厘毫丝忽都算的斩清。来顺儿靠在旁边看他，见他穿一件大红白绣紧身儿，低着颈子一面看簿子，一手打算盘，映着灯光，那脸儿便嫩的吹弹得破。见四下没有，忍不住伸手儿向他脸上一摸。圆圆惊了一下，因问："怎么？"来顺儿笑道："这里有一点墨污着。"圆圆便拿帕子去揩，问："可有没有了？"来顺儿道："没揩净呢。"圆圆又用一点儿吐沫子揩去，来顺儿还说没揩净。圆圆因把帕子递与他道："你替我揩。"来顺儿便挨近身来，接过帕子替他揩了一揩，因道："那边也有点儿。"圆圆回过脸来，却被他可巧的亲了个嘴去，圆圆"嗤"的一笑，故意嗔道："这算什么？"来顺儿"嗤"的笑道："你这小嘴唇儿上也有了墨，替你吮净了，怕又是我不是？"圆圆不理，一手来要还帕子，来顺儿向他手心上挠了一下，却把帕子揣在怀里去。圆圆站起来来抢，来顺儿忙逃到床边，圆圆追过来，却被来顺儿一把抱住，搋在床里，把舌尖儿乱塞到他口里去，圆圆把头乱摇乱躲，口里说："我要喊了。"来顺儿央告道："好姐姐，你便可怜我罢。"

圆圆道："这刻子设或被人撞见算什么，要等你睡了我来。"来顺儿还不信，圆圆发了誓，来顺儿才放他起来。圆圆站起来理理鬓发，向他笑了一笑，那来顺儿的魂早没有了。

圆圆刚走到帐桌上坐下，却好他哥子进来，说母亲喊他，圆圆便出去了。这里来顺儿便似失了宝似的，等不到起更，便自睡下，不道等到天明也不见来。次日连影儿也不见了，盼穿眼的盼了一日，只道今儿晚间该来了，却又空等了一夜。一连三四日不见圆圆，心里疑惑，因问阿喜道："令妹怎么几日不见？"阿喜说病着。来顺儿才放了心，不说圆圆哄他的了。

吃过饭没事，便出来街上逛逛，可巧，碰着盛府里小厮文儿，便一把扯住道："好好，咱们喝酒去，多日不见了。"文儿见是来顺儿，便也高兴，就一同走出学士街，找了个酒肆，拣个座儿坐下。酒保认识来顺儿，因陪笑道："来大爷，今儿什么风吹到这里来，有好的新开罇喷香的玫瑰烧和新鲜的腰子、虾仁、鳝鱼、鲫鱼、冬笋炒鲋鱼、溜黄菜、焦肚头。"来顺儿道："好好，随便搅几样吃罢。"那堂倌答应，喊出去了，一刻儿便把一壶酒和一盆子虾仁送上来，来顺儿替文儿洒上一杯，又自己洒上一杯，喝了一口，又吃了一点菜。因问文儿道："前儿咱们三爷去拜你们爷，两趟都回说出去了，三爷回来生气，说你们爷拿架子，分明的一个说在家里，一个说出去了，到底怎么一个讲究？"文儿笑道："我们爷也太娇贵了些，他因送了三封书去没一个回字，亲自到府里拜了两趟又都不见，打七月起盼到九月，也不见个影儿。到十月里，你们三爷才来一趟，可巧我们爷真的出去了。爷回来知道，懊恨得什么似的，次日赶忙回拜去，又说三爷往叶大人府里吊唁去了。过了几天又去，又说往紫阳山逛去了，爷赶到紫阳山，气喘喘的爬将上去，哪里有个人影儿？总说又逗出了，回来过了两天又拜去，又说逛西湖去了。咱们爷不信，这十一月天气还逛西湖去，分明是假的，所以你们三爷来，他也叫回说出去了，不见他。他还说你们三爷拿架子给他看，他很瞧不起你们三爷，其实我看你们三爷不像有习气的人。"

来顺儿笑道："这也好笑，照这样他两人一辈子也不得见面的了。听说你们爷的书画很好，我想求点儿画儿，不知可使得？"文儿连连摇首道："这个不用开口，他从来不肯替人画，要只有他高兴着，画出来送人，倒是肯的。"来顺儿道："不是白画的呢。"文儿道："他稀罕什么钱，若和他提起一个钱字，就比打了他一下还要耻辱，所以咱们家日用，他都不问，只凭奶奶调度去。他一天到晚手里拿着一支笔，一刻儿也不停，向纸上不知道写些什么，天天的写，写的满屋子都堆着字本子。有客来，他也不和他们谈什么天，那客人也不讲话，总捧着他写的本子看，看一会赞一会，喝口茶，吸筒烟便走了。"来顺儿笑道："那客人和主子都不是呆的么？"文儿笑道："那里是呆，那些来的人，都说是才子呢，究竟我也不知道才不才。"来顺儿笑了笑。堂倌又送菜添酒上来，两人干了两大杯子。文儿说有事，便要走了，来顺儿定要他再吃一杯，文儿只得依他，立着喝干了，便和来顺儿出来，两人分路。不知后事如何？且看下回分解。正是：

　　遭遇也凭天作合，姻缘多半鬼挪揄。

第三十五回

听莺处座上评雄谈　逐马蹄道旁笑倾盖

却说文儿别了来顺儿出来，慢慢的走着，忽后面追上两骑马来，连忙避开，定睛一看，见头一匹马上是那日见过的花农，第二匹便是宝珠。宝珠一眼见文儿，便带住马，文儿当马头请了个安。宝珠道："你爷可在府上？"文儿道："家爷还是午前出门，说逛湖去了。"宝珠因道："我刚想看你爷去，你可去咱们府里备了马，跟我湖边去找去，不为别的，怕我见了面，认不的你们爷。"文儿走近一步，道："小的是奉家奶奶命，往冷府里取物件回去的，请爷先行一步，小的回去消了差，便跟上来伺候。光景家爷也不走远，总在望湖楼，或（下）是听莺处两处。"宝珠又道："你爷今儿穿什么衣服出去的？"文儿道："这个好认，是穿湖色闪缎大蓝蝴蝶花的马褂。"

宝珠点首，便煽一煽踏镫，和花农两个，一马跑出了城门，下马先到望湖楼，四下一看，没有穿闪缎马褂的，便不上马，交花农把马拴在柳树上，自己再到听莺处来，满屋子看转，也没有这样一个人。宝珠吃力了，便向炕上坐下，花农站在旁边，堂倌送上脸布，宝珠抹一抹手，便放在桌上。堂倌泡上一碗茶来，和一盆腐干子、一盆瓜子。宝珠拈了一把瓜子嗑着，又四下看了看，见窗子外面临水柳阴下，摆着一张茶桌，坐着三人，在那里高谈阔论的，那些窗里面的人，多没些声响。在那里听他们谈论。宝珠看那三人：一个穿湖色袍子，雪青背心，却背坐着；对面一个穿着品蓝的缎袍，罩着一件十三太保湖色一字襟四镶的背心，一表不俗，眉痕微蹙，语气颇温，目若点漆，肤如莹玉。宝珠看了他半响，见他也看着自己。忽那背坐的那人也回过头来看自己，宝珠看他也是满面秀气，眉目笔清的。再看旁座那人，也和两人差不多，各有各的隽处。宝珠一转睛，见满屋子里外四面的人，都看着自己，觉得不好意思起来，因低下头喝了口茶，也教花农把桌子移到窗外去，临水摆了。

宝珠便坐下，看着那一湖的水出神，听那三人有一个道："这地处儿倒很有奇趣，你瞧这岸边的木桩子打的不牢，那水晃着和作揖似的。"宝珠回眸那水上的桩子，果然在那里摇摆。听又一个"嗤"的一笑道："刚你说，诗要做深刻，才醒人瞌睡，我穿凿了一句'水摇桩作揖'，可不又切贴又深刻么？"宝珠回头看是穿雪青背心的讲的，见那穿一字襟的笑道："这便是'板侧尿流急'的遗响了。"那旁坐的正喝着茶，一笑，把一口茶喷了满桌子，那穿一字襟的笑道："他还怕我讲不清，他做个样儿给你看呢。"说着，三人大笑，宝珠也觉的好笑。见那穿雪青的道："你不要乱嚼，你能把我这句对出来，我便伏你。"那穿一字襟的道："这个容易，便对个'风定树摇头'。"宝珠暗暗赞好，听那旁坐的道："前儿我有一句'云截树头齐'的即景，到今儿没对出。"那穿一字襟〔的〕道："这便对'水拦墙脚断'。"

忽那穿雪青的道："不讲这个，你把刚才那个良心和怜字讲明白来，到底是一是二。"那穿一字襟的道："谁还和你讲来，我说怜字不是良心，你定要说良心便是怜。"那穿雪青的道："我试问你，假如此刻忽然有人来，说你心上人作古了，你赶去不赶去，你哭不哭？"那人道："这个便是良心，不是怜。"这人又道："倘使父母冻馁，你见了怎么样？"那人又道："这也是良心，不是怜。"这人又道："怜是怎么一个样子，良心又是怎么一个样子？一个人没了良心，还能怜吗？"那人道："假如见了美人，心里便起个怜惜的念头，及至坏了人的名节，可还是良心不是？"这人道："果然没了良心。"那人道："那两口子可还怜不怜？"这人顿住了嘴，又道："这且不讲，我问你，齐宣以羊易牛，是不是怜？"那人道："是。"这人道："是不是良心？"那人道："不是。"这人道："怎么不是？"那人道："以羊易牛，可还是良心？"这人道："不是良心发现，那里便肯不杀牛。"那人道："若是良心发现，那里肯把羊来易牛。"这人又道："你和你夫人好，是怜还是良心？"那人道："是良心。"这人道："怎么是良心？"那人道："我不怜他，还有谁怜？"这人道："是了，你怜他，是从良心来的，怎么怜还不是良心？"那人道："这个那里硬扯得拢来。我问你，假如你那心爱的和一个乞丐的同站在一块儿，那乞丐跪着求你，你那心爱的招手儿唤你，你理谁？"这人道："那我定要接应了招手儿的，问他要了钱，舍给这乞丐的。"那人道："你心里可是一样个主见？"这人道："一样一个怜，一样一个良心。"那人道："假如那跪着的把头磕破了，你那心爱的慌的哭了，你管谁？"这人道："我便止了他的哭，教人去医那头破的。"那人道："这就明白了，你止他哭是怜不是良心；这头破的，你到放在后面，终教人医他，是良心不是怜。这两说，你都是故意狡强违心之论，归根你也干不出这样好事。我说你这人，只有怜没有良心的，你有良心，你肯明明知道自己错，还横着心肠和我辩来么？"这人"嗤嗤"的笑着不说了。

宝珠听他辩的都有理，暗想，这三人定有来历，因先走一步，叫花农去问他三人的姓名住址，花农进来向三人道："咱们爷问你们姓什么，唤什么名字儿？"那三人见这小厮这样，因想刚才那人，定是纨袴，便都归自己谈心，不去理他。花农气起来，便自一掉头转来，只说三人都是姓王，名字不肯讲，宝珠也就罢了。因找不到蘧仙，看天色将晚，便上马加鞭赶进城去。可巧兜头撞着文儿，打着马，喝着道儿，飞跑过来，一眼见是宝珠，忙跳下马。宝珠也便勒住马道："你爷没的见，敢过湖去了？"文儿道："光景便是，待小的往湖边上等去。"宝珠点点首，便拍着马回府去了。

文儿跑出城来向望湖楼一看，果然没得，再到听莺处一看，也没得，猛见临水一桌上迎面坐着的便是盛蘧仙，旁坐的是华梦庵，背坐的是何祝春，便过来请个安，说："刚才秦府里三爷来这里找爷，说找不见，这会子回去了。"原来盛蘧仙在何祝春家里把马褂子脱下了，所以宝珠认不得他，这会子文儿讲了，三人都惊道："吓，原来那人便是宝珠，怪道长的和美人儿似的，只可惜当面不认得，没和他谈谈。"华梦庵道："这人了不得，我读过他的诗，真要教人拜倒的，他既回去了，咱们何不赶进城去追着他。"蘧仙说："好。"便叫文儿到后面园子里去牵了马来。三人一起上马，文儿打头，梦庵压尾，一缕烟赶进城来。

远远的听得前面铃珰响，四人飞马追去，望见影儿，文儿便狠狠的加上一鞭，追到宝珠面前，跳将下来说："家爷来了，请三爷稍缓点儿。"宝珠收住马，回头见飞也似来了三个马，一到跟前，都跳下来，宝珠看，便是刚才的三人，因也忙跳下马来招待。大家先笑个不了，宝珠叫且不通姓名，待我认一认看是不是。宝珠把三人细看一看，便一把扯住蘧仙的手道："你敢便是蘧仙？"大家都笑起来，宝珠又问了两人的姓名，祝春看宝珠有趣，便要邀宝珠到他家去。蘧仙、梦庵也多要宝珠到自己家里去，宝珠笑了一笑，因道："我看今儿不如屈三位到舍下坐去。"三人都依他了，便仍各上马。

蘧仙和宝珠并马同行，不一时已到学士街，花农飞马前去喊伺候，到大门口，早有许多当差的站班。文儿下了马,宝珠和蘧仙、梦庵、祝春四人进了仪门,到穿堂上下马,让三人进了二厅,到东花厅坐。三人是多来过的,便也不作客套,各自坐下了。宝珠便进去转了转出来,天色已晚,东花厅早上齐了灯头,里外通明,宝珠向三人道了歉,三人反说宝珠拘了,宝珠便不再谦。

谈了会子闲天,宝珠便将着蘧仙的手儿,到这边炕上坐下,问他姑苏的事,蘧仙见问,含着泪珠讲不出话来。宝珠见这个光景,心里懊悔,不该一见面,便问他这个,因道:"你要伤心,我便不讲了。"蘧仙忙拭了泪问他,宝珠便不肯说,蘧仙苦苦央告着说:"你告诉我,我不哭。"宝珠便不肯说真话,因道:"本来我早写回书子与你,因这事我原不知道,还是我表姐姐知道点影儿,说这位小姐的名字叫影怜。"蘧仙道:"正是,令姐怎说?"宝珠道:"我表姐有一个换谱的妹妹在姑苏,是和令表姐一家儿的族人,我表姐说,他定知道令表姐的去向,那五湖烟水葬西施之说,作不得准,你是听谁讲的?"蘧仙道:"那也是他族人讲的,怎么知道作不得准?"宝珠道:"令表姐本和家表姐是要好的姐妹,因令表姐来府上住了三年转去,彼此都生疏了,和家表姐的谱妹却总在一块儿。后来令表姐往维扬去后,还有信来与家表姐,说顺道逛秦淮去了,到了秦淮也有信来。令表姐颇有张志和浮家泛宅的趣向,俟后便没信来,可见姑苏谣言,说扬子江翻舟的话,是谬的了。前儿托家表姐写信问他谱妹去,光景这几日,总有封子信来,究竟现在那儿,烦他访明了来。到此刻还不见回信,大约家表姐的谱妹,不在家里也难说,他们顾氏女眷们,都有山水癖的,他常常南京北京逛去,一年两年,一月两月回不回是讲不来的,令表姐光景也有此癖。"蘧仙听这一席话,相信的了不得,本来媚香也游历过不少地处,所以深信不疑,并嘱宝珠一得回书,便给一个实信。

宝珠道:"今儿年廿五了,光景年里没书子了,开年一得确信定当来报。"说到这里,声音便放响了,祝春和梦庵都听的明白,也替蘧仙欢喜。梦庵走过去,一手扯住蘧仙的手道:"这遭儿可不要怪宝珠了。"蘧仙红了脸。宝珠一笑,向梦庵道:"蘧仙怪我,也是人情,我头里也怪蘧仙,今儿见了面,到彼此亲密的了不得,可见咱们结朋友,也有点儿前世的冤缘。"梦庵听了大笑,因道:"这话正是。咱们三个,当初他也不认得祝春,祝春也不认得我,我也不认得他,大家闻名便了,不知怎么一来,三人便聚了头,天天的一块儿顽,一天不见,便各要找去,总又再找不着,他来找我,我去找他,忙个不了。见了面,也没得正经,不是斗口,就是诉苦恼,搅的大家不高兴,厮对着淌一会子眼泪，就各自生病去。"祝春和蓬仙都笑起来，宝珠也笑了，觉得除姐姐妹妹，便要算这三人和自己合得拢脾胃。一会子小厮来说，西花厅摆下席面了，宝珠便让三人出来，走出软帘，觉很很冷，因道："这天光景有雪。"小厮们说，下了会子了。三人便和宝珠一同出来，往西花厅去。不知后事如何，且看下回分解。正是：

才华望重皆豪杰，朋友情深亦女儿。

第三十六回

行酒令良朋猜性质　渥被窝小婢占温柔

却说宝珠让三人到西花厅来，见当中挂着灰鼠暖帘，里面升起四座宫熏，七座塔灯都点齐了，照得满屋生春，满厅又摆了许多梅花，都开的正好。宝珠便让三人坐，三人各次年齿坐下，是华梦庵首座，何祝春次之，盛蓬仙又次之，宝珠末座。宝珠要自己送酒，三人都不肯，便让小厮们筛了，送上菜，宝珠略逊一逊，大家也不拘俗套，各拣可口的夹了箸。宝珠高兴，便要大家干了杯酒，又送上菜来，各人随便吃了。

何祝春道："咱们今儿该乐一乐才是。"梦庵先问："怎样一个乐法？"祝春道："别的都顽熟了，咱们须得想一个新鲜法子，才有趣。"蓬仙道："我有一个绝新致的法子，各人抓一把瓜子，数三十颗放在一个碟子里，再拿一个空碟子放在面前。"各人都照样摆了，蓬仙又叫小厮们拿笔砚记着，说："我①来起令，说一个字。譬如喜怒哀乐是四样性质，我拣一样自己有的说了，你们如有的，拿一颗瓜子摆这空碟子里，四人都有，算我小，见罚一杯，他如没有这种性质的，就不记瓜子数儿，也不必多说，自己喝一杯酒，我说完了，看是几个，叫小厮们记了。我便交令下来，回来总算，谁少了谁吃，一个字一杯，照字数算。"大家都说有趣，各各依令。

蓬仙因说道："哭"，何祝春放了一粒，梦庵不放，宝珠也不放，两人都喝了杯酒，小厮们把这个"哭"字记下。蓬仙又说"愁"，三人都放了，蓬仙罚了一杯。因道："悲"，三人又都放了，蓬仙暗暗怪异，看了宝珠一眼。又说"苦"，三人都不放，忽祝春放了一颗，蓬仙猛然醒悟。因又道："乐"，祝春和宝珠两个放了，梦庵不放下

---

① "我"字之下，原衍"来"字。

去，却喝了杯酒。蘧仙又道："怨"，三人都不放，都吃了酒。蘧仙又道："自怜"，祝春、梦庵放了两颗，宝珠不放，喝了一杯。蘧仙又道："怜人"，宝珠赶先放了一颗，祝春、梦庵也都放了，蘧仙把祝春一颗拿出来，仍放在瓜子盘里道："你也怜①人，你不打谅把那节儿不算吗？"祝春也便笑而不辨，喝了杯酒。蘧仙又道："人负我"，三人都不放。蘧仙又道："我负人"，宝珠先放了一颗，祝春也放了一颗，梦庵却罚了杯酒。蘧仙又道："诳"，三人都放了，蘧仙罚了一杯。因道："风流罪"，祝春放了一颗，宝珠、梦庵都不肯放，蘧仙只不信，向宝珠道："这个你定逃不走。"宝珠正色道："此心惟天可表。"蘧仙笑道："你先早认了'诳'去，也就罢了。"宝珠笑道："这个那能冤我来，你日后自然知道。"蘧仙也便不争，又道："冤"，宝珠放了一粒，祝春、梦庵也都放了一粒。蘧仙却不许梦庵放这一颗，梦庵回想一想，也没得说，便喝了杯。

　　蘧仙忽然想起一事，心里难过起来，宝珠见他呆呆的半晌不语，便递个眼色与祝春，祝春见蘧仙这样，知道蘧仙又想心事了，便道："这令儿太冷静乏味，不如我来摆个庄，先吃三十杯，随你们来打。"梦庵早说声"好"，说："我来摆五十杯，不要你做庄。"祝春因笑道："你留心蘧仙摆一百杯，你也做不成庄。"宝珠便说要蘧仙做庄，蘧仙先没听见这话，见宝珠和他说要他做庄，蘧仙不肯拂他的意思，因道："我便摆十杯。"梦庵大声道："你不听见人家五十杯，还不许做庄呢。"蘧仙本来好量，见梦庵奚落他，他便打起兴子道："我摆一百杯。"祝春笑向梦庵道："如何？"梦庵一兀头，"嗤嗤"的笑道："我不敢，我不敢和蘧仙斗。"

　　宝珠便唤小厮拿海碗来，用小杯子一杯一杯的斟下去，五十杯便满了，宝珠因道："倘要醉，还是少饮些，回来兜了风，可不是顽的。"蘧仙听了个醉字，早摇着头，捧起碗来一气喝了下去。宝珠看他豪饮，心下替他担忧，忙夹了块鱼唇子送到他嘴边。蘧仙吃了，笑了一笑，又叫小厮把那五十杯斟来，宝珠防他醉，不肯叫他吃。祝春说："这一点儿不会醉的，尽他喝罢。"蘧仙笑道："老哥哥知道我是个酒仙，你瞧着，今儿不教他两个醉了，回去告饶，我也不算个什么。"说着，又把那一海碗饮干了，因问梦庵猜多少枚，梦庵道："一枚五杯，我输到五十杯，便让人猜去，设或你输了三十枚，那你就要再吃五十杯的。"蘧仙允诺，两人便猜起枚来，梦庵连输了五

---

① "怜"字之下，原衍"人"字。

枚，喝了二十五杯，说："了不得，猜你不到，你不要和我顽把戏的弄豆儿一般，欺我呢。"蓬仙道："那你做去，我猜。"说着，便把四粒瓜子递与梦庵，梦庵做了做，蓬仙料定是空手，却果然是的。梦庵吃了五杯，又伸手向桌下做了做，叫蓬仙猜，蓬仙说："仍是空手。"梦庵又输了，再做了半晌，再猜，蓬仙仍说是空手，梦庵又输了。宝珠和祝春都笑起来，梦庵又叫猜，蓬仙道："还是空手。"梦庵放开手来，却是一枚白子，蓬仙便除了五杯。梦庵又做了叫猜，蓬仙还说是空手，梦庵大笑起来道："狡猾绝了。"便一兀头喝了五杯，又做了叫猜，蓬仙说："是双。"梦庵问："是几颗？"蓬仙道："四颗，两白两黑。"梦庵摇首道："罢罢，算我输了。"因喝了五杯酒，把枚子交还蓬仙。

宝珠笑道："我来猜。"蓬仙问限几杯，宝珠笑说："不限罢，我酒量浅，回来醉了，何苦呢。看猜的准，多猜会儿。"蓬仙便做了叫猜，却总被宝珠猜着，做了十回，猜着了十回，两人的心思好像一个似的。蓬仙不信，定要叫宝珠输两回儿，又做了十回，果然宝珠输了四回，吃了二十杯酒。蓬仙看他脸色映着灯光，便和桃花一般，心里着实怜惜他。祝春见蓬仙只剩了十五杯酒了，因道："我来猜几枚。"蓬仙点首儿，便做了叫猜，却连输了三回，把吃的酒都退净了。祝春还要他做，蓬仙不肯了，便要饭来吃了。

大家散坐，漱了口，抹了脸，见宝珠红着脸儿，两眼水盈盈的别有一种媚态，蓬仙问他可醉了没有？宝珠笑说"不醉"，见蓬仙的脸也绯（纷）红的，心里也很疼他。忽华梦庵躺在炕上唱起《红楼梦》的"开辟鸿濛"来，跷着一双腿，用脚尖儿在痰罐子上拍着板，那唱（读）的声音，一声响似一声，直着脖子喊。何祝春和盛蓬仙都"嗤嗤"的笑他，宝珠也觉好笑。忽梦庵改了腔，又唱起郑板桥的《道情》来，那声音越发响了。祝春悄悄的去茶几上拿了一个佛手柑子来，藏在手里，暗暗好笑，见梦庵合着眼睛，张着了口，正唱的高兴，便把这佛手柑子向他嘴里一塞。梦庵不防，猛跳将起来。宝珠、蓬仙都笑的发颤了，祝春也吃吃的笑着。梦庵见祝春躲在宝珠背后，便嘴里骂着，手里拿佛手柑子，也来塞他的嘴，祝春便央蓬仙帮他。蓬仙笑着，和宝珠两个遮住了，替他央告，梦庵就把佛手柑子撩出窗外去，仍躺到炕上来唱。祝春笑骂道："你是不是还要唱，你不怕把这张油嘴塞破吗？"梦庵便笑的唱不出来。

正乱着，听外面一阵潇潇的响，因问："敢是下雪子吗？"小厮们回说："是呢。"蓬仙因喊文儿，文儿进来，蓬仙道："马可曾开转去，换了轿来。"文儿回道："马早回去了，爷的轿子来了，何少爷和华少爷的小厮喜儿、回儿都跟着轿子来了，在外面伺候着呢。"梦庵便站起来要走，祝春也要走了。宝珠却握着蘧仙的手依依不舍，蘧仙也舍不下宝珠，两人立谈了一会，还不放手。梦庵一手扯住蘧仙道："咱们明儿不做人吗，你两个又不是两口子，便这样絮絮叨叨的弄不清了。"祝春大笑起来，宝珠涨红了脸，便放了手。外面早喊"送客"，出去廊下，已有四对风灯伺候着，见四人出来，便嵌搭花儿照了出去，见天井里，雪已有一寸厚了，映得满天井雪亮。宝珠送了三人出来，到二厅上，三家小厮，都把大毛、一口钟，各替主子披上，蘧仙又和宝珠叮嘱了几句，三人便流水儿上轿。宝珠看轿子出大厅中门去了，才叫掌灯，回南正院来。到中门，小厮把风灯交与小丫头掌着照进去。见柳夫人已经要睡，宝珠略坐一坐，便到惜红轩来，问海棠，知道婉香已睡了，便也回天风楼下醉花仙馆来睡。

　　一夜无话，次早宝珠醒来，满拟赏雪，一睁眼，见窗帏上一片亮光，直射到帐帏上来，因道："敢是天晴了？"晴烟刚在帐外听见，笑道："是吓，还出了日头呢。"宝珠连问："可还有雪没有？"晴烟道："化的一点也没得了。"宝珠拍着手道："可惜，可惜，那我犯不着起早，我再睡呢。"晴烟"嗤"的一笑。宝珠听见他笑，因掀开帐子，猛一线梅花香向帐缝钻进来。看时，原来晴烟头上戴了一枝腊梅花翘儿，身上穿一件杨妃色小皮袄子，罩上一件四盖出风的大毛背心，一手套着个元绒缀水钻花苏式的双穗袖笼，一手拿双铜筷子，在熏笼内拨灰。宝珠招手儿唤他，晴烟便放下火箸过来，宝珠向被窝里伸出手来，扯他的手，见是冰冷冷的，因道："你套着袖笼子，怎么还这样冰冷的，快来我这里渥着。"晴烟便弯腰儿靠在床沿上，把袖笼卸下了，伸手向被窝里渥去。宝珠挨近去温着他，一手替他把后颈上的槛发理理齐，晴烟缩着脖子，说他的手冷，宝珠说道："你也握握我。"说着，把手向他领子里伸将进去，晴烟怕冷又怕痒，早缩着颈，笑的伏在被上，颤声儿央告说："好爷，饶我罢，我也不握了。"宝珠看他可怜，因笑道："你缩着颈子，教我怎样伸出来？"晴烟因低下头，宝珠伸出手来，拿他的袖笼子看，因道："这个水钻子倒盘的很好，敢是你自己做的？"晴烟道："才昨儿买来的，说是咱们府门口开了爿绣铺子，件件都绣的工致，前儿办进来送人的绣货，便是他家的。这个，我前儿见东府里的玉梅儿在那里用，我看的好，昨儿托张寿家的买来的。"宝珠道："你姐姐可有这个没有？"晴烟道："姐姐说要做事，用不来这个，他说还是手炉子好，我用这个，他还讲不配呢。"

　　刚说着，见袅烟进来，见宝珠拥被儿坐着，晴烟弯腰儿靠在床沿上，两只手都伸在被里，因笑道："好吗，昨儿我说不要骑马去，可不是今儿腿酸了？"宝珠说道："那里是他替我捏腿儿，倒是我在这里替他握手呢。"晴烟笑道："好罢，我不要握了。"说着，把手伸了出来。袅烟道："你老在这里顽，也不看看去，你不瞧小丫头们扫阶沿上的雪，却把天井里玉似的一片，搅得七损八伤。"宝珠道："怎么，敢是雪还没化吗？"晴烟"嗤"的一笑，宝珠才知道哄他。不知后事如何，且看下回分解。正是：

　　高朋放浪无形迹，小婵娇憨有至情。

第三十七回

一枰棋痴儿呵冻手　两首诗玩妇笑钟情

却说宝珠听说有雪,便赶忙起来,把窗帏子一手拉开了,隔着玻璃一望,见满园的楼阁,都是琼楼玉宇一般,便心花儿都开了,忙着梳洗好了,到阶前一看,见一白无际。那天还抽绵扯絮的落着,那地上的雪,已有三四寸厚,便顺步到惜红轩来,进门见鸦雀无声的,那回廊上的鹦鹉也缩着脖子不作一声。阶下两株鸳鸯梅,开得和桃花似的,有几瓣儿落在雪地,便似粉庞儿上点着胭脂一般。看了一会,觉得风刮在面上有些儿疼,便揭着暖帘子进去,见满屋子摆的盆梅,有的开了,有的未开,有的已谢了些。见婉香房门口暖帘垂着,便掀起来进去。

婉香梳洗刚完,对着镜子在那里簪白茶花,春妍站在背后看他。婉香刚戴着花,瞥见镜里面映着一个宝珠,因也不回过头来,向镜里道:"这冷天气不在屋里躲着,还出来冒风,可不冻了脸儿吗。"宝珠挨近来,伏在桌上,看着他笑道:"我怕你冷的走不起来,来替你烧宫熏的。"婉香回眸一笑,见宝珠两颊冻的红春春儿,因道:"怎么不戴风帽子?"宝珠笑笑不语。婉香合了镜奁,手对手握一握道:"好冷,这镜儿倒像块冰。"春妍笑道:"我忘了,连手炉子也不烧呢。"说着,便走出去。一会子,把手炉子拿了进来,婉香接在手里,掀开盖子,加上一个龙涎香饼子,仍盖好了,摆在膝上,两手儿握着,还皱眉儿叫冷。宝珠笑道:"照这样,今儿不能出去了,可不辜负了这一天的好雪,我那天风楼才好顽呢。"婉香笑道:"也不过这样一个样儿,合着眼儿想得出的,我最嫌这个赏雪一事,好好的围炉儿坐着不舒服,要跑到这外面吹风去。"宝珠笑道:"我说围炉儿坐,不如躲在被窝里睡。"婉香笑道:"果然是睡好,我回来便睡。"宝珠笑道:"一个儿睡,也冷清清的很。"婉香低了头不理他，因喊道："海棠。"外面应了一声，见海棠进来，婉香手里拿钗儿拨着手炉子，口里说："你去清可轩和海棠香梦轩看看大小姐和二小姐去，昨儿说大早便来，到这会子，敢因怕冷不来了，倘不来，也回我一声儿，省教我盼着。"

海棠答应了声要去，宝珠便站起来说："我同去。"婉香道："你去什么，外面冷呢。"宝珠说："我不怕。"便和海棠出来，先到自己屋里，要出风兜和一口钟披了，便打听秋声馆这边，循山游廊上下来，远远见洗翠亭在池心里，四面凹下，中间凸起一亭，宛然一座白玉的宝塔，摆在水晶盘里。那弯弯曲曲的石桥，又像一条玉带。宝珠指与海棠看道："你瞧好么？"海棠说："果然是好雪景，听说池子里水都冰了，像镜子似的。"宝珠道："那水光景没冰，你瞧，倘冰了，便该有雪在上面，他还是碧澄澄的一泓水呢，要是近岸浅的所在，冰了也难说。"刚说着，猛一股清香参入鼻观。原来沿山脚下的红白梅花都开了，雪压着，所以一时没看见。宝珠要折一枝儿，海棠看了半晌，见那梅花都在栏杆下，折不着，因沿着栏杆过去，却好有一枝红梅，被雪压断，扑在栏杆里面。宝珠喜极，忙过来伸手去折，早搅得满袖子都是雪，忙抖净了，已有几点沾湿了。宝珠便自己拿着梅花，和海棠到绿云深处来。

进月洞门，见满园的竹子，都被雪压的低下头来，中间石子甬道上已铺满了雪，却印着一个一个的小鞋底印儿，不知道谁打这雪地上走进去。因也把自己的靴底儿印了一个比看，见自己的印儿约有五六寸大，那个印小一半还不止，因"嗤嗤"的笑将起来。海棠笑道："爷又痴了，那能和女儿家比去。"宝珠笑了笑，便打抄手回廊上走出，因指尖冷，把梅花交海棠拿了，走到窗口，听里面一阵笑声说："这遭你还走那儿去！"

宝珠一手解下一口钟，一手去了风帽，丢在栏〔杆〕上跑进去，原来美云和丽云斗棋，绮云、赛儿两个站着看，都在那里望着棋盘子笑。宝珠挨近身来看，见美云的将军上叉着士，两个相一个士没得了，当头河口摆着个丽云的炮。宝珠笑道："这个容易，落士便罢了。"美云道："不相干，他把车抽开了，照着我，要吃我那个车去呢。"宝珠细看一看，见两家都只有一车一炮，美云的炮，摆在丽云的车位上，相位上摆着个车，也是想抽车拔炮的，却迟了一步，被丽云先抽了。美云无奈，只得下士听他吃去，宝珠笑道："二妹妹，这棋走宽了，教我不吃这车，把车直下去照他，可不死了吗？"丽云道："你懂得什么！我不吃他，他这个车死的，不会吃我吗？"大家都笑了起来。美云见炮又要被他吃了，便逃出来也没用，摆稳输了，便把棋盘一推，搅乱了道："算我输罢。"丽云笑道："不是你输该谁输，怎么说算呢，我早讲，我这棋要算国手了，这会子可信了吗？"赛儿道："我偏不信，我再和你来。"

宝珠一手把棋子抓了几颗来道："不许下了，这大冷天还搅这个牢什子。"丽云笑道："他们怕什么冷，还僵着手塑雪人儿来呢。"赛儿笑道："依你们说，都该缩着手、缩着脚、缩着脖子做乌龟形去。"丽云笑着，把一双冰冷的手，塞到他颈子里去，赛儿缩着颈子告饶，丽云笑道："你们看可像不像个乌龟呢。"赛儿连说："像的像的，好干娘，饶我吧！"宝珠也替他告饶，丽云才放了他。宝珠把手里棋子仍放在盘里了，因坐下道："二姐姐盼着你们，说怎么约了一大早到，这会子还不去。"美云笑道："可不是，我刚和三妹妹来兜他去，他却和赛儿下着棋，死不肯放，又扯我下这一盘。此刻什么时候了？"因看一看壁上的挂钟道："十一下了，难怪婉妹妹等的心焦，咱们就去罢。"丽云、绮云、赛儿便都说去去，大家便一串儿出来。

宝珠要戴风帽，丽云笑道："臊人呢，这样老的脸儿，还怕风吹了不成。"宝珠笑了一笑，便仍丢下不戴。赛儿便早望雪地上跑去，丽云见天不下雪，便也扯着美云、绮云往雪地上走出去。宝珠却打回廊上绕转来追着，他们多站在棕毯上拖鞋底儿，见宝珠来笑道："亏你一个男孩子，不敢走雪地。"宝珠笑道："不是我不敢走，我因这靴底儿不雅观，所以不走的。"大家都笑了笑，一齐出来，见通洗翠庵的石桥也是铺着粉似的，没有点痕迹。赛儿又要走去，宝珠一把扯住，说："那个走不得，这一点窄的桥，怕栏干子又不牢，可不是耍的。"美云、丽云也多不放他去，便扯着他走上山来。

打听秋声馆到天风楼下，见台阶上围着许多丫头在那里笑，不知看什么。赛儿挨近去看，见爱儿拴着腰带子，在那里扑雪人儿，三四个丫头扯他起来，早搅的满头满身是雪，把脸冻的通红，捧着脸儿说疼，看那雪地上的印儿不甚明白，已走了样，便笑道："我来扑一个你们瞧。"大家都不许他，才勉勉强强的罢了，跟着宝珠等到惜红轩来。

见廊上的鹦哥缩着颈子和鹭鸶似的，赛儿把帕子甩了他一下，那鹦哥吃了一惊，骂道："宝珠你好！你恼我，我告诉太太去。"丽云笑起来道："这是婉姐姐骂宝珠的，你怎么听了来骂他。"那鹦哥跳了个转身，又道："姐姐，好姐姐，我和你好。"大家都笑起来，婉香听见，在里面笑道："一个人倒和毛族斗口去，回来可不要失了便宜，没处哭诉呢。"丽云学着婉香的口音道："那我便告诉太太去，说宝珠欺我呢。"婉香笑了一声，见丽云一手将着宝珠，一手将着赛儿笑说着进来，婉香把手里帕儿做了球儿，兜脸打将过去。丽云猛不防，叫声"哎吓"，放了两人的手，捧着脸儿揉去。婉香当是打了眼睛，忙走过来问："打在那里？"丽云只捧着脸儿不则声，婉香慌了，连问："怎样了？"猛不防丽云捧过他的脸儿来道："赔我眼珠子呢。"婉香吃了一惊，看他原好好的，因笑道："那容易，拿一颗绿豆子配上就是了。"丽云骂道："你还强吗？"说着把手向他颈上乱挠。婉香笑的要跌倒去，幸而宝珠、赛儿夹扶住了，美云捉住了丽云的手，婉香满口子告饶着，丽云才罢了。

美云进来，瞥见桌上摆着一集书卷子，却摊开一本，合在桌上，因顺手拈一本看时，见签面标着《病红诗钞》，宝珠一眼见，因道："这敢是蘧仙的集子？"婉香道："是呢，刚锄药送上来的，我正看着他们咏雪的诗，想和韵儿。"美云早翻着看，丽云、绣云、赛儿也围拢去看，宝珠也来看，见写着："客吴门大雪，内子素馨，寄聚星堂韵索和录左。"宝珠道："哦，这是他夫人的笔墨。"因看道：

兰釭落烬新荷叶，微风吹落梅梢雪。夜寒遥念玉关人，悄对银屏已愁绝。

罗帏不耐五更风，湘帘影动微波折。睡鸭金炉火半温，龙涎香尽烟丝灭。

画堂深掩悄无声，银箭丁丁是谁掣。碧窗疑照明月光，红灯冷缀金花缬。

玉栏干外天女来，散尽天花糁碎屑。此风吹梦到天涯，不觉银河渡倏瞥。

雪满山中不见君，罗襆冰透向谁说。邻鸡唤醒泪未干，枕函如水衾如铁。

美云赞道："这诗笔娟丽得很，又能押原韵，一如己出，这便了不得。"大家都说果然是好。又看后面写着"答内子素馨次聚星堂原韵"，又注一行云："内子素好吟咏，苦不自爱，得句便焚，却谓藏拙也。近日诗来，婉婉可诵，因扬誉之，俾不再恶笔墨。"宝珠笑道："这也有趣得很。"因看道：

簪花小字书蕉叶，柳絮才高夸咏雪。一篇读罢齿颊芳，缠绵清丽称双绝。

绿窗新号女相如，十二花奴半心折。春愁满纸墨未干，泪痕几点半明灭。

笑我无才但咏盐，欲和新诗真肘掣。投我方胜连理词，报卿宛转同心缬。

细嚼梅花与雪花，唾余都变珠玑屑。莫嫌欲寄一枝难，千里飞鸿只一瞥。

原卿与我同化蝶，相思好向梦中说。客窗凄绝画楼深，一样孤衾冷于铁。

丽云笑道："诗也过得去，只怕太过誉了些。"宝珠道："这个不妨，我倒从这诗上看出他两口子相敬如宾的样儿。"美云把诗丢下道："人家事干我们什么！这样好雪，我们也该想个顽意儿。"婉香道："我早讲过了。"大家问怎么讲，不知婉香想了怎样一个顽法，且看下回分解。正是：

赏雪应开新酿酒，对花宜读旧题诗。

第三十八回

拈阄儿令翻蝴蝶会　　唤美人曲唱牡丹亭

　　却说婉香因美云要想个顽意儿，婉香道："我早讲过了，咱们今儿喝酒，不准落成套，一不许登高赏雪，二不许行令做诗，三不许饮半逃席，四不许猜枚拇战，五不许罚酒不饮，六不许对棋弹琴，七不许高谈阔论，八不许顽皮嬉笑。"丽云笑（进）道："罢罢，我不敢在座，除了这几样，还有什么好顽。"婉香道："你晓得什么，你听我讲完了，依不依随你们。"美云忙问他，婉香道："咱们喝的酒，便又不许落成套，我昨儿特把今年一年酿的十二种果子酒，和花露拿了出来，大家拈阄儿，谁得那一种，便吃那一种。"赛儿道："这个便很有趣，快拿出来我们吃。"婉香道："未呢，我先把瓶子拿来你们瞧。"因叫春妍和笑春两个，去玻璃橱里搬了出来。大家看，一瓶一瓶的标着泥金签子，写着白玫瑰露、樱桃酿、鲜荔子酿、葡萄酿、雪梨酿、水蜜桃酿、杏仁露、金橘酿、苹果酿、白荷花露、蔷薇露、海棠蜜酿。婉香照样誊了一纸出来，撕了条子，做了阄儿，搅乱了，大家抢着。每人拈了一个看，是宝珠的樱桃酿，婉香的鲜荔枝酿，美云的白玫瑰露，丽云的葡萄酿，绮云的白荷花露，赛儿的水蜜桃酿，还剩下六瓶。婉香又道："咱们的菜也不要和往常一样，只各人拣爱吃的点了，便各人自吃，别个的也不必问，可不很好。"大家都说："这也很有趣。"婉香便叫爱儿把食单子拿来，各人点了几样，喊厨房里做去。婉香因道："怎么大嫂子还不来，春妍你再去请一声儿。"春妍答应去了。

　　闲谈一会，见丫头进来问："酒那儿吃？"婉香道："便这里中间。"因自己走出来指道："把这个圆桌子拿开了，把那益智图桌子搬过来。"小丫头答应着，七手八脚把圆桌抬开了，又把益智图桌子一张一张搬了过来。婉香指使着，摆了个方圈儿，把宫熏围在中间，吩咐摆八付杯箸，又叫去把春声馆女戏子叫来，把乐器都带了来，小丫头答应去了。婉香又叫他把盆梅搬了十几盆过来，放在椅子后面，也围了个圈子。

刚布置完，藕香来了，看见笑道："好吓，今儿不赏雪，敢是赏梅么？"婉香笑了笑。赛儿等听见藕香声音，都走出来，见这样个摆设，大家都说别致。婉香让各人依次坐下，每人面前都有了四盆乾湿果子。藕香因道："四妹妹怎么不来？"婉香因道："位子却留着呢，怕今儿这个顽意儿他干不了，所以不请他去。"丫头们把六瓶酒都分送在各人面前，婉香知道藕香爱吃雪梨，便叫把雪梨酒送给藕香吃。各人各自斟着吃了，都赞好酒，又各人更换着吃了几杯，都说别饶滋味，各有各的好处。一时送上菜来，藕香的恰和赛儿一样，大家吃了点。

婉香道："今儿不算行令，咱们好多天不唱曲子，咱们今儿要正正经经的唱一会，理理牌子，不能这个唱了那个不唱，那唱的牌子，也要拈阄的，拈了牌子，或该两人唱，该三人唱，那生旦净丑又要拈阄的才公道。不能唱净的拈了净，罚三杯酒，倩人代唱，自己吹笛子。生旦丑一例，假如拈的牌子是跃雪，我不能唱，我也罚三杯，再拈过，总要拈到会唱的才算。"大家都笑说："好极了，我们都只样依。"婉香又道："锣鼓教春声馆女戏子打，笛子鼓板须要咱们自己人吹打，才合板性。"众人都说："这个自然，该派不唱的人吹打。"正说着，那些女孩子都来了，藕香便叫嫩儿、伶儿把戏名开了一百个做了阄儿，摆了盘子里。依坐次先后，教藕香拈。藕香拿筷子夹了一个，打开来看是《千金记》的《楚歌》，可巧中间忘了些，便情愿罚酒。再夹过，看是《牧羊记》的《告雁》，也忘了，因笑嗔道："你怎么多拣这些冷色的写在上面。"嫩儿笑回道："奶奶说要一百个牌子，所以才把这些也写上了。"

藕香喝了酒，又夹一个，看是《长生殿》的《惊变》（小宴），因道："这个便好。"又道："还是清唱，还是夹白？"婉香道："这个随各人欢喜。"藕香道："我说不如清唱。"因叫嫩儿把那生旦也写了两个阄儿，另放在盘子里，因问："谁和我对唱。"丽云赶先答应了去，便伸手来拈阄儿，可巧藕香拈着了旦，丽云拈着了生。丽云笑道："妃子请了。"藕香笑道："拈（沾）了这一点儿便宜，便又发狂了，不要回来吃陈元礼骂的哭不出来。"丽云笑了笑。宝珠便和赛儿两个吹笛，婉香不肯打鼓板，叫嫩儿打着，自己却拿枝笙来呼和笛子，合准了，绮云去把九韵锣捧了过来，摆在面前，嫩儿打起鼓板，笙箫齐奏。听丽云唱起散板道：

〔北粉蝶儿〕天淡云闲，列长空数行新雁。御园中秋色斓斑；柳添黄，苹减绿，红莲脱瓣。一抹雕阑，喷清香桂花初绽。

丽云停了停，又和藕香合唱道：

〔南泣颜回〕携手向花间，暂把幽怀同散。凉生亭下，风荷映水翩翩。爱桐阴静悄，碧沉沉并绕回廊看。恋香巢秋雁依人，睡银塘鸳鸯蘸（偷）眼。

唱完这节，丽云独自唱道：

〔北石榴花〕不劳你，玉纤纤高捧礼仪烦，子待借，小饮展眉山。俺与你，浅斟低唱互更番，三杯两盏，且共消闲。回避了御厨中，回避了御厨中，烹龙煮凤堆盘案，咿咿哑哑乐声催趲。只几味，脆生生蔬和果清肴馔，称仙肌玉骨美人飱。

丽云停了，藕香接唱道：

〔南泣颜回〕花繁，秾艳想容颜。云想衣裳光灿，新妆谁似，可怜飞燕多娇懒。名花国色，笑微微常得君王看。向春风解识春愁，沉香亭同倚栏干。

丽云忽然夹出白来道："妙哉，李白锦心，妃子绣口，真乃双绝。"大家都笑起来，藕香不答应，道："咱们讲到清唱，不准夹白，这会子可要罚酒来。"丽云不肯吃，藕香拿一杯酒来灌他，大家都看着两人笑。丽云死不肯吃，一扭头把那杯酒倒的绮云一身。绮云笑骂道："你们皇爷妃子的做着，倒拿我晦气。"大家都笑起来。丽云忙拿帕（怕）子替他揩乾了，笑道："你不要气不服，我做了万岁，你便是御妹呢。"绮云听这样说，便不许他再唱，又叫宝珠、赛儿不替他吹笛子，两人真个放下笛子不吹了。

赛儿因道："这样唱起来，大家轮转，要唱到明儿还唱不了呢，又不上台串戏去，要这样从头至尾的唱。这会子（了）该轮到我了么？"原来赛儿是坐在藕香身边，大家都说："你拈阄儿罢。"赛儿拈了一个，看是《叫画》，便开心道："这是我的拿手，快吹起来。"丽云笑道："你叫谁吹，谁是你用的小厮，给你做后场的。"赛儿道："这个不能，咱们讲到的，不然，我替你吹什么来。"绮云笑道："我吹罢。"婉香也拿枝笛子过来，赛儿才高兴起来，因道："我夹白的。"绮云点首儿，赛儿道："吓，不在梅边在柳边，这怎么解？奇哉怪事。"大家听了，都笑起来道："怎么没头没脑的说白起来。"赛儿笑笑不理，接着唱道：

〔集贤宾〕蟾宫那能得近他，怕隔断天河。

又说白道："吓美人，我看你有这般容貌，难道没有好对么？"又唱道：

为甚的傍柳依梅，去寻结果。

又说白道："我想世上，那梅边柳边可也不少。小生叫做柳梦梅，若论起梅边，是小生有分的了，那柳边呢，哈哈，小生也是有分的。

　　喜偏咱柳梅（边）停和。

　　咦，这美人却有些熟识，曾在那里会过面来吓，怎的再想不起来。

　　我惊魂未定，几曾向何方会我。

　　哦，是了，我春间曾得一梦，梦到一座花园，梅树之下立着一个美人，哪就是他。他说柳生柳生，你遇着我，方有姻缘之分，发迹之期，嗳嗳，就是你也吓，美人，究竟是你不是你吓。

　　你休间阻，敢则是梦儿中真个。

　　〔簇御林〕他题诗，句韵偏和，猛可的害相思颜似酡。

　　吓，待我狠狠的叫他几声，吓美人美人，姐姐姐姐，我那美人吓，我那姐姐吓，吓姐姐，吓美人，你怎的不应声儿，吓我那美人姐姐吓。

　　向真真啼血你知么？叫①得你喷嚏似天花唾（吐）。咦，下来了，下来了。

　　你看他动凌波，盈盈欲下，哗不见些影儿那。

　　〔尾声〕拾得个人儿先庆贺（贸），柳和梅有些儿瓜葛。

　　吓美人美人，姐姐姐姐，俺

　　只怕你有影无形的盼煞了我。"

唱毕，"嗤嗤"的笑个不了。绮云道："慢点儿笑，给我吃了罚酒再讲。"赛儿道："怎么要罚？"绮云笑道："你怎么把那'青梅在手诗细哦'的〔集贤宾〕一拍跳了。"赛儿笑笑②没的说，便喝了一杯。下底该美云唱，美云便拈了个《访普》，是不会唱，便罚了酒。又拈一个，看是《长亭哭宴》，又说忘了好些，情愿罚酒，倩人代唱。婉香一口答应了去。宝珠接了笙，藕香吹起笛子，听婉香只唱得"碧云天，黄花地"两句，忽银雁上来说："三太太打发湘莲来问奶奶，请奶奶快去。"藕香只道："什么要紧？"忙放下笛子，丢下众人，和银雁走回西正院来。

　　见湘莲在那里和小鹊、翠凤等说笑，见藕香来了，便请个安。藕香问："什么事？"湘莲道："太太说前儿叫办的平金绣披五十堂和十七副炕帏子，说二十四有的，什么到今儿还不送进来，可不要误了事，请奶奶传内总管问一声儿。"藕香道：

---

① "叫"字之下原衍"叫"字。
② "笑"字之下原衍"没"字。

"知道了，别的可还有什么吩咐？"湘莲道："别的，单府里上下压岁钱一应该多少，请奶奶开个单子呈上去，好发银两出来。再大年三十，该祭宗祠的一应排场，也请奶奶吩咐了总管。又各庄上的佃米，已收了多少了，请奶奶查一查，该追的可追去了。"藕香道："那我都知道，你回太太去，说我回来自己来回。"湘莲答应去了。欲知后事如何，且看下回分解。正是：

　　鸾箫艳曲红牙暖，象板新歌素口香。

第三十九回

染果毒来顺儿结果　成家室石漱姐还家

却说湘莲去后，藕香便唤内总管张寿家的进来吩咐了，自己便往惜红轩拍曲子去。这里张寿家的领命出来，和张寿来讲，张寿正忙着派人去追租，听了这话道："我没空儿，你喊小喜子往对门和来顺儿讲去。"张寿家的便回出来，找着小喜子道："你去对门绣铺子里追去，说定的货已误了期，里头问过了，说明儿再没有，可不稳便呢。"小喜子答应了，便跑出府门，到对门蒋阿喜的铺子里来，见柜上站满了买客，阿喜和几个伙计忙着拿这样拿那样的。见帐桌上坐着一人，认得是石时的管家许升。许升见是小喜子，便兜呼他进来坐。小喜子见他忙着，因也不进去，只随口问声儿道："来顺哥敢在内帐（账）房么？"许升道："是呢。"

小喜子便一直打店堂里走进去，到帐（账）房门口，一抬头见贴着一张告白，写道："帐房为银钱重地，自宜谨慎，昨已被窃，自后不论何人，不奉呼唤，不许擅入。"小喜子看了，便住了步，心里暗暗好笑。原来来顺儿因帐房人多，不能和圆圆着手，他想出法子来，自己藏过了几两银子，只说失了的，出这告白，便不许人进来了。他抽空儿好放胆子干他的把戏，却把那失了的钱还冤着阿喜，阿喜便打昨儿起，赌气不进帐（账）房去。这且不表。

且说小喜子一手掀起门帘，一脚跨进房去，见帐桌上没人，到里房门口，见也垂着门帘，走进去，见床上垂着帐子，来顺儿在床上问道："是谁？"小喜子道："我呢。"来顺儿厉声道："什么事？"小喜子"嗤"的一笑道："好罢，我跟前也使这付架子来。"来顺儿掀开一线帐门，一看见是小喜子，也自己好笑起来，因道："你什么事，怎么好多天没见你一个影儿？"小喜子因把来追定货的话讲了，因问道："你怎么大白昼（书）里睡着？"来顺儿说有病，怕风。小喜子也不多讲，略坐了坐，便去了。那里知道来顺儿床里，却藏着个圆圆。这会来顺儿见小喜子去了，便回身把圆圆的脸儿捧来唼个嘴道："好吗？他没看见，可信我的话吗？"圆圆笑骂了一声，来顺儿转身环过他股儿来，腿压腿儿的对面抱住道："可再来么？"圆圆"嗤"的一笑，打了他一下，料想此时外面生意热闹，没人进来报帐，两人便搂着睡了会儿。醒来圆圆怕人看见，便先起来，悄步进去了。

这里来顺儿醒来，见圆圆已去了，只觉小便急的很，便走下地，来到天井里去，立了半晌，只淋了一两点血红的水儿，痛的了不得，因不好对人讲得，便隐忍着，依旧帮着阿喜干正经事。次日，把秦府的定货都送了去，又把叶府的定货打了包子。圆圆因受了软玉和宝宝的惠，没处报效，这会子便绣了两件袄儿送软玉，又十副半金绣脚和四件小袄子送宝宝，也打了包子，叫人一总送了去。偷空儿又和来顺儿亲热了一回，到临了的时候，来顺儿痛的要死，也泄不出来，疼了一夜，次日便发的满头儿红瘰了。

这日是大年三十，晚间分岁，又吃了点鸡，便不对了，满头满鼻子大发起来。兆贵知道，忙喊回家去医治，因染毒太重，又加不早调理，医生都满口回复，说不相干了。兆贵急了，求金有声来给他瞧瞧，金有声也说有些棘手，因兆贵央着他，只得替他尽心医治。到了正月十几上，来顺儿病的更凶了，疮已溃烂。兆贵急的了不得，问他，只说别处过来的，兆贵也没得说，只替他好好调治着。又因府里秦琼要娶亲了，他便格外忙乱。到元宵那日，正是府里的喜日，一大早起来，想到府里听差去，可巧来顺儿一时三刻心痛起来死了。兆贵哭了一会，只得向府里请了假，来给他成殓合棺不表。

且说这日秦府、石府里热闹非常，一切举动也不必细表。直打第一日起，闹了半个月，才清净些。秦文和袁夫人见新妇人物既好，笔墨又佳，自是欢喜。那秦琼更加兴头，天天如胶似漆的粘在石漱芳身边，两口子你恩我爱，一刻不离，后来漱芳渐渐试出秦琼的脾胃儿，原来是个没用的东西，一点儿心思也没有，暗暗有些不合起来。到了将要满月，石漱芳要归宁去，秦琼舍不得他，只不许他回去，石漱芳见他说出不许两字，暗暗好气，还是那几个陪（倍）房的大丫头万儿、翠儿等都说："这是大礼，便咱们小姐，也做不得主。"秦琼一味子胡闹，漱芳却忍不住道："我又不是卖在你家的，便不许我家去。"秦琼道："你可知道，你太太把你这人给了我，你这人便是我的了，我爱那样，你就该顺着我。"漱芳不理他，秦琼又和袁夫人讲去，袁夫人也说是大礼,这不能教人议论的。秦琼没了法,回来又和漱芳寻事取闹,漱芳又不好恼他,置之不理罢了。一会儿秦琼又哼丫头骂婆子起来。石漱芳听不得,一口气便自睡了,秦琼赌气不睡,石漱芳便气的呜呜咽咽哭了。

秦琼见他哭了,心里也软了下来,却又不肯叫他看轻,便不去抚惜他。漱芳见他没一点儿怜惜的心肠,益发伤心起来。秦琼才忍不住过来劝他,见漱芳眼圈儿都红了,秦琼便拿(那)帕(怕)子替他拭泪,漱芳一手抹开了,不要他揸,钻进被窝里去。秦琼见这样,便脱了衣服要睡进去,漱芳把被裹得死紧的,不放他睡。秦琼央告了一会,漱芳不理他,秦琼做出苦恼(脑)的声音道:"那我便冻①死罢。"说着,真个把棉袄子脱了,躺在褥子上,一声不言语的听冻。漱芳见他这样,终究是女儿家心软的,便放松了,顺手替他盖上被,秦琼"嗤"的一笑,一头儿钻在漱芳怀里道:"我便冻死罢,你还要我什么。"漱芳不语,秦琼又去搂他,漱芳恨道:"动不动这样,我可要发恼的呢。"秦琼笑道:"好姐姐,你明儿不回去,我便好好的睡,不啊,你明儿回去了,我还和谁亲热去呢。"漱芳不语,只合着眼装睡,秦琼又央告了一会,两口子才亲亲蜜蜜的交颈睡了。

次日,漱芳大早便悄悄的起来了,秦琼一睚醒来,见枕边没人,掀开帐子一看,见漱芳梳洗已毕。秦琼咕嘟了许多,漱芳走近来笑了一笑道:"一个人也要尽个人情,昨儿我和你讲倒了,怎么又变起卦来?"秦琼一手扯住他,脸对脸儿道:"一个女儿家,怎么没一点儿情,大早便抛人冷清清睡着,这怎样说?"漱芳笑道:"有什么说?横竖我家去了,你又可来。"秦琼道:"我来可有什么好处儿。"漱芳拿指尖儿羞他的脸道:"这话亏你,可不臊死了人。"秦琼"嗤嗤"的笑,见他脸儿上粉傅得薄薄的,嘴唇儿上胭脂点得红红的,便捧过来闻个香,漱芳啐了一口,秦琼又要亲他的嘴儿,漱芳躲避着,秦琼定要嗳他的,漱芳听有人脚步声进来,忙道:"有人来了。"秦琼看时,却是翠儿进来。漱芳因问:"太太可在上房里?"翠儿道:"刚起来呢。"漱芳便换了宫装,穿戴好了。秦琼见他要去了,又气起来,骂翠儿催的凶,漱芳又和他讲了许多好话,秦琼才忍着心痛放他走了。

漱芳便先到东正院向秦文、袁夫人两位拜辞了,又到南正院辞柳夫人,见藕香、可云和婉香、赛儿都在,一一告了失陪的话,一行人便都送出来,看漱芳上轿出去,

---

① "冻"字之下,原衍"冻"字。

才回转来。后面七八个老婆子，四个陪房丫头，都到通道上了轿，小厮跨了马出去，这里秦府家人压着十六扛食箩跟了送去。

　　到石府大厅，漱芳下轿，早有许多大丫头迎上去，漱芳参过了家庙，才进去请他母亲金氏的安。石时因要会试去，在家整顿行李，此刻知道漱芳回来了，忙进来问姐姐的好，大家欢聚了一会。金氏少不得问长问短的问个不了，漱芳一一的讲了，又说带去的银子少了，险些儿不够赏，还是压箱银子拿出来用的。金氏因道："那边府里排场也太大大点儿，前儿我上门去，回来算算赏封，竟去了四百多呢。你哥子前儿说，我不信，到这会子才信呢。那边府里，光景一天的用度也不小，你舅舅说，一天总得一二百开销，可真的吗？"漱芳道："这个我也不清楚。咱们各房里，每月多有五十两一人的月规。丫（子）头们是分三等的，大丫头每月十五两，小丫头每月十二两，下等打杂的丫头每月八两。老婆子们也是八两，咱们带去这些婆子、丫头、小厮却都是十五两一个的。"金氏听说，颇觉欢喜，到午间，把秦府送来的八桌席赏了丫头们两桌，老婆子两桌，管家小厮们三桌，自己用了一桌，那八扛食箩内都是海味桶子。便发往厨房里，逐日做菜去。

　　饭后没事，却好金有声的女儿金菊侬和陆莲史的女儿陆琐琴、白剑秋的妹子白素秋三个都来。自漱芳出阁后，彼此都没会过，这会子见了，都欢喜的了不得，金氏便吩咐厨房里，备了一桌盛宴相待。畅聚了一天，晚间各家来接，金氏却留住了不放走，漱芳也要和他们聚聚，便都打发轿班回去。三位小姐也都很愿意，菊侬便说要和漱芳同睡，素秋（琴）也说要一床儿睡，琐琴也不肯独自睡去，金氏因笑道："我这边院子原空着，我知道你们都不爱和我睡，他院子里，已给你们一房儿铺下了两间榻子了，对面对可不和一床儿一样。"四人多笑说，回来再瞧。坐谈一会，金氏便叫丫头们打点，送往间壁院子里去。

　　三人到了漱芳房里，见两对面榻上已铺下了两个被筒儿，漱芳因笑道："可惜我这床小，不过睡得三个人，回来不要说我冷淡了谁了，倒不如给我安安稳稳的两床儿睡罢，倒省的拈酸儿。"素（索）秋"嗤"的一笑道："才有了姊夫，便知道拈酸儿，我问你，你敢和谁拈酸儿过来，还是谁和你拈酸儿过了？"漱芳红了脸笑道："和我拈酸儿的便是你。"素秋笑道："臊死人了，你给姊夫讨便宜，他又不知道，何苦来费心费血的想出这句来。"菊侬笑道："这个我不问你，我只问你，还是我们和你好的好，还是姊夫和你好的好？"漱芳笑道："好罢了，有什么好的好，好的不好？"琐琴也笑起来, 菊侬笑道:"好有几种好法, 各是不同, 你总要对我下一个断语。"漱芳笑道:"你和我是从小亲爱的, 他那里能到这样。"菊侬笑道:"你那个他, 难道不亲你爱你吗?"大家都笑起来, 漱芳要拧他的嘴, 菊侬告饶了才罢。不知后事如何, 且看下回分解。正是:

　　莫道女儿拘束苦, 背人一样说风流。

第四十回

对蓁床四姊妹谈心　抄叶府一家人分手

却说四人顽了一会,菊侬和漱芳是中表姊妹,本在一块儿无话不说的,这会子便和漱芳同睡,素秋、琐琴同睡。那琐琴本来有些道学气,睡下一会子,便睡熟了,素秋醒着,听菊侬道:"我做一个姊夫的样儿你瞧,可是这样不是?"听漱芳"嗤嗤"的笑将起来,菊侬也笑着。半晌漱芳骂道:"不好好睡,吵什么,你要学个样儿,我做你瞧。"听菊侬"拍"的打了他一下,两人都笑个不了。听菊侬问道:"你们第一个破题儿儿,是怎么样个做法的?"听漱芳道:"臊人呢,这也有个问头的。"菊侬还问着他,听漱芳的声音低了,切切咄咄不知怎讲。忽菊侬笑将起来道:"那他怎么呢?"漱芳笑道:"他也没法,一会子也归自己睡熟了。"菊侬又道:"那第二夜还这样呕他也不?"漱芳不语了,听两人又笑了一会,便不则声,像是睡熟了,自己便也暗笑一声,挨着琐琴睡熟。

次日起来,各自梳妆,素秋少不得有一番取笑,漱芳只听他们讲去。一时早餐已过,翠儿来说:"姑爷来了,太太请小姐出去。"漱芳道:"这喊我什么,请大爷陪着便了。"翠儿道:"大爷因前儿李爷来邀,同进京会试去,今儿便要动身,正忙着,所以请小姐陪去。"漱芳便应了。大家又取笑他,说姑爷等久了,快去快去。漱芳笑笑不理,便出来到隔壁院子里,见他母亲陪秦琼坐。秦琼看(着)一眼,见漱芳穿着一件紫绛珠儿皮袄子,襟袖上用白缎条盘出回文万字的,身材越觉娇小得很,下面穿着弹墨细绉裙,露出一点儿大红平金鞋尖,一脸喜色,眉梢上又带点羞态,进来向他母亲请了安,对着秦琼欲笑不笑的,一来便自在母亲肩下坐下。秦琼早心里痒了,要笑的光景。漱芳低下头去,一眼见菊侬和素秋在镜屏隙里偷窥,也便红了脸,更不好意思起来。听秦琼对金氏道："今（令）儿大舅荣行，家爷说，不及亲自过来拜送，着小婿带来点礼物，请太太赏收。"说着，便喊小喜子。小喜子在门外答应，把礼单交丫头送上来。金氏看是赆仪五百两，茶叶子二十瓶，金腿子六十挂，海味十六桶，九子龙松烟一百锭，大卷笔二十盒，便叫丫头们送大爷看去。因向秦琼道："听说尊大人有好消息了，不知可准不准？"秦琼道："是家爷去岁子上了奏办营务处的摺子，奉旨准了，却因家爷假期已满，着来京听用。那营务处因非内官责任，已委了人了，家爷也今儿动身进京去，所以小婿也不敢久坐。"

说着，却好石时进来，秦琼便和他握手，立谈了一会，便向金氏告辞，石时要留他用饭，金氏替他讲了，石时知是正经，便不再留，径送秦琼出去。回转来忙换了衣服，向秦府道谢，并送行去，到饭后才转来。一见金氏便道："母亲可知道中丞坏（壤）了？"金氏吃了一惊，忙问："为什么事？"石时道："什么事也不底细，三老爷正忙着，也没细讲，单说是沈左襄现在任了御史弹参的，里面开的十大款，很不好看，现在革职，着来京听训，不知道该怎么个处分。"金氏忙道："那咱们家借与他的钱该赶紧要去才是。"石时道："我也为这个着急，幸而中丞因此去好歹不知，把一应私蓄都托付了秦三老爷，他又没一个公郎，只有一个侄子现在河北，说倘有长短，就请秦府里喊他侄子来，把一应交付他侄子。这里外欠的款目，中丞多开了单子，也托秦府里代还了。中丞昨儿就交了印，是藩司护理的。此刻我也讲不了这些，总之咱们这笔钱问秦府里要就是。"说毕，匆匆的出去，看行李已整顿好了，便进来和他母亲金氏及漱芳告辞，又向素秋说："秦府记室已请令兄代理，一切费神，容回来再到府叩谢，家里各事也费姐姐的心照拂些儿。"素秋应了。石时又向菊侬说："刚到秦府帐房给母舅辞行去，母舅正忙着，没进去，请妹妹见的时候代道个罪。"菊侬也答应了。石时又向琐琴说了几句求照拂的话，琐琴也说了些顺风得意的套头，大家都送到厅上，看他上轿，说专听捷报，石时拱揖上轿，几个管家押着书箱行李去了。

且说石府自石时去后，愈加冷静，秦琼因下半年乡试，秦文托陆莲史督率他和宝珠两个用功，所以不得出来，便来也一刻儿去了，漱芳心里倒很欢喜。琐琴因秦府柳夫人接他去顽，便自去了。只素秋和菊侬仍伴着漱芳及时行乐，或诗酒怡情，或琴棋消遣，倒也有趣。春光易逝，看看又是三月暮春天气。一日，刚在午餐，忽京里来了个急电，大家吃了一惊。漱芳连忙和素秋、菊侬两个各拿一本电报号码，七手八脚翻译出来凑拢一看，见写着"叶冰山被御史会参，现已拿问查抄，拟斩监候，该款速速收取。"原来石时的报，金氏看了忙道："这是怎么讲？"漱芳道："叶冰山恩眷甚隆，怎么忽然有这一件事，光景里面查出什么了不得的事情，所以才有了这个会参的本子。既这么着，母亲须得赶紧讨去，略迟（辞）几天，怕京差堂官到了，这款子便完了。"金氏道："叶冰山和他太太还是去岁子进京，没家来呢。"漱芳道："这个管他什么，报上说已拿问，便不得家来了，母亲快问他老太太要去。"

金氏听说，便不换衣裳，忙喊轿往叶府去，只带两个丫头。到了叶府大门口，见那些管家和些当差的，还在那里耀武扬威的吆喝人，一直进了穿堂，到二厅下轿，叶府丫头接了进去。到正院一看，见挤满了一屋子人，七位姨娘、两个小姐、一个老太太一团糟的哭着，桌上也摆着一封电报，原来是秦文打与他家的。金氏劝着他们说："不要乱，仔细风声传出去不稳便。"老太太哭着说道："还有什么说呢，石太太你总该知道了。"金氏又安慰了许多话，说："府里恩眷素隆，这会子火头上，自然不好看，又况这个还是部议的，旨意没下，或者早晚便有转机，但是既有消息，便该绝早设法呢。"老太太止了哭，众人也不许乱，向金氏道："昨儿天津一个飞电来说，大有金号倒了，我只当脱了本，那知道就是这个上的来历。"正说着，外面又送一个飞电来，看是上海江源坍了，接着又是一个报，说江苏万康坍了，老太太急的放声哭了，接着又是四个报：湖北阜丰、湖南永康、福建宏裕、四川德济四家大银号都逼坍了，一家儿都乱的鼎沸。忽报本城永裕、如川、海流三家一齐支撑不住，被人蜂拥抽收款子，一时也都坍了。

金氏听说，更加急了，因道："这时候也管不得这些事，快把各处所有未坍的银号各铺赶快一齐闭歇了，还好逃遁几个钱，不则，便一扫精光了。再把府里窖金都发出来，把所有欠款，该付的付了，该打几折还的，也都完了。再有余剩的，并各房私蓄，也赶紧寄了出去，不啊，怕来抄的差官，也不留一点儿余步呢。"老太太也知道利害，吩咐教内外帐房赶快把要紧的帐目交进来，再把各房所有放重利的借据也赶快呈上来。再吩咐本府所开各典铺亦暂时闭歇，省被抄入。又对金氏道："你那笔我不能短你。"因叫软玉去拿一盒子金叶子出来，道："这是叶金四百两，大约合银两万两，也差不多了，此刻乱着，我也不好留你了。"金氏见款子还了，也不肯久留，怕有不便，便自去了。

这里帐房里果然交进十二本帐簿来，各房姨太太都把放重利的借据藏在身边，也有几张呈上来的，老太太忙叫丫头们打了一个包封，再把金叶子五百两一封的封了二十封，一起装在一具寿材里，只说这寿材是秦府寄在这里的，便叫叶魁押着抬去。其时已经天晚，忽一个飞电报来，广东和云南、贵州的几处银号也倒了，老太太也无暇及此，忙把细软等物又运出了些，寄往亲戚家去，又喊本府典当内开了几十张假当票来，分藏各人箱内。

次早，果然署中丞的奉着户部飞电，来封府第，把前后门都派兵丁把守了去，只准一人进出，买物造饭，还要细细搜检，怕运出要紧物件，一应封口书函不准投递。一连守了几日，把一个叶府围的水泄不通，幸而赶早运了些出去，老太太和众人到这地步，也只得硬挺了。到半月后，京差才到，中丞接见了，才知道叶冰山还是为侵没国款一件发的案，再加上盘剥小民，要挟官吏、强取民妇等事共十二款，刑部议抄，及斩监候的罪名，还是几位王爷代求了，此刻家便抄了去，斩监候却蒙赦轻议了，发往边疆效力，叶用削职。这且表明。

且说这会子京差督着，把合府所有一应抄将出来，开了单子，把箱笼多加上了封条，限三日，叫合府人口出产。那差官见所抄数目，不上二十万，心里暗暗明白，因受秦文之托，也不多讲，看单上也没什么犯禁物件，也便不作威势，只把叶府花园先封了去。这里太夫人和各姨娘早哭的昏过去了，因限期太急，又不能违抗，只得喊齐各姨娘，问愿随进京去的去，愿散的散。那些姨娘见问，多滴下泪来，有几个有小货钱放在外面的，便不愿跟去，打算散了，口里不说。老太太已看出情形，便把尤月香、吴阆仙、罗四姐、陆慧娟四位姨娘遣去，自行择嫁。四位姨娘磕了头，带着贴身丫头连晚各自奔散了。蕊珠的母亲朱赛花哭着向老太太磕头说："求老太太开恩，准他到京一见老爷，倘能随往边去，是虽死犹生的了。"老太太知道他和苏畹兰两个是素有心肠的，便含着眼泪点首儿，见苏畹兰只是哭着，不则一声，暗暗可怜。因把丫头们及管家、小厮的花名册子吊上来，问有愿散的除了名氏，都叫散去，只剩了二十个大丫头，即宝宝、楚楚、端端、好好、墨芳、书芬、笔花、砚香等人，管家、小厮也只剩了二十几个。偌大一个叶府，这会子，便不像个人家了，太夫人悲伤了一夜。

次日，命打起行李，催下船只，准备进京去。因叶用又不在家，叶魁年轻，干不了正经，因去秦府求了柳夫人，请派秦珍送进京去，柳夫人一口应允，便派秦珍过去理值一切。到第三日，京差来押着出府，秦珍便送太夫人和苏畹兰、朱赛花、软玉、蕊珠一干人下船，径往京去。差官也便同路进京，秦珍本来和差官熟识，一路便和他谈谈，并求他包涵些。不知后事如何，且听下回分解。正是：

　　覆雨翻云惊世态，迅雷疾电变天心。

第四十一回

血模糊命案一颗头　花绰约诗联三十韵

却说秦府自见叶府这样冰消瓦解的一来，大家都灰了一半心。柳夫人因道："为人一世，及时行乐，自不可误了时光的。像叶太夫人没享了几年福，忽然遭这一场大祸，眼睁睁看儿子充边去，这个心可不要碎了。"袁夫人和叶冰山的太太是嫡堂姐妹，这会子见冰山这样了，料想袁夫人必要去的。但只一去，能不能再见一面，便不可预料的了。想到这里也不禁凄惨起来，一家人直替担忧了许多天。自打发秦珍送他家去京后心略安放了些，又加秦文升了刑部大堂，这一件便在他案下，想起来叶家不致大受亏苦。

一日，正和柳夫人讲着，忽秦琼送进一个电来，袁夫人忙问："什么？"秦琼道："好了，老爷来电，说叶冰山已于前夜一点钟在监死了，袁太太也投井殉节死了。昨儿老爷自己议了失察处分，到午门请罪，承各位大臣保奏，说叶冰山本来病重，实实不是放死的，蒙恩准了不究。今儿钦差到京覆圣，见所抄册子上也没犯禁的物件，姑念叶冰山曾在新疆效力过来，恩准领尸归葬。"大家听了，都替他一家欢喜，皆额手称庆，独袁夫人不胜悲恸之至。

又过了几天，忽然外面人来回说，江苏来了两个叶府的老婆子，因戴孝着不敢进来。柳夫人忙道："只不妨事，和咱们家的事一样，那能讲究这些，快传他进来。"张寿家的答应着出去，一时引进两个人来，一见柳夫人便跪下去磕头。柳夫人叫坐了，那两个婆子那里敢坐。柳夫人说："坐了好讲话。"那两个婆子才向地下短凳上坐下。柳夫人道："你们敢是你大爷派来的么？"那两个婆子见问，早沮丧了颜色，扑朔朔掉下泪来道："大爷自知道（到）削职的信便谢世了。"柳夫人惊道："怎么说谢世了？"一个婆子哭着，一个婆子道："家大爷本来是胆小的，得了家老爷被祸的消息，早吓疯了。再加自己削了职，还要进京去待罪，所以急了，便起这个短见。"那哭着的收了泪道："这也冤家到了。大爷天天晚间说，一合着眼，便见一个人，手里提着一颗血沥沥的头，站在面前，那个鬼，大爷说还是认得的呢。不知怎么，前月二十八晚间，忽然拿宝剑自刎了。"说着，又哭一会子，又道："太太知道，大爷在那里候补，有什么钱。再说大爷往常使架子不理人，这会子也没个人代理丧事。还是那边一个什么县丞，姓沈的，说是这边府里的人，是受过这边府里恩典的，知道咱们家是府里最相好的，他才去借了二千两银子来，给大爷成了殓，送了些店帐。此刻要盘丧回来，又没人理值，那沈太爷有缺去了，他那银子，说只要还府里便了。这会子小妇人来，也不为别的，总求太太，念先家老爷和家太太在日情分，派个人，把家大爷的棺木盘了回来，请假贷几千两银子，给家爷落了丧，那不但小人颂德，便家爷在九泉之下，也是衔恩不朽的。"

柳夫人听了这话，止不住眼泪，心想难得叶家有这样义仆，因道："银子尽用罢了。盘丧，我这里珍大爷进京去了，以外的孩子又小，干不来正经，只有请帐房里金师爷去理值罢了。银子要多少使用，只问他拿，一切不可草草了事，都要照头里你家赦二爷那样才是。"那两个婆子磕了头道谢，柳夫人叫丫头们外面留饭去。又把宝珠叫来，教他吩咐金有声去，着他今儿便去，帐房事件，但另外请人代理。宝珠答应，出去一会子，进来回说："金爷说，去便今儿去，他家里没人，只菊侬姐姐，可否请太太留在府里照顾见。"柳夫人道："那叫他放心去，他小姐，我留着家住，给琼儿媳妇作个伴倒也很好，你便这样讲去。"宝珠出来，对金有声讲了，金有声自是欢喜，又把帐房荐了桑春，宝珠说好，便自进来回了①，见柳夫人摆了饭了，在南正院吃了，回院子里来。

刚到留余春山房门口，见回廊上站着两个丫头，说着笑着，宝珠来，也没看见。宝珠走近看时，见一个是陆琐琴身边的丫头绿绮，一个是笑春。宝珠要听他们讲什么，便闪在蔷薇架后，听绿绮道："你小姐的脾（皮）胃儿也真好，偏我们这一位，便像个女学究，天天在家里，要我们做文章。我们都笑说，要这个何用，倒不如学做做诗。他便有一番大议论，说那做诗的没用处。他头里儿见你们三爷，一味子讲些诗

---

① "了"字之下原衍"使"字。

词音律,他回来说,人说宝珠怎样怎样好,那里知道,是一个一辈子没出息的东西,连文章也不会做,还说是才子。"笑春笑道:"这话教这位爷听见,定把腿条子跳断了。"绿绮道:"现在倒也不了,他因见三爷常进馆去,又常做文章去,所以才不讲这话了。"宝珠暗暗好笑,听笑春笑道:"他不爱做诗,怎么今儿又请白小姐来联句呢?"绿绮笑道:"他能做什么诗? 做也不过五言八韵的试帖罢了。"笑春笑将起来。忽远远有人喊绿绮,两人便都往惜红轩去了。

宝珠听说他们在那里联句,便兴斗斗跑到惜红轩来。一进门,见满天井开了垂丝海棠和十姐妹儿。此时正是四月天气,绿阴满地,里面静悄悄的,有些吟哦声。进房去,见许多人围着中间圆桌上。过来看,是白素秋坐着,拿枝笔向纸上写,琐琴、漱芳、菊侬、藕香、美云、丽云、绮云、茜云、赛儿俱在,只不见婉香。四下看了一看,见婉香打后房出来,笑问道:"可轮到我没有?"大家都道:"未呢。"宝珠见婉香和众人都穿着去年藕香送的绛色平金大富贵单袄子,只素秋、菊侬、赛儿三人不同,素秋穿的是白缎子绣粉红秋海棠花的单袄子,下面被众人挨着,不见。菊侬是鹅黄平金菊花的单袄子,赛儿却和自己一样的紫金冠装束。

众人也不理宝珠,只看着素秋写字。素秋〔写毕〕,菊侬又坐下去,宝珠便挨到菊侬身边来看,菊侬回头笑了笑道:"你挨着我怎么写呢?"宝珠道:"我瞧瞧谁做的好。"素秋在旁笑嗔道:"我肩膀子压坍了,怎么站着,总要把这只手靠到人家身上来。"宝珠笑道:"人家身上,干你什么事?"大家都笑起来,宝珠一面笑着,一面看诗,见写着:"立夏惜红轩联句限八庚三十韵排律,各依年齿接句"

　　春风归去也,(琐)旭日满窗明。砌草侵瑶槛,(藕)池波扑画楹。栏杆

　　犹着露,(漱)庭院悄无声。鹈鹕窥人唤,(素)鹧鸪隔树鸣。

宝珠道:"下面还有一句呢。"菊侬见问,因笑道:"你替我写一句罢。"宝珠便道:"让我坐着写。"菊侬刚站起来,宝珠便挨坐下来,提起笔来写道:

　　玳梁闻燕语,宝镜证鸳盟。午梦醒无觅,

写到这句,还要写下去,美云挤着他道:"该我接了,让开让开。"宝珠那里肯,急急的又写了一句道:

　　春情说不清。

美云撒手把笔夺来,宝珠才让他坐下,美云笑道:"这个只能算我的了,这春情一句该算婉妹妹的。"婉香道:"那我不用这句,改作:

> 辰钟听不清。疏帘筛竹影,

美云替他写了,道:"这会该是宝弟弟了,我替你写两句罢。"宝珠说好,美云便写道:

> 深巷卖花声。天气寒兼暖,

丽云道:"该我了。"便坐下写道:

> 时光阴复晴。绮屏炉篆细,

绮云接下道:

> 瑶榻簟纹平。兰叶香风满,

赛儿便请绮云代写,自己念道:

> 蔷薇宿露盈。珠帏垂屈戍,

茜云道:

> 银押响冬丁。

大家都道四妹子诗笔好多了,见他又吟道:

> 野马飞何急,

琐琴赞声好,接下道:

> 乌龙静不惊。绿阴琴磴覆,

藕香联道:

> 红雨画栏倾。

众人一齐赞道:"这对仗工稳极了,又确切初夏即景见。"藕香又写道:

> 屏儿开云母,

漱芳接道:

> 棋枰展水精。

大家又道:"这云母水精也不亚那个覆字对倾字。"漱芳又写道:

> 金炉香乍蒸,

素秋联道:

> 玉碗茗新烹。一院蜂声闹,

菊侬接道:

> 双飞蝶翅轻。日中庭影直,

美云赞声"好!"赶着吟道:

    花外竹枝横。寂寂嫌春困,

宝珠抢着联道:

    厌厌带宿醒。

婉香道:"怎么又抢我的,下句你不许联。"宝珠笑着唯唯,见婉香写道:

    纱厨新荐笋,瑛盏满堆樱。

写着,向宝珠道:"你接一句算了。"宝珠道:"这一联工稳的很,又贴切着立夏,教我怎(这)样联?"又道:"管他呢。"

    竹叶薰杯暖,

丽云道:

    榴花照面赦。水温看浴鸭,

绮云道:

    柳暗却藏莺。曲径人稀到,

茜云道:

    闲阶草自生。好花如有语,

赛儿道:

    幽鸟自呼名。

大家称好,赛儿又道:

    钗漫添黄虎,

茜云道:

    经曾教白鹦。

赛儿说:"对的好。"茜云却把下句再想不出来,忽看纱窗上一个珠丝网儿,被苍蝇撞破了,因道:

    蝇投蛛网破,

琐琴联道:

    鼠夺燕巢争。

写了这句道:"下面只好一家一句了。"大家数了数韵,果然挨不转了,便叫藕香联,藕香因道:

    红豆吟边记,

漱芳道:

青山镜里呈。

素秋道：

西风休弃扇，

菊侬道：

明月爱弹筝。

美云道：

插柳怀前度，

婉香道：

飞花又满城。

宝珠道：

春心愁欲碎，

丽云道：

诗思苦相萦。

赛儿道："该结了么？"因说一句：

坐待夕阳晚，

绮云收句道：

低徊无限情。

　　大家围着从头看了一遍，宝珠说："今儿的诗要算琐姐姐第一，大嫂子第二，四妹妹第三，以外都抹倒了，只见重字太多着，还须细细改一遍儿。"琐琴笑道："又不刻硃卷去，改他什么。"宝珠笑起来道："姐姐动不动便离不了文章，我看今年乡试，定是你的元了。"琐琴笑道："这倒不是顽话，不信我扮个男子，和你同考去，看是谁的元？"大家多笑。因见天晚了，藕香怕有人回事，便道："我去去来。"说着便自去了。不知后事如何，且看下回分解。正是：

题字客来春欲笑，看花人去鸟无言。

第四十二回

毁春册小夫妻反目　成好事大德慧过人

却说藕香去后，到晚膳后还不见来。漱芳又见丫头来唤，说秦琼有事，漱芳也便舍下众人，回东偏院来。见秦琼一个儿坐在梳妆台边，在灯下不知道看什么。漱芳过来看是文案房夏作珪的履历，是托秦琼代办京同捐的，因问："这个他托你捐什么？"秦琼笑道："捐一个布理问，托我求老爷，替他保一个免补本班以知州用。"漱芳笑道："这事也用不着我，你喊我来什么？"秦琼道："咱们难道不睡了不成？"漱芳笑道："也太早了，可不要叫人笑话。"秦琼道："不妨事，咱们睡罢。"因喊翠儿把床铺好了，漱芳说早，秦琼叫他看钟，漱芳见已是十下钟。因问："太太可睡了没有？"翠儿说："睡了。"漱芳也便不语，翠儿铺好床，关了门去。

漱芳因不瞌睡，因道："咱们睡的这样早什么，还是喝杯儿酒，睡的熟些。"秦琼巴不得一声儿，因自己把一张湘竹几儿搬放在床里，漱芳要在桌上吃，秦琼不肯，说渥被儿坐着有趣，漱芳便说不要吃了，秦琼只得依他。拿了只杯子倒了酒，又把桌上摆的鲜果子移近来，两口子并肩坐下，合一杯儿酒，你一口我一口的喝着。漱芳吃了几颗樱桃，又喝了钟酒。秦琼见他脸上泛出桃花色来，因拿顽话去逗他。漱芳溜转眼波不语。秦琼道："我给你件儿好东西瞧，怕你一辈子也没见过。"漱芳当是什么，忙向索观。秦琼道："你可不能搅坏我的。"说着，向抽屉内取出一部红木板的法帖，上面标着泥金笺条，写着《世六鸳鸯图》。翻出几页，都是些序跋题咏，漱芳要看，秦琼道："这个有什么好看，好看的翻过来就是了。"漱芳再揭过一页，见画着一幅芍药花圃，有些亭台栏杆，花阴下，石凳上画着赤条条两人。漱芳红了脸道："这是什么话，谁画出这个来。"秦琼一手搂他过来坐在膝上，一手去乱扯他的小衣，漱芳正了色道："你疯了吗？"秦琼一手抱的死紧，一手又翻过一页来叫他看。漱芳气起来，伸手把那幀画页子扯做两半。秦琼急了，道："怎么好好的扯碎他，你不爱看这页，再翻过一页儿来。"漱芳即把全部册子夺过来，向灯上烧去，秦琼撒手来抢，见已烧了一角，便一手推开漱芳，大闹起来。漱芳本来没气力，被他这一推，早倒在地下，大哭着骂道："有你这样下流坏子，我还望你发迹什么来！"秦琼也吵着骂着，一口要他赔还这部册页子。漱芳气个半死，越哭凶了。翠儿听两人反了目，忙进来劝，见漱芳跌在地下，忙扶起来。漱芳一口说："请太太来瞧，是我错了，我便请太太打给他瞧。"翠儿不知好歹，真个要去请去，秦琼一把扯住，一推也跌在地下，拿着那本册子，一溜烟跑出去了。漱芳哭了一会，几个丫头劝着，问什么事，漱芳又不好讲得，只隐忍着哭个不了。

睡了一夜，次早醒来又哭，翠儿劝不理，只得请了袁夫人来。袁夫人问："什么事两口子又闹了？多管是琼儿不是。"漱芳哭诉道："媳妇自到这府里，爷也不知和我闹几回了，往常，总为着我要劝他读书上心些，他不爱听，所以和我恼，那也还不去管他。昨儿索性拿出下流东西来给媳妇瞧，媳妇便把他烧毁了点儿，他便和我拼了命了，照这样，媳妇还望他什么好日。"袁夫人听了，也替漱芳生气，知道漱芳向来稳重，不爱这些的，便叫玉梅去喊秦琼进来，当漱芳的面，狠狠训斥了一番。秦琼气得一句话也回不出来，便一口气跑往馆里去，叫把被铺搬出来，睡在馆里，赌气不进来了。袁夫人也随他去，漱芳恰落得安静几天，也赌气不叫人去看他。两口子拼了几天，我不理你，你不理我，倒拼出真气来了，秦琼便住在南书厅里。有时陆莲史回去睡的时候，他便瞒过上房里眼目，悄悄的把对门绣铺里的圆圆弄了进来，陪着他睡，也不止一次了。

看官知道秦琼怎么认识圆圆，且听细细表白一番。原来正月间，来顺儿死了，秦琼查起款子，兆贵回说，放在对门绣铺子里生息，秦琼怕是谎语，便亲自到圆圆家问去。圆圆因他母亲死了，正穿着满身缟素，秦琼爱他，便和他逗几句顽话，圆圆见他是位爷们，少不得也兜搭他，两人便偷空儿成了交情。他那哥子阿喜，因吃的穿的用的全是圆圆的，也只好装眼瞎，况且又是秦琼，他那里敢惹。所以秦琼自二月间漱芳归宁去的时候，便时时叫圆圆进府，只做绣货来的名头，旁人那里敢讲一个字儿？况且这会子秦文、秦珍都不在家，便是他大了，谁敢挑唆他去，所以秦琼倒落得快活。前儿那部春册子，原是叶冰山的旧物，是陆慧娟的丫头拿出来卖与圆圆的，便孝敬了这位爷，圆圆先打谅他有了这个，便和他妻子取乐去，不来找他了，他倒懊悔了半夜。谁道闹了出来，倒还是这部册子的功劳，两人便把这册子，当做恩人似的，天天和圆圆两个迭股儿的看着仿着。

一日，也是合当有事，陆莲史晚间回去了，漱芳免不过，便叫翠儿出去叫他进来睡，可巧门口小厮，一个也没得管着，便进南书厅来，厅前没一个人，厅后左间是秦琼的卧房，便一手揭起门帘进去。猛见帐子垂着乱动，那床也咯吱吱响着，忙退了一步，见地下摆着两双鞋子，一只却是女鞋，也不过三寸多大，心里跳了几下，听里面吮嘴嚼舌的声音越发的狠了。翠儿忍不住把牙儿抵着衫袖，飞红了脸，软坐在门口椅子上，站不起来。因想道："只不知是那一个丫头，和他干这些事。"想等他出来看个明白，又怕惹出祸来，便忍住站起，走回东偏院来告诉漱芳。

漱芳听说，先把脸羞红了，后把脸急白了，再一刻把脸气青了，道："这样下流东西，我这当他睡在书房用功，谁知他倒用这个功呢。"说着哭了，又道："把自己的身子这样糟去，怪道前儿说病了，还这样糟身子，明儿有个什么长短，旁人只说我年纪轻不老成呢。"说着，又哭起来。翠儿道："小姐，何不告太太去。"漱芳道："我告他，人又当我是醋意呢。"翠儿道："依小姐怎样？"漱芳哭道："我有什么奈何他，只等把身子糟死了，我跟他一齐儿死便罢了。"翠儿劝着他，淑芳忽收了泪道："你知道那丫头是谁？"翠儿说不知道，漱芳又哭了，翠儿道："这个容易，趁这会子太太往西花园去未回，我去把爷身边的小厮传一个进来，一审便明白了，只是小姐要放点儿威势来，才吓的倒。"漱芳便叫翠儿去喊。

不一刻，见翠儿带着小喜子来了，漱芳便喝他跪下。小喜子知道事发了，口里还辩说："小的不知道。"漱芳道："你不知道吗？翠儿，看皮鞭子过来，先给我打五十下！"翠儿便把秦琼往常打小丫头的皮鞭子拿在手里，小喜子先急的发战了。漱芳蹙起双眉骂道："你这班狗奴才，替你爷干的好事，你给我一字一字的供上来，有一个儿不字，仔细着皮！"小喜子道："小的实在不知道什么事。"漱芳早喝令打，翠儿狠狠的打了几十皮鞭，小喜子哭道："爷乐得什么似的，到苦了我的皮肉呢。"说着，呜呜咽咽哭将起来。漱芳喝道："住了，这不是你哭的所在，你把爷那个人是什么人，还是府里丫头，还是外边的粉妖儿，讲明白来。"小喜子磕个头道："奶奶明见，还事有果然有，只不干小的事，那和爷好的人，便是对门绣铺子的圆圆。"漱芳道："吓，便是他，他几时和爷好起的？"小喜子道："小的不敢说，怕吃爷打死。"漱芳放下脸道："你怕爷打死，须知道我这会子便取你的死。翠儿，给我把这忘八羔子打死了，再问别个。"翠儿早应着，把皮鞭子夹头夹脑雨点似的打下来，小喜子捧着头，只是求饶，漱芳叫："住了，可讲不讲？"小喜子才哭着道："那圆圆本来许给我了，是张总管作的主，这会子被爷霸占了去。"说着又哭，漱芳道："我不问这些，你讲你爷怎样和他上手的。"小喜子便从头至尾，几时爷到他家去，几时他到爷这里来，几时爷到他家住夜去，几时他便来陪爷睡，一本册背的明明白白。

漱芳心里想道，听说圆圆这人是最坏的一个（件）东西，倘放在外面，终保不住秦琼不去偷空顽，倒不如给秦琼收了作妾，倒容易布置他。想定主意，便叫小喜子起来。又喝道："你出去敢露一点儿口风，你仔细着。"小喜子连连磕头说："小的总不敢走漏半个字儿。"漱芳又道："那你去请爷进来，说太太喊我，在太太那边等。"小喜子好像得了命似的，飞跑出去了。漱芳便带着翠儿到东正院来，却好袁夫人已回来了，漱芳便跪在面前哭将起来。袁夫人忙扯他起来，说："什么事？快不要这样，你有话好好的讲。"漱芳说："要太太依了才肯起来。"袁夫人连连道："你起来，我总依你。"漱芳拭泪站起来道："媳妇年纪虽轻，至于闺阃私情，却也看得甚淡，所以爷在外面睡了，媳妇只当他用功，倒很欢喜，一连七八天也不敢去喊他进来。那知道爷不在馆里睡，却把对街绣铺子的女孩子坏了回来，爷在外面吃了人的亏，设或有什么长短，媳妇可担不起呢。"袁夫人道："啊吓，这畜生变死了，倘被他家执住了，还了得吗？"漱芳道："这倒不怕，听说他家也没了爹妈，只一个哥子，还是那女孩子养活他的，所以那女孩子爱嫁谁便嫁谁。现在外面都说那人是咱们爷的了，只放在外面终究不是个好事，媳妇又管不到，倘损了爷的身子，可不是顽。媳妇意思，打算索性把那人要进府来，给爷收了，倒也有（又）点节度。请太太作主，并求太太依了媳妇这个意思。"袁夫人道："你这话也很是。在外面，孩子们年纪又轻，是不禁糟蹋的，倒是这个主见不错，你既肯了，难道我倒不依？"

正说着，秦琼进来，扑的向袁夫人跪下，自说该死，总求太太开恩，赏圆了这事。原来秦琼早在窗外听久了，见袁夫人允了，他才进来。袁夫人本来最疼他的，见他这样，不禁又好气又好笑起来。秦琼见袁夫人露了个笑影，便跪着扭颈儿说："求太太依了媳妇这个意思。"袁夫人骂道："你老爷不在家，你便狂到这个地步，你不瞧你这副鬼脸儿，瘦的还像个人吗，不是你媳妇知道，怕不把这狗命送往外头去，还没个人收你骨头呢。"秦琼低了头，夫人喝道："起来，死跪着什么，明儿给我把那粉妖儿喊进来。我瞧看好，便收了，不好，仍给我打出府去，还不许住在咱们邻近处。今儿给我回媳妇房里去，放着好好的媳妇和他闹，倒和人家的人好去，还有这张脸儿见我与你媳妇，这鬼脸我瞧不入眼，快给我滚出去。"秦琼站起来，暗暗好笑，便先出去了。不知后事如何，且看下回分解。正是：

命薄本来惟妾分，家和端赖有妻贤。

第四十三回

三尺剑蒋圆儿戕命　一席话石漱姐寒心

　　却说秦琼去后，漱芳也便回东偏院来。秦琼接着，连连作揖说："好姐姐，好人，我打今儿起知道你是个好人了，我打今儿起再也不敢和你闹了。"漱芳不理，坐下。秦琼又粘粘扯扯的讨好一会儿。漱芳道："你有什么好处到我，我到不忍看你死去呢。"秦琼道："是呢，你疼我，我不知道好歹，我这会子知道了。"漱芳道："住呢，正经。你知道我为什么起见，我是为你们祖宗积下一辈子福，总望子孙有个好日，给祖宗光辉点儿，像你这样，你还有什么心思用功，你还有什么日子发迹。你须知道，我不是给你买妾海淫，我是要你从此收心用功呢，乡试近了，仔细倒了楣回来。"秦琼便一声儿不言语了，漱芳逼近道："你可愿不愿？你不愿，我也何苦逢迎你，那圆圆也没进府来，此后由你搅去便了，我总不放一星儿屁。"秦琼连连道："你的话句句是金是玉，我那能不听？圆圆来家了，我的心也可收定了，安分守己的念书去。"漱芳道："但愿你能这样，我便谢天谢地，且给你祖宗磕头道喜。"说着，便自解衣就寝，秦琼细忖一会，觉得漱芳真是大贤大德的，暗暗欢喜，也便睡了。

　　次日醒来，想起这事，心里痒挠挠的，再睡不住，忙忙的起来梳洗了，便到对门圆圆那里来。见圆圆梳洗已毕，便将这话对他讲了，圆圆自是欢喜，向哥子说去。他哥子怕圆圆抽款出去，死也不肯答应。秦琼知道他意思，因道："我那二千两银子，便赏他做了身价，你到了咱们府里，怕短了什么使用，这铺子你又管不着，不如索性也赏给了他。"圆圆恰慷慨，一口应允，便对他哥子讲去，他哥子见白白的得了偌大一爿店铺，落得答应了。秦琼便要他出一张卖身文契，带回家来，便着人去唤圆圆，圆圆少不得和他哥子有一番嘱咐，便进府来。袁夫人见他人物尚佳，举止亦甚大方，便准秦琼收了，叫丫头们但只叫他小名，不许称一姨字，怕秦文回来讲话，合府都遵了命。

这漱芳却和圆圆十分要好，自己吃什么，便叫他也吃什么，自己做怎么穿，也给他做什么穿，只不许秦琼在他房里睡，只准睡在书房里去，却把小厮撤去，换了自己的陪房伏侍去，便管的甚紧。无奈秦琼总偷空儿进来，清天白昼的和圆圆偷干会儿事。漱芳知道也不说破，分外和圆圆好些，却叫圆圆搬来一房儿住了。秦琼便再没法可想，倒把圆圆熬的要死了，也不敢怪漱芳，因漱芳待他和姐妹一般，合府上下人便多赞他贤惠。漱芳却知道圆圆是浪荡性成的，故意熬得他要死，却叫他新花园采石榴花儿去，圆圆应着去了。漱芳却又叫小喜子到园里去采桃子。

小喜子那知就里，跑进园去，可巧见圆圆拿着石榴花出来，一见小喜子便笑道："你来什么？"小喜子笑道："我知你在这里，特来替爷带一件儿东西送你的。"圆圆问："什么东西，在那里？"小喜子指着镜槛道："这边怕有人来，到那里去我给你瞧。"圆圆跟着走进（过）镜槛，小喜子一把抱住道："好姊姊，我多少天没和你叙叙了，这会子你被这爷收了进去，我可做梦也还①想这个，你可怜儿念个旧情，和我好一好。"圆圆本来渴久了，便半推半就的听他所为。两人正在得意之际，忽外面一人大喝一声进来，两人一看，不是别人，便是秦琼，刚要逃，秦琼早进来把小喜子一脚踢（跌）倒了，把圆圆打了几个嘴巴子。再回头看小喜子，已早逃去了，便又把圆圆打了几下，气的浑身发颤，讲不出一句话来。

圆圆自觉惭愧，把帕子扪住了脸儿，呜呜咽咽哭将起来。秦琼见他裤儿还不紧好，因跑过来一把扯了下来道："这样不爱脸的东西，还穿这个什么！"说着，索性撕破了他的，又硬去扯他身上的衣服。圆圆哭的死过去了，秦琼还狠骂着乱扯，把衣服剥净了丢在地下，叫他自己看镜里的影儿可像个人吗？正嚷着，忽翠儿走进来道："啊吓，爷又干这种事，快去快去，奶奶来找爷了，说怎么又不②在馆里。"秦琼怕冤到自己身上，忙舍下圆圆跑出园去。这里圆圆见说漱芳来了，忙披上衣服，把裤儿也系好了。翠儿问他，圆圆只是哭着不肯说。漱芳来了，见这个样子，因道："怎么搅得这样，敢是爷又到这里强你来。"圆圆只跪在漱芳面前，说自己该死。漱芳道："那不能怪你。"因切齿道："不道秦府里也出这样下流种子，可不丑死了人。"说着，也滴

---

① "还"字之下，原衍"不"字。
② "不"字之下，原衍"在"字。

下泪来。圆圆只不敢多说，漱芳安慰了他几句道："我和你也一样晦气，但既嫁了这没志气的男儿，也没得说了，拚苦这一辈子罢。"说着，拭拭眼泪，手携着圆圆进东正院来。

袁夫人见两人眼都哭肿了，问什么事。圆圆忙跪下，不敢回。漱芳哭着说："是爷打馆里跑往园子里去强他，他不肯干这没廉耻事，爷把他衣服都扯破了，可巧的我去逛逛，才惊散了。"袁夫人听了着实生气。圆圆又不好辨说真情，漱芳又耸了一扛火，把袁夫人气个半死，叫漱芳带着圆圆回去，心里还道圆圆好。见漱芳去后，便一迭声喝叫丫头们去喊小厮，把秦琼带进来，秦琼一进来，袁夫人早把个茶碗掷的粉碎，喝令把皮鞭子拿来。秦琼见袁夫人盛气，不敢辨说，袁夫人拿皮鞭子狠狠的打了一顿，掷下鞭子，放声大哭起来。秦琼不知为甚，忍着疼不敢哭，膝行近袁夫人膝边道："孩儿有什么不是，只请太太喊人，重重的训责便了，太太不犯着为儿子气坏了身子。"袁夫人哭道："你爷和我那样惜廉耻，怕贻笑，偏生下你这不肖种子来，败坏你祖宗的门风，出你爷的丑，你还有什么脸面见人，照这样出丑，不如给我死了罢。"秦琼道："儿果然不是，太太赐儿死，儿那敢不死。但是太太究竟为了什么，也教儿知道，明明白白的死，也好自己知道自己的罪。"袁夫人道："你问我吗，我倒有些讲不出口来。"说着，一发哭的凶了，秦琼刚无可措词，见漱芳急急的来了，赶先跪（跑）在秦琼身边，捧住袁夫人的膝盖，代秦琼求着。袁夫人道："我不要这败家子孙了，快给我速速自尽去。"漱芳哭道："这多是媳妇防闲不密之故，请太太先处了媳妇的死。"袁夫人一手扶他起来，把秦琼一脚踢开，喝声"滚出去"！秦琼倒在地下，大家忙把秦琼扶起，七手八脚的搀回东偏院来。秦琼顿足道："这是什么，叫我真一点儿没有头脑。"因问翠儿，太太究竟为了什么事，翠儿说："是为爷刚在园里，强逼了圆圆的事。"秦琼气战了手道："阿吓，这丫头倒反咬我一口，反了反了！"说着，撇散翠儿，一脚跑进圆圆房里来。

圆圆正坐在床沿上拿帕子拭眼泪，见秦琼凶神似的进来，忙站起来，秦琼飞起一脚踢倒了，再向他心窝里狠踢一脚，圆圆早呕出一口血来。翠儿等连忙抱住秦琼，秦琼此时力猛于虎，早挣脱了，向床上掣一把（抱）宝剑在手，大家连忙夺下，掷在地下。秦琼大骂道："小淫妇坯子，你还有什么脸面见人，不如赏你个死罢。"说着，又要去踢，众人围住了。圆圆见事已至此，受伤甚重，血又呕了出来，料活着也没趣，便一横心肠，把地上的剑拾来，向脖下一刎，便直仆在地。大家猛不妨有这一着，回头一看，见圆圆已是血溅满衣，断颈死了。

　　众人吓得手足无措，秦琼见圆圆真个死了，顿足大哭起来，翠儿早去报与着夫人和漱芳知道。两人大吃一惊急忙跑来，见秦琼大哭，圆圆已经死了，几个人疗救着，那里还有生息。袁夫人骂道："你因我打了你，你便逼死他，好好，你也逼死我罢。"秦琼急道："他和小喜子在那里干丑事，吃我撞破了，倒还敢在太太面前反来诬我，照这样东西留着，倒是祸水。"漱芳道："阿呀，有这一个纽枢儿，我倒不知道，横竖他死了没的对证，只是我害死了圆圆了。"说着，痛哭起来。袁夫人道："便是媳妇误冤你，你怎么不问个明白，便一口气逼死了他。"秦琼已是追悔不及，见漱芳抚着圆圆的尸哭的悲切，口口声声说："我误了你了。"

　　秦琼听不得，一抽空，往外跑出，到东花厅坐下，一叠声喊"拿小喜子来，看板子伺候。"管家和当差的不知什么，一片声答应，早把小喜子带了进来。小喜子见秦琼坐在炕边，忙跪下磕头，只求饶命。秦琼不理，一迭声喝令："给我打死这狗奴才。"管家不敢违拗，把小喜子揪倒了，打了一百，小喜子已经皮开肉绽，那打板子的两个，也丢下板子跪着代小喜子求命，说再打不得了。秦琼大怒，一手把炕桌翻了，拿靴子尖一脚踢开一个，自己拿板子来打。一众人忙多跪下，拥住替求，秦琼略煞了点儿火性，便丢下板子，一口喝令："撵出府去，永远不许改名顶充进来！倘敢容留一刻，你们也仔细着。"众人都磕了头，带着小喜子出来，秦琼自往南书厅去了。且说小喜子被这一顿打，立刻撵出府来，茫无去路，身受重伤，又知道圆圆为他死了，洒了几点泪，忽起一个念头，便万事皆空，竟削发入山去了。这且不表。

　　再说圆圆死后，漱芳颇自懊悔，初意原只要秦琼看破了圆圆这人，不和他死缠去便罢，那里知道闯出这样大事。但到这地步，也没得说了，便拿自己的上好衣饰给他穿戴成殓，又向袁夫人求把叶府寄在这里的那具寿材，借他安放了，自己出三百两的小货，教帐房去照样造一口，还叶府里。袁夫人见他这样贤德，自是欢喜，便无话不依。次日把圆圆入了木，漱芳叫寄往大觉寺里停厝，择日安葬，那圆圆哥子阿喜见这样收拾，也就不敢多讲了。这且不提。

　　却说漱芳这一番举动，合府的人都说他是个贤妇，只陆琐琴看得亲切，心里暗暗不舒服他。这陆琐琴因爱清净，在园内是住的水流云在轩，一日正在凭栏闲望，看水底下走的云，忽漱芳来了，琐琴让他坐下，闲谈一会。见左右没人，琐琴低声道："你我既为好姐妹，我也不能冷眼看你，妹妹年纪正轻着，凡事总要留点儿道德，那借刀杀人的事，愚者瞒得过，即智浅者亦瞒得过，只怕天地鬼神有所不容。现在事已过去，不必讲了，但问妹妹心里怎样一个样儿，还是快还是悔？"漱芳被他一问，止不住掉下泪来道："姐姐，咱们虽相交不久，但我的心，姐姐总看的透。前儿那事，我初意那料到，此刀虽借，杀人则非本心，姐姐不训诲，我也自己抱歉，但天地鬼神有知，当必谅我本心，即死者亦不应怨我。"琐琴半晌不语，因道："妒字，我不敢派妹妹，只个狠字，我为妹妹不取。"漱芳道："阿吓，这个姐姐，怪我错了。"琐琴截住道："妹妹，你也不必和我辩，总之有则改之，无则加勉便了。"漱芳被他这一番话，说得心里着实难过，便叹口气，站起来，低着头走去。不知漱芳往那里去，且看下回分解。正是：

莫谓亏心惟鬼觉，须知冷眼有人看。

第四十四回

叶小姐潦草依素　石公子探花及第

却说琐琴见石漱芳垂头丧气的去了，因笑道："此儿尚是可教。"怕他悔恨太过，因捡一集有正味斋的骈文，叫绿绮送他看去。自己却来碧琅玕馆兜了白素秋，又到得月楼台邀了金菊侬，到惜红轩婉香这里来。一进门，见五色玻璃窗都尚关（开）着，映着日光斑斓焕彩，十分可观。阶前海棠半谢，飞花扑人，有一对小孔雀：一只在地上啄落花片子，一只在大菖蒲盆边啄那吐丝的青虫儿吃，素秋笑道："这孔雀是那里来的？倒长的好顽。"菊侬道："不是春笑轩那对儿吗？"琐琴道："那对还比这个高大些，光景不是。"

说着，已到回廊上婉香的卧室窗口，觉有一缕浓香从窗隙里偷出，又微微听得丁冬作响，较琵琶幽些。菊侬便向窗里望望，却被玻璃光倒映转来，只见些阶下的花木影儿，望不见里面，再加玻璃是五色碎锦块子的，更望不透，便与琐琴、素秋立住，悄悄的听，觉丁冬逸响，宛然成调。忽寂然无声，里面婉香问道："谁吓？"菊侬笑应道："我呢。"便同两人走中间进来。见婉香已在房门口，一手掀着花绣软帘，身上穿一件品蓝素缎，满身绣白蝴蝶儿的单衫子，越显秾艳，笑微微的站在软帘底下，见三人进来，笑道："好吓，我正冷清清儿的没意思，这天气又困人得很，睡又不是，坐又不是，你们来得好，谈谈消一会儿闲罢。"琐琴笑道："我也这么着来找你谈谈的。"

说着，婉香让三人进来，见窗口琴桌上摆着一张琴、一炉香，又摊着一本书，素秋笑道："好顽意儿，刚弹的是什么曲子，很幽致呢。"随手将书拈来看，是《绣余琴谱》，因问："这是新出的吗？"婉香道："刚是姑苏顾眉仙寄来的，便是他自己谱的。"琐琴、菊侬便挨肩儿去看，素秋看了一会，放下道："指法倒细的很，妹妹学这个几年了？"婉香笑道："不过随意顽顽罢，若讲究起来，真一点儿也不懂了。"素秋笑道："这也有个客套，快弹点儿给我们听听。"琐琴道："好好，这个我倒没领教过，你们两个不拘谁，弹给我听点儿瞧。"素秋让婉香先弹，婉香不肯，素秋定要他弹。婉香推不过，便坐在五徽位上，将七弦和五弦，在十徽上调了个仙翁，又七弦散和四弦，九徽调一个，也是仙翁，便流水儿一顺，调了几个仙翁，回过来，六弦上弹一个陈抟得道仙翁。住了道："弦准呢，只我这指爪儿，长名指立不起，便是不登品，所以不很讲究他。"秋素道："这也不妨，你的指法很好。"婉香笑笑，因弹了一套《洞天春晓》，弹毕，余音袅袅不断，琐琴、菊侬都静悄悄的听着，见婉香又改弦作徽调，弹起《听琴吟》来。素秋听是：

> 昵昵（呢呢）儿女语，恩怨相尔汝，划然变轩昂，勇士赴（越）敌场，浮云
> 柳絮无根蒂，天空地远随飞扬。

少住，又弹道：

> 喧啾百鸟群，忽见孤凤凰，攀跻分寸不可上，失势一落千丈强。

略停，又弹道：

> 嗟予有两耳，未解听丝篁。自闻颖师弹，起坐在一旁。挥手遽止之，湿衣
> 泪滂滂。颖乎尔诚能，勿以冰炭置我肠。

弹毕，素秋赞好，便也坐下弹一套《和阳》，指法与婉香不相上下。琐琴笑道："这声音太幽，最好夜静的时候，一人听着，一人弹着，那才有味儿。"婉香点首儿道："是。"菊侬因道："宝珠怎么不见？"婉香道："他被盛蘧仙和何祝春他们邀去了。"菊侬便不言语，因道："天气闷得很，咱们何不往海棠香梦轩去看看美姊姊？"婉香道："你们先去，我过一会子便来。"菊侬便同琐琴、素秋将手儿要走，忽爱儿来报说："珍大爷回来了，叶老太太和软小姐、蕊小姐也都来了，请小姐去。"婉香因问三人可同去，三人因多没见过，便说此刻多分不便，回来见罢。

婉香便自往南正院来，瞥眼见柳夫人、袁夫人和叶太夫人刚刚哭完，软玉姐妹都在那里拿帕（怕）子拭眼泪，脸色憔悴了许多，心里替他们一酸，便掉下泪来。进去先给叶太夫人请安，回身握着软玉、蕊珠的手，便出声哭了。漱芳、美云、丽云都在，便帮着劝住了哭。婉香拭泪坐下，因问软玉、蕊珠身体好吗？软玉、蕊珠多含泪应了。听柳夫人问叶太夫人道："老爷和太太的棺木可已抵码头没有？"叶太夫人

道："这两口子的来了，还有苏姨娘和朱姨娘的还没到，是孙儿叶魁送来呢。"婉香诧异道："敢两位姨娘也殉节了？"叶太夫人哭道："他们见冰山一过，多连串儿殉了节，抛这两个孩子，叫我老大的年纪怎么管的了呢？"说着痛哭，大家多替下泪。软玉想他母亲死的苦，早哭的昏晕过去，蕊珠也哭他的母亲，众人劝了半响，才各收了泪。柳夫人想趁此一励，便把叶用自刎殉孝的话讲了，大家又哭一阵，慢慢的劝住了。却好宝珠回来，一进门，便倒在叶太夫人怀里放声大哭，回来又扯住软玉、蕊珠的手，哭个不了。柳夫人含着泪喝住了道："咱们刚住了哭，你又来呕人，快到外面帮你大哥子照料行李去。"宝珠只得出去，柳夫人便叫婉香等陪软玉姐妹往园子里看白、陆、金三位小姐去。婉香便同着漱芳、二云邀了软玉姐妹出去。

这里叶太夫人向衰、柳两夫人道："此番幸是文老爷升了刑部大堂，咱们才不吃亏，一切在京用度，也是文老爷代理值的，咱们一家子真粉身难报此德了。儿孙俱已死了，我也没甚可望，只叶魁一个小孙，年纪又小，全靠府上两位爷督率他了。这两个孙女，我已有成见，请太太念先人一点交情，留在府上代为照看。我老了也没用处，况又无家可归，便再做起家来，我也经不起苦恼，孩子们又不懂事，我定了主意，孩子们全托两位太太照看成人，叶魁倘有好日，便是两位太太的恩典，我打定主意削发为尼去了。"柳夫人忙道："这个使不得。"叶太夫人〔道〕："我定了主意，随你什么人劝不转，你们劝我，果然是好意，但我只想趁此身未死，尚好忏悔来生，你们不信，我给你们瞧。"说着，把头回转来一看，见脑后梳的一个头没有了，大家都吃了一惊。

原来叶〔太〕夫人刚在轿子里悄悄的把剪刀齐根绞了，下轿来，一干人便乱着哭，没一个人留心看他。这会子，众人见他立志已决，因道："太太既要拜经，也不必定到外边去，府里空房子尽多，请太太爱那一间儿，便也好供佛礼斋，倘嫌繁杂，尽请把门反锁了去，便和外面一样。"叶太夫人见这样说，心里也便合式，便含泪点点首儿说好道谢。一时叶魁也来了，给两位夫人磕了头出去，秦珍给他在南书厅下了榻，和秦琼同房。里面叶太夫人便在南正院暂住，软玉姐妹仍住在留余春山房。

过了两日，秦珍替他们看下了坟地，请人择穴，一连忙了几日，却好叶用的棺木也到了，便叫都停厝在大觉寺，择了六月十一的日子安葬。叶太夫人和软玉等都亲视入穴，便在坟庄边一个洗垢庵里住下，守庐一月。秦珍和叶魁两个天天出去督工，做石器，植树加土。软玉、蕊珠便跟着叶太夫人日夜诵经吃斋，替亡人忏悔。宝珠、秦琼也不时出城来, 请安祭墓。

光阴迅速, 到了七月十一, 墓上各工都早完备, 秦珍和叶魁先进城去打发三乘官舆来请, 叶太夫人却死也不肯回来了。软玉、蕊珠见叶太夫人不肯回去, 也便情愿跟（狠）着老太太削发, 太夫人发了恼, 两人才不敢下手。秦珍知道, 忙赶出城来劝太夫人回去, 太夫人决意不从。秦珍见他志向已决, 无可挽回, 便把软玉、蕊珠两个, 叫太夫人骗他们回府里去。太夫人便只说上轿, 叫两姐妹先上了舆, 自己却不上舆, 见一干人出了门, 便把庵门反闩上了。

软玉姐妹上了轿, 便飞风的抬回秦府来, 一下轿, 不见了太夫人, 知道是谎, 便多哭着要回庵去。经柳夫人等一干人扯了进来, 又细细的开导他一番。柳夫人说："太夫人有了年纪, 你们做孙女的不能使他快活, 也该使他享几年清福, 颐养几年。他在咱们府里自然住不稳, 看咱们一举一动便多伤心, 不如让他安安静静修养着, 不算是孝, 也算是顺。你们有时儿也可看他去, 便我们也要常去望他。你们年纪正轻, 你老太太有话对我讲过了, 可不要教我对不起你们老太太。"软玉听了才明白些, 回园子里去。宝珠又恩恩切切的劝了一会, 婉香、漱芳也都劝他, 陆琐琴又引用出许多古典来讲给他听, 两人才安心住下。

外面秦珍把叶魁送入书馆里, 也请陆莲史教了。此时已是七月中浣, 乡试近了, 便督率着秦琼、宝珠两人用功。一日, 陆莲史正替宝珠批文章, 正批的得意, 忽听见锣响, 忙喊小厮锄药去问, 敢是报锣, 锄药转来回说："正是, 刚来报石舅老爷点了第三名探花, 授职翰林院编修呢。"陆莲史听了欢喜（善）, 便搁下笔, 站起来踱圈子, 踱了一会, 因向叶魁道："可不要念书? 你明儿也这样, 给先爷争口气。"又向秦琼、宝珠两人道："你两个, 看文章今年都好中了, 明春去夺个〔状〕元回来, 也给你老爷太太开开心。"宝珠笑笑, 秦琼因站起来告了公出, 说往岳家道喜去, 陆莲史点首儿, 秦琼去了。陆莲史也要回家去转转, 看可有什么亲戚中了, 要道喜去, 便放了馆。宝珠早一溜烟跑进去了。不知后事如何, 且看下回分解。正是:

　　富贵无常随势转, 功名有数逐人来。

第四十五回

得月楼合良宵闻笛　集词牌令秋字飞觞

　　却说宝珠进来，先到留余春山房一转，见软玉不在。问丫头们才知道，还是午间，和蕊珠跟柳夫人出城望叶太夫人去了。便到惜红轩来，婉香也不在屋里，说往得月楼台菊侬那里去了。宝珠见天色将晚，便趁着晚光走下山坡，打一直游廊上，到得月楼台来，见临水卷篷点了琉璃串子灯，映着波光，就像几条金蛇在水面上攒动似的，便打后面走廊绕转去，到水阁上。见面水的六扇文窗一齐开着，卷起一带湘帘，婉香和菊侬两个，都穿着白罗衫儿，伏在栏杆上，看水里的月子影儿。宝珠挨近来看，婉香见是他，因笑道："你又逃学出来了。"宝珠"嗤"的一笑，便依着婉香靠在栏杆上，看那月影子像是一个玉钩儿在水里浸着，恰衬出碧蓝的天，晃明的星，几点红灯影儿。那水便是镜子一般，没一点儿波澜。菊侬手里拿着柄纨扇儿在身边摇着，宝珠要来看，却一个字也没得。因道："倒也清脱得很，省得把那些墨渍洒着，污了眼睛。"菊侬道："我正要请你画呢，这么便推得这样干净。"宝珠连连退还他道："我不敢领教。"

　　婉香在旁一笑，宝珠回转头去看他，菊侬也"嗤"的一笑，宝珠不懂起来，因问："笑什么？"菊侬叫婉香不告诉他，婉香便只是笑着不语。宝珠连道："好姊姊，告诉我，也给我笑笑。"婉香道："你自己向镜子里照去。"宝珠便走到镜屏边一看，见紫金冠的绒毯上缀着一颗火，忙用帕子去抹，那火便掉下来，缀在衣袖上。仔细一看，原来是萤火虫儿，刚伸手去捉，那萤火便飞起来，宝珠用帕子去甩，却飞到窗口去了。菊侬顺手用扇子一扑，却好掉在婉香肩上，宝珠忙在那里叫道："吓，姐姐，萤火虫儿在你肩上了，看到耳朵里吃脑子去呢。"婉香回头，见果然在肩上闪着，刚要拿帕子去挡，宝珠早过来，替他抓在手里，向池子撩去。

那萤火却飞起小翅膀儿，停在一朵半谢的白荷花心儿上，一闪一熠的亮着。宝珠笑道："这正是清凉世界，有几人见的了。"婉香笑了笑道："你文章有这样熟便好了。"宝珠道："怎么姊姊也说出这样的迂话来，这个只有那位女学究讲讲的，你几曾见古来的美人讲过这些迂话来。"刚说着，忽菊侬一笑，宝珠一回头，见陆琐琴站在背后听他。见宝珠回过头来，他便一笑。宝珠连连作揖道："好姐姐，你不听这话，我是放屁呢。"菊侬在旁笑道："这算什么样儿，敢是你在二哥子那里学来的。"琐琴一笑道："敢是他二哥子和你姊姊这样来，怪道人都说他怕漱妹妹呢。"婉香也听了好笑。

忽宝珠道："我现在难得和你们一块顽，今晚子这好天气，咱们何不就在这里，请姐姐妹妹都来喝杯酒儿，可不要辜负了这秋色。"三人说好，宝珠便道："我写条子请去。"说着，便到书桌子上写去，众人看他写道：

> 芳樽久空，秋思殊满。画阁临水，绮窗尽开。月钩倒映，荷风吹香。凭栏
> 小立，飘飘乎欲仙矣！良夜景物不敢独居，为有愿来共之。菊侬手订。

琐琴笑道："这个还是算散文，还是算骈体？"宝珠笑道："管他呢，通便了。你要讲骈文，明儿我做一篇你瞧，怕不吓短了你的脖子。"婉香、菊侬都笑起来，便把这笺子叫一处一处的送去看，说软小姐和蕊小姐倘回来了，也请过来。太太高兴，也去请声儿，丫头们答应去了。

宝珠便叫把茶几搬几张出来，摆在栏杆边，一字儿摆了四张茶几、八张桌子，后面又摆了一排，都面着水，又叫每张茶几上摆两付杯箸、一架十景攒盒。因向三人道："咱们今儿不依次坐，只把首两座空了留与两位太太坐，以外，便谁先来谁坐，菊侬是主人，要一座一座的退让下去，二姊姊先来，坐在第三位，我坐第四位，琐姊姊坐第五位，菊姊姊先坐了第六位，等有人来再坐下去。"刚说着，白素秋来了，接着美云、绮云也来，便依次坐定。素秋笑道："这排场倒像看戏。"宝珠拍手道："阿吓，我忘了，快喊春声馆女孩子到对面桥亭上坐着伺候去，看这边檐口的灯点起了，便吹起笛子来，要吹一拍停一拍的，不许连并吹下去。"丫头们去吩咐了，一时见那桥亭上四面挂出累累的红灯来，知道伺候着了。却好藕香、丽云、茜云、赛儿都来了，宝珠便叫依次坐下，因问："太太可回来了没有？"丽云道："回来了，太太和软姊姊他们便来。"

正说着，见左首临水走廊上远远的来了几对风灯，那火倒映在水里，上下两点，渐渐的移近来，到柳阴丛里便不见了。一时见许多丫头们喧笑声进来，见柳夫人携着软玉，软玉携着蕊珠，漱芳扶着袁夫人一串儿进来，大家便一齐站起来，排下了五个位子让他们坐。柳夫人便和软玉同坐了一张茶几，袁夫人和蕊珠同坐了一张，漱芳便来和婉香坐了，各丫头斟上酒来。

柳夫人笑道："今儿天气倒好，你们这样一个排场打算怎样顽法？"宝珠笑道："且请太太干一杯儿再讲。"柳夫人便干了，大家陪饮一杯，宝珠道："咱们今儿共是十六个人，便可以好好的行个令儿。"众人问："什么令？"宝珠道："便我起令，有不遵（准）者，无论是谁，概罚三杯。"赛儿坐在宝珠背后笑道："快讲，我们都依你。"宝珠因指对河桥亭上道："那边有女孩子等着吹笛子，是一拍一停的，咱们便依他的笛子，笛声起了，先飞个秋字，数到谁，便喝一杯门杯，先说两个词牌中间一句诗句或是词牌，末句仍用词牌结尾，要一气贯串谐韵的，倘笛声住了还没讲出口，便罚三杯，交令下去，该下坐一人说。"大家都说好极，宝珠便叫把檐灯都点齐了。忽一缕风来，对湖的笛子起了，宝珠饮了门杯说令道：

月下笛，隔帘听，隔浦莲绿盖舞风轻，郭郎儿近拍双双令。

说完（还），却好笛声住了，又说一句秋字道："银烛秋光冷画屏。"一数，该是后一排第一座素秋接令。素秋饮了门杯，听笛声又起了，因说令道：

疏帘淡月垂杨碧，秋水共长天一色，泛情波摘遍新荷叶。

众人一齐赞好，说末句真似一块玉生成的，合席各贺一杯。宝珠道："我那'郭郎儿近拍双双令'那里比他差些儿，快也贺我的酒。"大家都笑着不肯贺他，听笛声住了，便催素秋说秋字，素秋笑道："我忘了，"便说一句"水晶帘卷近秋河"。数去该是后一排第六座茜云接令。茜云吃了一杯酒，不等笛声吹起，便说令道：

画屏秋色，金菊对芙蓉。一丝风烛影摇红，梦玉人引步蟾宫。

大家一齐喝采。又说秋字道："莫度秋风吟蟋蟀。"说了这句，那笛声才起，数去该是软玉说。软玉便饮了门杯，不等笛声住了，便道：

无愁可解，青衫泪湿香罗带。三山远落青天外，望帝京，春去也。

那笛声住了，便飞秋字道："离人心上秋。"数去该婉香说，婉香接令道：

湘春夜月醉蓬莱，清风明月无钱买。卷珠帘，送入我门来。

大家说结句甚好，婉香又说一句"睡起秋声无觅处"。该是瑶琴接令，听那笛声又吹起了，想一想，便随口念道：

忆仙姿，长相思，长相思兮长相思，相思十二时。

大家一齐赞好，说这真是一气贯串的了，该贺一杯。琐琴又说一句"桂花凉露湿秋衣"。该是丽云接令，丽云也随口念道：

珠帘卷，满庭霜，卐字栏杆亚字墙，柳梢青，豆叶黄。

笛声住了，便飞一句"枫叶荻花秋瑟瑟"。该是柳夫人接令，柳夫人笑道："这个坑死我了，待我想瞧。"听那笛子又吹起来，因道：

八节长欢庆，清朝人月圆，传言玉女劝金船，拂霓裳，解佩环。

大家一齐赞好，合席各贺了一杯。柳夫人又说一句"不许秋风老鬓丝"。众人又说好。袁夫人见轮到自己，听笛声住了又起，因想一想道：

十楼连苑上林春，八节长欢一寸金，忆少年步月御街行。步蟾宫，瑶台第一层。

合席也贺一杯，袁夫人又说一句"好折秋花第一枝"。却数到漱芳，宝珠笑道："太太这诗令儿，是预兆吉语，应在二嫂子身上，咱们也该贺一杯。"漱芳说令道：

四园竹，一丛花，更深月色半人家，捣练子摊破浣溪沙。

又说一句"一层纱闪几重秋"。数到绮云，那笛声又起了。绮云刚饮了门杯，忽笛声住了，大家便笑起来，便叫罚酒，绮云笑骂道："怎么只吹两句便住了，不知谁吹的，明儿我要很很的灌他几杯酒。"说着，那笛子又吹起来，绮云把三杯酒喝完了，那笛子又住了。婉香笑起来道："这个真呕死了绮妹妹。"绮云不肯再吃，藕香道："这个不能，他们原唱的《廊会》(小宴)曲子，这两句一吹的是引子，他们又不能舞弊。"绮云只得再吃了三杯，赶忙说道：

琐窗寒，愁倚栏杆，金炉香尽漏声残，月上海棠。

又说一句"不知秋思落谁家"。数去该是丽云说。宝珠回头道："快说，仔细罚酒。"丽云道："我不要你管，你倒是替婉姊姊想几个在肚里，回来省罚酒。"说着，笛声起了，丽云因笑向宝珠道："我便借重你吧。"因指着他说道：

蝴蝶儿，好春时，知他最是关心处，东风第一枝。

说着，大家都笑起来，笛声住了，丽云又说一句"折碎秋心不计愁"。赛儿见轮到自己了，便道：

春风袅娜，明月生南浦，夜凉独自甚情绪，月底修箫谱。

又说了一句"绿杨无奈到秋黄"。该蕊珠接令，蕊珠随口说道：

上西楼, 懒画眉, 问君还有几多愁? 亭前柳。

又说一句"今夕谁家秋思耗"。素秋接令便道:

被花恼, 念奴娇, 凤凰台上忆吹箫。上西楼, 望海潮。

说一句"入秋荷叶便枯黄"。美云听笛声又起, 接令道:

点绛唇, 荷叶杯, 劝君更尽一杯酒, 隔帘听, 鲍老催。

大家说好, 美云又说一句"蟋蟀秋声处处同"。藕香接令, 听笛声未停, 接说道:

新雁过妆楼, 剔银灯绣个薄罗兜, 不是鸳鸯双并头, 雪狮儿滚绣毬。

大家一齐说好极了, 情致委婉的很。藕香又说一句"莫放秋风到桂枝"。茜云见又数到了, 听笛声才住又起, 便说令道:

月照梨花风入松, 高山流水击梧桐。画屏秋色红窗迥, 并蒂芙蓉一萼红。

众人赞好, 茜云又说"留得秋荷听雨声"。大家见月子已沉下西去, 那月子照的满身满屋子, 便请柳夫人收令, 柳夫人饮了一杯, 便说道:

五福降中天, 瑶台聚八仙, 不知天上宫阙, 今夕是何年, 醉思仙。

大家各贺一杯, 便收了令。丫头们送上八宝饭来, 各人吃了口儿, 闲谈一会, 便渐渐散去。不知后来如何, 且看下回分解。正是:

万物已随秋气改, 一樽聊为晚凉开。

第四十六回

软心肠宝珠哭姊姊　巧口角丽云笑哥哥

却说秦宝珠自那日在得月楼台小宴之后，便一径在馆里念书。流光易逝，倏忽已是八月初旬，乡试到了，秦文早写信回来，勉励他两人。到了初七日，主试来省，陆莲史看了进帘回来，宝珠迎着笑道："先生可知道主试便是谁？"陆莲史道："不知道，敢和府里有亲么？"宝珠道："亲却远了，便是翰林院侍读学士花占魁，便咱们家表叔子，不想放了帘了。"陆莲史道："敢便是令姑丈花占春先生的令弟。"宝珠道："是呢，不知道可要回避不要？"陆莲史道："这位主试和令姑丈还是胞弟兄，还是嫡堂？"宝珠道："是从堂的。"陆莲史道："那不妨事，只怎么前儿说，主试是放的沈左襄，敢为什么再放过的。"宝珠低声道："听说为谣言。他前番北闱里舞了点儿弊，这会子被人弹了，还予告呢。"陆莲史慨然道："只正是宦海升沉，旦夕不知的。"说着，顺步儿踱起圈子来，走来走去的半晌。宝珠见天色将晚，便落得做个场面，坐一会儿，到天晚再进去。

一眼见叶魁皱着眉心在那里对课，见陆莲史踱到他面前看了看，因对宝珠道："这对子果然不好对，你对对瞧，是'屏风'两字。"宝珠笑了一笑，及细细一想，果然没的对，见叶魁去对了个"灯火"，陆莲史摇摇首，又一会子，又去对"遮阳"，陆莲史也摇摇头，说"遮"字不是一件器皿。叶魁道，我把那屏字当屏谢的屏字讲。"陆莲史笑道："若是这样，便对的多了。"忽秦琼说，对"宝星"，陆莲史道："敢是洋人大帽子上缀的那个宝星吗？"秦琼道："是。"陆莲史道："这个还可对得。"刚要拿课本子去写，宝珠道："我有了，对'漏斗'，漏是器皿，斗是天文，如何？"陆莲史笑道："这个狠好，这个很好。"便写上本子，因向叶魁道："对课要这样，一个活想对的好,这个不算你,再对这个去。"宝珠偷眼在叶魁手上一看,是"伯牛"两字,忙低声道:"季骢。"又道:"王骥。"叶魁暗点点首,到位子上去,故意做出那皱眉思索的样儿。

宝珠暗暗好笑,见上了灯,刚要告公出去,见秦珍进来,大家便都站起来,陆莲史便让秦珍向炕上坐下。秦珍道:"今儿主试进帘了么?"陆莲史道:"是呢,大爷今儿还搅这个不去?"秦珍笑道:"我总丢不下这个念头,今科也免不过,去混混瞧。"陆莲史道:"其实像大爷这样高官,还争这一点儿功名什么。"秦珍笑道:"师爷不知道,咱们世袭的职官,最教人瞧不起,总说是单靠着祖宗余荫,凭你满腹经纶,也没个人信得过,必打这个上出来才有趣。我倒不希罕什么举子,我只想能够侥幸任一个御史,我便把这些糊涂官儿参一个干净,心里才舒服。"陆莲史大笑起来。

秦珍因见陆莲史房里摆着鸦片榻子,因走下炕来说:"咱们里边谈谈去。"陆莲史便回到自己房里烟榻上坐下,因让秦珍吃烟,秦珍道:"我不会吃,我替你装一口儿顽顽。"便躺下,这边拿签子去挑烟,陆莲史也躺下了,秦珍手里烧着烟,口里道:"今儿我来不为别的,想替师爷府上说一个媒事。"陆莲史道:"敢替小女说亲么?这好极了,我正为他年纪大了踌蹰呢,是那家的郎公,敢是府里的?"秦珍道:"也算是咱们府里的,若讲郎官的才貌,自没得比(批)的,若一切行止举动,也是师爷素所称许的。"陆莲史低声道:"敢是宝珠?"秦珍笑说:"不是。"陆莲史道:"是了,我知道敢是石师爷?"秦珍笑点点首儿,因问:"何如?"陆莲史一口答应(虑)道:"好极好极,咱们家一辈子结的书香亲,今儿待我去和贱内讲明白了,明儿就请大爷给我允吉去。"秦珍道:"我知道你定肯许的,所以石太太对我讲,我便一力担承下来。既这样,那剑秋那边我也不用讲去了。"

陆莲史道:"那敢剑秋的令妹也还没字人吗?我倒有一门子,你替他讲讲去。"秦珍问:"是谁?"陆莲史道:"也是一位新贵公,讲起来,你也和他相好,便是李冠英,你瞧可讲得吗?"秦珍已将烟打在斗上送过来给陆莲史吃。陆莲史知道秦府里上下都不许吃这个的,便也不让,接来一口气吸了大半筒,又捏一捏,又一气吃完了,放下烟枪,喝了口茶,把烟望鼻孔里放出了,问秦珍道:"如何?"秦珍笑道:"好果然好,只是有了主儿了。"陆莲史道:"这话我不解。"秦珍道:"是金师爷的令爱,要我和冠英讲去,我所以不好再替剑秋讲去。"陆莲史道:"那也好,总是一讲就成的,即日便有新贵出来,我再替剑秋说媒。"忽秦珍跳起来道:"我忘(忙)了,剑秋托我替他自己做媒，我怎么便一时想不起来。"陆莲史道："敢剑秋还没对亲？"秦珍道："正是，我便把金家这门亲说给他，再把他令妹说给李冠英，你看如何？"陆莲史道："好。"秦珍便告辞出来，立刻到白剑秋帐房里讲去。

这里宝珠却听的明白，心里早悲酸了，见莲史送秦珍转来，便告了公出，一径跑到惜红轩来。踏进门，见婉香一个坐在灯下写字，宝珠止不住一阵心酸，早"哇"的哭了出来。婉香吃了一惊，忙问他怎么了？宝珠哽哽咽咽的哭道："好好的两个姐姐妹妹，才和我伴熟了些，我刚开心，说一个人做一辈子人，要这样的好姐姐妹妹能有几个，他偏气不服我，一个一个的想法子送人家去来。"说着，又悲悲切切的哭将起来。婉香不懂他话，这"他"字指的谁，因问道："他是谁呢？"宝珠哭道："大哥子呢，把琐姐姐说给了石家；把素姐姐又说给了李家；把菊姐姐又说给了白家，照这样一刻儿送了三个，今儿过这一晚子，不要把我的好姐姐好妹妹多送光了么。"说着，又哭起来。婉香替他拭泪道："你又疯了，一个女儿家那能一辈子老大的伴着你顽，不嫁人去。"宝珠道："那大嫂子怎么一辈子伴着大哥子不嫁去呢。"婉香笑道："又呆呢，大嫂子是给了你大哥子的，所以不嫁去。像美姐姐和丽妹妹他们，也和你好不了一辈子，也一个一个的要散去的，可见自己家的姐姐妹妹还不保住，况是人家家的，由你作得主吗？"宝珠听了这话，就像兜头一勺冷水，因哭着扯住婉香的衣袖道："姐姐你呢？"婉香红了脸，忽一个转念，也扑朔朔掉下泪来，摇摇首（道）儿，更无一语，宝珠便痛哭起来。婉香连连收泪道："你疯了，快放了手，给人听见算什么。"

宝珠放了手，一兀头倒在婉香床里，呜呜咽咽的哭去。婉香暗暗伤感了一会儿，宝珠还在那里哭，因走过去扶他起。宝珠早哭的泪人儿似的道："好好，你们一个一个的嫁去罢，听我一个儿哭死罢，我哭死了，我把魂灵儿化出几百个我来，一个一个的跟了你们去呢。"婉香听这话，又觉好笑，又止笑道："你讲话越是随口佘的了，你叫我嫁去，你叫我嫁谁去？"宝珠道："姐姐，你叫我叫你嫁谁去呢？"婉香恼道："你这话越发疯魔了，我问太太去，这话你敢是和我讲得的。"宝珠见他恼了，忙收泪央告道："好姐姐，你又生我的气，倘你生了我的气，气坏了，我还和谁好去，还又谁和我好呢。"说着，又长一行短一行的淌下泪来。

婉香刚要说，忽窗外一阵笑声，春妍在那里说："素小姐，你们那儿来吓，怎么灯也不点一个？"婉香忙推他道："快不要哭了，他们来了。"宝珠连连拭泪，婉香走出去迎着，见素秋和菊侬、丽云三个进来。丽云一眼见宝珠拿帕子拭泪，便"嗤"的一笑，走进来道："又哭什么来？"宝珠强笑道："我不哭，我眼睛疼呢。"丽云笑道："眼圈儿都擦肿了，还说不哭，好好的又恼什么，总是二姐姐不好，快不要哭。"婉香笑道："谁和他恼来，他自己爱哭着，我也劝不理。"素秋笑道："你不和他恼？你眼角上还有泪珠儿呢。"婉香拿帕子一抹道："谁讲呢。"菊侬笑道："我常听他们说，你们两个打去年起，一年三百六十日，总是哭的日子多，笑的日子少，究竟也不知道你两个有什么伤心处，谁为谁哭的？"婉香笑道："还讲呢，他不是为你哭来。"菊侬啐了一口，婉香笑道："你不信，你问他去。"菊侬真个走近去问他，宝珠冷冷的道："我为谁哭，我为谁哭了，谁知道我为谁？我哭我的，天不该生了我这人，还生我这个心。"菊侬笑道："你不要这个心，你呕出来给了我。"宝珠道："我给你什么？"丽云笑道："他要给二姐姐的呢。"宝珠道："我又为什么要给他，我这个心不是好东西，人拿了去，便够苦了，势必和我一样的苦恼，我可不害了人。我呕出来拿煤子烧了灰，烧了灰还有痕迹，漂到大洋海里去，给那些鱼儿虾子一吃光了，可不干净？那我这人便空空洞洞的没一些儿苦恼，没一些儿心事了。"丽云"嗤"的一笑道："那你这个心给鱼吃了去，那鱼儿可不也要和你一样，似可天天对虾子哭去。"素秋、菊侬都"嗤"的笑起来，婉香笑骂道："那鱼倒要对你哭去呢。"宝珠也忍不住笑了。

丽云笑道："我不和你讲，我还要问他呢。"因向宝珠道："这么你可不害了这个鱼？"宝珠道："那我不管。"丽云道："那是你的心，你怎么不管他去呢？"宝珠道："我因不要这个心，才化了灰，漂到海里给鱼吃去的。"丽云道："你没心可还能活吗？"宝珠道："死也有限。"丽云又道："那你值得什么来？"宝珠道："怎么不值得，趁你们姐姐妹妹都没走散的时候，我便这（怎）么一死。你们大家哭我的眼泪，都盛在棺材里盛满了，把我这身子放下去一浸，便像泥人儿似的浸酥了，连骨头也没一根儿。再倒在河里去化了水，给你们姐姐妹妹煎了开水吃下肚去，可不值得？"菊侬"嗤"的一笑道："吃下肚去不打紧，回来把你……"说到这里笑的讲不出来。

婉香笑骂道："你们今儿都要疯了，照这样胡讲我不爱听，都给我滚出去。"丽云笑道："你爱听的话我多着呢，我讲给你听。"因学着宝珠的样儿，扭股糖儿似的粘在婉香身边道："好姐姐，我和你好，你可不要恼我呢。"婉香一手推开了，笑嗔道："呕死人了，我让你们，尽你们胡缠去。"说着要走，丽云一手拦住了，呵着手要挠他的痒，素秋也扯住他不许走。婉香怕挠痒，早笑的软，快坐下了。

忽外面海棠进来说："花农来请爷上学去。"丽云笑道："好好，催命鬼到了，快去快去。"宝珠欲待不去，又怕婉香生气；待去，又舍不下他们顽，想了想，无奈，只得垂头丧气的走了出去。海棠拿着风灯照到园门口，交花农照了出去。宝珠到南书厅来，正在摆饭，便和陆莲史一块儿吃的。陆莲史又讲些场规给他们听了，各自睡去。

到了后天，便是头场了，秦珍也要考去，便和秦琼、宝珠两个在柳夫人、袁夫人前请了训出来。再来见陆莲史，陆莲史叮嘱了些仔细的话，便亲自和白剑秋两人送考，五人一齐上轿。出了府门，到宗祠里拈了香，便一径到贡院门口。见已天色大明，里面早点名了，便护送入场，各自回来。到初十，三人出来了，秦珍先自睡去，宝珠和秦琼都把三篇文字誊清了，送陆莲史看。陆莲史大为奖励，说文章还是秦琼的老到，宝珠的太发旺些，好也好，只比起来略嫩些儿，宝珠怕丢了脸，二场进去，便花团锦簇的做了五篇经文，出来送往陆莲史看。莲史大赞，说一定中了。到十四，秦珍、秦琼、宝珠三人又进场去了。不知后事如何，且看下回分解。正是：

　　华堂未赏三秋月，瘘屋先耽九日风。

第四十七回

小广寒法曲舞霓裳　大闹热飞觞折桂令

却说这日已是中秋佳节，秦府向例，两府的人合在一块儿过节的。此时桂花正开，袁夫人叫把席摆在东花园的小广寒去。到晚，袁夫人便带着漱芳、茜云先到南正院来请柳夫人，见满屋子都挤满了人。原来琐琴、素秋、菊依三人柳夫人都不放他们回去过节，便都在这里。软玉、蕊珠原打早间去拜太夫人的节，想陪着太夫人过节，太夫人不许他们在庵里住，所以也刚回来了，藕香、婉香、美云、丽云、绮云、赛儿俱在。

大家见袁夫人，便多站起，袁夫人让了坐，因问众人说："榆园山上桂花甚好，今儿便在那里赏月，那月供，便设在桂花树下。"大家都说甚好，便喊掌灯，一齐出来。向东正院走廊上出去，仍接着走廊，弯弯折折的到了回廊曲曲的所在，打晚春堂门口绕过，从扑翠亭走上循山游廊，渐渐高去。一路都点齐了灯，望下去，有几处没人走去的所在，多不点灯，琉璃瓦上照着月光，还笼着烟，大家俯望了一会，便都上去。早一阵风来，那桂花香气直参入鼻观。

来到月洞门口，见满天井几十株桂花开得金粟似的，那月光斜照在西首廊上。众人便打西首廊上走去，罩着满身都是花影儿，砌下有几个蟋蟀在那里咶咶的叫着，台阶上铺满了桂花米儿，中间月台上设着月供一座；绢纸扎成的月宫里面，楼台花木和走马灯做的嫦娥、玉兔、冰蟾、杵臼俱齐。中间烧着一炷斗香，和着桂花香气，搅得氤氤氲氲，月色又迷迷蒙蒙不甚清楚，那香烟浮空飘着，就和云气似的，一阵风来，桂花落的满身衣袂皆举。婉香笑道："这里倒真像清虚府呢。"丽云笑道："月姥、姮娥、素娥、青女倒都有了，只少得一个兔子。"美云指着赛儿道："那便是他了。"袁夫人和柳夫人都看着赛儿笑起来，道："还不拧他的嘴去。"赛儿笑道："做个兔儿也是有趣的，怕还轮不到我呢。"婉香笑道："你放心，谁来抢你的美名儿。"赛儿笑道："宝叔叔吓。"大家都笑起来。

　　进中间院子，见上面设着六扇围屏，也挑了灯，居中极大的一张圆桌，却空了中间一块，原来是十六张扇面茶几拼摆一个圈儿来的。大家便依次坐下，是柳夫人第一座，袁夫人第二座，下面便是琐琴、素秋、菊侬、婉香、软玉、蕊珠、藕香、漱芳、美云、丽云、绮云、茜云、赛儿，却空了一位，本该是宝珠的，这会子不在，便把叶魁喊来，坐了蕊珠下首一座。婉香等看他年纪比宝珠小些，一切言语举动迥然各别，不知怎么有一种讨人厌的样儿，也不去理他。丫头们筛上酒来，大家吃了一巡。柳夫人团圈看了一遍道："今儿人也不少，怎么少了个宝珠，便冷清清儿的？"袁夫人笑道："他们在场里，不知道还冷清到那样呢。"柳夫人点点首儿，便拿一个月饼拗破了吃着，道："今儿太冷清，抽肠子行令也没得趣，还是叫春声馆孩子来这桂花地下舞一回儿，倒好顽。"大家一齐说好，便喊丫头们往西花园传去。

　　一时伶儿、嫩儿、细柳儿等都来了，请过安，便先到对面回廊坐着，打起十番锣鼓来，夹着笙箫，甚是幽雅。那时月色渐渐的明了，满院子灯也通明了，风瑟瑟的，把外面桂花香气吹得满屋子喷香，婉香笑道："这桂花倒开的很盛，人家家的总开的没这样早，想这花儿，也是预来给两位太太和两位嫂子报喜的，你们不瞧那月台上的烛花，也开得和如意样儿呢。"柳夫人笑笑，袁夫人也很欢喜。忽一阵锣鼓响，对面走廊尽处，月洞门上拥出许多盏云灯来，一串儿约有十几盏，都是小孩子手里拿着的，打桂花树底下，高高低低一来一往的穿着，忽接成一道云街，周回的拥了一转，却两行儿分开，接成八字式了。云灯尽处，又着地拥出一朵云，上面站着一个仙女，霓裳霞佩仪态万方，众人定睛看时，却是嫩儿扮的嫦娥，口里唱着，后面跟出一只兔儿灯来。忽一道焰火过处，又拥出两朵云灯来，看见唱老生的大春奎扮了唐明皇，一个唱净的四喜儿扮了叶法士唱着出来，满天井都拥着云灯。那月色照入院子里来，桂花更香了，那笙箫声音幽细的很。柳夫人一面看着戏，一面喝着酒，高兴的很。见满屋子被月光移进来些，花影儿因灯光逗着不甚明白，便叫把里外的灯一齐吹熄了，那月光便雪亮的照着各人满身，大家都说有趣，满饮了一杯。忽对面月洞门口点起一盏白色电灯来，那光直逼的人影透明，望去见亮光打月洞门射进来，宛然一座月宫，忽然又走出五六个女孩子扮的仙女，手里都拿着乐器吹打着出来，向桂花树下跟着云灯一往一来的吹着，唱着，舞着。满座的人都看的出神了。

丫头们送菜上来，猛不防叶魁甩起一只手来一撞，把一碗汤倒的满手，因那汤是烫的，一失手把个碗打的粉碎，大家吃了一惊，那茜云的猫儿早跑去抢着吃了，众人都笑起来。一时戏完了，大家都饮了一樽。茜云道："咱们今儿便把我这一个猫行一个令好吗？"柳夫人因问："怎么样一个行法？"茜云道："折一枝桂花，咱们一顺儿传过去，猫叫一声便住了，花在谁手里谁喝酒。"婉香笑道："这个你能作弊，我不来。"茜云道："那我把猫交给你，好吗？"婉香笑应着，赛儿忙道："婉干娘，可不要听他的哄，前儿我和他来过，他把猫交给了我，我打他、弄他、拧他、他死也不肯叫。我还了他，他不知怎么弄他，只看轮到我，那猫便叫了。"袁夫人笑道："你们不知道……"茜云忙叫："太太不告诉他。"袁夫人便笑笑不语。漱芳道："还是把猫交给我罢。"茜云料想他不知诀窍，便捧过来放在他身上。丫头们便折一枝桂花交柳夫人手里，便由柳夫人起一顺轮下去。可巧到茜云手里，那猫叫了一声，茜云甘心情愿的饮了一杯，再轮到他手里，猫又叫。茜云骇异道："奇了！"又饮了一杯，再轮到他，又叫起来，茜云便说有弊，漱芳笑将起来。茜云笑道："好好，二嫂子，你好。"大家因问漱芳，漱芳笑道："他这个猫也有点儿脾气，你越欺弄他，他越不叫。你这拿手向他额上抚抚他的顺毛的，他才肯叫。"说着，因抚抚那猫，果然渺渺的叫将起来。婉香笑道："那你不该连要他吃三杯，叫他知道。"漱芳笑道："我只弄他叫了一声，第二回是丽妹妹学出来的，那里真是猫叫，这会子我不弄他，他却自己叫起来。"大家都笑起来。

柳夫人因道："只个不公道，还是叫伶儿们击鼓传花罢。"合席说好，丫头们便叫伶儿捧着鼓，到月洞门外敲去。这里仍打柳夫人传起，才到袁夫人手里，鼓便住了，满屋子便哗然称贺，漱芳早满满的斟了一杯送与袁夫人，袁夫人便饮干了。又传过去，却好到柳夫人手里，鼓声又住了，大家又哄然称贺，说今年两位哥儿定恭喜了，柳夫人也高兴，便喝了一杯。重又传起，却到婉香手里住了，丽云等又哗然称贺，婉香笑道："那我可有什么可贺的事。"丽云笑道："宝哥哥高中了，也该贺你。"婉香道："这又奇了。"袁夫人也插笑道："姐儿的喜，定是来年得个状元郎呢，宝儿中举那算得什么？"柳夫人也笑道："好好，三太太讲的是呢。"藕香在旁道："妹妹，快干这杯喜酒儿，"婉香刚要吃了交令，被他这样一说，便放下不吃，道："这两位太太和姐姐妹妹总拿我开心，也罢，我便给太太做个欢喜团儿罢。"丽云"嗤"的一笑，婉香红了脸道:"丽妹妹又笑什么,我以后和你讲话,真先要在肚子里轮一转儿呢。"丽云道:"谁笑你来,快吃了这杯子喜酒再讲。"婉香定不肯吃,柳夫人说:"你吃了,我不许他们笑话便了。"婉香才饮干了,丽云笑了他一眼,婉香不理,便将花儿从婉香传起,可巧到丽云手里住了。丽云怕婉香笑话,不等他开口,便把酒忙一口饮了,婉香看着笑道:"忙什么,怕谁抢你的吃呢。"丽云刚喝了没咽下,听着不禁失笑,把酒却喷了绮云一脸,绮云笑着骂起来,丽云连连央告,笑着把自己帕子替他揩拭。茜云也恼道:"我脸上也有了,快给我揩呢。"丽云一扭头道:"我不信便喷到你那里,又诈我来。"茜云不依,经赛儿替他揩了揩,又讲些好话才罢。一时合席都传遍了,只叶魁没接到手,便手舞足蹈的说不公道,一带手把婉香手里的杯子又碰碎了。蕊珠着实过意不去,忙拿自己的杯子送给婉香用,婉香却毫不介意,仍旧谈笑自若。

一时摆上饭来,大家吃了口,便各散坐。一会儿,月色已斜上东墙,便叫掌灯,一齐走下山来。早觉得凉露满天,那些树叶都津津的映着月光,和缀着许多串水晶球儿的一般。一干人出了榆园,两夫人和藕香、漱芳、茜云、赛儿便各归院子,叶魁仍送进书馆睡去。这里婉香、琐琴等一同打宝珠楼上到一粟园山下,琐琴、菊依、素秋便打留余春山房这边下山回去,软玉、蕊珠、美云、丽云、绮云都在惜红轩略坐一会儿,各自分路回去。婉香却独自凭栏一望,见山下几对风灯,引着各人分头向月下走去,远见洗翠亭在池面上笼着月色,幽邃可观,便四下望了一回。见天井里两株银桂也开的正好,月光笼着,别具清致,便赏玩一回,听漏声已滴二下,才归安寝。不知后事如何,且看下回分解。正是:

> 月好自宜同醉酒,夜深犹爱独凭栏。

第四十八回

听琴夜宝珠招薄怒　下场时秦琼遇冤家

却说那夜中秋，赏月后各归安寝。次日，秦珍、秦琼、宝珠都出场来了。睡了一会，宝珠醒来，看已是初更时分，见袅烟、晴烟都尚未睡，因问："这里人静了没有？"晴烟说："蕊小姐和丽小姐才打隔院子来，刚回去呢。"宝珠便要起来，袅烟止他道："爷一连辛苦了这些天来，可还不要将息会儿呢。"宝珠那里肯听，早走下床来，向窗外一望，见花影还未过西，因道："早呢，怎瞧这剔团团的明月，兀自舍不得下去，我难道舍得他睡了不成。"袅烟笑笑，宝珠便走出游廊，到惜红轩来，见垂花门已关上了。

到花墙洞儿上一望，见里面静悄悄的，满回廊都是月色和水一般浸着，那窗子却开了两扇，里面遮着湘帘，有一点灯痕晃晃动动的闪着，猛一阵风过处，一缕桂花香气和几个蟋蟀声，又带着丁丁冬冬的声音，细听是琴，又听婉香在那里微吟道：

　　碧海无波兮天蔚蓝，秋云似罗兮秋月弯。碧梧亭亭兮高十丈，是谁栖止
兮双凤凰。

少住，又吟道：

　　凤凰于飞兮云天长，孤鸾对影兮瑶瑟凉。伊人何处兮徒相望，空山几曲
兮秋水一方。

略停，又弹道：

　　秋草零露兮啼寒蛩，云锦千丈兮抛掷璇玑旁。银河之水波浪浪，填桥之
鹊尾戕戕。凌泉低徊兮罗袜双，欲往从之兮山上山。

宝珠因咳嗽了一声，里面琴声住了，见春妍掌着个风灯出来，向天井里一望，宝珠便

走到垂花门边去唤他开门。春妍隔着花格子见是宝珠，便开了花格子门，道："才睡醒吗？"宝珠点点首儿笑道："姐姐也没睡吗，我正听的好琴，怎么不弹了？"刚说着，里面婉香出来道："春妍，你和谁讲话儿？"春妍笑道："小姐，你想还有谁呢？"宝珠应道："是我。"婉香看了看道："你怎不好睡，又来这里什么，教人看着算什么呢？"宝珠笑道："这有什么算什么的。姐姐，你看这一天的月色故意圆得的样，好似笑咱们寂寞似的。你既弹琴，何不到这芭蕉树下石墩上坐坐，弹一套儿我听。"婉香看看月色，因喊春妍去拿琴出来，因教宝珠弹一套儿。宝珠应着，便拿帕子向石墩上挡一挡坐下，把琴摆在膝上弹了一遍，婉香听着不懂，因问："是什么曲文？"宝珠笑道："是刚才想了阕〔醉太平〕的小令儿，我再弹给你听。"因弹着吟道：

柳阴花阴，风清月清。隔墙谁弄瑶琴，是鸾心凤心。咳嗽一声冰弦乍停，

可是姐姐莺莺，我来也张生。

婉香愠的变了颜色道："你敢要死吗？"说着，扑朔朔的滴下泪来道："好好，我知道你的心罢了。"说着，便自进房去。宝珠忙丢下琴赶进来道："吓姐姐，我是无心讲的，你怎么又认真了。"婉香道："你欺我太甚了，动不动拿我比莺莺，再也改不过这口号儿。我问你，莺莺是怎么样个名分，你拿他比我。我问你，谁是我的张生，你指谁是张生？"宝珠不敢回答，只连连央告道："好姐姐，算是我口过，你不听罢。"婉香道："还讲呢，你不算，难道倒是算我不成，我也不和你算，这个你自己算去。打去岁子起，你欺侮我几回了？"宝珠道："这欺侮两字我怎么当的起，你要讲我欺侮你，我便把这个心剖出来你瞧。"说着，拿把剪子真要剖去。婉香撒手夺下道："你要吓死我也容易，我先死给你瞧。"宝珠忙去掩他的嘴，婉香撒手打开了，拿帕子捧着脸儿哭去。宝珠说又不是，劝又不是，只得听他去，自己也坐着哭起来。

春妍在外面听见两人都哭，料想又恼了，知道劝不理的，只在外面听着，等两人住了哭才进来。见宝珠陪着笑脸儿对婉香讲好话，婉香却不理他，拿着帕子呆呆的看那泪痕。春妍道："三爷，怎么又来和咱们小姐呕气呢。"宝珠道："我那敢呕他呢，我不过用了个《西厢》的典，他又恼了。"婉香见他说《西厢》是典，倒不禁呕笑了。春妍也笑道："爷昨儿在场里，可也用这个典不用？"宝珠笑道："怎么不用，我把全部子抄上去呢。"春妍道："看光景爷倒把这部子《西厢》念的稀熟呢，明儿老爷回来传月课的时候，爷把这个讲给老爷听，定有重赏。"宝珠笑道："你爱听，我讲那《拷红》一回儿你听。"春妍忙掩了耳道："我不爱听，明儿老爷回来讲给老爷听

去。"婉香笑嗔道："厌死了，什么时候还怎样闹，我要睡了，都替我请出去罢。"

宝珠看那月色打帘子上照进来，起了满地满身的波纹，因说："好月子不赏，到斗口儿来。"说着，便走出天井里去，仰面见那月儿四围多绕着五色的晕儿，因道："怎么，敢是月华？姐姐快来瞧呢。"婉香不去理他。宝珠再看，那月子四面晕儿渐晕渐大，颜色竟一层一层的分得毕清，渐渐的满天都是。宝珠喜的手舞足蹈的连喊："姊妹来看。"婉香忍不住，便出来一看，见那月华像是盘香似的一圈一圈的垂下来，就像一个玻璃罩儿罩在天井上，连天也被他遮住看不见了。春妍见他两个仰面看着，便也来看，见地下的人影儿逼得洗明，仰面见那天，好像戏台上的鸡笼顶，那月子便像一个水晶球儿嵌在上面，凸出了要跌下来的样儿，映的各人衣袂上都是光烂五色，因道："果然是月华，要求什么事快求呢。"宝珠便扯住婉香的手道："我和你拜拜他。"婉香一甩手道："我不求什么，你自拜去。"春妍笑道："还是我来代求罢。"因敛衽祝道："拜求月宫仙子庇佑咱们小姐和三爷各如心愿。"宝珠大笑起来，婉香嗔道："痴丫头，你敢是疯了。"春妍"嗤嗤"的笑着，仰面见那月华渐渐的散了，化做满天的斑斓云彩：有像凤的，有像狮的，有像美人的，奇状百出。那月子明的像电灯似的，又分外圆了些，飞也似的走向西去。定睛细看，那月子原不移动，走的却是云彩，都往东去了。一时露出碧蓝的天，一清如洗，也没得一片云，连星也没得一颗。

婉香正仰面看着，觉得身上凉了，便要添衣服去，宝珠因向他肩上一抚，早被露水沾透了，因道："好重露水，快换衣服去。"婉香抚他一抚，也湿了，便道："你也着了露水，仔细受了凉。"正说着，袅烟来接宝珠了，宝珠便自回去，婉香也就睡了不提。次日，宝珠因场事积劳，又加受了点风寒，便抵挡不住，病倒了。婉香本来也是娇怯怯的身子，昨夜受了风寒，也伤风咳嗽起来。过了重九，宝珠才好些。

到了十二那日贡院里填榜了，那些秦府管家都探头探脑的去打听去。那日，秦琼却避出府去了，大家都不解是什么意思，只石漱芳一人知道。原来秦琼中秋那夜，在场屋里见圆圆掀着号帘子进来，秦琼一见，早吓的魂也没了，只求饶命，说："原是奶奶害你的，与我无干。"圆圆道："这也不是奶奶害我，虽我伤了廉耻，你也不该勒死我。归根你当初和我也和小喜子一般的，况我已先许了小喜子，还是你霸占他的妻子，那时你若不娶我，跟了小喜子，也不弄到这地步。我现在苦的那样，你瞧我颈子上还有血呢。"秦琼不敢看他，只满口央告。圆圆道："你的命尚不该绝，我也不向你索命。今科你本该中了，我如今和你讲，你打今岁起从此不许进场，你应得么？"秦琼连连答应，向号板上磕头。圆圆道："即这样，那便算了，只是苦了我，你须得做法事替我忏悔才是。"秦琼满口唯唯。圆圆又道："我总信不过。"因伸出手掌道："你给我个凭据。"秦琼没法，便拿起笔来向他手心写八个字道："如再入场，愿凭索命。"猛不防，圆圆趁墨未干，一手印在他卷上，秦琼大惊，圆圆已不见了。忙拿水想把墨渍洗去，早搅的满卷子上多是墨迹，便大哭一场，出闱和漱芳闹了一场，说是漱芳害他的，漱芳也深自懊悔。这日填榜，秦琼怕贴了出来丢了脸，所以便要了几两银子，竟避出门顽去了。

且说十一这晚，秦府里自头门起，直到里面，都点齐了红纱灯，上上下下都一概不睡，等候报来。柳夫人、袁夫人等都在南正院设宴演戏，做永夜乐。菊侬是中秋第二日回去的，琐琴、素秋也家去了，漱芳告了病不来。座次，两位夫人和婉香、藕香、宝珠、美云、丽云、绮云、茜云、赛儿十人。到了二更时候，先报来了，是秦珍中了四十一名，大家自是欢喜，合席贺了柳夫人和袁夫人、藕香一杯。那些女孩子便演起《状元谱》的戏来，弄到四更时分还不见第二个报来，婉香心里疑惑，怕宝珠不中。宝珠自己也怕丢了脸，便避席出去，只说瞌睡，回天风楼去了。这里众人直等到五更也不见报来，都说宝珠和秦琼两人都没望了。

婉香正想着秦琼不中容或有之，怎么宝珠也会不中了，可不空望了这些天数，心里不舒服。刚要出席，忽外面婆子、丫头们喧拥进来，嚷着说三爷中了。婉香吃了一惊，柳夫人问道："敢是中了副榜么？"丫头们众口齐声笑道："说三爷中了元呢，不知道是副榜不是？"柳夫人道："解元是第一吗，怕未必呢。"刚说着，秦珍跑进来，赶忙向柳夫人和袁夫人道喜说："宝弟弟果然中了第一。"婉香暗暗开心，袁夫人因问："琼儿怎么？"秦珍忙打个千，皱眉道："琼弟弟因卷上污墨，竟被贴了，岂不可惜。"袁夫人大失所望。

秦珍因外面请，便跑出去，见天已明了满屋子，自鸣钟一齐都打了六下。秦珍忙出来问："什么事？"沈顺打个千，回说："报子在穿堂上和咱们府里人打架，请爷弹压去。"秦珍便出来，到穿堂门口，许多当差的早一迭声吆喝说："住了，爷出来了。"府里人先住了手，那报子也不敢打了。秦珍问："什么事，你们在这里闹着？"老管家高升赶先打个千，回说："他们报三爷的喜已是三报了，咱们赏他五十吊钱，他不拿不打紧，还丢地下，骂小的们吃他串儿，小的们讲他几句，他便动手打了。"秦珍哼了一声道："你们这些混帐，统不是个东西。"又道："那报子们也太胡闹了，咱们府里从没苛刻了什么事，你在这里闹，是什么意思？"那报子回道："小的来报，蒙帐房里赏了五十吊钱，这些爷们要拿十吊扣头，所以和他讲这个理。"秦珍喝令管家，把十吊钱追出来给了他，喝令出去。因顺步出来到甬道上来，看看天色已经白了，便站立回儿，走下阶沿来，见仪门外的红纱灯已乌隐隐的没一些儿光了，远远的有些车声、马声。

秦珍走到门口，早有人喊说："大爷出来了，伺候。"秦珍出去，见当差的两排儿站着，因道："陆师爷贡院里去，敢回来了么？"沈顺刚要回，见二门外进来一对高照灯，一乘官舆和几个马一串儿进二门甬道上来。早有人喝道："大爷在这里，还不下马。"那些人都"拍"的跳下马来，轿子也歇下了，秦珍忙令抬进去，那轿子里早走出一个陆莲史，一见拱手称贺，秦珍连忙作揖道："榜出来了没有？"陆莲史道："出来了，宝哥儿竟高标第一，有好多人啧啧称羡，说十五岁的哥儿便大魁一省，真从来少见的，只是大爷委屈了些。"秦珍道："已经侥幸了，那还论得名次，只琼弟可惜了。"陆莲史也说可惜。秦珍见天已大明了，因道："师爷辛苦了一夜，请转去将息会儿罢。"说着，两人便让着进来。不知后事如何，且看下回分解。正是：

　　　美人已上无双谱，公子先攀第一花。

泪珠缘三集终

四　集

第四十九回

报春闹吉士攀龙　宴秋兴诗谜换蟹

却说这年乡试，五经魁是秦云、何祝春、盛蓬仙、华梦庵、桑春，一干人原是都认识的，便互相拜贺，秦府里少不得热闹几天。鹿鸣宴那日，宝珠领着一班举人前去参谒主司，花占魁见宝珠才貌俱佳，心里颇觉欢喜，知道便是秦文的侄子，便存一个意见。到回京复旨后，自己便升了内阁学士。这日从朝房里出来，便往刑部大堂来谒秦文，并道喜说，令侄竟大魁一省了。秦文连连道谢，说些客套话。因问令侄女现在舍下，可曾着人望去。花占魁说："因奉旨阅闱，未及私事。"秦文点首儿，花占魁因向秦文求亲，秦文却不肯遽应，说："足下刚打外面回来，舍侄又是足下擢取第一个门生，此时提亲恐遭物议。"花占魁又说："但求大人俯允了，外面且不提及，便没人知道的。"秦文道："那个不急，孩子们又尚小着，且再求教便了。"花占魁倒不好意思起来，自怪冒昧，立刻拱茶去了，心里却怪秦文，又不好顶撞他，便搁起不提。

且说宝珠自中之后，便把功名二字看的极容易了，也不上学去，只和姐姐妹妹镇日的顽。倒是婉香督率他用些功，他不上学一天，便一天不理他，宝珠才不敢荒疏了笔墨。这日，正打南书厅出来，忽小厮迎上来道："夏师爷请讲话。"宝珠道："他有什么话讲？"因便到文案房来。夏作珪笑迎着，讲了些闲话，忽低声道："兄弟蒙老爷保了个免补布理问，本班以知州用，兄弟想把三班补足了，进京引见去，爷可有什么事？"宝珠道："也没甚事。"夏作珪道："贵老师升了内阁学士了，听说曾和老爷给你提亲，不知怎么老爷不允。此番兄弟进京，想便替三爷做个撮合山，可好吗？"宝珠红了脸道："这事自有家太太和三老爷作主。"夏作珪笑道："爷总还孩子气，这些终身大事，自己也要有点主意，倘日后不如意，可不悔也无及了。兄弟都知道，爷又害什臊呢，又不是女儿家。"宝珠呆了半晌，夏作珪又问，宝珠低着头道："那便奉托罢。"说着，便想走。夏作珪道："且请住着，那节儿事凭我一力担承罢。只是兄弟此番进京引见，还少点儿款子。想和爷商量告假些儿。"宝珠道："光景还短多少？"夏作珪也道："不多，只二千两有了。"宝珠暗暗想道："他因我这一点事借这些钱去，虽我没用钱处，借给他也不稀罕，只我手头也没这些钱。"因道："我平时师爷知道，我是看不得钱的，手里也没拿过这些腌臜东西。既师爷要用，便向帐房里支一千两去，多怕老爷家来讲话。"夏作珪一口道了谢，又讲了(话)些闲话。宝珠自去了，夏作珪便到金有声帐房里来替宝珠出了帐，兑一千两现银来，又把自己的款项并上，托钱庄汇去。自己便打十一月初上进京，一到京里，便去谒见秦文，因把宝珠的亲事提起，说是柳夫人特地着他来的。秦文因道："花占魁本来也和我提起过，我因怕物议所以暂复了。既二太太这样特成请你来作伐，那你便对他讲去，总一说便成的。"

　　夏作珪得意的很，便去谒花占魁去，花占魁因他是秦府的人，便叫请见。夏作珪鞠躬尽瘁恭维了一番，见花占魁年纪不上四十，还比自己小些，便要充些老干，讲出许多卑陋不堪的话来。占魁已不愿听，及夏作珪讲起提亲的事，占魁还没听见讲的是那一家，早一口回说舍侄女已在提亲了。夏作珪因问是那家，占魁含糊答应说是同乡。夏作珪还要想讲，占魁已端茶了，只得辞了出来。一肚子好气，回去告知秦文，并说花占魁那样使架子，那样不近人情，知道替府里求亲，他便一口回绝了。秦文也觉好气，因道："他前儿向我求亲，我没许他，他今儿倒使起架子来。一个孩子家怕没有好女儿配给他，既这样不提也罢。"便吩咐门口说，花大人来拜，可不必请见。夏作珪暗暗称快，因宝珠叮嘱了来要一回信，便只得写一封书子去。又想道，这话不好实讲，因只说花家现有两门亲事说着，光景总允这边的，叫宝珠日后不怪着自己。发信之后，自己便领了部文往湖北禀到去了，到了次年正月间，两湖总督缺出，部里因便放了秦文出去署这个缺。花占魁却好也放了两湖学政，便都出京去了。不提。

　　且说宝珠自接夏作珪信后，心里满料花占魁必就自己的这边亲，及至正月间接见邸抄，知道花占魁和秦文同放了一处，料想事成，虽没信来，只当秦文无暇及此，所以不提的，又落得和婉香一块儿多顽几日。过了元宵，柳夫人便叫秦珍整顿行李，打算覆试去。秦琼却到秦文任上去了。这里陆莲史因秦珍、宝珠进京去，也便回家一转。宝珠先覆了试，接着便是会试，宝珠中了会魁，秦珍中了进士，便又忙着殿试过了，都便在京候榜。因盛蘧仙、何祝春、华梦庵一干人都中了进士，俱在一处，宝珠倒不寂寞。

且说秦府里自宝珠出门去了，便减了许多热闹。陆琐琴已嫁到石家去，素秋因嫁期便在七月初上，不便在这里久住，也回去了。只菊侬在府里和婉香、漱芳等朝夕作伴，不知不觉便把一夏过去，已是秋凉天气，七夕近了。

一日，柳夫人正和软玉、蕊珠、藕香、婉香等在南正院看女孩子踏戏，忽外面一片喧嚷声报进来，说秦珍殿试三甲，授翰林院庶吉士。宝珠点了一甲二名榜眼，授职编修。一家都狂喜起来，一时贺客盈门，闹了一个多月。秦珍、宝珠都蒙恩赏假三月，再进京听用。这会子便都回来了，又设宴开贺。却好何祝春和盛蘧仙也点在二甲，授庶吉士，都赏假回来，华梦庵却在三甲，授额外主事。大家互相燕贺，又闹热了几十天。此时宝珠便像个活宝似的，柳夫人和袁夫人都分外疼他，姐妹们也看的他重，婉香是更不必说了，自然与众不同些。宝珠看婉香分外的和自己讲得来，自己便也十分怜爱他，宛然两口子的样儿。

光阴易逝，瞬息已是重阳了，宝珠便起个登高会，把琐琴、素秋也都接了家来，到东花园最高的一览亭设下一席，请了柳夫人和袁夫人，藕香、婉香、菊侬、琐琴、美云、漱芳、丽云、绮云、赛儿、茜云、软玉、蕊珠一干人都依次坐下了，先喝了巡酒。宝珠道："咱们多天没这样雅叙，今儿我出个令，要合席俱遵的，并且一得两便。"婉香问："是什么令？"宝珠道："昨儿盛蘧仙和何祝春在自己花园里摆文虎子叫人射，我射了好几个来，回来拿条子给你们瞧。我想咱们这边园里明儿也起个秋兴的会，这里菊花又多着，打一条子去，便给他十盆菊花。这条子便做今儿的令，这一盆子蟹也不够，再去添来。一巡酒，每人出一条，回来大家斗总数儿，谁少几条罚几杯酒，谁多几条奖几只蟹。内中有好的，合席贺一杯，各人送他一对蟹螯子。"大家都说有趣，宝珠便叫拿些纸条儿来，拿笔砚候着好写。宝珠道："譬如我出一条谜儿，你们大家猜去，谁猜着了谁吃一只蟹，我罚一杯酒。猜不着，我自己说明合席罚一杯，我吃一只蟹，好吗？"大家都依了他，因请第一座柳夫人起令。柳夫人便要一张条子写了，叫丫头们贴在玻璃窗上，大家望去，见是一句七言诗：

绕膝孙曾笑眼开。　　　　《孟子》人名一

婉香一口说是太公望，柳夫人笑笑点首，大家一齐赞好。宝珠因道："我们何不就这

样联句罢。"婉香道:"也好。"便一面拿着蟹螯子吃着想着,忽放下蟹,拿帕子揩揩手,写了一条贴去。大家看是:

　　　　西风送客过城来。　　　　同前

宝珠道:"齐东野人。"婉香道:"那不算人名。"宝珠又思索一会,早被琐琴猜去,是东郭氏,婉香罚了酒。琐琴也写一条是:

　　　　先生道貌偏长笑。　　　　同前

茜云道:"可是傅说?"大家赞好,茜云接一句道:

　　　　让与猕猴仔细猜。　　　　同前

袁夫人笑道:"这个容易猜。"宝珠早抢说道:"申详。"茜云罚了酒,宝珠拿了一只蟹,撕了一个小腿吃着,道:"该我了。我们大家都要照这样做《孟子》人名的七绝,不许乱了规矩。"因也写了一条道:

　　　　芳草萋萋映赤虹。

大家思索半天,都想不出是什么,便都愿罚,教宝珠自己说出来。宝珠因笑道:"是莱朱。"大家说好,宝珠又接句道:

　　　　西厢若个谱丝桐。

袁夫人说是琴张,宝珠道:"是。"罚了杯酒。见袁夫人出了一条,是:

　　　　一从儿向京师去。

婉香道:"定子都了。"便接句道:

　　　　清瘦杨妃玉匈空。

漱芳道:"是瘠环吗?"婉香点首。漱芳接令道:

　　　　露滴杨枝春泽浓。

素秋道:"柳下惠。"琐琴赞道:"这个惠字有意思。"素秋接下道:

　　　　画眉人有好姿容。

大家都笑起来,丽云道:"素姐姐嫁了位好姐夫,天天的说给人家听,这会子又卖弄呢。"素秋啐了一口,菊侬道:"敢是张仪。"素秋说是。菊侬道:

　　　　书裁四六遥相问。

丽云"嗤"的一笑道:"你敢是要问那个画眉人的姿容好不好?那你便问素秋姊姊好了。"素秋红了脸,大家都猜不出,说《孟子》上没有骈字的人名。菊侬道:"那不在四六两字上面看。"宝珠道:"敢不是一个字的启吗?"菊侬说是。宝珠把一个蟹斗子吃了，因婉香爱吃白肉儿，便把黄子挖净了，把白肉儿送给婉香吃。请婉香代接一句，婉香遂道：

　　　　开府清新在此中。

软玉道："敢是瘐公之斯。"婉香说是。软玉出句道：

　　　　转眼齐梁帝业亡。

柳夫人点首感叹，因说："是陈代吗？"软玉道："是。"因罚了酒。自接道：

　　　　美人满拟比英皇。

婉香笑笑说："这句大有意思，想是充虞了。"大家说好极。婉香接道：

　　　　玉容自古招天妒。

丽云"嗤"的一笑，藕香道："可是颜仇由？"宝珠赞好。藕香接令道：

　　　　问夜何如夜未央。

丽云一口猜着是时子。便接句道：

　　　　镜无私照挂山陵。

蕊珠道："公明高。"丽云喝了酒。蕊珠道：

　　　　梦入南柯客似僧。

大家都猜不着，蕊珠道："是淳于髡。"又接一句道：

　　　　妙剂清凉应不死。

赛儿道："散宜生。"众人说好。赛儿接令道：

　　　　须防夜半战兢兢。

大家都笑说："这是什么话？"赛儿笑道："我承他上句呢，宝叔叔的文章倘有我这笔法，不但榜眼，状元还不止呢。"大家都笑起来。茜云道："可是慎子？"赛儿点点首去喝酒，茜云写一条道：

　　　　白头翁唱汉宫秋。

柳夫人道："敢是公刘？"茜云说是。柳夫人道：

　　　　子又生孙拟状头。

袁夫人道："曾元么？我也承一句：

　　　　世业良工原克肖。"

柳夫人道："敢是箕子？"袁夫人笑说是。柳夫人接道：

　　　　戏封藤叶小公侯。

众人都猜不着，忽婉香道："是葛伯。"合席讲好。婉香面前已堆满了蟹，因道："慢着，且让我吃完蟹呢。"赛儿不许他吃，正乱着，丫头们来请柳夫人和婉香，说姑苏有人来呢。不知是谁，且看下回分解。正是：

　　落帽客应延座上，催租人莫叩门来。

第五十回

小儿女活拆凤鸾俦　老夫人另订鸳鸯谱

却说大家正在一览亭作登高会，殿春来回说，姑苏花府上打发人来，请太太禀事去。柳夫人应着，便和婉香出席下去，宝珠也坐不住，便也紧随下来，到南正院，见廊下站着几个有职事的老婆子，宝珠因叫高升家的过来问道："来的是什么人？"高升家的道："便是前儿送花小姐来的那来喜家的和连升家的。"宝珠点首儿，进去见两个婆子坐在矮凳上，柳夫人在上面问话。

那婆子见宝珠进来，赶忙请了安，那连升家的笑道："只两个年头没有见，哥儿便长的这样好呢。"宝珠笑笑，因见婉香不在，便道："你见过你小姐吗？"柳夫人道："他刚回屋子去安顿来的丫头们呢。"宝珠因问："你家老爷在湖南可曾有信来没有？"来喜家的道："便本月初二来一个电报。"宝珠道："电报来怎么样？"来喜家的道："小的们也不仔细是讲什么。"宝珠还要再问，柳夫人道："你可外面坐去，咱们有话讲呢。"

宝珠暗想，这光景定是提亲来的，因便退出，却悄悄的站在窗外听去。听柳夫人道："那你老爷来电可曾写明你小姐是给那家的呢？"来喜家的道："家太太单吩咐小的们说，家老爷来电，已给小姐许给人家了，着来接小姐家去，也不知道给的是谁家。"听柳夫人道："这便怪死人，你太太是什么一个主见，既前儿咱们家求亲不允，说是给了什么同乡，那也不能强求。怎么我甥女儿给了人，连我也瞒着不许知道，这什么意思？"连升家的道："哦，府上对老爷提亲过吗，或者便是许了府上，怕现在两边在一块儿不好意思，不讲明的也未可知。"柳夫人哼了一声道："那里是为这个，前儿咱们家三老爷教夏师爷对你家爷求亲去，你爷一口回复了，说已在提亲了，着夏师爷不必再讲。回来三老爷气的了不得，写书子回来，教我把婉小姐送他家去，咱们两家儿从此不提这亲。还是我看先姑太太面上，不忍把好好的姐儿给你太太磨死去。既今儿已另给了人家，便是人家家的人了，我也管不得许多。但终究是我嫡亲外甥女儿，此去倘路上有甚差迟，我便拿这老命和你太太拚去。"说着哭了。

宝珠便像兜头一勺冷水，忍不住一阵心酸，跑出回廊，刚到藕香住的西正院门口，早"哇"的一声哭了。赛儿听见，赶忙出来，见是宝珠，因问："怎么了，敢是碰了那里？"宝珠见问，早一阵心疼，便像断了肠子似的，忍不住呕了一口，直扑倒地。赛儿一看呕的是鲜红的一口血，早慌了手脚，忙喊："奶奶，不好了，宝叔叔不好了。"藕香原早回了，这会子听喊，忙跑出来，银雁、小鹊等一干丫头也蜂拥跟出来，见宝珠倒在地下，赛儿在那里哭着喊着，也慌了，忙帮着喊。有半个时辰才醒过来，只是嚎啕的哭着。一时丫头们报与柳夫人，柳夫人也急急的来了，一见宝珠这样，也大哭起来。众人不知道为着什么，只柳夫人知道宝珠心里，因哭着厉声道："宝儿，你放心，有我替你作主，你不要这样拗执了心。"因喊殿春扶宝珠到旧日住的院子里睡去，宝珠早哭昏了，只凭他们做弄着，扶去睡了。柳夫人收了泪回南正院来，藕香也跟了进来，见地下两个老婆子还坐着，柳夫人盛气向丫头们道："你喊外面，把花家来的人都留下了，叫他们看我家宝珠成了亲去。"丫头们一片声答应。那两个老婆子说也不敢，陪笑又不是，只得局促坐着。藕香欲问又不敢问，柳夫人向藕香道："花家稀罕有一个女孩子，一家一家的许与我瞧，咱们家难道没有婉儿，宝珠便一辈子没有处去提亲吗？叶太夫人本来有话在先，软儿、蕊儿日后都想给宝儿的，我便允这头亲事去。便你给我往洗垢庵讲去，明儿便换帖子。"藕香婉言道："太太且请息怒，有什么再讲便了。"柳太夫人不听，便立刻叫喊："轿班伺候，我自己去来。"

藕香不敢再说，心里着急，怕婉香有甚长短，因送柳夫人上轿去后，便进来吩咐：南正院人不拘是谁，一概不准进园里去，自己便先来看宝珠。见宝珠已哭得死去活来，袅烟、晴烟、殿春围着劝他，藕香也来劝，宝珠只是哑哭，一句话也没有。藕香坐了一会，便打楼上到惜红轩来看婉香，见婉香眼圈儿通红着，倒做出欢喜样儿，在那里指使丫头们收书案桌儿。藕香心里疑惑，进去，婉香迎着。藕香因道："妹妹，敢是府里人来接吗？"婉香道："是呢，家太太打算湖南任上去，着人来接我家去，我也正想着家乡。只是此去和大嫂子及姊姊妹妹有几天阔别。"藕香暗暗想道，原来他只知道回去，不知道这事，怪道不甚伤心。想着，因探他的口气道："妹妹此去须得几时才回？"婉香道："只也看了。"又道："这府里三老爷敢也有信来？"藕香暗道：哦，他原来这样的想去了。因道："三老爷信却还没来过呢。"婉香点点首儿，因把书箱收拾好了，便令丫头们上灯。忽春妍进来说："小姐，可知道三爷病的凶呢，怎不看看他去。"藕香只做不知，道："怎么好好的病了，快，我看去。"说着，想走。婉香便趁此道："大嫂子，同我瞧瞧去。"便喊春妍掌灯，打院子后面从楼上走下来。

到宝珠房里，见点着一盏圆玻璃罩的洋灯。宝珠坐在床里面哭，只袅烟一人陪着。婉香便走近来一看，见宝珠两眼肿得胡桃似的，脸儿清减了好些。宝珠一眼见是婉香，便哭着一手儿来扯他，婉香忙退一步，见藕香已不在眼前，仍又走近问宝珠道："你怎么了？"宝珠哭道："姐姐，你还问我呢，我只问你，那答儿发付我呢。"婉香不解道："我去仍要来的，你怎么又这样？"宝珠哭道："你到这地步还哄我来，罢罢，算我今儿知道你的心了。"婉香道："阿吓，这话怎解？"刚说着，外面有人喊袅烟，袅烟出去。宝珠见没人了，便一手扯住婉香手道："姐姐你好狠心，你有人家去了，叫我怎么样？"婉香愕呆道："这从那里讲起，你听谁来？"宝珠因哭着，将刚在南正院门外听的一席话告诉他听，婉香急白了脸，呆呆的道："哦，原来这样，①我错会了意了。"宝珠见他神色大变了，因道："姐姐，你也和我头里一样，错会了意了。"婉香呆呆的道："我错会了意了。"宝珠见他目不转睛的，因着慌了道："吓，姐姐。"婉香不应，宝珠又扯他那只手去，婉香一甩手道："罢，罢。"说着，便自站起走了出去。

宝珠忙喊他，却不道喉咙早哭哑了，婉香也不听见，呆呆的认着扶梯走，上了打留余春山房后面，回自己屋里来。刚到窗口，听里面有人讲话，便站住了听，原来是软玉身边的宝宝和春妍讲话。听春妍道："那你老太太可应允了没有？"宝宝道："怎么不肯？本来是有这意思的，早说过等三爷和你家小姐成了亲，他便把咱们两位也送给三爷做了二房。这会你家小姐许了别家，咱们小姐便算正了，可会不肯吗？"春妍道："难道这两位小姐都肯一时许给了三爷吗？"宝宝道："可不是呢，说明儿就要纳采，气气花家来的人呢。"婉香不听这话犹可，一听入耳，便似一个焦雷打在心里。一个昏闷，呕出一口血来，沾得满身，禁不住一个头晕，忙立脚定了，靠在

---

① "这样"两字之下原衍"这样"。

栏杆上, 兜心泛起, 不住口的呕将起来。春妍和宝宝听见, 忙问:"谁在那里呕?"笑春在外面听见, 先赶出去一看, 道:"阿吓, 是小姐呢。"宝宝、春妍都跌脚跑出来, 忙着问:"小姐怎么了?"婉香早呕乏了, 气喘喘的讲不出话。春妍和笑春两个夹扶了进来, 宝宝忙替铺好了被褥, 给婉香睡下。拿火照见婉香两包眼泪, 脸色洁白, 嘴唇也发白了, 只是仰面喘息着。春妍忙伸手进去向他胸口揣着。好半晌, 见婉香那两包眼泪和珍珠一般满腮儿乱滚下来, 却哭不出声, 那眼光直射在春妍脸上, 春妍也觉伤心, 便呜呜咽咽的哭起来。

婉香叹口气, 转过眼光看着笑春, 又看看宝宝, 便合了眼睛。觉得魂灵儿从顶上透出, 虚无缥缈的飘荡出去, 走到一个所在, 见一株大树下, 坐着一个老叟, 满腮的白须, 一手翻着一本簿子, 一手拈着胡须, 在那里呵呵大笑。见婉香飘飘荡荡的走来, 因道:"你是花婉香么, 你来这里什么?"婉香听他唤自己名姓, 暗暗怪异, 细想一想, 这人原是旧识, 刚要问他, 见老叟笑道:"你敢是又在那里哭, 好好, 也哭出山快了。"因把簿子给他看去, 婉香接来看, 写第一案, 顾媚香欠盛蘧仙泪珠五百零五斛, 偿讫; 第二案, 何祝春欠胡兰仙泪珠三十斛, 偿讫; 第三案, 华梦庵欠林双玉泪珠五十一斛, 偿讫, 反欠三斛; 第四案, 花婉香欠秦宝珠泪珠一千零八十斛, 偿讫, 反欠六百二十斛, 又讫。又欠二十斛。婉香看了不懂, 什么是反欠, 什么是又欠。那老叟收回簿子道:"老汉专管这些帐目, 反欠是你哭多了, 该他偿你的, 他偿你的又多了, 你便又欠他。别人的帐我还搅得清, 这你们两口子的眼泪, 偿了又欠, 欠了又偿, 再搅不清。刚孩子们送这簿子来我瞧, 我也算不清该是那一日才了这笔帐, 我特地给你看了, 你打量有这么二十斛了, 便哭不得, 怕又反欠了, 那这笔帐便坑死了我。"婉香因道:"我打算今儿自尽死了, 不还他的了。"那老叟笑道:"死什么, 你要死也不得死, 快去罢。"婉香还要再说, 那老叟指道:"宝珠来了, 快去快去。"婉香回头一看, 却是春妍坐在自己床沿上哭, 婉香疑道:"敢是梦吗? 春妍, 我可曾睡熟?"春妍回头见婉香问他, 因道:"刚睡熟了会儿, 此刻可好些?"

婉香点点头, 觉得枕函冰冷的, 原来是刚才的泪, 想梦里那老者说自己和宝珠欠下的孽债, 更心灰了好些。又想那顾媚香偿讫了盛蘧仙的债, 便死了, 以外的也不知道, 可见明儿自己偿讫了宝珠的, 也便要死。至于现在自尽, 坐一个丑名, 不如回家去了, 把泪珠儿偿完了宝珠的, 再死, 可不干净。想着, 便暗暗点首。又想道, 一个人只要得了知心的, 何必定要嫁了他才算有情。古来多少美人不如意的多着, 何况是我，又何必伤心。我只誓死不嫁别人去，便算不负他了。况我心里有一个他，他心里有一个我，也算满足了，还在什么形迹上讲去。

　　想着，倒反不伤心了，因教春妍睡去，春妍不肯离身，婉香也便随他陪着。忽又想道：我便这样想通了，不知宝珠还想的通想不通？趁着这会子人静，我去细细开导他一番，可不要哭死了来，倒教我欠上他多少泪珠儿债。想着，便和春妍讲要去劝他的话，春妍教婉香不要去，婉香那里肯听，早掀过被儿起来。春妍苦劝道："小姐身上病着，可不要舍了自己性命，倒管人家去。"婉香见他说"人家"两字，因气起来道："这个你那能替我恨宝珠，归根是咱们家负了他家的，太太待我和一家儿似的，宝珠待我又和一个人似的，这人家自己，从那里分起呢。"春妍终怪着宝珠，因婉香这样说，便也不拗他，因喊海棠掌了灯，自己搀着婉香起来。不知婉香去与不去，且看下回分解。正是：

　　　　毕竟桃花应薄命，可怜芍药赠将离。

第五十一回

俏丫环妙语止伤心　　好姊妹分襟齐下泪

却说春妍扶婉香起来，婉香早立脚不住，全挂（褂）子靠在春妍肩上，春妍也站不住，便软坐倒了，险些儿跌〔下〕，因道："小姐何苦来，横竖见了宝珠也没话好讲，多哭一会儿，什么事呢！"婉香想也不错，便点首儿道："不去罢。"便仍睡下。春妍替他盖好，因喊海棠睡去，说："我陪呢。"海棠应着出去了。春妍见婉香朝里床睡了淌泪，自己又想不出话来劝他，便陪着坐一会儿，看看婉香睡熟了，便悄悄走到后房来。

忽海棠进来道："姊姊可知，这会儿三爷闹的凶呢，刚要自己碰死了呢。"春妍皱眉道："这也太不成话，被人传出去，叫俺小姐还活得吗？"海棠道："也是太太不好，忽然一下子要给他定叶家的两位小姐，他便说不要做人了。"春妍道："你陪小姐睡着，我去问宝珠来。"说着，便拿个风灯径走往宝珠院子里来。

一进门，见宝珠正哭着，晴烟、袅烟围着劝他不哭。春妍一肚子好气，走近来道："三爷为什么哭着，是哭的什么事？"宝珠见是春妍，因道："春妍姐，你难道还不知我的心吗？"春妍道："我知道爷的心，只是姊妹讲的来，一时说要别过了，果然是不舍的。但是一个人谁没得家乡，回去也是正理，不瞧别个，便如大奶奶、二奶奶都是府里的人了，也要家去几天儿，况是咱们小姐。"宝珠哭道："他比不得，我怕从此散了，便没得再聚的日子。"春妍道："爷只顾哭，不知道人家不说是姊妹讲的来，还当有什么意思。照爷这样，还是爷要死在咱们小姐跟前，还是要咱们小姐死在爷跟前。"宝珠道："死也值得，只是我不敢死。"春妍道："是呢，这里太太只有爷一个，死便不孝；爷又新蒙圣上擢取了，现在赏假三月，仍要进京听用的，死便不忠；今儿太太既给爷定了叶府两位小姐，不知道爷死了，叫那两位怎么个了局，这便不情；爷既知和咱们小姐因讲得来不忍别去，说以死相送的话是从来没有的，爷死了倒落得旁人议论，把一个丑名儿给咱们小姐虚坐了，这便不义。爷果然死了，也是爷自己欢喜的，我也不用劝，便劝也不理，只请问爷是什么一个名目？"宝珠顿住了嘴，因道："依你怎么说？"春妍道："也没怎么说，人生聚散是在所不免的，前儿聚的时候不知道今儿散，今儿散了安知后日不聚，即散了不复再聚，也是前定的缘分，况世间无不散的筵席。眼前虽姊姊妹妹的一淘儿的伴着，那一个姊姊妹妹爷讲不来的，明儿也不少得渐渐散去，爷又那一个姊姊妹妹舍得别去的，倘多和咱们小姐一样，问爷一个儿有几回好死。爷既肯为姊姊妹妹死的，琐小姐也是爷的好姊姊，怎么他嫁了爷不死。菊小姐也是爷的好姊姊，怎么他嫁了爷又不死。素小姐许了婿家，爷又不死。单为咱们小姐，便这么伤心病狂起来，可不是害咱们小姐吗？若说是爷和咱们小姐聚的长了，所以和琐小姐他们的情分不同，那请问爷和美小姐从生下地一辈子聚下来的，明儿美小姐嫁，爷又怎样？"宝珠被他问住了，一句话也讲不出，连哭也哭不出了。

春妍冷笑了一声，便自想走，宝珠一把扯住道："照这样说，你敢是怪了我吗？"春妍道："我那敢怪爷。"宝珠道："姊姊呢。"春妍道："那我不知道他心里，只我看的爷太不顾人了。"宝珠道："我那里肯不顾他，只我禁不住伤心罢了，我到这地步也没别望，可能请他来和我讲一句话儿？"春妍道："爷和小姐讲得的，便和我也讲得，我听的入耳，便小姐也听的入耳，爷要讲什么只和我讲，问什么便问我。"宝珠被他这样一说，倒红了脸低下头去，半晌道："我待问他怎么样主见，家去了怎样？"春妍道："主见想也没什么，爷怎么样个主见，便是小姐也怎样个主见，家去了怎样，爷也想得到，定要我讲什么？"宝珠道："我想他好好的嫁去，忘了我。"春妍道："嫁是该派，不嫁也是该派。忘是该派，不忘也是该派。"宝珠道："是了，这话便伤我的心。他嫁，我果然伤心；他不嫁，我更伤心。他忘了我，我该伤心；他不忘我，我更自伤心。我情愿他忘了我，我也忘了他。"春妍道："这便是，但也由不得自己做主。总之，爷譬如当初不见咱小姐，小姐譬如当初也不见爷。"宝珠道："姊姊，你替我讲去，说他只当我死了，我也只当他死了罢。"春妍暗道："吓，他这话分明是自己甘心另娶，叫小姐嫁去了，只是小姐未必如他的心。"因道："爷，这是真心话吗？"宝珠哭了，春妍又暗道：原来是伤心话，这也不去管他，只是日后这两人不知怎生了局，一个不娶一个不嫁是料定了，归根怎样呢。想到这里掉下泪来，忽又恨宝珠，既有这心，何不极早求亲，可见也是没心肠的。因宝珠来扯住他的手哭，便洒脱手冷笑道："这会子哭什么用，不如将息些罢，时候迟了，我有我的事去。"说着，便自走了。

这里宝珠还哭着，袅烟劝道："爷何苦来，一辈子拿热心肠待人，到头反叫人见怪，不瞧春妍的尖酸话儿么，他和他小姐是一个鼻孔子出气的，可知他小姐为着自己的名节，还怪爷哭的不是。爷为他不要命了，知道人肯不肯为爷也这样，倘他也和爷一样的念头，他还顾什么眼前日后吗？"宝珠听了，怪不受用，便叹口气道："罢罢，听天由命罢。"袅烟道："这四个字才确切呢，可知道谋事在人，成事在天，何况人也不去早谋呢。"宝珠听他这话，宛然和春妍一付声气，因道："呀，姐姐，你也怪我不早吗。"哭道："我那里知道这不测风云呢。"说着，又道："罢罢，早知今日，悔不当初。我也和《红楼梦》上的晴雯一样追悔不及，还说什么？"说着，便躺下睡去。袅烟替他盖好了被，听宝珠在枕上饮泣一会，便像睡熟了，因看看他，果然睡熟了，自己便也睡了。

次日醒来，见宝珠却自醒着在那里哭，袅烟道："爷还哭得吗？不瞧这两个眼圈儿，这样肿得桃子似的，回来怎样能见人去呢。"宝珠道："我还要见谁来呢。"袅烟暗暗疼他，心里又怪婉香没用，便听他婶子挟制。又因春妍数说了宝珠一顿，心里更气不服，想宝珠果然糊涂，婉香也不聪明，既到这个地步，便一个不嫁一个不娶也算不得有情。又况没得名目，因也和宝珠讲些正理的说话道："太太今儿替你纳叶家的采，你便顺你太太的意见吧。"宝珠咬牙不肯，说："我若这样，便我负了婉姊姊。又况摆他在面前，做这事给他看了，可不要一兀头气死吗？"袅烟道："爷专拿自己想别家去，爷归根还是要婉小姐死，还是要婉小姐活？"宝珠道："我那肯叫他死呢。"袅烟道："可原来爷只样死缠绵的缠着他，他不死在爷手里，便家去可能活吗？不哭死也病死了，不如索性趁太太这个举动给他瞧着，使他冷了心，把爷怪到了兜底，倒是个好主意。"宝珠道："他怪了我，他便忘了我，果然是好。这我便定了叶家这门亲，我终究不娶，要强我娶，我便死。只是他因这个怪我，我终究也是个虚坐呢，倒叫我留一个薄幸的名儿给天下，后来人唾骂呢。"袅烟便冷笑道："原来爷是个贪虚名儿，爷不娶敢是算义吗？爷叫他不能嫁，他敢能算节吗？归根爷怕虚坐一个薄幸名儿。眼下还只有婉小姐一个瞧不起你，日后的话，也怕没人知道这节事儿，那婉小姐许了不嫁，怕没人议论吗？爷不肯自己担一个薄幸的名儿，倒肯叫小姐坐了一个不贞的名儿吗？爷怕婉小姐一人瞧不起自己，便不怕婉小姐遭千万人议论。爷这个心我真不解，照这样看，人说爷是最有情的，我看也不见得。况今儿定叶府的小姐，原不过给他瞧着，使他冷心，太太也是这个主见，生怕两个有甚长短，闹出事儿。爷便依我这个话，好歹日后娶不娶仍在爷，旁人又不能强爷的。况且爷本该不能负了软小姐和蕊小姐。爷想去，而今幸是婉小姐原清清白白的好出嫁去，不算爷误了他。这会子爷为着婉小姐要死，可知道便不提这亲事，也还要死两个呢，倒不如定了，也教人有名目。"宝珠涨红了脸，低下头一句话也没得了。因道："偏我不早死，要到这地步，活着又伤心，死了又不能。罢罢，听你们布摆去，我从此便蒙住良心做人了罢。"

　　裊烟见他想通了，便放下了心，抽空儿告诉柳夫人去，把宝珠已讲明白，仅向叶府缔姻（纲），好给婉香冷心的话讲了。柳夫人认为不谬，便选了本月十二给宝珠缔了叶府的姻，软玉、蕊珠便移住东花园回避去。这里婉香见这番举动，倒反欢喜，心里但求宝珠忘了自己，那便自己的死活不干宝珠事。满拟回家不等婿家来聘，便寻点口角自尽了，也省得被人议论。主意定了，待宝珠缔姻过后次日，便向柳夫人辞行。柳夫人见他一点没悲伤的样儿，心里颇为得计，因见他两眼还红肿着，又分外起了一种怜惜的意思，自恨不早求亲，放着好好的女孩子倒给别家做媳妇去，想到这里又气他叔子花占魁起来。又见婉香兀自依依膝下，不觉伤感起来。又挽留了一夕，和他讲了许多出去做媳妇的道理，婉香哪里还听得这些话，早又伤心痛哭起来。柳夫人知道他伤心，怕哭坏了他，不便多讲。

　　婉香初来，原和柳夫人一房儿睡的，这夜柳夫人要他同睡，婉香依了。等柳夫人睡熟了，将前年花朝来的时候想起，一件一件打心上轮过。觉得宝珠先和自己客气，后来渐渐和自己亲热来，又处处的怜惜着自己，再件件关切着自己，后来又分外亲密起来，自己又怎样和他恼，想到这个"恼"字，猛回过念头来道："咳，早知和他没几天好，就不该和他恼的。"忽又想：好也从今罢了，恼也从今罢了，算这三年做了一世人，打明儿起算又是一世人，难道后世人还把前世的事也追悔去不成？想着，安了安心，便也睡熟了。

　　到次日起来，柳夫人①吩咐备下一席离筵与他饯别，又替他把菊侬、琐琴、素秋都请了来，袁夫人、潄芳、藕香、美云等也都在座，只软玉、蕊珠因宝珠在座不便过

---

① "夫人"之下，原衍"道"字。

来座次。大家各敬婉香一杯，宝珠也饯他一杯，婉香饮了，宝珠又斟了一杯敬他。婉香怕他有意在里面，便不肯吃。宝珠掩泪道："姐姐你不吃这杯子，你的心里下得去吗？怕姐姐去后，莫说我能不能再和姐姐把盏，便怕这杯子也不能再沾着你的嘴唇儿了。"说着，那泪珠儿扑朔朔地掉在杯子里去，婉香也是伤心，便接来对饮，对掉着泪。剩了半杯又加满了送与宝珠道："昨儿没敬喜酒，请干这一杯罢。"宝珠听说，忍不住泪如雨下，一口把酒饮干了。众人见他两个饮着泪酒，也都替他伤感，往常丽云总要取笑，今儿也恻然了。因对婉香道："姐姐，不记（托）得前儿即落花诗有'初见已经今日恨，重逢难诉隔年情'两句，不道今儿做了谶语。"婉香点首泪下。原来以先丽云常听见柳夫人口气是定把婉香嫁给宝珠的，所以总拿他两个开心，别个也便不这样顽去。此时见他两人赤紧的要分散了，倒反比众人分外着的伤心。那赛儿是向来道婉香好的，又是孩子赤心。藕香极相契婉香的，这会子要走了，席间那一个不伤感下泪，自不怪宝珠了。那春妍和海棠原是婉香带来的，这会要别去，他们也有姊妹们饯行，少不得也有一番伤感。

　　一时间外面回说，轿马都齐备了，婉香便向各人拜辞，早已泪湿几人衣袂。又向东花园来给软玉、蕊珠告辞，又是一番悲痛。婉香打东花园转来，一干人便送到南正院来。不知婉香还勾留否？且听下回分解。正是：

　　无可奈何花落去，不如归去鸟空啼。

第五十二回

易鲛绡断肠分手　闻燕喜狂笑偏心

却说柳夫人等一干人送婉香出来，直到二厅，看婉香洒泪上轿出去。春妍和海棠、连升家的、来喜家的等便叩头道谢，一齐出仪门上轿跟去。这里宝珠早哭得泪人儿似的，定要赶去护送一程，柳夫人许了。宝珠忙喊备马，带着花农、锄药两个小厮，一齐打甬道上上马。宝珠早加一鞭跑出大门，一溜烟飞也似的追去了。花农和锄药两个马的足力差些，那里赶得上。一直追出钱塘门向柳堤上跑去，猛见柳堤上拴着宝珠的马，见宝珠坐在草地上哭，吓了一跳，忙都下马问："敢是坠马了？"宝珠道："不是，这马乏了，我也腿软了。"花农道："爷本来病着，那里还好这样的很跑呢，既这样，请爷那边亭上坐坐去。"宝珠点首，花农扶着起来，才到亭子上坐了，宝珠定了一回喘气，便又上马，带着花农、锄药急急的向柳堤上走去。

到松木场，花农遥（摇）指道："船在那里。"宝珠望去，见桥边泊着四号大船，桅杆上扯起旗衔，风吹起来飘着，显出河南督学都院的字样，宝珠早一阵心酸掉下泪来。一到岸边，便跳下马来，见一船是装着婉香的箱笼物件，一船是些家丁人役，第三号才是婉香的坐船。头舱卷篷下悬着四盏缨络珠灯，两边列着两盏衔灯。花农先下舱回了，里面喊"请"。早有水手打起扶手请宝珠下舱。宝珠一脚（搭）踏进头舱，早见春妍和海棠两个，把中舱门上的花绣门帘两边一齐打起。宝珠进去，见婉香侧坐着，一手靠在玻璃窗边的云石桌上，拿帕子揾泪，宝珠早泪如雨下，两个厮对着，先握手儿呜咽下一会。

婉香才收泪道："我此去料想不能再来，你也不必为我伤感，天若有情，他生可卜。你只干你的正经去，你能一步一步的上进，我便死在九泉之下也替软姐姐和蕊妹妹欢喜。你若不忘我，你知道我家去有了聘期，你但在小桃花馆的桃花树下，唤着我的名儿，哭我一番，便感盛情了。我前儿许送你的绣枕顶儿和屏条子，我不该给了眉仙，那眉仙转送我的绣花帐沿子，我前儿不是送你了，你留着只当我的吧。咱们三年聚首，一旦永诀，我也没别的报你。"因把帕子递与宝珠道："这个你拿去，是我这几天拿着拭泪的，光景泪珠儿也不止二十斛了，还（完）了你罢。"宝珠接着，也不暇细问他这话里头的讲究，只把帕子反覆展看，见满幅都是斑斑泪渍。因又把自己帕子转赠他道："我这个你也拿去罢，日后得能再见，也是个表证，倘不能再见，各人拿这个殉葬罢！"说着，两人都哭起来。春妍见日已西坠，舟子催促趱行，因来回了婉香，宝珠兀自不舍分袂，经（禁）婉香再三安慰，宝珠因再三叮嘱说："到了姑苏，便给个书子，我开春往京去，定打姑苏转来看你。"婉香应着，因淌下泪来，便拿宝珠的帕子去揾。两人欲别不别的，脸对脸儿怔了半天，才同叹一口气。宝珠便说声："罢，我去了，你自保重。"婉香含泪应着，送到中舱门帘下，看宝珠登了岸上马去了，还自呆望着。

忽一声锣响，开船了，掉过头来打玻璃窗望去，宝珠远远的在马上，一步一回头望自己的船，忽立住了不走，呆望着自己的船，渐渐远的看不见了。婉香早一阵心酸，哭晕了过去，春妍、海棠忙扶住唤他，再唤不醒。直等舟行了一里多路，婉香才醒过来，睁眼一看，见是船里，面前只春妍、海棠两个站着，莫说宝珠不见，连往日的笑春、爱儿等都不见了，又一阵心痛，哭晕过去。这回势头更凶的怕人，春妍急了，忙喊把船放缓些，把后船里的老婆子喊几个过来，帮着灌姜汤、捏人中的救着，足有一顿饭工夫，婉香才"哇"的一声哭了转来，春妍早也泪如雨下。婉香向四下一看，见居中挂着一盏洋灯、四盏书画竹灯，那船摇着一晃一晃的荡着，便天旋地转的头晕起来，呕出一口，不是血，却是绿水，大家慌了，忙喊船泊定了不摇，把婉香扶到床里躺（淌）下。

婉香自觉兜肚下泛起来，又呕了一口，便又昏晕过去。朦胧见他母亲秦夫人从水面上踏浪而来，走到面前唤道："婉儿，你不要苦恼，过几天还你高兴。"婉香见是他母亲，早去扯住衣角哭道："太太，怎留下我这苦命的儿吓。"秦夫人道："快不要伤心，你吃我这杯儿水便好了。"婉香见他手〔里〕果然拿着一个杯子送到他嘴边来，婉香见是一杯清水，不知不觉饮了下去，见他母亲便转身踏浪去了。

睁眼一看，见自己原睡在床里，丫头、老婆子围在面前，听船底下的波浪声甚大，风刮的玻璃窗当当的响着，因道："敢是起风浪了？"春妍等忽然见他开了口了，看神色也正了，便多放心，因答道："是呢，小姐，这回子心定些吗？"婉香点首，因问："这里是什么地方了？"春妍回不出，因去问了水手，进来道："是瓜山地面。"婉香点点首，因坠泪道："出城好多路了，春妍，扶我起来望望瞧，可还望得见城子么？"春妍道："我刚望过，连影也不见了。"婉香点首，又滴下泪来，因叫婆子们退去，自己在枕上伤感一会。忽篷背上淅淅沥沥地下起雨来，那风打窗缝里吹进来，帏子遮着，那灯早闪闪熠熠的。雨越大了，夹着风浪声，远远听见更鼓打了三下，心窝上的泪早和潮一般涌起来，哭了会子，因身体困倦，便睡熟了。次日醒来，又哭一会，一路上餐风宿露的哭着，早把个娇滴滴身躯儿病的和菊花似的。这且慢表。

且说宝珠自婉香去后，也不知哭晕了几次，身子本来单着，早已病了，天天呕着血。柳夫人怎不焦虑，请大夫（天天）瞧，总说是心病，药物也不甚中用的，还是金有声替他用药当点心。足足病了半个多月，天天盼姑苏的信，也不见一封。一日正哭着婉香，枭烟忽传进一封信来，说是姑苏来的。宝珠又惊又喜，忙拆开来看，却因眼角上缀着泪（宝）珠，看不明白，忙拿婉香送他的那块帕儿揩净了，看写着："眉仙再拜宝珠足下。"宝珠见这八字便疑惑道："怎么是眉仙出信，难道姐姐有什么长短么？"又道："且看下去再讲。"见是："迟我拜芝，劳人梦草。一方秋水，悬想伊人，转辗梦縠。亦不自知所以也。月圆日，婉姐言旋，乍见之下，人淡如菊，略一抚问，泪滑滑下。"

宝珠看到这里不禁痛哭，停一会又看道："哽咽半晌，始吐所苦，情颇不堪，而抑知适博我粲。挑灯一夕话，竟使破涕为笑，疾霍然愈。为语足下，好自珍摄，留一形骸，待作相见欢为是。"宝珠看了不解，忽转念道："这光景是眉仙哄我来，姐姐这病，那里一席话劝得转的，多分病危了怕我知道，所以哄我来。果然姊姊好了，为什么姊姊不自己写信给我呢？"想着，又哭起来，忽又道："这'待作相见欢'一句有意思，难道姊姊还来我家吗？只怕断断没有这话，要便是，讲我明年去看他的话了。"又道："姊姊往常说眉仙的笔墨好，照这书子写得不明不白的，也看得出本领了。"又道："管他呢，且回他一封书子再讲。"因便想挣扎起来去写，那里挣得起，只得且搁着罢了。

过了几日，身体略好了些，因起来写了信，复了眉仙，也只说自己病好了。刚发去，忽晴烟进来说，三老爷回来了，说病的凶，人扶着在南正院了，爷快请安去。宝珠吃了一惊，忙扶在晴烟肩上到南正院来，进门见袁夫人、漱芳等俱在，秦文坐在炕上气喘着咳嗽，宝珠上去请了安，秦文点首儿道："你也病么？"宝珠说："是。"秦文道："你自睡去，不必陪我，仔细又冒了风。"宝珠应着，自己又站不住，便退了出来。刚出门帘，听秦文道："宝珠怎么病得这样？多分孩子们大了，不甚安分，这会子我在河南，倒给他说下亲事了。"柳夫人道："吓，前儿我不知道，这里也给宝珠定了亲了。"秦文诧异道："吓，我八月间便有信来，敢失误了，怎么又定了一门子亲，这怎么处！"说着，早喘着咳嗽。宝珠听见讲起他的亲事，早一点酸从顶门上起直注到心窝里，禁不住"哇"的哭了出来，秦文问："谁哭了，什么事？"丫头们忙回说："宝珠被窗子撞了一下哭的。"说着，忙把宝珠扶回院子去。

这里秦文向柳夫人道："什么顽意儿，一个孩子定下两门子亲，这怎么处？"又道："那边断无法想，且问这边是谁家的小姐？"柳夫人因把花家去把婉香给了别家，气不过，一下子定了叶府的两姐妹儿。秦文听着大笑起来道："你们知道我给宝珠定的是谁家？"柳夫人也陡然开心道："敢便和花占魁讲来？"秦文道："还讲花占魁呢，前儿他和我提亲，我一时没允，后来我替太太求亲去，他也不允了。"说着，喘喘的咳嗽起来。柳夫人疑惑，因又问："那眼下定的是谁家呢？"秦文道："听我讲呢，因此我在京便杜绝了花占魁，哪知道我和他都放了河南。他来拜我，我见他便也绝口不提这亲事。前儿七月间，忽儿都察院沈左襄上本子弹他，他慌了，当是我为此过意不去，便来向我谢罪，我倒不懂了。次日，便央中丞来允亲了。我知道婉小姐是二太太最疼的，我也很看着重的，所以便允下了。"大家都哑然失笑起来，心里都替宝珠开心，柳夫人更欢喜过望了，倒不肯信。秦文道："二太太不信，还有先姑太太的一只碧霞镯子，在我箱子里收着，就算聘礼了，是我把一个西土汉玉猫儿坠向他换的，两下允洽了，便在九月初六日下了聘了，这里来接是几时了？"柳夫人道："那已是初九了，人来说花占魁是初二打电报家去的。"秦文道："是了，这里和叶府里是多早晚下的聘？"柳夫人说是十一，秦文道："既这样，叶府总好讲话，他三口儿便照下聘的迟早定位次罢。花占魁总不免有些话讲，那只好做我不着，写书子给他谢罪去呢。"说着大笑，笑着又咳嗽气喘的了不得，便叫玉梅和湘莲两个夹扶了回东正院去。袁夫人等便都哄堂大笑起来，说这节事倒烦的有趣，只是太太和宝哥儿、婉姐儿空抛了许多眼泪。柳夫人也心花怒开了，和一干人说笑着。

早有丫头们听的明白，报与宝珠。宝珠听了直跳起来，笑的闭不拢口，因道：

"我梦想不到还有这场天大喜事。"说着又笑，又道："哦，怪道眉仙那书子这样讲，原来姊姊自己不便出信与我，眉仙也不便明写的，所以我还怪他不明白，那里晓得有这个意思藏着，又这个好意思藏着。"说着，又大笑起来。袅烟扯他的衣角道："爷也不留意点儿，照这样疯着，给人传出去可不笑话。"宝珠道："这会子还怕谁笑话来，老爷给我定了姊姊，我那姊姊便真是我的姊姊了，便真是我的好姐姐了，便真是我的好人了。"说着，又哈哈大笑起来。袅烟见他神色不像，口角涡斜，绝似疯的样儿。因道："爷怎么讲话也不留点神，这是算什么话？"宝珠笑道："姊姊，这又什么算什么呢？"又道："姊姊可来了么，快给我掌灯儿，我见他去。"袅烟惊道："爷敢心偏了？"宝珠道："我偏什么，我总一样看待（代），我敢偏了谁？"袅烟听他的话真疯了，便哭起来道："我的爷，你怎么忽然便这样了。"宝珠道："你不哭，你放心，我和姊姊是讲得明白的，决不苦了你。"袅烟一发哭的凶了，晴烟等忙进来，见宝珠指手舞脚的笑着说着，口口声声念着姊姊，大家多道疯了，忙去报与柳夫人知道。那柳夫人过来一看，便大哭起来，[①]道："我刚道这遭儿万事如愿了，那知道他忽然疯了，这敢是前世的冤孽吗？"说着，顿足大哭。不知宝珠究竟是疯不疯，且看下回分解。正是：

　　娇花例受三春雨，圆月应遮一片云。

---

① "来"字之下，原衍"来"字。

第五十三回

病宝珠对镜惜芳姿　俏丽云登山听松籁

　　却说柳夫人见宝珠疯了，正大哭着，宝珠猛然见哭的是柳夫人，因低问袅烟道："这大的喜事，太太怕不知道吗，怎哭着？"袅烟见他略清些，又往常听人说，一个人狂喜过度，定是偏了心，只一吓，便吓转来了。因道："爷不知道花小姐嫁了，所以太太哭着呢。"宝珠一惊道："吓，原来嫁了，不是嫁我。"袅烟啐了一口，宝珠一想，当是丫头们传误的，便自觉惭愧，也哭起来。柳夫人见他也哭，因道："宝珠你怎便疯了。"宝珠红了脸，讲不出来。柳夫人道："你姐姐给你了，你便喜，也不致狂到这样，你疯了教我怎样？"宝珠低了（丫）头，柳夫人又道："我不催紧你，三老爷知道，可又不扫了兴，你可怎样对①得住你姐姐。"此时宝珠心已清了，听这话又明明是真的，心里欢喜，便又露了笑影，又红了脸。柳夫人见他低着头一句话也没有了，知道醒了过来，因又气又好笑，也不多讲，便自放心归院去了。

　　这宝珠又把从头的话细想一遍，又有些疑惑起来，见袅烟坐在旁边，因扯他的手道："好姐姐，你告诉我，究竟是怎么样的？"袅烟道："我不和爷讲，回来爷又疯了，我可是吓不起的。"宝珠笑道："我那里疯来，我不过一时高兴忘了形了，你告诉好，也好安了我的心。"袅烟笑一笑道："我问爷，果然婉小姐许给你了，你有什么好处？"宝珠笑道："讲好处多呢，你明儿瞧着就是。"袅烟拿指头向他脸上一抹，道："可不臊死人呢。"宝珠"嗤嗤"的笑将起来，扯着袅烟的手道："为什么臊的呢？"袅烟笑着一甩手道："不疯罢，这会子总算病好了，也不将养会子，爷向镜子照照去，可还像个人呢。"宝珠不信，因走到衣镜边，晴烟把镜袱去了。宝珠一比，诧异道：

---

　　①　"对"字之下，原衍"付"字。

"这敢便是我吗？"晴烟一笑，袅烟也走过来。宝珠见自己脸儿早憔悴到了十分了，只两弯眉儿绿的分外可怜，虽是笑着，还是颦态，把袅烟并肩儿一比，只觉自己黄瘦了好些。忽掉下泪来道："我已这样，不知我姊姊还比我憔悴到那么地步呢？"袅烟道："他倒早好了呢，你病得这个样儿，不早将养好，明儿给他见，可不又叫他伤心吗！"宝珠点首，因便走开来。晴烟仍将镜袱遮好，见宝珠睡去，便来替他盖好了，让袅烟陪着，自己归自己睡去。不提。

且说秦文自那日回来，气急痰喘，一日重似一日起来了。秦琼原带回来了，因见宝珠已授了编修之职，秦琼还只是个荫生，心里颇不受用，因在湖南时候，便给他保了个理藩院主事。眼下部文转了，便打十一月初一，着秦琼进京供职去了。自己原请了一月病假回来，看看将满限期，病尚未好，朝廷又不准乞休，只得再请展假。又因秦珍和宝珠两个开春都要进京供职去的，便打算把宝珠在年内迎娶了，又省耽挨时日。因请柳夫人来，把这个意思讲了，柳夫人却合着自己主见，便一口说好。秦文因喊漱芳代写一封书子，关会花占魁去，便把误定下两边亲事，要他随和过去的话讲了。漱芳顺着秦文的话写了，稿子送秦文看了，秦文点首儿，便教发书启房，叫白剑秋寄去。

秦文因向漱芳道："亲家太太可在府里么，舅爷高升了，你可知道？"漱芳道："是呢，家太太还是八月间接进京去的。"秦文道："令兄在京的时候和我讲，他心里极意的想放出来，所以不望打詹事府转去。和我商量，才得由编修①升了都察院的巡街御史，照这样好好的搅年巴，便好放出来了。这便宜多了，像我当初，搅的才费事，由编修迁了詹事府右中允，再由右中允升翰林院侍读，又迁到国子监祭酒，我满拟放出来了，那知道太好了，倒升了内阁学士，又迁到礼部里去混了几年，才搅到一个左都御史，迁了刑部，到这会子才放出来。从头一算，已四十多年了，头到白了，还不能告归，所以我说做京官不如做外官自在的多呢。"漱芳称是，坐了一会便退出来。

听秦文又在里面气喘了，心里很不受用，怕秦文有甚长短，秦琼便没人约束了，回到自己院子里纳闷了一会。忽丫头们传进一封京信来，拆开看是白素秋寄来的，看了一遍，才知李冠英由庶吉士升了内阁中书，但放了外府同知，此刻委了江苏吴县的署缺，到任去了。心里替素秋欢喜，便放下书子，顺步到东花园来，想和软玉谈谈。进

①　"修"字之下原衍"便"字。

了园子,到镜鉴来,可巧软玉到绿梦庵蕊珠那里去了。

漱芳因便到绿梦庵来。进门见芭蕉树下睡着两只白鹤,蕊珠靠在栏杆上,手里拿瓜子壳子打他,见漱芳来,因笑道:"难得呢,怎么两天不来看我,险些儿闷死了呢。"漱芳笑说:"因老爷病着要服侍着,所以不得空儿。"蕊珠笑道:"怪道人都说你是好媳妇儿。"漱芳笑道:"你也不用嘲笑我,你也是即补的媳妇儿。"蕊珠红了脸道:"姊姊怎么眼下便都是满口官话,又是什么即补即用的满口嚼着。"漱芳也笑道:"我刚听老爷背了许多履历,又素秋姊姊信来,便觉听熟了,也随口讲讲。"蕊珠随把手里的玫瑰瓜子分把漱芳吃,漱芳接了,笑问道:"这是姑苏的水炒,你那里来的?"蕊珠红了脸道:"偷来的呢。"漱芳道:"是宝珠送你的呢。"蕊珠啐了一口,漱芳笑道:"还强嘴呢,这可不是顾眉仙送来给宝兄弟的?"蕊珠一笑道:"谁讲,我吃这个,还是婉姊姊前儿送我的。你要取笑我,我还有好东西着,不给你了。"漱芳笑道:"我搜去。"说着,便走进房去,蕊珠也跟了进来。漱芳向妆台上一看,没有,把抽屉抽开一看,也没有。因见玻璃橱里摆着一盅洋锡罐子,因笑道:"在了。"便走过来拿。蕊珠笑着拦住了,说:"你不告饶我,定不给你。"漱芳笑道:"你叫我告什么饶?"蕊珠道:"你可还讲不讲是他的呢。"漱芳道:"他是谁,我还不知道呢?"蕊珠道:"你还讲尖酸话儿么?"说着红了脸,向他两肋下挠去,漱芳笑的软坐倒美人榻上,蕊珠也笑着,忽床里面有人笑骂道:"造反了,我好好的睡一会儿也不容我。"

漱芳回头,看是软玉掀着帐子走下地来。漱芳笑道:"怎么大白昼跑这里来睡,敢昨晚子梦里又和宝兄弟顽去,没睡觉吗?"软玉啐了一口道:"你倒昨晚子做梦和琼二哥顽去呢。"漱芳红脸道:"扯你的臊呢,一个姑娘家也知道什么顽。"软玉也红了脸道:"我本来不知道你们怎么顽,还是你讲来,我也不知道'顽'字指什么的。"漱芳笑道:"你说我这'顽'字指什么的?"软玉佯嗔道:"我不知道,你问自己去。"漱芳也便笑笑不叮下去,因将着蕊珠的手向软玉道:"睡什么,咱们同往美姐姐那里顽顽去。"软玉点点首儿,便整整鬒发,向镜屏里照一照,见颊上印了些枕痕,因拿指尖揾了揾,同着出来。

望见宝珠身边的袅烟手里拿着个纸条儿走来,见三人来了,因站住了道:"刚我看二奶奶去,说在这里,爷喊我往旧院子里去请美小姐和丽小姐去,那知道我几天没去,那园里的人都搬到这里来了。"漱芳笑道:"是呢,为那边只软小姐两位住着冷静，所以都搬过来了，你敢没找到大小姐吗？"袅烟道："我不知道住在那几所院子里。"漱芳因指道："茜小姐住的这边石听琴室，绮小姐住石林仙馆，美小姐住小凌波榭，丽小姐住暗香堂后面小罗浮仙馆。"袅烟应着道："这几天把我这小太爷闷死了，说好像落了个孤老院似的，也没有一个姐姐妹妹看他去，这边又不能来，怕三老爷知道要讲，他气得很，写这个条子叫一房一房的送去请他们的。"漱芳接来看是，见写着些寂寞孤零苦恼的话（谈）头，因笑给软玉看看，软玉付之一笑。漱芳把条子还袅烟道："你讲去，说日子快当呢，回来少不得有他的好姐姐好妹妹成日的伴着他呢。"袅烟望着软玉一笑，蕊珠早低了头，软玉见袅烟去了，因笑道："二嫂子，这话倒有点儿像是气宝珠，幸而你是他的嫂子，不然，人还当你拈……"说着笑，止住了不说，漱芳啐了一口骂道："倒把我臊死了呢，拈什么来吓，你和谁拈去，便要拈，这会子也早呢。"软玉笑着早先走了，漱芳将着蕊珠跟来。

一路笑说着，打沿山走廊绕到小罗浮仙馆，见前后有几十棵梅花，多已开得和雪似的。石笋边有一只老鹤在台阶踱圈儿唳着，见三人来了，侧着眼睛来看，蕊珠拿帕子甩他一下，那鹤拍着翅膀逃去乱叫，里面暖帘一动，将手儿走出两个丫头，看时，是美云身边的秋苹、碧桃，因道："你小姐也在里面么？"秋苹道："刚在这里，这会子和二小姐、三小姐到山上顽去了。"

漱芳因携着软玉、蕊珠打梅花下循山游廊走去，走上南雪亭，见宝珠写的"百花头上"四字已榜着了，凭栏望下去，那梅花和潮一般拥着。忽见下面走廊上一个人打梅花隙里露一个影儿，见是戴紫金冠的，当是（时）宝珠，便把帕子打一个结子打下去，却兜在梅花枝上，那花片儿落了他满头满身。那人昂起头来一看，原来是赛儿，三人都笑起来。赛儿见三人站在百花头上对他笑，才知是拿物事打他的，因道："怎么，你们打我吗？"漱芳笑道："我那帕子兜在树上了，好姐儿，给我弄下来还我。"赛儿仰面，见帕子果然挂在梅花枝上，因进屋子里去找了个长鸡毛帚儿来，倒转头，用杆子去撩，却撩不着，便站到石凳上去一撩，那帕儿和些花瓣儿照脸打将下来，险些儿跌，三人在上面笑着，他便丢下鸡毛帚子一气跑上来，一头撞在软玉怀里说："你打我吗？"软玉笑道："这可冤人呢，你婶娘打你的，怎么做我不着。"漱芳早趁势儿把帕子向他手里夺去，望上面峭壁游廊上逃去，赛儿来追，漱芳急急走上一览亭，笑着软坐倒了。接脚赛儿和软玉、蕊珠也来了，赛儿又来夺帕子，漱芳不肯，软玉却把赛儿一把抱住，说："你怎么撞我，我心痛了，快赔（陪）我来。"赛儿笑挣着不理他，软玉把他挟的死紧，口里要他告饶。漱芳却站得远远的，一手把个帕子展开来拧着，引他道："在呢，你拿得去吗？"刚笑着，忽一阵风来，漱芳拧得不牢，那帕子和放风筝似的吹了去了，大家都笑起来。赛儿拍手称快道："好吓，天也不容这劳什子呢。"漱芳看那帕子悠悠荡荡飘坠下去，不知掉在那里去了。因笑着和赛儿、软玉、蕊珠四下望了望，满城的楼屋，见夕阳斜照着，只半城的人家有阳光照着，因道："宝兄弟前儿咏这里的诗，有意思呢，那'一线长江千里白，半城斜日万家黄'两句倒确切呢。"

赛儿点首，便和三人走那后面那游廊下来，早听见一片的波涛声，再走下几步，便见几百株松树成了一丛林子。这游廊盘旋下来，便穿到松林里去，弯弯曲曲多是红栏杆子的走廊，接着中间一座四方亭子，榜着"巢云"两字。进里面，有些杯盘狼藉着，丽云的两个丫头，小红、小翠在那里收拾。软玉因问："他们那里去了？"小翠向后面窗外指道："在那里呢。"四人同走出来，见美云、丽云、绮云三个，正打那面游廊转弯抹角走来，两边迎着。丽云笑道："怎么，你们娇怯怯的，今儿也上这高山来？"蕊珠笑道："我早走的脚跟儿痛了，你们怎不赏梅花，却这里来喝西北风？"美云笑道："我也这样说，丽妹妹天天对着梅花看厌了，倒来听这涛声。"刚说着，早一阵大风，那满林的松树，虎也似的吼起来，把各人的衣袂都倒吹起来。赛儿等都捧着脸说，好狠的风，只丽云一人，仍潇潇洒洒迎着风走去，还说有趣。众人便在巢云亭坐了会儿，下山去小罗浮仙馆里，暖酒赏梅花去了。不知后事如何，且看下回分解。正是：

　　小病不须嫌寂寞，美人随在见风流。

第五十四回

两头亲花学士悔婚　一手本秦宫保请旨

却说秦文自发信与花占魁后，满拟即日可以婚娶，因吩咐，把自己东府里借叶府做了女府，花家送亲来，若另打公馆，则不必说。若不打行台，也便可在东府做女家了。因选了十二月二十吉期，拟先把婉香和宝珠成了婚，三朝再娶叶氏姐妹的。那里知道花占魁信来，说男子婚娶，例无二嫡，即叶氏情愿作庶，亦于理不合，聘妻未娶，安有重聘之理。即两不知情，以致重聘，可援卑幼在外例比依，应以先定之女为婚，后定者从其别嫁，如其不然，彼此均有未便。况叶氏居丧出嫁，亦于例不合，还请裁夺。倘尊府愿与叶氏成婚，则遵国律，请还聘采云云。秦文看了气起来道："这不是他分明的悔婚吗？"因拍案大怒，喊把柳夫人请来商议，自己早气喘不绝，袁夫人劝着他，兀自盛气，见柳夫人来了，便把花占魁的来书递与柳夫人看，柳夫人也怪他不近人情，因道："若说要软儿姐妹作庶的话，倒还可商量，这竟说要咱门退婚去的话，怕也没这个例。"秦文道："他欺我太甚了，把一个律例来压我。照例卑幼在外，尊长给他定下了聘，他不知道，自己也定了一家，便该从尊长所定，把自己定的退了，听其别嫁。若自己定的已经成婚了，那便把尊长定的退了。违者杖八十，有职人员知法故犯，论杖九十，降四级调用，仍就照例改正。但咱们这事比依不得，两家都是尊长定的，谁该做嫡，谁该做庶。若说叶家居父母丧出嫁，于例不合，只也有他祖母作主，况且到下月二十二已是二十四个月期满了，还怕怎么？他三番两次的拿一个侄女儿居奇，也刁难得我够了，我耐着，且复他一信，说这边是宝珠生母定的，断无退婚之理，下面也不必讲了，倘他回信，再有请还聘采的话，我便和他奏上一本，说他悔婚，看他可当得起吗？"柳夫人也不好讲，秦文早拿起笔来颤巍巍的手抖着写，一面喘气，一面写完，交与袁夫人加上马封寄去。

秦文喘急了一会道："花占魁那人也太不懂事，总之年轻了些，一味子任意歪搅去。也不想，咱们家不拘干什么事，也从不肯教自己短了理。他讲到例，那总还是我明白些。知法故犯的事，我自己还办人过来，我敢顽这个把戏吗？所以他和我讲例，早便不通死了。"柳夫人说是，因道："今儿已十二月初四了，他未必转信来，这喜期，光景应不着了。"秦文道："那也不妨迟些儿，索性等开春，让宝珠进京供几天职，再告假回来，我也便可趁此乞恩予告，回来享几天儿清福。照我这病，怕也不久人世了，眼下虽好些，但有了年纪，得这个痰病，要除根是难的了。"柳夫人极意宽慰了几句，又闲谈一会，便自散去。

过了几天，秦文的病，却渐好了，因一路都是金有声诊视，居然有效，自是佩服无量。这日能够起动了，便叫丫头们搀扶着出来，到中门，换了小厮，搀扶到帐房里来。这日因是十二月二十九，金有声正在结帐，见秦文进来，便忙放下笔，推开算盘，站起来笑迎道："爷怎么便自己出来，敢竟全愈了？"秦文笑着坐下道："竟好了，这多是老哥的恩惠，特来拜谢的。"说着，略一咳嗽，小厮们忙着替他捶背。金有声便把自己喝的别直参倒了一钟，送与秦文，秦文喝了一口，小厮接了去，仍放在桌上。秦文道："令甥可有信来没有？"金有声道："刚昨儿来一封书子，说忽而降了礼部员外郎了。"秦文慨然道："这御史的职分，本来不容易当的，兄弟前儿当这左都御史，也是战兢兢的，生怕惹一点儿事出来不好看。去岁子，像沈左襄那样一个老练，他还惹了事，予告了，况是令甥，初做官儿，便当这重任，自不免有人在暗地里播弄他。在里面，过日子颇不容易，好便一日就升，歹便一刻儿就降，真是临深履薄似的，此番兄弟进京，当想个法子，把他放出来便好。"

金有声道："这是全仗照应。"因问："前中丞眼下怎么了？前儿听说革了职，还交部严议，到今日没听见说，有什么长短没有？"秦文道："幸而他有照应，不会议出什么来，倒准了赎罪，抵销处分，赏还顶戴，原品休致，只可惜一出京，便作古了。"金有声忙道："他家可还有子弟？"秦文道："这个倒不仔细，老哥敢有什么事儿？"金有声道："也没什么，他在本地时候，曾向兄弟这边挪二千两银子去，兄弟早想进京去讨了来，想捐个小功名儿搅搅，照这样讲，可不是落空了吗？"说着，颜色沮丧了。秦文因道："论他呢，其实搅这一辈子巡抚也没多钱，倒把个功名坏了，便兄弟这边，他也挪用不少，虽离任的时候还了些儿，也不满一半，这是众人知道的。便叶冰山那时候交给我五万两私银，我倒替他还了人十二万，这也算我们打伙一场，替他偿还些儿，也算不得什么。只可恨那些假冒索欠的，便都找到我，说前中丞和冰山的家事都交给我了，还说我吞他们的，可不气死了人。"金有声答道："这也混帐透了，老东那样慷慨仗义，谁不知道？这些话也只好对孩子们讲去，那孩子们稍有知识的，也断不肯跟他谤毁。"秦文拈须笑道："兄弟倒也公道在己，毁誉由人的。"

因顺手把帐簿拿本看看，却是去岁的帐，随手翻去，猛见宝珠支银一千两，因道："宝珠拿这一大注银子干什么去？"金有声道："说是借给夏师爷引见用的。"秦文把簿子放下，叹口气道："眼下官场风气真越坏了，这位夏老先生得了个州缺，他便乱搅起来，到任不到半年，被上游察出，降调了通判。他又不知利害，前儿大计，便被弹参了，花这些钱，好容易得了个缺，一刻儿便搅坏了。"金有声也替他可惜，因问："人现在可还在湖北？"秦文道："他早家来，还老着脸托我荐事，我不好意思，替他荐了个馆地，又搅去了。"金有声慨叹了会，因顺口托秦文进京去代保个功名。秦文答应了，坐一会便自进来。

傍晚，号房内投进几角公文来，因眼花了，看不清，便喊掌灯上来，架起眼镜，就灯光看去，见一角是沈左襄的贺年帖子，再拆一角，看也是贺年的，具名李冠英。再拆一角，是薛筱梅的，都搁过一边。因目力不佳，教袁夫人代看，报与他听。袁夫人便坐在灯下，拆一角报一角，都是些同寅、同年和些世交的贺帖，秦文都教发书启房复去。又有些禀事夹单，教发文案房桑春批去。一时内号房呈进封禀封子来，也教袁夫人念给他听，内有一封，报说是花占魁的，秦文便要来自己看，仍把眼镜架上，看了一遍，哈哈大笑起来。又看一遍，便卸下眼镜，递与袁夫人看道："这个便是（自）漏洞，明是悔婚的意思。我明儿进京去，定奏上他一本再讲。"袁夫人笑道："这个果然礼短了些，怎么讲是断然不能的呢？又说定要退了一边，这是什么话？"秦文道："他的意思，竟说这边不肯退，他便甘心送还聘礼，这不叫悔婚叫什么？"因便把书子收入文具里面，自己拿笔打了个奏摺稿子，叫桑春缮写去。

过了新年，自己病竟好了，邸抄上见两河总督已放了兵部左侍郎了，便打灯节后，带着秦珍、宝珠都进京去。一路停船走马，自不必说。到京面圣后，秦文便升了协办大学士，秦珍升了翰林院检讨，宝珠升了国子监司业。谢恩回来，却好秦琼来衙请安，并叩了喜，因讲起开年以来，内官升降了许多，自己升了内务府员外郎，陆莲史先生倒由额外主事挨补了工部主事，早经有电报去，光景明后天也该来了。宝珠因问："何祝春、盛蓬仙和华梦庵三人，听说早来京了，可有升迁么？"秦琼道："何祝春和盛蓬仙都派了实录馆分校，光景指顾便可升迁的，只华梦庵却授了户部主事，他昨儿来问起，说老爷可曾来京，意思因近来各部主事出缺甚多，想求替何、盛两人照应的。"秦文点首，因问："昨儿在朝房里，听说花占魁又被人弹劾，奉旨取回京来了，敢有这事？"秦琼道："正是，人却尚未来呢。"秦文道："可听是弹他什么？"秦琼道："这却没细问。"秦文点点首。次日把为悔婚作难事的奏片，夹了上去。秦琼、秦珍、宝珠便都各自供职去了。及至花占魁来京面圣，上面问及悔婚的事，花占魁吃了一惊，因也奏辨一本，两家且都不拜谒，只拚着气，听候旨下，不题。

且说秦府自秦文、秦珍等进京去后，家里便没一个男人。陆莲史也赴京去了，叶魁便放学出来，因他颇不安分，惯和姐妹们寻闹，便想请薛笑梅来教他。不道薛笑梅的候选县丞，竟得了缺，赴任去了，便只得请一个老学究督率着他。柳夫人因宝珠不在膝下，颇觉寂寞。金菊依因嫁日近了，便早家去。金有声和白剑秋也告假出去，外面都便换了一班新手，中门内外管的一发森严了。秦府丫头们却多还安分，没闹甚事。只小厮们在外面，便放荡不成样儿，里面也没个主子出来查问，所以柳夫人也不知道。还是金有声常来转转，暗暗把几个坏的小厮看在眼里，查了花名册子，注了小批，送进去请柳夫人看。柳夫人看了，便立刻点名传了进来，鞭挞了几个，撵了几个。又把张寿喊上来骂了一顿，给了两支皮鞭子，教他有犯事管家、小厮尽自打去，这一下才安静些。

一日已是二月初二，是先老爷秦政的冥庆，柳夫人想做些法事，因府里太觉热闹，又没个人督忏，因教在大觉寺设一坛水陆大斋。便去洗垢庵请了叶太夫人督忏去，自己便也到寺里去拈香。转来，袁夫人等便都轮流往寺里拈香去，一连忙了七八日。忏礼毕了，柳夫人便请叶太夫人来家住住，此时叶太夫人也不似当年那样悲切了，听说，便高高兴兴的答应了，说回庵去转转便来。柳夫人转来，特地打扫一间净室，供了佛像，待叶太夫人来住。不知来与不来，且看下回分解。正是：

安排花果供活佛，愿乞杨枝度死人。

第五十五回

感皇恩叶家表双节　奉圣旨秦氏娶三妻

却说柳夫人因请叶太夫人来家小住,因把东府旧日美云住的一所院子,收拾出来作为净室。次日,叶太夫人果然带了个小姑子来了,大家坐谈一会,柳夫人见那小姑子年纪不过廿一二岁,生得眉如墨画,唇似朱涂,颇有些面善。因问叶太夫人道:"这位,我敢是那里见过,可新来的客师吗?"问着,那姑子掉下泪来。叶太夫人嗔他道:"你又这样来。"那姑子低下头去,叶太夫人道:"他便是前儿咱们家的尤姨娘。"柳夫人和袁夫人、藕香、美云多吃一惊,再细一认,果然便是尤月香,因他改了尼装,故一时认不得。

柳夫人将他的手问道:"你怎么也便看破红尘了,可是你老太太给你剃度的?"月香道:"不是,我自前年放出府去,茫无所归,便在青莲庵披剃,已经四年。前儿正月间,老太太来拈香,两边见了,先都不认识,及至细认,才各人疑惑起来,对面一问,便哭死了。我蒙老太太恩典,把我也接到洗垢庵作伴去。"柳夫人因道:"好好,冰山有你和苏姨娘、朱姨娘三位,也可暝目了。"因又问道:"那罗姨娘和陆姨娘、吴姨娘可知道下落吗?"月香道:"二姨娘,四姐说是改嫁了;四姨娘慧娟却回籍去了。"柳夫人又道:"吓,他是秦淮的歌妓,敢又仍去做那生涯吗?"月香道:"光景便是。"柳夫人道:"这混帐透了,那八姨娘吴阆仙呢?"月香道:"他吓,苦呢,说嫁了个秀才,刚中了举,便死了。他也便打去岁子病死了,我还替他诵经忏悔的。"柳夫人大为感叹。一时摆上蔬筵来,柳夫人便让叶太夫人首坐,月香二坐,月香断不敢僭越,经袁夫人说,姨娘现在是方外人了,比不得当日那样,倘讲俗礼,便不像一位师太了。月香倒红了脸,只得谢罪坐下,下面便是柳夫人和袁夫人、软玉、蕊珠、叶魁、藕香、漱芳、美云、丽云、茜云、赛儿等坐了，丫头们斟上酒来。

大家刚吃得一巡酒，外面传进一封京信，看是秦文的家报，袁夫人接来拆开，从头一看，笑起来道："快请老太太和二太太干一杯子喜酒，我念给你们听。"大家都昂头听读是：

> 奏请开恩给还前抄入叶府田宅一本，已蒙俞允，着户部咨准，开销封禁，仍旧给还。又蒙御史题奏冰山夫人及其妾苏氏、朱氏殉节，请旌一摺亦蒙准请，开复袁氏封诰，着礼部照例旌奖，给发坊价，其妾苏氏、朱氏俱敕封淑人。

大家听着，都一齐欣舞，向叶太夫人称贺，叶太夫人早望北叩头谢恩过了，柳夫人等各贺了一杯。软玉、蕊珠见自己的母亲都蒙恩旌表了，各各感激涕零。一时席散，便各闲谈一会，柳夫人送叶太夫人归院。

次日，知道部文已到，便着人去领了凭文，把叶府修茸起来，便托金有声去监工，不到一月便仍复旧观，又且焕然一新。那墓上旌节牌坊，也起好了，叶太夫人便带着月香、叶魁、软玉、蕊珠前去祭扫坟墓，柳夫人和袁夫人也去祭扫一番。叶府因人口稀少，暂不归第，想等花婉香的一家子来了，便同住在一块好热闹些。

这日，柳夫人正在那里说："还不知老爷奏他悔婚的本子，上面怎样一个议叙呢。"叶太夫人笑道："想总没有断咱们离异的例。若说先要分嫡庶，倒也不和他论这些。"柳（叶）夫人道："论婉儿，也是很随和的，偏他这位歪性的叔子婶子，总三番两次的作难。他前儿把婉香许给我们，也是勉强的很，只不知他嫌我们家那一点儿。论宝儿那样个女婿也算过得去了，他这样和咱们作斗儿，拿一个自己侄女子播弄去，不知道婉儿早又哭了几次呢。"叶太夫人因问："婉小姐可在家乡，还在河南？"柳夫人道："在家乡呢。只他一个婶子，早晚的欺侮着，也够了他了。"说着，眼圈儿一红。

正哭着，忽外面喧传进来，说珍大爷回来了。藕香吃了一惊，瞥眼见秦珍满脸笑容进来，藕香便和赛儿站起来，见秦珍向叶太夫人请了安，又向柳夫人、袁夫人请了安。见屋子里别无姊妹们在，因向藕香问好，赛儿请了安。秦珍才笑向柳夫人道："老爷着先家来通知，说花府上允吉了，不日就要亲迎，想便借叶府里给花家做个行台，老太太也便可在自己府里去做好日，就请花占魁代为主婚。只是那边宅子须得修茸，所以着我先回来料理，并要备办应用物件。"柳夫人笑道："叶府的宅子却修葺好了，物件自要赶紧办去，只不知道花家怎生允吉的？"秦珍笑道："有抄单在呢。"因向怀里掏出一角文书套子，抽出一张白摺来，呈柳夫人看，袁夫人和叶太夫人也都来趁着看，见写着道：

> 大学士秦文，奏内阁学士花占魁悔婚一本。据花占魁奏称，秦文在河南，为其侄秦云定臣侄女为妻，秦云母在家复定叶氏二女为秦云妻，虽系两不知情，但是例无二嫡，况更有三。比卑幼在外例，当以先聘之女为婚，后聘之女听其别嫁，现在三女俱未成婚，礼应离异后聘之叶氏二女。秦文不遵律例，妄称以尊长为婚论，三女皆尊长所定，俱不能离异，亦不得区别嫡庶，是以情愿自己让婚，并非悔婚等。因据礼部议复，查此卑幼在外尊长复为定婚，应后聘之女听其别嫁，无先聘者让婚之理；如后聘之叶氏不甘别嫁，似应听自其愿，仍旧为婚，先聘之花氏，亦不得阻挡，例无二嫡，议花氏为嫡，叶氏二女聘定在后，当俱作庶论。奉旨着秦文照议办理，花占魁毋得阻挡。
>
> 国子监司业秦云赏假归娶，念叶氏二女系秦云之母所定，姑无分嫡庶，着礼部咨准，一体颁赠诰封。余依议。

叶太夫人看了，早大笑起来，柳夫人和袁夫人也觉可喜，因把抄单给藕香看去。

秦珍又拿出一张抄单，呈与袁夫人，袁夫人看是秦文告假的底稿，看了一遍，见后面批着：

> 大学士秦文，奏请病老予告一摺。念秦文效力有年，应准所请，赏加一级，升太保官衔，一等伯爵，赐第荣归。其子内务府员外郎秦琼，理应归侍，着免选本职，以盐道候部选用。

大家听了，都欢喜过望。袁夫人因问："老爷可动身没有？"秦珍道："来时有许多同寅替老爷饯行馈送，光景前几天该起行了，大约总在月半后家来呢。"袁夫人点首。

秦珍站一会儿，见没甚话，便退了出来，到自己院子里。见银雁弯着腰在那里检点书箱子，秦珍笑道："这个随他丢着罢，你倒茶我吃。"银雁便放下书子，向秦珍笑道："爷此番家来，怎么满面的喜色，敢有什么得意事在外面么？"说着，倒一杯茶送在秦珍手里，扭腰儿斜倚在桌角上看他。秦珍笑道："我在京里，天天把兔精子闹死了，一辈子也不见个好人，这会子回来，见了你和奶奶，不知怎么便心痒痒的。"银雁啐了口道："仔细奶奶听见，又当我和爷逗着顽呢。"秦珍笑道："这妨什么？人都说新婚不如久别呢。"银雁笑道："爷大共去了两个月还差点儿，便算久吗？不瞧琼二爷，还是去年子去的，像爷这样，可不渴死吗？"秦珍笑道："我果然渴死了。"因喝一口茶，把杯子送到银雁嘴边道："你也解解渴。"银雁笑着，一推手，把个茶杯子"当"的打碎在地，秦珍大笑起来。银雁湾腰儿去拾那碎片子，秦珍向他腰窝里一捏，银雁便（你）笑软倒了。秦珍正笑着，忽门帘一动，藕香进来了，银雁忙站起来，笑挡挡衣服道："奶奶瞧呢，爷一家来便疯魔了。"藕香笑道："谁叫你穿这件红红的小袄儿。"秦珍大笑，银雁也笑道："那我便换去。"因便紧步走后房去了。秦珍笑向藕香道："你讲他穿粉红袄子，我便狂了。我倒爱你那件大红小袄儿呢。"说着，来扯衣襟儿，藕香撇手打下了，笑嗔道："算什么样儿，银雁在里面。"秦珍笑扭头道："好样儿呢。"藕香看他好笑，因坐下道："不闹罢，我问你正经，咱们家老爷说予告，又恩复了，可有这话？"秦珍道："敢是你家老爷吗？恩复了，现又想予告不干了。我来时已经在那里打算和咱们老爷一同回来了。"忽"嗤嗤"的笑起来道："别的没什么，倒是我这两个小姨子竟长的花朵儿一般了。"藕香笑道："敢是瘦春妹妹和浣花吗？"秦珍拍手儿道："是呢。"藕香道："这干你什么事，要狂到这样？"秦珍笑道："我也不知道，但提起这些美人儿，我便把这个身子忘了，像是云里雾里的飘着呢。"藕香笑道："这样的年纪，还和宝兄弟一样见识，你不拿镜子照瞧，可还是我和你当年那个样儿。"秦珍笑道："果然老了，你也憎我吗？"藕香笑笑。一时掌灯了，赛儿回来，便说要拍曲子。秦珍爱他，便和他拍了几套，饭后安睡。

秦珍次日起来，便忙着往叶府指点铺设去，藕香便吩咐丫头们仍把西花园铺设出来，一切陈设铺垫，都换上一批上好的。就把惜红轩做了婉香的新房，板壁上和上面的天花板，各用五彩花的西地锦裱糊起来，又把分间的十景灵空格子，向背面贴上镜子，做实心了，好打外面望不见房里，背面也裱上锦，地下用整匹的大红绒线毡铺了，走起路来便没得声音。铺设齐了，早把个惜红轩装潢得和织女宫似的。又把右首留余春山房和左首的醉花仙馆铺设起来，给软玉、蕊珠两个做新房的，足忙了十几天才了。

却好秦文的船已泊码头。秦珍一骑马领了轿马人役前去迎接，见一路挤塞住了文武官员，都是接风回来的。到码头，见一字儿泊着十几只官船。认一认衔旗，见有两号是礼部右堂，并都察院的。有两只是翰林院的。居中一号挺大的衔旗，是宫保大学士的衔头。又四号船，都打着黄旗双龙的"奉旨完姻"字样。秦珍便向秦文那号船上报名，上去请安。秦文便喊兆贵过船去，把秦琼、宝珠都喊了过来，着两人先回府去，把东花厅让出来给沈左襄住。婉香住的旧院，也让出来给两位小姐沈瘦春和浣花两姐妹居住。秦珍答应着，便先叫秦琼宝珠起岸，上轿回府里去。自己便到岳父沈左襄船上去，请安过了，押着管家们搬运行李起岸，不提。

且说宝珠和秦琼两人回来，柳夫人和袁夫人接着，都各欢喜，问些路上辛苦。宝珠又往东府给叶太夫人请安去，猛见旁边站着的姑子，像是尤月香，吃了一惊，及仔细一认，问了一声，果然是的，宝珠不禁眼圈红了。月香也暗暗洒了几点泪，怕叶太夫人看见，便暂各走开。

一时秦文回来了，府里众人都叩头道喜，秦文也觉从此释了干系，得意的很。坐谈一会，外面报说沈左襄来了，秦文忙自出去。又报两位小姐进来了，藕香早先迎着，姐妹互相问好，携着手进来。柳夫人和袁夫人、漱芳、美云、丽云姐妹都站起来，宝珠避在屏后偷望，见略长些儿的是沈瘦春，生得一张鹅蛋脸，下脖略瘦些，两弯卧蚕眉绿的可爱，一双笑眼，肤色莹白，见他笑着和柳夫人讲话。柳夫人问他年纪，说是十九。再看那一个，比蕊珠还娇小些，两只小脚儿软贴在地下，看还不盈一握，立着像风吹得倒似的，露出三四寸桃红的小裤脚儿，上面穿着件湖色缎白镶的袄子，腰身弱细如柳，满身腻态，一张粉团脸儿，那嘴唇儿更小的可爱，真和樱桃似的。宝珠不禁诧异道："那知道除了婉姐姐，还有个他呢。"因估量着年纪，也不过十四五岁。听他在那里讲话，总觉句句是聪明绝顶，娇小可爱得很的。因便忍不住打后面绕出来，只做外面进来似的，闯将进去。不知沈氏姊妹避他不避，且看下回分解。正是：

　　天公也费心思做，各样娇容付美人。

第五十六回

绝艳惊逢浣花醉酒　佳期再阻婉姐居丧

却说宝珠刚想闯进去，忽又转念立住，却想道：且慢，我听说浣花这人是最有脾气的，他连珍大哥尚且要避过了不见，何况我是什么东西。又想道：横竖他住在咱们府里，迟早总要见面的，忙什么，只我讨他点儿好，少不得也和我一样的爱他呢。刚想着，听里面一阵笑声，便忍禁不住道："管他，横竖不会打我出来。"便踹踹靴尖儿，一手揭着软帘进去，见柳夫人正一手携着瘦春，一手携着浣花笑说着。

宝珠便赶先请个安，笑道："两位姐姐一路辛苦吗？"浣花红了脸，瘦春却笑回道："没什么。"因问柳夫人道："这位敢便是宝哥哥吗？"柳夫人道："你们怎么同路来，没见过吗？"宝珠笑道："是呢，因船先后隔的远，虽见过面，却没请安，姐姐想不见怪。"藕香笑道："宝兄弟，我二个妹妹都给太太做了干女儿了，你怎么唤姊姊呢。"宝珠因问瘦春几岁，瘦春说了，又问浣花，浣花低着头红了脸，回不出来。瘦春代说是十七，因转问宝珠，宝珠红了脸道："不问我罢，讲出来真惭愧死我了。"藕香在旁边"嗤嗤"一笑道："这也有个客套，我真听不入耳。"宝珠笑道："并不是落客套，我为最怕听的是人叫我哥哥，往常丽妹妹叫我，我还羞呢。"大家都笑起来，宝珠见浣花不合自己讲话，也不肯笑，心里颇觉有个缺憾，又不敢去逗他。正没得话讲，却好外面说请三爷，宝珠便趁此出去了。

这里瘦春和浣花两个坐一会儿，便同藕香到婉香的旧屋子来，早已铺设的极为华美，便到房里坐下。藕香陪谈了一会，因有事回西正院去，留赛儿与两姨作伴。赛儿因说，咱们府里怎样的有趣，又有两处园子怎样好，拍曲子弹琴的人也多，天天顽也顽不厌，又说做诗的人也多。浣花才高兴起来，因问："这里算谁的诗好？"赛儿道："除了婉干娘，该算宝叔叔了。"浣花因问："谁是婉干娘？"赛儿便把婉香的履历背了一遍，又说明儿就该唤作宝婶娘了，光景花府上下月便送亲来，姨娘总瞧得见。浣花脸红红的听着不语。瘦春却笑道："你家宝叔叔的诗集，我倒见过，本儿虽多，只是好句子却少。"浣花也笑起来，赛儿惊道："这样说，两位姨娘的诗定好了，想来总有集子，可肯给我读读去？"瘦春笑道："我的也不见怎样好，学不得，还是浣妹妹的集子，明儿我捡给你瞧。"赛儿便等不得，要浣花背几首他听，浣花谦说不好，定不肯背，赛儿也只得罢了。一时南正院丫头们来，请上席去，三人便都出去了，留着一个浣花的丫头团儿在屋里。

赛儿的小怜因笑问团儿道："刚你们小姐说着，可真会做诗么？"团儿笑道："咱们小姐也真可笑，不拘什么，总说自己不如人的，偏这几句诗，他便不肯掩藏过去。在京里，那些翰林的诗，他还要拿起笔来批削，自己有什么得意句子，便呈送宫里去，也总有些赏赐，所以他用的笔墨纸砚全是宫里赐出来的。其实我瞧他的诗，也瞧不出好处来。"小怜笑道："那你更该比你小姐高一层眼界了。"团儿道："倒也不是，我只看他的诗，全是些台阁体，所以说，也不过是堆积成的。"

小怜因问："两位小姐，可许亲了没有？"团儿笑道："讲这亲事，也好笑得很，你奶奶还是先太太在日许的，所以没得自己的主。这两位吓，就不同了，家老爷又钟爱的和性命似的，所以件件依他们自己作主，他两位便各开了一个诗社，把五名前的，都提了请老爷面试，自己打屏后看去。打前年起，点绣女似的点了两年，也没得一个中选的，有才的总不得貌，有貌的便没得才，才今年选中了两个，是这边的人。一个姓何，叫什么何祝春，一个叫做什么盛蘧仙。那知道这两人都娶过亲了，老爷便不与他提起，这两位小姐却对极了，说做小也是情愿。老爷也爱那两人，便央人先对姓何的讲去，那里知道，这姓何的已有了一妻一妾，二小姐便死了心。那姓盛的，知道咱小姐在京里自打皇宫里起一直到外头，没一个不说是才貌双绝的，上面赐他的图章，便这四字。他到央人来求亲，老爷便一口允了下来。"小怜笑道："既这样老的出，他怎么见了人还脸软软的。"团儿笑道："他说，这是终身大事，所以要合自己的意，不然便抱恨了一辈子，若别的，他便讲一句话也要害羞的。"

小怜因笑道："近来这样的事也多，听说本地有一家子的小姐，也这样起个诗社选婿的，前儿选中了咱们爷，他便请爷面试去，爷回来讲与奶奶听，大家还笑的了不得，说那位小姐又粗又笨，长的和水牯牛似的，爷说他要选人，人也要选他呢。"

团儿当是顽话，因道："这话敢真吗？"小怜道："怎么不真，你不信，问你姑奶奶去。"因又笑道："那小姐，人说他像个牯牛，你家小姐长的果然好，只是太娇小些，怕也有人讲是黄莺儿呢。"团儿笑道："谁讲来？"小怜笑道："刚咱们三爷和奶奶比说，你们二小姐像个荷花雀儿，三小姐像个黄莺儿。"团儿笑道："也比的像，他比大姑奶奶呢？"小怜道："这倒也没比方来。"

两人正说着，外面报说，小姐回来了。小怜忙替打起门帘子，团儿迎着，见浣花醉了，两个丫头夹扶着，一个掌着风灯进来。小怜看他两颊红的和桃花似的，两只眼睛欲开还闭的，颦着眉儿，像似嫌这灯太明的，因把桌上的保险灯旋乌了些。团儿扶着他到上床睡去，浣花早"哇"的一声呕了，小怜正找帕子，忽宝珠跑进来道："呀，真个呕了，这真对不起了。"浣花溜转眼波看了一眼，早又呕了一口，宝珠忙拿自己的帕子揩去，看都是酒，也没一点儿渣滓，还有些豆蔻的香气，心里暗想，可见那贾宝玉讲好女儿的身子是水做的话不谬。因见浣花一手垫着枕衣儿，侧脸儿要睡熟的光景，便自己忘了形，替他曳被儿盖去。团儿在旁道："不劳爷罢，我来伏侍呢。"宝珠才自觉不好意思。看浣花的脸儿，又分外红了一层，打耳根上直晕到颊上酒窝儿边去，心里便分外怜惜起来，见团儿已替他垂下帐子，便走开来。

小怜笑道："爷怎么把人灌醉了，可过意得去？"宝珠皱眉道："那里我肯灌醉他，只叶太夫人和两位太太、大奶奶各敬了一杯，我也敬他一杯，他像吃不下的，我怕醉了他，劝他不吃，他意思怕我怪了他，便一口儿饮了。他脸儿便飞红了，我看他醉了，才叫人扶他来的。他说要呕了，却果然呕了。只不知道呃坏了嗓子没有，这总〔是〕我不是，我明儿给他谢罪罢。"说着，又道："那一个怕又要被他们灌醉呢，我瞧去。"说着，便自己拿个风灯出去，小怜笑着，便也跟去了。

浣花在床里听的明白，宝珠讲一个"他"字，便脸儿一红，也不知道宝珠讲了多少"他"字，末后听宝珠把自己的人称作他们，一法不好意思起来，幸而隔着帐子，没人看见，不然便真要羞死了。一会子，听对房瘦春回来了，也不来看自己，便听见放帐钩儿的声音，知道也多分醉了，便暗把宝珠的举动想一想，很合心意，又渐渐想到盛蘧仙身上去，便自己害臊起来，一合眼睛睡熟了。

次早起来，觉得身体很倦，四肢绵软，没一些儿力气，竟病了两天的酒。宝珠过意不去，不时过来问好，费尽多少的温柔性儿，才把个浣花伴熟了，宛然便是第二个婉香，瘦春本来脱略，自不比他了。这宝珠起先盼婉香来，觉得日子老长的盼不到，此刻因用着心力伴浣花，便不知不觉一日一日的过去。

转眼已是四月初旬，花家送亲来了，已在叶府住下，叶太夫人和软玉姐妹也都归第去了。又听说婉香此番同了顾眉仙同来，是眉仙要来送亲的，心里便又活挠挠，不能过去见他。这一番，秦府里上下都忙的了不得，只宝珠是个新郎，也害臊起来，便不预事去，成日家和瘦春、浣花、美云、赛儿作伴。过了几日，已是十二了，听说喜期即在十五，次日便要发奁过来，心里暗暗欢喜，等不得，便想和婉香见面。猛不防上灯时候，外面传进来，说花占魁死了，宝珠吓了一跳，柳夫人也道："这怎么处？"刚愕呆着，秦文皱眉进来道："这差儿打的凶呢，这怎么处！"袁夫人在旁道："这个谅不妨，这边有这个七内从吉嫁娶的俗例。"秦文道："只可旁人使得，咱们家可不能犯这个居丧嫁娶的例。便我甘愿坐一个主婚的罪，那花太太不肯呢。"袁夫人道："他一个女人，知道什么，你喊珍儿和他商议去便了。"秦文道："你当他是个女人，不知道律法。我听说花占魁前儿为这节姻事，也不知翻了几百回律例，他怕不知道吗？"袁夫人道："姑且喊珍儿讲去，也不妨事。说倘有什么科罪，咱们一家子担受便了。"秦文想想也不错，便出去叫秦珍讲去，并派了白剑秋和金有声去料理丧事。

一时秦珍气喘喘的跑回来，到南正院向柳夫人回道："花家去，刚大乱着，说花太太因身后也没子息，没什么可望，竟把一切事全托了叶老太太。老太太问他，他但哭着说我随老爷去，人只说是他伤心话，那知道竟吞金死了，二妹妹已哭的死去活来，我也不好讲这话。叶老太太叫我来请太太，便去帮理一切事宜。"柳夫人听(等)了失色，良久，掉下泪来道："罢罢，不知婉儿的命怎苦，怕早哭坏了呢。喊轿伺候，我便去来，这里喜事且搁着，等我回话再讲。"说着，便匆匆上轿，到叶府里来。

进门，见拥挤着许多白衣帽的家人，到正厅上，见居中停放两具空棺，薰的满〔空〕屋芸香，地下点着几座树灯，有许多僧道在那里讽诵经忏，敲着法器，闹闹哄哄，跑进跑出，多是些忙忙碌碌的人。进后，见中正大院子门锁着，还挂着大红彩匾，贴着喜联。原来里面便承设了两家的喜奁着，恐怕遗失，所以封锢了。柳夫人往常总打这院子进出，见封锁了，便不得路走，却好叶府的丫头、婆子都打边头一个小墙门出来迎接，便引着柳夫人打夹弄进去，穿过两所正院，打左首偏院进去，早听见一派哭声。柳夫人进去一看，见右边房里挤了婆子、丫头，床上停着一个花占魁。那哭声却在左首房里，便舍下这边，进那边去。一眼见婉香哭晕在地，叶太夫人和尤月香、软玉、蕊珠及春妍、海棠等都哭着喊着他。柳夫人着了忙，也放声哭了，颤声儿帮着喊，好容易把个婉香喊了转来。婉香睁眼见是柳夫人，便扯住柳夫人的衣角，放声大哭。柳夫人看他伤心，也早哭的昏了，两个哄哭了一会，大家劝着才略住了声。婉香早把嗓子哭哑了，还是呃声儿哽咽着，柳夫人劝了他许多话，才止住了。回头见花太太停在床里，有几个婆子守着，柳夫人本来恨他入髓的，便也不去看他。

　　拭去眼泪，猛见丫头丛里，杂着一个浣花，在那里劝婉香，心里疑惑不解，及细认一认，略有些儿不同，觉这人的两湾眉儿还比浣花的浓些长些，他也满眼角缀着泪珠，便真像秋波似的。因私问了丫头们，才知道便是顾眉仙，暗暗称羡。一时叶太夫人请众人出来，到外面婉香的院子里坐去，说这里要小殓了，叫婉香也同过去。婉香不肯离开，经柳夫人硬扯了去。一干人便都一齐出来，到婉香院子里。眉仙才请柳夫人的安，柳夫人便和他叙起久慕的话来。不知后事如何，且听下回分解。正是：

　　　好事多磨原有例，佳期再阻不由人。

第五十七回

收寄女沈左襄仗义　哄行人花占魁幽殡

　　却说柳夫人这日在花府里，便跟着婉香等忙了一夜。次日，花占魁夫妇都成殓入木后，才瞌睡起来，因教婉香也该睡一会子。婉香依了，因教眉仙同自己睡，把眉仙的房让柳夫人睡了。一会儿，眉仙先醒了转来，见婉香却正好睡，合着眼睛，那脸儿软软的贴在枕上，两颊红的同搽了胭脂一般，因把自己脸儿去贴一贴，惊道："敢又病了，怪道身子儿贴着，也火暖的。"婉香醒了，睁眼看见眉仙蓬松着鬓发，颦着眉儿，因问什么？眉仙道："你可觉得什么来？"婉香在枕上摇摇头，又睡熟了，却甩过一只手儿压在眉仙身上，眉仙握他的手心，也是火烫的，知道他手酸，因（应）替轻轻的捏着。忽婉香嫣然一笑，眉仙当他醒了，再看，原睡着的，不知道梦见了什么笑的。再看他，忽又皱眉儿像要哭的光景，再一会儿，果然"哇"的哭了出来。眉仙忙扑着他叫："醒醒。"婉香醒了过来，还呃声儿哽咽着。眉仙因问怎么了？婉香朦胧着道："我知道你的心事。"眉仙红了脸，因又唤他，婉香睁眼一看，见是眉仙，便也满脸飞红了。眉仙见他红了脸，知道把自己当了宝珠，因不禁一笑道："你梦见什么来？"婉香略露一笑影，忽又沮丧了颜色，又把昨日的丧事想想，便又扑朔朔的滚下泪来。因便拗起，不想身子没了力，早又一头跌下了。眉仙因道："你养养罢，今儿还烧着呢，你有什么事，我起来替你干去。"婉香点首儿，便又睡下。

　　眉仙起来，走下床，仍替他盖好了被，到妆台边坐下，唤了一声韵儿，走进自己的小丫头①来，因喊舀脸水，韵儿应着出去。眉仙因把镜台上的套子揭去了，照了照，把鬓发用指尖儿理了上去。又端详一会，觉得眉儿更浓了些，像笼着烟似的，因也用指

――――――――――

　　①　"头"字之下，原衍"进"字。

尖儿整一整眉心。韵儿已把脸盆子捧到面前，放在桌上。眉仙先把手洗洗，又把指爪儿浸浸软，便拿手巾子带着水，向脸上抹了一抹，闭着眼睛把手巾子绞干了，指爪弹一弹，抖开脸布，对镜子照着，把脸儿抹干了，又绞一把，把手也抹干了。韵儿接了手巾子去，眉仙便拿绢帕子向脸上一拭，早是玉面生光，白腻如脂的了。韵儿又送上嗽口钟子来，眉仙接了，喝了口水，嗽了嗽口，便唾在韵儿手上的钟子里，又嗽了一口便算了。把帕子向嘴唇上揾一揾，早和透水的一颗红樱桃一般，又用指尖儿向眉儿上顺势整一整，便仍把镜奁遮下了。

　　见春妍进来替他梳头，便斜转身儿坐了，春妍替他打开头发，早滑手儿一顺势散了下来，解去了扎根子，拿梳子通了几下，又拿篦箕轻轻的浮面篦了篦，那发本来黑亮，又且细软的，早和缎子一般，也不用抿子油榍，便分了一半，用长千子别了，扎了根儿，打尾梢上一顺儿挽了上去，拿簪子一别，便梳好了，也不用修饰得，再把那支长千子抽去，两边的鬓发早乌云似的遮了下来。眉仙重又坐正了，对镜把面前一批槛发捩了下来，一字儿斩齐着。又另拿面手照镜，反回手去，把背影儿映到大镜里来看一看，便放下镜子，站了起来。韵儿早捧着一件白缎子银红镶的夹袄子等着，春妍接来，抖散了替眉仙披上，韵儿替他纽好了下摆扣子，四角拽一拽。春妍已把着衣镜子上的袄子掀起，眉仙走近来，扣好襟子，整整前后，端详一会，便走开了。

　　海棠早端来了一钟子芡实来，眉仙吃了，因去看看婉香，见已睡熟了，便掀着门帘子出去，到对面房来，给柳夫人请安。不道柳夫人已到叶太夫人那里去了，便也到上房来，见叶太夫人正和柳夫人讲话，因请了安，一傍坐下。柳夫人和他讲些闲话，眉仙一一回答，只把婉香病了不提，怕柳夫人着急的意思。正说着，外面报秦三老爷来了，眉仙回避出去，秦文却见了一个影儿，进来向叶太夫人请了安，又和柳夫人问好，便自坐下，因道："刚进去这位，敢便是沈三小姐么？"叶太夫人不解，柳夫人笑道："昨儿我也错认，不是的。"秦文道："我险些儿冒叫。"叶太夫人因问："谁是沈三小姐？"柳夫人讲了，叶太夫人道："哦，是沈左襄的姑娘，我明儿倒要见见。"

　　秦文因问起："这喜期究竟应不应了，可有个主见？依我说，这从吉婚嫁的俗例，也可行得，好在这边是有这个风俗，也没人议论得的。"柳夫人因道："婉儿还睡着呢，昨晚子也没问他；便问他，一个女儿家也不肯讲什么的。"秦文道："既他太太托了老太太，便老太太做得主。"叶太夫人道："别个不妨，他的脾胃儿是不容易捉摸的，眉仙是和他一副心肠的，回来我问他瞧。"又道："只是咱们家又没个正经主子，占魁故了，谁主婚呢？"秦文道："这个我想过来，横竖沈左襄没事，他也不打算回京去了，把婉儿和软儿、蕊儿都给他做了寄女，请他主婚便了。"叶太夫人道："是呢，左襄原是我的干儿子，只不知道他肯不肯？"秦文道："他有什么不肯的事。昨儿他听说花占魁这样了，身后又没得人，他便想到自己，也只有两个女孩子，便招了女婿家来，也算不得正经。所以他还求老太太，把魁儿给他做个兼祧子，便住在府里，亲自教他念书，也好侍奉老太太几年。"叶太夫人正因叶（占）魁没有管束，府里也没个正经主子理值家务，便很合意，竟一口允许了。

秦文转去，对便沈左襄讲，沈左襄亦是高兴。瘦春和浣花被藕香留住，沈左襄便打次日去拜叶太夫人，极尽子侄之礼，还比叶冰山恭敬些。然后婉香、软玉、蕊珠、叶（占）魁四人拜了寄父。眉仙眼热，便也要拜做寄父，左襄看他宛然是第三个女儿浣花，便分外欢喜，也受了他拜。谈起，原来左襄和他父亲顾芝珊是表连襟，便都高兴异常。日中，叶太夫人备了一席盛筵，大家团饮了座次，只有婉香不甚尽欢。眉仙因自幼失怙，便把左襄当做亲生的一般孝顺，左襄也便把他当做浣花一样看承，欢洽自不必说。这婉香略淡些，倒不为别的，因他心里正伤感着，所以也无心热趋。

过了一日，左襄因问叶太夫人，这亲事怎么样个办法，叶太夫人道："昨儿已问过眉仙，说婉儿定〔不〕肯依，他说便是居丧婚嫁不犯例的，他也问心不过，说现放着两叔婶子的灵柩，便自己嫁去，理上也过不去。要叫咱们家两个先嫁，等他服满了再讲。"沈左襄道："这也是孩子们的一点孝心，既他这样说，且都搁着罢，占魁公的丧事怎样个办法，请太太示下。"叶太夫人道："这个斟酌去便了，以后的事你尽随意办去，也不必件件请我的示。我这几天忙的不诵经了，打明儿起，我仍诵我的经去，孩子们都你看顾着便了。"沈左襄唯唯应着，见没甚吩咐，便退了下来。先把这亲事搁过。

一面关会了秦文，一面便叠起精神替婉香理值占魁公的丧事，设醮坛，做法事，便在本府设下四十九日水陆大斋，到百日后，便打算出殡的事。秦文题了铭旌；宝珠撰了一篇祭文，送来吊奠。左襄看了这篇祭文做得好，便大为赏识宝珠，看已是自己的寄婿，便分外高兴。出殡日就选在七月十二，见一切都端整齐备了，便早日启期开吊。打初十起，便有许多占魁公的同寅同乡以及年谊等辈陆续吊奠不绝。到了正日，那吊客一发多了，足足哄了三日，便请柩出殡。送殡的，除叶太夫人、秦文、沈左襄、柳夫人、袁夫人、婉香、眉仙、软玉、蕊珠外，又有些花家的戚族跟了送去，各大宪以及同乡、同寅等官一路都摆了路祭，闲看的那些杂人早拥的满路。一城子都哄传，说是大丧事，好看的很，有些没看到的，便都在要路口攒头探脑的等着。

一时听见远远唢呐子声，都哄说来了，那些身材矮的都踮起脚尖儿候着。看见先来一对本县正堂路径告示牌，接着就是头亭子，有许多歪牌子的老虎差押着。一班鼓手，那两个吹唢呐的，都涨圆了下脖子，狠命的吹着。接着一对大锣，肩着清道旗儿，一副一副的供金执事过去，都是些挺阔挺大的祖宗本家官衔。后面几十对，才是花占魁本身历任的职事和些德政牌。只一起职事，便排到一里多长。接着又是几副黄执事、黄旗。又十几个黄亭子，里面多标着小黄牌，写着钦赐物件。接着便是协领的一队兵，肩着雪亮的刀枪剑戟。落后又一个头亭和些执事大旗、提炉香灯，引着一乘八人抬的绿呢魂轿。后面便是几十匹马，上面多骑着人，有些拿高轰长旗的，有些背大旗的，一个一个过去。接着又是一班马上鼓手，吹打的分外好听。又许多戴着顶子的官，腰弓佩剑的骑在马上，后面四个背敕印的，也骑着马，有八个红黑帽子，也在马上，手里擒着火牌。又四个马上太保过去，便一队抚院亲兵和几班衙役拖着链子，呵唱地吆喝着过去。后面引着几十个路祭亭来，都有官衔标着的。接后就是挺高的一座铭旌，四人抬着，便插在云际。又两班僧道，都捧着长幡法器，和一班清音细吹，抬着两座像亭，看男像，是一个三十几岁的；女像，不过三十里外，眉目间露出一种英烈气，那些老婆子知道他是殉节的，都口里念着佛，合手拜他。见过去了，后面便是全白色的长幡，和白绸子扎成粉团球子，引着两具三十二人抬的独龙杠大棺罩，四角站着四个女孩子扮的童男童女，手里也拿着小幡，拥挤着过去。后面只一乘白帏大轿，里面呜咽咽的哭着。以后的，便都是绿呢大轿，过去十几乘。还有许多小轿，都坐些丫头。又几十匹跟马，慢慢的过去了。落后，又有许多本地官员，多摆着全幅道子送出城去了。看的人便一哄而散，茶房酒肆去谈个不了，也勿庸表得。

且说花占魁出了殡，便停厝在大觉寺里面，打算在明后年再盘丧回去。婉香等回叶府，柳夫人便自转来了，各各将息了几天。光阴迅速，转瞬已是小春时候，婉香渐渐忘了悲伤，只依着沈左襄膝下，觉得左襄待自己比叔婶还好些，就把左襄看做亲爷似的，件件总先请了示再干去。原想趁自己身子好着，把叔婶的灵柩搬回家乡去，沈左襄说，到秦府去了再说，便也不敢违拗，且搁过了。

一日，正和眉仙下棋，软玉进来，两人都站起来，软玉笑说："浣妹妹来了，怎么不见见去。"婉香问是谁，软玉笑道："便老爷常讲的，说和眉仙妹妹像的那位，叫浣

花的。"婉香道:"他来了,咱们看去。"说着,便拉了眉仙的手出来,不知软玉是真是谎,且看下回分解。正是:

莫怪书生馋眼惯,女儿也爱看佳人。

第五十八回

认花容姊妹讶生逢　祭江口弟兄悲死别

却说婉香、眉仙同着软玉出来，到上房里，一看没人，婉香笑道："敢哄我呢。"软玉道："谁哄你来！"因问丫头们，才知道浣花恰到叶太夫人的佛堂里求签去了。婉香道："他到信这些来。"眉仙道："偏你不信，我前儿求支签，很有道理。"软玉道："你求的什么，可念给我听听，我给你解。"眉仙见问，却红了脸笑道："我自己解过了，还劳你什么。"软玉笑道："奇了，这有什么讲不出口的，你和菩萨讲得的，便和我讲得，我便是个活菩萨，你不讲我也知道你心里。"眉仙把脸越红了，啐了一口道："我不和你斗口儿，你是活菩萨，我明儿请老太太把你供到佛堂里去拜你。"刚说着，后廊下一派笑声，进来了叶太夫人和蕊珠两个，却见蕊珠将着一个人逗他笑，那人低着头走来。

软玉因迎上去道："浣妹妹，快来见两位姊姊呢。"浣花抬起头来，瞥眼看见眉仙，吃了一惊，暗想这人好像常见的，细想一想，原来是像自己的。那眉仙也吃了一惊。婉香看他果然和眉仙一个样儿，因笑道："果然再像没有了。"浣花闻声，因看婉香，也吃了一惊，想世上还有这样一个人，便自惭形秽起来，倒红了脸。叶太夫人指引三人见礼通名过了，便依次坐下。叶太夫人看看眉仙，又看看浣花，因笑问婉香道："他两姐妹真是一个粉扑的，不在一块儿，总要认错呢，怪道前儿柳夫人和文老爷都错认了。"因问两人谁长，眉仙因问浣花年纪，浣花回说十七，眉仙又问月分，说六月十四。眉仙因道："那是我痴长了，我是三月三日养的。"浣花因道："姊姊也和我同年吗，蕊姊姊是五月初十的生日，那算我最小了么？"因问婉香，可也同年不是。婉香笑道："你不问我，你们只叫我姊姊便了。"叶太夫人笑道："在这边，是算婉儿长了,眉仙敢又谎了?"眉仙笑了起来道:"蕊妹妹先哄了他,我也跟着呢,横竖他总该派做小妹妹。"浣花又红了脸,像是年纪小了又害羞的。

婉香看他言语笑貌,果和眉仙一个模样,只态度略有不同:眉仙的眉儿是颦态,恼的样儿多,羞的样儿少。浣花的便全是羞态,恼的样儿少些。因笑向眉仙道:"我想一个人来,才和浣妹妹是一个塑儿塑的。"眉仙道:"可是二妹妹?"婉香道:"是呢。"眉仙笑道:"我刚才瞥见的时候,还吃了一惊,当是他重生呢。"浣花见拿了个死了人比他,便有些发恼。婉香笑道:"这会子真像眉仙了。"知道眉仙这重生两字讲坏了,暗想:人说眉仙有脾气,这样看来,他也和眉仙一副心肠了。因拿话盖转来道:"究竟二妹妹到今没个着落,你这重生的话可不是诅咒他吗?"眉仙会意,也自悔失言,红了脸,便不多语。

浣花也看出婉香是看出自己恼了,所以讲这话,倒教眉仙红了脸,自己觉的过不去,因也〔他〕红了脸,倒拿话来搭讪,问二妹妹是谁?眉仙因道:"是族妹,去维扬多年,至今断了音问。有说在扬子江翻了船。也不确,他还有秦淮的诗寄我来。"浣花不等讲完,早问道:"敢唤媚香的?"眉仙道:"是。"因听浣花口里常露吴音,因问:"妹妹可到过苏州,见他来么?"浣花且不答,因问眉仙道:"姐姐是他族姐,可知道还是一位小名叫黛的,像姊姊的那位,现在那里?"婉香笑道:"当面不认识,便是眉仙的小名吓。"

浣花扑的掉下泪来哭道:"黛姐,咱们五年不见,便多不认识了。"婉香不解,眉仙诧异道:"吓,妹妹便是影怜?"浣花早哭的泪人儿一般,婉香也惊道:"妹妹便是影怜,这怎么解?"浣花含泪道:"姊姊也知道,敢姊姊便是小名只一婉字的么?"婉香也早垂泪哭道:"是。"叶太夫人和软玉、蕊珠都弄得茫无头绪了,见三人你握我手儿,我握你手儿的团着哭了一会。叶太夫人才道:"照这样讲,浣小姐原姓顾了,怎么又在左襄膝下?"眉仙、婉香也都问他别后景象,浣花才哽咽着,把从头的事细细讲明。

原来那年他奔叔子的丧去,不料被飓风翻了船,随波汆去。适值沈左襄往南京到任去,见波上汆了这样一个人来,心里可怜他,问心口可温,人回说不能救了。左襄猛记得那年自己也在这里失足落水,沉死了四日,才浮起来,被人捞救活了。听说是水西门的一个道士救活的,料想他也能救,因忙叫船放水西门去,找那道士。不料三年前已死了,只他一个徒弟,说那道士死的时候,留一颗丹下来,说三年后沈左襄的女儿该在此落水死，该用这个救他。左襄听这话，怕后面家眷船来，闯这个祸，便想把丹留着自用，忽又说，我不该存这个私念，见死不救。便把这丹给媚香灌下，果然一刻便活了。左襄问他籍贯，媚香不肯明说，恐怕吐实，万一送将回去，可又不免终被婿家娶去，所以瞒过了，只说维扬商女。左襄原想送他到维扬去，那里晓得，后面家眷船来，果然报说，把自己十二岁的一个小女儿叫浣花的，落水死了。左襄大哭了一场，也没得说，因恐瘦春恨了媚香，暂不讲破。却含泪把这番情节告诉了他，媚香见左襄仗义，舍了亲生女儿，救了自己，便感激涕零，情愿不回家去，竟仍了浣花的名字，做了沈氏女儿。左襄见他真情恳挚，便一口允了。

那时因藕香正病在秦府里，所以吩咐一众人，不许告诉他去，故到今也不知道。待左襄在南京解任到京去，瘦春和媚香已亲切的头也肯割下来换了，便把媚香当做真浣花似的，家下众人也不提起前事了。此番到秦府来，藕香等不得要见妹妹，因那时藕香出（在）阁，浣花还在褪裸，听秦珍讲他的好处，所以一见左襄，便讨浣花妹妹看。左襄便叫媚香见他，藕香也辨不出，瘦春也不说破，只媚香自己心里伤感便了。那在京选婿的主意，便是他出的，因找蓬仙不着，所以开这诗社，想总会自己报名进来，果然不出所料，便定了这头婚。却不肯说破，怕左襄疑他不贞，所以隐忍着，那蓬仙却尚未明白呢。看官记着，以后浣花便是媚香，媚香便唤做浣花了。

且说这会子婉香和眉仙听他讲这一席话，不禁都狂喜起来。叶太夫人见他们姊妹重逢，也替欢喜，立刻请左襄进来讲与他听。左襄大笑起来，因吩咐备一席盛筵，与他姊妹贺喜，因索性去把藕香、瘦春接来，畅乐一会。席次谈及，藕香才知道浣花是眉仙的堂妹，因略洒几点泪，哭那已死的浣花，便又展欢容，与现在的浣花作贺，便和往常一样亲密。一时席散，眉仙留浣花住下谈心，藕香和瘦春便仍回秦府，把这话对柳夫人讲了，合家一时传为佳话。

次日，把眉（蓬）仙、浣花都接了过来，两夫人及各姊妹轮替儿设筵演戏，替他姐妹庆贺。那宝珠更自踊跃，早替蓬仙欢喜。因自悔前年不该悬揣，说媚香已死，竟教蓬（眉）仙痛哭一场，病了半载。幸而蓬仙不死，倘死了，不是还要我赔还他一个蓬仙呢。想着，心痒痒的，想写信告诉蓬仙去。又想，万事讲破便不值钱，横竖他没得良心，知道媚香死了，他便也丢下，又在京定这头亲来。他若知道浣花便是媚香，那也不用告诉他去；他若不知道，竟慕着浣花的名定的，那便不犯着告诉他。想着，便搁起了。

却说盛蘧仙自那年正月间,听宝珠口气说媚香果然翻舟死了,他便病了半载,心伤了一晌,直至中了举,点了林,便丢下些。因做做诗会,竟做出一段姻缘来。他原一口谢绝的,倒因此痛哭起媚香来,又病了。他妻子冷素馨本来最贤惠的,知他和媚香好,原不过为慕他的颜色,听京里都说,沈浣花是宫里称许才貌双绝的,料想压得到媚香,因暗暗托人向沈左襄求亲去,竟一下子聘定了。到缔姻那日,蘧仙才知道,木已成舟无可奈何的了,只得听从冷素馨干去。自己却痛哭一会,想做篇自己讨罪的文,向江边祭奠媚香去,却因心乱了做不出,因去找何祝春代做。那何祝春正新娶了一位如夫人,自己也和他一样犯了个负情的罪,便替他做了篇骈文,自己倒请蘧仙也替他做一篇,两人到海边痛①哭狂歌的吊奠一回。

这一番,哄动了满京的人,说两人有些诞气的,因此传入实录馆提调耳内,把两人都撤了差。华梦庵气不服,便发狂起来,说:"国家正在用人之际,这些官儿无故把两个好人丢了不用,我还做什么官,主什么事!"便连晚缮了个亲老告养的奏片,托人夹了本子上去。却好蘧仙、祝春也都上本请假,上面批准了,三人谢恩出来,都拍掌大笑,说从此咱们又好家去优游自在了。便打二月间,各带家眷动身回来,一路三人谈诗饮酒的快乐至极,到了家,各人参过了祖先,仍来聚饮。华梦庵却把个大帽子上的顶珠儿摘下来,一脚踏扁了,丢在水里道:"从今后不用这个劳什子。"祝春和蘧仙都大笑起来。各自休息了几天,也不拜客,也不见人,只天天作队儿到西湖里山顽去。那华梦庵一法放荡的不成样儿,好像天地间只他三个是快活人,以外便是些虫虫蚁蚁,不知是忙忙碌碌的干些什么事。并且把宝珠都忘怀了,不去看他。

这日正是三月三日,打湖上逛了进城来,见通衢挤塞满了人,攒攒动动的不知看些什么。华梦庵早先挨入人丛去看,何祝春和盛蘧仙也便过去,原来是一起大婚事,一对一对的执事过去,也不看清是什么衔头。后面一乘八人抬的绿呢彩舆,还没坐人,知道是迎亲去的。接着又是一起执事,一乘彩舆,也没得人。梦庵道奇,看后面又是一起执事,一乘彩舆,也没得人。三人都看得不懂起来,不知是不是迎亲的,且看下回分解。正是:

　　作官不如安坐稳,著书何似看山闲。

---

①　"痛"字之下,原衍"大"字。

第五十九回

连城璧合宝珠迎亲　合浦珠还蕖仙失喜

　　却说三人正看的不懂，见后面接着一对黄牌，写着奉旨完姻，三座诰命亭子。后面便是执事，题些宫保大学士、两湖总督及经魁、会魁榜眼及第、翰林院编修、国子监司业、国史馆纂修等衔。两对提炉、四对明灯、七八个武弁扶着一乘八座官舆，里面坐着的不是别个，便是宝珠。华梦庵大笑起来，见宝珠穿着吉服，左肩披一挂大红彩珠，溜转眼波向梦庵一笑，红了脸低下头去，后面跟了十几匹马过去。三人都笑起来，道："这真有趣，算人生第一件乐事了。"蕖仙道："宝珠还是去年奉旨来的，怎么才今年完姻？"梦庵道："因花老师过了，去年报了居丧，此刻光景服制满了吗，怕没这样快呢。"祝春笑道："亏一个户部主事，这一点儿也不知道，他叔子的是期年丧，可不满了。"梦庵笑起来，因道："宝珠也可恶透了，这样大喜事也不来请咱们喝喜酒去。"蕖仙道："你自己杜门谢客，却怪谁去？"

　　梦庵道："咱们先别处喝了酒，等醉了，晚间闯进去闹房去，可不有趣。"两人说好，便找了个酒馆，看招牌写着万不如轩，祝春笑了笑，梦庵道："好好，果然万事不如杯在手好。"便拣个极幽雅的座儿坐了。酒保上来问酒，华梦庵道："俺喝烧刀子。"蕖仙、祝春都笑起来道："怎么搅出梁山泊的谈头来了。"梦庵也笑起来，那酒保也觉好笑，梦庵手挥着道："去去，不笑罢，你要在这里笑，快去把犊鼻裈子卸了来。"酒保笑着，又问〔菜〕，华梦庵说："醉虾子，要活的。"酒保又问别样，蕖仙道："咱们不用别的，你只把这个尽多的拿来，再弄三碟子笋来，别的总腌（臜），不要吃。"酒保答应去，拿上酒来斟了。梦庵忙喊虾子拿来，那酒保便去捧一个装鸭子的盆子，装了虾子，因活的要跳，上面又覆一只大碗上去。梦庵一手把那碗掀开，早跳出几十个大虾，满桌乱跳。蕙仙笑逃开了，梦庵早捉了一个放嘴里去，又捉一个来吃，跳的随他跳去。他一手拿着杯子喝酒，一手向盆子捞去，那碗也索性不覆了，跳的满桌满地都是虾子。祝春脸上也都溅满了酱油沫子，站得远远的骂道："你这个刻薄鬼，你这样吃法，照着我送嘴巴子过来。"梦庵笑着不理，捉了一个活虾子兜脸打来，祝春避开了，却好打在蕙仙脸上。蕙仙吃了一惊，笑骂道："反了，这真是虾子造反了。"因喊酒保来，把桌上地下的虾扫去，见盆子里已跳的一个不剩，那一壶高粱已喝的一点没有了。

祝春因喊添酒去，梦庵却一拍桌子，站起来道："走了。"祝春一把按下来道："你这人敢变死吗，一个儿煞神似的食祭了一泡子，便大踏步走去。你仔细撞着了真的煞神，把你也当虾子似的捉了吃去。"蕙仙笑的(了)腰也痛了，梦庵便笑着坐下，又倒酒吃，把那笋一片一片的撩嘴里去。忽想起一件物事，忙一迭声喊堂倌，酒保跑来，梦庵道："可有大鱼，给我炒一大盆子松花来。"酒保应着去了，一时端了上来，三人吃着，已尽四壶酒，还喊着添酒。蕙仙道："吃不得了，这膏粱是一斤一壶，回来醉了没趣，还要被宝珠憎呢。"梦庵也便罢了。见时候已不早了，便想走，忽满屋子人乱着都赶出去。梦庵当什么事，忙也跃出来看。

原来便是宝珠迎亲转来，因喊蕙仙、祝春来看，因日间的执事都改用了明角头对，先一起是宝珠的，共四十八对高照，十二对提灯，一班鼓吹，拥着一乘官舆，四角都挑出了琉璃吉语灯彩。后面便是花家的，也是四十八对高照衔灯，十二对提灯，一班细乐，一乘彩驾过去。接着便是叶家的四十八对官衔牌灯，十二对软宕红纱宫灯，一乘绿舆，点齐了灯。接后又是沈左襄的四十八对官衔牌灯，十二对六柱红纱宫灯，一乘灯驾，过去了。三人看了转进来，祝春因道："怎么后一起打沈左襄的衔头，难道叶家便搬不出官衔来么？"梦庵道："听说将三位小姐作了左襄的寄女，现他主婚的，所以不能不用他的衔头。"两人点首，便喊酒保去做些饽饽来，当饭吃了。看时候已将起更，便叫写了帐，三人出来，竟也不坐轿，也不带小厮，径到秦府来。见已交拜成礼过了，便先向秦文道喜，又向秦珍、秦琼道了贺，秦珍便让三人进园子来，新人房里顽去。

三人进园，见曲折回栏上，都点齐了灯。走上山坡，见留余春山房已铺设的花团锦簇的，又到惜红轩一看，更觉华丽，满屋子点了灯彩，映着玻璃镜屏和些锦绣披垫，光彩夺目。进房一看，已裱糊得神仙洞府似的，桌上摆设着妆奁，全用大红绣披垫着，一股氤氤氲氲的香气，也辨不出是什么香，看了一会出来，满身都沾的香气。又到醉花仙馆看，也是一般穷奢极艳的，叹赏了一会。打走廊上转惜红轩来，见满园都点齐了灯，望下去便像元宵的灯市一般，猛一阵细乐声，打循山游廊上来，见十二对软宕宫灯，二十四个小丫头打着了，两对提灯，引着一位天仙似的美人儿，两个极端正的丫环搀扶着，款步上来，背后一对宫扇遮〔着〕。秦珍和蘧仙等退到栏杆外站着，看那干人是进留余春山房去的。又一派细乐从山下吹上来，蘧仙便回身向山下看去，见下面池子里石桥上走动着许多红灯，一串儿接着，向绿云深处那边巡山游廊上来。看也是十二对软宕宫灯，两对洋角提灯，两柄宫扇，遮护着一位娇小可怜的一位美人，进醉花仙馆去了。

再回看这边走廊上，忽来了一对朝灯，引着一个宝珠近来。秦珍笑道："宝兄弟辛苦了吗？"宝珠一笑，梦庵拍手跳将出来，笑道："好艳福吓。"宝珠吓了一跳，见是梦庵、祝春、蘧仙三人，便笑着各请个安，让进惜红轩坐。陪房的丫头便送上果盒子，各人抓了些吃着。宝珠因问三人，是多早晚出京的。蘧仙说是二月，梦庵忽道："吓，你们两位是连襟了，怪道答应的快爽，没我们讲话的处儿。"宝珠红了脸道："梦庵又取笑来，正经，你们为什么忽而都告假回来了？"蘧仙沮丧了颜色，梦庵道："今儿不讲这话，正经，怎么不请你那位姐姐上来，咱们见见。"大家都笑起来，祝春笑道："今儿不这样称呼了。"梦庵笑问宝珠道："你们今儿改了什么称呼？"宝珠臊的脸通红了，蘧仙笑道："总不过他你我三个字罢。"秦珍也笑起来，宝珠因笑道："蘧仙，你少和我使巧嘴儿，仔细我讲一句，臊死你，又喜死你，还要气死了你。"蘧仙不解，秦珍"嗤嗤"的笑着，蘧仙满肚想转，也没甚事犯在他手里。因笑道："听你讲来，我听着呢。"宝珠"嗤"的一笑道："诗会考取第一的是谁？"祝春、梦庵都笑起来道："这事你知道吗？"宝珠笑指秦珍道："现放着他的嫡亲连襟，那还瞒得我？"蘧仙果然红了脸，宝珠道："可不是臊死了吗？"祝春笑道："喜呢，"宝珠笑道："须得蘧仙拜我，我才讲。"梦庵因叫蘧仙拜他，蘧仙不肯，秦珍道："这个果然该拜，宝兄弟又该拜你。"蘧仙不解，华梦庵不耐烦道："蘧仙，你便拜他，怕他不回你，他今儿和三位嫂夫人拜的有趣了，所以也叫你跟着他有趣儿。"蘧仙笑起来，竟扑地的跪在宝珠面前，宝珠慌了，忙也扑地跪下，两对手儿搀着起来，笑个不了。祝春笑道："照这样看起来，你们两位倒都是跪踏脚板儿的老手呢。"宝珠不解这话，蘧仙红了脸道："你倒是老手，连名目也有了，明儿还要打都元帅的旗号呢。"祝春笑道："这个我忘了，刚宝兄弟迎亲去，那衔牌上不知打不打这实缺的官衔。"

大家都笑起来，梦庵急起来道："闹这半天，究竟是怎么一个喜事？"宝珠因笑道："这位媚香楼主人，竟被我访查到了。"蘐仙猛吃一惊，道："吓，怎么讲？"宝珠笑道："访到了。"蘐仙道："敢是坟墓？"宝珠道："呸呸，你不咒诅他罢，前儿我也误听了，他好好的现在呢。"蘐仙道："吓，敢是真的，现在那里？"宝珠"嗤"的一笑道："现在我房里呢。"蘐仙啐了一口道："我当你真话呢，原来拿我开心。"大家都哄笑起来，宝珠正色道："真呢，你不信，我和你瞧去。"因将着蘐仙的手进房去，祝春、梦庵都跟着进来。宝珠却指着一条单条画儿上一个美人儿道："这可是不？"

蘐仙还当是顽的，及细一看，原来是一幅写真，画着十几位美人，夹着一个宝珠，都画着古装的。那指着的这位，真是像媚香，傍边又画一个媚香，两人脸对脸儿的笑，看了不懂。又看，近媚香身边，又一位绝美绝艳的美人，也含着笑。宝珠便挨着肩儿站着，又两位，便是刚才看见的两位新人，殊觉不解。因看上画题的诗，是《合浦珠还图》，便喜起来道："好兄弟，不欺我，可便在府里。"宝珠道："是呢，他天天和我作对儿顽呢。"蘐仙红了脸道："正经，怎么这画上又画两个，是什么一个讲究。"宝珠故意指着眉仙的小影儿道："这位便是你那位未娶的沈夫人。"蘐仙暗吃一惊，想他两人原来一个模样的，只不知道他知我负了他，娶沈小姐，他可恨不恨？因道："媚香可在你面前讲什么来？"宝珠笑道："他却没什么，倒是这位沈小姐替他怪你。"蘐仙因道："他可有什么主见？"宝珠未答，忽小丫头进来，说请三爷。宝珠便向蘐仙一笑，出来打后面进去了。蘐仙又惧又喜，局促不安了一会，祝春和梦庵替蘐仙大喜过望。

一刻，小丫头来向秦珍说（祝）："太太吩咐，请爷留这三位爷，给三爷送房。"秦珍站起应着，便邀三人仍打留余春山房廊下穿过，听里面一片笑语声，有许多女眷在那里闹房，便不敢抬头，低着颈子越过，向游廊上下，来到西花厅坐下。一时秦文来向三人道罪，并谢了劳出去。一会子，五对宫灯引着宝珠来了，向三人拱了个揖，小厮说："请三位爷和大爷送房。"四人便让宝珠先行，宝珠略让一让，梦庵笑道："这个那能让我们的。"宝珠红了脸，便先行一步。早一对洋角宫灯引着，分四对宫灯照了四人，一班细乐早在廊下候着，引着到园里。走上山坡，向留余春山房走廊上穿过。早见对面醉花仙馆，也来了一班女孩子的细乐，五对软宕纱灯近面走来，原来是藕香、漱芳、眉仙、瘦香送婉香归房的。这边的一人，便都站住，等那边一干人都进惜红轩去。见五对纱灯回了出来，一字儿摆在廊下，这边宫灯才引着众人进去。见左首新房里门帘垂下了，这边右首的门帘打起，宝珠进去，三人看和那边新房一样铺设，桌椅床铺妆奁俱一个稿儿的，床上迭满了被褥绣枕。早听左首房里撒喜果儿的声音，和些女孩子们的笑语声。见这边丫头们也捧出四盘喜果来请四人撒，各人撒了满地。丫头们在旁讲些吉利话儿，梦庵讲了句"入门大喜"。大家都笑起来。听那边房里也笑得热闹，原来漱芳讲了句"三仙归洞"。连婉香也忍不住笑了，于是大家都取笑他。一时两边房里都摆上归房宴，各人敬了箸子菜，讲些吉利话，喝了双杯的酒，便撤（撒）去了。

秦珍等四人把宝珠送到这边门口，外面小厮已喊送客，早换了四对手照风灯，引了蓬仙和祝春、梦庵三人，秦珍送了出去。这边宝珠站在房门口，里面走出春妍、袅烟和笑春、晴烟四个丫头，都拿风灯来，引着宝珠先到软玉房里去转了出来，又到蕊珠这边，也转了转回来。见早有四对风灯，引着藕香、漱芳、眉仙、瘦春四人去了。春妍等便照宝珠进房，见海棠和爱儿两个搀着婉香站起来，春妍和袅烟搀着宝珠立定，见地下早铺着垫子，扶他两口子拜了床，又逗了交杯盏，给两人掉换，各饮两口。袅烟便替宝珠宽去公服，春妍已替婉香卸下宫装，六个丫头一齐叩了喜，先送婉香入帏，便一齐出去，带上了门。不知宝珠和婉香如何，且看下回分解。正是：

最是恼婚头一夜，要循旧例过三更。

第六十回

新婚少夺被俏嗔郎　好春宵入帏怜小妹

　　却说宝珠见房里没人了，倒不好意思便和婉香一床儿去睡，因把花烛上烛花夹短了些，又把镜袱子整整好，看钟已指在三下，料想免不过，便慢慢的宽去衣服，入帏去，见婉香把被蒙了脸儿，睡在外床，因低声道："姐姐，睡里床去。"婉香不理，宝珠又软软的说了一遍，婉香仍不理，宝珠只得睡到里床去。不道那和合被儿是琐套儿式折的，中间隔煞了，宝珠挨近去唤他，婉香仍不理。宝珠笑道："怎么咱们反生疏了。"便一手想去把被窝儿打通了，婉香早裹得严严密密，那里打得通。宝珠见他这样，自己倒觉不好意思起来，又怕婉香恼他，便不敢再动。婉香却耽着心事，怕他用强，直等宝珠睡熟了，才放下一半心，因趁此朦胧一会。

　　宝珠略眨一眨醒来，见枕上没有了婉香，听床后微微的有踢脚铃儿的响声，知道婉香有事去的，便趁此把被窝儿打通了，自己睡到外床来。又想怕婉香生气不睡了，便又退到里床来等着。听铃儿的响声近来了，偷眼看时，见婉香只穿着一件大红白绣小紧身袄子，走进床帏儿，向床沿上坐了，把那一点儿的大红鞋子褪了，露出玉笋似的一对纤不盈握的小脚，套上睡鞋儿。见他裤儿也是白绣大红的，揭着被，和衣睡了进来，见宝珠已把被打通了，便一转身走下地去。宝珠忙去扯他，婉香一手甩脱了出去，宝珠涨红了脸，因也走下地来陪笑道："姊姊，你不生气，我仍把被儿铺好了罢。"婉香因嗔道："你不容我睡，我便不睡。"宝珠笑道："我那里不容姐姐睡，我失手儿把被打通了，我仍去铺好罢。"婉香道："我不睡了。"宝珠央告道："好姊姊，不和我斗气，我从此刻起，睡着不动一动儿。"说着，来扯婉香的手，婉香甩脱了。宝珠又央告着，婉香气恼起来，宝珠没了法，只得和他斯对儿坐了一刻。见婉香不恼了，他又挨肩儿来坐，婉香把他一手推开，向里床睡去。听宝珠一个儿在那里哭了起来道："我好好的一个姊姊，把他们这样一来，到弄的不和我好了。我早知道做了亲，要不和我好的，我便该一辈子不做这个劳什子的亲呢。"说着，便呜呜咽咽的哭得真伤心了。

婉香过意不去，因一手掀起帐子，轻轻的唤道："你不睡，坐着哭什么来，叫人听见不是笑话吗？"宝珠走近来，向床沿坐下道："你怕我为你没哭死。"婉香忙掩住他的嘴道："今儿几时，你又这样讲起来。"宝珠接着道："你瞧，你这块帕子，我早哭的这个样了。"婉香接来手里看，见满帕子都是泪痕，斑斓错杂的，也认不出点子来。因把自己的帕子，也给宝珠道："你瞧，你这个可有我这个样儿。"宝珠一看，见不是泪痕，竟是一斑一斑的血渍晕儿，大惊道："吓姐姐，你为我到这个地步，倘没有今日这一日，咱们两个不知早做了什么了。"婉香眼圈儿一红，又滚下泪来。宝珠忙劝住了，两人便一被儿睡下，朦胧一会儿，便天明了。两人在枕上互相问了些别后苦况，看玻璃窗上的帏子已是透亮，又怕人笑，便相扶着坐起。

原是和衣睡的，便揭去被儿，两人挨肩儿坐在床沿上，把帐帏掀起，两人脸对脸呆看一会，各嫣然一笑，红了脸低下头去。宝珠顺手把他的睡鞋儿拿在掌上，珍玩一回，婉香撇（瞥）手抢去，丢在里床。宝珠笑道："好便给我看看，我今儿才能擎在手里，可知我前儿为这个，还吃袅烟的冤枉呢。"婉香没知道那节儿事，因问道："怎么？"宝珠把前事讲了一遍，婉香也觉好笑，两人亲爱了一会，便同走下地来。宝珠忙拿一件大红袄子给他着上，自己披了衫儿，互替钮儿扣子，并肩儿向镜屏上一照，各红了脸。婉香略站开些，见自己眉儿浓了些，还觉油润了些。两鬓松了下来，用指尖儿挑上了。看宝珠和自己刚一样长，脸儿也差不多白，只宝珠较自己丰满些，端详一会，就走开了。

宝珠去开了房门，春妍和袅烟进来，便向两人称喜，两人一齐涨红了脸。婉香先正了颜色，嗔了春妍一眼，春妍含笑低下头去。一时海棠、晴烟送两盏参汤上来，也口称恭喜。宝珠便向妆台侧首坐下，笑春端一盆脸水上来，送与婉香，因向宝珠道："请爷那边梳洗去。"宝珠一扭头道："我要在这里呢。"笑春一笑，婉香却不动声色，慢慢的揭去镜套，洗了把脸，也不施脂粉。漱了口，把水唾在脸盆里。宝珠看他越美好了，心痒痒的，恨不把他一口水吞下肚去。笑春待把脸盆拿去，宝珠按住道："我便这个洗洗罢了。"婉香回眸道："有漱口水唾在里面了，腌（臢）呢，换一盆去。"宝珠笑道:"这妨什么,我只当搀和了香水呢。"大家一笑,婉香红了脸,宝珠便自洗了脸,又把指爪浸浸软,因向婉香道:"姊姊你瞧,咱们三年不见,我这指爪便长了这许多,你那个呢。"婉香也把指爪给他瞧,宝珠比看,却正和自己一样长,因笑一笑。见他那手儿小的可怜,便握一握,婉香不好意思起来,宝珠放下手,便把婉香剩下的半钟漱口水,拿来漱了漱口,也唾在脸盆子里,爱儿捧了出去,又送上两盏燕窝来,两人吃了。宝珠便坐着看春妍替婉香梳头,只目不转睛的看,梳好了,因笑道:"我也会梳了,姐姐,明儿我替你梳。"婉香不语。

一时婉香梳洗已毕,春妍和笑春两个替他戴上宫翘,两边坠着两大挂红须儿,额上插戴了西施珠条儿,鬓边加一对步摇宫花,便觉仪态万方。又穿上大红绣蟒的大衣,罩上霞佩,披了云肩,腰间宽宽的围了玉带,俨然是一位宫主的样儿。宝珠得意的很,自己便也梳了头,戴上束发紫金冠,缀一颗冬珠,是御赐的。穿了大红金绣金蟒花衣,围了玉带,罩上排穗箭袖,坠了玉蝴蝶儿的顶圈儿。站起来向镜屏里一照,自己恰配婉香这副模样。刚心里欢喜,外面海棠报说,软小姐和蕊小姐来给爷和小姐请安。婉香早说不敢,站起来和宝珠迎出去。见软玉也戴着宫翘,耳边坠着两穗玫瑰紫的须儿,穿一件紫色团鹤的宫衣,下面拖着宫裙,佩着绣金铃珰。蕊珠也是西施宫翘,坠两穗粉红须儿,穿一件粉红团鹤宫衣。二(三)人站在一块儿,和天人似的,也分不出妍媸来。婉香看他们这样装束,便觉自己俗了,因都是宫里赐的服色,不敢换得,也便只得随和过去。

四人各问了安,便同到南正院来,见几个姐妹早在,柳夫人穿一件御赐的一品团鹤衣,在炕上坐着,下面椅上,便是藕香、眉仙、瘦春、浣花、赛儿五人。宝珠便同婉香、软玉、蕊珠并肩立了,一齐请了柳夫人的安,又各向各人问好。柳夫人便叫往东正院请安去,宝珠等四人去了。柳夫人笑向众人道:"婉儿这样装束倒越好看了,更像富丽得很,脸庞儿也丰满了些,和牡丹花儿似的。软儿和蕊儿也这样打扮好看,我当他们都做仙子看呢。"大家都笑起来,说果然体面。早外面一派笑声,见漱芳、美云、丽云、绮云、茜云送着宝珠和婉香四人进来,漱芳等五人先请了柳夫人安,又向藕香等问好,五人便挨肩儿坐下。

柳夫人炕边,早有丫头们把四张交椅分左右两边打开,恰宝珠和软玉坐在左首,婉香和蕊珠坐在右首,下面两行椅上,左首一排是藕香等五人,右首一排是漱芳等五人,早坐的笔划四清。忽报袁夫人来了,大家都站起,柳夫人下炕迎着,见袁夫人也穿一件团鹤衣，额上缀一颗明珠，神气俨然，和柳夫人一炕坐下。十六个大丫头两行儿分送上莲子茶来，各人接了一盏，齐向两夫人称赐，各饮了一口。丫头们接了去。又送上一道燕窝来，众人也吃了，才换（挽）了清茶上来，向各人面前几上摆下。

两府大小丫头多分班上来叩喜，接着又是老婆子和有职事的老妈们叩喜，又是两府的管家、小厮们，多在南正院中门口远远的叩头道喜。笑春、袅烟和墨香、书芬早各去自己院子里，带了许多小丫头，各捧缎盒，里面承设绣货，每房四架缎盒，共四十架缎盒，轮流上来送柳夫人过目，都捧了出去，交给管事的老婆子分头赏给丫头去。又每房两个丫头，托一盘元宝，遮着大红绣袱，也一齐交给内总管张寿家的，交外总管给两府管家、小厮们去。

一时丫头们回说，东府老爷赐宴在榆园晚春堂里。袁夫人、柳夫人和众人一齐站起来应着，各丫头各搀扶了主人径到晚春堂。见正中八字式设着三席，下面两字排下十四席，见秦文、秦珍、秦琼早在两边接着，互相请安问好。秦文自己便坐了正中一席，秦珍、秦琼两侧侍坐，袁夫人、柳夫人便左右各踞一席。宝珠夫妇四人一齐向上谢赐，才分头各踞一席坐下，左首一排七席，是宝珠、软玉、眉仙、浣花、漱芳、丽云、茜云。右首七人，是婉香、蕊珠、瘦春、藕香、美云、绮云、赛儿。各各坐定，秦文便派玉梅、步莲、金荷、素菊四人执壶下来斟酒，各姐妹都站起来饮了一樽。中间本来极宽阔，已铺下红毡毯，一班春声馆的女戏子上来，扮演吉利的戏剧，下午席散。

晚间，又是袁夫人在东正院赐宴。两夫人两席，藕香、漱芳、茜云侧侍了。宝珠一席，秦珍、秦琼陪了。婉香一席，眉仙、浣花陪了。软玉一席，瘦春、美云陪了。蕊珠一席，丽云、绮云陪了。笙箫鼓乐的，直闹到二更才散。这晚，柳夫人便派了秦珍、藕香和秦琼、漱芳两对儿把宝珠送往软玉房里去，也和昨夜那样撒喜果，吃归房宴，席次是宝珠、软玉并坐，秦珍、秦琼和藕香、漱芳对坐，传杯递盏的，早把个宝珠弄醉了，大家笑着散了，宝宝伏侍软玉睡下，替掩了房门出去，宝珠早倚着醉，一骨碌爬上床去睡了。

次日已是三朝，又贺客盈门，里外开宴，东花园让了男客坐席，西花园延接了女客，两处开锣演戏，好不热闹。外面那些闲人，多想看戏，哄哄闹闹的，险些儿把个秦府大门挤破了。那些武弁亲兵，便也弹压不住，回了秦文，便另传一班戏班，在甬道上捎台，唱起戏来，给那些闲人看，才不闹了。这晚直闹到三更后才静，仍是秦珍、秦琼两夫妇送房，把宝珠送了蕊珠房里，劝宴一会，各自散讫。蕊珠却已醉了，斜靠在妆台上，他丫头笔花给他解衣，他害羞，把笔花推开了。宝珠笑说，随他罢，你去。笔花笑着去了，宝珠挨近身来，叫声妹妹，蕊珠臊红了脸，低下粉颈。宝珠脸贴脸儿的问道："醉了吗，咱们睡罢。"蕊珠羞的了不得，宝珠便替他解衣，扶他起来。蕊珠软靠在宝珠身上，宝珠温存缓款的拥他入帏，蕊珠被酒困了，动弹不得，早被宝珠搂在怀里，交头睡了。不知后来如何，且看下回分解。正是：

好酒最宜微醉后，美人须看半羞时。

第六十一回

嫁浣花宝珠悲失蜀　劝眉仙婉姐暂归宁

却说宝珠新婚后过了三朝，接着藕香、漱芳、眉仙、瘦春、浣花、美云、丽云、绮云、茜云、赛儿十人各设宴庆贺。一日一日的直闹到三月下半月，才安静些。蘧仙便来找宝珠，替他设法一见媚香。宝珠笑道："他和你那位二夫人是极投契的，你娶了这位夫人家去，少不得也要来见你的。这会子在咱们家相见，成什么名目，可不是被人议论。"蘧仙想也不错，便回去择日，打算迎娶浣花不提。却说宝珠把蘧仙这意思告诉了浣花，又把自己娶亲那日，怎样要他的话讲给他听，浣花笑笑不语。盛蘧仙数日后，已央媒送喜期去，向沈左襄求亲，沈左襄便允了吉，是三月二十九的喜日，便打二十几上，把浣花接了家去待期，瘦春也家去了。

宝珠见好好的一个浣花，才伴熟了，便要嫁去。虽蘧仙和自己一样，终究不是自己，心里纳闷，竟茶饭不思的害起病来。婉香急了，问他，才知道是为这个，想也没得法子的，只常劝着他，说："天下的美人多着呢，你见一个便要想一个，难道天下的美人都该你独得吗？况那些美人儿也未必个个对你，便对你，你也容不得这许多，又谁肯给你做小？软妹妹和蕊妹妹果然请了诰封，难道你一个功名儿可请得几百付诰封吗？"〔宝珠道：〕"那他嫁蘧仙去，也没得诰封呢？"婉香笑道："那他和他自己情愿的，有如我和你也是这样的。"宝珠又道："他嫁了蘧仙，他忘得了我，我总不忘了他呢。虽眉仙姐姐和他一般模样的，又一样和我好，人说他两个便像一个，我心里总觉得眉仙和我好是眉仙的好，他和我好是他的好处，眉仙是眉仙，他又是个他呢。且我还有着伤心处：现在浣花嫁了还有个眉仙，我把他一个当做两个看，只是明儿眉仙也少不得嫁去了，我怎么呢？"说着，哭了起来。

婉香实在可怜他，因替他拭泪道："只也不怪你伤心，我叫眉仙也嫁你，可好么？"宝珠道："姐姐哄我吗，他那里肯呢？"婉香道："是呢，我不哄你，咱们小时候，因讲得来，在一块儿发过誓的，说我和他两个要形影不离的，日后无论如何必要共事一人。此番他和我来，就是这个意思，我原想告明我叔叔的，不道叔叔过去了，便暂搁起着。你既舍不得浣花，好在他和浣花就一个身子似的，你便向我老爷求亲，断没有不允的。"宝珠道："这个我不好对你老爷讲去，你老爷说，新娶了你姐妹三个还没满月，又要得陇（垄）望蜀的，可不惹骂。便不骂，咱们三老爷也是不许的呢。"婉香想也不错，因道："那你且放下了心，迟早我总把眉仙交给你，只是你须向我发一个誓，我给你定下了，你倘日后负了他不娶，怎么说？"宝珠道："那有此说，我便在灯下发一个誓你听。"因对灯发誓说："倘若不娶眉仙，叫我一辈子不得再遇一个美人，一刻儿憔悴死。"婉香笑道："这样誓算得什么！总之，你若负了眉仙，便负了我。"

宝珠笑起来道："是呢。"刚说着，忽门帘一动，却好眉仙进来，婉香一笑，宝珠早扯着他的手叫道："眉姐姐，浣妹妹。"眉仙一笑，道："我又不是两个合拢来的半边人儿，你究竟是叫我，还是叫浣妹妹。"宝珠笑道："他便是你，你便是我，咱们三个分什么形迹。"说着笑将起来。眉仙红了脸，笑向婉香道："你瞧，宝弟弟疯了。"婉香笑道："他怎么不要疯，谁叫你和浣妹妹长的一个样儿，可不要引疯了他。"眉仙满脸飞红了道："姐姐，这'引'字怎么讲，我引他什么来？"婉香笑道："你生这付好脸庞儿，可不引了人的魂灵去。"宝珠"嗤嗤"的笑着，看眉仙两颊，早和桃花似的，怕他恼羞成怒，因拿话扯开道："浣花听说明儿便出嫁了，不知道他念我和姐姐也不？"眉仙道："他念你什么，便念你，我也不知道。"宝珠道："蘷仙的言语笑貌都和我一样，他可以把蘷仙当作我看。姐姐和浣妹妹也言语笑貌一样，我便把姐姐当做浣妹妹看，可不是两便？"

眉仙冷笑道："我像浣妹妹？哼！他配像我。"宝珠惊道："这怎么讲？"眉仙道："我也不用讲，你想去。"婉香看了宝珠一眼，宝珠正色道："啊吓，姐姐，这是什么话，此心惟天可表，鬼神俱鉴。"眉仙见错会了意，倒红了脸，因笑道："你想那里去了。"婉香也笑起来道："这便叫虚心发。"宝珠急的要哭道："你们这样疑我，我只有把心剖出来给你们瞧呢。"婉香道："你又忙什么，我不过讲着玩，你又当什么真来。归根，我这点儿也不知道你心，我还算什么人呢。"眉仙才笑道："我是讲他一点儿没主意，一味子随人摆弄去，险些儿把命送在江心里，也没人知道。叫我照他起先那样，早死在蘧仙面前。不但蘧仙既忘了他，娶了夫人，又娶什么二夫人，便该眼看他去娶他那个沈浣花去，自己便不应卑躬屈节的给他做偏房去。"宝珠听了这话，便似一勺冷水，忍不住的道："那你先和婉姐姐发誓来，敢便不算了吗？"眉仙吃了一惊，红了脸。婉香却怪宝珠口快，因怕眉仙怪了自己，因道："妹妹，你不和他讲去，他疯了呢。"

宝珠也自悔卤莽，便不好意思多说，因搭讪的走了出去，往软玉房里来。见软玉已掩了房门睡了，因弹着门唤道："姐姐，开门呢。"软玉听见道："我睡下了，你有什么话，明儿讲罢。"宝珠谎他道："不是，我忘一件儿要紧物件在床里呢。"软玉道："什么，明儿来拿罢。"宝珠见他真不肯开门，又怕他起来冻了他，也就罢了。仍回来，见婉香的房门也关上了，宝珠唤开，春妍向后面绕出来道："爷睡别处去罢，小姐和眉小姐睡了谈心呢。"宝珠抚着他肩儿低笑道："你叫我睡那里去。"春妍"嗤嗤"的一笑道："爷睡的处儿多呢，这边有软小姐，那边有蕊小姐，不呵，还有袅烟姐姐。"宝珠"嗤"的笑道："再不呵，还有你。"春妍啐了一口，宝珠笑贴他脸儿过来，春妍把手推开①，宝珠道："我借你后房去听听，他两个儿商量些什么。"

春妍尚未答应，宝珠早一手将了他，悄步走进婉香的后房去，向春妍床上坐下。听有些喁喁私语，切切咄咄的听不明白。宝珠侧着耳朵、皱着眉儿细听，春妍却把两手掩住了宝珠的两耳，宝珠低声央告着他，春妍抿嘴儿一笑，放了手，让他听去。见声音益发幽细了，忽听婉香"嗤"的一笑道："你呆了。"听眉仙道："你不依我，我便死也不从。"听婉香低声道："那还唤什么嫁字。"眉仙〔道〕："心里算嫁他便了，那身子儿还是我的。"听婉香又道："那还嫁什么来？"听眉仙啐了口道："臊死了人，原来你们多为这个嫁的。怪道浣花死也要嫁蘧仙去，又因不能嫁宝珠为恨呢。"听婉香不语了，宝珠低声向春妍笑道："他讲为这个，是为什么？"春妍飞红了脸，不理他。半晌（向），听婉香又道："不是为这个。"说着，那声音很像羞涩的，接下道："不过一个人总要想一个好结局。不嫁呵，果然心许了一样，但终究不得个了局，落后倒和林黛玉似的被人猜疑议论呢。身子果然清白的，只是名儿总被污了。照你这样说，难道算贞妇吗？天下只有贞女的呢。"眉仙道："我便情愿做个贞女。"婉香道："你

---

① "开"字下，原衍"手"字。

既嫁了他，怎么还加得上女字，照这口气，你敢又背了刚才的话。"听眉仙发恨道："你自己便要做一辈子的清白人，不肯叫他玷污了，难道我不是人吗？你说为宗祧起见，你不肯替他养，自然有那肯养的着，那里能派到我身上来。你要把我当做替身，我便情愿背了前头盟誓，一辈子不出嫁，到也干干净净的，死了还可以立一块某某女史的碑，倒还比什么劳什子的诰封荣耀些呢。"宝珠暗暗点首，因向春妍道："你疑我和姐姐有什么过了，可听见？不是我哄你的吗。"春妍笑道："我不问这些帐。"宝珠一笑，便悄悄解衣，和春妍睡下了。

原来春妍和袅烟及笔花、书芬四人都早奉了柳夫人的命，给宝珠收了做了陪房的。这是秦府规矩，因房里的丫头要穿房入户的，不收倒觉不便，所以每房成了房，总收一个丫头，做了贴身伏侍的，件件可不用避得。那笑春因年纪大了些，便赏给小厮锄药做媳妇去，这也是秦府的规矩，丫头们一过二十岁，便多发配成房。原来侍候的，一月后仍可进来，每月放假三日，到月底除月支外，每月另给拾两银子的安家费，这也是极好的法则。那春妍四人，虽收下做妾，却仍不改称什么姑娘、新娘，依就和丫头一样，只不过每月除月支外，另给三十两一个的花粉钱。这原是怕爷们大了不老成，至于偷偷摸摸闹出事来，所以不如竟明公正气的给他做了妾的好。这且表明不提。

且说次日宝珠醒来，听前房婉香已起来了，因便披衣起来，春妍替他钮好扣子，他便也跟着起来。宝珠对他一笑，春妍便红了脸，倒在宝珠怀里，宝珠又和他亲爱一回，两人便手将手儿走下地来。宝珠整整衣服，先走到婉香房里来，见婉香梳洗已毕，却不见眉仙，因见床上帐子垂着，便轻轻揭开一看，见一幅文锦被儿空堆着，一掀，已没得人，见枕边放着一双婉香的睡鞋儿，心里动了一动，觉得床里面有一种温温存存的热香。因向床沿坐下，招手儿唤婉香道："姐姐，你来，我问你呢。"婉香便走过来，宝珠按他并肩儿坐下，因怕人进来看见，把帐帏子遮了。宝珠便问眉仙的事。

婉香笑道："他先不肯，他说还是做女儿家的没拘束好，经我说了许多，说一个女儿家有一个知己的，果然是心交不在形迹，总不免要避些嫌疑，又刻刻自己要箝制着，怕起一点儿软心，便遗个终身的大憾，好还不去管他，但情分也从此到了极处，再没别的好出来了。倘不呵，便没人知道，也是抱愧终身的。不看别个，只看当初的我，倘然我没一点儿主意，顺了你的心愿，到那别过的时候，我不悔死也早愧死了，那还有今儿这一日。看我前儿那样避嫌疑着，还有丽妹妹取笑我，倘我真有什么，可不要羞死我了，那还不止丽妹妹一人取笑呢。到今儿，咱们两个并起并坐的，谁还敢讲一个不字，便丽妹妹也取笑不出什么了。可知一个人既有了心，便该趁早定了主意，不等和前儿我和浣花那样，起一个风波。他听这一席话，才信伏了我，因说嫁便嫁你，只不许同睡，便同睡也不许……"说着便红了脸，讲不出口。宝珠故意问道："好姊姊，他说怎么？"婉香笑道："不许和软妹妹他们一样。"宝珠笑道："一样怎么？"婉香笑嗔道："我不知道。"

宝珠"嗤嗤"的笑起来道："看光景，你们都要望成仙的，怕明儿腾云，身子重了，坠下来呢。"又道："横竖我也不讲究这些，一个人只要情投意合，似这的亲亲密密软贴一辈子，也便成了仙。我头里把这些《红楼》《西厢》看坏了心术，后来也猛悟过来，那些事都不是人干的，所以早心定了，此刻更参入三昧，不但没味，并且自觉丑呢。只一个调情儿，最是有趣的，所以我把这些事比作做文章，一做到正面，便味同嚼蜡了。"婉香笑道："好吗，你到今儿才悟过来，可不是我往常欺你吗？"宝珠笑道："你欺虽不欺我，只不该动不动便恼我，说我下流，可知一个人做一辈子夫妇，也总要有遭儿的呢。"婉香连连摇手道："你这话不说我听罢，我臊死了。你把这话传给眉仙听了，他便立刻回姑苏去了。"宝珠央告道："好姊姊，我不就是了，你今儿道老爷的喜去，便替我讲这节儿罢。眉仙叫他不去，伴着我顽。"婉香道："这可不妥当，你讲话不留神，回来他恼了，便我和老爷讲了来也没用，你不如给我早往蘧仙那里道贺去，我便好放心讲去。"宝珠依他，便先往盛家道喜去。这里柳夫人和藕香、婉香、软玉、蕊珠都往叶府给沈左襄道贺去了，只眉仙推病不去。不知后事如何，且看下回分解。正是：

　　孽债已偿公子愿，情丝还系美人心。

第六十二回

冷素馨多情圆旧约　沈浣花巧语难新郎

却说宝珠到盛蓬仙家来，见白剑秋、何祝春、华梦庵、林冠如、桑春等一班名士俱在，宝珠便和蓬仙道喜。见主婚的是他岳父冷太史，宝珠原在国史馆见过，便行了子侄礼。那冷太史和他谈了几句，另有客来，宝珠便退了下来，要蓬仙引导着，道冷素馨的喜去。蓬仙辞了，宝珠定说要见嫂子，蓬仙才依了他，引着进去，向中门口站住。丫头珠儿早传话进去，里面何祝春的夫人夏氏、华梦庵的夫人周氏都回避过了。蓬仙才和宝珠进内。

见中间铺设备极华丽，贴地铺着红氍毹。听廊下丫头报奶奶来了，软帘一动，走进两个丫头，搀扶着一位极娇小象蕊珠的一个冷素馨进来。宝珠忙请了安，叫声嫂子，说：“家太太着来给嫂子道喜，因往女府去了，没亲自过来，抱歉得很。”素馨低下颈子，红了脸道：“这个不敢，三位嫂子怎么不请过来顽顽。此番咱们家攀了沈府的亲，两家子都和一家儿一样了，一切事总请哥儿照应才是。”宝珠见他会讲，因偷眼打量他，年纪不过十八九岁，一张小粉团的拱脸儿，较婉香略瘦些，眉儿弯弯，鼻梁一统，齿白唇红的，能言舌辩，看样儿是极小巧灵动的。正看他，见素馨也偷眼打量自己，两付眼光却好一逗，一齐红了脸低下头去。宝珠便说声：“回来再给嫂子请安。”因和蓬仙退了出来。向花厅上坐下了席，是祝春、梦庵、冠如、剑秋四人陪的席，大家谈笑一会，又和梦庵、祝春闹了一会子酒，便散坐了，见蓬仙已亲迎去了，这边园里便开场演戏起来，冷太史邀众人园里看去。

宝珠看那园子也不小，布置的极有丘壑，仿佛叶冰山家的花园一半，见榜着“待藏园”三字，宝珠不解，也不好问，便绕过三四个院子，早到一所大院，仿佛如自己家里的晚春堂相似，只略小些，是五间一统的。进去，见戏台却在厅里面的，四边围着栏杆子，正唱的热闹，满厅摆下几十桌席面。前边一排早坐满了人客，只留三席空着。冷太史便让宝珠和祝春、梦庵一席，白剑秋、林冠如、桑春一席，看坐定了，自己便退了出去。管家斟上酒来，大家喝了一口。宝珠向四下一望，见些男客，也有认得的，也有认不得的。看这厅，仿佛似京城里的戏馆那么样儿，两边也有边厢，坐满了女客，隔着帘子。透亮的纱帐屏风，里面点了灯，外面满厅也是灯，那纱幛虽隔着，也仍看得了了。见那些女客，老的、小的、俏的各具面目，眼光射转，没一个看得过去的，算只有左首厢内两个人最好了：一个便是冷素馨；一个却不知是谁。

正看着，忽华梦庵一拍案叫起好来，宝珠吃了一惊，见满厅子人也都跟着喝采，那鼓声儿咇哩哩的滚将起来，向台上一看，没得人。见众人都仰面看着，因跟着眼光看去，见两个开口跳在那里溜铁杆子，做的便是《八蜡庙》。宝珠不爱看这些，因回头喊花农，把自己府里的女班子传来，花农答应了去。这里喝了一巡酒，见换过一出《双摇会》，是梦庵点的，宝珠看那两个花旦，搽了一脸粉，耳后露出黑油油的脑袋，就象戴着伏面似的，还扭头颤颈儿和两个花脸老奴子做些丑态，梦庵大笑着。宝珠实在忍禁不住，因有了酒，竟呕起来，祝春、梦庵等忙问他怎么？宝珠合着眼睛摇摇首。锄药知道宝珠脾气，早向台上喝一声道："住了。"那些戏班子人只当什么事，果然住了。满厅子看的男女人客，也不知什么，一时见许多红缨帽子小厮们押着十几座硃红描金的大箱子来，写着春声馆字样，抬（台）向戏房里去，便见那些戏子都一串儿下台来，退了出去。又见打厅外走进二三十个美人儿似的女孩子来，齐向正中宝珠席上请了安，便一串儿向台房去。众人才知道是换班子，有些知道是秦府的女班子。有些知道，本来是叶冰山家的，送了秦府里，又经挑选了，自己教演过的，没见戏，早知是好。

一时台上七八个女孩子打起大锣鼓儿，闹起台来，那敲法便自不同，一阵紧似一阵，早震的满屋子都是应声。忽而鼓声咇的一声，一齐住了，便一个一个的女孩子扮了大天官出来，唱了进去。宝珠早吩咐，便唱《双摇会》的戏，早出来一个小旦是嫩儿，又一个花旦是伶儿，扮的千娇百媚，便把两厢看的女客，一齐压下去了。何祝春已看的出了神，华梦庵早失了魂，疯也发不出了。再看那两个小花脸，扮着老头子出来，也是一个粉团儿似的，虽奇形怪状的装着，总流露出一种柔媚态度，满厅子的男男女女都一齐看的出了神。

　　一出完了，便也做《八蜡庙》，有几个女孩子都打了脸扮净，有些还有女儿腔，只大春奎和四喜子两个最好。一时两个开口跳出来，是武旦细柳儿和武小生燕儿两个扮的，一身花绣小战袄，两双极小的靴子，向地上一纵，早飞也似的上去，一手扳住了铁杆子，倒竖一个蜻蜓起来，又放了一只手，只一只手扳着，做侧飞蝴蝶。忽两手一空坠下来，却用一个小靴尖儿勾住了，悬空倒挂着，那细柳儿便在地上竖个蜻蜓，把小脚儿朝了天，那燕儿倒挂着，一手托住他（地）一只靴尖儿。那细柳儿便一个翻身，倒打个筋斗，向燕儿手掌上站一点儿脚尖子，做个魁星跌斗的势儿，又做个拜观音，又扭转软腰儿做个美人睡态，大家连连喝彩不绝。华梦庵早跌足赞叹道："飞燕掌上舞，也不过尔尔。"何祝春也极口赞叹。一时已换了一个只新排的灯彩戏，是善才童子游斗牛宫的梆子腔，那扮龙女的一个小旦实在真好，和天人似的，唱的声口又好，祝春因问宝珠道："这人很好，他唤什么名字？"宝珠说叫香玉，是新来的。祝春大为赞叹。

　　这出戏罢，已是三更，外面蘧仙早亲迎回来了，已经交拜成礼。冷太史来请祝春、宝珠、梦庵、冠如四人送房进去。见浣花尚未揭去红巾，团儿和喜儿夹侍着坐在大红帏幔影里，中间已设下归房宴一席，让蘧仙首座，并肩右首虚设一席，四人陪饮一会，便各自散去。蘧仙送宝珠至房门口道罪，宝珠笑向他道："你仔细两个膝盖儿呢，我明儿再来看你。"蘧仙红了脸，见宝珠去了，才回来替浣花揭去红巾，一看真和媚香一个模样，心里大喜。团儿扶浣花向席上与蘧仙并肩坐下，两人吃了交杯，丫头便将席面拆去，递了和谐，伏侍浣花睡下，丫头们便退出去，掩上房门。蘧仙宽了衣，便入帏来，见浣花拥衾儿，一手拿帕子支着腮儿哭，蘧仙吃了一惊道："小姐怎么？"浣花用指尖儿向他颊上指道："薄情郎，还有颜面见我！"蘧仙笑道："吓小姐，敢为媚香姐姐恨我吗？"浣花听这话，心里倒好笑起来，知道他听了宝珠的哄，因故意试他的心道："你娶了我，还娶媚香不娶？"蘧仙道："娶否总凭小姐许我。"浣花道："你一个酸丁，能多少福分，还望舍了我再娶一个吗？"蘧仙笑道："小姐不许，我也不敢擅主，只心里丢不下他，但得一见，娶否，我也不在这形迹上讲去。"浣花故作喜色道："那你肯不娶便好。不呵，我便明儿归宁去，我仍做我的郡主去，谁愿给你三妻四妾的做来。"蘧仙不语，浣花又道："你果然不娶了吗？"蘧仙笑道："且再讲。"说着，便想上床去睡。浣花正色道："你给我讲定了，果然不娶他，我才许你睡。不呵，你给我出房去。"蘧仙因笑道："我依小姐，不娶便了。"浣花道："不娶竟不娶，什么便了。"蘧仙见他正颜厉色的，暗道，不道竟是醋意，随意应道："那便不娶。"浣花道："那便不娶，这那便两字，敢指我强制你不娶吗？"蘧仙道："这那里好说是小姐强制我不娶呢，是我自己不娶了。"浣花道："这样，那你是不娶的了。"蘧仙道："真不娶了。"浣花道："果然不娶他？"蘧仙道："果然不娶他了。"浣花恨一声道："负心郎，负心至此。"说着哭将起来，蘧仙弄得不懂了，因道："这是小姐叫我这样的，那里我真心负他。"浣花道："住了，你知我是谁？"蘧仙道："敢不是小姐，是姐姐吗？"浣花道："谁是你小姐，谁是你姊姊？"蘧仙不懂了，浣花哭道："你今儿倘真被沈小姐挟制住了，你也便不娶我了，我还痴心什么来。"说着痛哭起来。蘧仙想道："这话，他分明便是媚香了，多管他和沈小姐商量，让他先嫁来探我的，我不该落这圈套。"因自觉惭愧，也哭起来。

浣花哭着道："你住了，你哭什么来，敢因是有了我，没了沈小姐吗？"蘧仙道："姊姊，你一味怪我，也太不知道我的心了。"浣花哭道："你的心，我知道了。有了沈小姐，便舍得我。有了我，却舍不得沈小姐，你所以哭来，我如今代沈小姐嫁了你，我便不许你娶沈小姐了，你敢应得下？"蘧仙道："我和沈小姐本无瓜葛，我有了姊姊，还娶他什么？"浣花道："他是宫里的人，你无故退他的婚，他便告你。"蘧仙道："我有了姐姐，便他请了旨，要砍我的脑袋，我也和他拚了。况今儿明媒正娶，谁不知道我是娶沈小姐的，他自己暗中使你代了，谁管他事？"浣花道："是了，你不娶他了，他叫我嫁你，原是好意，你竟以德报怨，你问心得过吗？他既许了你，你不娶他，着他嫁谁去？"蘧仙笑起来道："任凭姐姐的意思。"浣花道："我意思决不许你娶他。"蘧仙道："便不娶。"浣花道："又是便字，你敢怪我强制你吗？我便强制你不许娶他！"蘧仙道："我便不娶。"浣花道："当真？"蘧仙道："当真。"浣花道："果然？"蘧仙道："果然。"浣花笑起来道："你知我是谁？"蘧仙大惊道："敢原是小姐吗，我真该死该死。"浣花冷笑道："薄情郎，薄情至此，还讲什么！"说着，便一手推开蘧仙，扑朔朔滚下泪来，蘧仙慌了道："吓小姐。"浣花哭道："谁是你小姐？"蘧仙道："总之，是我薄情，小姐不生气。"浣花见他还是小姐长小姐短的，一心注在沈浣花身上，大恨起来，一头向蘧仙怀里撞去道："罢，我和你同死罢。"蘧仙慌了，只得满口央告，竟屈膝跪了下去，浣花倒不禁好笑起来。忍住道："你跪谁？还是跪你小姐，还是跪你姐姐？"蘧仙见他带着泪露了个笑影，暗想这个话又像是媚香的了，因道："这真真糊涂死我了，你若是小姐，我便算跪小姐。你若是姐姐，我便跪姐姐。"浣花听他掉巧舌儿，不禁笑道："我便是你小姐，也便是你姐姐，起来罢，我不爱看这下流样儿，留着跪你那位素姐姐去罢。"蓬仙见他调笑起来，便站起来一把抱住道："好姐姐，你不笑我罢，你究竟是小姐，还是姐姐？"浣花笑嗔道："我不知道，随你唤去罢。"说着，便睡下了，不去理他。蓬仙究竟辨不出是浣花还是媚香，向枕边问了半日，浣花故意叫他狐疑一夜，好便和他好了，却仍不肯吐实。

　　次早起来，蓬仙还是个满腹狐疑，知道他二人是言语笑貌都极像的，究竟辨不出谁是谁，因起来悄悄走出，向团儿问道："你小姐究竟是谁？"团儿不懂道："这是怎么解？"蓬仙也自觉好笑，因又问道："我问(闻)是不是你家浣花小姐？"团儿笑道："爷敢痴了，难道一个女儿家出嫁，也有人冒名顶替的么？"蓬仙笑起来道："那边府上有一位小姐和他极像的，可有没有？"团儿道："有的。"蓬仙道："敢是姑苏顾家的？"团儿道："是。"蓬仙拍手笑起来道："我到这会子才明白。"刚说着，外面来请，说宝珠和祝春、梦庵来了，蓬仙便披了大衣出来，见三人已在花厅上谈笑，见蓬仙进来，都笑迎着，问昨夜怎么。蓬仙笑道："不取笑罢，宝兄弟，正经媚香还在府上，还在敝岳家，我满意想去一见。"宝珠大笑起来，不知怎讲。且看下回分解。正是：

　　　　与我周旋还作我，为郎憔悴觉羞郎。

第六十三回

破猜疑分明留蜥蜴　配奇婚颠倒做鸳鸯

却说宝珠见蘧仙问起媚香,不禁大笑起来道:"你们两口子已经好了一夜,还问我要人来。"蘧仙诧异道:"那是沈小姐呢。"宝珠道:"便是。"蘧仙道:"他不是媚香,是浣花呢。"宝珠笑道:"浣花和媚香有什么分别?"蘧仙笑道:"言语笑貌果然没甚分别,但人究竟是两个呢。"宝珠道:"谁讲来?"祝春、梦庵都不解这话,蘧仙道:"奇了,难道浣花便是媚香吗?"宝珠道:"可不是,媚香便是浣花,浣花便是媚香。"蘧仙道:"那怎么他丫头团儿说,还有一个姑苏的顾小姐在家呢?"宝珠笑道:"那是他姐姐,叫眉仙的,便我那天指画上与你看,哄你说是浣花的那位。"蘧仙狐疑道:"这个我又不懂了,听京里人说沈左襄的小姐叫浣花,打十岁上便给宫里做了乾孙女儿,算来那时媚香还在我家,怎么此刻两人便会合拢一个了?"宝珠因把媚香奔丧去,如何翻舟,如何被沈左襄救了,又沈左襄的女儿浣花竟落水死了、便收了媚香作寄女,仍了他的名氏,不去归宗。后来进京去,宫里召见沈浣花,沈左襄带了媚香陛见,把前事奏明了。宫里爱了媚香,便也收了做乾孙女儿。——讲明了,梦庵早跳起来称快,蘧仙怕宝珠哄他,因记得媚香左臂上,曾有一点守宫记的,便进去向浣花要看。浣花伸左臂给他看,见那守宫记是才脱去了的,还露一点雪白的嫩皮肉儿痕迹可认,便狂喜起来,浣花也破颦为笑。蘧仙告诉素馨,素馨也替两人欢喜,向蘧仙裣衽作贺,因向浣花问一路的情事,浣花在这里和素馨讲,蘧仙早跑出去,一兀头向宝珠拜倒,宝珠也忙拜倒,两人起来,各笑个不了,祝春、梦庵也向蘧仙道贺。蘧仙早喊开宴。一面摆席上来,四人坐下,忽祝春凄然泪下,宝珠不解,梦庵慨叹道:"他也和我一样,想起自己的苦恼来。"宝珠问道:"祝春已娶了如夫人,还苦恼什么来？"祝春揾泪道："你那知道我的心，我一径没向你谈过，怕蘧仙听了伤心。今儿他美满了，我不妨讲讲，也见天下的缺憾尚多。"因道："我先有个姐姐姓苏，唤意意的，竟眼睁睁看他真个在我面前病死了，这还有什么可望。此番娶的小妾，却是（自）拙荆专主的，因他有些像意意的，所以我也收下了，究竟不是我那个意意了，被蘧仙这样一来，相形之下，他何等美满，我便怎生苦恼。"说着泪下如雨，蘧仙也替俛仰不已。宝珠长叹一声道："这是最无可奈何的了。"因问梦庵是什么心事？梦庵一拍案道："不讲罢，老天总不公，阎罗也太恶，我明儿死了，定把这森罗殿一脚踢倒了，才出我这口气。"说着，那脚真个一踢，把桌面掀翻。梦庵倒跳起来，拍手大笑，宝珠吃了一惊，祝春也被他吓住了哭，蘧仙也拍手大笑道："快哉，快哉！"祝春倒呕笑了，骂道："这里不是森罗殿，你使这付身手什么，只怕你明儿真到了森罗殿，见那上坐的却不是阎罗，便你死了的那位好姐姐，只怕便叉到你油锅里煎去，你也酥了骨头多情愿，还怕把靴尖儿踹破了锅子底，你敢打飞脚么？"大家都笑起来，小厮们早把席面翻起摆好，那打碎的碗盏都拾了去，另摆一席上来。

梦庵"嗤嗤"的笑着，早把大杯子酒直脖子的灌了下去，宝珠等也浮了一白，宝珠因问祝春道："贵华宗还有一位叫骈盦的，听说新著一部《旧酒痕》还未脱稿，内中有一位苏意意的，敢便指你的事。"祝春笑道："稗官野史，大率附会成书，我也不知道他指不指我。"梦庵道："这位骈盦先生，我却会过面，果然是大才磅礴，了不得的。还有一位蘧仙的贵华宗，叫罗浮山人，也是当今了不得的一位大才人。和骈盦两个是名噪一时的，他也有集说部，叫什么名儿，我却忘了，是写他一生的事迹的。只可惜这两位先生现在都作古了，书集虽满屋子，也没人替他刊刻行世去。"宝珠道："吓，他两人都作古了，可见才人自古如名将，不许人间见白头。"说着合席歔欷太息起来。宝珠笑道："梦庵既在日见过他两位，明儿便去把他所有的著作齐搬了来，我替他出资发刊。可知道这些才人名士，当著书的时候，不知道费却几许心血，原望传诸后世，教人知道的。不幸早死，他在九泉之下也不瞑目。我替他们刊了行世，还胜似收拾暴露尸骨呢。"大家称是。梦庵道："这两位好在都住在本地宝月山下，和石时先生是左右邻，我明儿便去找石家的人，向他家要去。不然，我去时，他家还当是我去谋他的家私呢。"大家都笑起来。

一时席面散去，宝珠便辞了回家来，到柳夫人处请安过了，便回惜红轩来，见廊下挂着婉香旧时的鹦鹉，见宝珠来，叫道："宝珠，你好吓。"宝珠一笑，看婉香房里窗子开着，卷起了帏子，婉香和眉仙两个作伴儿坐着，低下颈子，手里都拿着针黹做，口（只）里都笑着讲闲话。宝珠走进来，一手掀着软绣帘儿进去，看婉香穿一件品蓝缎闪白点儿的单衫子，眉仙穿一件宝蓝湖色镶的单袄子。看婉香手里做着一页鞋面子，却是一对儿，分着两人做的，因笑道："好天气不顽顽去，做这个什么？"眉仙不理他，婉香一面做着针黹，一面道："你爱顽你顽去，不在这里惹厌罢。"宝珠笑笑，因道："给我瞧瞧看，谁做的好？"婉香停了针，让他看，宝珠看是一双蝴蝶儿，才绣了两双翅膀儿，还差两针着。又看眉仙的，也是一样，因道："姐姐，我替你绣针儿。"眉仙笑道："省罢，不献丑也罢了。"仍一针一针的做着，不递与他。宝珠因问婉香讨来做，婉香也不肯给他，宝珠见他颈子低着，白嫩得和脂粉搓成一般，覆着几茎短槛发儿，忍不住向他颈上一抚，婉香怕痒，扭转头儿笑嗔道："什么样儿！"宝珠"嗤嗤"的笑将起来，眉仙见他两个这样，红了脸不去看他。婉香要拿针去戳他的手，宝珠料他不肯戳，倒送过手去叫他戳。婉香笑道："你当我真个不敢刺你吗？我闭瞎了眼儿，看不刺你一下。"眉仙笑道："姊姊，你不舍的刺他，我来刺。手拿来，针等着呢。"宝珠便把手送过去道："好姊姊，你肯刺我，便是我的造化，刺呢。"眉仙真个要刺下去的样儿，宝珠却缩转手，逃开了。

　　眉仙来追，宝珠狂笑着跑到醉花仙馆来，见蕊珠和软玉两个在窗下缭花线板儿。软玉手里拿牙板儿绕着，蕊珠用两个指儿绷着，粉红色的绒线儿，让软玉一周一周的绕向牙板上去。桌上摊着一卷花样本儿，还有几绞的五色绒线摆着。宝珠进来笑道："今儿什么好日，家家都做起活来。"软玉见是宝珠，因道："我绕的手腕儿酸了，你替我绕罢。"蕊珠也道："我指儿也绷酸了，放着不绕罢。"于是两人多放下了，站起来。宝珠一手握着一个的手，替他捏手腕儿，蕊珠红了脸，先甩脱手，宝珠也便放了软玉，三人三跌角儿坐下。因讲起浣花的事，宝珠说，蓬仙疑惑了一夜来，两人多笑，因问："可见着冷素馨来？"宝珠说见过了。因向蕊珠道："和你差不多样儿，不过脱略些。"软玉道："听说昨天懿旨下来，着浣花也做了冷太史的女儿，叫一体看承，冷素馨也一律赐了两副团鹤宫衣，还着满月后，两人多进宫去赐宴呢，可真有这话？"宝珠点首说是，三人又闲谈一会，便也随意走散，不提。

　　且说沈左襄因那日婉香归来，把眉仙的事从头诉说一遍，说是（自）在闺里的时候盟下这个誓来，是背不得的。左襄原是个极随和的人，因便许了，和秦文讲，说是花占魁的遗意，本来想两起婚事一下子办了的，因婉香在苫块上，不好讲这些话，所以到今才讲这个。秦文先决意不许，经沈左襄发了恼，拿硬话顶撞了几句，秦文本来惧惮他，因他是个国戚，自己又受他好处，便也只得依（衣）顺了他。左襄请他择日，秦文说："便就八月十五，是团圆日罢。"又道："这付诰封，我可讨不来呢。"左襄笑道："这不干你事，我自奏明去，少不得有的。"因道："浣花等便要进京去了，我家里只一个叶老太太和小女瘦春。叶魁也长大懂事了，我想给他们成了房，便把叶魁当了兼桃的子婿，养出孩子来，大的给了冰山做后，小的便归了我的宗，可不也是个主见。我和老弟商量，咱们瘦儿年纪小，也懂不得事，本来兼桃子可以娶得两房妻小的，老弟可肯把大小姐给他作了正室，咱家瘦儿是情愿退后一步的。"秦文道："这个，我和冰山本来是最相契的，又况夹上你老哥，我那有不肯的话，不过年纪差些，那也不妨事。我刚因前儿三王爷，知道咱家的丽云能干些正经，他想要去做了媳妇，我因美云还没提亲，所以暂搁起着。既这样，我便把美云许给了魁儿，这边也便允吉去吧。"左襄满心欢喜。秦文又皱眉道："别的女孩子都不愁什么，只咱们家的赛儿，被男装扮坏了，他便不肯改装转来，又不肯出嫁去，说还要讨媳妇儿成房呢，这可不是胡闹，你做他外祖父的，该有个主见。"左襄笑起来道："这孩子也太聪明了些，前儿大小女藕香家来，讲起来也很为难，说他说一个女儿家嫁了男人，便要养孩子，说疼得很，所以他不愿嫁，又要叫他改装，他是死也不肯的了，他还说他便和真男孩子一样，要娶媳妇的，他说横竖自己便变作男孩子，也不肯叫媳妇养孩子疼的，这不是可笑？我意思倒有个人和他一样，有个奇癖的男孩子，他母亲因养的男孩子多了，再养不出个女儿来，见他长的好，便给他扮做女孩儿样子。今年十六岁了，他也不肯改装，说男孩子的样儿蠢，不愿改转来，说还要拣个美男子嫁去呢。"秦文大笑起来道："天下竟有这等奇事，是谁家的孩子？"左襄道："便林冠如的兄弟，叫爱侬的。"秦文道："吓，便是他。"因失笑道："幸而我前番没许他。"左襄问是什么，秦文笑道："前儿人来给宝珠提亲，说是冠如的妹子，我因听人说他妹妹，竟常和男孩子在一处顽的，所以我辞了，照这样说，人家不知道的，当他做小姐呢。"左襄道："便是，前儿还在蓬仙家，杂在女孩子丛里瞧戏，人家多不知道他，还多和他握手儿说笑呢。"说着，两人大笑。秦文便托他提亲去，左襄答应了。次日，便来回说肯了，两家且多不讲明，让他明儿两口子自己顽去。不知这事究竟是真是假，且看下回分解。正是：

世上奇婚原不少，假新娘嫁假新郎。

第六十四回

秦公子偿完风流债　石书生归结泪珠缘

却说赛儿定了林家这头亲事，合府都传为佳话，只不把赛儿知道，怕（把）他不肯，便多只说是给他讨媳妇。那林家也怕新郎知道不肯，所以都不讲出。秦府便定下了八月十五，和宝珠一日成亲。送了喜期到林家去，先行了聘，竟把秦府做了男家，林府做了女家，到了先一日，林家也照真嫁女儿的一般，发了喜奁来。赛儿却一点不害臊，仍喜笑自若的。一时沈左襄家发了眉仙的妆奁来，便都忙着铺设新房。此时瘦春已搬在园里，住了听秋声馆。这边小桃花馆，便让赛儿做了新房。眉仙的新房，便做在夕阳红半楼。两处早铺设得和花神府似的。

到了正日，早贺客盈门，哄闹了半日，老老小小都讲着赛儿的亲事好笑。一时宝珠先向沈府亲迎了眉仙来，交拜成礼毕，先送归房，宝珠便自出来，让些姐妹闹眉仙的房去。这里赛儿也出来要亲迎去，见满厅院多拥着男人看他，便害羞起来，不肯出去迎亲了，倒跑回南正院来，一头倒在藕香怀里，红了脸说："大家看我呢，我不去了。"藕香笑道："你要娶媳妇，总该这样的，又害什么臊，快去呢。"赛儿定不肯去，柳夫人因教丫头们用两把宫扇搭护着，遮了出去，又叫宝珠陪他迎亲，赛儿才依了去了。一时迎亲了转来，柳夫人和袁夫人、藕香、漱芳及软玉、蕊珠、茜云都到屏后来看新人，只婉香伴着眉仙房里。满院子挤塞了人，都当看戏一般的争着看，见宝珠和秦琼搀扶了新人，作对儿交拜成礼过了，送入房去，柳夫人等一干人便都到新房来看，赛儿早臊的躲到园子里闹眉仙的房去。这里新人揭去了红巾，大家一看，都吃一惊，宛然一个美人儿，再看不出是男孩子扮的，面目态度绝似软玉，看脚也是一双极周正纤小的，原来这新人是从小缠足的，自己又爱做女人，便狠命的缠小了，此时众人看了，都好笑起来。见那新人早羞的飞红了脸，一种女儿腔调，不说破，那里看的出。柳夫人、袁夫人和藕香都很欢喜，因私问丫头们，才知道新人的名字叫爱侬，大家说笑了一会，爱侬才知道，是嫁的一个女孩儿，心里大觉懊悔，因交拜时偷眼看赛儿却和宝珠是一个样儿的，才不十分扫兴。一时众人散了出来，柳夫人见时候已经不早，便叫藕香、软玉、婉香、蕊珠四个送宝珠进眉仙房里去，这里便派了漱芳、美云、绮云、茜云送赛儿进房去。丽云定要谋这差使，袁夫人便把茜云换了丽云去，四人送赛儿进房去了，丫头们把赛儿和爱侬两个并坐了，四人旁坐陪饮，早把两个新人的脸都臊红了。丽云敬了赛儿一杯子酒，又敬爱侬一杯，取笑了一番，丫头给两人各饮了一口，又逗了交杯儿，送两人唇边去，两人都羞的要死了，定不沾着一点儿，丫头们也只得算了。丽云笑道："今儿赛儿这一节儿事，倒像《再生缘》的孟丽君娶苏影仙呢。"漱芳笑道："这个不像，我算来从古至今，几千百部小说，也没有这节儿奇事。"赛儿不懂了，大家都笑了起来。

一时宴罢，四人退出来，便悄步立在窗外，看他们两口子递和谐拜床。丽云回头，见婉香、软玉、蕊珠、藕香也都蹑着脚儿来听，大家拿帕子掩着嘴暗笑，只见窗里面遮了纬子，瞧不见，暗唤玉簪进去，偷放开一线儿隙缝来，大家争着看。见翠翘和小怜两个替赛儿脱去靴子，露出一双小脚来。见那爱侬偷看了一眼。两个陪房丫头，忙着替爱侬卸去宫装，早露出一头黑亮的好发，面如秋月眉似春山，竟和软玉相似。看他宽去了宫衣和裙子，早显出一身花绣紧身子，下面大红散脚裤儿，一对小脚，立着刚和赛儿一样长矮，见丫头们扶他入帏去，一种娇羞掩怯的，宛然是女孩子害怕光景。见丫头们掩了房门出来。翠翘和小怜看见众人，便"嗤"的一笑，大家都乱着摇手，教不响。见里面赛儿一个儿走到帐门边，又回身立定了，红了脸，拿帕子掩着嘴，"嗤"的一笑，便钻入帏去半晌（向）没得响动，一会子听赛儿低声笑着唤姐姐，听爱侬不应，忽听赛儿"嗤嗤"的笑起来，又听赛儿失声叫道："阿吓，这是怎么说。"帐帏一动，早伸下一双小脚来，是赛儿的，像要走下地来，又被爱侬扯住了样儿。听爱侬"嗤嗤"的笑声，忽赛儿急喊玉簪，玉簪笑抿着嘴不应，赛儿又喊翠翘，翠翘也笑着不应，赛儿又喊了一个小字，像被爱侬掩住了嘴。忽帐帏一动，又挂下一双小脚来，还比赛儿的小些，知是爱侬。听他低语道："我原和你一样，你慌什么，横竖我嫁了你，我总不能强你这个的。"大家一齐都红了脸，听赛儿道："既这么着，你可不许告诉人去，说我是女孩子。"爱侬道："那你也不许告诉人去，说我是男孩子。"听两人都吃吃的笑将起来，这里婉香等多也掩着嘴儿笑。见两对小脚都缩上去了，帐帏一动，两个人影儿都没有了。听赛儿忽又和爱侬恼起来，赛儿哭了，停了一会赛儿不哭了。忽帐帏一动，听赛儿又轻轻的哭了起来，大家一齐飞红了脸，便都掉转头来不看了，各自回去。

　　且说这夜宝珠，真个和眉仙规规矩矩的睡了一夜。眉仙先还怕他，后见宝珠没什么歹意，便也放放心心的和他亲热睡了一夜，次早起来，众人都称了声恭喜，眉仙便羞恼死了，打这晚起，便不许宝珠同睡，一连杜绝了十几天，宝珠央告着婉香，和眉仙讲，准他睡几夜儿。婉香拗不过宝珠，只得和眉仙说，横竖你们没什么，人取笑的由他取笑去，终不成睡了一夜，便一辈子不许进房了。眉仙道："我终究怕他呢，我和你讲到的，我只跟着你，他要同睡，要便我和你一床儿，让他睡在外床，我在里床，要安安稳稳的，倘不呵，我便从此谢绝了。"婉香笑答应了，晚间果然三人睡了一床儿，宝珠要睡在中间，眉仙不许，宝珠发了急咒，说我倘不老成，叫你们两个的身子挨拢来，立刻把我的骨头挤酥了。眉仙见他这样说，一发不肯了，宝珠怕他恼，便只得依了他，睡在外床。

　　次日，宝珠求着婉香，要把酒灌醉了眉仙，自己先往软玉房里去，你和他睡熟了，回来换我。婉香笑道："这个我不敢，回来他真个发恨了，这可是难处的呢。"宝珠连连作揖打拱的，要求他作成。婉香道："你定要和他这样，他又不肯，何苦来呢，回来倒因此恼了你。"宝珠道："我情愿他恼我，我总爱他呢。"婉香想了一想道："依便依你，成不成可不怪我。"宝珠竟扑的跪了下去，婉香笑避开了。不道两人刚说的时候，眉仙在窗外听的明白，暗暗骂道："婉儿有这些可恶，他自己要清白，到拿我作要么，我知道你呢。"因不进去，回到自己院子来，晚饭时候，却特地送上婉香的门来，见宝珠和婉香喝酒，他见眉仙来，便叫添杯箸子同喝。眉仙道："宝珠在这里，我不喝酒。"宝珠笑道："我回避了好吗？"眉仙道："不要，我吃饭，酒回来再吃。"婉香因和宝珠干了两杯儿，便多用饭了。

　　饭毕，闲谈一会，宝珠便喊掌灯，到留余春山房来，见软玉、蕊珠都闲坐着，宝珠便低声笑说，昨夜三人一床儿睡怎么有趣，今儿咱们也这样睡。蕊珠先不肯，被宝珠软逗住了，便也依了。一时睡下，宝珠左拥右抱的亲热一会，见两人都红了脸，宝珠便软贴到软玉身边去，蕊珠羞的朝里床睡去，把衫袖儿抵着牙儿，臊的要死。猛不防宝珠又贴到自己身边来，蕊珠吃了一惊，禁不住宝珠温存缓款的，便只做不知道，随他去了，一时朦胧睡去。

　　宝珠见两人都睡熟了，一心念着眉仙，便悄悄起来，自己掌了灯，回惜红轩来。见房门开着，床上帐子垂下了，地上摆着一对小红鞋儿，看正是眉仙的，早心醉了，忙吹息了灯，钻入帏去，房门也忘掩了，缓缓地替他去褪小衣，猛可的惊醒了他，颤声问道："吓怎么？"一听是婉香的口气，宝珠更抱的死紧不放，说："姐姐，这是天作合的。"婉香见已到这地步，也没的说了，因道："真是我作法自毙（弊），倒被眉仙打算了去。"宝珠便极意温存了一番，婉香娇啼不胜，宝珠不忍，便抱持睡了。次日起来，眉仙早笑着来替婉香道喜，婉香大恨，嗔了几句，眉仙笑受下了，怕婉香还报，极意严防了几日，婉香也没奈何他。一日晚间，趁眉仙不在房里，便把宝珠藏在他房里，自己睡去。

　　次日一早起来，便到眉仙房里来，见两个尚睡未醒，仍笑着回来。到南正院给柳夫人请安。见爱侬和赛儿两口子早在，已经谈笑自若的了，见婉香进来，便两口子一齐请了安，婉香请了柳夫人的安。一时漱芳、藕香、美云、丽云、绮云、茜云都来了，宝珠和眉仙及软玉、蕊珠也先后也都到了，柳夫人因说："今儿重九，那年做登高会，半途被打散了，煞了风景。今儿我已去接瘦春和浣花、菊侬，却好昨儿素秋也打姑苏回来了，锁琴也出京来了，都接去了，敢便要来。咱们今儿便在晚春堂做菊花会，已叫珍儿布置去了。"大家一齐高兴起来。一时素秋、菊侬和锁琴都来了，众人接着问好，宝珠因问锁琴："敢和石大哥同家来的？"锁琴说是，又说家老爷给各位请安问好，大家都说不敢。柳安人因道："昨儿见邸抄，才知道尊老爷放了会试同考，咱们没来贺喜到很抱歉呢。"锁琴谦说不敢。柳夫人又向白素秋道："令兄会试去，可得意吗？"素秋道："侥幸点了传胪。"大家都替菊侬欢喜。

　　一时秦珍来请定席去，一干人便都打东正院转，请了秦文、袁夫人和秦琼齐到晚春堂来，见满堂堆了菊花山，曲曲折折的绕转了满厅，杂错陈设下每人每的二十四席，是柳夫人首席，秦文和袁夫人对席，下面便秦珍、藕香等，末两席是赛儿、爱侬两口子。共饮一巡，秦文笑起来道："我才今儿一日做这个合家欢，也算人生难得的事了。"说着哈哈大笑，因叫春声馆女戏子来，点了出《永团圆》的昆曲，一时弦、管并奏，向红氍上歌舞起来。柳夫人和袁夫人都欣欣得意，合席的人，各捧一杯酒，上来奉敬，秦文竟一手拈着雪白的长髯大笑道："我这须不想还能留在家里白了，今儿饮这二十杯子孩子们敬的酒，美满美满。"说着，一杯一杯的干齐了，看女孩子正扮演的热闹，那满堂的花香人语，夹着酒香，这身子竟忘了还在人间了。忽大丫头可儿来报，说石舅爷来拜，秦文因正在高兴，说："回他明儿答拜去谈罢。"可儿传谕了小厮，小厮赶出去挡了驾。

　　石时便回宝月山自己家来，却好华梦庵等着，一见石时（梦庵），便跳起来道：
"老哥，今儿才候到你，难得难得。"因把宝珠想要刊骈盦和罗浮山人的著作，请他
取去的话讲了。石时笑道："那骈盦的《旧酒痕》在我这里，我瞧看，只打了三五回，
不成书呢。"梦庵道："那便叫何祝春续去便了。"石时说好，因把《旧酒痕》付给了
他，说："罗浮山人的集子我还没找到，待儿再找去。"梦庵叮嘱再三，便捧着那部
《旧酒痕》交何祝春续去了。不提。

　　却说石时见梦庵去后，便进去向他母亲请了安，便到间壁来寻书子，见满架残
书，都被蠹鱼食的剥落零碎，也认不出卷轴来。回到家内，纳闷半晌，替那罗浮山人
慨叹了一会。因身体倦了，便隐几而睡。忽见宝珠来了，因笑迎上去，一看却不是宝
珠，是盛蓬仙，因道："久违了，近来可好？"见蓬仙道："虚花泡影，天上人间，往事
都不堪提起的了。"石时惊道："这话怎说？"再看他，原来不是盛蓬仙，却是罗浮山
人，因失笑道："原来是老弟，我找你的书子不到，你打的那部什么说部，宝珠想代
你刻呢。"罗浮山人笑指案角上的一部书道："这不是吗？"石时转眼一看，见罗浮山
人竟化了个大蝴蝶儿飞了去，石时见案上真有一部书摆着，拈来一看，原来是一部小
说，便说的秦宝珠一身影事，叫做《泪珠缘》，因笑起来道："原来如此，倒也是个极
美满的大观。"因提起笔来题道：

　　　　绝好韶华能几时，十年偿了泪珠儿。

　　　　分明不是《红楼梦》，别写《南华》笔一枝。

刚写完，背后有人撒手把笔夺去，回头一看，却绝不相识的。因道："你怎么夺我
的笔。"那人笑道："你把《泪珠缘》行世去，敢与我的《红楼梦》抗衡吗？"说着，
一手又来夺书，石时连忙撤住，已被他抢了几本去，看原本和《红楼梦》一样，是
一百二十回的，却只剩了六十四回下来。因顿足道："可惜可惜。"忽四下一望，悄然
无人，因大笑道："咦咦，原来是梦。"因《泪珠缘》尚在手里，便把六十四回发刊行
世了。打算再入梦去的时候，问那罗浮山人补齐去。看官等着。正是：

　　　　我亦三生杜牧之，十年一梦醒来迟。

　　　　才人眼泪生来有，儿女恩情过后知。

　　　　漫把黄穰书旧梦，悔抛红豆种相思。

　　　　姻缘两字今休问，反写团圞亦太痴。

泪珠缘书后一

　　《泪珠缘》六十四回，分作三十段看，方知结构层次。楔子为一段，说作书本意，笼络全部。第一回为二段，叙秦府家世，并于（子）石时梦中出宝珠、婉香、春妍等人，伏第三回南正院演书（分）一线。第二回为三段，叙秦府房屋方向，使读者不必恍惚默揣，已将地图横纬胸中，即伏十六回移住惜红轩。第三回为四段，出秦氏兄弟，并请客诸人，就石时递入宝珠身上，写入正文，发第一回伏线。第四回至第六回为五段，写婉香多病，回顾第一回金有声曾经诊病一语，写春妍、笑春为六十回收房张本。第七回至第十回为六段，夹叙秦叶两家事，是一部《泪珠缘》之关键。第十一回至第十四回为七段，出齐秦氏诸姊妹，写足一笔，叙袅烟景况，结春柳儿公案。第十五回至十六回半为八段，叙宝珠姊妹等移住一粟园，为秦府正盛之时。十六回半至十七回为九段，写小人作威弄权，伏下两线。十八回至十九回为十段，结沈元家的公案，伏四十一回线。二十回至二十五回为十一段，出诸名士，并写叶氏兄弟，叙栩园位置，又补叙一粟园形势甚详，此为秦府最盛之际。二十五回至二十七回为十二段，叙盛蓬仙事，伏五十七回线。二十七回至三十回上半为十三段，专写宝珠学分，顺结石漱芳。三十回至三十二回为十四段，结杨小环一段公案，发尤月香、瞿福之私，伏四十回线。三十三回至三十四回为十五段，写蒋圆圆等，另具一付笔墨。三十五回至三十六回为十六段，写园林盛事。[三十七回至三十八回为十七段……]①三十九回为十八段，结来顺儿恣淫公案，写石漱芳身段。四十回为十九段，出白素秋、金菊侬等人，叙叶府衰落，文势最吃紧处。四十一回为二十段，了结叶冰山、叶用、袁夫

---

　　①　此句原书缺，现据上下文补入。

人、朱赛花、苏畹兰诸人，照应三十回之瞿福与尤月香一案。四十二回至四十三回为二十一段，写秦琼之纨（纳）袴、石潄芳之险诈，了结蒋圆圆海淫公案，并写陆琐琴之老成持重，小喜子之浪荡出家。四十四回至四十九回为二十二段，写一粟园极盛。五十回至五十二回半为二十三段，叙宝、婉姻事中变，文势一折。五十二回半至五十四［回］为二十四段，写宝、婉姻事成而复败。五十五［回］为二十五段，叙叶家中兴，宝、婉、软、蕊亲事成。五十六［回］为二十六段，写宝婉姻事又阻，了结花占魁夫妇一案，出眉仙、浣花、瘦春诸人。五十八回至六十三回事为二十七段，结盛蓬仙、顾媚香公案。六十三（四）回半为二十八段，结赛儿、美云、瘦春、丽云、叶魁等姻事。六十四回半为二十九段，结宝珠、眉仙，婉香、软（教）玉、蕊珠并诸人姻事大备。六十四回为三十段，总结《泪珠缘》始末，此一部书之大义也。至于各大段中尚有小段落，或夹叙别事，或补叙旧事，或埋伏后文，或照应前文，祸福倚伏，吉凶互兆，错综变化，如线穿珠，走盘不板不乱，尤为出色。书中说话处，或冲口而出，或几句说话，止说一二句，或一句说话，止说两三字，便咽住不说，其中或有忌讳，或有隐情，不便明说，用缩句法咽住，最是传神之笔。

一部书，笔墨不止一种，写宝、婉等是一种笔墨，写秦琼、潄芳等又是一种笔墨，写蒋圆圆、叶赦又是一付笔墨，写丫头、小厮又是一付笔墨，写盛蓬仙、何祝春是一付笔墨，写华梦庵又是一付笔墨，写林冠如、桑春、白剑秋、[①]李冠英等是一付笔墨，写夏作珪、葛亮甫等又是一付笔墨。圣叹批《西厢》云：作者当有怪笔一箱，吾于此书亦然。

书中无一正笔，无一呆笔，无一复笔，无一间笔，皆在旁面、反面、前面、后面渲染出来，中有点缀、有剪裁、有安放。或后回之事，先为提挈，或前回之事闲中补点，使人莫测，通体如常山蛇，首尾相应，节节灵动。

说部中言情之委婉缠绵，无过于《红楼》。言事之精细团到，无过于《金瓶》。不谓《泪珠缘》兼而有之。

《红楼》中人亦云夥矣，男子二百三十二人，女子一百八十九人，共计四百二十一（二）人，《泪珠缘》乃有五百二十三人，又复时时照眼，绝不冷落，亦大能手。

从来传奇小说，多托于梦，此独不然，举一缘字为全书纲目，虽以石时一梦引起

---

① "秋"字之下，原衍"是"字。

秦氏，然亦非梦也，缘也。

书中翰墨，则诗词歌赋，文札尺牍，大书戏曲，奏片谕状，以及对联匾额，酒令灯谜，无不精善。技艺则棋局画理，宫商律吕，琴学品笛，拍曲谱工，以及匠作构造，树艺栽种，格物戏玩，畜养禽鱼，烹调针黹，巨细无遗。人品则忠孝节义，方正邪淫，贞烈顽善，豪狂怪僻，炎凉势利，谄笑逢迎，迂腐黠拙，刁酸奸猾，无不形容尽致。人物则王公大臣至倡优仆隶，尼僧女道，伪士名人，茶博酒保，车夫舟子，神仙鬼怪，醉汉无赖，色色皆有。事迹则繁华筵宴，骄纵淫欲，操守贪廉，庆吊盛衰，生死离合，贸易钻营，游历梦想，事事皆全。甚至寿终夭折，暴亡病故，及充军下狱，自刎被戕，悬梁吞金，谋害索命，削发中毒等事，亦件件俱有。可谓包罗万象，囊括无遗，诚泱泱大观也。

《泪珠缘》一书，人谓全似《红楼》，谓宝珠如宝玉，婉香如黛玉，柳夫人如贾母，秦文如贾政，石漱芳如凤姐，美云如元春，丽云如探春，绮云如迎春，茜云如惜春，藕香如李纨，赛儿如芳官，秦珍如贾珍，秦琼如贾琏，袁夫人如王夫人，软玉如湘云，蕊珠如可卿，瘦春如宝钗，浣花如宝琴，金菊侬如李绮，白素秋如李纹，陆琐琴如邢岫烟，银雁如平儿，袅烟如晴雯，春柳儿如袭人，晴烟如五儿，春妍如紫鹃，海棠如雪雁，花侬如焙茗，盛蘧仙如甄宝玉，何祝春、华梦庵如秦钟、湘莲等均有所喻，枚不胜举，不知究竟，情性行止举动未尝同也。如宝珠之多情，而好色不淫，异于宝玉者明矣。婉香，则令钗黛二人情性而均有之。贾政之才，则不如秦文。柳夫人之明，则胜于贾母。漱芳偶售其术，而卒肯悔悟，则又愈于凤姐。此外（升）诸人，以面貌性情相仿，则稍有似之，然在我，则终觉《泪珠缘》是《泪珠缘》，《红楼梦》是《红楼梦》，各写各事，两不干涉。

书中诗词各有隐意，若哑谜然，口说这里，眼看那里，其优劣都是各随本人。按头制帽，故不揣摩大家高唱，不比他种小说，先有几首诗词，然后硬嵌上去。是书名姓，无大无小，无巨无细，皆有寓意，如石时之为实事，秦文之为情文，秦珍之为情真，秦琼之为情穷，秦云之为情匀，婉香则令二人名而为一，他如藕香及四云，均有一字着落，其余大多就对面作字，借〔音〕作姓，从无随口杂凑，可谓妙手灵心，指挥如意矣。

　　　　　光绪二十六年岁次庚子秋九月，七十三叟金振铎懒盦氏识。

泪珠缘书后二

或问第八回袅烟以死自誓，以视袁夫人，几有不容久安之势。何后此不闻有闲言者，何也？痴石曰：袁夫人之斥袑烟者，以春柳儿之事误闻耳，逮春柳既出，水石自分，夫复何疑？慧眼人早已识透，奚用赘述？

或问第七回题目云，惊谶语婉姐吊残红。当时，读"芳容自分无三月，薄命生成只一春"二句，无不为之欷歔太息，以为婉香不寿，何翻阅至底，而不见应此所谓谶言者，曷故？曰：子固不知婉香为谁，《泪珠缘》以泪珠为名，固非美满事也。作者原作一百廿回，第六十四回后，其性情事，类皆如月之缺，如云之散，适足令人怏怏（快快），势必又留天地间一大缺憾。故作者自题之词，有曰：缘深缘浅何须问，得到团圆便可休。至谓谶语，则指"初见已经（离）今日恨，重逢难诉隔年情"一联耳，见好姐妹分襟齐下泪一回。

或问软玉与宝珠，其亲昵甚于他人，殆有故欤？曰：吾不知，吾只觉宝珠之与姐姐妹妹，均一视同仁，无所区别，或有他故，要惟袅烟知之。

或问小环与宝珠订再生缘，何后不提及？曰：梦中事，何必认真，否则势必又如老妪说因果矣。

或问月香削发而后，宝珠骤见之下，固为感伤，后何不复叙明？曰：六根既净，孽障自除。

或问婉香曾云，媚香已经字人，何媚香后为浣花，及至归蓬仙后，而不提及所字何人，作何了局？既浣花碍齿不提，蓬仙断不致忘却，其含蓄而不置间者，恐非缩笔。曰：第五十回，人详言之矣，倘后复载，恐又不免复笔之诮。

或问六十三回，突出林爱侬其人，以前似欠伏笔。曰：前一回宝珠在蘧仙家看戏，两厢无一可人云，可上眼者只二人，一则明为冷素馨，一即林爱侬也。其后沈左襄口中，亦经述明，俱早现一影子，若必刻木示印，即是笨伯。

或问瘦春、浣花向未提及，何忽由秦珍口中一赞，后即突如其来何也？曰：子又略矣，盍回忆第一回金氏所云。

或问媚香与蘧仙神交耳，守宫何所用记，得毋厚诬欤？曰：非也，蘧仙之与媚香，犹宝珠之与婉香耳。当宝、婉别时，固以死自誓，不冀生还者。而蘧仙之与媚香，固未尝以死誓也，设以死誓，蘧仙何复冀其生，于以知媚香之去，不但有他生约，而并有今生约。第已字人，恐他日致蘧仙疑，以守宫自记，情也亦理也，若以私情疑，是伧父耳，子何乐有此说。

或问小喜子做和尚去后，何不晃一影子。曰：了矣。

或问爱侬嫁后，林冠如何不来省视一次，未免缺笔。曰：《泪珠缘》之结，只在五日后耳，不及也。

或问顾眉仙亦自有家，何婚姻乃能自主？曰：婉香早言之矣，其家只一老仆，安敢预闻。

或问叶太君自首至尾，谅其年纪当在柳夫人之上，老而不死，何为乎？曰：老而不死是为贼，贼害也。叶氏之败乱，其害盖在老夫人之治家不严。

或问美云年纪，至结尾时当已二十外，叶魁犹一孩提耳，如此婚配，未免欠酌。曰：事固有之。

华亭一鹤梦石氏识。光绪二十六年庚子季秋，

泪珠缘书后三

六十四回大书，若观海茫无涯岸，而其中自有段落可寻，或四回为一段，或三回为一段，或一二回为一段，无不界划分明，囫囵吞枣者不得也。

有谓此书原本一百二十回，吾则不信，观其通体结构，如常山蛇，首尾相应，安根伏线，有牵一发全身动之妙。至六十四回止，正如悬崖勒马，回视全文，仿佛如群山万壑赴荆门矣。又如浙地之断头龙，来龙一派，奔腾而至，直削而下，乃见笔力。六十四回以前之伏笔引线，至此俱发，更无余步，更无可续，即寻得其余绪，亦系蚕妇弃丝，不能作乙乙抽也。故知《泪珠缘》只六十四回，断无一句一字可续，虽重以父兄命，万金赏，使奇园续半回，不能也，故奇园断断不信有一百二十回。

一部《泪珠缘》，计三十余万言，洋洋洒洒，可谓繁矣，而无一句闲文。一部《泪珠缘》，计百余万字，琐琐碎碎，可谓夥矣（移笑），而无一字虚放，善读者必能晰义分解。

《泪珠缘》写五百二十三人，一人有一人形景，一人有一人态度，一人有一人言语笑貌，行动举止，人谓得法于《西厢》、《水浒》、《三国》、《金瓶》、《红楼》，吾谓得法于一部《史记》。

《鹤林玉露》云：《庄子》之书，以无为有；《战国策》之文，以曲为直。东坡生平，熟此二书，为文惟意所到，俊辩痛快，无复滞碍，吾谓《泪珠缘》，亦是深得于《老》，《庄》、《战国策》者。

是书每人都有影子，石时为盛蘧仙影子，盛蘧仙为宝珠影子，赛儿亦为宝珠影子，眉仙为媚香影子，媚香为婉香影子，浣花亦为婉香影子，蕊珠为浣花影子，冷素馨为蕊珠影子，小环为圆圆影子，圆圆为月香影子，月香为小环影子，菊侬为石漱芳影子，白素秋为软玉影子，陆琐琴为藕香影子，美云、丽云、绮云、茜云为婉香、眉仙、软玉、蕊珠影子，袅烟、春妍又为宝，婉二人影子，笑春、晴烟又为袅烟、春妍影子。书中凡写某人，后必用某人递下，故能如线串珠，累累不断。间有以他人接写者，必由影子递入本人，写毕，再用影子递出，一丝不走，牢不可破，此为通体大章法。

书中大致，一枝笔便是宝珠身子，作者目光专注宝珠一人，宝珠到何处，笔便跟到何处，歇落处必在宝珠去时，吃紧处便在宝珠来时。此即做文字第一秘诀，所谓捉住题眼也，宝珠便是题眼。

一大部书，写若干人，皆有主宾，有正反。以家道论，秦府为正面，叶府为反面，秦府为主，叶府为宾。以人物论，柳夫人为主，袁夫人为宾，秦文为正面，叶冰山为反面，沈左襄为主，花占魁为宾。就宝珠、婉香论，宝珠为主，婉香为宾。蓬仙为宝珠之正面，浣花为婉香之反面，其余悉可数推。解此以观，势如破竹。

《泪珠缘》一书，有反笔，有正笔，有衬笔，有借笔，有明笔，有暗笔，有顺笔，有倒笔，有伏笔，有照应笔，有着色笔，有淡描笔，有烘染笔，有双关笔，有拗笔，有缩笔，有回环笔。各样笔法，无所不备。

《泪珠缘》一缘字，有前缘，有孽缘，有儿女缘，有朋友缘，有再生缘，有文字缘，有奇缘，有骨肉缘，有佛缘，有仙缘，有露水缘，有一面缘，有半面缘，有一夕缘，有一载，有镜花缘，有魂梦缘，有婢妾缘，有夫妇缘，有一笑缘，有相思缘，而卒归之于泪珠缘，种种缘法，罔不毕陈。

一部《泪珠缘》，如诗三百首，可以一言蔽之曰，思无邪。

《红楼》以前无情书，《红楼》以后无情书，旷观古今，《红楼》其矫矫独立矣。吾则一语以剖药，《红楼》之前未有作者，《红楼》之后无敢作者，非无作者，作者不能脱《红楼》窠臼耳，故曰作《红楼》者易，作《红楼》以后书者难。夫天下人之情一也，《红楼》之言情至矣，尽矣，《泪珠缘》何出《红楼》之右耶？曰：《红楼》之情曰矫情，《泪珠缘》之情曰人之同情。情固一也，而所施于人者异矣。

人世间乐事，固靡日而穷也，乃《红楼》一书穷之矣，故《泪珠缘》之作，难于《红楼》。其一大部书中，无非行乐耳。同一行乐，而必勾心斗角别出新裁，不特不同于《红楼》，又必使前后古今几千百部小说中不同一事。呜呼，难矣！故《泪珠缘》实是一部大书，一付大手笔，荷灯之赏，广寒之舞，尤令人梦想十年。

二十八回宝珠论宫商一段，条晰缕辨，发千百万人之疑议，振千百万人之聋瞆。司马迁《律书》、蔡西山《律吕新书》倘未有确论，使人了了，奇园素为怏怏，不图于小说中，见此大议论、大文字，即此一段律吕定律，直可悬诸国门。

又发明姜白石自度曲注谱字样一节，实是真大眼孔，真大学问。陆钟辉藏之汲古阁三十年，而对之茫然，谓如鲁鼓薛鼓之亡其音，而留其谱，以待后来博学之士剖之。设《泪珠缘》一书，得与钟辉共读，吾不知其欣喜当何似。

书中凡值宝、婉相逢之际，其万种柔肠，千端情绪一一剖心呕血以出之，细等镂尘，明如通犀，若云空中楼阁，吾不信也。

书中诸女，均有如花之貌，以花譬之，婉香如白牡丹，眉仙如素心兰，浣花如秋海棠，软（才）玉如玉兰，蕊珠如茉莉，瘦春如荷，藕香如梅，赛儿如粉团，美云如凌霄，丽云如玫瑰，绮云如杏花，茜云如樱桃，漱芳如白蔷薇，素秋如白芙蓉，琐琴如蜡梅，菊侬如菊，小环如栀子，月香如夜来，春妍如白杜鹃，笑春如桃花，袅烟如素馨，晴烟如山茶，春柳儿如荼蘼，冷素馨如水仙，嫩儿如白玫瑰，春燕儿如含笑，伶儿如夹竹桃，圆圆如杨花，海棠如石榴，爱儿如葡萄，而如蛱蝶之栩栩然游于中者，则宝珠是也。

春夜，奇园宴客，酒既咻，各述平生奇梦。一客曰：余梦耸身入云，如履败絮，星斗如盏，扪之欲动，下视城郭，若电之驶，倏瞥过几千百处。一客曰：吾梦至一处，美女数十，皆似旧识，余称之曰姊姊妹妹，而称余者，只一郎字，随心所欲，罔不如意。一客曰：吾梦异人授法术，喷云吐雨，应手而至。剑丸如卵，吐呐自如。忆某某为我仇，某某为我恩，杀之报之绝无顾忌。一客曰：吾梦得窖银数百万，遂治园林，蓄姬媵，食必珍，出必车马，座上客满，誉声聒耳，若固有之笑。一客曰：吾梦秋试报捷，南宫又登，老母、妻子视佳若掌上珠，友朋皆胁肩对我笑。一客曰：吾梦厉鬼突入，狞狰可骇，爪长数寸，摘余心去，大号而觉，腹中空空然。一客曰：吾梦杀贼，振臂大呼，群丑悉窜，盗魁倔强，引刀砍之，髑髅滚地，血溅衣履。一曰：吾梦为丐，饥肠雷鸣，沿门呼叫，迄无一应。一曰：吾梦至地狱，见断手缺足者，现诸苦恼状。一曰：吾梦为僧，结庐山顶，尔时觉，万虑俱销。一曰：吾梦得奇书数百种，目不暇给，择其要者默识之，掩卷记忆，一字不忘；醒时犹有所忆，辗转一思，杳然无踪。时余不语，客诘之，余笑曰：备闻诸梦幻也，壮也，清也，妖也，噩也。诸公之梦，皆吾之梦，吾多梦，吾亦无梦。近日惟梦为《泪珠缘》之宝珠，客皆大笑。

　　余近年来，死灰稿木，已超一切非非想，只镜奁间尚恨恨不能去，适来无事，雨窗展此，唯恐擅失，窃谓当煮茗读之，爇名香读之，于好花前读之，空山中读之，清风明月下读之，继《南华》、楚骚读之；伴涅盘维摩读之。天下不少慧眼人，其以予言为然乎否乎？《泪珠缘》在，知必有继予而评之者。辛丑春，奇园汪大可识。

泪珠缘全集自跋

这部书，是作者二十岁时候，在病中做着消消遣的。从头至尾，不上一个半月工夫，所以里面的情节，也叙不到十年。承看官们都说这部书打的很完备，但是作者自己看来，觉得这里面的缺陷也尚多着，要是如今打起一部六十四回的大书，便断不肯琐琐屑屑，专叙这些儿女痴情、家常闲话。不是说现在打的书，定能胜似这部，要晓得时势习俗移步换形，如今的写情小说，性质已是不同，笔法也是两路。若教作者现在再做这样一部琐琐屑屑儿女痴情家常闲话的书，也是万万再做不出。金圣叹说的好，文字要立时捉住，方是本色。那过去的和将来的，又是别项一种文字。我这《泪珠缘》便是当时捉住的文字。倘使现在再做一部《泪珠缘》，不要说字句情节另是不同，便是依样葫芦的画了出来，也只算得别项一种文字。

现在这六十四回书，已经刊齐了。这部书，在六十四回以后，应该便没得文字，却因结末有一句"原书本来有一百二十回"的话，不免又惹看官们疑惑，或说还有续集的，或说以后的书，便是真个有了，我们也想得到，定是宝珠、赛儿、盛蓬仙、石漱芳等这班人，一个个生了儿子。秦文、柳夫人、袁夫人、叶老夫人这一班子，一个个都死了过去，弄得风残云卷，连那婉香、浣花、蕊珠等这一班美人，也少不得一个个的老了，收场完结，岂不扫兴？那便和西泠访苏小，见个白发老妪的故事一般无二，所以作者自己想想，也不必再有续集。若是真个续下去时，想那秦宝珠倘是活着，现今世界，花样翻新，他处到这个局面，那里容得他这般恋恋昵昵，一辈子干这些儿女子的勾当，也就少不得和那《新石头记》的贾宝玉一般，改了方针，换了脑筋，去干些新勾当出来了。便说江山易改本性难移，秦宝珠还是先前那模样，一个本来面目，但那些夏作珪一流人物，早也赶先放出一种手段来运动运动的了。

作者自做成这部《泪珠缘》以后，眼见的稀奇古怪这些事体，身历的悲欢离合，那些情节，足足又有一部大书的材料，早想编做一部小说给大家看看，只是在下这支笔，向来只会得写情的，写情写到《泪珠缘》六十四回，已经写尽，若要再写，除非写些矫情罢了。便是看官不嫌憎，作者自己却先老大一个不愿意。再加现在的新小说，难倒无论是翻译的、杜撰的，总要写些外国地名人名，方算是一篇杰作，在那一般社会上通行的过去。若说不呵，任你写得怎般入情入理，便是《红楼梦》、《金瓶梅》出在现今世界，那书里又没得什么新思想，什么新名词，也就算不得什么新小说了。所以，在下近来做小说的心思虽浓，写大书的笔墨却是淡了，与其另起炉灶，装腔作调的做新小说，不如吾行吾素，趁着现成，再把《泪珠缘》续将下去，倒也免了一番啰啰嗦嗦的安排交代，落得开门见山，简简直直的叙起事来，岂不是好？大凡一个人生在世上，今日不知道明日的事，那六十四回上，秦文在晚春堂秋宴以后，自然连秦文自己，也不知道以后的事定是如何，便是作者和看官，那里也就能够拿得定料得准呢？我这《泪珠缘》续集便从这时候直接演起，这一段跋语，就算是续集的楔子，交代明白，现且按下一边再说。

附　告

一　本书人物绣像及六十四回图，因画家一时未能竣事，现托著作林社络绎印入九种画报内。该报于丁未十月，始按月逢朔出版，每册凡四十八页定价一角，邮费三分。爱阅者请向本公司函购可也。

一　本书此次所印，销罄后即须再版，改为石印，已倩名手楷录，未竣。如承诸君赐题序跋辞评，请寄本公司。

一　如有赐眉批或逐回评后及校正字句，将书寄掷者，即当易还一部，以偿原价。

一　凡与本公司直接同时购买本书多数者，当照定价特别减让，以广行销。

一　本书续集现已在著，一俟脱稿，即当付印，再行登报布闻。

杭州太平坊萃利公司白

泪珠缘题跋

十二年前于武林书肆中，见有小书八册，署为《泪珠缘》，书名幽艳，触我所好，取而阅之，知为言情家之著述。即书肆中略读一过，观其结构，纯仿《红楼》，而又无一事一语落《红楼》窠臼，亟寻作者署名，为天虚我生陈蝶仙数字。及怀归细读，始知尚系初集，全书犹未毕也。再往书肆中，访问作者是否近人，而书贾嗫嚅无以为答。嗣后随在物色，又得《桃花梦传奇》，亦署名蝶仙，自是益深向慕，然究不知蝶仙为何如人也。迨乙巳之冬，购文件于萃利公司，无意中询及主人，始知仆所朝夕思慕之天虚我生，即此萃利之主人翁也。《泪珠缘》一书，至是始得读全璧。遂冒昧以诗晋谒，感蒙许立程门，迄垂十载。君诗词名已噪大江南北，著作等身，此说部盖君弱冠时笔墨也。全书曩印数千部，早已不胫而走，今春徇海上友人之请，重行锓版，函来属仆校误，爰为戏书眉评数则，既不量佛头着秽之讥，并跋此数言以附骥尾，亦志仆与君遇合之因，实此书之缘起也。至于此书之价值，则当世读小说者早有定评，固无待赘述矣。甲寅四月，拜花周之盛跋于倚红仙馆。

五　集

第六十五回

盛蘧仙议续泪珠缘　华梦庵醉演家庭史

却说石时把那罗浮山人的《泪珠缘》六十四卷刊了出来，华梦庵早先要了一部去看，因见书尾说着原书是有一百二十回的，便想央盛蘧仙替他接续下去。因挟着那部书去访蘧仙。①小厮文儿迎着笑道："华爷来的正好，石爷和何爷也在这里呢。"梦庵道："可是在园子里么？"文儿道："正是。"因便引着梦庵，进了待藏园，便到前儿演戏的那所厅上。只见满廊下摆列许多菊花，开得都有盏子样大，②因赞道："这时候还有这样好花，真难得呢。"里面有人笑道："疯儿来了，总这样大惊小怪。"听声音是何祝春的，因便抢几步闯进门去，见何祝春正拿支笔在桌上画画，石时、盛蘧仙左右围着看他。因便从祝春背后伸手过去，把支画笔撇手抢来，向祝春脸上一抹道："偏你这张贫嘴会得骂人！"祝春猛不防，早被抹了一脸的黑墨，用手揩时，那里揩的干净，居然颊上凉毫成了一张小丑脸儿，引的石时、蘧仙都拍手大笑。③文儿忙去捻了一块手巾过来，祝春接着，便向炕边的镜屏上照着揩着。梦庵还在那里好笑，却不防祝春把块手巾捏个团儿，兜头打将过来，梦庵躲避不及，正中脸上，叫声"哎哟"。那祝春早就笑着逃向回廊上去了，梦庵哪里肯依？经蘧仙、石时硬拦住了，才坐到祝春的椅子上去，拍案大骂。

一面骂，一面看那张画，见画着一角红楼，楼下的桃花开得正盛，桃花外露出一

---

① 眉批：接续前书，天衣无缝。
② 眉批：点醒时令。上书结于晚春堂赏菊花，此时已在十月天气，故云这时候。
③ 眉批：涉笔成趣。

片明湖，波纹绉的甚细，楼廊下挂着一架鹦鹉，栏杆上靠着一个美人。楼下石桥上画着一个少年，携了一个垂髫小婢，一手正指楼上。①不知不觉看出了神，骂也忘记了，因问蘧仙道："这是画的什么图？"蘧仙道："是我四年前的梦境。这楼上的便是媚香，那垂髫婢便是小春。我做这梦时，已在翻舟之后一年了。其实媚香已在敝岳沈左襄膝下做了浣花，小春却不知下落，多分已死在波涛之中。前儿偶和浣花讲起，我想这个梦定是小春的灵魂安慰我的。如今咱们这一段因缘已成就了，不由得我和浣花两个不时记着小春。所以请祝春画这一幅，做个纪念。"梦庵笑道："那也用不着叫祝春画。我给你瞧，早有人替你详详细细记在这里了。"说着，便将《泪珠缘》第二十六卷翻将出来，给蘧仙看。②蘧仙笑道："这书我早见过了。"梦庵道："你既见过便好，我今儿来，便想请你续下去。"蘧仙道："这个不行，我又不是宝珠的影子，能跟着他走。他在那里做的事讲的话，我怎么能够知道？若是凭空臆造，可不是画蛇添足么？要则，你请宝珠自己续去，否则再歇上十几年，待我留心些事迹下来，方好动笔。"石时笑道："那六十四卷书，也只不过只有五六年的事，你续上几回，值得什么？何必定要等上十几年呢？"蘧仙道："原来这书开篇的时候，便打的太嫌冗长，等到后半部，才打的紧凑起来。所以人家看这书的，看初二集时，总嫌乏味，及至看到后来，方才有点意思。如今我续这书，少不得要些实事，若是单写些柔情韵事，岂不是续如不续！"③梦庵道："好好，那便任你什么时候续去，只是不要丢在脑后罢了。"

因问祝春的《旧酒痕》怎么样了？祝春道："谁和你这般空，你爱嚼咀，你竟自己嚼去，少来惹人厌。你也不想想，如今的蘧仙，成日价打迭起一副温柔性儿对付两位嫂子，还怕疏淡了一时半刻，他有工夫替你续书呢？"梦庵道："正经，我倒要问蘧仙一句话，你那一位浣花夫人，本来是宝珠的眉仙夫人是嫡堂姊妹，前儿听宝珠说，他那婉香夫人，要替他叔婶盘枢回去，眉仙也要回姑苏去，你浣花夫人可也同去不去？"蘧仙道："这话，我倒没听见讲起，前儿重阳节上，浣花打秦府里转来，也不曾提及，你却听谁讲来？"梦庵道："我听宝珠自己讲来，他说自己本想过来问你，若

---

① 眉批：回顾第二十六卷梦中，梦翻舟惊恶兆。

② 眉批：此处因欲写梦庵嘱蘧仙续下，故用此数句过渡。其实此等笔墨反若不似接续原书，宛如另起后部语气。

③ 眉批：《红楼梦》一百二十卷，叙不到十年之事，言情笔墨时少意多，本无甚碍，故管窥之见以为是书三十二卷以后，反不若前半之意味深长。写真事易，写柔情韵事难。写柔情韵事，读前书结尾不续如续，写实事则续如不续。

是同去，可格外热闹一点儿，只不过因他是替叔岳盘丧去的，不便奉邀罢了。"蓬仙道："这有什么忌讳？他可曾说多早晚去？"梦庵道："这倒不曾说。"蓬仙因托梦庵代去问明，并说自己也愿意同去走一遭儿。

梦庵答应着，便站起要走，①被祝春一把扯住道："偏是你忙得这样，平日找你，又没找处，不知镇天的跑那儿去。今儿好容易碰到，不是发狂，便是鬼婆子似的烦絮个不了，烦一会子，才闭了口，却又提起脚来要走。"梦庵道："那么，你叫我清坐着什么事，好好，做蓬仙不着，快拿酒来吃。"嘴里说着，一面早东张西望的找文儿。②远远望见文儿正站在走廊下的秋叶门边，和一个丫头讲话，便一迭声的喊："文儿，快向上房里去要那藏着的好白玫瑰儿，或是鲜荔枝儿来。"文儿正和冷素馨身边的珠儿讲话，听梦庵喊，便跑过来。梦庵正没头没脑的喊着，因道："我的爷，这时候那儿来的鲜荔枝呢？"梦庵道："好哥儿，前儿不是你爷买了许多鲜荔儿来，请你奶奶浸酒的吗？你不要替你爷肉疼，快去替我向你奶奶讨赏一点儿来喝。"③文儿笑道："爷真好记性。"因回身见珠儿刚待进去，忙赶上和珠儿说了。

珠儿便向冷素馨住的院子里来。却见浣花和素馨正在窗口桌上喂蟋蟀，团儿也围着看，④满院子静悄悄的只有蟋蟀在那里咭喔咭喔的叫。⑤珠儿因问素馨取酒，素馨笑道："玻璃橱里不是有着呢，敢要我去拿来递给你手里吗？"珠儿也笑道："那半瓶子酒，怎么够疯爷一口子喝？"浣花笑道："怎么珠儿叫爷叫疯爷了。"素馨道："你不知道，他说华梦庵呢。梦庵那个人，简直狂得有点儿疯了。前儿我听见他吃醉虾子的故事，几乎笑弯了腰。"浣花不懂，央素馨讲给他听，素馨因把华梦庵在万不如轩闹的笑话，从头讲起，浣花听的好笑，竟把手里喂着的蟋蟀也跳了几个。正笑着，文儿又来催酒，素馨便叫珠儿另拿了一大樽，交文儿送了出去。梦庵等便在蓬仙家午膳。酒次，石时谈及叶魁的姻事，已经秦文允将美云许他。女媒是金有声做了，这边男府里，要请蓬仙做个现成大宾。

祝春道："这件事我倒有点子不懂，这两位老先生作事，委实有些古怪。沈左襄

---

① 眉批：何其急也。

② 眉批：东张西望，好看煞人，令我忆及掷醉虾之时矣。

③ 眉批：写梦庵狂放不拘状态，宛如在目。

④ 眉批：倘令吴友如画之，绝妙一幅秋景仕女。

⑤ 眉批：前在小广寒则曰呿呿呿的叫，此时则咭喔咭喔的叫，同写一物，而时景不同，正是文心细致处。

先生既要把自己的二小姐给叶魁，①将他做了赘婿，为什么又要娶添一位？并且叶魁今年才十六岁，那秦府的大小姐，不是叫美云的吗？听说已二十二岁了，差这么多的年纪，那文老先生又怎么肯许这头亲事？"石时笑笑不语。梦庵笑道："天下的人，钝不过就算是祝春。你识不透秦文老的一生作用，你便糊涂死。你可知这位文老先生，面子上极是一点一画，他心里实在只看重一个钱字。他那样一个古板人，居然肯给宝珠娶上四位夫人，也便是这个讲究。他给侄孙女儿结上那重奇怪婚姻，也都是这一个道理。"祝春骇然道："你这话真是闻所未闻。"②梦庵因指石时道："论理，文老先生是令姻伯，我不该当着你的面讲这些话，但是你笑，你必定早已识透了。横竖蘧仙面前不防碍什么，我把这些真凭实据讲给你听。"蘧仙笑道："你不要讲些险话来，吓破了祝春的鬼胆。"梦庵便呷了一大口酒，讲出一番话来。正是：

　　人海燃犀皆鬼魅，家庭谈虎亦文章。

---

　　①　眉批：初阅至此，亦觉叶魁、美云之姻确乎不妥。掩卷思作者之心理亦无头绪，及阅下文，不禁恍然。
　　②　眉批：闻虽未闻，见却常见。

第六十六回

论婚姻鬼计擅牢笼　谋家产疯神猜计画

却说华梦庵喝了一口酒之后，便向石时道："你从十七岁上，便到秦府里去，你应该知道叶家和秦府里的渊源。"石时道："这个我自然晓得。"梦庵道："只怕祝春和蘧仙不明白呢。我讲给你们听，①那叶冰山先生的夫人，便是文老先生的小姨。当时袁太史膝下，只有两位千金。大的便是宝珠的婶母，嫁过来时，那袁太史还在，不过照例给些妆奁，还望日后养个晚年之子，承袭家产。及至后来绝了望，便多给了小女儿带去，所以叶冰山居然成了巨富。"②祝春道："当时文老先生怎么便有这等忠厚。"梦庵道："那时他也没法，但是过了几年，叶家倒反加上些利钱，送还了文老。"祝春道："那冰山先生又怎么有这等慷慨？"梦庵道："到那时节，冰山也叫做没法。"祝春道："这话更把我糊涂死了。"梦庵笑笑，却又喝了一大口酒，把桌子一拍道："你这个人真是糊涂虫，你不记得叶冰山是抄了家的么？"

祝春方才省悟道："是了是了，原来如此，但是叶家被抄之后，虽然后来又把些田产发还过来，终究值不了多少，你说秦文给宝珠娶他两位小姐，为的是钱，这话我可不懂。"梦庵道："若被别人娶了他两位小姐，少不得添了两家对头出来，保不住有一日戳穿窗子，被人报复转去，所以他便存个一网打尽的念头，索性多给宝珠做了媳妇，岂不干净。如今因沈左襄又把个叶魁做了半子，叶太夫人也还活着，生恐疏不间亲，将来和他算帐，所以赶快的把个女儿穿插进去，大家又结上一重火热的新亲，那就反不过脸来。等待再过几年，叶太夫人和沈左襄，少不得多要久违了的，不

① 眉批：由写情小说一变而为家庭小说，真乃出人意料，不可不读。
② 眉批：原来如此。

要说没人和他算叶家的帐，便是沈左襄的遗产，也就到了叶魁手里。叶魁还是个孩子，瘦春也只得十几岁的人。你想，接管这两份家产的不派美云，还派是谁？"祝春听到这里，不禁拍手道："好作用，亏你能够体贴出来。"

蘧仙笑道："话虽如此，咱们老丈人又不是个呆人，他向秦府求亲，可不是正中那文老的下怀么？"梦庵道："这个正是棋逢敌手，才有这一着。那左襄先生，也是个精明极顶的人，他正为着要刺探文老的隐秘，没处着手，所以要求这一门子亲，好从他大小姐手里，捞些头绪来和他理值。"石时笑道："这个只怕未必。我们家姊，做了秦府的媳妇已经四年了，论我家姊的心计，也是个极精细的，却从来不曾探到文老先生一些儿隐事。不要说家姊，便是我姊夫，从小儿在他膝下，却也不知道他的行事。那位大小姐，虽然年纪长些，女孩子家更不留心到这些上面。听我家姊说，我那位姻伯，在家里时，不拘什么事，总不和人家商量，便是袁夫人面前，他也不肯多说。平日和人家往还些帐目，他也不教帐房里记帐，只记在自己心里罢了。所以家母舅常说，虽替他们秦府里管了这几年帐，其实毫无一点儿头绪。每年若照帐房的帐算起来时，每年收进来的房屋田产上出息，总抵不过两府里的日用。不够用时，只向万丰银号里拿摺子去取。照那摺子上看，足足已取了一百多万，究竟万丰里自己有多少本儿，也无从窥探。不过照此看去，无论多少，也有一日取来用尽。若说取来的都是号里盈余，也未必有这许多。论理，文老先生是个精明人，若说果真每年入不敷出，便该赶紧把家用收小，还怕来不及呢，怎么又大兴土木的起这东花园来给孩子们顽，好像有的钱太多了，只愁用不完似的。"

蘧仙道："大凡看得透世故的达者，总存个人寿几何，及时行乐的高见。"梦庵笑道："又是一个糊涂虫来了。你只道这些举动是文老的达观，你可知道他却有一种深心妙用在里面呢。"祝春道："这话我又不懂了。"梦庵道："你们不知道秦府的家底，自然总看不透。我说给你听：秦府里自宝珠的曾祖下来，本没有分过家，只有宝珠的姑母，嫁与花占春的时候，那秦文胜公和陆太夫人，都是爱怜少女的，便把家产提了四股之一陪嫁过去。如今花家没有后人，少不得又是连本加利的还到秦家来了。"祝春笑道："偏你专为替人家算这种因果帐。"梦庵道："我还没有讲到正文呢，这不过顺便提明一句罢了。那时秦敏、秦政都还在世，秦敏因自己没有后，继了一个同曾祖的堂侄过来，便是蘧仙的令连襟秦珍。当时敏老先生就想分家，秦文因想自己膝下赔钱货多，若就此分了，少不得自己吃亏，因便极力阻止了。直到如今，也没有分。"蘧仙道:"一家子能够数世同堂,也是个好景象。"梦庵道:"他一时间口里虽说不要分,他心里实在早存了个终究要分的主意,不过自己要多分呢,讲不出这句话,所以放出些手段来,把公众的钱尽先捞些到了自己身边,然后再让小辈们手里分去。"

祝春道:"他家的公众钱,难道柳夫人不知道数目,怎么便能任意捞向自己身边去?"梦庵道:"正为柳夫人知道数目,所以才要放些手段呢。他起这两所园子,便是他的手段。譬如,实在用十万时,他便出上二十万帐。他又专会趋奉嫂子,知道柳夫人钟爱婉香,他便时常讨好儿,打些金银首饰,做些衣服,交柳夫人赏给婉香,面子上说是爱怜外甥女儿,其实,每打首饰时,必打五份,做衣服也是如此。婉香得了一份,自己的女儿也各得一份,你想他这种算盘打得精也不精?"石时听着,不禁笑了起来。梦庵道:"如何,这种事,想来你令姊总说过的,不是我嚼舌么。依我估量起来,秦府里的公众钱,若是原有三百万,每房该派一百万的,如今还怕派不到十万了呢。但是文老在日,我包他们不会分家。为什么呢?现在他正是得心应手的时候,后望方殷,那一爿万丰银号,便是文老变戏法的一条毡毯。①你们不信,只往后看着便了。"讲到这里,便自举杯狂饮。正是:

　　解识深心赖明眼,莫因当局怪旁观。

---

① 眉批:通章猜论秦文心思如燃犀烛怪无微不至,惟盛、何、华与宝珠同日订交,蘧仙又与宝珠谊关至戚,又有石时在秦府多年,尚皆不知就里,何独梦庵精细至此,我却不懂,大约华梦庵是个大阅历家、大理想家。

第六十七回

为朋友热心出死力　算家用冷眼看生机

却说石时当日听了华梦庵一番怪话，心里颇觉郁郁不乐。因想：如果秦文真是这一番的作用，日后宝珠这边如何得了？难道柳夫人也便糊涂住了，不替宝珠往后想想，预先留个退步。据我从旁看去，他们娘儿两个，简直心角儿也不曾想到。若不是梦庵提醒，便我也只算同在梦里，模模糊糊的过上六年。如今被他一语道破，我从头想起文老的言语举动，委实有些深刻，令人望而生畏。他平日看待宝珠，本是痛痒不关的，安知不存放着这种狠心辣手。因问梦庵道："你这些话，还是人家告诉你的，还是你自己心里猜度出来。"

梦庵笑道："不瞒老棣台说，我生平最爱的是朋友，最喜欢赶的是热闹。我因宝珠和我是最要好的朋友，他家里又最热闹。我因他这热闹，替我好朋友想想，照这样的热闹，能够热闹到几时，因此倒反替他想起种种的恐惧起来。我因存了这一种恐惧心，我便处处替他留神，想他家里何以能够这样热闹，这是不必说，他家里有钱，乐得使用罢了。我因又想，他家里便有钱，难道不怕有用罄的日子，宝珠果然年纪轻，不想日后。柳夫人果然是六十多岁的人了，眼见得来日无几，乐得享些晚福。只是文老是个极精明的人，怎么也跟着一家老老小小天昏地暗的闹着过去。当初，我还疑心着文老也是个治国有余、齐家不足的糊涂虫，谁知逐处留心看去，他那所作所为，正是一个神奸巨蠹。他在京里，尝做些杀人不见血的事，你总该知道，那些不知道的，还说他是治世的能臣呢。他那一种手段，实在使的玄妙。我因此推想到他家里的事，也是照样的一种玄妙手段。不过当局者迷，没有我旁观的这样清楚罢了。"石时道："你即在局外看的清楚，你和宝珠也是好兄弟，你便该提醒他一声。"

梦庵道："这个使不得。我若是竟和宝珠讲这话时，无论他当不当我疯话，便当做真话了，少不得立时把个宝珠的人驱入恶道中去，离间人家骨肉的事，我华梦庵生平不肯做的，要便请你做去。"

石时道："据你说，难道竟冷眼看他们不成。"梦庵道："冷眼看他呢，我们做朋友的，也看不过去。若说凭仗我的热心，竟把这话和宝珠讲去，眼见得他家里，便成了你猜我忌，此争彼夺的世界。被人家知道，这话是我们讲的，还说我们离间了他们骨肉，从中图着些什么了。所以我早有一个主见在这里，原想和你们商量着去做，因为这种话，实在骤然之间讲将起来，觉得唐突的很，所以我含忍了多时，也不曾和你们讲过一字。"蘧仙道："今儿既然讲了，便请你率性讲将出来，果然是好主见，我第一个便愿意替宝珠出些死力。"祝春、石时也道："你讲你讲，果然是替宝珠设法的事，我们也多愿意听你指挥，合力做去。"梦庵道："那么着，请你三位浮一大白，听我发令。"蘧仙便随口干了一杯，祝春、石时也多饮了。

梦庵因指着石时道："第一件事，便用着你，请你和你母舅讲去，把秦府里帐房这一席让给你。"蘧仙拍手道："这个果然是第一要着。"石时道："这个我总做得到。"梦庵又道："第二件仍用着你，请你和令岳讲去，把祝春荐到万丰银号去，充个副帐。"祝春道："怎么，这事要烦陆莲史呢。"梦庵道："你不知道，陆莲史先生在秦府里年数最多，他又是一位老先生，文老最器重他，他又从来不问秦府的家事，就不至于动疑。"蘧仙道："我想这事，不如托我们老丈。"梦庵道："不行，沈左襄先生是文老最克忌的，所以我不教你到万丰里去。便是祝春，若你令岳去讲，也包管一个不成。我不是讲过，这万丰银号，是文老先生变戏法的毡毯子吗？他怎么肯教看戏法的主顾，荐个人去充彩房里下手呢。"说得大家都笑起来。蘧仙因道："第三件该用着我么。"梦庵道："我和你都权时落后，待他两个都进去站稳了之后，我自有用得着你处。"说着，又是一杯。当下一大樽的荔枝酒，已经告罄，便各用饭。却好石时家的许升来请，说金有声在家里等候，有事商量，便各饭罢，散讫。

原来金有声去找石时，正是为了年关将届，秦府的旧例，十一月初，便要由帐房里分头派人出去收租，到了这个当口，帐房的事，便忙个不了。往年石时在秦府里充记室的时候，金有声总叫他过去帮忙。如今金有声有了年纪，精神不比从前，并且有了个气逆痰喘的病，自分万吃不消这些辛苦，因和秦文讲了，来央石时前去代庖。这下子正中石时和梦庵的一番计较，因便一口应承，便从十一月朔进了秦府帐房。这时各庄上派出去的收租家人，共有三十余处，每日这边收了些钱，解款上来，那边欠了些租，派人赶去，简直的忙个不了。并且石时处处分外留心，凡是一张田房契帖，向他手里过时，他总把那户名坐落、亩分、年月都详细摘记下来，因此又加上一层心力，忙得什么似的。进府之后，也没工夫去见宝珠，宝珠也不知道石时做了自己家里的帐房，更不知道他做帐房，是替自己来用心出力的。

这日正是冬至夜，秦府里照例，是合家眷属都往宗祠里去上祭。祭毕，回到府里，管家、小厮、丫头、婆子都该给主子叩头道喜，按名给赏一两银子。单这一天的开销，连着祭品和各房的酒食，一应便费了六百多两。石时不禁吐吐舌道："照这样的四时八节过去，一家子的上下人口，一年多似一年，少不得有个山穷水尽的日子。"只是自己又不是秦府里的什么人，那里配讲一个不字，心里却是万分纳闷。过了几天，听说他姊姊回家去了，因便找个空儿，也回家里来，想从漱芳口里探些秦文的主见。只不知道漱芳如何讲法。正是：

　　已觉众生皆醉梦，不堪来作独醒人。

第六十八回

溯风水中年才养子　欠租米流弊属家丁

却说石时回到家里，已是晚膳过后，漱芳正在他母亲金氏房里，因便进去给金氏请了晚安，和漱芳彼此问好。漱芳因道："弟弟，你回来得正好，刚母亲说，要问你自己呢。"石时问道："什么事要问我？"金氏道："刚你姊姊来说，你丈人昨儿去找珍爷，说陆太太有病，打算回家去过年。问咱们家怎么个意思，若是年内完姻，是最好的事，否则便要明年春上再说。今儿珍爷特地教你姊姊回来问我。我意思，你现在正替你母舅在那里管帐，年尽岁边，正是忙不了的时候，不如明年春上的好，你瞧怎么样？"石时笑道："姊姊也太聪明了些，年日无几，便不替秦府里管账去，谁也有这们子空闲工夫，百忙里来赶办喜事？不接口的回覆了，也值得来请问母亲，还教母亲来问我呢。"漱芳笑道："你不知道，母亲一个儿在家里，怪冷清清的。菊侬又不来，素秋又往苏州去了，我又不能够常常回来。早把嫂子娶了过来，早养下个侄儿子，给母亲热闹热闹，岂不是好？"

金氏道："漱儿，你讲起来，我真好气呢。自你嫁过秦府里去，我便指望着抱外孙子。怎么说，到如今四个年头了，还教我眼巴巴的盼不到来，亏你还来我面前说嘴呢。"漱芳笑笑不语，半晌道："这个要怪他们秦府里的风水。"金氏道："你这话我又不懂。"漱芳道："我听见大嫂子说，当初文老爷也是二十岁上成的亲，直到三十四岁上，方才养下咱们爷来。自养了这一胎之后，却便一路顺风，两年一个的添上四位姐儿。便是政老爷，听说打二十二岁上娶了那位俞夫人，过上十年，也不曾有过一男半女。及至三十三岁上，续娶了这个柳夫人，却又过上了十二年工夫，才养下一个宝弟弟来。可不是秦府里祖坟风水，发荫得迟的缘故。所以婉妹妹和软玉、蕊珠，打今年三月里成亲下来，也没得一星儿影子。便是那眉仙妹妹，也是八月里成亲的，若要有时，也该有点儿影响。怎么说连收房的几个大丫头，也都毫无消息呢。他们有着三妻四妾的，还是这样冷清清地，可难怪我一个儿了。"金氏笑道："谁教你一个儿，放着翠儿这么大的丫头，也不教你爷收在房里。"漱芳冷笑了笑，本待讲一句话，却因石时在旁，便缩住了嘴，半晌不语。

金氏见漱芳要讲出气来了，因便拿别的话，和石时搭讪道："今年秦府的租，收的还好吗？"石时摇首道："年成呢，断没有收不起的道理，并且秦府的声势，谁敢欠下一颗半粒来讨官司吃。不过收租的那些家人们舞着弊，再也教你查不清来，可也没设法了。"漱芳听了这话，因道："这还了得！谁在那里舞弊？你既然知道，就该开出个名单儿来，回过老爷，狠狠的办几个才好。"石时笑道："你真会打官话，你要办，也不用我开名单，从总管张寿起，一个儿也除不了。"漱芳道："这话又讲的太过了些，总共派来收租的，也不过三十几名罢了，怎么说个个该办。"石时道："便依你，把这三十几名办了，明儿换一班人收去，那第二班人，便和第一班的去接洽了，通同作弊，少不得仍旧要办。并且办人，也不是没个凭据，胡乱办得的。你要办时，必定先要派人去查，那去查的人，只要分到些好处，查出了，也说查不出来。①除非咱们亲自查去，但是那些佃户，也不敢实说，终究仍是个查不出。"漱芳道："那佃户欠租，不是要官追的吗？他为什么肯自讨苦吃，完了说不完。"石时道："这有个缘故，譬如一个佃户，该派今年还一百担租，我是收租的，准你欠五十担，到明年冬季上总完。却先把加一或二分的一年利息，向他收了来自己受用，你做佃户的，自然没有不肯的道理。②若说真的欠了租，官追去呢，那个弊更舞的利害。譬如佃户欠上多少担租，咱们府里总教家丁出面，往衙门里告追去。那时原告，便是这个家丁。他却一面告了衙门，一面便去找那佃户讲好谢礼，替他包圆，只要自己得到多少钱，便教他一个法子，一面挺押不缴，一面拿张发押的堂谕回来销差，过上十天半月，就封印了，咱们府里也就没奈何他，变做了一件踢案。那一面，却早给他想个法子保了出去。对帐房里只说换了佃户，其实不过改了名氏，依旧给他承种，却又可以弄上好几个钱，所以这种弊端，几乎成了个习惯。③你想秦府上的租，可还收得足吗？要是每年能够收

---

① 眉批：现在查案的官场也都如此。
② 眉批：前清的粮差民国的催收生同此一弊，不知作者如何体会出来。
③ 眉批：《泪珠缘》五集是家庭间社会上的一面尊镜台，无微不烛，实与前四集曲异同工。

上四五成来，还算是这班爷们的天良呢。"金氏笑道："那到不如咱们家田产少的，每年内佃户送上门来的，干净多了。"漱芳不禁慨然。正是：

岂无鬼瞰高明室，大有人开方便门。

第六十九回

怕痛苦巾帼改须眉　享闲福家庭杂骨肉

　　却说石时那晚家去，原想从漱芳口里，探些秦文的举动。谁知讲了半天的闲话，金氏早先倦了要睡，只得暂且搁下，各自回房安寝。次日大早，许升来说府里有事，石时便和许升同到秦府里来，刚走进穿堂，却巧碰到宝珠的小厮花农，捧着一个漆盒子，正从东书厅出来。因道："你爷起来了么？"花农笑道："早起来了，咱们爷这几天苦呢，白师爷请了假出去，偏偏这两天往来的信扎，也不知道有多少，三老爷叫咱们爷，在那里替白师爷的职呢。"石时道："请你爷办这些事，可不呕死了他。你爷得空儿时，请他到我那里坐去。"

　　花农答应，便自捧着盒子径向惜红轩来。却从留余春山房经过，见晴烟站在廊下和书芬讲话，打量宝珠总在软玉房里，因向晴烟道："爷在这里边么？"晴烟自从春柳儿的事出了，早便看不得花农，因只做不曾听见，倒反将着书芬的手，向里面走去。还是书芬回过脸儿来，对付了一句道："爷和奶奶都到太太那里去了。"花农见晴烟那种傲睨神情，不禁好笑道："什么晦气，大清早便碰钉子。晴烟姐，你拿一双水汪汪的眼波儿来瞋我，你只道是奚落我，可知我却当你是抬举我呢。"说着，又扑嗤嗤的笑了起来。口里虽这样讲，心里又怕晴烟来拧他的嘴。见那门帘子一动，便打循山游廊上飞也似的跑了下去，及至晴烟转身出来，花农的影儿早已不见，也就罢了。

　　刚想回到惜红轩去，听屋里一片笑声，知道宝珠已回来了，便仍回进门去。见宝珠一手挽着赛儿，一手又挽着个男装的女孩儿，一眼看去，却不认识，但觉面善，直到面前一认，不禁也笑了起来。原来那人不是别个，却是赛儿的姑爷林爱侬，今儿忽地改了装束，①所以一路走来，那些丫头们先都呆住了，认不出，及至细细一认，不禁都好笑起来。晴烟笑道："怎么今儿赛哥儿，也许你爱姐儿这样装束了呢？"爱侬努嘴儿道："晴烟姐，你爱称你赛姐儿作哥儿任你称去，你可再不要称我做姐儿，回来又害我呢。"晴烟不懂，宝珠因道："这也难怪你不懂，我告诉你，他前儿家去，他嫂嫂正做产呢。他才知道，做了女孩儿出了嫁，总要受这种痛苦，因此愁的饭也不要吃了。他哥哥说，怕吃这种痛苦，只要改了男装，就不会做产的了。你若仍就叫她做姐儿，可不是害了他呢。"说着，早已笑弯了腰。

　　看官，你想这种话，真是骗小孩子的，论理，林爱侬年已十六，赛儿也十七岁了，差不多知识开得早，什么事还不知道。偏他两个，虽说做了小夫妻，其实并不知道做夫妻是什么一个讲究。这也〔是〕他们林秦两府的家教清严，从小儿不给他们看那些淫邪小说，自然无从领会。赛儿虽也读过《红楼》，会唱《西厢》、《牡丹》，但是秦府里的规矩，凡是这种书，总把那两回犯淫邪的早先扯去。②所以头里宝珠也并不懂得什么，只道凭肩偎脸便算享了艳福温柔，共枕同衾就占尽了天伦乐趣，因此秦府里的人才要到中年才会养子，这就是家风淳厚的缘故。

　　闲话少表，言归正传。当下宝珠因叫晴烟，把圆桌儿拼到中间，说要摆酒儿替爱侬道贺。一面忙着叫海棠、墨香、砚香、爱儿、宝宝分头去请各位姊妹。宝珠正在兴头上时候，瞥见花侬在门帘外，向晴烟陪笑请安。晴烟不去理他，归自走了。因问什么事，鬼头鬼脑的。花农见问，便笑回道："刚从东书厅出来，今儿的信扎，比昨儿更多，满满的装了这一盒子。我怕爷没的空，求晴烟姐代收起来，送爷屋里去，回来再看，免的这会子扫了爷的兴。"宝珠听说，不禁皱皱眉儿，想一想道："你便丢在这里也好，回来我再想法子。"花农答应，便将那捧着的漆盒子递给书芬，退了出去。一会子婉香、眉仙、软玉、蕊珠也都来了，宝珠因问太太可来不来？婉香道："太太说到这山子上来，要走楼梯，怪吃力的，今儿不来了。"宝珠道："那么大嫂子呢？"眉仙道："今儿已是什么日子，大嫂子那里来这般闲空。便是二嫂子，刚才回来了，也被三太太喊了去，说有事呢。"宝珠道："那么大姊姊也怎么不来？"正说着，丽云已在窗外接口道："好吗，我说宝哥哥是单请大姊姊的呢，我们三个都回去罢。"嘴里虽这样说，却并不真的回去。跟着，美云将着绮云，绮云又将了茜云，茜云又抱着一个猫

---

①　眉批：爱侬改装都从如此写来，然是情理。
②　眉批：是绝好的家规，可以当做家庭教科书。

儿，鱼贯似的走了进来。

晴烟早已指挥着小丫头们，摆好了席面，宝珠便拦着大家坐下道："今儿我请姊姊妹妹，是替爱侬央你们，打今儿起，不要再叫他做姐儿，若是谁叫了，便照样罚谁请酒。"丽云笑道："那么都叫他爱哥儿吗，咱们就都变做了史湘云了。"宝珠笑道："你本来很像湘云①。"爱侬道："什么哥儿姐儿的称呼，我都不要，最好便叫我的名字。"茜云道："这个最好，请你听着，我叫我的猫儿先叫你一声。"说着，便一手去弄那猫儿，那猫儿叫的声音，真有点子像爱侬两字，大家都笑了起来。宝珠一面吃着酒，一面早想出了个法子，因道："今儿我行一个令，大家来对一字课。凡是对不出的，罚他吃一杯酒，替我写一封信。"美云笑道："好主意呢，你自己讨素秋姐姐的好儿，答应他，替他哥哥的职，怎么替不到三五天，便怕烦了。这会子想出法子来，想叫人家替你，我便第一个不遵令。"宝珠道："谁央你替我呢，不过对不出课来，便该怨你自己。并且我今儿只要对一字课，容易得很。"软玉笑道："一字课，总该没有对不出的，你吃了门杯，讲出来我们对。"正是：

　　曾说千言堪立就，何须一字费敲欲。

---

① 眉批：丽云确似湘云。

第七十回

一字课大家斗心角　两首诗小妹悟情禅

　　却说宝珠饮了门杯，便道："我出一个鸭子的鸭字，谁先对出，便是谁接着出去。"一语未了，合席早一迭声的鸡鱼猪羊的报了出来。宝珠笑道："这等对法，只派是三岁的小孩子讲讲。你不看这一个字，分开来是甲鸟两个字呢。你们对，也要分开合拢，都对的极工才算。"于是大家都把天干地支上廿二个字，在肚里轮了一转，却总拼不成一个字来。因道："这真有点儿难呢。"毕竟婉香敏捷，就想了一个出来道："我对海市蜃楼的蜃字。"大家说好，宝珠便叫书芬把漆盒子拿来，凡是对不出的，每人分一封信去。婉香道："忙什么呢，回来打总算。每一转，除了对出的，每人派一封就是了。这会子，但请大家吃了门前杯儿。"众人依了，婉香便出鹦鹉的鹉字，蕊珠抢着说蚊虫的蚊字，宝珠说好。蕊珠出桃李的李字，茜云道："又是天干地支来了，最窘人的。"蕊珠道："我这里还有廿二个字好对。婉姊姊的武字，除了文字再没有对得工的。"正说着，赛儿已对了赏雨茆屋的茆字，眉仙道："我也对着一个了，说出来可算不算？"宝珠道："只要对的出，随便多少人都算。但是出对子，总该让给第一个对出的。"眉仙因道："对葵花的葵字。"

　　赛儿拍手道："好好，这比我的茆字强多了，算我显丑，我便出一个显丑的丑字。"爱侬道："我对仔细的仔。"绮云道："我对仵作子的仵字。"于是迎刃而解，[①]软玉对伸缩的伸字，蕊珠对伶仃的仃，茜云对上任的任字。

　　宝珠笑道："乱了乱了，这会子不记起来，回来可算不明白。"因点了一点，不曾抢对的是婉香、眉仙、美云、丽云四个，回头叫春妍记着。婉香道："连你自己派是五

---

　　① 眉批：一字课真不易对，即如酒字也无工致字面可对。

个呢。"宝珠道："那么我对上一个好姐姐的好字。"赛儿道："这个字才是正对。"
婉香笑道："女字对鬼字，总不见得工。照这样好对，我便对个小孩子的孩字。"眉仙
道："那么我也有了，妊娠两个字都好对得。"丽云笑道："好好，那么咱们该有喜酒
吃了。"说的眉仙满脸飞红起来。美云怕眉仙着恼，因搭讪道："我来对一个丽妹妹
的妹字。"丽云道："妹字这边是从末字的，不是从未字，还是我倒想了一个来，却抵
得两个。"宝珠因问怎么一个字，好抵两个。丽云道："我说酒醉杨妃的妃字，可不是
天干地支上都有的么。①"说着对眉仙一笑。

　　眉仙知道自己脸上红着，更觉不好意思，想想又没得话好辨，因便托故离席，
回到夕阳红半楼来。韵儿正拥着许多蜡梅花蕊儿，在那里用铜丝穿花篮子，看见眉
仙，因站起来道："小姐用过午膳了么。"眉仙摇首儿道："我吃不下，你把我被窝儿
打开来，我睡一会儿。"韵儿看眉仙脸上红红的，因问敢是多饮了酒，眉仙有意无意
的答道："也差不多。"说着，便和衣躺到床上睡去，心里怪不舒服，自己也说不出究
竟是为了什么。因见床顶居中，已挂了一个花篮子，便把眼光移在花篮子上，将那花
蕊儿一五一十的数着，却又数不清楚，因是无聊之极，不知不觉也就朦胧睡熟了。

　　宝珠等席散之后，便拿了几封信来找他代写，见眉仙正在好睡，不忍惊动，便自
坐到眉仙的书案上，自己写去。抽开抽屉取信纸时，见一张诗笺，认得笔迹是浣花
的，看上面写道：

　　　宿债偿完万虑休，我于人世复何求。情场证果心如佛，不解欢娱那解愁。

　　　转觉性情归淡漠，更无言语表缠绵。十年求杵还容易，难怪裴航不学仙。②

　　宝珠看到这里，不禁大笑起来，却把眉仙惊醒了。宝珠见眉仙已醒，便丢下诗笺
子过来，见眉仙兀是满脸睡容，宝珠道："姊姊，你怎么回来便睡，又不好好儿睡，怕
不着了寒呢。"眉仙摇摇首儿，因道："你一个儿在那里笑什么？"宝珠道："我看浣
妹妹的诗，他那一种见解，真和你一个鼻孔儿出气，只怕的将来，你两姊妹儿，真要
成仙成佛呢。"眉仙笑道："成仙成佛，又何必等到将来。我早说，一个人若是指望
一件事，居然有一日遂了他的心愿，就比方修仙学佛的人，居然成了仙佛。当初，那
人因为羡慕仙佛，不惜工夫的去修他学他。在那修学的时候，惟恐成不来仙佛，又
恐仙佛屏弃了他，于是凝神壹志的讽经诵咒，去谄媚那仙佛。及至真个成了仙成了佛

---

　　① 　眉批：绝巧对仗，真可以一抵二。
　　② 　眉批：言简意赅，的是好诗。

之后,你想他心里可不满足,还指望别的什么事来?照此看去,咱们这些人,可不是已经成了仙佛。①你说浣花的见解错了?我试问你,你如今心里还指望什么也不?"

宝珠顿住了嘴,半晌道:"我指望我化出许多身子儿来伴着我的姊姊妹妹,或是我姊姊妹妹大家终日都围着我,再不要离开了一刻儿,疏淡了一个儿,那我心里方才满足。②"眉仙笑道:"痴人又说痴话呢,我不和你讲。去去,你还是对婉姊姊讲去。"说着,伸手儿去推宝珠,宝珠便一头躺在眉仙怀里,一手去勾他的颈儿道:"你这小嘴儿会讲冷话,我吃了你肚里去,烫热了,再和你讲。"正是:

　　芳心剔透玲珑藕,妙舌回环宛转珠。

---

① 眉批:眉仙此论精确之至,洵是情场中阅历之谈。
② 眉批:情痴语,非宝珠不能道只字。

第七十一回

何祝春笼络守财奴　秦宝珠听讲生公法

　　却说秦宝珠在家里行乐，就赛过一个神仙，再不想到何祝春为他进了万丰银号，却在那里纳闷，赛过做了一个囚犯。原来陆莲史和秦文讲时，原想派他一个副帐。那知秦文说，副帐的责任重大，非在号里多年的，怕办不了，因何祝春是个笔墨朋友，便把他派了个信房。却把老信房升了上去，补那副帐的缺。祝春本待不去就这一席，因被华梦庵再三怂恿，说信房也是个消息灵通的好机位。那升副帐的老信房，也好常常请教他去，还比自家单充副帐强的多了。祝春想想，也有道理，便答应了。

　　这日进号里去，那些经理、副帐及各执事人等，知道何祝春是一位名士，便都十分敬重，却又因是秦文放下来的，又都十二分畏忌。何祝春进去了几天，看看一无头绪，好不纳闷，直到后来慢慢的熟了，才探问出些情形。原来这一爿字号，本是柳殿翔的，后来给柳夫人做了妆奁，秦府里又添上些资本，加了个记号，叫做公记。这号里的经理，是从加记之后第三年上进来，如今已廿六年了。这人姓葛，号叫云伯，便是从前秦府里帐房葛亮甫的老兄，虽然有了年纪，却尚好一副精神。生得一张团脸，两道长眉，见了人总是嬉着嘴笑，那两撇胡须，虽不见长，却早白得和银子似的。有时遇着一件不中意的事，他那髭须便都根根上竖，一双黄眼珠子就会放出火光来。[①]因此号里的一班伙计，替他起个绰号，叫做笑面虎。秦文因他有点才干，所以非常的信重，一切进出，都凭他调度。那葛云伯也着实交代的过，每年总做些盈余下来。不过秦府里取去用的钱，也实在不少，亏得秦府上的名气大，葛云伯的手势圆，只有存进来的款子，没有抽出去的户头。便把自己的资本都捞了出去，再把人家的存款用上

_____

　　① 眉批：话画一个老钱偬模样。

多少，也毫不妨碍什么。一爿店号，做到这种地步，不消说是不容易的了。因此没一个人，不说葛云伯是秦府里的功臣。

何祝春看出云伯是个爱恭维的，便每见面，总拿些高帽子给他戴上。自己写的信，明明晓得不错，却总送给云伯看过，才发出去。没事的时候，便过去和他闲谈。不到几日工夫，那只笑面虎，竟被他降伏了过来。那一个升做副帐的老信房，叫做夏杰臣，本来也好弄笔墨，因此和祝春分外投机，每到晚间，公事毕后，他两个总在一块儿喝酒，以上所述那些号中情形，就是从夏杰臣嘴里得来。这且表明了，不在话下。

却说盛蘧仙因多日不见祝春，到他家里访来，总碰不到，因便唤了[1]文儿，到号里访去。这爿银号，便开在学士街蒋阿喜的顾绣铺斜对门，因先走过顾绣铺门口，见那铺里正哄着许多人吵闹，[2]门首街上，都挤满了人，几乎走不过去。文儿正喊着让路，忽背后马铃声音，有人赶将上来，帮着文儿叫让路。蘧仙看见宝珠的小厮锄药，因回头去看那马上的人，却不是别个，正是宝珠。宝珠因望着前面挤着的人，不曾见到蘧仙，蘧仙因叫宝珠道："三哥往那儿回来？"宝珠听说，低下头来一看，见是蘧仙，便扑地跳下马来道："我正看前面那人，像个文儿，便估量到大哥在这里呢，敢是看我来的吗？"蘧仙道："我因多日不见祝春，特地想到万丰号里去找他。"宝珠道："祝春在咱们号里么？"蘧仙道："他进去多天了。"

宝珠不懂，蘧仙因把他在号里做信房的事说了。宝珠骇异道："怎么，他去干这种事。"蘧仙道："说来话长，咱们改日再细细地讲。"宝珠不依，定要蘧仙同到府里讲去，蘧仙说是不便，宝珠因邀蘧仙到万不如轩酒店里谈去。当下宝珠便把牲口交给锄药，自和蘧仙回出学士街口，进了万不如轩，却好座上并无他客，两人捡个座儿坐下。堂倌认得宝珠，是从来过门不入的，分外巴结，不待开口，早把好酒好菜供了满桌。一面又招呼文儿和锄药在外面吃酒。这里宝珠替蘧仙斟上一杯，便问祝春何以要去充那信房。

蘧仙欲待不说，心想拿假话哄人，是生平最不肯做的事；若竟说时，却从那里说起。因道："祝春的事，且慢慢的告诉你，我先和你讲我的事。你我交好虽则四年了，我却不曾把我的家事告诉过你，你不怕烦，你喝一杯酒。我讲给你听。"宝珠道："你府上有什么事，我和你和一个人似的，讲给我听，总该不妨碍什么。"蘧仙因放下酒

---

① "了"字之下，原衍"了"字。
② 眉批：却为了什么吵闹？

杯，叹口气道："不瞒好兄弟说，我自从七岁上，先严去世，一切家政，都是家叔管的。我先母在日，家叔待我先母是没得说的，待我，又比待我家兄格外好些。人家都说，我叔父看待寡嫂孤侄，远比自家妻儿胜上十倍。谁知我先叔先母相继去世后，家婶见我已经完姻，便和敝岳说是先严遗产，逐年下来，早已亏用一空。现在的家用，都是用着先叔的，也用的差不多了，若不趁早各图自立，将来总有一日山穷水尽。因打定主意，要将住屋卖出钱来，除还了亏空，就此分家。你想我岳父那里好讲一个不字，但说我年纪尚小，总要求他照料的话。我婶母主意已定，谁也挽不过来，于是竟将住屋卖了两万块钱，除还了一万多亏空，其余分作三股，我那家兄是兼祧长房的，分了两股，剩下一股来给我。你想我家当初，虽比不上你们府里，却也称是素封，家母在日，从来不曾听我家叔说过少什么钱用，怎么说一下子便闹了一个精空。"①

宝珠呆呆的听着，因道："想来里面总有个缘故。"蓬仙道："便是呢。当初我母亲有了年纪，也不管什么闲事，我又是一个孩子，那里有点心角想到家务上去。当我母亲临终的时候，还对我说，只要你守规矩儿，不去花费，咱们家十年二十年，还不会短了什么。将来成了亲，少不得树大分枝，不说祖宗遗产的话，但我两老手里积蓄下来的，也还有十几万存在你叔父手里，将来总是你的。"宝珠骇异道："那么照你老太太这样讲来，有这些在你令叔那里，怎么你令婶太太还讲那些话。"蓬仙道："家庭间要弄起鬼来，那里讲的尽。②照你这句话，我岳父也问过我婶子，谁知翻出帐来，一笔一笔开的明明白白。我先严名下，积存在自己开的庄子上，原有十几万，却那钱庄上，每年总蚀上一两万，我家里的用度又大，单我母亲名下，每年支用总有三五千的数目，我先严和先慈的两笔丧葬，也开上了一万有奇，我的完姻之费，还说是借进人家的钱来用呢。"宝珠不禁拍案道："这个不消说，竟是早先有心欺侮你娘儿老小罢了。但是府上，总有些田产，难道也好独吞了去不成？"③蓬仙道："岂敢呢，田房产业果然是有的，但是张张契据都是我叔父的名字，并且还有许多，我不知道的；便知道的，我也还不出亩分粮户，丝毫没得凭据。所以我岳父本想替我打官司来，我想一乘土牛已经入水，还有什么好捞摸的，多惹一番气恼，又何苦来。索性连分给我卖了屋子的钱，也一个不要，便一口气搬了出来。把我母亲给我内人的那些

①　眉批：蓬仙一席话，深得诗人比兴之旨。
②　眉批：一针见血，足抵一部恶家庭演义。
③　眉批：顽石点头，禅机大悟。

金珠首饰，变了万巴块钱，化了一半儿，买了这所待藏园，也还将就到了如今。不过回想过来，还幸而我母亲在日，有这些给我内人，内人又还落落大方。若不然呢，那时分家出来，可不便难死了我。"宝珠点头太息，干了杯酒道："家庭间竟有这种怪事，真是闻所未闻。"

蘐仙道："正多着呢，你不看你婉香夫人和我媚香，可不是都吃了叔子婶子的亏来？①这都是咱们小时候，不留心到家务上去的毛病，所以一到父母去世，家政落了人家手里，便一点儿也没些知觉，任人摆弄着自己，还只道是应享的痴福呢。不说别个，只怕你也少不得有我过来的一日。"②蘐仙说时，宝珠只把嘴唇儿搁在酒杯子上，眼睁睁的看着蘐仙的脸，不禁出了神。半晌笑道："承你的情，想到我身上，不过我们家叔不至于此。"蘐仙道："何以见得？"宝珠道："情理上和平日的行为上看来，断没有这种心思。况且我家累世下来，不曾有过分家的事。便是分了，我也不稀罕什么，③我也决和你一样，不要他们分给我一个钱。并且我生平最厌恶的是钱，我要这种腌臜东西来干什么用？"蘐仙笑道："这种孩子话，现在还好讲得，这怕你令堂百年之后，便要你讲，也讲不出这种宽心话来了。你如今自然，你试和你四位嫂子，到西湖里去住上一月两月，不许家里送衣食过来，大家身边又不许带钱，又不许你们帐房里去开支，我问你，你们几口子可是神仙，能够寒不添衣，饥不进食的吗？"④

宝珠不禁笑了起来道："不和你讲这些死话。还是说正经，到底祝春为什么到咱们号里去充那信房？"蘐仙道："你不爱听我这些话，也就不必讲了。"说罢，便归自己饮酒吃菜，还逊着宝珠也吃，宝珠那里忍得住，早已没口子的央着，叫好哥哥不要呕我，快和我说了，你不说，我便打今儿起，一辈子不和你吃酒。蘐仙见他纯是小孩子气，知道讲了真话，反扫了他的雅兴，因扯个谎道："祝春因为自己想开个店号，又苦没得经验，所以投身入去，学习点子生意上的经络。"宝珠笑道："好好，你们这班人，真的做过了官，便换了一副肠子，一心只想发财，只怕都害了铜钱病呢。好好的人不要做，倒去学做钱鬼，回来我见着祝春，总得狠狠骂上他几句，出出我的秽气。好哥哥，你不要往号里去，仔细身上惹了铜臭，吃我嫂子和浣妹妹的嫌憎。"说着，笑个不了。正是：

艳福算来消不尽，铸愁何苦觅黄金。

---

① 眉批：一语打到宝珠身上，可谓苦口婆心，不知宝珠可曾因此想到自己。
② 眉批：当头一棒。
③ 眉批：少年公子大都如此作想，是以豪富之家，每每一落千丈。
④ 眉批：蘐仙亦是大阅历家。

第七十二回

宴除夜画筵开翡翠　消白昼绣被覆鸳鸯

却说当下蘧仙和宝珠，在万不如轩吃了会子酒，蘧仙因问苏州可去不去？宝珠说是美云的好日，改在正月十三，要等二月上才能够去。蘧仙因说浣花想同去的话，宝珠说好。其时天已傍晚，蘧仙叫文儿付了酒帐，让宝珠上了马，便自回去。

这里宝珠带着锄药，回到府中，径到穿堂里面下马。见厅上已点起了灯火，有好几个家人提着灯笼，大厅的中门开着，里面打好一乘大轿，光景是秦文要出门去。心想，碰见了没趣，不如去石时那里坐一会子。想着，便向南书厅后面走来。许升迎着，忙去通报。石时走到回廊下来，接着宝珠笑道："我来府里的这多天了，总不曾见到你一面，今儿是什么风吹来？"宝珠道："前儿花农和我讲了，我才知道大哥在这里，早想过来请安，却得不到一点空儿。"说着，两人挽手而进，到帐里坐下。石时见宝珠脸红红的，因问："今儿从那里喝了酒来？"宝珠因把遇着蘧仙的话说了，又把蘧仙讲的话讲给他听。却只笑那祝春说是害了铜钱病呢。

石时心里明白，暗想宝珠竟是天真烂漫的，一些也不见到自己身上，可见年轻娇养惯的人，总不懂得人情世故。便也不好多讲，只搭讪道："祝春想开店号，我也说他转错了念头，要晓得开店是不容易的呢。不瞧，今儿咱们对面的绣顾铺，一下子便逼坍了吗。"[①]宝珠道："那爿绣顾铺子，不是咱们府里张寿开的吗？"石时道："便是张寿和蒋阿喜拼股儿开的，所以这回子东府里的妆奁都叫他铺里办去，谁知这一回办出来的东西，全不合式。前儿退了出去，一件不收，你想这个亏，他们怎么吃的下？一面是赊来的绸缎，一面是欠着的工钱，一面又是钱铺里挪（把）动着的垫本，一面

---

① 眉批：原来为如此吵闹着。

咱们府里又要追还定钱。这种货物，又不比别的，好卖给别家去，你想一下子，四面挤轧拢来，又是年下到来，怎么得了！"宝珠道："这也容易，只要东府里求去，将就点儿，替他收用了便罢。"石时道："不中用，张寿家的早去求过了来。无奈三太太和大小姐身边的婆子、丫头，众口同声的都说做的不好，^①又说妆奁是不比别样，用上这种绣货，是伤了新娘娘体面的呢。"宝珠笑道："这就是张寿自己该死，怎么办下这等不中用的来。光景他也和祝春一样，害了铜钱病呢。"说得石时也好笑起来。时已晚膳，宝珠便在石时这里吃了，又谈一会，便自进去安寝不提。

光阴迅速，这日已是除夕，秦府里合家大小，祭了宗祠回来，便在南正院设席分岁。一席是柳夫人、宝珠、婉香、眉仙、软玉、蕊珠。一席是秦文、袁夫人、秦琼、漱芳、美云、丽云。一席是秦珍、沈藕香、绮云、茜云、林爱侬、赛儿，共是十八位，分作三席，品字式摆了。满院里点的灯烛辉煌，廊下又设下几席，是给几个有体面的丫头分岁的。一席是柳夫人的大丫头殿春、赏春，袁夫人的玉梅、步莲，沈藕香的金雀、翠莺，石漱芳的翠儿，花婉香的笑春。一席是秦珍收房的银雁，宝珠收房的袅烟、春妍、笔花、书芬，又添上一个赛儿的玉簪和宝珠的晴烟，婉香的海棠。还有两席，是袁夫人的金荷、素菊，美云的湘莲、碧桃、瑞兰、秋苹，丽云的小红、小翠、小桃、小珠，绮云的情儿、喜儿，茜云的四儿、佩儿，藕香的翠凤、小鹊，婉香的爱儿，眉仙的韵儿，软玉的墨香、宝宝，蕊珠的砚香，赛儿的小怜。^②各席都派了小丫头伺候斟酒，真个是翠绕珠围，春光如海，只觉得衣香鬓影，吹气如兰。院子外面，又摆下两席，是给春声馆的一班女孩子分岁的。早已打起十番锣鼓，十分热闹。此时各席上人人欢笑，个个精神。做书的只有一枝笔，也记不及这些，只好从略表过。

这一夜整整的闹热到了明年大年初一早晨，方才散席。秦文带了眷属，又到宗祠里去拜了祖先回来，南正院早已铺设下满地红毡。先是秦文夫妇给柳夫人道喜，落后便是秦珍夫妇、秦琼夫妇、宝珠夫妇、四云姊妹以及赛儿夫妇给柳夫人拜年，最后是一班丫头、婆子们叩头，接着又是小厮们、家丁们都到阶下来叩头道喜，乌压压的挤满了一院子的人，大家便在南正院用了早点，各自回去。^③柳夫人带了秦珍夫妇和宝珠夫妇，又到东府里去给秦文夫妇道喜过了。宝珠等回来，又到西正院和

①　眉批：婆子丫头最是有些权力。
②　眉批：合府丫头名至此一点，绝好排场。
③　眉批：过年一节，写得秩序井然。

东正院给珍、琼夫妇道喜过后,回到惜红轩来。赛儿夫妇也来叩喜,随后藕香、漱芳、四云等也来了,整整的忙了一上半天。这日午膳,仍摆在南正院,大家都在那里吃了。

下午是丽云约了众人,在他住的小罗浮仙馆赏梅花,各人因都有倦意,回房安息一会,宝珠便回到婉香房里,睡了一睉儿醒来,听得中间房里掷骰子声,春妍和袅烟在那里说笑,早就心痒痒的,推着婉香要他一同起来。婉香不肯,欲待先自走起,又舍不得婉香。欲待再睡,又怕误了丽云的约,被他取笑。因央着婉香道:"好姊姊,咱们回来早点儿再睡,这会子你和我同去,我才有趣儿。"婉香笑道:"谁吊住了你,你爱去,你去你的。我爱睡,我睡我的,咱们两个又不穿连脚裤儿呢。"宝珠笑道:"连脚裤儿,我倒不曾见过,是怎么样的?咱们试穿穿瞧。"婉香怕痒,忍不住格吱吱的笑了起来,宝珠见她如此,越发用手去捏他的腰儿,婉香笑的话也讲不出来,只向被窝儿底下钻去,搅的一床被也皱得不成样儿,那床屏上的玻璃也震得格楞楞响。①婉香恨道:"我要恼了,快还不放手!"宝珠怕他真的发恼,因住了手道:"你叫我一声儿,我便饶你。"婉香因叫声"宝弟弟"。宝珠说,我不爱你叫我宝弟弟。婉香道:"那么叫你什么?"宝珠向他耳边低低的讲了一声,婉香红了脸啐道:"你叫你软姊姊叫去。"宝珠见他脸对脸的啐来,趁势儿一头抱住,把自己的脸蛋儿去慰贴着,不作一声。胸口觉着婉香的心翼翼的跳着,身子软和近了火的糖人儿一般。②宝珠看他脸色,娇滴滴越显红白,却(劫)闭着眼,只装睡熟了。那靥上的红潮,直晕到眼泡儿下面,任凭推着问着,总是不理。此时宝珠心里好似饮多了酒的一般,迷迷朦朦,恨不得一口儿将他吞在肚里,便紧紧的偎傍了一会,重入睡乡。

直到傍晚,丽云着小翠过来催请,春妍听房里没得声息,便进去隔帐儿叫声小姐,却不见应,因轻轻地揭开帐儿看时,③两人正交头睡着,一条棉被只盖了半身,幸是房里升着宫薰,不然怕不惹了风寒。此时外面已下雪花儿了,春妍的脸上本是冷飕飕的,这刻儿不由不一阵阵的热将起来。因不好动手去惊动他们,便放下帏儿,再把宫薰上的炭加炽了些,退了出去。却叫海棠进去上灯,自己也同进房来,故意说话响些,亲手把灯架子扯下来时骨辘辘的怪响,果然把宝婉两人一齐惊醒。两人脸

---

① 眉批:正面文章写得如此清洁,所谓不着一字尽得风流。
② 眉批:我亦怵然心动,读至此,觉《西厢·酬简》一出,尚是俗笔。
③ 眉批:因系通房,故写来不觉唐突。

对脸的一笑，见房里已点了灯，听春妍说话，婉香因问："什么时候了？"春妍道："才晚呢，丽小姐正着小翠来请爷和小姐去呢。"宝珠道："我不去了，你回她，说姐姐倦的不愿意起来，我也陪着……"说到这里，还没讲下去，早被婉香掩住了嘴，自己接说道："春妍，你只说我昨儿多饮了，今儿不适意着就是了。"春妍笑道："那么爷怎么说呢，难道也说不适意？"宝珠道："是呢，回来总给他们取笑，我去我去，我起来。"婉香道："好好，你还是去的好，让我也睡得安稳点儿。不过，去便去，酒可不要去吃。"①宝珠道："为什么呢？"婉香瞋了他一眼，宝珠不禁嘻嘻的笑了起来，不知又向婉香耳边讲了句什么话。婉香道："不要不要，你今儿不要回这里来。你若不听我的话，打今儿起，一辈子不睬你。"

宝珠笑笑，也便不答。随即披衣下床，春妍替他披上外衣。袅烟听宝珠已起来了，便叫爱儿送脸水进去，见外面雪花逾紧，知道宝珠要到东花园去，便把风兜子和一口钟都预备好了。宝珠出来，便替他穿戴上，自己和春妍两个，掌了风灯，照着同去。这里婉香见宝珠去后，也睡不稳，便自起来，晚妆既毕，懒得走动，②便在自己房里用了晚膳，拿出一副牙牌儿来打五关消遣。

不多时，眉仙回来，走过惜红轩廊下，听见牌儿声响，向窗眼儿里一望，见是婉香一个儿在灯下弄牌，③海棠、爱儿都站在旁边看他，婉香却手不住的在那里捡牌。灯光相映，那一张白矾石的桌面，摊着几行雪白的牙牌，衬着一双玉手，分外出显。因便笑着走了进来道："姊姊倒静悄悄的有趣儿呢，我被他们闹酒，闹的头也昏了，我和你来斗牌。"婉香笑道："你打算拿什么来输给我。"眉仙笑道："有呢。"说着，因把手帕（怕）儿在桌上一放道："要是你赢得我去，我便把这个送你。"婉香打开看时，却是一只玉船儿，雕刻的十分精细，看是做酒杯用的。因道："这是谁的？我从来不曾见过。"眉仙道："东府里的东西，你不见过的，怕多（也）着。这是三太太的，我爱这个，赌了酒，被我赢来了。幸而十杯多没（要）输，要（不）是输了，我这会子怕不做了醉人儿吗？"婉香把玩了一回，爱不忍释，因道："我也和你赌十杯酒，我输了吃酒，我赢了你不必吃，只把这个玉船给我。便拿这牙牌儿做个酒令，我打一副五关，你也打一副，谁打不通时，谁输。大家都打通了，不算，再打过。你说好么？"④

---

① 眉批：为什么不要吃酒，阅者思之。
② 眉批：懒得走动四字耐人寻味。
③ 眉批：新年景物写来自与平日不同。
④ 眉批：五关儿也好赌输赢来，真是创举。

眉仙答应，便坐下来先打，却是赢的，该婉香回打一副，正打通了四关，还剩一关未通。刚急着，怕吃酒，却好宝珠一迭声嚷了进来道："好好，我吃了酒，赖了我的玉船儿，逃这里来了。"①眉仙见宝珠来了，忙把玉船儿拿在手里，笑着要走。婉香不依，拦住了不许她走。宝珠趁势，便向眉仙手里来夺，三个儿早扭做一堆，笑声满屋。外面有人道："你们为了玉船儿，不要弄哭了一个呢。"正是：

　　房帏乐事喜难尽，宝器惊逢别有因。

---

① 眉批：原来又和宝珠赌来。

第七十三回

认玉船大方不推究　结珠胎小妹太娇羡

却说眉仙正怕宝珠、婉香抢他的玉船儿，见软玉进来，忙央着道："好姊姊，快帮我呢。"软玉道；"妹妹，你交给我。"眉仙道："好罢，他们做鹬蚌，你做渔翁呢。"软玉笑道："谁希罕这个，这东西本来还是我家的呢。"眉仙道："越发好了，倒来充做主子了呢。"宝珠道："正经是软姊姊家的，我从前也见过来。"婉香笑道："既是软姊姊家的，怎么会到了三太太那里？"软玉道："想来是我太太在时送给三太太的。"宝珠道："这也未必，我记得你太太去世之后，我还在你府里用过这一只杯子。要便原有照这样的两只，也说不定。若说是你太太送给三太太的，这话不像。"软玉笑道："照你说，不是我太太送你三太太时，便是你三太太从我太太那里偷了来的。"说着笑弯了腰。宝珠听说这话，便不肯依，呵着两手要去呵痒，慌的软玉夺门逃了。眉仙道："软丫头真是该打，你还不拧他的嘴去。"宝珠不待他说，早就蹑足儿赶着软玉出来。

软玉见宝珠追了出来，忙向左转个湾儿，避入醉花仙馆，忙叫"蕊妹妹帮我呢"。口里说着，早已穿过蕊珠的卧屋，绕向后房躲去。宝珠进来，却和蕊珠撞个满怀。蕊珠的身材，本是极娇小的，禁这一撞，早便跌在地下。宝珠不防撞了蕊珠，吃了一惊，见蕊珠已在地下哭了，不禁笑道："好妹妹，快不要哭了，这是你姊姊害你的，你跌疼了那里。"说着，早蹲下地去，抱他起来。蕊珠却一身儿都靠在宝珠肩上，说："我的心和牙齿儿都震碎了呢。"宝珠说："不哭不哭，今儿是大年初一，哭不得，我和你来掷状元红。"蕊珠听说，果然止了哭。一手揩着眼泪，头倒在宝珠怀里，说：你不要追我姊姊去，我和你来。宝珠因将着他手儿，走到妆台边坐下，一面叫笔花拿骰盆子来，一面向里笑道："软儿，你躲着，尽你躲去，明儿我总好好的收拾你。"砚香笑道："大小姐早从后房绕了出去。"宝珠便不理会，也叫砚香、笔花一淘儿掷状元。蕊珠每盘都输，落后宝珠掷了一盆五红，却被蕊珠将骰子一把收起说："不和你来了。"宝珠不肯，蕊珠重又放在盆子里道："让你一个儿来去。"回头瞋砚香道："火炉子也熄了，茶也冷了，被窝儿也不抖，咱们今儿赌一夜子气吗？"

砚香见蕊珠已有倦意，便答应着去倒茶，笔花也走开，去添那火炉子的炭。宝珠却走向床上一头躺下，蕊珠笑道："就这样睡了么？还是半夜里再起来抖被。"宝珠听说，重又坐起，走下地来道："我还想软姊姊那里去。"蕊珠看了宝珠一眼，半晌不答，既而道："是呢，回来我姊姊当你真的恼了，可不稳便，果然是去的好。"因回头叫砚香打灯，砚香笑笑，却不动手。笔花已把被窝抖好了，将着砚香，一同退了出去，随手把房门带上。宝珠见蕊珠满脸的不自在相，因看看钟道："十二下了，咱们睡罢。"蕊珠道："早呢，软姊姊或是婉姊姊、眉姊姊都等着你呢，你怎么不去？你不去，可要我替你通知一声儿吗？"宝珠笑道："你爱去通知，你只管请，我却要睡了。"说着，便自宽衣。蕊珠却真的站了起来，拿个煤子点了火，又去点了风灯，刚拿在手里要走，不防宝珠走过来，一口吹熄了。接去放在桌上。一手便替他解衣钮子。蕊珠擘手抹了宝珠的手，宝珠见他眼波儿早已水汪汪的，因道："何苦来呕我呢。"蕊珠不语，把个手指儿在宝珠颊上轻轻的点了一下，那泪珠儿竟滴了下来。宝珠心里本是怜惜蕊珠，见他这样，因怪到自己不该冷落了他。因打起一副温存手段，没口子的逗着他笑，①好不容易才把蕊珠拥入罗纬，少不得枕边衾底又有多少缠绵。这且按下。

却说这夜，软玉满拟宝珠总到留余春山房来，因一个儿坐到两点多钟，听小丫头说已在醉花仙馆睡了，便自和衣上床，正朦胧间，忽听书芬房里有人讲话，细听是笔花的声音。软玉本未睡熟，因叫声笔花进来，问："这时候你来什么，敢是爷醉了酒，呕了吗？"笔花道："不是，头里小姐跌了一下，倒不觉得，这会子吵肚里疼的忍不住呢。"软玉道："怕是受了寒呢。"笔花道："不是，刚请金爷来诊脉，说是动了胎气呢。"软玉怔道："怪道你小姐总说有病，每每吃了什么，便觉的要呕，又喜欢吃酸食儿。"②笔花听说软玉讲自己小姐爱吃酸，想到方才的光景，不禁脸儿红红的笑了起来。软玉道："金爷既来过了，太太可也知道了吗？"笔花道："太太刚来过了，才去，

---

① 眉批：我替宝珠设身处然想来，虽他享艳福，却有点四面做人难呢。

② 眉批：语妙双关。

心里又欢喜又急。别的倒不说什么，只吩咐爷说，今后不许歇在醉花仙馆，因此咱们小姐又哭得和泪人儿一般。"软玉笑道："这又是太太的什么意思呢？"笔花脸上红了一层，欲待不说，估量软玉不懂，因道："听说是有了喜时，两口子同不得床，怕养下孩子来疮疖儿多的缘故。"软玉仍是不懂，因道："这又是什么缘故呢？"笔花回答不出，半晌道："从前听我府里太太这样讲的，大约总是医生们嚼的舌根子，倒也不管他去。不过这会子，咱们爷倒为了难了，眼看着小姐病着，怎么肯分床去睡，若不依太太时，怕又惹了太太的气，我刚到惜红轩和夕阳红半楼去来，都已睡的静了。所以来和书芬姐商量，怎么想个法子，把爷请到这里才好。"说着，书芬已进来了，笑道："这个你也太多事了，太太吩咐，不过不许爷……"说到这里，却抿嘴儿羞的讲不下去。又道："爷不放心丢下你小姐时，你只等他坐的倦了，请你房里睡去就是。"笔花听说，兜脸的啐了一口道："倒是请爷到你房里睡去。"软玉也笑了起来。

正说的好笑，忽地砚香又匆匆进来，对笔花道："小姐和爷恼了呢，还不快去。大小姐还没睡，快也劝去。"软玉见他神色仓皇，因道："什么便恼了。"砚香道："小姐因金爷说是有喜，羞的什么似的。却又被太太知道了。他说明儿少不得合府的人都要知道，把张脸儿放那里去，恨的不要活了。说都是爷害了他，这会子和爷吵着，把爷的手臂儿上拧的没一块好肉，爷也没一句话儿分辨。又不忍避开了不尽他拧，怕他分外生气，这会子拧的哭了呢。"说的大家笑了。软玉道："正经，不要把爷拧得什么似的，明儿见不来人。"书芬道："听他呢，他这张贫嘴，不拘讲什么，总加馅儿。爷总愿意给蕊小姐拧着，便是疼了，也总有趣儿，管他去呢。"

软玉总放心不下，便叫书芬掌灯，走下地来，整整衣，同出院去。此时雪已下得两寸多厚，天气更冷，风吹过来，觉得寒噤噤的，远远已听得鸡声喔喔。笔花笑道："今儿大年初一，又闹了一夜，咱们真是那里来的晦气。"砚香笑道："大年初一得了个喜信，怕还不好吗？"说着，已到惜红轩门首，见里面灯火已熄，只有婉香房里，还有隔帏儿的一点灯影，便从游廊上走去。那鹦鹉听的人声，早惊醒了，叫将起来。软玉等却不理会，一直来到醉花仙馆，见里面灯火通明，房里的火盆子升得正旺。蕊珠拥着被儿，捧着脸在那里哭。宝珠却低着头蹙着眉儿，一手抚着自己的膀子，[①]面向着蕊珠，并不觉得软玉进来。软玉看他两个的神景，不禁好笑。因道："宝弟弟，

---

① 眉批：神情如画。

你可是被蕊妹妹拧的疼了，我来替你揉呢。"宝珠回头，见是软玉，忍不住也笑了道：
"你妹妹和我拼命呢。"

蕊珠抬头，因向软玉道："姊姊，你来的好，你把我命宫里的魔星，前世里的冤
家带引了开去，免的我看着生气。"又道："你也知道了吗？我明儿怎么见人去。"软
玉笑道："这也断没有人来取笑你的，只有替你高兴，替老太太道喜去的。"宝珠道：
"你少说，仔细你的皮肉，他正没处出这口子气呢。"软玉道："正经，妹妹，你这
会子疼的怎样？"蕊珠道："这会子我拧的他疼了，我倒疼的好了。"说着，不禁破涕
为笑道："只怕姊姊，倒替他疼的利害呢。"软玉也笑道："宝弟弟，你何苦来，他既
不要你在这里，你怎么不到别处去。"蕊珠道："是呢，我也说，怎么不到姊姊那里
去。"软玉、宝珠一齐笑了，答不出话。倒是笔花笑道："怪不道刚才大小姐说，我小
姐爱吃酸食儿呢。"说得软玉越发笑了起来。此时天已微明，纱窗上映着雪光，树枝
上的雀儿早先吱吱咄咄的叫了起来。蕊珠两夜不睡，也便倦了，朦胧睡（着）去，砚
香唤醒了，叫他睡好，她便和衣躺下。砚香给他盖上了被，蕊珠又重新睁开眼来，看
着宝珠，见软玉在旁，便不则声，转脸儿向里床睡去。软玉知道蕊珠的意思，并不真
要宝珠往别处去，因便推说冷了，回去添衣。这里宝珠便仍睡下不提。

打这一日起，蕊珠心里只怕人家当面取笑，便推病不到南正院去。宝珠也终日
的伴着蕊珠，不忍离开一步。连婉香、眉仙到来，蕊珠也只隔着帐儿谈天，有时明明
坐在床上，却总躲向被窝儿里去，朝着里床对答，不肯和人照面，大家知道他是害
羞，也就绝口不提这一个喜字。直到美云的嫁期近了，还是不肯出去。却好叶太夫人
着人来接软玉、蕊珠，因眉仙已是沈左襄的寄女，一并接着过去，预备美云过来时，
不致寂寞。蕊珠便趁此机会，避到家去和瘦春作伴。那叶府里又把浣花接了回来，
帮着软玉、眉仙等料理新房。

打从正月初八行聘那日起，两府里忙个不了。秦府里一切，都是袁太太和沈藕
香、石漱芳主持。叶府里则太夫人年寿已高，尤月香又不惯闲事，眉仙是秦府里的眷
属，有些不便作主，软玉、蕊珠又少不更事，瘦春是即补的新娘，避了不出，还把个
浣花扯住了，陪在身边。因此便把大宾金有声的令妹、石时的母亲（太太）请了过
来，主持着一切。这且表过不提。

却说喜期的正日，便是正月十三。早两天发奁，金有声大早起来，先到叶府里道
喜，一会子盛蘧仙也到了。又添上两位陪宾，男府请的是桑春，女府请的是华梦庵。

四人都在叶府会齐，同到秦府。只见车马盈门，自头门起直到穿堂里面，大厅上开了中门，二厅上铺满妆奁，沿路上挂灯结彩，搭了棚厂，喜字帏子挂的没一丝儿壁缝，真个纸醉金迷，赛过珠宫贝阙。四乘大宾的轿子到门，早已大吹大擂，一重一重的门首，都有吹打。到大厅上下轿，早有张寿、高升等接着，引到南书厅，和秦文道喜过后，就有四位知宾的贵客是李冠英、白剑秋、林冠如、何祝春等，陪到东花厅坐茶，毕后，就在西花厅坐席。每处厅上，都有一班清音细乐，只觉人人都是满面春风，个个含着一团和气。①梦庵和蓬仙本来都是放浪不羁的，这会子在这雍容整肃的场面上，倒不免有点儿拘束了。所以转觉金有声、桑春等一班老辈潇洒自如。

闲话少说，不一时饭毕之后，秦文过来给四位大宾道劳，外面早已人声鼎沸，忙着穿杆子络索子抬动妆奁。金有声等便起身告辞，阶下鼓乐齐作，聒的言语也听不明白。秦文送至西花厅门首，仍是四位知宾送到大厅上轿，男府大宾在前，女府大宾在后，鱼贯而出，门外升炮三声。一班闲人闪开让路，看那媒人的轿子去后，再向门内探头一望。正是：

　　　万重朱户神仙窟，百宝妆奁富贵家。

---

① 眉批：只消两语，写尽喜事人家主宾神气。

第七十四回

亲上亲云儿幽嫁　美中美婉姐说诗

　　却说秦府里的小姐出嫁，那妆奁的富丽，排场的阔绰，自不必说，看的人那一个不啧啧称羡。不过美云心里，却不很高兴。你道为着什么？因为小时节，曾经亲眼见过叶魁有点傻气。虽听说是沈左襄躬自督饬，两年以来已成了一个饱学，但只怕江山易改本性难移，有些相信不过。又因妆奁一层，外观虽然华丽到了万分，却不过是些衣饰器具，并无一纸字号、一扣庄折、一亩奁田、一间产屋。眼见得叶府是抄过家的人家，沈左襄也是个两袖清风，毫无居积的，将来要单靠叶魁手里起家立业，只怕有点儿为难。初不料秦文只在这些空题面给他铺排，内骨子一无实济，因此不由得不怨自己命薄，暗中啜泣已非一日。人家只道他是依依骨肉，谁知他正是一腔幽愤，欲诉无从。到了十二那天，眼见得明日就要出门，从此就是外人的了，他心里那种难过，真教我有笔难描，整整哭了一夜。

　　直到天明，早听得外面鼓吹喧天，炮声震地，满耳间只有欢笑声和道喜。自己的房，原在小临波榭，这会子才和绮云对调了，住在这所石林仙馆，和东正院只隔着一处走廊曲曲的所在，因此愈觉热闹。此时辰光虽早，恰已梳洗完毕，外面人声喧杂，知道往自己屋里来的。因在镜屏上照见自已的眼圈儿肿得和胡桃一般，见人不雅，便索性闭了眼睛冥心静坐，任凭陪房丫头去周旋应对，自己总不开口。[①]一会子喧传进来，说彩舆已经到了，美云听得这话，心中一阵炸热，身子儿好像坠入云雾之中。春声馆的女乐进来，吹起《傍妆台》的曲子，婉香、漱芳两个替他上了冠，丽云、绮云、茜云、赛儿四个陪他吃了和合饭，便去辞过祖先，又辞过柳夫人和秦文夫妇，以

---

　　①　眉批：写尽做新娘的心理。

及珍琼、宝婉夫妇，和自家姊妹。此时不由不个个心酸泪落，因为是个喜事，又不得不勉强装做笑容。①

外面早就开锣升炮，来迎亲的叶魁已在正厅上轿，打着道子先走，落后秦府里的彩仗也就起身，满院子人山人海，鼓吹震天。袁夫人出来，左右两个丫头，一个拿面圆镜子，一个拿一根红纸火拈儿，向轿内照了一照，转身进去。那一班鼓手越发用劲吹起，两支弯号响得和虎吼一般。早见四个陪房丫头，攙着美云，罩了红巾，款步从南正院出来。前面一对雀翎宫扇、两对宫灯，后面簇拥着许多女眷，送到院门口站住。美云回身福了两福，便自上轿，八个人夫扶着出去。那彩舆上点的灯彩和火树一般。四个陪房，便是湘莲、碧桃、瑞兰、秋苹也一齐上轿。②秦琼和宝珠去做送亲，一霎时风残云卷的散了出去。秦府里就像喜事完毕了的一般，满院子都鸦雀无声了。其实原有许多男女宾朋在那里上宴，不过秦府自家人心里，好像空洞洞的少了一件什么似的。暂且按下一头。

再说叶府里，彩舆将到，满堂点起灯烛，四位大宾先到。坐茶散后，华梦庵高兴，便扯了盛蓬仙去做赞礼，站得高高的。一时叶魁亲迎回来了，梦庵知道彩舆即到，早先打扫喉咙，预备高唱。等到彩舆扛到中厅，梦庵便放开嗓（噪）子，唱（喝）起礼来，果然是一鸣惊人。任你鼓乐声、喧笑声，也盖不过他的音响，唱得字字清楚。先是主婚的沈左襄出来，向轿门儿拱了一揖，随后叶魁出来，站在下首拱迎，然后三请新人降舆。这种礼数，是沈左襄临时改正的，所以与流俗不同。当下主人拜过喜神，两新人随叩过了，送神易位，交拜成礼，送入洞房。华梦庵就拍手狂笑下来，讨喜酒吃。其时花园内，早已摆了席面，外面男宾便先入席，里面少不得有一番忙乱，这且不必细表。

到得膳后，两新人参过家庙，又参谒过合家眷属，三党姻亲。直至傍晚，方才双双回向秦府而去，少不得又有一番礼数。别的不说，单说袁夫人见叶魁的举止言动，果与从前不同，心中自然高兴。此时美云回到家内，虽则嫁去了不过一天半日，竟像隔别了三生再世，重见亲人的一般，③心里颇觉舒畅。两日以来，不曾吃过什么，这会子回到石林仙馆，进些饮食。叶魁在西花厅上散席下来，便到南正院请过柳夫人的

① 眉批：写尽送嫁的心理。
② 眉批：写尽女府上彩舆出门后情景。
③ 眉批：写尽回门时新娘心理。

安，又到东正院去见过袁夫人，袁夫人少不得一番叮咛。不一时玉漏已沉，银灯将炮，秦府里外，重又点起满堂花烛，一对宫灯，便到石林仙馆来请美云。美云正在卸了严妆，闲散一会的时候，听说又要动身去了，不免兜（兜）心的引起了一丝烦恼。想到此刻转去之后，不免又添上十分害怕，万种羞惭。却是由不得自己，早被一班人簇拥着去，往东正院叩过了晚安，又向各位告辞。到正厅上，已见男宾引了叶魁出来，于是作对儿又在厅上叩辞一番，同时上轿，经向叶府而去。

两头一并按下，如今做书的要来白几句了。看官，你想美云在家里时节，除了一个宝珠之外，连自己的哥子，也还嫌他鄙俗，如今嫁了这个叶魁，比起宝珠，自然天差地远，心里纳闷自不必说。亏得有眉仙、软玉、蕊珠、瘦春、浣花一班人和他朝夕厮伴，叶太夫人又把婉香接了过去，少不得笙歌筵宴闹热几天，因此美云也颇不寂寞。倒把一个宝珠剩在家里，闷得忍耐不住，若没有春妍、袅烟、书芬、笔花一班人，早就一兀头憔悴死了。宝珠常说，这会子不单是嫁了他姊姊一个，分明把他的四位夫人，一齐和白鸽子似的裹了淘去。打从五朝过后，没一天不叫人去接，总接不到一个回来，自己又赌了气不去。

直到过了正月底，才把个婉香、眉仙接了转来，宝珠早和着了浆的纸蝴蝶儿一般，粘在他两人身上，[①]寸步不离。因问起美云和叶魁可讲得来，婉香摇摇首儿，半晌道："论理，魁弟弟也不比从前的讨厌儿了。他近来做的诗，也颇看得过，看他的诗，却是一片性灵，可见他如今也不是一个蠢物了。不过大姊姊的眼界过高，一下子总觉得心里不甚满足。"宝珠道："你看见他近来做诗么？"婉香笑道："是呢，这会子他做的新婚辞，我还记得，我背给你听，倒仿佛是你的口气呢。"因道："他第一首说：

　　　几日前头暗忖量，如何腼腆做新郎。高堂阿母还相笑，何况聪明姊妹

行。"

宝珠笑道："这分明是我做的一般，不过他太太早已去世，这阿母两字用得不妥。"婉香笑道："西池阿母便是王母，祖父母称作王父王母，何尝不切当呢。"又说第二首道：

　　　安排百辆去亲迎，诗要催妆取次成。不是人前偏脸软，奈人都是蕃生

生。

----

　　① 眉批：妙譬。

宝珠道："他那催妆诗也做的很好，我还道是蘐仙代他做的。照这样看来，是他自己做的，倒难为他。"婉香应问是怎么样两首，宝珠道："我没有你这样好记性儿，回来我去找来给你看。他那新婚辞，总派还有，你索性背将完来。"婉香道："第三四首是：

> 花舆簇簇降中庭，宝扇双开孔雀屏。揭去红巾人似玉，华灯照影太婷婷。

> 霞裙新着嫁衣裳，缓款明珠结珮珰。步上红氍翻自讶，是何福分做鸳鸯。"

宝珠击节道："这真好呢，他把心坎儿上说不出的欢喜都形容出来了。"婉香笑道："他还有呢，他说：

> 合欢杯酒略沾唇，已泛胭脂到十分。拜罢盈盈堂上去，万条银烛拥天人。

> 乍逢无处用温存，辜负葡萄酒满樽。灯底不须偷眼望，嫁郎如我够销魂。"

宝珠听到这句，不禁"嗤"的笑了起来道："诗果然好绝了，只不过魁弟弟不配讲这种话。"婉香笑道："你说他不配，谁配来？"宝珠指着自己的鼻子道："除了我，还有谁？"婉香把个指尖儿向他颊上一抹道："不爱脸呢，一般儿的爱夸自己，分什么彼此来。"宝珠笑道："还有没有了？"婉香道："有是还有，我却记不清了。只记得有两句道'不敢怜卿比肩坐，有人屏背悄羞郎'，又道'恼煞外家痴阿妹，牵人一处问称呼'。"宝珠笑道："他这几首诗都好，我去找那催妆诗来给你瞧。"说着，便自到石时那里找出。原来当日喜事的时候，也是石时管的帐房，这些具文礼帖都收在他那里，因便一找就着，袖了进来。见眉仙正和婉香坐着说笑，因给两人看，是一幅泥金笺上写着四首诗道：

> 红灯队队上华堂，却扇争看傅粉郎。拈取珊瑚双玉管，万人丛里写催妆。

> 盈庭箫鼓沸春声，绿袖红裙绕作城。都说天孙今夜嫁，如何还不驾云䡎。

> 宾朋谑笑太胡嘲，华烛如椽彻夜烧。何事彩鸾不相顾，被人看煞小文箫。

> 漫着霞裙懒画眉，催妆未竟反催诗。原来一管生花笔，还在张郎手内持。

眉仙笑道："诗果然好，但是总不脱一种矜夸的口气。"宝珠道："凡人在心满意足的时候，不论做出诗来，讲出话来，总不免自高声价，竞鸣得意的。这个我是过来人，所以看了他的诗，我怪觉心痒痒的，想到去年时候……"说着，早把两手去搭在两人肩上道："姊姊，你两个可也想到那时候的情景吗？"说着，"嗤嗤"的笑个不了，倒把婉香、眉仙羞的答不出来。正是：

> 无限娇羞新嫁妇，有情眷属旧神仙。

第七十五回

忆旧游美姊感年华　求新学魁儿赴日本

　　却说美云嫁到叶府之后，光阴迅速，转瞬已是满月。秦府里接了美云来家，少不得一番热闹。软玉、蕊珠早于先一日回来。那日是个花朝，忙着些空头事儿，把园里的花木都系了金铃，悬了彩胜。次日美云回来，看见这些花幡，倒反引起了无限感触，心想：我去了一月，不道满园的花树都已缀叶生花，再过几天，少不得成阴结子，花落春残。我自到了叶府，仿佛我在人世上的事，已经做完了，我的心便也死了多时。今儿回来，就仿佛死过的人回神一般，这些花幡，只算是替我招魂的。他们都尽着欢笑寻乐，可知我心里直是空洞洞没一点儿生趣呢。想着，不禁现出一种凄惶的颜色。此时美云本到惜红轩去看婉香的，不知不觉忘了神，信步走向洗翠亭的石桥上去。后面跟着碧桃和秋苹两个，因道："小姐怎么走这儿去。"美云道："我怕他们絮烦个不了，我寻个幽僻的所在，去坐一会儿。"走着，已到了亭内，看那亭子上，还挂满了各式花灯，想来前儿灯节上，在这里摆宴的。因又想起宝珠生日的时候，在这里赏荷灯，何等热闹，如今自己倒反变做客了，[1]不免又添上一重感慨。

　　碧桃见他没精打采的一种神情，因道："这里有风，不要受了寒，听说春笑轩的杏花却早开了，咱们何不到那里逛逛去。"美云点首，于是便从绿云深处走来，见那两岸的垂杨已经着芽，嫩黄浅绿煞是可爱。走到月洞门边，有一丛杨柳条儿低覆下来，碍人行路，美云顺手攀了一条，看那叶子，宛然是一种嫩茶叶儿。碧桃因道："咱们到清可轩去要点子开水泡来吃。"秋苹道："这个怕不能吃的。"碧桃道："谁讲来，我倒常听小姐诗中，说什么杨枝水好吃的很呢。"美云不禁好笑，因道："痴丫

---

　　① 眉批：今昔之感最是无可奈何。

头，你知道什么叫杨枝水。"碧桃道："怕不是拿杨柳枝来泡开水吗？"秋苹道："那些不过诗上做做的罢了，那里好当真。你要当真，你想诗词上不是常说美人儿的眉儿是个柳叶眉，又说什么桃花脸儿樱桃嘴儿，你倒试去摘两片柳叶儿来，八字式黏上了，又把几朵桃花贴在脸上，口里含一颗樱桃，你看去，可不像一个妖怪吗？"说的美云也笑了起来。

　　向南（北）不多几步，已到了春笑轩。看廊外的杏花，果然开了几朵，两只孔雀，正在草地上啄青虫吃。看见美云，便"都护都护"的叫将起来，美云道："这孔雀不是在东花园镜槛（柜）里的，几时仍移到这儿来了？你瞧，他还认的我呢。"那孔雀见美云穿着一身玫瑰紫平金满绣的一枝花袄儿，下面穿着五彩花绣的飘带宫裙，①光彩夺目华丽可观，便头翘翘尾角的走到游廊外面，回身一步，扭转颈儿去，将身一摆，那尾上的翠毛好像一柄绝大的扇子撒了开来，一个个的金翠圆图儿，又好像许多的眼睛闪烁烁的放出异样光彩。碧桃、秋苹都高兴得怪叫起来，那孔雀回过头来，对着美云点点头，神情似乎耀自己华丽。②美云气他不过，拿手里的帕（怕）子向他一扬，不道那一只孔雀正在旁面，把个长颈子和蛇一般向美云手上啄来，吓的美云一声疾叫，连忙退后，不防踹了碧桃一脚，几乎跌倒，惹的秋苹笑个不了。碧桃却早坐在栏干边，一手捻着自己小脚儿，眼汪汪的要哭出来。美云笑了笑，也不理会，心里却想，这一只孔雀竟是两口子，有这般的恩爱，我拿帕子飏着这个，那一个便来帮护，比到叶魁那种自顾自的情状，竟是"人而不如鸟乎"的这句话了。

　　正想着，只见门首有人，探进头来望了一望，美云看不明白，因问是谁？那人便含笑走了进来，给美云请安。美云看是春声馆的伶儿，见他穿着一件本色本镶的湖色缎袄，下面也是一式的裤儿，却那袄儿的身材十分纤小，又短到十分，还盖不过膝。袖子又小又短，露出一双珠钏儿压在紧身子的小袖子上。头上的槛发却似嫌它太长了的，用个牙梳儿卷在上面。两耳上衔着一对小小的金环，越显得娇小可怜。因道："伶儿，我多天不见你洗妆的时候，原来越出落得可人意儿，难怪宝兄弟常常提起你呢。"伶儿听说，不禁脸红了，低了头道："姑奶奶总讲笑话。"美云听他叫出"姑奶奶"三字，不禁也涨红了脸道："什么！搅出这样的怪称呼来，咱们府里的规矩，不论怎么，总不改了往常的称呼。"伶儿笑道："是呢，小姐取笑我，要我红脸

---

　　① 眉批：确是满月新娘回门的妆束。
　　② 眉批：写生妙手。

儿来，我也请小姐红这么一红。"美云不禁笑道："猴儿似的好油嘴，怪不道太太疼你。"伶儿道："前儿小姐嫁去，我和嫩儿吹着笛子，我心里不知道酸（骏）楚得什么似的，竟吹不出一个字来，幸而大春奎来替了我去。后来三朝那天，我到男府里来唱戏，满想唱一只好好的曲子，偏那一位姓华的疯爷点了一出《乔醋》，我怕小姐还生我的气呢。这一个月来，我想小姐辛苦得什么似的。"美云笑道："我也只算和你们一样，唱了本戏，你们唱戏的，不过唱唱罢了，总走得散，只我……"说到这里便顿住了。

碧桃怕又提起美云的烦恼，因道："伶儿姐，你知道咱们小姐最爱听的是你唱的昆曲，你那里可有人么？何不请小姐到你那儿去，你唱一个《袅晴丝》，请我小姐听听。"伶儿道："咱们屋子里人多着，不要说清唱，便是扮演起来也不费事。"因扯着美云的衣角儿道："小姐，到我那儿去。"美云本来没有甚事，因便伸手将着伶儿，穿过吟秋榭水流云在堂，转个湾儿，径到春声馆来。不道宝珠、婉香和爱侬、赛儿都在那里，正满桌子摆了笛子鼓板，嫩儿、香玉也在旁边。见美云和伶儿来了，大家站起。第一个宝珠开口道："大姊姊难得到这里来，我们不如唱戏的好，不要清唱。"美云笑道："我就怕宝弟弟会吵清唱最好，怎么一下子见我来了，又改了要扮戏。并且我们这几个人，冷清清的有什么兴致。"宝珠一迭声道："那么嫩儿快着人去请了太太和三太太来，再叫人把姊姊妹妹一并请来，我来起唐明皇，伶儿起杨贵妃，香玉起梅妃，大春奎起郭子仪，四喜子起安禄山，赛儿起高力士。"赛儿笑道："你做皇帝，我来做奴才，我不来。"美云笑道："不来最好，免的他着忙。"宝珠道："那么改改，改唱《牡丹亭》如何？让你做柳梦梅。"赛儿说好。

当下不由分说，早已满院子铺设起来。宝珠怕美云走了，嘱托婉香陪着，自己便忙的和热锅上蚂蚁一般，因人手不齐，竟自上台去扮天官。眼看着柳夫人、袁夫人和藕香、漱芳、眉仙、软玉、蕊珠、丽云、绮云、茜云等络续来了，便满心欢喜，分外精神，唱的有趣到万分。大天官下台，宝珠因柳夫人喜欢热闹，便扮了一出《水漫》的杂剧，上台闹出许多虾精、蟹精、蚌壳精、乌龟精，引得柳夫人等笑个不了。这也是秦宝珠舞彩娱亲的惯技，无庸细表。

却说沈左襄既把叶魁和美云完婚之后，过了一月，美云归宁去了。便趁这个当口，选定二月廿四的喜期，通知亲朋戚友，把叶魁做了赘婿，和瘦春结婚。说明白，是将来美云养了孩子，便算叶氏之后。瘦春养了孩子，则归宗沈氏。此番的大宾，一个便是秦文，一个便是陆莲史，所以大家都说沈左襄的主意不错。这头亲事，越见得义重如山，当少不得又是一番热闹。不过小说的体例，最忌的是重复，所以略而不叙，这些世故闲文，想来看官也不耐烦细看，不如略过。

且说瘦春本来是个极洒脱的人物，晓得沈左襄的意思，不过为着叶沈两姓宗桃一举两(而)得起见，叶魁虽然非偶，只是重于父命，也就无可如何，嫁了叶魁，只当完了前世的债务一般，不过不养一个孩子，这笔债总算不曾完清，所以他和叶魁，心里虽然不满，眼面前总不肯伤了和气。在这半个月里，一心只想完清了孽债，所以和叶魁反倒比美云更好。那叶魁本是初出茅庐的人物，那禁得瘦春的这样操纵，不免醉心落魄，倾心在瘦春身上，等到美云回来，叶魁已和他隔了一月，钟情举止之间，少不得分出了个亲疏冷热。

美云益觉叶魁这人薄幸寡情到了绝顶，索性不把叶魁放在眼里。平时只和尤月香去谈天，几乎也要参禅悟道的样儿。还是瘦春觉到美云有些醋意，因叹道："谁爱结这一重孽幛，不过完我前世的冤欠罢了，既这么着，我又何苦来。"因此便对叶魁也冷冷的，没一些儿笑脸。看官要晓得，一个人娶两个妻子，是最难对付的，好了这边，便恼了那边。宝珠娶着四位夫人，本来都是自家姊妹，又加着宝珠一种温存手段，所以还不曾有甚口角。便是蘧仙娶了浣花，他和浣花本来是从小的姊妹，论起资格来，冷素馨是娶了过来才认得的，也免不得相形之下有些轩轾。何况叶魁是个不善于体贴女儿心性的人，怎么能够享受这些艳福。闲话少表。

且说叶魁娶了这两位夫人，满拟消受些柔情艳福，谁知倒做了一个东憎西嫌的厌物。当初叶太夫人还爱怜着自己，自从美云嫁过来了，却把全副精神注到了美云身上，动不动总说是叶魁得福不知，惹人气恼。那沈左襄更不必说了，总是爱怜自己的女儿，因此倒觉得横不是竖不是，一行一动都要惹人讨厌。他明知是自己不曾争到尺寸功名，所以妻子瞧不起他。要想考去呢，又自量未必能取，多落一重痕迹。想来想去，想出个好意思来了。原来那时朝廷上已换了一班人物，极意求新，把些青年子弟送出洋去就学，打算将来回国，替国家造福。那些出洋学生，自然要比从前科举出身，分外看重，叶魁想到这条门路。心想：若教我读中国书时，便读到髭须白了，也不见得出人头地。不如从大学之道读起，去做出洋学生，好回来说几句爱皮西提，或是阿以倭爱，叫那些老前辈也懂不得一字，谅不穿我的学问。那时我岂不成了贯通

中外的硕学鸿儒。①主意既定，便和沈左襄说明，左襄见他成婚已经三月，夫妻们又
不和睦，趁着自己康健，落得让他出去混混。因便回明了叶太夫人。替他央中丞出了
一道咨文，咨送到日本钦差大臣那里，给他送入一个什么学校，留学去了。后来叶魁
回国，正值革命军起义，光复汉土的时代，叶魁倒做了一个赫赫有名的人物呢。②这
是后话，暂且缓表。正是：

　　　诚心自可开金石，志士何须恋家室。

---

① 　眉批：作者善于奚落人，但也是示人一条捷径，如叶魁者不可不学。
② 　眉批：原来革命伟人都是叶魁一般人物。

第七十六回

何祝春查帐释疑团　沈浣花多情感痴梦

却说叶魁出门去后，美云也便回到秦府，叶太夫人膝下，未免寂寞，因把软玉、蕊珠接回家来和瘦春作伴。偏是宝珠的脾气乖张，自己又不肯住在叶府，却只早一趟（躺）晚一趟（躺）的着人去接，倒惹的叶太夫人生了气。因而沈左襄想了个调停的法子，趁此时候，打发宝珠同了婉香替花占魁夫妇盘柩回苏。宝珠本不愿意，因眉仙也要回姑苏一行。李冠英本是在署理吴县任内，此番因事来杭，现已事毕，仍要回到任去。婉香等因与白素秋睽违已久，趁此也得前去把晤，于是决定于四月初六起行。浣花本来也想同去，忽于前两日患起病来，是以不克同行。届时，宝珠带了花农、锄药，婉香带了春妍、笑春，眉仙带了韵儿、爱儿，雇下两号大船，一只装了花占魁夫妇的棺木，派着几名家丁照料。秦文因占魁夫妇此去即须营葬，知道宝珠干不了这些，当请白剑秋和林冠如两位同去料理，又重托了李冠英一番。冠英当下另雇一号船只，一同开向姑苏。暂且按下。

却说沈浣花自从四月初上，偶患寒热，足足过了十几天，还未痊愈。因眉仙等往苏州去，未免触动乡思，又想起从前的情事，只觉心里热潮起落，也说不出有多少的烦恼。他本来是个弱不胜衣的人，那禁得病竖愁魔和他纠缠，早已消瘦得和秋后的菊花一般。本来是金有声看的，偏偏这日金有声也病了，转荐出一个何祝春来。蓬仙和祝春本是好友，那里有不知道祝春能医的道理，因为朋友过于知己，转觉得祝春不是个岐黄术的专家，所以从来不去请教。到了此刻，除却金有声之外，却也想不出别个靠得住的，就不得不降格相求，便着文儿去请。不多时，祝春到来，也不推辞，替浣花细细的诊了一回脉，退出花庭上来坐定，却不开方，只皱着眉儿尽自咕噜噜的烧那水烟。

蘧仙还当他想方子,早把笔砚摆好,研好一堂墨,铺下一张笺纸,见祝春兀自沉思,不禁转生疑虑道:"这病敢是凶么?"祝春笑道:"不是不是。"蘧仙道:"那么你装这些鬼脸儿做什么?"祝春道:"你要我开方子吗?酒来。"蘧仙道:"你也学了梦庵的疯相,动不动开口就先是酒来,只怕酒鬼转世,也没有这样的馋痨。"祝春缩缩脖子,不禁"嗤嗤"的笑了。因道:"说起华疯儿,我真恨得有几口子好咬。且开了方子,回来告诉你。"蘧仙问他为了什么,他便只做不理会,拿起笔来,侧着头,向那笺上写方子了,写完,注上分量,把笔放(了)一放道:"吃了包好,快叫撮去。"蘧仙看了一遍,便递与文儿,因问:"你说梦庵怎么?"

祝春喝口茶道:"说来话长,我自从听了他的鬼话,赶年下钻进万丰里去,谁知白费了半年光景的工夫。"蘧仙道:"敢是一无头绪?"祝春摇首道:"头绪呢,我倒多摸清了,那里知道竟是鬼疑心。①那文老的作事,实实是个光明磊落的了不得,倒是梦庵拿了小人之心度君子之腹呢。"蘧仙骇异道:"原来如此,倒是可敬,但你又何以见得?"祝春道:"不说别的,但就叶冰山的一笔帐,就正气得很。他在叶府被抄之后,收上他的京汇银五万两,又收金叶一万两,兑合银四十二万。付过他十二万多两的代还各帐,又修理房屋等两万多,历年婚丧嫁娶支用四万光景,连利连本,还存着三十多万。若说他有吞没的心思,怎么还肯收上帐去。"蘧仙道:"他在那个惊天动地的时候,倒不怕累下寄顿庇匿的干系,公然肯立这一笔帐来,足见仗义。"祝春道:"帐上立的户名,却是个信记。不过我打听出来,就是叶冰山的,他这信记,就是本心上表明信实的意思。"

蘧仙不禁替宝珠欢喜,倒怪梦庵不该有这些鬼疑心来。因道:"你这些话,可曾对梦庵说明。"祝春道:"我已告诉他过了,我问他怎么忽然有起那一番议论。梦庵说,他从金有声那里,听到文老的口气,②说叶冰山只交给他五万银子,后来倒替他还上十二万债,却把叶太夫人装在寿材里,寄存到他那里去的二十封金叶子抹煞了不提,还说替冰山赔了七万,至于那被参了的徐中丞,究竟有多少钱寄存在文老手里,更是死无对证的了。因此他看不起文老,就处处留心去,觉得文老处处用着手

---

① 眉批:出人意表,读者也被梦庵迷惑住了,直到于今。
② 眉批:原来因此一席话生出疑心来。

段，捞摸人家的家私。"①蘧仙不禁好笑，因道："一个人凡是起了鬼疑心，便处处只觉得人家弄鬼，不过梦庵又怎么样这等清楚那秦叶两府的事。"祝春道："他是个鬼，什么事不留意？面子上看他是疯，其实正是他的深心作用处呢。闲话少说，我也被他调拨的够了，白白地鬼混了半年，我到午节，定辞了出来，还干我自己的正经，不替那杞人去忧天了。但是梦庵那个鬼，还总疑心着文老，他说文老如果不包藏祸心，为什么不改正他的户名，要立着这个只有天知地知他知我知的信记。又说万丰明明是柳夫人的陪嫁，秦府虽添上些资本，也只算是一小半是秦氏公产，一大半是柳夫人的私产，为什么竟一古脑儿加上公记两字。②你想这话，可不是梦庵的真疯话吗？"蘧仙心里的狐疑，至此早已冰销雪涣，③也就付之一笑。看日已将午，便叫文儿开饭。祝春说有事，把好酒留着，改日再吃，便自去了。

蘧仙进去，见浣花已将那药吃了，正熟睡着，便不去惊动，走向冷素馨房里来。素馨正在用饭，两口子便一桌儿吃了，闲谈一会，再去看浣花时，已经醒了。蘧仙问他吃了药，觉得怎样？浣花摇首儿道："也不觉什么？我只是心口闷（闪）的利害，头昏昏的，睡着便做怪梦。"蘧仙道："你做什么梦来？"浣花笑道："也没什么好讲的，醒了又模模糊糊的记不清了。我这会子想姊姊他们，该已到了苏州，你给我写封信去，问问他们可好？"蘧仙屈指道："今儿是四月十五了，他们是城外去拖轮船的，初六动身，初七便该到了。只不知道寄信去，该寄到那里？"浣花道："前儿听他们说，此番去时，便住在婉姐姐家里。我家的老屋子，说是租给人家住了，这会子打量着总住在一处。"蘧仙道："眉姊姊那里，难道也没人的了？"浣花道："我伯父伯母去世下来，膝下便只有他一个，也和我一样。不过我当初跟叔父一块儿住，他跟着伯父，从六岁上到广东任上去了。我又住到你家来了，所以咱们虽说是姊妹，从小儿不在一处。我伯父当初又和叔父是闹翻过的，彼此虽不曾分家另住，却只不过存个名色，早已不相闻问，所以眉姊姊当时见了我，还认不出来。"蘧仙道："眉仙此番家去，心里少不得有许多感触。我想你两姊妹都在这儿了，只留一个老家人守着苏州的产业，终究也不是长久之策。"

浣花听说，不禁眼圈儿红了，因道："我前儿也和姊姊讲起，不如把苏州的产

---

① 眉批：确是心理上作用，唤醒世人不少。
② 眉批：梦庵明地装疯，暗地精细，却是一个深心人，令人可畏。
③ 眉批：我读至此，也觉冰销雪涣，只不知道后来究竟如何？

业,设个法子移了这里来,省得费事。只不过我又痴心妄想,想我翻了船时,我那兄弟或者也遇了救,有一日回到苏州,倒说咱们两姊妹,都把家产变了这里来。我叔父只有他这一个孩子,我们可怎么对的住呢? 我今儿睡着,还梦见我弟弟,长的和你差不多了,说不定真有这事,所以我要你写信给我姊姊,叫他留心招寻见瞧,或者早已回到了苏州,也说不定。"蘧仙笑道:"你总拿梦儿来当真。也罢,世间上的事,本来说不定。我便替〔你〕写封信去,教眉仙酌量就是。"浣花就叫蘧仙拿纸笔来床前写,自己一句一句的说着,叫蘧仙照样写好,重又看了一遍,便教团儿发出去寄。

看官,你想他那兄弟自翻了舟时,算到如今已过了七个年头。论起年纪,若果活着,已经十八岁了,只比浣花小了几个月分,那里会想不到家里,老在外面不回家来。眼见得葬了鱼腹,早已变做虫沙。除非转过世来,倒是一个六七岁的孩子了,若是不昧前生,或者还能够回到家里。你说世间上可有这等的事? 不必说是没有的了。不过浣花的一种痴念,忽因病里一番胡梦而起,后来引出许多怪事出来,真觉得世间上人情变幻,无奇不有。此是后话,暂且搁过一边。

再说浣花将那封信寄了出去,苏杭路近,不消两日,便到了苏州花府。此时宝珠等已把花占魁夫妇的棺木,安了窀穸,只算干完了正经,便和婉香、眉仙、虎邱山塘的任意闲玩去了。这里坟台上的一切工程,都是白剑秋和林冠如的责任,两个带了家丁,倒在坟台上结庐住了,监督工程,毋庸细表。且说眉仙接到浣花的信,教他设法招寻兄弟,不禁好笑。因把信给宝珠、婉香看。宝珠道:"这从那里招去,浣妹妹专有这种痴想。"婉香笑道:"也怪他不得,他想到自己原好好的着,因此想到这一层上。"①眉仙道:"我意思,原把家产丢在这里不动,等再过上几年再说,横竖咱们也不急急,便每年到这儿转一趟(躺),也落得享几天清福。"宝珠道:"主意也是不错,我想你那弟弟,若是还在世上,要招寻他容易的很,只要在那报上登一条儿告白就是。"眉仙道:"这告白怎么样说呢?"宝珠道:"他叫什么小名儿?"眉仙道:"他书名是一个全字,小名也叫做全儿。"宝珠道:"那么我拟一个稿儿,你瞧。"正是:

> 只分推衣怜手足,却教剪纸召灵魂。

---

① 眉批:入情入理,婉香善解人意。

第七十七回

登日报眉仙尽人事　借风琴赛儿论声音

却说宝珠写了一个招寻告白的条儿，递给眉仙看，婉香也在旁边，看他写的是："全弟倘在人世，当不望祖宗庐墓之乡，盍归乎来？黛白。"婉香笑道："这是招魂辞，是什么寻人的告白。"宝珠道："只消如此，多讲了倒不好。"眉仙想了想道："就这样也好，他自己本人见到，总会明白。他那时已十二岁，并不是毫无知识的人了，家里的事，他那里便会忘记。只不过这条子告白，明知也没得用处，既浣妹妹痴念着，教我来找，我登这个，便也算依过他了。好好，便这样登去。"宝珠也觉好笑，就叫韵儿送出去，交给来喜寄去，不提。过了几天，坟上工程告竣，宝珠等过去祭扫一番，又往李冠英署内住上两天，和白素秋告辞了转来，就料理起程回杭。只有白剑秋留在冠英署内，那林冠如则已先一日起身回去，覆过秦文等。

到宝珠、婉香、眉仙转来，柳夫人已是望眼将穿，好在先一日已经知道，便把软玉、蕊珠都接了来家。次日大早，便打发张寿等去接，直到下午还不见来，柳夫人心里焦急，又着高升带了小厮看去。到得天色旁晚，里外面都上灯了，才听到外面人夫嘈杂，赏春早来报说，宝珠等回来了。柳夫人欢喜得恨不立时到了面前，刚问怎么还不进来？游廊下一阵笑语声，早见软玉、蕊珠迎着婉香、眉仙和宝珠一同进来。美云、丽云、绮云、茜云同在柳夫人身边，便都站起相迎。柳夫人瞥见婉香、眉仙都改了妆式，穿着一样的元色夹纱衫裙，都是本色镶的韭菜边儿，压上一道白色皱裥的外国花条子。头上的槛发，卷做一个卷儿，越显得明眸皓齿，别样的风流。因道："多早晚不见，竟变了苏州样儿回来了，①这样短小的衣服，穿着倒舒服么？"宝珠笑

---

① 眉批：大家闺秀改变时装，每都如此输入。

道："苏州都这样呢，我说也不好看。"美云笑道："怪道我前儿见伶儿也这样来。"婉香等请过了柳夫人的安，又（可）和诸姊妹问好。藕香、赛儿、爱侬等也都来了，你一句我一句的，争问些苏州风景，忙得他三个对答不了。我做书的只有一枝笔，更来不及，只好从略。

单说浣花听说眉仙回来，自己的病，本早好了，这会子便打起精神，起来梳洗了，带着团儿到秦府里来。把个南正院热闹得和做喜事一般，柳夫人寂寞已久，这会子自然分外高兴。因道："往常也不觉得，自从宝儿他们去了，我这里几乎鬼也钻得出来。今儿大家都来了，我这里又好像是一爿新开的戏馆，到了什么新角儿似的。你看连丫头、婆子们也在门帘儿外面挤满了呢。"藕香笑道："太太讲的是呢。他们都来看两位妹妹的衣样儿，只怕两三天里头，咱们府里的衣服一下子都改了样儿呢。"浣花笑道："我的衣服也算短小的了，姊姊的更比我短小，穿着果然又灵便又好看，回来我也改去。"

赛儿道："我看了两位干娘的衣裳，就觉得我和宝叔叔的衣服透逦得怪讨厌的。宝叔叔，我和你也都改了他们一样，可不好吗？"藕香笑道："好孩子，你肯改，我立刻儿叫裁缝做去。"赛儿满心高兴，又说爱侬也陪我改了，爱侬不肯。赛儿又装起脸儿来，要和爱侬吵嘴。婉香笑道："赛姐儿，你爱穿这个，我现成的有着呢，你试试穿穿瞧。"眉仙道："你的怕长，不如我的好。"因叫韵儿去拿几件来，给赛儿检，赛儿说，要和你们一样的，一面便嬲着婉香，叫替他卷槛发儿，也要梳起头来。藕香趁此机会，极力说好。便和婉香两个，同到柳夫人房里，给赛儿装扮去了。

柳夫人笑道："本来十七岁了的女孩子，老不改的，扮着男装也不雅观。"宝珠笑道："苏州的女学生，那一个不梳大辫子，放了脚，扮得男不男女不女的。到是男孩子揎着槛发儿，修饰得和女孩儿一般，走起路来也扭扭捏捏的踏细步儿，若教爱侬和赛儿两口子同在苏州，谁也认不清到底谁是男谁是女来。"说的爱侬红了脸道："这会子，我可不是和宝叔叔一样着。"

宝珠道："你不瞧自己，怎么男孩子也穿了耳朵，你这鞋尖魆魆的，可不像个放了脚的女学生。"柳夫人道："那男孩子穿耳的，也不止他一个。有些人家，怕小时候招（抬）不住，穿了耳朵，当做女儿的也多着。"[1]爱侬道："可不是，我太太在日，说

---

[1] 眉批：人都说爱侬穿耳不近情理，经此一说，实是人情之常。

命里只派一个儿子一个女儿，有了我哥哥之后，又有了我，怕应了瞎子的话，才把我扮做女孩子的。"说着，藕香、婉香已把赛儿装扮好了，将着手儿出来。

大家看赛儿，倒比往常好看的多了，都绝口赞他。赛儿却看着自己的脚道："偏是我这一点儿，比着婉干娘，觉得怪难看的。"婉香道："现在倒脚小了被人笑话呢。"眉仙也道："我去年在苏州，他们就来邀我入天足会，那时节放足的人还少。如今素秋姊姊也放了，还怕穿着放足鞋儿，脚尖的不好看，尽用些棉花儿塞他满来呢。"说的大家笑了起来，宝珠怕大家不信，又背出许多上谕，和天足会的章程。柳夫人见他说的认真，因道："照你们已经出嫁了的人，也落得写意一点儿，①只有姑娘家，知道将来对的亲讲不讲究这个上面，费了多少年的苦工夫，一刻儿放了，也不免可惜。"丽云笑道："若是太太准我们放，我便第一个。"茜云笑道："能够这样，我也省吃了多少痛楚。"柳夫人笑道："那总要你自己太太许你们才好，我那里作得这个主。不要说你们姑娘家，便你几位嫂子，也要你哥子们自己心里爱那样才好。若说是我的意思，可不要给你哥哥们背地骂我老昏了呢。"说得大家一齐笑了。

其时丫头们已上来摆起席面，柳夫人便扯了浣花、赛儿，和婉香、眉仙、软玉、蕊珠、宝珠坐了一桌。藕香说因有事，便带了爱侬要去，四云也要东正院去。柳夫人道："不是还有一桌儿吗？你们不愿意两桌儿，好在我这圆桌，是不拘人数的，咱们一块儿也坐的下。"藕香回说，因是石时回家去了，秦珍在外面忙的很，里面单只银雁、翠莺，怕管不了帐。柳夫人便让他自去，却把爱侬、美云叫住了，一桌儿坐下。丽云、绮云、茜云，却已早自去了。宝珠因问："石时怎么常回家去？"柳夫人道："他是新婚燕尔，也怪不得。"宝珠道："他几时成了亲，我倒没有晓得，不曾道喜去呢。"柳夫人道："你才今儿回来，怎么派你晓得。今儿算来，已半个月了。"婉香道："怪道满屋子人，少了一个二嫂子。②"宝珠四面一看道："正是呢，不是你说，我倒忘了。"美云笑道："你到这回子才觉得，还在满桌子上寻呢。"

宝珠自觉好笑，一兀头儿喝杯儿酒道："魁弟弟可有信来没有？"美云不答，③软玉道："便来一封信，说是进了东京的一个什么学校，还带了些东洋本子的诗集来送你，另有一份什么太阳报，里面也有一门文苑，刊着东洋人的诗，倒也做得很好。他

---

① 眉批：此时正论，当向天足会演说一番。
② 眉批：不是婉香说破，读者也未留心。
③ 眉批：美云不答，写尽新嫁娘心理。

的信，虽只来了一封。这份报，倒已寄来了三次了。"宝珠笑道："东洋人也学我们的诗，偏是我们这些不学无术的这辈子人，倒去学那似通不通的和文来骗人。①"浣花正和眉仙讲话，听得这句，因笑道："你自己不懂日文罢了，怎么又讲别人？"宝珠道："我最不爱听那些平等自由的口头禅，竟也有人用到诗里去的，什么'力填平等路，血灌自由苗'，做诗做到这样，那里还有点儿生趣。"浣花道："前儿我听蘐仙说两句倒很好，他说'桃花夕照红平等，杨柳春波绿自由'。"宝珠笑道："这是随手拈来，成了妙语，并不是硬嵌的，所以还不觉得生硬。"眉仙道："讲起这些新名词，现在女学生讲话，几乎没一句儿不嵌上一个。②"柳夫人笑道："若教他当做词牌儿，集一封信，或是当做药名鸟名，编一个节诗儿，倒好顽呢。"蕊珠笑道："将来魁弟弟转来时，少不得满嘴烂熟了，我叫他编一个来孝敬太太。"

赛儿道："这个你不要先替他夸（谈）口儿，我曾见过学堂里的什么唱歌书，他那填的词儿，派用平声的，也用仄声，没一句儿不拗口。③"爱侬笑道："你不会风琴，自然不会唱。"赛儿冷笑了一声道："你懂得什么！他那驮来米法苏拉既七个字，便是合四乙上尺工凡，乙凡便是变宫变徵，只差半个音。低半个便是四工，高半个便是上六，所以曲子上用着乙凡的最难唱，凡是这种字，便万万用不得去声。"爱侬道："你是一位曲子先生，我倒要请教。"赛儿笑道："我讲给你听，倒省的你读十年书。④这种音乐上的工夫，咱们秦府里没有一个不精。不要说我一个儿胡诌，今儿行一个令，你打一个通关，你输了吃酒，咱们输了，讲一节儿你听。"

爱侬连连说好，看宝珠坐在自己的右手，便先从宝珠打起，却是宝珠输了，宝珠笑道："赛儿的话不哄你，那一只《西楼记》的楼会，你不是会唱的么？"爱侬点首，宝珠道："单说'慢整衣冠步平康'的一段儿，你便明白了。平上入三声，在曲子上面唱起来，都作平声，你唱那整字，可不是唱做之英二字的切音。"爱侬辨了辨道："是呢。"宝珠道："可不当做平声，以下的几断肠的几字，度短墙的短字，都是如此。以外凡是曲子的水字，浅字等，都是拿上声作平声的，从没有一个误做上声。至于入声作平声呢，那《西厢记》上的肉字，读做时乎二字的切音，玉字、月字，都读做于字的

---

① 眉批：骂尽世人，作者不怕被众人打杀么？
② 眉批：又骂女学生，作者真不怕人打杀。
③ 眉批：又骂音乐教员了，作者真不怕人打杀。
④ 眉批：只怕读了十年音乐教科书，依然参不透来。

样儿。①那可以晓得，凡是入声都作平声。独有去声，是破口而出，高举直揭，迥然的不同。所以词曲家把个去声字看得极重，有一定的用处，有不能不用的地方，也有万用不得的地方，若把该用去声的地方，用了上声入声，那调子便提不起，不该用的地方用了，那腔子便（使）调不圆来了。"说的赛儿和柳夫人都击节称说，讲的透彻，独有爱侬还要问道："那么照这样说来，填一句词曲儿，字字都要去细细辨过。那如果打一部传奇，可不就要打了一生一世还怕打不及呢。"说的大家笑了。宝珠道："凡是会得一点子丝竹，能读几句诗词的，就不用逐字辨去，只要自己读着顺口，没有拗口儿、捩嗓子、迭牙儿、搭舌儿的毛病，就到了正好的地步。②再细细咀嚼去，也不会得不协律的。"

爱侬呆呆的听着，宝珠兀自滔滔不断，却被柳夫人骂道："这会子用什么功，你们爱讲，两个儿慢慢地讲去，可不要来打断了我的酒兴。婉儿，咱们大家干一杯子。"正是：

> 莫倚高谈惊四座，恼他多少向隅人。

---

① 眉批：一段段精确之论，教会多少乖人。
② 眉批：又教会了多少乖人。

第七十八回

小兄弟有心营兔窟　老奴才无术补羊牢

却说爱侬正和宝珠谈得高兴，便任凭柳夫人和婉香等去闹酒，自己只缠着宝珠，要他再讲。宝珠见别人都吃着酒，在那里说笑，便也不肯讲了，说明儿再讲。禁不得爱侬一味斯缠，因道："你回来问我大嫂子去，他比我还讲的透彻。"爱侬见宝珠无心对付自己，便扯扯赛儿的衣角，要他同去，赛儿不肯。爱侬等不得，便趁柳夫人不留心着，回到西正院去。见藕香正忙着，没空儿讲话，便自回到小桃花馆。看见玉簪，便要他唱曲子，自己拿一枝笛儿吹将起来。玉簪看见他有了点子酒意，因道："吹笛子伤气的呢。"爱侬摇首儿道："我恨的七个调子总翻不转来，你教我吹。"玉簪道："这会子奶奶喊我呢，我去了来。"说着，便走向西正院，见藕香正和沈顺家的讲话。

藕香见玉簪来了，因道："你到我房里去等一会儿。"玉簪答应着，便进房去，见翠莺站在帐桌旁边看一张帐儿，玉簪道："姊姊忙呢，用得着我来帮你吗？"翠莺见是玉簪，因道："奶奶等了你半天，怎么才这会子来。"玉簪未及回答，藕香已进来了，笑道："我喊你也没什么事儿，赛儿今儿已改装过了，他回来你们总赞他说好。明儿不要又老样儿，要是他仍改了老样子来，仔细你们的嘴巴子。"玉簪笑道："奶奶要姐儿怎么样，还怕姐儿不依么？不过咱们配不上讲话，要是姐儿不听咱们的话，不是苦了咱们的皮肉？"①翠莺笑道："放心呢，照你这样可人意儿，奶奶舍得打你？"藕香也笑了道："你们最爱凑姐儿的趣，他说好便说好，不好便是好也不敢说好。我

---

①　眉批：玉簪讲话煞是伶俐可人，其意若曰只怕姐儿不听，便奶奶也没法呢，况乎咱们丫头？

今儿吩咐你，你便看着他改了不好，也只说好便罢了。奶妈有了年纪，痴呆呆的婆子气，你也吩咐他一声儿去。这单子是给赛儿新做的衣服，不要做了又没人穿。"玉簪笑道："要是姐儿不爱穿时，倒侥幸了咱们丫头们呢。"藕香因问翠莺道："这丫头今儿撒娇呢，快还不替我拧他的嘴。"说着笑了，忽又想起一件事来，忙道："快看沈顺家的去了没有。"外面小丫头早接声儿叫着沈顺家的。玉簪见没甚话说，便自退了出去。

你道藕香这般忙着，是为了什么？[①]原来这一日秦文偶从湖上回来，路过大街，见临街一所大洋楼，点满了五色珠灯，楼上丝竹之声洋洋盈耳，心里只当是一爿茶店。及细看楼下匾额，题着"观海堂"三字，里面灯火通明，照耀如同白昼，却是满架的图书，是一爿书店。满地摆列着许多玻璃宝笼，不知是些什么，因便叫轿子歇下，踱将进去。早有一个少年出来招呼，秦文看他是个念书人的样儿，因也点点头，一面看那摆设的都是外国文房器具，竟有好许多叫不出名目，晓不得用处的。因顺口问道："宝号是多早晚新开的？"那人道："才是礼拜一开的，咱们是专办学堂里用的东西，杭州还没有第二家呢。"秦文暗暗笑道，怪道有些古怪东西，我都认他不得。[②]因道："这些书籍，想来都是外国书了。"那人道："是呢，英文、法文、德文、日文的原本译本，咱们这儿都有。凡是初小学堂起，到大学堂止，任是什么应用的书本物件，咱们没一件儿不备。便是医药堂、工艺学堂，该用的什么药品器械，也都有的。"[③]

秦文四下里看着，偶见有许多珍禽异兽和些虫豸儿，都做得像的很，因道："这顽意儿倒有趣。"那人道："这是动物标本，原是拿真的来剥制过了，便不会坏。你老要办这个，价目可以格外一点儿。"秦文笑道："我不用这个，但问问瞧，照这一个野鸭子，要多少钱？"那人道："这是要全副买的，共是二百种的，只须一百六十两。"秦文不禁骇异，暗想照这样看来，这爿店的成本，可不轻呢。因问令东是那一位？那人道："敝东是此地有名的大家，便是学士街秦府。[④]"秦文吃了一惊道："你不要缠错了。"那人笑道："这那里会错，敝东本是个监道，他不爱做。因为现在学堂是国家最注重的，特地开这一爿铺子来提倡提倡。"秦文道："更错了，秦府里那有这种人，要是家人们顶名儿开的？"那人道："不是不是，敝东便是东府里的琼二爷，刚刚还

---

① 眉批：我正想问。
② 眉批：老先生那里认得这些。
③ 眉批：活画一个柜台伙计声口。
④ 眉批：奇了，正是出人意表。

在楼上听留声机器，才走了的。"

秦文听得这话，不禁气得满脸铁青，本待发作，复想和他们伙计有什么话讲，便立时上轿回府，一迭声叫小厮们把秦琼喊来，不道尚未回府。秦文无奈，回到东正院，便问袁夫人可曾晓得。袁夫人说并没知道。又把漱芳去接了回来，问他也说不知。秦文倒疑惑起来，^①心想他开这店，既家里人都不知道，又往那里来的本钱。因叫沈藕香去查帐，藕香因着沈顺家的把帐房里的帐一并吊来，又叫往号里去查过。

秦珍也就同着进来，向藕香道："帐房里和号里，琼弟都没有支过钱。不过这一爿铺子的情形，我倒有点子接洽。^②"藕香道："到底是谁冒了琼弟的名儿开的？"秦珍道："冒名倒也不是，你听我细细的讲给你听。前儿魁弟到了东洋，他写信给琼弟说，要开这样的一爿店。他在东洋朋友很多，什么东西都拿得动，不必先付钱，只要卖出了，第二次拿现钱买去就是。不过他在东洋，只好管着进货，这里没有靠得住的人替他开这铺子，因教琼弟给他料理，只算是两个儿合股做的。其实大家都没拿出本儿，^③琼弟本在家里闷的慌，横竖不费什么，落得借这一爿店做个消遣地方，因就答应了下来。魁弟还派了两个人来，帮着料理，才几天里开了起来。"藕香道："那么咱们老爷和大妹妹，都该知道的了。"秦珍道："这件事，除了我，没第二个接洽，便怕的传到三老爷耳朵里去讨骂。其实照琼弟和魁弟这样的年纪，既不出去做官，做点儿生意也是该派。况且这种生意，也不丢了什么面子。三老爷急的便怕他们年纪轻，丢了本儿罢了。既晓得了，便直说也不妨事。"藕香摇首道："这个万说不得，三老爷生平，最不喜欢这些。若说了时，便活活的气个半死。我想不如说别人的铺子，不过请琼弟在那里帮帮笔墨的好。"秦珍想了想道："也好，我明儿和蕙仙接洽一声，只说是他开的就是。"藕香道："还得和琼弟打一个招呼，回来不要两不对头。"

秦珍点首道："我这会子便去，你且先回一声儿三老爷去。"藕香答应，两人便各分头而去。

看官，你道秦珍这番话全是真的吗？天下那里有不该一个本儿好做的生意？^④那些话不过骗骗人女子的罢了，少不得秦珍也有分儿在里面。只是他两兄弟为了什么忽然去开这一爿铺子，自必其中另有缘故，当时作者也猜不透，直到后来方才明

---

① 眉批：我也疑惑起来了，难怪秦文。
② 眉批：原来大哥子接洽，怪说怪说！
③ 眉批：现在仪器馆大都是这种做品，一面赊了来，一面却兜股子调度支呢。
④ 眉批：原来如此。

白。如今也只好委屈看官，暂不细表，①不是做书的故意波折，实在那时候出来的希奇事体太多，不得不按下一边，再说起一边来。

且说顾眉仙的老家人，叫做顾忠，②年已望七，膝下单生一女，嫁在广东，已经死了。只剩下一个外孙女儿，叫做薛慧儿，他老子在日，也教他读几句书，生得十分清秀。十七岁上，嫁了一个小家子弟，那人姓魏，叫做魏企仁，比慧儿长上一岁。他父亲原是当跟班的，当时跟过一个出使日本的随员。这魏企仁没了娘的，从小跟在他父亲身边，便给随员做个小厮。十四岁上，到过东京，住上三年回来，爱上了这个薛慧儿，便成了亲。两口子又同到日本，进学堂去了，直到现在回国。因带了慧儿来到苏州，探望顾忠。

此时顾忠住在乡下，便是顾府的坟庄子上。本来是雇人守着的，此番因眉仙回来祭扫，见坟上的树木被人砍去了不少，③因把管坟的人撵了，派这顾忠住在这里。一来看守坟墓，二来也好料理坟（见）庄田上的租佃。这老人住在此地，只带了一个干儿子，叫做长寿的，给他做饭。此外的小厮们，一个也不带过来，倒是清清静静在那里享着闲福。

这会子他外孙女儿和外孙女婿寻来，初见面，几乎彼此都不认得，还是薛慧儿原原本本提起些前事来。顾忠早喜的口也合不拢了道："我真老眼昏花，怎么说只几年不见，便会忘了自家的人。"企仁道："那年带着慧姐儿来，不是你老人家也不认识了。咱们总一辈子常在外面，到你老人家这儿来，你老人家总忙着府里的事，只到咱们客栈里转一转就去了。总算起来，还不曾有过一天半日坐在一处儿呢，怪不得你老人家一下认不得。"顾忠捻着一把髭须，哈哈的笑着，点头不了，因（应）问："你们几时回来，行李却丢在那里？"慧儿道："在阊门外客栈呢。我先教企仁到顾府里门上，望你老人家来，谁知竟在这里。"顾忠道："那么我喊长寿去客栈里取了行李来，这儿不比府里，你们两口子便住这儿，也不打紧。"两人都说，今儿还回栈去，有许多事呢。

顾忠见说，也就不再啰嗦，让他两个坐定，便叫长寿见过了企仁夫妇，出去打了两壶好酒，弄些好菜，和他两口子一桌儿坐下来吃。又问些近年的光景，企仁回说：

①　眉批：偏偏不肯一气说了，作者可恶。
②　眉批：紧接七十七回，不是突笔，读者须知。
③　眉批：只是坟亲的故技，并非别人砍的，读者须知。

"也混的过罢了，只是总受不起一个钱来做家。因此这番回来，找你老人家，听说苏州的男女学堂开了不少。你老人家在这里多年了，荐个把教习，想总容易。"顾忠连连摇首道："再也不要说起。咱们府里，自从三老爷在扬州故了之后，便剩下咱们一位小姐，从来不和亲戚家往来。去年，又嫁到杭州去了，府里只剩我一个老朽，除了些佃户租客之外，再也不曾结交一个酒肉朋友。那些学堂里人，我认识的虽有，还有咱们府里小厮充着校长，不过他们见了我，便瞧不起我，说我是个老古董。老实说，我也实在瞧不起那些鬼精灵的小猴子来。"说的慧儿笑了，因道："我从前听说，大小姐长的和天仙似的，我却没福见他一面，这会子嫁了那一家有福气的郎公儿了？"

顾忠因把秦府上的履历背了一遍，接着又叹口气道："再不想咱们顾府上，便会绝了后。若不是对了秦府的亲，咱们小姐少不得招赘一个女婿回来，养下一男半女，给顾氏做个宗祧。如今嫁到秦府，他们也不希罕咱们府里的家产，这念头可不断了。但愿这回登着的告白有灵，能够全哥儿回来，那就是邀天之福。"慧儿骇异道："全哥儿不是六七年前没了的吗？"顾忠道："是虽是呢，但是也说不定。"因把浣花的一番前事，讲给他两个听，又说："你想想，影姐儿能够遇了救，过上这许多年，咱们家并不知道，就说不定全哥儿也在外面，咱们不知道罢呢。"慧儿呆呆的听完，因道："这真是吉人天相，世间难得的事。"顾忠又说："此番眉仙转来，本想把这里的产业，变了带杭州去，因恐顾全还在世上，所以登这告白招寻，若是再过上一年半载没得消息，少不得要把顾氏的家产，并入秦府去了。那便只算咱们爷为人在世，替那秦府里做了一辈子奴才罢了。"说着，他一双老眼不禁掉下泪来。正是：

　　黄金作祟能为患，白眼看人尽是痴。

第七十九回

鬼计多端桃僵李代　人心叵测害命谋财

却说顾忠因讲起老主人的家事，不禁大发牢骚，说个滔滔不断。薛慧儿本是聪明绝世的人，心里忽有所感，便乘着顾忠有些酒意，掘根到底，问些顾府里从前的历史。那顾忠正苦没的讲处，①便一直从头，自小儿进了顾府里讲起，倒箧倾筐，一直讲到现在为止。他两夫妇仿佛听了一部大书，直到天色将晚，便告辞了他老人家，回到客栈。

用过晚膳，魏企仁早已倦了道："今儿被你外公真絮聒得够了。"慧儿看了他一眼，笑道："照你这样的懒虫，又懒又蠢，怨不得一辈子没出头的日子。"企仁见他又埋怨自己，便不多嘴，宽了外衣，归自己钻进床去睡了。此时栈里还十分热闹，慧儿在灯下，手里捧一杯茶，眼睛看着镜子里自己的影儿坐，只顾出神。听企仁早已呼呼的睡去，也不理会。却把茶杯子放下，用指头蘸一点儿水，尽在桌子上画圈子，画了又画，描着又描，②心里不知盘算些什么。忽而自己吃了一跳，回过头去，却没得人。听听栈里的人已都睡静，便掩了房门，遮上窗帘儿，宽了衣服，脱了鞋儿，钻进床去，把企仁推醒了道："不要痴睡，我和你商量一件事。"企仁醒过来，擦擦眼睛道："好人，你这会子才来。"慧儿道："不要鬼缠，我和你讲正经，刚才我外公讲的话，你多记得么？"企仁笑道："人家的事，干我什么？"慧儿道："我和你要过好日子，便在这一席话上。"企仁笑道："这话我不懂。"慧儿把他脸上狠狠的拧了一下道："蠢蠢，蠢虫！"企仁猛然省悟道："好人，真是鬼精灵似的，我想到了，你不是叫我去冒……"讲到这冒字，慧儿早把一手握住了他的嘴，忙走下床去，看一看门窗关的

---

① 眉批：老年人最喜背履历讲老话，那知便是一个祸根。
② 眉批：神情如绘，慧儿竟是深心人。

正好，又侧耳听听，①隔房都是鼾声，才放下心，重又上床。却早被企仁搂在怀里道："好姐儿，我这会子想来，正是一个好机会儿。"慧儿忙道："幽雅点儿，好虽好，咱们还得细细商量个万全之策，咱们睡着，慢慢儿计较。"两口子因便一枕儿睡下。

慧儿道："你前年到府里，可有人见到你过？"企仁道："我和你外公是在路上碰到的，别人都没和我打过照面。不过这件事，只怕你外公不肯做。"慧儿道："那自然，他怎么肯和咱们打通一气。不过这事儿也不急，他是望七的人了，少不得过上十年五载，要久别的了。那时候，咱们再出面回来，便万分妥贴。如今只要想个法子，从远处放个风儿到两位小姐耳朵里去，种一个根子着，那结果收成，放在后头，也不打紧。"企仁呆呆的想着一件事，慧儿讲到后面，他竟没有听见。慧儿见他不答，因道："怎么，又发呆了？"企仁忙笑道："没有什么，没有什么，我想他那两位小姐，难道会认不得他兄弟？"慧儿道："这一层，毋庸虑得，如今已隔上六年了，那全哥儿是十二岁上没了的，便是真个活着，今儿回来，也不免认不得了呢。并且大小姐是从小儿在广东，直到大老爷死了之后，才搬回苏州来。那全哥儿已是死了，不曾见面。便是二小姐，也从二老爷去世之后，只和三老爷合住了三个多月。过了百日，便到盛府去了，隔过一年回来，同出船去，便翻了江里，连贴身婆子、丫头们也都翻了，还有谁认得出真假来？不过第一件事，要把顾府里的家事早晚记在心里，能够随口儿背得上，方不会露了马脚。所以我想打明儿起，我便去外公那里住上几天，要把全哥儿小时候和两个姊姊们在家中的举动言语，也打探一点儿放在肚里方好。"

企仁道："这个不妥当，他那里还有人着，回来认熟了你，倒又添上一层障碍。如今我且问你一句要紧话，到底顾府上有多少的财产，回来不要值不得我一番举动。"慧儿道："现钱呢，我不知道。单论田产，你昨儿不听我外公说，有百把万吗？"企仁道："那么三股分来，就有上三十多万。"慧儿道："有了儿子，那里还派女儿分得？好在他老辈手里，本未分过，将来谁好讲这一个分房？"企仁不禁笑道："看你不出，竟是打着如意算盘呢。也说得是，本来没有放着儿子，再准女儿承袭家产的例。不过他家里三位老爷的名字和太太的母家姓，还有什么人，祖宗坟墓又在什么地方，葬着的是什么人，都派源源本本打听一个仔细。"慧儿道："所以我说要到外公那里去多住几天，才好明白，你说又怕人认熟了。"企仁道："我又想过了来，他那里

---

① 眉批：活画一个深心人。

不过只有一个长寿, 将来也容易打发的。明儿我便和你同去也好。"慧儿应允, 当晚夜已深了, 两人各在枕上思前想后的想了一番, 各自睡去。

到了次日, 他两口子便襆被到了顾忠那里住下, 少不得说长道短, 一个说的无心, 两个问的有意, 不消几日, 竟已全神在握。那顾忠的干儿子长寿, 本是芝珊的小厮, 生得十分伶俐, 因此顾忠认他做了干儿。当初芝珊给他一个丫头做了妻子, 后来他那妻子有了外遇, 活活的被长寿逼着死了, 所以也看破了, 不愿意再娶。直到如今三十多岁了, 还做着鳏夫。这会子慧儿到来, 见他出落得和画上的美人一般, 心中不免歆羡, 慧儿又称他做母舅, 颇形亲热, 他自然骨头儿也轻了一半。因看慧儿面上, 和魏企仁也十分投机。那魏企仁是走过道儿的人, 知道长寿这人容易结交, 有心要用着他, 便任凭他和慧儿去亲密。慧儿是出过洋的女学生, 本来不在形迹上讲究, 见长寿爱着自己, 越觉得自己容貌超群出众, 才会教人倾倒, 益发放出手段牢宠长寿。居然把这人玩弄在股掌之上。[①]凡是慧儿讲一句, 长寿便如奉了圣旨一般。

慧儿见火候已到, 便把自己想做的那件事儿告诉长寿, 又说将来到做那个地步, 咱们便好一辈子住在一起, 包管你后半世的受用不了。长寿骤听之下, 愕呆了半晌, 后来想想, 不禁笑了起来道: "果然好主意, 包充得过去, 只是这老头子精神正好, 那里便会死去。日长久远的等着, 倒叫人不耐烦呢。"慧儿笑道: "终不然把他谋死, 俗语说的好, 有心不在迟, 欲速则不达。我这会子告诉你, 不过教你做个内应, 把些田房产地, 留心记下, 一等老儿转背, 你便赶紧通个信儿给我, 我便好同着那一个转来。"长寿耳朵里听着, 心里却只转念头, 因道: "你两个不等在这里吗?"慧儿笑道: "这那里有日子好等的, 我打算明后儿仍和企仁往日本去。听说秦宝珠的小舅爷叶魁在着日本, 咱们只要碰到叶魁, 提起自己本来姓顾, 十二岁上赴扬州去时, 翻了船落水, 遇着姓魏的救起, 做了儿子, 带到日本来住到如今。因为家中只有两个堂姊, 本来不甚相得, 一个已是同时落水死了, 一个又在广东不知下落, 所以不想回去。照此讲给叶魁听了, 少不得便会通知宝珠去, 等他们来信叫咱们回国, 咱们只说不愿意去, 仍自住在日本。那时他们知道全哥还在, 自然不敢动那家产, 便要动时, 也得留起一股, 咱们只要等到老儿转背, 回来享受就是。你说好不好?"长寿笑道: "好果然好, 只不知道等到几年。这会子你那一个那儿去了?"慧儿道: "他见你来

---

① 眉批: 体贴一般女学生心理亦是无微不至。

了，大约到老儿那边去呢。"①

　　长寿便自走去找那企仁，找着了，两人同到竹园里去密谈了一会。企仁答应他将来事成之后，把所得的家产，分给他三股之一，长寿满口应允，却要魏企仁写一张字据，给他做个日后的凭证。企仁道："这个那里可以形诸笔墨。"长寿道："那不行，回来我倒白费了心，没一点儿凭据，我又怎么信得过你？"企仁想一想道："也罢，停会子我写来给你。"长寿道："说做便做，你快写去，我到老儿那边转一转，仍在这儿等你。"企仁点首，便回到房内，见慧儿不在，便写了一纸，袖好走到竹园。长寿已等着了，便伸手讨来，看他写着是：

　　　　立证券顾全，予自髫龄，沉舟获救，改姓魏氏，赖我同志扶助一切，致
　　有今日。归宗顾氏之后，愿以承袭所得财产，割三分之一，畀我同志，以资报
　　酬，倘食斯言，有券为证。

长寿笑道："这是代全哥儿出的，那里是你的？"企仁也笑道："我若不做了全哥儿时，也没得什么财产好分给你吓。"长寿想想，也是有理，便折好了，谨谨慎慎塞在裤带上的袋子里面。因悄悄的道："话虽如此，到底该怎么一个下手，没得形迹。"企仁四面张了一张，见没人，因低声道："你可万不能对慧儿讲明。"长寿道："我晓得，我晓得，你放心。"企仁因左右张望了一望，把长寿扯到墙角边，叫他附耳过来道："我明儿带了慧儿便走，我到了上海，寄一瓶子东西给你，那东西叫作燐，是浸在水里的。若出了水遇了空气，立时便会发出火来。你用一个大点儿的纸盖子里面盛了水，把燐倒在水里，放在老头子的后房草堆里，你便自己进城去。等到晚头，火着了起来，谁还想得到你。只是一层，你要记着，你要到上灯边，才好把水盛在盖子里去，不然怕渗漏的太快。你放这盖子到草堆里去，要把盖子着地，上面盖草，方不渗湿了误事。②"长寿领会，继问道："这个法子，我想不妥，万一白烧了房子，老儿倒不曾烧在里面，反闹的惊天动地。并且把付老骨头葬在火里，也不免有点儿问心不过，能够怎么样叫他一无痛苦，和睡着了去的一般方好。"企仁想一想道："那也有一种药，便是外国医生用的迷药，叫做哥罗方，多嗅了，便会迷过去回不转来。"长寿道："那么用这个法子好。"企仁点首，两人就此议定。正是：

　　　　科学昌明添虎伥，家庭危难出鸩媒。

------

①　眉批：企仁亦是知趣人。
②　眉批：惟出过洋的学生乃有此种学问，乃有此种手段。

第八十回

顾长寿迷魂破鬼计　李冠英仗义断官司

　　却说魏企仁和长寿计议停当，次日便和慧儿告辞顾忠，径自去了。临行，慧儿不免有些恋恋，顾忠还教他改日再来。只有长寿和企仁两人心中暗暗好笑，以为再来时，只怕你老人家已经投了胎呢。顾忠那里梦想得到，见他两小夫妇去后，依然享着他的闲福。独有长寿，眼巴巴的盼着企仁寄东西来，又怕接在老儿手里，每日总到门首盼望。

　　这一日，居然被他盼望到手，看是一个极小的玻璃瓶子，装潢得极为华丽。仔细一看，却明明是个玫瑰香水瓶儿，面上还贴着一朵玫瑰花牌子，向塞子上边闻闻，竟是玫瑰香气。不禁跌足道："误事误事，这个定是拿错了慧儿的香水寄来，那里是什么迷药？若是迷药，我闻着，那有不头胀的道理，这真正是误事。"继而又笑道："管他呢，他送给我一瓶儿香水，我也落得受用。这香气不是和慧儿身上的一样，我闻到这个气味，我心里便好像心花儿一朵朵的开了似的。我拿去藏在枕边，倒有趣儿。"想着，便自回房，心里又胡思乱想了一会，继而忽又疑惑起来道："说不定就是迷药，但是迷药又不该闻着毫不觉得，光景隔着塞儿闻的缘故。我想企仁说，闻多了才会回不过来，那么我如果稍微闻一点儿，便真是迷药，也不过打一会儿瞌睡，有什么要紧？"想到这里，便把塞子打开，先远远的嗅一嗅，竟是香水，便把鼻子凑近去，再嗅一嗅，愈觉得真是香水，一毫也不觉得。不觉笑了起来，仍把瓶子盖好，推过一边。站起来，却不妨一个头晕，栽倒地板上去。

　　只一声响，顾忠当是什么，忙进来看时，见是长寿跌了，忙去扶他，那里扶得起。向他脸上一看，两个眼珠儿呆在中间，好像没了光的一般，吓得顾忠只当他着了邪魔，忙向长寿耳边叫道："长寿，你怎么了。"禁这一问，长寿竟似中了催眠术一般，只见魏企仁在自己面前问他，因道："你怎么寄错了一瓶子香水。"顾忠看他神色不对，当是见了鬼，又问道："你和谁讲话呢？你讲的我不懂。"长寿还当企仁问他，①因发急道："怎么说，不是你教我拿迷药迷杀那老头子吗？"顾忠益发骇异道："谁教你谋杀谁？"长寿眼里，忽然换了一个慧儿问他，因答道："慧儿姐，你不知道呢，你企仁和我讲好的，谋杀你外公。得了全哥儿的产业，分给我一股呢。"顾忠听见这话，好似当头一捧，忙道："你这话从那里讲起？"长寿还只见是慧儿问他，因道："你不信，我有企仁亲笔写的笔据呢，我拿给你瞧。"说着，竟自伸手向裤袋里掏出那张证券来，向空乱塞。顾忠接来一看，眼见得不是呓话，分明顾氏祖宗附在他身上，②不禁跪在地下叩头不迭。长寿还自喃喃道："这会子你可信了，不过不把老儿治死了，他活着总不方便。"顾忠听说这话，打一个寒噤，厉声道："你这丧天害理的畜生，主意到底是谁起的？"此时，长寿忽换了幻象，见是一位金甲神人，手擎着巨斧向他喝问，知道欺瞒不过，便抖索索的从头背起，一丝不漏。

看官，你道真是菩萨祖宗显了灵吗？原来不是。大凡一个人着了迷，他那神经便失了感觉，任你用刀子割他，也不知道疼痛。只是向他耳边去讲不得话，若是讲了什么，他眼前便幻出什么景象。有时，一个人在病中发烧得利害的时候，也是如此。日本有一种催眠术，却不用药，拿一个小球杆儿放在人的眼前，叫他注眼看着，他把这球儿渐离渐远，那人的眼光也跟了远去，一时也会迷了过去。迷了之后，问他什么，他便会尽情对答，把心里所想，眼前所幻的都讲了出来，这是心理上的讲究。顾忠那里晓得，还道祖宗菩萨显灵，只把长寿和企仁两个，恨入骨髓。又想长寿竟忍心害理，想谋死自己，益发恨如切齿。当叫几个佃户到来，把长寿用根绳子捆起，自己拿了那张（样）证券，投报吴县衙门里来。

那吴县不是别个，便是李冠英，听得这等的事，骇异到了万分，立即升堂。先把顾忠传上来问过，顾忠说明就里，又把魏企仁写的证券呈上。冠英看了，便叫站堂的用冷水喷醒了长寿，带上来问。长寿猛醒过来，好似做了一场怪梦，眼见得两旁站着衙役，上面坐一个官儿，旁边还站着一个顾忠，不禁吃了一惊。自言自语道："难道还在这里做梦。"那两旁衙役，早喝起一片声堂威，上面李冠英把惊堂一拍道："这

---

① 眉批：竟是受了催眠术的神景，不知如何体会出来。
② 眉批：疑是祖宗附着说话，老头子确有此等心理。

混帐东西，先带下去打了再问。"早听两边差役应一声"喂"，闪出两个人来，一把揪下堂去，①到穿堂下揿倒，一个拧着辫子，一个按住腰脊，两个刑杖蹲在两边，一十二十的打了起来。打的长寿叫痛不迭，两腿上好似雪片儿黏上一般，又冷又热。②一会子堂上叫放上来，那刑杖手还狠狠的添上两下，方住了手。长寿站起，一手塞着裤腰，一手挥着眼泪，一跷一拐的走到堂上跪下。李冠英把那张证券掷下去给他自看，喝道："你把你和魏企仁怎么商量，怎么图谋你寄父的，——的照直供来，倘还敢狡赖一字半句，再仔细着你的皮肉。"长寿眼见得事已败露，便一五一十的直供不讳，招房一面录了口供。

李冠英道："你和魏企仁怎么样约着，叫你寄信到那儿去通知？"长寿道："原和慧儿约在日本东京村上旅馆里的，后来企仁改在上海虹口百来旅馆里等信。"冠英道："你知道这个罪名吗？你现在还算是下手未成的从犯，那造意的首犯便是魏企仁。如果魏企仁走了，你就没处推诿，少不得首犯就是你了。我如今把点子恩典你，你快写封信儿，只说你寄父已经死了，教他转苏州来。"长寿道："这个使得，但是企仁原说，得了我的信，仍要往日本去转了才回来的。"因把他们想从叶魁那里，绕个道儿的意思说了。冠英点点首，因道："那也另有个办法，值堂的，你把那证券附着卷，把长寿带去收监。"左右答应一声，早呈上一块监牌，写好长寿的名字，冠英就标上朱。一面提牢房早把长寿上了颈链，一手接了监牌，一手牵了长寿下去。冠英又叫值日差，随同顾忠去，把那药瓶取来存案。当下退堂进去，先到书房里，和白剑秋讲了，教他办一角关提文书去到上海提那魏企仁、薛慧儿两个。剑秋领命。

冠英便到上房里来，将这番怪事，告知他夫人白素秋。素秋听的呆了，说天下竟有这种险诈的事，要不是长寿自家败露，那顾忠的性命怕不早结果了。冠英道："这也是顾府上谩藏诲盗的缘故。两位姐儿，既然都已嫁了杭州去，就早该把这里产业，分析了归并过去。那全哥儿，再也不会得还在人世，这回子忽然登起招寻的告白来，分明引鬼揶揄，招人觊觎。我想蓬仙和宝珠，都还有些孩子气，干不了正经。这件事，总得文老和沈左老两个作主，索性给他分作三股，一股留着，做了顾氏的祭产，两股给他两姊妹儿分了的妥当。将来眉仙和浣花，谁先有了孩子，把一个做了顾全的后（逡）人，也就罢了。"素秋道："早该如此，只因眉仙和浣花两个，都不肯自己

---

① 眉批：话画前清堂判时局面。
② 眉批：两腿上尝着这种滋味，作者如何也体会得出来，一笑。

出主，蓬仙和宝珠又不便启齿，所以大家都冰搁着。你既有这个意思，好在眼前出了这一番乱子，你便写封信去，给文老爷和沈左襄商量，也是该派，算不得好管人家的闲事。"冠英点首，便自到签押房去写信，加上马封，着人送去。一面把顾忠传来，说知此意。顾忠甚合己意，忙跪倒地下叩头，说替先老爷叩谢，顾氏有后，都是大老爷的恩典所赐。回去，便把一应田房产地开下清单，呈送到案。

不多几天，魏企仁和薛慧儿都已关提到来。过了一堂，人证确凿，也抵赖不去。冠英便和剑秋商量录供通详，一面秦文和沈左襄信转，都说请冠英替他们作主，无不乐从。当下冠英便教剑秋一并叙入详稿，剑秋答应，自去起草。次日送给冠英看时，只见上面写道：

> 为详请事。案据顾忠报称，伊幼主顾全，于十二岁时乘倪锦福船前赴维扬，途次翻舟被难，曾在吴县报存有案。卷查属实，迄已七年，杳无踪迹。伊主芝珊等兄弟三房，长次两房并无子嗣，长房一女，嫁归秦氏。次房一女，嫁归盛氏。三房一子，既顾全。所有祖遗产业，向未分析。已嫁二女，痴念顾全或在人世，爰一面登报招寻，而以所有财产，悉交顾忠管理。讵顾忠有外孙女薛慧儿，起意图财，教令其夫魏企仁冒为顾全，转恐顾忠义不肯为，串同顾忠之义子长寿，令其下手毒毙顾忠。并由魏企仁预用顾全名字，出立证券，允许长寿于事成之后，分给财产三分之一。事经顾忠察破，扭送长寿前来，讯供不讳。续提魏企仁、薛慧儿到案，质讯证券，笔迹分明，毒药现在，亦各不讳。据此，魏企仁为造意首犯，照谋杀人已行而未曾伤人例，拟徒三年。长寿拟照为从例，处十等罚。薛慧儿拟照诈教诱人犯法例，与魏企仁同罪。至薛慧儿供称，只图谋财，未图害命，保非狡辩，是以未敢任听避就擅为出入，除暂一并收禁外，所拟是否有当，理合具详，呈乞察夺批示施行。再，查顾氏谱牒，并无同宗昭穆，周亲支属等堪为应继，照例户绝财产，果无同宗应继之人，应由所有亲女承受。顾忠以危难身经，不敢再任保管之职，经知县商同二女夫属，嗣后二女孰先得子，即以承继顾全为嗣。现将所有财产，划分三股，以一股提为顾氏祭产，将来由顾全嗣子承受，余则二女各得其一，俱经各该夫属，允愿取结备案。合并陈明，为此具详，伏乞照详施行。①

① 眉批：详文简赅老到，非斫轮手不办。

冠英看了，说照这样详出去就好，不过薛慧儿的罪名重了一点。剑秋笑道："还轻呢，若拟重一点儿，便是绞罪呢。照这样，还是咱们积的阴德。一个女孩子家，起这么一个阴（隐）谋鬼计，简直是死有余辜。所以遇到这种上面，便不能还存起一个怜香惜玉的心来。"冠英不禁笑了，便叫剑秋发房写去。顾忠听得长寿只拟了一个十等罚，自己外孙女儿倒徒上三年，不免有些不平，便钻条门路进去，求太太作主。①素秋本在二堂背后，暗地见过慧儿，长得怪可人怜的。因便替他和冠英说了，冠英原有此意，因被剑秋嘲笑过几句，不好意思亲口讲去，只叫素秋和他哥子自讲。果然太太的话灵，剑秋就把慧儿科了个不应为的重律，处八等罚，把长寿改重了些，比照用毒药杀人买而未用的例，也徒三年。②便装成宗卷，出详定案。正是：

　　世事但凭反覆手，美人都有爱怜心。

---

①　眉批：衙门里能走太太的路，事无不济。
②　眉批：一经改引，轻重判然，刑名家出入人罪，真可以意为之。然而现在新刑律亦何独不然，可胜浩叹！

六 集

第八十一回

哄丧事文老逝世　慰慈怀珠儿诞生

却说李冠英把魏企仁的案子详定之后，便把顾忠开上来田产单子分缮两份，寄给秦文和沈左襄看。沈左襄因顾眉仙已是自己的寄女，浣花又如亲生的一般，就把两姊妹接到叶府商量。两人的主意相同，把四千多亩庄田一应留起，作了顾氏祭产，只把桃花坞的住房和阊门外的园子，拈阄分了。浣花得的园子，眉仙得的住宅，仍教顾忠在那里管理。却是顾忠一片至诚，把那一应田房契据，交由李冠英送到秦府。当下秦文把沈左襄请来，教他收藏。左襄因为自念寒素，要避嫌疑，推脱不收，只把园地的契据取了，送交蘧仙。那眉仙、浣花自然也无话说，暂且搁下不提。

却说这年宝珠正是二十岁，秦府里一年到头，本来专做生日，也记不了这些。独有宝珠是柳夫人最钟爱的，大家要凑柳夫人的趣儿，遇到宝珠的小生日，还要大排场的热闹一番，这会子是正生日了，自然更不必说。谁知事不凑巧，偏偏秦文病了，十分沉重，延医服药，眼见无用，没得法了，便去问卜求签。秦文是不信鬼神的，偏偏袁夫人信得利害。[①]有人说，只要延请僧道，打上四十九天的大醮，便借得到一纪的寿。于是东花园里设了佛坛，西花园里做了道场，直从六月初一闹起。柳夫人也深恐秦文有甚长短，少不得丢下一天欢喜，引起万种忧愁，还有什么心思给宝珠做生日，只算那些道场佛事，是替宝珠热闹的罢了。这时东、南两府里人，也都没了兴采，秦珍忙着帐务，秦琼、宝珠派在两坛监忏，足足闹了一个多月，两府里人早已个个人疲马

---

① 眉批：写尽妇女心理。

乏，独有那一班僧道，越显精神。①

　　秦文病的是气急痰喘，身子虽起不得床，心里却还明白。打这大醮，袁夫人等都瞒着他，他明明听得些钟鼓铙钹梵呗步虚，有时随风送入他耳朵里来，知道禁阻他们也是白费唇舌，就索性装不知道。②自己晓得已是六十二岁的人，此番多分起不得床，心里有许多事，却满腹想转，没得一人可和他讲得。平时看去有点心机的，只有石漱芳一个，因便存定了一个主意。当时秦文也不说破，所以作者也无从预知。谁料道场未毕，才到四十二日，秦文便自撒手而去，临终也并无一语，吩咐众人。③

　　此时东、南两府里人，都像遭了国丧的一般，沸乱得无可形容。亏是向来家务都由秦珍夫妇管理，这会子若没有他夫妇两人，几乎动手不得。袁夫人等除了哭泣，再无别话，柳夫人等也都凄惶失序。当下外面料理丧务的，有了沈左襄、葛云伯、陆莲史、金有声四位老者，帮同秦珍主持，以外的一班后生家，但只听着指挥；里面就是沈藕香、石漱芳两个，以外的也不出主意。家人们得用的，便只一个张寿，一个沈顺。偌大秦府，出了偌大一件丧务，也就亏他这几人办得下来。

　　这日正是七月十二，秦文是酉刻去世的，秦府里哄这丧事，便没了昏晓。一班眷属仿佛都堕入云雾之中，在那里做着恶梦，满堂灯火也都变了暗昏昏的颜色，不饮亦不觉渴，不食也不觉饿，不睡也不觉倦。藕香、漱芳两人是打起了精神的，更不必说。此时吊客盈门，里里外外也不知添出多少人数，谁也点不清人头，记不清名字。明明自己府里有上许多家丁，却又亲朋故旧，争把自己家人荐过来帮忙。明明有着现成的僧道，却不肯把那道场中途休歇，另外又请了僧道来诵度人经。又添上许多裁缝，赶做秦文的衣衾和合府上下的孝服。放着叶太夫人的寿材不用，却去买了茵陈木来，雇了工匠，当堂制合。又把里里外外的桌椅披垫、灯须门帘，一应改换素色。自头门外起，直到东正院，都盖了棚敞，幔上白布漫天幛儿，重重门上结了白色彩球。

　　这种铺排都是葛云伯的大才，仅把万丰号里的钱，和水一般一担一担的川流不息挑来使用，他说："人生一世，到得今朝日下，不给他老人家受用点儿，也说不过去。"你想葛云伯这等说法，谁还好讲出一个不字。沈左襄讲了一句与其奢也宁俭，

---

① 眉批：僧道心理，只盼秦文之死，庶有生意。
② 眉批：所谓不痴不聋，难作家翁，文老亦是解人。
③ 眉批：文老心中究竟含有何种秘密，作者偏不肯揭破，真恶剧作。

他便发出许多议论，说丧事是该派称家之有无的，因此别个也不好说了。①那秦文躺在床上，足足过了三天，才得入棺掩盖。那时天气炎热，替他贴身动手的人，几乎呕死了几个。此时袁夫人等，心里不知苦到怎样，我也描写不出，只好囫囵不提。

自此以后，秦府里好像换了一种世界，往时热闹的那些笙歌筵宴，这时都变做了经忏道场。不上几天，把个柳夫人活活的闷出病来了。幸而有宝珠一班人，每日伴着他承欢博笑，不曾把他闷死。却巧中秋那天，蕊珠养了一个男孩子下来。柳夫人本自眼巴巴的盼着抱孙，此时欢喜，自不必说，取名叫做珠儿。本该总有一番热闹，只因秦文丧事，余哀未了，东府里哭泣，南府里笙歌，究竟也说不过去，因此绝不举动，作者也无事可记。柳夫人因有了个孙儿，便专心致志的在那孩子身上。到了满月，就叫蕊珠搬到南正院来住，雇了四个乳媪，派上几个丫头，当做鱼虫花鸟的一般，供养在自己面前，也就不想到别的顽意儿了。

光阴迅速，转瞬已过半年。这日是个元宵，照往常规矩，两府里人都在一粟园里赛灯排宴，那春声馆的班头，总去找请一两个新角儿来，凑趣讨赏。这班子本是京里三王爷送给叶冰山的，那年柳夫人在叶府里看了说好，叶太夫人便送了柳夫人，于今已是七年了。那些女孩子都是班头的养女，有几个买来的钱，虽是秦府里出了，人却算是班头的。住在府里，除了领几个伙食钱之外，就只靠些赏钱，你想他如今韬声匿迹了半年下来，那里禁受得住。还亏香玉和伶儿、嫩儿讨得宝珠爱怜，不时有点儿赏给。班头遇到宝珠来时，诉些苦景，也总弄到几个钱来。

这夜班头见府里毫无举动，眼见得不传班子了，心中好不愁闷。探得宝珠从南正院回到夕阳红半楼来，知道眉仙是很爱香玉的，便教香玉去看宝珠，却又再三叮咛了许多话。香玉本是班头的侄女，才是前年打从苏州带来，生得十分伶俐，本来是在苏州唱戏的，因此他那一种态度，别是风流，怨不得人人爱他。此时香玉便自拿个风灯，径向紫玲珑阁来。见楼下只有两个婆子，因问："韵儿姐在楼上么？"婆子道："在呢。"因喊道："韵姐儿，有人找你呢。"

韵儿正陪着宝珠、眉仙，一桌儿斗叶子戏，因道："谁吓？"香玉听是韵儿声音，应道："我呢，三爷在这儿吗？"宝珠听是香玉的声音，因道："可是香玉吗？你上来便了。"眉仙道："香玉到这儿来，倒难得呢。韵儿，你让他来，你引他去。②"韵儿便

---

① 眉批：一路写来，淋漓尽致，足以针砭世俗，亦足以发人深省。

② 眉批：如闻其声，如见其人。

放下叶子，去打门帘。香玉早已站在门首，不敢进来。韵儿因和他握手问好，一同走进房去，见过宝珠、眉仙。眉仙看他堆着一脸的笑容，因道："多早晚不瞧见你，我怕你们闷得怎么样了，你早该常到我这儿来，便不唱曲子，清谈谈也有趣儿。"香玉笑道："就怕惹爷和小姐的厌，不敢来。今儿来了，可不是打断了兴致呢，我心里却悔得什么似的。"宝珠道："你来得好，我正闷的慌，才搅这个来。你瞧我这副叶子，散得这样，那里还斗的起来。"说着，把叶子摊在桌上。香玉便伏到宝珠身边去看。眉仙看他眼光虽然射着叶子，却那神情并不注在上面，因笑道："香玉，我会相面呢。我相你的面上，便知道你心里有许多话要说。"香玉听了这话，回头向眉仙一看，不禁笑了起来。正是：

　　猜着些儿心底事，不由人不一嫣然。

第八十二回

参情禅宝珠发奇论　偿孽债香玉起痴心

却说香玉被眉仙一句话打在心里，不禁失笑道："小姐真是天仙化人，不呵，怎么知道人心里。"说着，又皱眉儿道："便是我婶娘教我来，求爷和小姐给他想个法子呢。"宝珠道："你婶娘也是个怪物，死不怕钱多，他在帐房里原领一百块钱一月的火食，也用不了。打去年中秋起，我替他求了太太，说府里有了丧事，不唱戏，你们没讨赏钱处儿。太太允了一百块钱一月的津贴，又因你的面儿，我也每月贴上他些，可不是按月都向殿春、袅烟领去的吗？老实说，我本不是个吝惜钱的人，真是你和伶儿、嫩儿这一班儿人缺了钱用，向我要，我再也没什么意见。最可恶的是那老怪物，用出一种虔婆手段，借你们的脸儿来，拿我当什么东西看！①要不是因你们几个人怪可怜的，那怕一百个老怪物，我也早撺出去了。"说的眉仙、香玉都笑了起来。

香玉道："爷讲的话不错，但是他今儿并不教我来求爷给钱他用，②他说感爷的恩也不浅了，早想把我和伶儿、嫩儿剩下在这里，求爷身边做个丫头。不过爷身边的丫头也多了，将来少不得仍把咱们赏给出去。知道咱们谁愿意跟小厮们，所以把这门心思圈起了一边。如今他想府里横竖没用班子的时候，他想求爷和小姐商量，听说小姐家的园子现在放着，任人游玩，想借小姐那园子里唱一两月戏去，搅几个钱下来，好给咱们姊妹儿一条去路。我想这事，太太总没有不肯的。不是太太常说：一班女孩子也长成了，终不成教他们做梨园白发，老在咱们家里。如今求去，不必说是肯了的，不过出去了，又不得个局。所以想这个主意，来求爷和小姐。"

---

① 眉批：骂得痛快。
② 眉批：说得委婉。

　　宝珠听了这番话，却一句也回答不出，半晌道："天下本无不散的筵席，不过便这样的散了，我心里总觉有一种说不出的凄楚。其实我也想不出法子来安顿你们，只恨我这一个人不能变化分身，弥补不了这些人间的缺憾。"①眉仙笑道："你这种话，我最不爱听。难道天生下的多少美人，个个只派嫁你，除了你，便没有人配得上了？"宝珠道："也不是这样说，譬如我自己园里养着的好花，自己舍不得采一朵儿，眼睁睁看人家摘了去，你想我心里可疼不疼？"②眉仙道："照你这样说，凡是自家的姊妹或是自己的女儿，就该都配给自己一个，万不舍得嫁出去了？"③香玉、韵儿都不禁一齐笑了。宝珠也顿住了嘴，半晌才笑道："如果我做了皇帝，我一定改了这种礼法，也是天底下一桩极便宜的事呢。"说得眉仙也不禁好笑。宝珠却只把眉仙所说的笑话，当做一个问题，在心里研究了半天，道："仔细想过，兄妹为婚，也实在有利无弊的。若说女儿，则他又有他的兄弟在着，派不到自己身上。"④眉仙笑向香玉道："你瞧，这位爷敢真有点儿疯了呢。"

　　香玉道："爷每每想一件事，总想过了头，所以想出来的念头，总是世间上做不到行不去的事。据我说，一个人只在一个心，要是心里爱这一个人，永远不会抛弃了，便也不必定要嫁娶。"⑤宝珠道："你这话果是不错，我也细细想过。为什么世间上的人定要嫁娶，因为女儿家不能不从一而终，在那花枝一般的时候，自然博得人爱，取得人怜。⑥若不就此嫁定了，将来到得花老春残，少不得从前爱怜他的人，又去爱怜别个。因为这一层缘故，所以才要嫁娶，定了名分，使他两个一世抛弃不开，忘怀不得。所以叫做定情，就是把两下的心情，都从此镇定了，移动不去的意思。⑦譬如你今儿在咱们府里，你爱着我，我也爱着你，将来你出去了，若没有别个你爱的人，那自然还爱着我。倘如有一个比我还可爱的，他又比我还爱着你，你到那时，不由不把你爱我的心思，爱着他去，便是我也是如此。⑧若是嫁娶定了，那便你要不爱我，我要不爱你时，也不过偶然烦恼一时半刻的工夫，到底想来，我不爱你，谁还爱你；你不

---

①　眉批：深情委婉，真觉无可奈何。
②　眉批：妙喻。
③　眉批：妙驳。
④　眉批：妙解。
⑤　眉批：香玉亦是可儿，乃有此种妙语。
⑥　眉批：体贴入微，说得透彻之至。
⑦　眉批：解释定情二字，真是别开生面。
⑧　眉批：愈说愈妙，玄之又玄。

爱我，谁还爱我？由此一念，便生怜惜，到得彼此怜惜，那爱情便再也移动不动了。①进一层说，一个人要人爱怜什么事，因为一个人免不得有一个身老病死的日子，若没有一个素来爱怜他的人，到得那时，就少不得受人嫌憎厌恶，还有谁爱怜他？譬如一株花木，有主儿的，任他花凋叶落，和铁树一般，一千年不开花了，他那主儿总仍笑护着他；若是没主儿的，少不得被人斫了去做柴烧。若是有主儿的，不说别的，便是楼窗外的石笋，可肯任人去踹他一脚么？"

眉仙一面听着宝珠的话，一面看着香玉的神色，看他本是满脸的笑容，如今早已变做了一种凄惶颜色，好像笑不出哭不出的样儿。因想：此儿毕竟可人，宝珠对他讲这种话，分明是苦了他的心，他心里何尝不想嫁宝珠来，其实宝珠便再娶上他一个妾，也不妨什么，不过旁人不知道宝珠的，总有许多议论。又想：香玉终究是个女伶，虽然长的可爱，知道他的心是怎么一个，此时被宝珠说了这一番话，自然心里有所感触，只怕从此又添上一重情障呢。因道："谁和你参这些情禅，我倒要问问香玉呢，你婶娘要带你们去，你心里怎么样？"

香玉被这一问，不禁"哇"的一声哭了。原伏在宝珠身边的桌角儿上，这会子竟投在宝珠怀里，一兀头甘愿立时哭死了的一般。眉仙笑道："我知道宝弟弟这人，最是害人的一位魔星，你说得香玉心里这样，我瞧你怎生发付他。"宝珠笑抚着香玉道："好妹妹，我知道你心里，但是我只没法子奈何你那老怪物。我若越爱你时，便越苦了你。②你那老怪物的心思，我早探出过了，他把你当做无价之宝，一不肯拿你卖钱，二不肯与人作妾，你想教我怎样？"香玉道："我如今想来，不如死了的好。"③宝珠道："你死什么，便你要死，他也决不放你死去，徒然苦了自己。依我的意思，你不如安心定魂，等他死了，再作道理。"眉仙笑道："那老不死的怪物，正健旺呢。照你这样讲去，你便要做第二个魏企仁了。"④宝珠不禁失笑。惟有香玉不解这话，因仰起头来看眉仙。

眉仙见他满脸泪痕，因把香玉搂到自己身边来，道："好姐儿，你不要苦坏了身子。我和你讲，你婶娘要借园子，我明儿和浣花讲去，⑤包管做得到，你尽跟你婶娘

----

① 眉批：可当一篇爱情讲义读。
② 眉批：老怪物亦是积世虔婆，不意遇着宝珠，偏偏看穿他的伎俩。
③ 眉批：看得透澈，说得伤心。
④ 眉批：妙语解颐，且应上文。
⑤ 眉批：借园子要和浣花讲，不是眉仙推托，乃是作者照应上文。

去走一遭儿。你前生欠下了你婶娘多少孽债，少不得总要偿清他的，你今生若不偿清了，再转一世，只有加重点儿利息。大凡一个人，不拘什么遭逢，多有点儿孽债冤缘在里面的，任你推避，也推避不了。你的心愿我也知道，如果你偿完了你婶娘的孽债，那时自然能够自由自主，如你的愿。你不瞧别个，单瞧我和浣花妹妹、和婉香姐姐两个，你便知道天下的事，不是人力勉强得来的了。"①香玉听着想着，觉得眉仙的话也极是不错，便呆呆的出神无语。正是：

儿女心肠皆软软，人生遭际太茫茫。

---

① 眉批：眉仙可谓情场之佛，现身说法，尤易感人。

第八十三回

儿女痴情未甘离别　夫妻调笑不碍讥锋

　　却说香玉听了宝珠一番话回去，一路想着自家身世，竟是除了宝珠，再没第二个人可托，懊悔从前不把真心去待宝珠，①这回若出了府去，知道此生还能不能相见？照此想来，万不该替我婶娘求去，好在眉仙虽答应了借园子，我婶娘原未知道，不如我回绝了婶娘，说是不准，料他也是没法。不过为着我一个儿，担误了大众姊妹，有一点儿问心不过，②但是也说不得了。又想：万一我婶娘自己求太太去，可又怎样？想到这里，自己心口相问了半晌，忽想定了一个主意，便仍回向紫玲珑阁来。

　　刚到秋叶门边，见韵儿掌着灯，照了宝珠出来，向醉仙馆去，③忙紧一步，叫声"三爷"。宝珠回头，见是香玉，因道："你又转来什么事？"香玉一手擎着灯，却低下头去，半晌讲不出话。宝珠看他眼角上还有泪痕，粉脸上泛出一层红晕，映着风灯，分外可怜，④因道："你怎么便痴到这样？"香玉看了宝珠一眼，欲待说时，却又缩住了嘴。韵儿知道碍着自己，便先走一步，进了垂花门去。⑤

　　宝珠见香玉有话，便挨近肩儿去问他。香玉哽咽道："我想我如果跟我婶娘出了府去，怕便没有再来的日子。我这会子想来，不如请爷回过太太，不许他出去的好。"宝珠笑道："那么你头里怎么又替他来求呢？"香玉道："头里我没想到自己身上，我婶娘教我怎讲，我那敢不讲？"⑥宝珠笑道："这会子你想到怎么来？"香玉道：

---

①　眉批：原来香玉从前并不把真心去待宝珠，何况青楼中人耶！
②　眉批：香玉毕竟是个天性中人，否则耽误别人，干卿底事。
③　眉批：宝珠虽享艳福，但亦未免太劳。
④　眉批：写尽女儿心性。
⑤　眉批：韵儿亦是可儿，知趣乃尔。
⑥　眉批：说得可怜。

"我想我能够一辈子在这府里，无论变做虫豸儿，也不愿意再飞出去。"①宝珠道："那么你在春声馆过一辈子么？"②香玉道："那也是我生成的薄命，说不得了。③我自分我这个人，既唱了戏，便只算世界上的一个顽意儿。④爷也不过当我是一件顽意儿，和小孩子爱泥人儿的一般，过了几时，便丢了也不可惜。若是家里有着玉人儿的，虽然看的泥人儿也还可爱，却总没心思要这泥人儿，去供列在玉人儿堆里。在泥人儿自分，也配不上。⑤不过如今有人要把这泥人儿丢向水中去，若眼睁睁的任他丢去，只怕人情物理上也讲不过去。"

宝珠叹口气道："你讲这话，你真不知道我的心。我早讲过，譬如满园里开着几百种好花，我怎的不爱，我又怎的不想尽数儿采来，戴在我的头上？不过，我头上究竟戴不起几百朵花，采了他来，又不戴他，怎么对得住那花儿呢？"⑥香玉道："爷这话果然是，我就是爷园里的花儿，我也不愿爷采，也不指望爷戴，只愿开在爷园里，落在爷园里，爷时时爱护着，莫任人家蹂躏，便侥幸了这花儿一世。"⑦宝珠道："你果然是这样的见解，那便真是可儿。我的心思你今儿既明白了，你从今以后不要又怨我，说我无情，又再不要说我是假情，是矫情呢。"⑧香玉摇首道："我也打今儿起，总把真情至情待爷，只要爷始终不忘情于我便了。"说着，脸上不禁又红了起来。宝珠知道香玉还不免有点儿痴情，心里怪可怜的，因道："我知道了，你放心，我明儿想个好主意，回过太太，无论如何总把你留在这儿。等你自己爱去，再让你去便了。"⑨香玉知道宝珠也还信不过自己的心，因便不再分说，把风灯的烛煤剔去了点儿，道："我照着爷去。"宝珠点首，香玉便把宝珠送到醉花仙馆廊下，便自回去。

其时一轮圆月已斜过西去，照得软玉房里满地都是花影。宝珠进去，见韵儿还把风灯摆在桌上，和软玉谈天。软玉见宝珠进来，因笑道："你和香玉怎么今儿便有这许多话讲？"宝珠道："该打我自己的嘴，他和我原是一无挂碍的，我今儿偶然间

---

①　眉批：妙人妙语。
②　眉批：问得婉妙。
③　眉批：答得婉妙。
④　眉批：以女儿身做人顽意儿，宁不使天下美人同声一哭。
⑤　眉批：泥人玉人，比得尤为沉痛。
⑥　眉批：又将花比，却又是一种解说，真觉舌粲莲花，现身说法，可当佛经读，亦可当圣经读。
⑦　眉批：答得尤妙，玄之又玄。
⑧　眉批：原来宝珠也知香玉平素待遇，实是假情矫情。
⑨　眉批：原来香玉平素待遇宝珠，也并不是真情至情，推其故不过忠于老怪物，替老怪物骗银钱耳，可胜浩叹。

讲讲,触起了他的心事,这会子他又死叮在我身上了呢。"软玉道:"论香玉这人,也实在教人可爱,他既然有心向你,你就不该辜负了他。"①宝珠道:"我那里忍心辜负了谁,就怕辜负了他,我才不敢惹他来真的爱我。如今他却真的爱了我了,我真有点儿为难。"②软玉笑道:"这有什么为难,你自己不敢回太太去,我给你回过太太,请太太吩咐他婶娘,收做了妾媵,怕有不肯的事吗?"

宝珠道:"韵儿刚听我说过,莫说那老怪物既不肯将他卖钱,又不肯与人作妾,便算是肯,我也不愿再添一层绮幛。他比你蕊妹妹年纪还小,不瞧你妹妹已磨的我够了,一会子不许我离开一步,一会子又不许我站在他眼前,我走他又怨我,我不走他又厌我。前儿有了喜时,把我当了做仇人,如今有了孩子,却又把全个儿心思注到孩子身上去,拿我当做赘疣。③幸而只他一个,如此要是你们都和他一样,我可不做了个罪人吗?若再添上一个香玉,可不更苦死了我。"

韵儿听他讲着蕊珠,便只笑笑,不敢插嘴。软玉笑道:"我倒说你正要这样才有趣儿呢。"④因对韵儿道:"他常说,婉姊姊也被你小姐教坏了,把他这人当做可有可无的一般,不比从前的亲密。从前婉姊姊的脾气,便和如今的蕊妹妹一样,一刻儿不见面,便说是冷淡了他,见了面,多讲一句话,又说是奚落了他。他两个儿,没一日儿不恼了哭。如今不恼了,倒又怪到你小姐,说是教坏了的。蕊妹妹和他恼,又说苦了他。你想这位爷的脾胃儿,可不是真难捉摸了。"⑤

韵儿笑道:"论我小姐,也真有点子古怪性儿。他说他并不是嫁的爷,他是嫁给婉小姐的,因从小儿和婉小姐讲的来,说将来一生世不要离开。谁嫁了谁,谁也同嫁了谁去。因为婉小姐嫁了爷,他才嫁爷,他说爷和他,他和爷,本来两下里没什么情分。你想这话可不要笑死了人?幸而从前咱们小姐没另许了人,若是两个不接洽,各自各许嫁了一个,不知道该派谁依了谁来。"⑥宝珠笑道:"你小姐是着了情魔的,你怕还不知道。他说只要两下有情,不必分别男女,也做得好夫妻。若是不然,便是男女做了夫妻,也只算是偿完前世的孽债。所以,他说他和婉姊姊是真的夫妻,我和他

①　眉批:其辞若有憾焉,软玉亦是可人。
②　眉批:谁字妙极,包括甚广。
③　眉批:蕊珠乃一天真烂漫绝无城府之人,尚且不易对付,则其他可想见矣。妙在意在言外,可作多妻镜观。
④　眉批:醋意盎然,妙在措辞得体,绝无一些形迹。
⑤　眉批:妙语如环,面面俱到。
⑥　眉批:如闻娇语,如见笑容。

只算是一个债主。①但是照我看起来，只怕他今生欠我的债更重了点儿呢。"②说得软玉、韵儿一齐笑了。三人又闲谈一会，韵儿便自回去。一宿无话，不妨暂且按下。正是：

　　娓娓言情忘夜永，未防明月已窥窗。

----

① 眉批：夫妻是个债主，说得尤其玄妙。
② 眉批：今生欠的什么债，思之令人赧然。

第八十四回

两姊妹缘分共三生　难兄弟商量留一脉

　　却说次日宝珠起来，因把昨晚香玉代他姊娘请求的事，禀明了柳夫人，却把香玉不愿同去的话也回明了。柳夫人想了想，道："论理咱们家的班子，放出去外面唱戏，不知道底细的，还只道是咱们家的主意。那婆子虽有这门心思，可也由不得他。这班孩子们给他带去，知道怎么一个结局。你和他讲去，说是我的意思，他要走，尽他走去，孩子们不许带一个去，看他怎么样。"①宝珠大喜，因把这话亲自到春声馆来，当着众人发表过了。只把那个婆子气个半死，那香玉心里感激，自不必说，从此更是倾心着意在宝珠身上，暂且按下不提。

　　且说秦琼开的那一爿铺子，当初原是和秦珍两个拿出些私蓄来拼开了，做个俱乐部的。如今秦文已是去世，他两个也就不瞒人，又且主持家政的乃是秦珍，他便放出大手臂来，添上些本儿，索性把房子也翻造过了。却是一所七间两进的大洋楼，外进做了店铺，里进做了住屋。你道这住屋里住的是谁？原来是秦琼自从蒋圆圆死了以后，便和石漱芳不睦，尽在外面寻花问柳，也不止一日了。②在京的时候，却和秦珍一处儿在外应酬，因此两人都有了一个相知。

　　那相知的人，却又不是妓女，也不是什么门子里人，听说是一个什么学堂里的两位女学生。③原是两姊妹儿，大的叫做苏丽君，小的叫做苏爱君，都出落得风流消洒，别是一种可人的情性，比秦府里的诸位小姐，简直有天壤之别。略略比赛得过

────────────

　　①　眉批：柳夫人真是护花教主。
　　②　眉批：夫妻不睦，便有这种事情发现，为人妇者，可不鉴诸。
　　③　眉批：奇峰突起，出人意表，作者自言，《泪珠缘》从五集起便是社会小说，读此益信。

的，只有一个赛儿，和苏爱君有些相像，但也不同。因为他两姊妹是阅历多了的人，那种倜傥行为，妩媚的举动，便是春声馆的一班女伶，也没得这般跌宕。却有一种乖张脾胃，都不愿嫁人，只是形迹上也不讲究什么。他和秦氏兄弟在名义上只算是个结义的兄弟姊妹，其实按到实际上，也和夫妻差不了多少。只因珍、琼两人都是有了妻子的人，所以都不愿意做他两人的外妇，却是心里又爱上他两个，①因此从长计议，仗着他两姊妹儿懂些外国科学，又和学界中一般人物相识，所以开这一爿文具商铺，做个根据之地。两位爷们，也便将这所在，当做铜雀台一般，穿花似的来来去去，好不快乐。小厮们谁不知道，只不敢传进中门里去罢了。

这苏丽君和秦珍，本来很要好，叵奈秦珍家里有着一妻一妾，又添上些家务，忙个不了，偶中来转一转，便自去了。②丽君因此不无有些触望，又加秦珍的年纪要比自己大上一半，幸而不是嫁与秦珍的，所以也没什么拘束。他两姊妹便都专心属意在着秦琼身上，只不过要钱用的时候，又少不得秦珍。③这位琼二爷是没有权的，所以秦珍来的时候，他两姊妹又都热趁着秦珍，好的他们是兄弟姊妹，也没什么醋意，相安无事，到今已是一年多了。

谁知事有凑巧，这苏丽君竟已有了三个月娠，到这时候便成了一个难题目。在秦琼的意思，原想做在秦珍身上，免得自己担着肩仔。无奈丽君不肯，他说："我原不曾嫁谁，养这孩子下来，算个什么名儿，不如服两剂药，堕了的干净。"秦琼道："这个使不得，我和大哥子都还没得孩子，好容易得了一个，要是男孩子，堕了岂不可惜。依我的主见，不如竟是明公正气的，你爱谁便嫁了谁，养下这孩子来，便是谁的。"④丽君笑道："你倒说的简捷，究竟这孩子是谁养下的，连我自己也记忆不准，终不成拈阄儿吗？况且我如果要嫁，何必等到今儿。我只为一个女儿家，嫁了人便要受人的管束，什么事都由不得自主。又况你们家，动不动拿个门风家教的大题目来压人，谁愿意做你家的媳妇去？照我现在这样，好便咱们聚首一辈子，不呵，我还是我，你还是你，有什么牵牵扯扯的开交不得。我自有我的主意，你莫管我，我爱堕了，你也不能干涉我这些事。"⑤说得秦琼没了对付。知道他是个自由惯的人，他又自己懂得药性，

----

①　眉批：爱他两个的什么，试读者一猜。
②　眉批：一妻一妾之下，接着家务云云，忙个不了，思之令人失笑。
③　眉批：写尽一般轻薄女儿心理。
④　眉批：不孝有三，无后为大，秦琼亦肖子矣。
⑤　眉批：语妙天下，令人喷饭，作者真欲骂煞普天下轻薄女儿。

他要吃什么时,铺子里尽有着,谁还禁止得他来? 因去告知秦珍,要他想一个良策。

你想秦珍已是四十光景的人了,老养不出一个孩子下来,如今苏丽君替他有了一个娠,他自然有着许多希望。至于秦琼和丽君有些交情,他原晓得,不过细细想来,纵使这个孩子是秦琼的,譬如承继侄儿子过来,也没什么要紧。①明知苏丽君不肯嫁自己的,但既把这种子推到了自己身上,也是落得认受,弥补弥补自己的缺憾。如今听说丽君竟是这般一个主见,他便发起急来,道:"丽君这人真是乖张到了极处,他便不愿嫁我,只把孩子留给了我,也算是咱们一场情分。若说把药堕了,不要说是作孽,并且自己身体也吃了大亏,这可使不得。好兄弟,你和爱君要好,还是你去央着爱君,叫他劝劝他姊姊去。"秦琼道:"爱君的性情你是知道的,比他还要乖张。他还怪他姊姊,说吃药吃的不早,要是他,那里要等到今朝才有数儿。依我想,还是大哥子自己恳恳切切的说去,或者他感着大哥子素日的恩情,肯替大哥子留下这一点骨血来,也未可知。"秦珍想想没法,因道:"那么我停一会子便来,你先去。"秦琼便自回到铺子里去。秦珍到帐房里转了一转,正想要走,沈顺来请,说藕香请他有事,只得仍回西正院来。不知秦珍把不把这事告知藕香,且看下回分解。正是:

世上岂无连理树,人间尽有自由花。

---

① 眉批: 真会譬解, 不知作者如何体贴出来。

第八十五回

沈藕香预患思防　葛云伯将机就计

却说秦珍正在帐房里出来，因沈顺说藕香请他进去，便回到西正院来。进门却见石漱芳身边的翠儿和丽云身边的小红，笑嘻嘻的将着手儿出来，遇见秦珍，便都站在一旁，说声："请爷的安。"秦珍还问了漱芳和丽云的好，也不多讲，径自走进院中。见爱侬和赛儿两个，头对头攒在一处，看桌上摊着的一张单子。藕香却自指挥银雁，在箱笼里不知找些什么。秦珍进来，众人都不曾理会，还是银雁先看见他，因道："爷来了，或者爷拿到帐房里去了，自然找不着呢。"

藕香回头，见秦珍站在自己身后，因道："爷可瞧见前儿三太太开过来的一篇衣服首饰单子，拿出去了没有？"①秦珍道："没有。什么单子？我不接洽呢。"藕香道："当时我打东正院回来，记得放在衣袋里面，不想事体多了，我就忘记得影儿也没似的。不是今儿翠儿又送一篇帐来，我可再也想不起那一回事。等到要用时，来向我要，可不糟呢。"赛儿因道："奶奶试记记瞧，那时候穿的什么衣服，便容易找了。"②藕香道："谁还记得清呢，大约总是单衣服，仿佛记得是三老爷周年过后，大姐儿正忙着替三爷做阴寿，叫我去催花神铺里的纸扎。③我记了这件，便忘了那件，我的头脑儿真搅昏了。如今这一帐单子，快给你爷发出去罢，不要回头又丢掉了。"赛儿听说，便把爱侬手里拿着看的单子，撇手夺了过来，递给秦珍。

秦珍看了一看，因蹙蹙眉道："要做这许多的洋绸衣服，将来满了孝服，可不白

---

① 眉批：劈空而来，绝似欧洲名家小说，却又入情入理。
② 眉批：赛儿辞气绝类侦探。
③ 眉批：文老系上年七月十二日死，六十三年前八月初二日生，此是作者再点节令处，不可囫囵读过。

糟蹋了。"爱侬笑道:"现在的洋绸,花样颜色倒比花缎要好得多呢。"①秦珍道:"因为了这一点子,所以外国的缎的价钱倒要比中国缎子还贵,我就不懂什么讲究。穿素的人定要穿这些洋货,放着中国素缎子不用,倒说派用洋绸,放着现成的金器不用,倒说派用银的,将来还不是赏给了丫头、婆子的材料。落得将就些也就罢了。"藕香因冷笑笑道:"你能把这话向三太太讲去,那就好了,否则还是少说为妙。要晓得自从三老爷去世之后,咱们家糟蹋了的钱,也算不得个数儿了,这一点子洋绸衣服,值得什么?不说别的,单替里里外外、上上下下的人做的孝服,给的折白钱,也就算不清来。前儿那一篇帐,我记得还开上许多新光珠呢,说是本来有的花儿,都有红绿宝石、翡翠嵌着,重扎过,又舍不得,因此都要另外置备,要全珠子扎的才配。我约摸算算瞧,每人一头珠花,倒也不好算呢。只不知道万丰里到底有多少钱存着,几时你也得去查一查帐,自己有个把握,不要回来弄得尾大不掉。像咱们这种人家,经得起坍一回台么?"②

秦珍听了这话,心里不免骇异,因想:藕香如何抱起杞忧来了?却不知道这些当头棒喝,原是沈左襄警告藕香的,因此藕香心里也觉得有些可虑,今儿秦珍说起滥费的事,因便随口余了出来。不过秦珍心里,并不虑到日后如何,只不过以为孝服里面既不出去应酬,也就不妨将就些的意思。如今听藕香说到万丰的帐,不免心里一动,因想:葛云伯在那里经手,虽然不错,只是一年以来丧事里用的钱,也实在不少了,究竟有没有挪动别人的钱,这却自己也不曾明白。③因便拿着那一篇衣服帐儿,先到帐房里交给金有声去办,一面便自坐着轿子,竟到万丰号里去看葛云伯。

只见号里许多伙计正围在一张圆桌上,玎玎珰珰的在那里看洋钱,满桌子堆着黄皮纸包,地下还有许多藤篓,也都盛着洋钱封儿。④估量是人家送进来的存款。照这局面看来,正是兴旺头里,心里早就放了一半,料想藕香的话不过是杞人忧天罢了。走进帐房,问了一声,知道葛云伯在后进卧房里抽大烟,⑤因便不待通报,径自走去。却早有人报与云伯,迎了出来。原来万丰字号虽是秦府开的,当初只有秦文自己,偶尔来转一转,秦珍却是三年逢闰似的,难得光降,因此葛云伯深为骇异。

---

① 眉批:爱侬只知花样颜色,不知价值,可叹。
② 眉批:如闻清钟,发人猛省。
③ 眉批:秦珍毕竟是忠厚人。
④ 眉批:活画大钱庄景象,舞台背景无此微妙。
⑤ 眉批:钱庄大伙,大概没有一个不抽大烟,形容得妙。

　　接见以后，仍复引入他的卧房里去，便在烟榻上坐下，因道："珍爷难得光降，敢有什么事吗？"秦珍见问，倒反讲不出口来，半晌始咀嚅道："也没什么要紧事，不过有一点儿不很明白的地方，想来请教请教罢了。"云伯问是什么，秦珍道："只因咱们府里，自从三老爷去世之后，一年以来，用的钱也似乎①不少了，现在虽不怎样，只是眼前的婚丧喜事正多着呢。帐房里要钱，少不得向号里来取，究竟咱们自己存着的现款还有多少，须得接洽一下，方好有个把握的意思。"②葛云伯听了这话，不禁呵呵的笑了起来，道："难得哥儿这般用心，你们府里要用钱，何用问得，无论怎么样，咱们号里那里会有供应不出的日子。"③

　　秦珍道："话虽如此，只是不瞒你说，究竟咱们家一年有多少进款，我却直到今朝也不曾明白。向来我虽管着家帐，只不过管的支出一部分，三老爷但把一个摺子交在外帐房里，要用钱，只凭摺子向号里来取。照那摺子上看起来时，只有支着号里的钱来用，从没付一个钱到号里来的，④所以我直到如今，也不会知道到底是怎么一盘帐，咱们家自己本儿到底有着多少，每年红利派有多少，我却实在不曾仔细。"⑤葛云伯笑道："这个也难怪你不知底细，莫说你，只怕你家二太太也不很明白。这个字号，虽然是二太太的陪嫁产，但是他老人家只知道自己有着六十万的资本，至于别人有多少资本添在里面，自己逐年利息收入多少，支用过了多少，他老人家也从来没有抄过一篇帐去看看。问起他自家来，也还不很明白呢。"⑥

　　秦珍道："是呢，这边号里的帐，原是三老爷亲自经营的，每年送来的红单，总在三老爷自己手里，别人也不曾敢向他问过一字，⑦只有二太太面前，偶然提及一句两句，不过说是今年赚了多少盈余罢了。至于进出数目和咱们家实存在这里的数目，咱们三老爷却从不曾露过一句口风。如今在丧乱头里，我也不好去问三太太要这红单来看，只不过照着帐房里的帐面看来，咱们家每到年底，总是积欠万丰的，从不曾付过万丰一笔。即就现在而论，好像已经积欠一百多万，⑧若不接洽一下，自己没得些

①　眉批：似乎二字，形容得妙，活画一个纨袴公子。
②　眉批：可见秦珍向来并不用心。
③　眉批：说得写意，活画一个钱庄大伙。
④　眉批：这便奇怪，天下那里有这种的交易？
⑤　眉批：秦文临死，不发一言，难怪秦珍不很明白。
⑥　眉批：柳夫人岂便糊涂至此，其中当有别故。
⑦　眉批：文老可谓家庭专制之魔王。
⑧　眉批：好像二字尤妙，愈见秦珍糊涂。然而文老善守秘密，亦难怪大家都在鼓里，一懂也不懂得。

把握，那将来还了得吗？”

葛云伯道：“如今非年非节，怎好盘这一笔帐。一个消息传将开去，只道咱们号里站不稳了，可不闹出大乱子来么？我的爷，你原是个读书种子，懂不得这些商家经络，凡事只要过得去就是了。横竖你们府里要钱用，我这里总有，也不用耽得什么心事。只要你们几位哥儿们安安稳稳的在家里享些闲福，不要闹出什么大乱子来，我这里总支应得起，你尽放心罢了。你如果要看帐，如今中秋节是已经过了，且到年下再说。人家的铺子要想东家添下钱去，所以急着要把红帐给东家去看。照我这里，可比别家情形不同，凭仗我一点子牌面，包你一辈子不怕什么。你不信，你去问问金有声就明白了。”①说着，便自躺下去抽他的大烟。

秦珍心想：说了这一大篇话，依然没得一些头绪，不过葛云伯这人，是个老成持重的人，所以秦文信重于人。他料想自己府里断然不止一百万资本，所以葛云伯一些不放在心里，若是已经用空了，他也少不得着急起来，何致有这般大方。因便不再多讲，②心里念着苏丽君的事，便向葛云伯告辞，径向自己开的文具商铺去了。

却说苏丽君要想打胎，你道他可是真的么？原来丽君这人最是有心计的，知道秦珍正是望子心切，必不许他径自打下，趁此机会，他便可以踏进一步，想个法子出来，弄他一注大大的财产。因此秦琼叫爱君去劝他时，他就对他妹子笑道：“天下也有你这般傻子，你想，我那里真个会拼着身子，去做这冒险的事？况且③……”说到这里，却又改了口道：“不过在他两个面前，总得如此说法。回来珍爷来时，我自有话对付他。”爱君因道：“你心里打算怎么样？”丽君正要说时，却好秦珍进来了，便向爱君道：“他自己来了，我和他直接说罢。”因道：“珍爷，你可是定要我留着这个冤孽种子吗？”

秦珍见他正颜厉色的问来，摸不着他是个什么主意，因道：“一个人，自己身体总是要紧，那里使得！”丽君道：“这些好听话儿，我最不爱听，要是直说为你自己起见，替你留一个种子，那倒还是一句话。”秦珍笑道：“便是为此呢。”丽君道：“只不过生下地来，是男是女，那是料不定的。若是男的，你果然欢喜；若是女的，便怎么样？”秦珍道：“那也总是自家的骨肉，终不成丢向河里去吗。”丽君道：“将来长

---

① 眉批：葛云伯固信金有声者，为下文伏一反线。
② 眉批：秦珍也是一个善知识者。
③ 眉批：况且二字下面，却有文章，偏不肯一时说破。

大了怎么样？"秦珍道："这有什么怎么样呢？"丽君道："我就怕的将来没有饭吃，你们家的家私轮得到他头上吗？老实说，我如今问你一句实话，你如果定要我留下这个孽种来，你须得先把一份儿家产与我，①使我将来好和孩子度日，那么我也不耽什么心事了。否则还是留着我的干净名儿，将来还好大家走散，自寻头路，免得被你死绊住了。"秦珍道："这也不是难事，我就把这一爿铺子给了你，算是你的家私罢了。"②丽君道："你倒说得松爽，这个店不是琼二爷也有资本在里面吗，怎么你就专得起主？"秦珍道："这个容易，我派还他的本儿，也就没事了。"话虽如此，只不知秦琼肯与不肯，且听下回分解。正是：

　　白璧已伤闺阁体，黄金能系美人心。

---

① 眉批：原来为此。
② 眉批：原来为此。

第八十六回

苏丽君牢笼施妙手　石漱姐举动露机心

却说苏丽君要想秦珍这爿铺子，你道他是什么意思？原来苏丽君这人，最是有深心的，他姊妹两个，本是气同道合，凡事都预先商量妥了，方才照着计画施行出去，把这两位纨袴公子，玩弄在股掌之中。他的主意，是要秦珍把些现银派还秦琼，然后再由苏爱君把秦琼的现银吸收了来。一面既把这爿铺子给了自己，自然可以拿着铺子的名义，向钱庄里去支用款项。等到事机成熟，弄着了几万银子，他两姊妹便自席卷而去，任他这爿铺子开着也好，倒闭也好，横竖不是自己的牌面，少不得有这两位纨袴公子担着肩仔。这些计画，都是苏丽君的深谋老算，爱君为着自己的利益，自然照计而行。只可笑秦珍一个四十来岁的人，却被这两个女孩子蒙在鼓里，一些也不曾觑破。心里还想：如果丽君养得一个男孩子下来，那便名正言顺的可以娶回家去，不怕藕香拈醋拒绝的了。却不知道他的三个月娠，也是子虚乌有。①

到得年底，秦府里正忙着过年，秦珍刚自西正院出来，打算到万丰里去。迎面碰着兆贵，鬼鬼祟祟上来，低声道："爷可往铺子里去？"秦珍道："这会子我那里来的工夫，你问我作什么，可有什么事？"兆贵见四下没人，因道："方才琼二爷把小的喊去，叫我赶来告知爷的，说是苏家的两位小姐，不知到那里去了，房间里箱笼只只都空，万丰的摺子却撩在抽屉里面。不但把存着的钱都抽空了，并且还支用过五千银子。"秦珍听说，不禁气得目瞪口呆，因道："这可不是做了放白鸽的么，你可听说他们两个是什么时候走的？"兆贵道："铺子里人说，还是前儿灶神老爷上天的那一晚走的。因为爷和琼二爷都有好几天不曾去了，只道是爷叫他们到那里去的，所以也

① 眉批：上文况且二字，直到此处，方才点醒，文笔便觉映带生姿。

不曾留意。才今日个琼二爷开进房门去一看，衣服首饰都不见了，才知道是上了道儿呢。"秦珍也就无话可说，便教兆贵跟着，同到铺子里去。少不得一番烟尘抖乱，派人出去四下追赶，那里还追得转来，只好付之一叹。

因此一来，那爿铺子也就岌岌可危，收进的帐款，都被苏丽君卷了跑去；这里欠人的帐，都要如数照付。关碍着自己的牌面，不得不向万丰去挪些款项来，弥缝过去。倒是秦琼落得置身度外，因为这爿铺子他已早已经并归秦珍，虽则得着的钱已经化为珠宝，被苏爱君吸收了去，却也没得什么后患。不比秦珍损失了许多现银，还要替他背上一身债务。①但是按到归根，这一件事还是沈藕香和石漱芳两人作成他的，若使他两人略放松些，也和婉香一般，容得三妻四妾，也不致于要养着外妇，套上这个圈套呢。如今且把这事表过不提。

再说东府里自从秦文去世之后，袁夫人也就不问家务，一切都由石漱芳作主，一年以来，要长要短，只都任着漱芳。帐房里的金有声，本来是漱芳的嫡亲母舅，所以凡是漱芳开出来的帐，无不照办。里面掌家务的，虽是藕香，却也不敢驳回一字。因此自从秦文故世下来，东府里用的钱，竟也不可胜数。到得年下，愈加不必说了。只见帐房里的金有声，尽拿着万丰的上单，一张一张的填着数目，发给出去，究竟有多少数目，不但作者不知，连秦府里最高级的主人翁，如柳夫人、袁夫人等，也都不很明白。只也是秦府的制度如此，怪不得大家糊涂。

只因秦文在日，一个儿掌着财权，从不和人商量，一句也不肯把底细告诉一人。他的意思，以为妇人女子的识见，万万不及自己，一班子弟，也没一个懂得世面，所以只把内部的米盐琐屑以及各房户的衣穿首饰、亲戚家的庆吊贺唁委托了沈藕香一人，叫他做个内帐房的职务。要钱用时，只须开个单子，盖上一颗藕香的图书，便向外帐房金有声去取，按月只把帐簿送与秦文一看，只要内外的收付合符，也就没得话说。所以沈藕香的职权，专是管着对内的支出一部，只算替各房户里做一个总管罢了。②至于收入的房租、田息等项，不但藕香无权过问，便是金有声，也是不经手的，所以金有声的职务，也与藕香差不多，只管秦府里对外的一部分支出。要钱用时，只消拿着万丰摺子去取，或是开出即期的两联上单，任便填着数目，付给与人。这单子

---

① 眉批：琼爷可谓塞翁失马。
② 眉批：文老制度，仿佛如今的财政部和国务院，亦是奇怪。然而文老的存心，终究不可问呢，即此一端，便是一手掩尽众人耳目的政策。

的效力，竟和钞票一般。①人家收了去时，随时可取现银，所以拿着上单的人，只在市面上大家通用，并不去取现银。这也是秦府里的声望所致，能够取得一般人的信用，可也不容易呢。

至于秦府里的常年进款，向来都由秦文自己经手，逢年到节收了来时，就存在万丰号里，另外立起许多的花名户头，每到年下，酌量数目，拿几户做了收付冲帐，一面任他欠着，一面任他存着。②所以这一盘帐，除了秦文自己之外，竟没一人明白。便是葛云伯，也不十分仔细，只知道这些花户，都是秦文经手的存款罢了，究竟那一户是秦府的化名，那一户是秦文的私己，那一户是经手的存款，实在也莫名其妙。所以前儿秦珍问他，他竟回答不出来。③不过内中有几个户名，秦文每年拿来做冲帐的，大约就是秦府的公众进款，每年计算，大约总可抵冲得过。所以葛云伯并不着急。

不道自从秦文故后，秦府里的帐面，竟是只有支出，并无存进。当初还道因文老的丧事，府里要用钱的去处正多，所以也不留意。直到今年秋节过后，不想凡是秦文经手存着的户头，竟也一个个的抽了出去，不免惹起葛云伯的注意。他也留心窥察，不止一日了。

这一日，葛云伯拿定了一个主意，竟把金有声请到号里，向他开谈道：④"文老去世之后，府里面总揽财权的，便是令甥女琼二奶奶。你有翁是他母舅，他们女孩子家懂不得的事，你老哥也该指导指导才是。怎么说自从秋节到今，凡是文老经手的存款，一味子只向号里来抽，抽了去也不再存下来，这不是有意和我为难吗？今儿我查一查帐，除了承禧堂名下的田房租息，以及柳夫人和宝珠名下的私己存款之外，凡是文老存进来的钱，竟已大半都拿了摺子，不知不觉的来抽了去。照这样顽去，可不是要我的好看吗？亏得我还担得起肩子，不呵，当这年关上，禁得起顽的吗？我请你老哥来，不为别的，便为这个。只问你令甥女做的事，你可知道不知道？究竟把钱抽了去，存到那里去的，不要回来放一个空，那是不当耍的呢！"

金有声道："文老故后，掌家政的却是珍大奶奶。我家漱儿，不过只管着东府里太太小姐们的用度，要办什么，依旧开了单子，送到珍大奶奶那里去盖了图章，发到外帐房来，领钱去办，从不曾直接向外帐房领过一个钱。你老哥说我甥女总揽财

---

① 眉批：不知此种上单，比之交通银行的钞票如何？
② 眉批：此着尤奇，其中大有文章。
③ 眉批：文老此等手段，实具伟大的经济学问，寻常市侩，如何看得穿他。
④ 眉批：突如其来，吓破鬼胆。

权，这一句话已就错了。至于文老经手的存款，自然有一笔款子，总有一个主儿，万丰的摺子想必总在存户的手里，他们要来抽用，我甥女如何好去阻他？并且那些存户要来抽款时，也不至于先去和我甥女商量。我甥女如何能够挨家儿的预先通知去，教他们不要来抽动呢？"①

葛云伯听了这话，不禁呵呵的笑了起来，道："老哥，我和你说体己话，你倒和我打起官话来了。老实说，有些事体，我也不来瞒你，你也不必瞒我。文老经手的款项，除了信记一笔是叶老太太的，此外几十个存户，无非都是他老人家一个人的化名，如何瞒得过我？"金有声道："这话我可不懂，他老人家何必化出许多名来？"②葛云伯道："你真不知道吗？你如果真不知道，你去问问你令甥女就明白了。"③说着，冷笑了笑。金有声不免有些脸红了，答不上一句话来。

葛云伯又道："老实说罢，这万丰字号虽说是文老的大股儿，但是我兄弟自从经手到今，已经三十年下来，一担肩仔都挑在我的身上。万一倒塌了，东府里坍了台不打紧，我可坍不起台。今儿是年念七了，府里要钱用时，请你问令甥女去要摺子，到那新存着的庄上支去便了。我这里要顾自己的牌面，预备另外的存户，也许和令甥女一样，一口气来抽取款子呢。"④金有声听到这话，不禁惶窘道："你老哥怎么讲出这种话来，这可不是和我抬杠子吗？"葛云伯冷笑道："我一辈子做着秦府里的奴才，帮着文老挣着台面，好好的一家人家，挺挺的一爿字号，偏要自弄自的弄他倒灶，可还有什么好讲。⑤我这话打今儿叫穿了，我也不怕什么。要抽存款的，尽着来抽，我已经预备好了。只不过对不起你老哥，你的上单我可不能照解。一面我还要去把珍爷和宝珠请来，叫他们结一结帐，要拿钱，各人拿各人的摺子来拿。承禧堂的摺子，本是欠着号里的，⑥请你问一问令甥女，指定那几户来冲抵，有余不足，再说罢了。"

金有声道："照你老哥这样说法，可不是一下子要了秦府里的好看？"葛云伯道："这是令甥女要他夫家的好看，干得我什么事。⑦这万丰字号本来是柳府上的陪嫁产，我保全这万丰的牌面，只算保全那老东家的面子，无论怎么样，我必支持下来。

---

① 眉批：金有声的答辞，亦可谓旗鼓相当，顶撞得妙，理由亦颇充作。
② 眉批：我也要问。
③ 眉批：答得玄妙。
④ 眉批：爽利简直，确肖大伙口吻。
⑤ 眉批：说得沉痛，骂得爽快。
⑥ 眉批：愈逼愈紧，吓破鬼胆。
⑦ 眉批：答得愈妙。

令甥女既然信不过我，尽把文老名下的股本拆了去也得。①只可惜文老一生，何等轰轰烈烈，弄到后来，东府里的名誉信用，不免扫地。琼二爷又是个糊涂虫，由着琼二奶奶胡干去，将来不知弄到怎么样呢。"②说着竟自躺下床去，抽他自己的大烟，再不和金有声讲别的话了。

金有声道："我兄弟是个忠厚人，虽也晓得自己甥女是个极有心机的人，但是这一件事，究竟是不是我甥女在那里作怪，我却实在不知底细。③不过我甥女作事，何致不顾前后，直到这般地步。他把所有存款尽量抽去，不放心万丰，倒放心谁？况且并不和我商量，这个里面，恐怕有些不实不尽。如今听你老哥斩钉截铁的这番说话，若是真个照此行去，所有上单一概不解，那不是把个顶天立地的一个越国公府，一下子牵坍了吗？云老，你的话谅来亦非无因，不过这个里面，或者不免有彼此误会的地方，容我回去，把甥女接到家来，细细地问他一问如何？"

葛云伯听着这话，便喷出一口烟，欻地坐起道："你打算问他什么？"金有声道："我便问他究竟这些存款，是不是他抽去的？"葛云伯摇手道："这些话不用问得，你岂有不明白你甥女的事。你只问他什么意思，定要把万丰的牌面和东府里的声名弄他坏来？"金有声道："如果确有这一回事，我也要严词厉色的问他这话。"葛云伯道："那么你去问明白了再来，我等着。"金有声道："你也太躁急了，极快也得明儿上午，方好来把你回话。"葛云伯道："那么我便等到你明儿十二点钟，十二点钟敲过以后，你的上单到我号里来时，我便截止不付了。"④金有声没法，只得唯唯答应，径自去了。正是：

> 容易推翻惟局面，最难猜透是人心。

---

① 眉批："也得"二字，含蓄无尽。
② 眉批：确肖钱庄大伙口吻。
③ 眉批：金有声自认是忠厚人，我怕未必竟有自知之明。
④ 眉批：云老真说得出，不怕金有声老羞成怒，殆有所挟而然。

第八十七回

着甚来由富人举债　是何秘密死者遗言

　　却说葛云伯送金有声出去之后，便着小厮去到秦府，把秦珍、宝珠两人请来。此时宝珠正在惜红轩和婉香、眉仙看一封苏州来的信。这信是白素秋写把顾眉仙的，说李冠英因为八月间交卸吴县，结算交代，后任苦苦挑剔，竟有许多不肯认帐。当时只怪接进交代的老夫子不好，含含糊糊的接了进来，以致交不出去。①没得法想，只好拖动些钱庄款项，替前任的知县赔补了几笔，指望得个另外署缺，弄些平余来弥补弥补。谁知自从文老死后，京城里几位老世交，寄了信去，竟是杳无回信，置之不复。直到如今，赋闲了三四个月下来，一点儿差使也没得。此刻到得年底，钱庄里因见冠英并无署补的希望，便来讨帐。往年欠了这家的钱，总好向别一家做个长期，移挪过来还了这家。如今大家都存着个势利心思，竟有些不放心了。②所以没得法想，才教白素秋写信来和眉仙商量，想问他暂借五千银子。如果应允，就请眉仙电汇过去，否则也无别法，只好听其自然了。眉仙接了这信，便来给婉香看。婉香看了，因道："你意思怎么样？"

　　眉仙笑道："我的意思，自然是答应他的，给他赶紧汇去。只不过这个里面，我倒觉得很有一点儿奇怪。吴县的缺，本来很好，漕粮上的平余，除过开支以及摊解各款，至少每年总好多上四五万光景，怎么做了三年下来，倒反会得闹上亏空，这个里面，可不是有点子奇怪吗？"宝珠笑道："照你说来，难道自己藏着钱不用，倒反向人

---

　　①　眉批：不知当日这位钱谷老夫子，接进来时，得着前任多少好处。初任官儿，每每吃交代上亏，便是请的老夫子不好。
　　②　眉批：天下最势利的，便是钱佥。

家来借钱用不成？或者那些括地皮的官儿，每年好多四五万，冠英是个清廉自矢的人，不愿弄那些造孽钱，自然没得多了。"①

眉仙笑道："你真是个不知世面的，你要晓得，平余银子并不是什么赃款。百姓照着就地规矩，每完一两地丁，总要完上两块七八角钱，解上去只销解一块八角，余多下来的，便是平余。那平余二字，本是天平上余下来的意思。因为收扰来的散银，熔做宝锭，不免有些火耗，所以每两正银之外，带收二钱耗银。及至真个熔化起来，耗不了这些，便是平余了。因此这笔平余银两，竟是明公正气的算做知县的好处，比不得什么贪赃枉法的钱。"②宝珠道："听说如今的耗银，也是解上去的了，那还有什么好处？"眉仙道："耗银虽解上去，但是耗银之外，又加上了另外的名式，什么串票费呢、解费呢、倾工火耗呢、洋价贴水呢、征收费呢。各处的情形虽然不同，总而言之，上面提一笔，下面加一笔，做知县的好处依然出在百姓身上，不会落空。③这也是各县如此，大家马儿大家骑的，谁肯破坏了规矩，放弃了权利呢？"

婉香听到这里，不禁笑道："眉姊姊倒像学过钱谷似的，打开话箱，便有这些滔滔滚滚的，惹人絮烦。今儿已是什么日子，人家急等着钱用，快还不汇给他去，嚼这些空话儿干什么？"④正说着，花农来请宝珠，说："万丰里葛云伯请爷过去，有要紧事呢。"宝珠诧异道："葛云伯请我去做什么？"婉香也觉奇怪，倒是眉仙笑道："你去正好，把我的摺子带去，请他即刻电汇一笔。"说着，便从衣袋里把个摺子取出，交与宝珠，并又催着快去。宝珠心里本不愿去，因为眉仙要他去划款子，也就推辞不得，便自去了。

回来已是晚饭过后，婉香等俱在南正院，陪着柳夫人闲话。蕊珠却把珠儿抱到柳夫人膝下，逗着顽笑。⑤这孩子已是一周〔岁〕多了，生得和粉团儿一般，一双碧绿的眼珠儿，嵌着两颗桂圆核似的瞳人，两道长而且秀的眉毛，戴着一顶外国剪绒的小凤兜儿，穿着一件湖色的皱裥小袄。见宝珠进来，他便支着两只小手儿扑去，哆着樱桃似的一颗小嘴，咿咿呀呀的不知说些什么。⑥柳夫人因道："珠儿要你抱，你便抱他一会子罢，怎么做了个爷，一点儿也不像个爷的模样。这般可爱的孩子，你倒

① 眉批：括地皮的官场，每每装穷，大约李冠英也是一流人物。
② 眉批：可当钱谷教科书读。
③ 眉批：百姓晦气。
④ 眉批：婉香毕竟是至性人。
⑤ 眉批：应八十一回。
⑥ 眉批：形容绝妙。

厌恶他。①你不记小时候捧着玩的洋囝囡么，可有这孩子的讨人喜欢吗？"宝珠笑
笑，因把珠儿接了过来，逗着顽了一回，仍就还了柳夫人。婉香看他神色，似有一件
心事怀着，因道："葛云伯请你去做什么？"宝珠摇摇首道："没什么事，他不过和我
闲谈闲谈罢了。"柳夫人道："葛云伯和你谈些什么，你倒和他谈得上来么？"宝珠笑
道："这老头子讲起前朝后代的事来，简直讨人厌烦。②那些空话，我也记不清了。"
柳夫人也就不再多问。

　　停了一会，大家散了出来。婉香却把宝珠的衣角扯了一扯，两人便同回到惜红
轩。宝珠先把摺子教春妍送去还了眉仙，这才将着婉香的手，走进房来，同到薰笼
边坐下。③现出一种懊丧之色，低声道："姊姊，你可知道，琼二嫂子闹出一件事来了
呢。"婉香见他说得郑重，因道："什么事，你听谁讲来？"宝珠道："葛云伯今儿叫我
去，便是为了这事。他说漱姐姐和他舅舅金有声，两个串同一气，把三老爷存着的款
子，甩出另外的人，一笔笔都抽了出去，不知存在那里去了。如今葛云伯气得什么似
的，他叫我去，教我把这事告诉太太。并且还说，金有声这人已经坏了良心，咱们府
里万不可再用这人。现在他已决心和他为难，凡是他手里开出的上单，他打明儿起，
一概不付了。你想这件事如果真个的照此办将起来，咱们府里付出的票子，一经打
退了转来，可不从此丧失了信用吗？你想这事我还是告诉太太的好，还是不告诉的
好？"

　　婉香听着，不禁愕呆了半晌，道："葛云伯这人可恶极了，无论怎么样，咱们府里
付出的单子，总不能不付的。"宝珠道："我和珍大哥也是这样说，他说：'你家琼二
奶奶既然不顾场面，金有声也和石时两个串同一气，我知道他们开出多少数目呢？'
珍大哥说：'这个也容易查的，但是不论怎么样，第一件事，便是上单万万退不得
转。至于承禧堂户下往来的帐，无论积欠多少，咱们府里没有不认帐的，尽管把咱们
家的各人存款，扣着抵算罢了。'"婉香道："葛云伯答应么？"宝珠道："他却一定不
肯，说金有声这人实在可恶到了极处，不教他受受挤轧，再也出不了他的一口气呢。
除非我回过太太，立时把金有声开除了外帐房的职务，连石舅爷的帮帐房也开除了，
方才肯把上单照解。④否则他要顾万丰的牌面，也顾不得咱们府里的名誉了。姊姊你

---

①　眉批：珠儿乃宝珠之情敌，那得不厌恶他。
②　眉批：老头子好讲前朝后代自是通病。
③　眉批：细到。
④　眉批：用人之权，竟也被人要挟，言之伤心。

想，这个可不是要挟得利害吗？"婉香道："珍大哥的意思怎么样？"宝珠道："珍大哥也不和我讲什么，但教我回来时，且不要告诉太太，他此刻去和金有声商量呢。"婉香呆呆的想了半晌，忽道："我想或者葛云伯和金有声有些过不去的地方，所以趁着年关上，拿他开一开顽笑。只不过妨碍着咱们府里的面子，那可不当耍的呢。"

正说着，春妍进来，说："珍大奶奶过来呢。"婉香听说藕香来了，便自站起迎了出去，同到对面书室里坐下。宝珠也早赶了过来，问："珍大哥可回来了吗？"藕香点点首儿。宝珠道："金有声怎么说，这件事到底派怎么样，葛云伯要和他为难，却是为了什么缘故？"藕香叹了口气，却置宝珠的话不答，但向婉香道："妹妹是个聪明人，可知道这个里面，却有一篇大文章呢，此刻不过刚刚出得一个题目罢了。但是这个题目，却有好几种看法，我却看不准来，因此来和妹妹商量。照葛云伯的一面说来，他是认定了漱妹妹在里面作怪，他说三老爷在日，大约早已存下一个分家的心思，因此特地化出许多户名，教人捉摸不住那些摺子。大约临终时候，都已交付了大妹妹，存心要把承禧堂的欠帐，推到南府里来，所以把这些存款一笔笔都抽了出去。"宝珠道："难道三老爷竟有这种存心吗？"藕香道："这是葛云伯和你大哥讲的，我也不敢下一断话，只不过照葛云伯的摘帐看来，三老爷自己名下欠着万丰四十多万，承禧堂户下欠着万丰一百多万。咱们家放在万丰里的资本，便只三老爷名下的四十万，太太名下的六十万，冲过了要空上万丰四十多万。累年收入的田房租息，都已抵冲过了。照此看来，葛云伯的话也是并非无因的了。"

婉香道："到底咱们府里的田房租息，一年有多少收入？大嫂子总该有点数儿。"①藕香道："这个我就一辈子不曾明白，总是三老爷一手经理，谁曾敢去查一查他的帐？②不过照金有声和你大哥子讲的话看来，其中却是另有一番隐情呢。他说今儿他把大妹妹接回家去，细细地问过了。据大妹妹说，三老爷临终的前一日，曾把他叫到床边去，吩咐他一番说话。③他说，三老爷含着一包眼泪，对他说道：'我的心事藏在肚里，也不止一年了，直到如今，也不曾和别人提过一句。因为提起了这一句话，势必牵动全局，收拾不得，所以一辈子藏在肚里。如今眼见得我是不中用了，若不留个遗嘱与你们，只怕将来到得最后的一日，人家还疑心我是怎么样呢。这个遗嘱，如今只许漱儿一个人去拆开来看，不许给别人晓得。'说着，便把一个封儿递给

---

① 眉批：问得妙。
② 眉批：家庭间有着个专制魔王，自然现出这种怪状，岂独秦府为然。
③ 眉批：两造情词各执，究竟不知谁是谁非，不下断语，正是作者忠厚之处。

了漱妹妹。"宝珠、婉香听了这话，愈加诧异。[1]道："三老爷那个遗嘱，到底说些什么呢？"不知藕香如何说法，且看下回。正是：

　　贤奸最是难分辨，家国由来一例看。

---

① 眉批：我也诧异。

第八十八回

双妯娌同心御外侮　两婆媳合力逼分家

却说秦文的遗嘱，里面究竟是何秘密，不但婉香要问，便是读者料想也是急欲一窥底蕴。无奈石漱芳当时对他母舅也不肯把遗嘱里的细情揭穿，但只含糊说是文老在日，实有一种万不得已的苦衷，须待柳夫人百年之后，方好把这遗嘱宣布。如今葛云伯所说的话，纯然是个妄测，听他不得。料想葛云伯的意思，要把万丰字号吞没了去，所以才有这番举动，指望把秦府里的资本抵冲欠账，再找他几十万罢了。①但是葛云伯如果真有这门心思，倒不如索性把股份拆了的安稳，免得日后受他的大累。不过这个题目重大，须得禀明太太，方好和他开议。如今第一件事，便是付出的上单，如果万丰里真个不解，势必退回转来。若由帐房里兑付现洋，势必从今以后，不能再用上单，倒是一个老大不便。所以金有声已经预备好了，另外托了一家润余字号，等他退转来时，改一个字号，仍教他到那一家去取。②总算年下付出款项，为数也不过一二万，所以金有声还担得起这个肩子。

这不过照石漱芳的这一番话讲来，从中倒是葛云伯起了歹心。因此藕香愈加拿不定主意，要想把这一番情事告知柳夫人去，又恐一旦揭穿，牵动全局。若不告知，则恐葛云伯真个起了歹心，说不定把万丰倒了下来，受累匪浅。所以把这两层意思，逐细和婉香说了一遍。婉香因道："我想这件事关系很大，第一着，总要先明白三老爷的遗嘱里面究竟有着一种怎么样的隐情，方好决定一种办法。我想不如索性把这些事情，一气告诉了太太，请太太作主，教二嫂子把这遗嘱拿出来给太太一看，该

① 眉批：也说得是，大伙黑心设计吞没，社会上固已习见不鲜。
② 眉批：固是绝好的救济法。

是怎么样，也好有一个把握。"宝珠道："二姊姊的主意虽然不错，但是三爷的遗嘱说，要等太太百年之后，方好宣布。二嫂子如何肯在此刻拿出来给太太看呢？我想不如大嫂子先去和二嫂子商量，或者他肯私下给大嫂子一看，也说不定。"

婉香因向藕香道："大嫂子你看怎么样？"藕香道："我也这样想过，或者明儿等他回来，且试试瞧。如果不肯，只有照着二妹妹的说法做去便了。"又向宝珠道："宝兄弟你可不要怪我，我有一句不中听的话，今儿不妨在二妹妹面前和你直说。咱们家的几位爷们，明白些事理的只有你，你大哥子虽然四十光景的人了，却是老糊涂着，一点儿心机也没得，成日价和琼二爷闹在一气，鬼鬼祟祟的不知干些什么。你又成日价躲在园子里，和姊姊妹妹混着日子，什么事都不问一问，将来如果真有一日应了葛云伯的话，只怕肩仔最重的就是你。上头有着一位太太，要你奉养，自己有着这许多妻妾，下面少不得添出十个八个孩子，那时容得你写写意意的过日子吗？"①

宝珠听了这话，仿佛受了当头一棒，不禁引起了一种感慨，只觉后顾茫茫，杳无涯岸，眼前的处境，倒反像个身在醉梦之中，因而呆了半晌，答不出一句话来。倒是婉香点头太息道："大嫂子究竟是个阅历深的人，我在当初也是迷迷糊糊的过着日子。自从三老爷过世之后，看看府里的局面竟非昔比，虽然日常光景并不曾见些什么窘难，但是大家睡在鼓里，昏昏沉沉过着日子，也不知道一年之中，究竟支出收入的款子有着多少，连你大嫂子都莫名其妙，也可算得家庭中一种怪现状了。譬如一只船，当初还有三老爷把着舵，或进或退，自有把舵的人作主，咱们坐在船里，不用担得什么心事。如今这一条船倒变了火轮船了，东府里一场丧事，好像轮船升足了煤，一往无前的只望前奔，你大嫂子蹲在炉房里，只顾烧煤，二嫂子倒去做了领港，究竟煤仓里存着多少煤，你们两个都不知道。这条轮船驶到半路上，怕不要搁了浅吗？"②藕香道："我的意思，便是想打明儿起，烦宝兄弟和珍爷一块儿去把咱们家和万丰的往来帐结一结清楚呢。只不知宝兄弟可能放出点性灵出来，清清头头的干这一会事。"宝珠此刻也就不讲别的，唯唯的答应了下来。

藕香又和婉香谈了一会，正待回去安睡，却见小鹊跑来说："东府里太太着玉梅来请奶奶，说琼二奶奶回来了，有话请奶奶到东正院谈谈呢。"婉香道："二嫂子已回来了，这倒很好，说不定已经把这事告知三太太了。大嫂子快些过去，也好问他一

---

① 　眉批：当头一棒，藕香真是菩萨化身。
② 　眉批：说得真切，如闻其语，如见其人。

个明白，回来便把我一个信。"藕香笑道："你也性急了，此刻已是什么时候，回来谅必不早。打谅起来，不过单是商量个对付葛云伯的方法罢了，决不致于说到遗嘱上去。你们还是睡去，我明儿早晨再来告诉你罢。"说着，便教小鹊掌灯，径到东正院来。

此时已是十点过后，美云诸人已都散去，只有漱芳尚在袁夫人房里。听见玉梅报说珍大奶奶来了，漱芳便迎出房来。袁夫人因道："请房里坐罢。"步莲便把暖帘打起，让他两人进来。藕香眼见得袁夫人的面色大非往常可比，好像生了气似的，不禁觉得局促不安起来。袁夫人坐在小圆桌的上首，左右还有两把椅子，都用蓝呢的棉套子套着。见藕香，便教他在一旁坐下，又喊玉梅把丫头婆子们都屏到回廊外去，这才抬起他的眼光，泪汪汪的向藕香道："你可知道，咱们家的场面，到了今日竟有点挣不下去了呢。"藕香心里明白，却不敢冒昧置答，但只含含糊糊的答应了个是。袁夫人因指漱芳道："倒是你大妹子受了许多委曲，别个不明白，你是掌着家务的，便不十分仔细，总该一点子觉着，咱们家一年的用度派得多少，祖上遗下来田房产业，一年能有多少，租息收来抵得过抵不过，这是瞒不得你的。若不是三老爷在日，移东盖西的遮掩着，怕不早已揭穿了纸糊窗儿呢。如今万丰里的经手，竟已看穿了咱们家底细，他对漱儿的母舅讲的话，想来你已知道。你想这事，可是漱儿真个坏了良心，要万丰里的好看吗？"

藕香被问，不由不涨红了脸，答不上一句话来，[1]半晌方道："葛云伯的话，那里好当做真话听的，只不知道三老爷的遗嘱上究竟如何说法，大妹妹总该告诉过太太。"[2]袁夫人掉下泪来道："三老爷的苦心孤诣，我在当初也是一些不曾知道，才是今儿个晚上，漱儿受了他舅舅的一番数说回来，心里的事，苦得不便告诉外人，才把遗嘱来与我看，我也方始明白。要是不因这一番外来的逼迫，咱们大家还要睡在鼓里，过着昏沉沉的日子，直等二太太百年之后，方才猛醒过来呢。三老爷的苦心，原想你大妹妹一个儿守着秘密，不教大众知道。怕的一旦揭穿了，第一个便急死了二太太，第二个就气死了我。不过事到如今，这个秘密已经万守不住，所以漱儿拚着胆，把遗嘱送来我看。他的意思，不过使我明白明白，仍教我守着秘密，等到二太太百年之后，再揭穿的。只是我想这事，怕的是越弄越坏，越到后来越是收拾不得呢。

---

① 眉批：便我做了藕香，也觉答不上来。
② 眉批：以答为问，措辞得体。

你是个最有见识的人，所以把你请来，先和你商量商量瞧，还是揭穿呢，还是闷着呢。"说着，便教漱芳把遗嘱拿出来给藕香看。漱芳便向床横头去，开了铁箱，拿出一个文书套来，递给袁夫人，并把洋灯移近了些。

袁夫人把封套里的一个白摺子抽了出来，铺在桌上。藕香就站了起来看时，只见上面写的字迹，确是秦文的亲笔，好像还是不曾生病时候写的，因便从头看道：

　　予生平作事，凤喜光明磊落，惟以万不得已之故，不得不从权变，以支危局。尔等须知，予家自文胜公以后，生齿日增，家用浩大，已成不可收拾之势。万丰资本，不过百万，按之实在，早已支用一空，惟赖各家存款，以资周转。予心焦急，只予一人知之，盖恐一旦揭破，势必群起惊惶。消息传闻，存户势将抽动，则万丰倒闭，万源亦必同时牵倒，予家且从此而破，子孙无啖饭地矣。故予不得不故示从容，使人不能窥察底蕴，而予之用心乃益苦。① 今予病已不起，预料予死以后，葛云伯必生觊觎之心。盖以万丰营业而论，每岁盈余，必得五六万金，抑且信用久著，人欠欠人，有盈无绌。故在葛云伯心中，方且自诩手面圆灵，不关秦氏。渠为经理，每年应得花红，不过十分之二。渠每喷有烦言，谓予家资本，早已用空，徒拥虚名，坐分余利，实非所甘。故予料其必有一日，逼迫予家结清帐目，即将号东资格销灭，以遂其欲。如果有此一着，则是予家之幸；如其不然，则将来年远日长，难保葛云伯不存自立门户之心，竟将万丰闭歇，则人欠难收，欠人须理，贻祸子孙，不可设想。故予所望，惟望葛云伯竟行其志，庶予家得脱干系，不致受累无穷。惟予与二太太所有资本，则已分文无着，故此一事，只可先与葛云伯密订议单，不可竟使大众咸知。一则恐二太太气死，二则恐万丰摇动，一经摇动，则必立时倒闭，祸患仍属予家，不可不慎，切嘱切嘱。再者，二太太百年之后，予家亟宜分析，庶令后辈，各自奋勉，以免牵掣，并嘱。

藕香看完之后，不禁叹了一口气，道："照此看来，自然是该遵着三老爷的意思办理。不过二太太面前，我想还是揭穿了的好，免得一家子人，怀着鬼胎，倒反你欺我骗，不成个体统。"② 说着，却把眼光移到袁夫人面上去，倒觉袁夫人的面上，泛了一层红晕。半晌方道："我也是这个意思，就只怕的二太太看了，活活地急死了呢。

① 　眉批：原来起造花园也是为了搭空架子。
② 　眉批：语妙双关，不露机锋。

我便气得三老爷在日，不该连我也都瞒着。谁知道偌大一个秦府，竟是个空场面儿，这可是做梦也不曾想到的吗？"藕香只含糊答应个"是"。①漱芳因道："大嫂子的意思既然这样，便请大嫂子悄悄地把这遗嘱送给二太太一看，该是怎么样的好，咱们也得请一个示儿办去，免得藏头露尾的，回来倒像做弄他老人家呢。"袁夫人也点头说是，便把遗嘱递给藕香，说："你回去再和珍爷商量商量，明儿再说罢。"藕香便接了过来，折叠好了，依旧套入封套，拿在手里，便向袁夫人告辞出来。正是：

　　狡狯心思惟独善，聪明人语必双关。

---

① 眉批：含糊得妙，藕香毕竟是个识体的人。

第八十九回

柳夫人识透锦囊计　花小姐险做管家奴

却说藕香从东正院回来，和秦珍商量了一夜。次早又把婉香请来，方始决定把这件事同去告知柳夫人的妥当。于是藕香、婉香两个，便同到南正院来，心中揣想，柳夫人见了遗嘱，或者急的晕了过去也说不定。谁知事出意外，柳夫人看完之后，倒反笑了起来，道："这一着棋子，我早防着呢。不过不等我死之后，竟自出手了，未免太早了些。既是这样，趁我在着，分了家也好。"①因教藕香去把袁夫人请来，便在南正院开了一场家庭秘密会议议决。一面请沈左襄去和葛云伯说明，情愿把万丰出顶与他，拆了股份；一面教石漱芳把所有田房契据开个细单出来，以便配搭匀分。从这一日起，直忙过了元宵，方才把万丰帐项结清。由沈左襄居间，竟与葛云伯订立合同，把万丰字号顶与云伯。载明以后盈亏，一概不涉秦府之事，任凭改号加记，人欠欠人，均归葛云伯继续担任。

当下葛云伯颇形得意，因为这个希望，葛云伯存心已久，此刻居然达到目的，面团团做富家翁了，岂不兴高采烈到了极点。②合同订定之后，他便大排筵宴，邀请同行，声明改了万丰云记，请求大家帮忙，替他维持维持。那些同行面子上自然一口恭维，说："万丰的交易，本来全仗你云老的信用，不关秦府之事。如今既是你云老自己开了，当然大家格外帮忙。况且咱们仰仗万丰的地方也很多着呢。"心里却想：万丰的牌面，纯然是秦府的，如今秦府里拆了股本，凡是秦府的世亲戚属所有存款，势必纷纷抽取，只怕葛云伯也有些立脚不稳呢。所以大家从万丰散了出来之后，各同

---

① 眉批：不意柳夫人竟有先见之明。
② 眉批：原来如此。

行又复互相磋议了一番,葛云伯如果缺了单子,向同行来掉头时,到底接济他不接济他。内中有一个润余银号的大伙,却是一口答应,说:"万丰字号做到这许多年,也不容易,信用二字,要算得同行中的第一块牌子了,咱们那一家不靠着万丰的存款接济?若使万丰倒了下来,咱们同行中,怕都不免受着影响呢。所以我想,无论如何总该竭力维持的。我已经答应过他,如果存户抽动,我这里总好给他掉五十万。"①大家因见最谨慎的润余大伙尚且如此,也便决定了主意。有的担任十万,有的担任五万,凑拢数来,竟有了二三百万,比较万丰放出的同行帐款,却也不相上下。

因此一来,秦府里居然平平安安的,把这一个圈儿褪了出去,所有承禧堂户下结欠的四十余万,并经沈左襄和葛云伯议定,把累年的公积金抵冲过了。其余不足,由秦文私己开的万源金号担认,在盈余项下拨还。此外各人私己的存款,或存或取,各听其便。偌大一个难题,居然解决了下来,可算秦府上的万幸。

看官须知,凡是开庄号的东家,若到庄号倒塌下来,没一个不到破产的地步。因为银号钱庄不比别的行业,场面愈好,人家的存款愈多。存了进来,不放出去,岂不是替人做着守财奴,倒贴利钱吗?所以有了存款,就不能不放帐。譬如五厘钱存了进来,六厘钱放了出去,从中便好挣他一厘。照万丰的红利看来,常年放出的帐,至少也有五六百万。他的资本只得一百万,可见其余的四五百万,都是人家存下来的款子。②如果存款一旦抽动,放款一时收不转来,岂不立时倒塌。及至倒塌下来,放款里面不免有些皇帐③滥户,那就收不抵付。那些存户,如何甘心减折,势必惹起一场官司,弄到破产为止。若是大伙起了黑心,捏出些户名,做上许多放帐,欠人须理,人欠无着,那就更不得了。所以作者倒替柳夫人等万分欣幸呢。

闲话少表,且说沈左襄既把万丰的事料理清楚之后,石漱芳也把所有田房单契检了出来,送交柳夫人和袁夫人酌量支配。共作四股派分,一股作为祭产,秦珍、秦琼、宝珠各得一股,都是拈阄儿分的,大家也不争执。④只有住宅一所,以及一切铺陈器具,不曾分得,伙食仆妇,也就划分三部,各自管理。别人都没什么,只苦了一个婉香。打从二月朔起,便要把一切家务,都累到他身上来了。⑤你想他是写意惯了的

---

①　眉批:这五十万大概便是石漱芳新存下去的。
②　眉批:拆穿西洋镜,作者不怕被钱侩打煞。
③　眉批:皇帐二字,如此写法,却有至理。譬如昭信票和内国公债,便是百姓放把皇帝的帐,只有放出去,不能讨回来,所以称做皇帐。
④　眉批:不争执是最难得的,尝见分家夺产,同室操戈,宁不愧死。
⑤　眉批:做女人的,最苦是做当家妇,我替婉香担忧。

人，如何耐得这般琐屑。只因自己是个冢妇，又是柳夫人吩咐下来，如何推躲得去，因此盘算了几天，却被他想出一个好法子来了。正是：

　　　不耐烦劳家务事，那堪累重美人身。①

第九十回

治繁剧创行分院制　得安乐重演合家欢

　　却说婉香这日早起，便和宝珠同到南正院来。却好眉仙、软玉、藕香、赛儿也都来了，便一同进去，向柳夫人请过了早安。蕊珠也在旁边，互相问过了好，柳夫人因向婉香笑道："婉儿，打后天起，你大嫂子便要把内务府的印信交与你了，你可预备着没有？"①宝珠笑道："二姊姊为了这件事，愁的饭也吃不下了，睡在床上，只把两个眼睛望着床顶，一夜盘算到天亮，问他也不作声。才是今儿早起露了个笑影，好像盘算通了。这会子催着我同来，想必总有一个主见在着呢。"

　　柳夫人道："偌大一家子人家，做一个当家人，可是不容易的。你大嫂子是在母家当过家的，所以措置裕如，倒也不觉什么。论理婉儿是个娇怯的人，我也不忍教他操这辛苦。只奈眉仙不肯担任，一家子总少不得有一个人当家，照着排行起来，婉儿自然推脱不了。好在开门七件，还不用得婉儿费心，仍旧照老规矩，包给高升家的，每月给发一注钱罢了。"眉仙笑道："这个办法很好，我正替二姊姊担着心事。如果米盐琐屑都要他亲自管理起来，可不把一个粉装玉琢的人儿，惹的满身烟火气呢。"②大家听说，不禁都笑了起来。

　　婉香道："偏是你专会讲（闲）成话儿，你既然顾怜着我，怎么也不替我想出一个好法子来呢？"因向柳夫人道："太太，我倒想出个好法子呢。要我管着总帐，我果然推躲不得，只不过一天到晚，要我和这些丫头、婆子们拌嘴去，我可耐烦不得。俗语说得好：做了当家人，狗也要招怪。此刻大家姊姊妹妹，都是毫无一点儿意

_____

　　① 眉批：柳夫人毕竟是个雍容雅度的人，写来总与袁夫人不同。
　　② 眉批：调侃得有风致。

见，回来少不得总有照顾不到的地方，口里不说，心里怀着个不快活，那倒是个最没趣的事呢。①所以我想，不如把每年的进款，按着人头儿派定了月规的好，用多用少，个人自去作主，谁也不问谁的帐，我只管一笔收支总帐罢了。要是进款收不到的时候，我总照着名分，垫着就是。只不过垫不起的时候，少不得还要太太拿些老本儿出来，借给我呢。"②

柳夫人道："照你这样办法，你可通盘打算过了没有？"婉香道："这个自然通盘打算过来，才敢说这一句话。我的意思，太太这里我每月送四百两过来，做太太的零用；蕊珠妹妹和珠儿，也是四百；宝弟弟和眉仙、软妹妹，都是二百两一个；我也支二百两，总共一个月的额支，一千六百两。连丫头、婆子，以及添制衣服一应在内，各房伙食，也归各房自己付给高升家的，爱怎么样便怎么样，谁也不必管谁的，可不写意？"柳夫人笑道："你倒好像看得分家分的有趣，连着咱们几口儿，也要分了起来。"③婉香道："如果不是这样，我可简直担承不起。第一个便是咱们这位爷，今儿要这样了，明儿要那样了。我依他时，没得这些闲款；不依他时，和他拌不了嘴，弄得一天到晚，丁丁角角的，那里还有写意日子好过？若是各人有了限制，他爱一天用完了也好，爱积长些的也好，省得许多牵掣。而且进款出款有了个定数，再也不会得漫无节制的了。"

藕香听了这话，因道："二妹妹的主意，实是不错。三老爷在日，早是这般了，也不致于闹上亏空呢。"柳夫人笑道："婉儿究竟是个聪明人，照他这样办法，不但他自己省了多少烦恼，而且大家都很写意。只不过我的四百两，要我自己管帐，我可不是老吃苦了吗？"婉香道："太太用的钱，要记什么帐，便是不够用时，也只管向我来取。照我这样算法，一年除过用度，总好余下万巴块钱呢。"藕香道："太太这里，我也每月孝敬四百两的零用过来。"④柳夫人笑道："我要这些做什么用？老实说，我的老本儿虽然在万丰里丢了，但也还有些雨雪粮呢，收收利息，也还顾得住我一个儿的用场。婉儿的意思，我也明白，他给我一个双分儿，他想除了他们自己房户里的婆子、丫头，此外的管家、用人以及应酬礼物，都要看想在我老的身上罢了。你想他的盘算

---

① 眉批：虑得是。
② 眉批：果然是个好主意，婉儿毕竟可人。
③ 眉批：说正经，又夹些雅谑，便觉风致，不似老婆子口吻。
④ 眉批：藕香终是大方惯的，与王熙凤适成反比。

可不利害？"①说得藕香等都笑了起来。

宝珠道："这些帐，我却心角也不曾转一转过，到底照二姊姊这样派法，大家够开销吗？"婉香道："什么事好不预先想妥了，随口乱嚼得的，我早替你们大家都预算过了。"说着，便教春妍拿出一张单子来看，上面开得很是仔细。各人除过开销，总有百数两银子可以余剩下来。宝珠便第一个首先赞成，大家见柳夫人不驳回儿，也就没有一人敢说一个不字。于是婉香如释重负，心里颇形欢喜。

到得明日，便叫来喜家的进来，拿摺子去，在自己名下向万丰里提了二千银子，一封一封的分房送去。自有各房的大丫头接管，无庸主儿费心。替柳夫人管帐的是殿春，替宝珠管帐的是袅烟，替眉仙管帐的是韵儿，替软玉管帐的是书芬，替蕊珠管帐的是笔花，替婉香管帐的是春妍。婉香自己只管一笔收付总帐，倒也有条不紊，比着早先大家只顾吃用，不管闲事的时候，竟有天渊之别。

过了一月，各房都觉十分便利，而且绰有余裕，都服婉香的制度，实是不错，人人心里抱着乐观。因此柳夫人的兴致又高了起来。等到秦文出殡之后，便把春声馆的女班子重新排演起来，预备给（结）宝珠补做二十岁的生日。喜得那班头和贬职的官儿得了开复的圣旨一般，忙着到苏州去制办些新的行头到来。这笔钱是柳夫人自己赏出来的，虽然只得五百两，②但是平日领着的伙食银子，以及宝珠的津贴，积长下来，却也有上六七百两。此刻要想讨柳夫人的喜欢，他便挣着死力，放下一笔本钱下去，指望些赏封来做利息，而且还有一种狡狯的希望存在里面，此时暂不说破。正是：

　　齐家胥赖金钱力，舞绿非关孝子心。

---

① 眉批：春声馆的月规伙食，想必也在这里面了。
② 眉批：八百两月费，一下子便去了五百，柳夫人究竟是大出手。

第九十一回

好朋友替作不平鸣　小兄弟纵谈因果事

却说秦府分家的事，并不邀请亲友居间，所以外面的人并没知道。偏是华梦庵消息灵通，早已打听得仔仔细细，这日便到蓬仙家里来。却好何祝春正在花厅上，替蓬仙写槅子上的围屏，看见梦庵进来，只把眼睛向他望了一望，却仍顾着自己写字，不去理他。①蓬仙手里曳着屏条，也只向梦庵笑点点头说："今儿难得，什么风把你吹到这里来了？"梦庵笑道："我料得阿春在这里写字，写完了，总有酒吃，所以我特地带点儿下酒菜来，孝敬你两个。"祝春听说有下酒菜，便停了笔，向四下一瞧，并无一个纸包，也没一个攒盒，料想是梦庵哄着他的，便冷笑一笑，道："简直说想吃人家的酒罢了，嚼什么呢？"

梦庵也便笑笑不说，直等他把十六条围屏一气写完了，方才把祝春扯到炕上去坐下，道："我问你，你可知道秦府里近来的事吗？"祝春听他说得郑重，因道："我和宝珠许久不见了，他府里出了什么事？"梦庵把炕桌一抬道："便是我从前说的话，此刻都应了呢。②蓬仙，你和宝珠是至亲，难道他们分家的事，你也不知道吗？"蓬仙笑道："我当是什么呢，他们分了家，我倒替宝珠侥幸着，值得这么大惊小奇。"祝春道："我却不曾知道，蓬仙也不和我讲起，究竟为了什么，便分了家？"蓬仙叹口气道："说来话长得很，不过这里面的实情，不但外人不知道，据浣花说，他们一家子人，也都不很明白呢。只知道这分家的意思，却是文老的遗嘱。"祝春道："这也是

---

① 眉批：人谓华梦庵似祝枝山，盛蓬仙似唐伯虎，秦宝珠似周文彬，何祝春似文微明，观此益见祝春的神气，确似阴司秀才。
② 眉批：应六十六回。

树大分枝, 算不得什么希罕。不过你说倒替宝珠侥幸, 这句话里面可有文章呢。" 蓬仙点点首道: "如果不趁早分了, 将来说不定和我一样, 不但一些儿分不到手, 还要派上一份儿还不了的债呢。"

梦庵拍手道: "蓬仙到底是个聪明人, 到今儿你才信我的话, 不是替杞人忧天了吗。①祝春是个糊涂蛋, 不和他仔细说, 他也一辈子不明白呢。" 因向祝春道: "当初你在万丰里的时候, 你竟看不出文老掉的枪花, ②你这个人真是该死。此刻葛云伯叫穿了, 说是秦文累年存放下去的公众进款, 都用自己的化名存着, 等到死后, 石漱芳都提出去了, 倒反教公账上亏空万丰一大笔帐, 拿股本去抵冲了。" 祝春道: "那里话, 这可不是柳夫人上了当吗? " 蓬仙笑道: "你们以为柳夫人是个糊涂人么? 那里知道他是装着糊涂, 心里却很明白着, 所以才趁这个当儿分了家。"

梦庵道: "我听说分的很不公平, 倒是秦珍占着便宜。" 蓬仙道: "你可只知其一, 不知其二。论理他们上一辈子, 本是三弟兄, 此刻分派起来, 应作五股: 一股提作祭祀, 三房合分一股, 长孙应得一股。宝珠的孩子, 虽然算不得长孙, 若是秦珍竟养不出个男孩子下来, 那便依着长房无子, 次房长子的规矩, 排来可不便宜了宝珠, 所以袁夫人不肯提出长孙的一股。柳夫人的意思, 却恐秦珍养了儿子, 宝珠依然没份, 倒不如依了袁夫人作四股分了, 宝珠也占着些现成的便宜。③所以浣花说, 柳夫人是明里装着糊涂, 暗里却弄着乖巧呢。" 梦庵道: "依我看来, 宝珠这边到底吃了大亏。听说万源金号算了文老的私产, 在公帐上分给他的进款, 每年不过二万, 难道偌大一个秦府, 每年只得八万出息不成? 前年年底, 石时去当帮帐房时, ④我曾问起过他。据他说, 单是各庄租米, 也要收到两万担光景呢。" 祝春因道: "不错, 当时听他说过, 凡是经过他手的田房契串, 他都摘记下来, 说有一本册子记着的。"

梦庵跳起来道: "最该死的便是石时, 他在咱们面前装做一个假仁假义的腔调, 好像和宝珠很是要好, 谁知他心里却是为着自己, 他记着的册子, 可给你看过? " 祝春道: "没有。" 梦庵道: "可原来呢, 前儿我去问他, 他倒推得干干净净, 说秦府的家务帐, 谁也调查不清。当初帮着帐房, 也不过两三个月的功夫, 便出来了。婆

---

①　眉批: 应七十一回。
②　眉批: 应七十六回。
③　眉批: 譬如六万现银五股派, 宝珠只得一万二, 今作四股, 可得一万五, 所以占了现成便宜。
④　眉批: 应六十七回。

亲之后，不曾再到秦府帐房里去，所以后来的事，一概都没知道。①便是当初记的册子，也只得三五十处田庄，内中还有许多是花占春名下的呢。你想这话可听得吗？所以我猜着，他定是和他姊姊串同一气的了。进一步说，恐怕连他夫人陆琐琴，也是见利忘义，合夥儿弄着鬼，所以陆莲史（待）先生近来的口气，很说他夫妇两个是没良心的。"

祝春道："不错，我倒想起一件事来了。宝珠的几位夫人，听说所有财产都在文老手里，这话可真吗？"梦庵道："怎么不真？我早说过了，文老这样一个古板人，肯给宝珠讨四房媳妇，便是为了那花家、叶家、顾家的财产。"蘧仙笑道："你这话今儿才应了。②我在当初，也曾现身说法，把这种家庭中饱的榜样，和宝珠说过，宝珠却是听不入耳。不过到得今儿看将起来，柳夫人的角色倒比文老更高上一层呢。他愿意在此刻分家，便是为了这件事，不呵，怎么好向袁夫人收回这些田单契据？"③

梦庵道："如今可收回了没有？"蘧仙道："此刻自然都收回了，便是万丰的存款也都抽了回来。所以我替宝珠侥幸，若不是石漱芳逼着分家，葛云伯贪做号东，一日一日的搭浆下去，等到柳夫人百年之后，说不定宝珠这班人，都要站到白地上去呢。所以浣花说，柳夫人是面子上装着糊涂，心里却是弄着乖巧，这话实在不错。但是其中也有天数，若不是石漱芳急功图利，那秦文的遗嘱此刻也还闷着，不致于拿出来给柳夫人看。那柳夫人便有这门心思，一时也说不出口。④若不是葛云伯觊觎万丰，那柳夫人的股子，此刻也拆不出，一班人的存款，便想抽时，也不免有些顾虑，一时也下不得手。偏偏凑巧，两件事一齐发作，人家都替秦府上捏一把汗。谁知柳夫人倒反写写意意的，若无其事，顺势儿行了过去。你想他这种从容不迫的手段，谁还及得过他？我在当初，也替宝珠耽着心事，以为宝珠是个写意惯了的人，什么事都不问，一分了家，苦字儿便上了头。直到此刻，方知宝珠是个天生成的福人，上头有着一位贤明圣善的慈母，下面有着几位聪明智慧的夫人。说顽笑便顽笑，说正经便正经，不比那些荒嬉无度，知乐不知苦的一班膏粱文绣。莫说别个，便是他的几位姬妾，也还能够主持中馈，你想这种艳福，除了宝珠，还有谁享过来呢？⑤

---

① 眉批：应六十八回。
② 眉批：应六十六、七十一两回。
③ 眉批：一语中的，足见柳夫人各自有权衡。
④ 眉批：蘧仙可谓柳夫人知己。
⑤ 眉批：洵足令人生羡。

"此刻东南两府相形之下，倒反分了苦乐两途。听说秦琼自分家以来，急忙忙把他老子的棺木抬了出去，也不及替他安葬，径自跑到京城里去想法子，要想弄个监运使出来。石时靠着他姊姊的照应，也伸着劲儿想谋差使。石漱芳和金有声两个，却在那里忙着置田产，开钱庄，忙得什么似的，可不苦恼？①宝珠却仍安闲自在，只在园子里和他几位夫人吟诗拍曲，饮酒赏花。柳夫人也是看破一切，不希罕什么祖宗遗产，任着东府里中饱去，也不和他们计较，落得背着好名声儿，教合府里上下人等，感叹他老人家的宽宏大量，谁也不肯欺侮他娘儿两个。所以南府的境象，依然如昔，倒觉得比从前更写意些。

"前儿浣花去时，回来说：东府里的几个姊妹，倒是个个有了意见，说石漱芳只顾自己，不顾姊妹。第一个便是美云，说他谋吞了叶魁的家产，打算和沈左襄商量，向他算一算总帐呢。丽云一班人，向来是吃用惯的，如今石漱芳当了家，一个钱看得车轮般大，也不提起一注半注赔家产儿，所以都很不舒服。一家子人，弄得怨声载道，连丫头、婆子也没一个不咒诅他。南府里却是照常办事，各房里人没一个不说婉香贤慧，赞他能干，丫头、婆子也都欢天喜地的帮着主子。②柳夫人更是写意，说有二万一年的进帐，只要子孙守得住，不花费了，也就不至于闹什么饥荒，所以尽数派给各房，各顾各用，反绰有余裕，难怪宝珠说：一个人最怕的是钱多了，一个人多了钱，定是要想法子去寻苦恼，倒反害得他没一日不在烦恼中过日子，最好是不多不少，刚刚够得用场。③如今他的处境，便是不多不少，有二百两一月，尽足他一个儿写意的了。我因此替他侥幸，你们想可是不是？"正说着，文儿进来，说酒已摆在亭子里了。梦庵笑道："管什么人家的闲事，咱们还是饮自己的酒去。"④说着，便从炕上跳下地来，扯着祝春、蓬仙便走。正是：

有酒不如今日醉，无钱免使后人忙。⑤

----

① 眉批：这便是天虚我生所说的黄金祟。
② 眉批：淑、婉二人，所处地位相同，何其巧拙一至于此，殆亦黄金祟耳。
③ 眉批：至理名言。
④ 眉批：偏是好管人家闲事的人，偏是这般说法。
⑤ 眉批：大可为穷汉解嘲。

第九十二回

十杯酒甜酸辨滋味　两房妻左右做难人

　　却说盛蘧仙正和何祝春、华梦庵在亭子上饮酒，忽文儿送进一封信来，大家看是宝珠约他们到自己园里看戏去的。梦庵早喜得手舞足蹈，道："好极好极，他们家的女班子，实在不错。前儿在这里看过一回，到如今我还想念着呢。"①祝春也道："那唱《斗牛宫》的旦脚，叫什么香玉的，真算得个美人儿，不知道如今还在班子里也不？"蘧仙笑道："这人听说是宝珠最喜欢的，常在眉仙房里，和丫头们一块儿顽。②前儿浣花去，还听他的曲子，料想仍在那里。"梦庵道："这人真是可人，他的声容笑貌，我合着眼还像在我面前的一般。可恨宝珠既然邀我们去看戏，偏要约在后天，教人和热锅上蚂蚁似的，等这两天，可不耐烦呢。我的意思，此刻便去，他家的班子，是养在家里的，比不得外头传的班子，要定日子。你们看怎么样？"祝春道："他园里住着内眷，我们突然间跑去，怕不容我们进园子去呢。"梦庵道："管他呢，我们且到了他家再说。快把桌面上的酒干了，跟着我去。"说着，便把自己的一大杯酒，直脖子灌了下去，跳起来拉着蘧仙、祝春要走。

　　还是蘧仙说："难不成单为了咱们三个，要他们唱一本戏吗？便唱起来，也没得精神。要晓得唱戏的人，全靠看戏的人助着兴采，看的人越多，唱的人越是有兴。若只两三个人看去，那唱的人，还有什么兴子？③并且他们的班子，并不是供客的，怎么好意思去硬要来看。他既约在后天，差不过一天半日。我劝你不如耐着些罢。"梦庵

①　眉批：应六十二回。
②　眉批：应八十二回。
③　眉批：戏子的心理，也被作者体贴出来。

道："偏你有这许多顾虑，你不去，我和祝春去也得。"祝春摇摇首道："你爱去，你便一个儿去，何必要我们陪着？"梦庵想了想道："也罢，便我一个儿去，等我和宝珠说妥了，再来请你们去享现成罢。"说着，便自大踏步去了。①

这里蘧仙和祝春两个，便自用饭。饭后祝春又替蘧仙画了两柄纨扇，直等到晚，也不见华梦庵的回信。祝春笑道："华疯儿想必掇了一鼻子灰，没脸儿来见人，嗒丧着躲回家去了。"蘧仙道："我想必是宝珠不在家里，若是在家，这位疯爷那里肯放他过门。便是看不到戏，少不得也要弄些酒吃。他两个难道对酌不成，不来邀你我吗？"祝春想想不错，便也不说别的，约了蘧仙，说后天来邀他同去，便自告别去了。

蘧仙因把方才画就的两柄纨扇带了进去，一柄是冷素馨的，一柄是沈浣花的，都画得十分工细。一样的两只蝴蝶，几簇落花，只是姿势不同些儿，此外也批评不出个高低。蘧仙因把两柄纨扇一起摆在桌上，笑道："谁爱那一柄儿，好在都是单款，你们自己拣罢。"②浣花便随手拿了面上的一柄，看了看，却不作声，见素馨拿着的一柄好像画的好些，因和素馨掉了一柄来看，却是一般的落花蝴蝶，因道："谁教他画这个的？"蘧仙道："随便画着罢了，谁点品儿呢。"浣花道："什么不好画，偏要画这落花，我看了便不由的不纳闷起来。"蘧仙笑道："你不爱这个，明儿还教他画一柄过，你爱什么，你自己点品儿画去。这一柄留着我用罢。"

又道："你婉姊姊是最爱落花的，前儿他曾咏过十首诗呢。我记得他有两句是'六朝金粉空中色，一代繁华梦里身'。③倒很切得上落花蝴蝶的题头。我明儿把这两句题上，请你送给婉姊姊去如何？"素馨笑道："那是你更讨没趣了，婉妹妹不是姓花么，你把这个送给他去，他还疑心你是咒诅他呢。"蘧仙方才领悟，浣花不爱这柄扇子，也是因为犯了他的名讳，因便拿别的话搭讪开了。

其时已是上灯时分，团儿进来，把浣花房里的洋灯点了，问夜饭开在那里。蘧仙因道："就在这里外房也好，奶奶房里有金橘儿浸的酒，你去问珠儿拿一瓶来。"素馨道："珠儿怕找不着呢，去年浸的酒，花色太多了，贴着的签儿也多脱了浆，前儿连我自己也认不清呢。你去说，除了有签子贴着的瓶子，看是颜色白的，多拿了来，省得回来拿错了，又要一趟趟的跑。"浣花笑道："什么酒我这里都有，单只少了一种

---

① 眉批：活画梦庵。
② 眉批：区区一柄画扇，也怕得罪了两个中的一个，煞费苦心。
③ 眉批：应第七回。

金橘儿，我想这种酸溜溜儿的东西，有什么好吃。"蓬仙道："你不曾吃过，自然不知道，回来你试尝尝瞧，包管你明儿也喜吃这个呢。"说着，冷素馨不禁一笑，蓬仙因想：这个酸字又犯了讳，恐怕浣花疑心他有意奚落，即忙顿住了嘴。却好珠儿和团儿已捧了酒来，因便一手将着浣花，一手将着素馨，同出房来。见杯箸已摆现成，便各坐下。

素馨先把一瓶拿来斟了半杯，尝了尝道："这是佛手片浸的。"说着，仍想把酒倒入瓶去。浣花道："佛手片浸的是什么个味儿，给我尝尝瞧。"素馨便把这半杯酒递给浣花，浣花呡了一呡，蹙眉儿道："又甜又苦又辣，怪难吃的，怎么做这种酒？"蓬仙道："也让我尝尝瞧。"说着便向浣花手里接了过去，搁在唇边，细细儿尝着滋味，却道："很好的味儿，我便吃这个罢。"素馨道："你爱这个，我替你斟满了。"蓬仙道："尽这半杯子罢，吃了这个，我还要吃别的呢。你把那几瓶索性都倒一点儿出来，大家尝尝。"珠儿便又另开一瓶，斟了一点，递与素馨。素馨道："傻丫头，这香味也闻得出来，还要尝呢。"浣花便接了去，闻一闻道："这是木香花浸的么，我也有得浸着，不过颜色没这么清。"

素馨道："我的酒有三种做法：有的取色，有的取香，有的取味。只有取味的果子酒，是浸的，此外取香取色的，做法又自不同。取香的，却用珠罗做成一个袋子，盛了花片，凌空挂在大瓶子里，里面的酒，不过半瓶，闷紧了，不使他出气。过上一天，再把花片儿换了新的，换到七八回，花儿也开完了，我的酒也成功了。[①]所以我做的酒，一个花时，不过做得半瓶，因为花片儿不浸下去，酒的颜色自然不变，而且香得很，比浸着的还要好些。那取色的酒，也是这样做法，先把香气吸足了，然后弄些花瓣儿来，捣成了汁，一滴一滴的加上去，颜色浓淡随便自己的意思，再不会变的紫黯黯的。若是把花片浸了下去，那颜色便发闷了。"浣花笑道："原来有这种好法子呢，我倒不曾想到。明儿我做白荷花酒，便照这样做去。"素馨道："白荷花要在清早时，采那将开未开的一种蕊儿，用铜丝穿着蒂儿，倒挂在瓶盖下面，也是一天一换。只消每天挂一个蕊儿，一个月下来，那香味便吸透了。[②]茉莉花和晚香玉，也是要用蕊儿的，挂在瓶子里面，他自然而然的会开放了。我本有的做着，不知道这里面可有没有。"说着，又开一瓶，试倒了半杯，尝一尝道："这是柠檬酒，香味倒也很好，你试

---

① 眉批：绝好的制法，我倒要试试瞧呢。
② 眉批：教会许多闺秀的美术学。

试瞧。"

浣花接来一尝，便蹙眉儿道："又酸又甜，比佛手片更不好吃。"蓬仙道："你不爱吃，给我罢。"浣花因便递到蓬仙嘴边，道："你爱吃，便一口干了。你瞧三个杯儿，都被你一个儿占了去，人家用什么呢。"①蓬仙道："这种玻璃杯子，你房里不是有许多着，团儿再去拿几个来。"团儿应着，便去拿了七只出来，排列在一边。珠儿便把拿来的酒瓶，一个一个都打开了，斟上半杯。每开一瓶，素馨必尝一尝，报出个名色，教珠儿用笔记在瓶上，递给浣花，也尝一尝。凡是他两个尝过的酒，蓬仙总说是好吃的，尽把些玻璃杯子，列在自己面前。这杯吃吃，那杯吃吃，还把些香而且甜的酒，硬劝浣花和素馨两个再尝一尝。②

浣花本是不胜酒的，虽然每一杯儿，不过呷得一呷，却是积少成多，脸上早已泛了一层红晕。末后素馨又把白荷花酒找了出来，斟一杯与浣花。觉得一种清香扑人鼻观，实是可爱，因便吃了半杯，把剩下的半杯递给蓬仙，道："酒实在好，可惜我吃不下了，你替我干了罢。"回头便叫喜儿把饭盛来。及至盛来时，又嫌多了，减去了半碗，还是嫌多，便教喜儿拿只空碗过来，自己用箸子减，只剩了一口模样。把那减出的半碗，送给蓬仙，道："你脸儿也红了，还是陪我吃一口儿饭罢。"③蓬仙本想把杯子里的酒都干了的，因见浣花有了醉意，催着陪他吃饭，便把杯子推开，教珠儿也替素馨盛饭上来。素馨也说多了，便用箸子也向蓬仙碗里减来。蓬仙忙道："我也吃不下呢。"素馨便缩住了手，把饭都减在空盆子里去了。眉目之间，似乎露出一种不豫之色。蓬仙不禁笑了起来，素馨见蓬仙笑了，因道："你笑什么？"蓬仙道："我想宝珠的食量，不知道比我如何。"浣花道："你问他做什么？"蓬仙道："我想如果宝珠的食量比我还要不如，大家的饭都要减到他碗里去，可不难死了他呢。"④素馨听了这话，不禁嗤的笑了，道："好好，你还讲这种尖酸话儿么，我就偏要你吃！"说着，便把盆子里减出的饭，索性倒向蓬仙饭碗里来。一错手，把个饭碗砸了一个大缺，饭粒儿狼藉得满桌。浣花以为素馨动了真气，不禁吃了一惊，陡的涨红了脸。素馨也自悔鲁莽，不禁变了颜色，弄得不好意思起来。还是丫头们赶忙陪着笑脸，上来收拾。蓬仙却仍要个空碗，说无论如何，我总把这饭吃了就是。这句话本是顽笑，谁

---

① 眉批：如闻香口，如见娇态。
② 眉批：原来不是真个爱酒，因为美人余沥，舍不得倒入瓶去呢。
③ 眉批：家常琐事，写来却细腻煞人。
④ 眉批：语妙千古。

知素馨听了，愈觉奚落自己，便含着一包眼泪，站起来回房去了。蘧仙不防素馨忽地走了，因便舍下浣花，跟着出去。

浣花恐他两口子闹翻，忙唤蘧仙转来，蘧仙不应。浣花倒觉讨了一个没趣，便自纳闷走进房去，一兀头倒在床上，心想：素馨的脾气，本是很柔顺的，近几个月来，好像有了什么意见。一言一语，一举一动，总觉得有些牢骚不平似的。推原究因，无非为了个我。虽则他也不曾偏爱了谁，但是素馨看来，总觉得他常在我的房里，其实也不想想，你自己每逢他出去的时候，便到我房里来了，他回来找不到你，找到我房里来，难道我见他来了，便把你两口子屏逐出去不成？要是这样，只怕你又要说我使性儿了。①但是我也不妨试试瞧，打今儿起，我便闭门却扫，或是明儿便回苏州去，让你们伴一个畅，免得使一个人夹在中间为难。因想到苏州去，婉香必定也愿同去，自己园子里的荷花必定开了，心里便迷迷糊糊的引起了一种乡思，带着七分醉意，不知不觉便自沉沉睡去。正是：

> 化身难觅多妻镜，疗妒须拈独睡丸。②

---

① 眉批：这种心理，如何体贴出来，作者真是鬼精灵儿。
② 眉批：工巧绝伦。

第九十三回

盛蓬仙试行新计画　华梦庵惯逞旧风狂

却说浣花次早醒来，原想到瘦春那里，或是眉仙这边去写意几天。谁知昨夜被酒之后，又冒了些风，着了点寒，今日便觉头晕不爽，兼些咳嗽。心里还想支撑起了，却被喜儿早去报与素馨知道。一时蓬仙、素馨都来了，浣花见素馨还不曾梳洗，一脸的睡容，带着些惊慌之色，赶先跑到床前，偻身到枕头边来问："妹妹怎么样了？"浣花不禁红了脸，道："没什么，不过着了点寒，倒惹姊姊起了个大早。"素馨听说，不禁也红了脸，①因回头向蓬仙道："你瞧妹妹发着烧呢。"

蓬仙上前，见浣花的脸色红得和胭脂一般，因拿手背儿去向他额头熨一熨，道："是呢，可觉得怎么样？"浣花道："也不觉什么，头里稍微有些晕眩罢了。"说着，咳嗽了两声。蓬仙道："还带些咳嗽呢，这可不是受了风寒么？"素馨道："照妹妹的身体，那里禁得起一天半日的咳嗽。前儿我咳了半夜，早就腰胁儿都疼了，还是快去请金有声来，打个方子，他医风寒咳嗽，是很灵的，只消一个方子，吃上一二剂，就好了。"浣花道："金有声这人，我近来很讨厌他，不要去请他，便他打了方子，我也不愿意吃。要还是去请何祝春罢。"蓬仙道："祝春也好，你去年的病，瘦到那么样儿，还是他医好的。②你不说起，我倒忘了他呢。"说着，便喊团儿去着文儿去请。

一会子，祝春来了，素馨因为不曾梳洗，便自回避过了。③蓬仙便把帐帏放下，移过一个茶几来，放在床前，就请祝春进来。诊过了脉，蓬仙忙问怎么样。祝春道：

---

① 眉批：言中有刺，素馨那得不羞。
② 眉批：应七十六回。
③ 眉批：细到。

"没什么要紧，只消一剂药就兴了。只不过肝脉太旺，倒要好好的静养静养，不要自寻烦恼才好。"浣花在帐子里听见这话，不禁又红了脸，心想：祝春这话倒像知道昨晚那回事的，因便自己埋怨自己，不该胡思乱想的动了肝火，教人看得出来，若被素馨知道，岂不又添一重意见，还要笑我的器量小呢，因此又懊悔不该去请祝春。正想着，听得蘧仙已陪祝春出去，素馨又复走进房来，轻轻地问着团儿道："何爷诊过了怎么说？"团儿便把祝春的话说了，素馨却不说什么，走近床来，隔着帐子问了声道："妹妹可醒着么？"浣花怕他多问，因便瞌了眼，装做睡熟（热），不去应他。

素馨当他真个睡着，便自退去，回到房里，教珠儿进来梳头，心里却想：浣花的病，多分是为了自己，要想找些说话去安慰他，却也找不出来，因只对着镜子，呆呆地出了一会神。却见镜子里面多了一个人影，看是蘧仙站在椅后，望着自己笑，因道："你不去陪浣妹妹，回来他又生气呢。"蘧仙道："他不要陪，倒说我缠得他心烦呢。祝春说他肝火旺，可真不错。他如今说，明儿病好了，便要到苏州去安静几天，并不许我同去。你想还要我陪着么？"素馨道："原来他的病，为着思乡呢，我只不信一个人思着家乡，便会病了。"蘧仙道："去年不是也为念着家里病了，大概浣花的心最是狭窄，容不起一点儿烦闷，所以多病。"素馨听说，不禁回过脸来笑了笑道："你也知道他的心是最狭窄的吗？要晓得如果别人的心，也是和他一般，不病死也早气死了呢。"

蘧仙笑笑不语，半晌才道："我倒想着一个好法子呢。打今儿起，我便住在书房里。"素馨道："这是什么意思？"蘧仙笑道："此刻我这个人，若是不在你面前，你总猜我到浣花那里去了；不在浣花面前，他也这般猜着，好像我的形迹上面，总不免分些亲疏出来。若是我住在书房里了，我不在你面前，你也只道我在书房里；我不在他面前，他也只道我在书房里，岂不免了许多意见？"素馨笑道："亏你想出这样好法子来，狡兔三窟，大概也和你的想头一般。你果然爱到书房里去睡，我便教珠儿把你铺盖搬出去，可不要睡了半夜，又跑了进来。"[①]蘧仙不禁嗤的笑了。从这一日起，蘧仙真个把床铺移到络珠仙馆去了，只不知道还是睡的全夜，还是只睡半夜，作者也就无从查考，暂且按下不提。

却说这日正是六月初四，便是宝珠约蘧仙等去看戏的一日。清早华梦庵便跑

---

① 眉批：一语道破。

到蕙仙家来，进门便问文儿道："你爷可曾起来，快请他去，说我来了。"文儿笑道："爷在书房里呢。"①梦庵诧异道："这样早，便到书房里了，我只不信。"说着也不待文儿引导，径自大踏步跑进花厅门去。向左转个湾儿，走进一重秋叶式门，里面便是一带回廊，抱着一所极华丽的三楹精舍，廊下挂着一行珠灯。天井种满了芭蕉，上面还盖着一座碧绸的凉篷，栏杆上挂着一带湘帘。静悄悄地没些人声，中间玻璃门还掩着未开。梦庵便去推这中门，文儿忙上前一步，道："这门是里面反捎了的，我已教人打上房里兜转去开了。"说着里面便有脚步声出来，"呀"的一声，把门开了，却是小丫头喜儿。因见梦庵，便向文儿道："爷还睡着呢。"梦庵道："可是一个儿睡着么？"②喜儿笑点点首。

梦庵知道蕙仙向来歇午觉的床塌，便在西边一间，因摇手儿教他不要通报，蹑足走进房去一看，见里面装着一架碧纱橱，橱外墙角上装的一架电气风扇，已停了不动，书桌上的洋灯尚未吹熄。走进碧纱橱去一看，却只一张空榻，并不见有蕙仙，③不禁呵呵地大笑起来，道："我说他放着两位夫人，倒肯一个儿睡在书房里呢。文儿快来，你爷不见了呢。"文儿进来一看，果然不见蕙仙，不禁也笑了起来，忙去追着喜儿道："姐儿，爷不在书房里，你到里面去请一声罢，说华疯爷等着呢。"喜儿诧异道："不在书房里在那里呢，教我到那儿去请？"文儿道："你们那里没得，总是在奶奶那里了。"喜儿想想不错，便自进去找着珠儿，教他去请。谁知珠儿回说："爷并不曾进来。"再去问团儿时，也说浣花房里没得蕙仙。④

喜儿不禁诧异，因想蕙仙或是一早起来出门去了，因便重新出来，去问文儿，可曾见爷出去？文儿笑道："糊涂蛋，你不听见书房里的笑声，可不是爷么？"⑤喜儿一听果是，便仍兜到络珠仙馆来看蕙仙。只见华梦庵正和蕙仙在那里拍手大笑，心里想：怎么方才各处寻转都没得，此刻却又在这里了？⑥因便走进房去向蕙仙道："爷究竟睡在那一处儿，倒教我找了好半天呢。"蕙仙笑道："昨儿睡在碧纱橱里，嫌冷了，我就睡在对面房里。你们这些蠢才，会想不到这些，⑦快还不去替我打脸水来。"

---

① 眉批：蕙仙竟有这等规矩吗，我只不信。
② 眉批：真吗，我只不信。
③ 眉批：哈哈，原来如此。
④ 眉批：偏又是他弄乖。
⑤ 眉批：忽隐忽现，令人捉摸不定，然而蕙仙亦甚苦矣。
⑥ 眉批：问得妙。
⑦ 眉批：我知其为遁辞。

喜儿自觉好笑，因便退了出来。

华梦庵却扯着蘧仙，同到对面房里来一看，道："你这种鬼话，只好骗骗小丫头的。你瞧你床上的被褥，原是好端端的叠着，洋灯又在那间房里，难道你在半夜里黑摸过来么？既是怕冷才过来的，如何会不盖被？"①蘧仙笑道："我过来时，天色已明了，这床上有了帐子，还有一重帐幔，便不觉冷，所以不曾盖被。"梦庵道："便算是这样的，怎么睡过人的枕头，依然饱满，没得一些凹印儿呢？不用说罢，多说了倒教丫头、小厮传进上房里去，怕有一堂官司审呢。"蘧仙笑道："这教做皱水生春，干卿底事，请你免费这些心机罢。②正经今儿是宝珠的生日，你送些什么？我昨儿想来找你，咱们三个合送些好顽意儿东西，方有趣味。后来因浣花病了，我便不曾出去，只把自己家做的酒，送了十二瓶去，③又配上了几盆白兰花，并些刻丝的东西，我心里总觉得很欠缺呢。"梦庵道："我送的东西，却很有趣，送去的人，直到起更时候才回来，说柳夫人喜欢得了不得呢。"蘧仙问是什么？梦庵却不肯说。④

喜儿送脸水进来，蘧仙便在这边房里，随便盥漱过了。珠儿捧着两份早点，刚待送进房去，因见祝春来了，便仍回转，想去再添了一份。却被华梦庵看见，早便嚷着讨来要吃，珠儿便把手里托着的雕漆（添）盒子，递给文儿。梦庵接了一盏看道："鸽蛋，正对着我的胃口。"便把两盏一齐端在面前，道："好哥儿，索性烦你姐姐多弄一份，赏我吃个双份儿罢。"说着，早把一个吞在嘴里。谁知不是鸽蛋，却是蛋白粉做成的汤圆，⑤里面含着一包滚烫的油糖，一经咬破，烫得华梦庵直跳起来，把手里拿着的一盏倒得满地。祝春不禁笑骂道："偏是你专做冒失鬼，粉团子也会当做鸽蛋看的，眼睛近到这样，明儿不要把你夫人也看错了。"梦庵笑道："说不定把你的夫人看错了来。"说着，又拿起那一碗来，用瓢子兜着一个，伸尖了嘴去吃。⑥不防祝春在他背后伸手过去，死颈儿把他的嘴拧上一下，梦庵吃了一惊，把个碗落在地下，泼得满身的汤水。祝春怕他报复，疾忙跳出房里，却好珠儿又捧着两碗进来，兜头一撞，打个粉碎。⑦

----

① 眉批：偏又被他识破，不谓华疯儿竟是福尔摩斯第二，一笑。
② 眉批：蘧仙告饶矣。
③ 眉批：不知这里面可有金桔儿酒。
④ 眉批：偏要藏着下回再说，不是梦庵居奇，却是作者弄乖。
⑤ 眉批：写梦庵近视眼如画。
⑥ 眉批：伸尖了嘴，妙，吾知作者写至此时，亦必自伸尖了嘴。
⑦ 眉批：写生之笔，令我犹想见当时情景。

　　只听得满屋起了一片笑声。华梦庵道："好好，打翻狗食盆，大家吃不成。省得这班馋痨鬼气不过我，你们要吃早点心的，还是跟我来罢。"说着，竟自抖抖衣兜儿，拿起一柄扇子走了。蓬仙道："身上弄得这样，换一件衫儿去吧。"梦庵不理，径自走了。祝春笑道："华疯爷一到，好像人家接着了煞神，总要把盘儿碗盏打碎了走路。"①蓬仙想起前儿晚碎了饭碗的事，不觉好笑道："我也不晓得那里来的晦气，没一天不碎了碗呢。"正是：

　　　　文士惯为无赖客，狂夫终是有心人。

――――――――

　　① 眉批：祝春不语则已，语必刻毒煞人。以梦庵为煞神，思之发一大噱。盖杭俗死人回神，接到煞神，必须打碎碗盏，送他走路。

第九十四回

感年华落梅比身世　芯滦草娇啐贺生辰

却说这日早晨，宝珠先到宗祠里去叩过祖先，回来到南正院给柳夫人叩过了喜，又到东府去，叩了秦文的灵，并在东正院坐了一会。秦琼进京未回，石漱芳和丽云却在袁夫人身边。宝珠因问漱芳道："二嫂子这几天可曾回府？"漱芳回说："才是昨儿回来，家太太和琐琴姊姊今儿都到你府里去，给二太太道喜呢。"宝珠道："菊侬姊姊今儿可来不来？"漱芳道："菊侬昨儿也在咱们家里，他们约了说同来的，还说到东花园来住几天呢。"宝珠喜道："那么东花园里倒要闹热起来了，只可惜咱们园里倒反冷清清的，不比从前。二嫂子有着家务，不能常来，自不必说，连大姊姊、二妹妹他们也不来了。偌大一个园子，只剩得我们两三个人住着。蕊妹妹又搬到南正院去了，你想可不冷静？"丽云笑道："你怕冷静，何不搬到东花园来，我把小罗浮馆让你，可要比着惜红轩宽敞得多了。"宝珠笑笑说："也好，我去回过太太，一定都搬了过来。"又道："大姊姊怎么不见，可是还病着吗？"

袁夫人道："病倒早已好了，前儿被叶老太太接了去，连绮儿、茜儿也和白鸽子一般裹了去，只剩我娘儿们三个在家，可不比你园子里更冷静些。"宝珠因道："今儿太太可能赏个脸儿，请过去闹热闹热？"袁夫人道："心里也这么想，只是还在丧服里面，便去吃酒看戏，可不要被人议论，①说不定你大姊姊带着绮儿们，跟叶老太太到你那里去呢。"宝珠忙道："那么我该回去禀知太太，替叶老太太预备着房间才是。太太可许二妹妹和我一块儿去？"丽云看看袁夫人的脸色，见没什么不肯，因道："太太不去，我怎么好去？"袁夫人道："你爱去，便去也得，只不要看戏。前儿不是

---

① 眉批：守孝的人，大概都是如此，只不肯和袁夫人一般直说罢了。

老姑子说，活人看戏，死人要生气呢。"宝珠不禁笑了，①因便携着丽云的手要走。袁夫人因向丽云看了一眼，道："今儿那边有客，随身衣服跑去，像个什么样儿，不知道的，还当你丫头看呢。"丽云笑道："南府里来的女客，谁还不认识我，也罢，宝哥哥先去，我回去换了衣服再来。"宝珠道："不妥，回来又变了卦，我跟着你去罢。"说着便向袁夫人告辞，和丽云将着手儿，同出东正院来。

到小罗浮馆，催着丽云换衣服去，自己却步上回廊，到麝雪亭边去看看。只见满院的梅花，多已缀满了绿叶，梅子也落尽了，只有假山角里向阴的地方，还有几个黄梅，缀在枝上摇摇欲堕，一阵南风吹来，也便簌簌地吊下地去。②宝珠心里不禁起了一种感触。

正是惆怅着，遥见丽云已经换了一件湖色的外国纱衫，头上戴了些纯白的珠花，越显得雅淡宜人，③站在回廊上，向宝珠招手儿。宝珠便跑下山来，将着丽云的手道："妹妹，你住在这里，倒不嫌烦闷么？若教我对着这满院的绿阴，昏沉沉的，怕早闷出病来了。"丽云道："可不是呢，我常常一个儿靠在栏杆上，看这树上掉下来梅子。三四月的时候，那青梅子掉在地下，拍的一声打的粉碎，我这颗心便像也碎了一般，一股酸水几乎向眼眶儿里迸了出来。到得黄梅时候，那梅子落下地来，倒反不会碎了，倒好像软丢丢的，和个棉花团儿一般，看着倒觉有趣。所以我想，一个人也和梅子一般，我们年轻的人便像青梅子，一落地就碎了；那年老的人，倒和黄梅一般，禁得起颠扑。因此我才明白过来，叶老太太和咱们太太及二太太，经着风浪，倒也不觉得什么了。只我心里，自从老爷故世之后，又分了家，我的心便像落地的青梅子一般，又酸又碎，简直说不出个滋味来呢。"④

宝珠听说不禁点头太息，因道："照妹妹的年纪，还是梅花开着的时候呢。只我和婉姊姊一班人，已经到了绿叶成阴子满枝的地步。若照三老爷的年纪算来，我已过了三分之一，前头的日子，浑淘淘儿过着，倒不觉得怎么。如今回过去想想，好比花好月圆的时候，何等美满浓厚。如今是花儿已经开到芍药牡丹，月子已经过了中秋十五，眼见得一日一日的销减下去。要望再有那一日子，除非是过上一年。要晓得花儿月儿过上一年，还会得重新圆好。人生便要再过一世，才会得再遇芳春呢。"

---

① 眉批：原来是迷信老姑子的话，并不是真个守礼，难怪宝珠要笑。
② 眉批：写夏景逼真。
③ 眉批：穿孝的人，这般打扮，可见富而好礼者难矣。
④ 眉批：写情圣手，随处必具妙谛。

说着，不禁眼角上掉下泪来。①丽云忙道："今儿是什么日子，怎么又讲这种伤心话儿。"又笑道："这种话，向来只有二姊姊讲的，你还笑他杞人忧天。怎么如今也和二姊姊一个腔调，专门寻这些烦恼，何苦来呢。一个人不趁着活在世上的时候，寻些快乐，等到……"说到这里，因念今儿是宝珠生日，不该说出死字来的，因便咽住了，却把自己的帕子替他拭去眼泪，道："时候已九点钟了，那边客人想必已经来的不少，咱们去罢。"②

宝珠方记得道："不错，方才宗祠里回来，花农说华疯儿已来了。我这些时候不出去，不知道骂得我什么样呢。"丽云因问："华疯儿是谁？"宝珠一路走，一路和他讲着华梦庵的笑史，惹得丽云笑个不了，倒说一个人做人，该派这等爽利才是。说着，已向东花厅出来。

宝珠因道："我到西花厅去去再来。"丽云道："不行，你既邀了我来，怎么又丢了我，归自己去。"宝珠无奈，只得陪他同进南正院门。却不道里面静悄悄的，没得人声，因道："他们都那儿去了？"殿春正从抱厦里出来，见是丽云，忙陪笑道："二小姐来得正好，太太刚教我请去呢。"丽云笑道："又讲好听话儿呢，既是要去请我，为什么还盘在自己房里。此刻太太他们可是在园子里吗？"殿春道："刚才叶老太太和亲家太太、几位奶奶、小姐都来了，这里挤的满屋子人，坐也坐不下，所以一股儿都到山下去了。说请二小姐也到那儿去。今儿人多了，都在水流云在堂那面。"丽云因点点首，放了宝珠，道："让你去罢，回来你走那边进来，路倒近便些呢。"③宝珠便教殿春陪着丽云同去，自己回出南正院，径向西花厅来。却见祝春与蓬仙正从川堂上进来，便站住了。等到面前，三人互相问好。宝珠因见他两人都是便服，倒觉自己穿着大衣，反拘束了。因请他两人先进西花厅去，自己仍回到惜红轩来换衣服。

房里只有春妍一人在着，以外的都到山下去了。因向春妍笑道："怎么丢你一个儿在此，可不冷静？"春妍一面替他换着衣裳，一面笑道："越是兴头的日子，越是我的晦气，连丫头、婆子都跑去趁闹热了，我不守看空屋子，谁肯守着呢？"宝珠笑了一笑道："说得可怜，那么着我守着罢，你去顽一会儿再来，或是我伴着你在这儿，不出去罢。"春妍道："我也配绊住了爷，这些好听话儿不说罢，还是快些去了，让

---

①　眉批：言之伤心，怎不下泪。
②　眉批：丽云真是好妹妹，令人想望不置。
③　眉批：伏线。

我来折衣服。"宝珠道:"衣服撩着罢了,让小丫头们来折。你来,我问你,今儿是我生日,大家都给我道喜,送东西我,独有你清早起来,只对我笑上一笑,也不说一声儿恭喜,也不送我一点儿东西,好意思过得去吗。"①春妍甩脱手,道:"又来牵牵缠缠的了,我最恨的是拿这些空话儿来敷衍人。"宝珠笑道:"你不爱空话儿敷衍,爱……"春妍不待他说下去,早就兜脸的啐了过来,道:"你再讲,我便恼了。"说着,真个沉下脸儿。宝珠见他一种佯嗔带笑的态度,实是可爱,因便笑道:"我便爱煞你的娇啐,我今儿没有用花露水洗脸,请你再啐上一口。"说着,挨近脸儿来教他啐。春妍真个用唾沫儿啐了他一脸,返身就逃出房去。②宝珠追着出来,却已早不见了,因向门外找去,也不见他踪影。

只见九曲桥上,来来往往的人,也不知有多少,都打扮得和花枝儿一般,也辨不出谁是谁。心想走下山去趁闹热去,因念华梦庵来了好久,不曾去打个照面,究竟也有些过意不去,只得向留余春山房的山坡下来。走出园子,仍到西花厅来。却见华梦庵正在那里指手画脚的,和祝春等谈笑,石时、桑春也在一处和秦珍说话。③宝珠便向各人都寒暄了一会,并向梦庵道歉。梦庵道:"我只当你今儿不出来了,陪着姊姊妹妹在房间里做生日呢。"宝珠笑道:"我早出来过了,祝春、蓬仙都好做得见证。因为穿着公服,怕你取笑,才回去换了再来。"梦庵笑道:"照此说来,我这句话更是着了。祝春来了可一点钟,换衣服要这许多工夫吗?可不是在房里做生日呢。"说得大家笑了。

宝珠不禁红了脸,因搭讪道:"不错,太太说谢谢你,昨儿的影戏好极了。"蓬仙始恍然道:"怪道说送礼的人,直到起更时分才回,不过也不犯着瞒我。"梦庵笑道:"如果告诉了你,怕你便巴不到天晚呢。回来看看影戏,回去迟了,可不又累你关出房外,到书房去守一夜儿寡吗?"蓬仙置之不理,却问宝珠道:"他那影戏,我前儿早看过了,是洋灯光映的呆片,有什么好看。"宝珠道:"不是,昨儿演的,却是用电光的活动片子。春声馆的戏台上,还装着些电灯呢。今儿晚唱戏,倒好借着些光。太太还想园子里都装了电灯,④那管机器的人说:他这部机器,只好装得三十盏灯,若是园子里统装起来,至少须得千把(巴)个灯头,才分派得够呢。那机器匠又说:装

---

①　眉批:憨态如画。
②　眉批:春妍恃宠,可见一斑。
③　眉批:所谓物以类聚,人以群分。
④　眉批:果然装了电灯,那才有趣。

电灯不如装电话的省事。他说，咱们家如果装十架德律风，只消五百块钱，以后每月给三十块钱月费，他来包装。①太太欢喜的很，今儿已经付了定钱，教他办去了。"秦珍因道："小的德律风，只要十二块钱一对，②外面铺子里尽有着。只消打个条子，去拿五六对来就是。"宝珠道："他说外面铺子里有的，不过是个模型，当不得正用，要那种双钟碗儿的才好。大嫂子和赛姐儿也定下了两架，今儿丽妹妹来了，只怕东府里也要装几架呢。"梦庵拍手道："如果这等便宜，我们大家都装了起来，四通八达的，可不有趣。明儿我和祝春、蘧仙也都装上一两架儿。那管机器的人可在，快去把他喊来。"因教花农去喊，不知华梦庵的话可能办到，且看下回。正是：

　　一堂聚首春无价，千里谈心电有情。

---

①　眉批：机器匠善于兜揽生意，写尽社会心理。
②　眉批：原来机器匠大有好处。

第九十五回

林爱侬未改女儿腔　华疯儿不脱伧夫气

却华梦庵正叫花农去喊机器匠，却被祝春止住了，说："这会子忙些什么，明儿怕不做人了？"梦庵那里肯听，恨不得立刻把电话都装了起来。及至机器匠来了，说在一个府里或是左右邻舍装装，倒还使得，若要通出街去，必须沿路上立起电杆子来，每一枝杆子至少也须二三十块钱，每一里须得九杆，要看了路线才好预算。梦庵才觉得有些困难，把一个肚子高兴，打入冰缸里去了。

正纳闷着，忽见林冠如来了，梦庵便去和他搭讪。冠如见过众人之后，因不见他兄弟，便问宝珠。①宝珠笑道："他总脱不了女孩子气，这会子多分混在园子里呢。"梦庵因道："爱姐儿改了男装后，我倒不曾见过。今儿是宝叔叔生日，该去请他出来，应酬应酬我们这班男客才是。"说着，便向秦珍去缠，定要教他拿丈人的牌子去唤他出来。秦珍笑道："这孩子有些脾气，我去喊他，未必肯来，还是宝兄弟去骗他出来的简捷。"梦庵便央着宝珠进去，宝珠笑道："我进去了，什么时候出来可说不定，不要回来怪我失陪了呢。"梦庵道："只要爱姐儿同着出来，任你什么时候。"宝珠方才答应，走出西花厅卷篷下面，便向西面走去。

梦庵道："怎么走这儿去，自己家里的路，也会走错了，不知心里想着些什么，便搅昏了。"宝珠不理，径自走去。秦珍却向华梦庵道："这西花厅的隔壁，便是园子里沿池子的走廊。此刻在日香亭新开了一重门，过去便是得月楼台，前面的靠壁亭子，不知当时怎么不曾见到，一向兜（觅）着远路走。②直至前个月，宝兄弟偶然走到得

---

① 眉批：我也久不见爱姐儿了，正念着呢。
② 眉批：应十七回夏作珪在文案房听见锣鼓事，文心之细，乃如牛毛。

月楼台的楼上望望，看见这边月香亭的葫芦顶儿，正和那壁的亭子是背贴背的，总想法子出来开通了的。这么一来，倒便当得多了。要请客看戏，在这里散了席，便好从亭子上过去看戏，省得兜一个大圈子呢。"梦庵因道："这倒巧极的了，可惜里面都是女客，咱们这些臭男子，容不得去窥探一探。不然，打这亭子上过去，见识见识那个春声馆的戏台呢。"秦珍道："这边想来没得女客，试教锄药去看看瞧。"

　　锄药正待走时，却见宝珠已和爱侬将着手从回廊上走来。①梦庵一时倒认不清了，只道是个赛儿，直至爱侬走到面前向他叫声老伯，方才狂笑起来，道："这不是爱姐儿吗？我还当是赛姐儿呢。"爱侬听了这话，便羞的要逃回去。②宝珠因道："你们大家听着，爱哥儿和我说好了来的，要是有人叫他姐儿，他回去和我算帐呢。"梦庵忙道："打嘴打嘴，打我的嘴。明明是个哥儿，我怎么叫起姐儿来了。好爱哥儿，请你饶恕了我，我和你哥哥是好朋友，什么事都看在你哥哥分上。要是我再把你冤做姐儿时，你掌我的嘴。"又道："你今儿既然是个哥儿，咱们不妨亲亲密密的握握手，谈谈心呢。"说着，便伸手过来。③爱侬忙缩了手，避向宝珠背后道："宝叔叔，快放了我，华疯爷又疯了，我实在有些怕他。"宝珠道："不怕，④有我在呢。"因向华梦庵笑道："你不要这样窘他，他和你才是初次见面，怎么好这样的顽笑？"梦庵道："谁讲来呢，那一回在蓬仙家里看戏，我早认得爱姐儿了。"说着忙道："该打该打，怎么又唤错了。"

　　冠如见他兄弟窘得要哭出来了，因便走来，将着爱侬的手笑道："你越是怕难为情，这位疯爷越有了兴子，⑤你不要理他，随我来罢。"说着，便扯着他向西花厅进来。石时等便都站起，和他问好。桑春并向怀里掏出副眼镜来，架在鼻上，仰着脸儿远远地看他。⑥爱侬愈加不好意思，只低着头以手弄襟，蹋促到无可奈何。秦珍看的可怜，因向宝珠道："还是带他进去吧，蹴蹴蹋蹋的，倒弄得大家没了手势。"冠如却向爱侬耳畔低低的说了几句，⑦爱侬不禁喷声的笑了出来，因向华梦庵看了一眼，道："华老伯，你容我在这边坐一会儿便罢，不呵，我便只好告个罪儿，失陪了诸位，并

---

　　① 眉批：我于纸缝中见华梦庵眯着眼儿觑爱姐儿呢。
　　② 眉批：许久不见，不道还是怎般羞涩涩的。
　　③ 眉批：狂态如画，梦庵毕竟是伧夫。
　　④ 眉批：《红楼》以别字作不要二字的切音，实实不妥。《泪珠缘》只用一个不字，似较别字妥当得多，读者以为如何？
　　⑤ 眉批：应六十二回。
　　⑥ 眉批：桑春此时已五十三岁了，写老先生模样如画。
　　⑦ 眉批：不知冠如说些什么。

咱们家爷。"梦庵做个鬼脸道："好吗，不说自己做女儿腔，倒说我疯呢。好爱哥儿，当初你扮了女孩子，混在一般姊姊妹妹里面，我不敢和你攀小朋友。如今是一样的男子汉了，就该学你华老伯一样，①大踏步的说得笑得，什么扭扭捏捏，仍和女儿家一样。"说着，做出一种扭扭捏捏的丑相，引得大家都笑了起来。②爱侬也不禁笑得倒在宝珠怀里。

停了一会，锄药来说："太太吩咐，请爷们到园子里看戏去。"梦庵早就跳起来道："好极了，我正盼着呢。"③又道："我们去看了戏，可不是累了太太们没得看呢。"④宝珠笑道："女眷们都在楼上看，咱们在楼下，妨碍不着的。"说着，已听一片锣鼓声闹起头场。爱侬便等不及，扯了宝珠先走。却好金有声也来了，一干人便同向西面回廊上走去。到月香亭上，看是新辟了一重落地镜屏做的长方门，开进门去，却是一个小亭角儿，对面便是洗翠亭的正面，远远望见绿云深处，向左首游廊走去，便是得月楼台的前面。进内看是一所五开间的鸳鸯厅，转入屏风后背，便是朝南的五间后轩，两旁接着两带厢楼，天井里盖着一座四面风窗的气楼，对面便是一座戏台，离地有三四尺高，竟和戏馆里形式一般。仰望两厢楼上，都挂着极细的湘妃竹帘，隐约见帘子里面，都是些花团锦簇的人。戏台上锣鼓打的正是热闹，一阵紧似一阵，把耳朵也聒淫了。

华梦庵正在仰头四望，却见宝珠已在前面一排大菜台上，向自己招手儿，便走近前去。见这台子竟有三丈多长，向着戏台摆下一排靠椅，约有二十多把，金有声等早已坐下，因便不问大小，拣个空位儿坐下。左首便是蕖仙、祝春，右首却是宝珠、爱侬。小厮们送上茶来，梦庵捧来便喝。祝春笑道："仔细烫了嘴，再把茶碗打碎。"梦庵置之不理，两只眼只向戏台上望着，看那些打锣鼓的女孩子，都不过十五六岁光景，因问宝珠道："这里面可有香玉？"⑤宝珠笑道："他那里肯打锣鼓，今儿教他起《浣沙记》里西施，他还不愿意呢。"梦庵道："西施还不愿起，起什么呢？"宝珠道："他因为爱那新编的一出《黛玉葬花》，要起黛玉，所以不肯再扮西施。"梦庵道："别人扮了，可不要唐突西施呢。"

---

① 眉批：学你的这位老伯，岂不倒运。
② 眉批：若令梦庵去剧场中充一名丑角，必能出色当行。
③ 眉批：偏又是他性急。
④ 眉批：难得疯爷也顾到太太们。
⑤ 眉批：虽则望着，却看不清，所以要问宝珠，近觑眼态度活画，何不向桑春借眼镜子一用呢？想来桑春的眼镜，是个老花。

正说着，台上已扮大飘海上场，行头换得斩新，手里拿着的灯彩，也是新扎的。蘧仙早便赞好，宝珠因道："管班这回到苏州去，又到上海转了转，办了许多的好行头来，还有十来扇画得很好的背景。所以今儿的戏，不请客点，只拣配得上行头背景的做。"祝春等都说很好。

这时大飘海已经下场，台上遮了一重大红绸幕，及至开出幕来，满台上换了一种景象。打锣鼓的人都不见了，变做了一座洗翠亭的模样，两面接着几曲红桥，遍地都是些荷花荷叶，远远的衬着些绿杨楼阁，俨然是吟秋榭一带的景子。①大家早就拍手称妙。宝珠因说："这是拿着洗翠亭的照片去照样画的，那些荷花是纸扎的，里面还好点电灯呢，石桥是用跳板搭起来的。"

正说着，已听手锣响处，从石桥上走出一个古装便服的小生来，②后面跟着两个俊俏小厮。大家只道扮的宝珠和花农、锄药，及至开出口来，才知道是《赏荷》的昆剧，因都笑道："极熟的戏，却被这么一扮，倒弄的几乎看不懂了。"祝春道："扮戏正要这样扮法，才合情理。寻常班子里做蔡伯喈，穿了一身朝服，在自己花园里弹琴，简直有些不通。我早说过，六月里天气，热得要人打扇，何不去换了便衣呢。"③说得蘧仙、梦庵都笑了起来。桑春道："便是琴学二童，不打花脸也很合着身分。"大家都说不错。

听那唱的曲子，已是《懒画眉》的一折，只唱了第一句后，便把笛子停了，真个弹了一套《高山流水》。④弹完了，却叹了一声，方才接唱，只觉指下余音的几句。华梦庵不禁赞叹不迭，说："这样的《赏荷》，真是见所未见，闻所未闻。"因问宝珠道："这唱小生的是谁？弹的琴似乎⑤很不错呢。"爱侬不禁嗤的笑了。宝珠道："这是小春儿扮的，他并不会弹琴，原不过装装手势的。⑥那个琴声，却是赛儿在楼上弹的，并且还有三弦和着，所以听得这般清楚。若单是琴声，那里台下听得出呢？"梦庵连连赞叹。蘧仙道："小春儿的手势也装得不错，你看他右手近着山岳，做着勾挑剔抹的形势，左手把禁指翘起了，一上一下，也都按着徽（徽）位，不是乱来的呢。"金有声点

---

① 眉批：令我读之俨然如入画中。新舞台没得这样好的布景。
② 眉批：倜傥有致。
③ 眉批：我亦云然，旧剧且不必论，尝见近时新戏，亦往往冬夏一衣，剧中之人，已过去数十年，而衣服未换一换，实不近情。
④ 眉批：是好排场，得未曾有。
⑤ 眉批：加上"似乎"二字，便知梦庵是门外汉。
⑥ 眉批：不但戏里的人弹琴，只装手势，如今的摊簧先生弹琵琶，也大都只装手势呢。

点首道:"你没看见京班里做的《空城计》,拿两手去左右乱按,还把一个头依着胡琴去乱颠,①台下的人一叠声叫起好来,你想可不呕死了人?"秦珍笑道:"看那种戏的人,也只配听那一种的琴。若是真的弹起琴来,岂不是做了对牛弹琴呢。"②

说着,见伶儿已扮了牛夫人出来,环珮姗姗,凤鬟雾鬓,也是家常的古装服式,越显得风雅宜人。小春儿又弹起《风入松》的一套琴来。大家留心听去,果然这琴声是从左边厢楼上下来的,一切猱吟绰注,都是三弦上显出的工夫,只有散弦撞撮的地方,琴声却盖过了三弦。③原来弹三弦的不是别个,却是藕香身边的大丫头银雁。先头弹《高山流水》两套的,乃是小鹊,因藕香说他弹得不好,这会子才换了银雁。

弹完了这段,只听楼下早有一人,④直脖子喊好,夹着一片笑声,却是大家都笑梦庵,说他鲁莽。丽云因道:"好好的戏,夹着个华疯儿在那处胡闹,谁还听得出一句儿来。"赛儿道:"这便该派银雁儿的不是,他的弦子处处都要盖过了我的琴,弹得和瞎子先生一般丁宁宁的怪响,自然惹得一班瞎叫好的叫起好来了。"说着,大家都笑起来。倒是冷素馨听了这话,倒觉有些不好意思起来,因念华梦庵乃是蓬仙的朋友,梦庵闹了笑话,惹着蓬仙也失了光彩。因悄悄地央着浣花,要他着人去和宝珠说,转告蓬仙,教华梦庵不要胡闹。浣花却只不肯,说:"太太正爱的热闹,丽妹妹和赛姐儿是说着顽的,他们越闹的利害,太太越高兴呢。"正是:

不碍哄堂发狂噱,但教阖座尽开颜。

---

① 眉批:孙菊仙、谭鑫培的《空城计》也是这般做法。
② 眉批:骂煞一般自命为知音者。
③ 眉批:不知比王玉峰如何?
④ 眉批:我知道定是华疯儿。

第九十六回

弹指流光物犹如此　形容尽致人何以堪

却说这日午膳，本来想备大菜的，①就在春声馆带吃酒带看戏的。因柳夫人和叶太夫人、金太太等都用不惯刀叉，并说带吃带看，没有味儿，②便自携着一班女眷，到水流云在堂来坐席。叶太夫人和软玉、蕊珠、美云、瘦春坐了一席，金太太和琐琴、菊侬、绮云、茜云坐了一席，柳夫人和藕香、婉香、眉仙、浣花、丽云、赛儿坐了一席。一时水陆杂陈，觥筹交错，说不尽的一番热闹。

宝珠进来，向各席上敬了回酒，并向叶太夫人和美云、瘦春等谈了一会，问问叶魁可有回来的日子。叶太夫人道："魁儿近来连信扎也好久没来了，不知道在外面忙些什么。有人说起，他在东洋还娶了一个日本婆呢。要是真的，这孩子可就不成材了。"柳夫人听见笑道："你这话从那里听来的？咱们一家子，东府里事传到南府里来，还要传错了，隔着一个东洋大海，是分外的了。"宝珠笑道："要是真的，将来带个东方美人儿回来，咱们也好见识见识呢。只不过大姊姊和瘦姊姊倒要先学几句挨衣乌哀的倭话才好，不然他们两口子当面骂着你们，还眼睁睁地听不懂呢。"瘦春、美云都只付之一笑。③软玉笑道："如果到这边府里来，倒有一位现成的翻译在着呢。"金太太道："这边府里真算得人才济济的了，连外国话都懂得吗？"软玉道："我们这位翻译，可不是寻常的外国流氓，却是一个高丽国王呢。"④蕊珠不禁笑了

---

①　眉批：若是备了大菜，华梦庵定割破了嘴。
②　眉批：吃酒时看戏，实是最乏味的事。看了戏便无心吃酒，吃了酒又无心听戏，岂不是两失便宜？
③　眉批：这两位关着自己的身分，自然答不上来。
④　眉批：应第十回调侃入妙，不称软儿，称软姐儿。因叶老太太在着，用语亦费斟酌。

起来，丽云因道："偏是软姐儿的记性好，几年前的一句顽话，还嵌在心里，拿出来当古典用呢。"婉香笑道："我倒一时忘了，排算起来，已是七个年头呢。"宝珠道："当时的情景，我还历历在目，①真可谓如花美眷，似水流年呢。"美云不禁点首叹息。

柳夫人道："年轻轻的人，专讲这些颓丧话儿，②你不瞧叶太夫人已是望七的人了，还是这般兴高采烈的。你们这些后生家，正和花儿一般开得畅好的头里，怎么偏有这些凋丧话儿。"宝珠道："方才丽妹妹说的青梅黄梅那个比方，真不错呢。"因把丽云的话述了一遍，大家都说丽云的比方不错。陆琐琴笑道："丽妹妹住在小罗浮馆，成日价对着梅花，所以有这些想头。只不知道可曾想到摽梅迨吉的典故上去。"③丽云正吃鲜荔枝，听说便把个荔枝核儿兜脸打了过去，却不道打着菊侬的后颈上，一回头把桌上的酒带翻了。茜云忙跳起来避开，却不防踹了自己的猫，那猫便疾叫起来。④茜云吃了一惊，忙去抱来看时，幸而不曾踏坏，因道："险呢，险些儿踹死了。"菊侬连连道歉，把猫接过来，抚着顺毛儿道："这猫可还是那只吗？"绮云道："不是，那只老猫，早已变成鬼样儿了，一身的好毛片，现在已和破棉花胎似的。大六月天还要晡太阳去。茜妹妹早已把他贬到大厨房里去了。"⑤

琐琴道："据一个什么博物学士⑥说来，猫的年纪本来只得五年好活，若是培养的好，可活二十年。一个人的年龄，本来只得三十年，若是培养得好，可活一百二十岁呢。"藕香笑道："照你说来，那咱们几位太太，都好活上一百二十岁呢。"柳夫人道："照叶老太太的丰采，不过三四十岁好看，便再加上一倍年纪，也不过和寻常六七十岁的人差不多呢。"叶太夫人笑道："咱们两个镜子里照着，我便比你老得多了。若照你这样说来，你倒变了廿来岁的美人儿了。"⑦说得大家都笑起来。宝珠道："说也奇怪，咱们家的人，只有小孩子会得长大起来，年纪大了的人，再不会老的。⑧我看着太太，还是和十几年前一个模样，倒像越加后生了点儿。便是一般姊姊妹妹，性情容貌，也和六七年前头一点儿不改。只有珠儿改的最快，好像一天换一个样儿

---

① 眉批：我今思之，亦复历历如见。
② 眉批：青年人善发牢骚，实是一种通病，我亦不解何故。
③ 眉批：道学先生亦工滑稽耶，然而他的滑稽，终究不离了道学，可发一噱。
④ 眉批：写合席十七个人，一个也不冷落，然见本领。
⑤ 眉批：人老珠黄不值钱，不知此猫亦有身世之感否。
⑥ 眉批：什么博物学士，妙，读者当识其人。
⑦ 眉批：语妙。
⑧ 眉批：俗云：忧能伤人，心既舒泰，则人必不易老。

呢。^①"柳夫人因道："不错，怎么不把珠儿抱来顽顽? 方才怕锣鼓儿惊了他，这会子不妨到这里来呢。"^②赏春听见，便一叠声传话出去。

一会子，已由奶妈抱着珠儿进来。赛儿早就抢了来抱，一丛人都围了拢来，看这孩子。叶太夫人更自喜欢，因说："咱们这几家子，一班后辈，倒要算是宝哥儿有福分呢。"宝珠笑道："老太太不要说罢，自从有了这个孩子，不要说太太单疼着他，不疼我了，便是蕊妹妹，也是全个儿心思都扑在他身上，再也没工夫来理我。这可不是我的晦气，那儿来的什么福分。^③"叶太夫人笑道："做了个爷，倒气不过儿子，可不臊死了人来。你们把珠儿给我抱，教他爷眼热眼热呢。"宝珠听了这话，早就一兀头倒在叶太夫人怀里，道："老太太看我太太的分上，疼着我罢。"柳夫人忙道："快还不站起来，老太太是有了年纪的人，经得你这般扭股糖儿似的扭着吗? "叶太夫人却只笑着道："这般大的年纪，还是孩子气，怪不得你太太疼你。好孩子，你蕊妹妹冷落你，回来我罚他的酒。"宝珠得了这一句话，便跑去强蕊珠的酒，软玉代了不算，^④定要他自己吃。

正纠缠着，笑春来说："锄药来请爷呢。"宝珠方才记得外面有客，只得^⑤丢下这边出去。却见台上的戏早已停了，满院子只听得华梦庵豁拳的声音，狂呼大笑，闹得个沸反盈天。桑春已经被他灌醉，气咻咻的还在那里闹拳，鼻尖上搁着眼镜，却把两只红眼睛，从眼镜子的上面看人。^⑥爱侬已不知去向。^⑦正待要问，却见秦珍招手儿唤他，便走近过去。秦珍道："祝春和蓬仙正找你呢，这会子怕在西花厅上。"宝珠怕被梦庵捉住，即便一溜，出了亭子，到西花厅来。

却见蓬仙和祝春，坐在门当口的栏干上面，^⑧见宝珠来了，因道："这里很风凉呢，从这门里望去，那满地的荷花，衬着些绿杨亭角，比那《赏荷》的布(补)景还要好看呢。"宝珠笑笑，因道："今儿这样个乱法，可不是辜负了荷花。回来太太们到

---

① 眉批:小孩子所谓日长夜大，确有这般情理。
② 眉批:百忙里偏不肯丢了一个，文笔周密如磁瓶储水，点滴不容泄漏。
③ 眉批:尝见外国小说:有一少年请求离婚，官询以何故，则谓："吾妻结缡之初，日必与吾亲吻三十次。自生子后，接吻乃逐日减少，至今不过早晚一亲颊而已。此事实不能耐，故求离婚。"予当时读此，不期失笑，不谓宝珠之惑，乃尤甚于此少年。
④ 眉批:软玉能饮，想是自己愿意吃的。
⑤ 眉批:只得妙。
⑥ 眉批:活画一个老先生酗酒的模样。
⑦ 眉批:我知爱侬此时必已吃尽了华疯爷的苦头。
⑧ 眉批:什么地方不好坐，偏要坐在此地，这班青年，终有些不很老成。所以宝珠只笑笑，不答。

楼上看戏去了，我去弄只船儿，和你们去划一个转身。"又向祝春道："你不是找我吗？"祝春笑道："是呢，我想和你商量点一出戏。"宝珠笑道："这有什么商量的，你爱点什么，只消吩咐下去就是。"蘧仙道："他说要点一出《三笑》，拿华大、华二来形容华疯子的丑态，给他自己看看。"①宝珠不禁笑了起来，道："好好，唱小丑的坠儿，最是拿手，我便教他做去。"祝春道："如果能够教香玉起秋香，那就格外好了。"宝珠道："这个却要说起来看，做不做得到，可说不定。"蘧仙道："最好要把科白穿插些过。"因把早间吃粉团子的笑话告诉宝珠，教他和台房里说去，一定要穿插在里面。宝珠笑着答应去了。

　　一会子午席已散，大家重复入座看戏。开场便是香玉的《葬花》，做得深情旖旎，情景逼真。华梦庵看得出了神，连疯也发不出了。那香玉的口齿本清，因自己爱着这篇曲文，唱得分外清楚，大家都绝口赞好。祝春因问宝珠道："这样好的曲子，可有底本儿吗？"宝珠道："这一出片子，是香玉的秘本，据他说早已失传了，遍苏州城，只有他一个会唱会吹，所以也不曾演过。才是今年春间，他把曲文写了出来，注了工尺。我和赛儿、伶儿、嫩儿一淘儿学着，费了两个月工夫，才吹得上。"蘧仙听了，便高兴道："你可有抄本儿着，借我抄一本去。"宝珠道："有呢。春声馆里现在个个都有了，我去拿一本来。"说着，便到台口去和值台的老婆子讲了，说不拘谁的借一本来。

　　香玉听得有人要看本子，知道看客里面很注重他这戏，心里分外舒服，越做得出神入化，②连个宝珠也站在台前看的呆了。直等老婆子送本子与他，方才如梦初醒，不禁笑了一笑，便把本子接来，叫花农去递给祝春，③自己却仍在台前看着香玉。祝春接了本子，一时打不定主意，还是看了戏好，还是看了书好。却被蘧仙抢了去先看，见上面写得很好的簪花小楷，那曲文也填得甚是细致，连说白都抄全的。

　　蘧仙带看带摸工尺，正和何祝春评论着，不妨楼上下起了一片笑声。举目看时，原来台上已换了《三笑姻缘》。开头一幕，便是华大、华二在书房里做文章，那华二的一种呆气，做得实在好笑。华梦庵起先还没什么，后来听得楼上楼下的人都笑了起来，连边厢里的一班管家小厮也都望着他笑，这才觉得有些不好意思起来。④又

① 眉批：妙妙，祝春最喜促狭人，亦复可爱。
② 眉批：又把女戏子的心理体贴了出来，作者真善于仰体宪意。
③ 眉批：我不知宝珠此时心中作何感想，蘧仙借的本子，却去递与祝春。
④ 眉批：疯爷此时如何倒疯不出了？

见嫩儿扮着秋香，送出一盆子点心来，华二赶先拦住道："慢来，让我看什么东西。哎唷唷，原来是两碗鸽蛋，正对着我的胃口。好姊姊，你去另外弄一碗给阿大，赏我吃一个双份儿罢。"说的蓬仙、祝春都拍手笑了。①华梦庵看到这里，才跳起来笑骂道："这可不是你们两个促狭鬼编出来的笑话吗？也好，你家的珠儿既然是个秋香，我华二爷便该去享一享艳福呢。"说着，竟自拔起脚来走了。②台上的华二，正被粉团子烫了舌尖，把个碗吊在地下，引得满台下哄堂大笑。

宝珠怕他真个恼了，赶忙追着去留他。却不道锄药正从外面进来，撞了一个满怀。宝珠站住了脚，骂道："忙着些什么？"锄药因把手里的封儿递与宝珠，③道："张总管说，这电报是很要紧的，教送来给爷看呢。"宝珠不禁愕了一愕，心想那里来的电报。④欲知究为何事，且看下回分解。正是：

个中情事双关着，意外惊疑一电传。

（本书以杭州萃利公司出版的第一至第四集的初版本及中华图书馆出版的第五、六集初版本为底本进行校点。校点者：金曾琴、朱邦薇）

---

① 眉批：我读至此，仿佛也在那里看戏，不由得不笑起来。
② 眉批：华疯爷也会窘了，真是恶作剧。
③ 眉批：奇峰突起。
④ 眉批：作者真恶作剧，写到这里，又卖弄关子，可不急死了读者。